TIANGONG XILI

——KECHENG SIZHENG YOUXIU JIAOXUE SHEJI

(LIGONG PIAN)

天工析理

——课程思政优秀教学设计

理工篇

华北理工大学课程思政建设委员会 著

编写组成员 张艳博 许 莹 王晓雷 曹 蕾

吉林大学出版社

·长春·

图书在版编目(CIP)数据

天工析理:课程思政优秀教学设计．理工篇 / 华北理工大学课程思政建设委员会著．——长春:吉林大学出版社,2022.12

ISBN 978-7-5768-1456-9

Ⅰ．①天… Ⅱ．①华… Ⅲ．①思想政治教育-教学设设-高等学校 Ⅳ．①G641

中国版本图书馆 CIP 数据核字(2023)第 033876 号

书　　名　天工析理——课程思政优秀教学设计(理工篇)
　　　　　TIANGONGXILI——KECHENG SIZHENG YOUXIUJIAOXUE SHEJI(LIGONG PIAN)

作　　者　华北理工大学课程思政建设委员会
策划编辑　李承章
责任编辑　卢　婵
责任校对　王寒冰
装帧设计　刘　丹
出版发行　吉林大学出版社
社　　址　长春市人民大街 4059 号
邮政编码　130021
发行电话　0431－89580028/29/21
网　　址　http://www.jlup.com.cn
电子邮箱　jldxcbs@sina.com
印　　刷　三河市文阁印刷有限公司
开　　本　787mm×1092mm　1/16
印　　张　34
字　　数　652 千字
版　　次　2022 年 12 月第 1 版
印　　次　2022 年 12 月第 1 次
书　　号　ISBN 978-7-5768-1456-9
定　　价　119.00 元

前 言

2020 年教育部印发《高等学校课程思政建设指导纲要》，“纲要”明确指出全面推进课程思政建设是落实立德树人根本任务的战略举措，落实立德树人根本任务，必须将价值塑造、知识传授和能力培养三者融为一体、不可割裂。2021 年教育部发布《教育部关于开展课程思政示范项目建设工作的通知》，进一步体现课程思政建设的重要性。课程思政要紧紧抓住教师队伍“主力军”、课程建设“主战场”、课堂教学“主渠道”，让所有高校、所有教师、所有课程都承担好育人责任，守好一段渠、种好责任田，使各类课程与思政课程同向同行，将显性教育和隐性教育相统一，形成协同效应，践行“门门课程有思政”“教师人人讲育人”，提高课堂教学效果和质量、提升学生学习热情和成效。

本书是在华北理工大学教学建设委员会五育建设专门委员会的整体谋划、设计、指导下完成的课程思政类教材，旨在充分发挥课程的德育功能，落实立德树人根本任务，寓价值观引导于知识传授和能力培养之中，加强专业课堂教育与立德树人的深度融合，将思政之“盐”溶入课程之“汤”，充分挖掘课程所蕴含的思政教育元素，提炼各课程中蕴含的思政教育资源、文化价值与育人元素，打造“一课一德”，使各类课程与思政课程同向同行，构建全员全过程全方位育人格局。

理学、工学学科课程内容多而杂，蕴含着丰富的思政元素。本汇编依据《纲要》分类指导，依据学校办学定位及学科特点，理工篇各章节深入分析各学科的课程特点及其与思想政治教育的关系，挖掘课程所蕴含的思政元素契合点，将每门课程作为教学基本单元，实现知识传授、能力培养和价值塑造相统一的功能，根据不同的专业人才培养特点，融入丰富的德育元素，形成专业课教学与思想政治理论课教学紧密结合，依据人才培养的需求，以“立德树人”为核心，通过课程定位、课程思政教学目标、课程思政教学设计、课程思政元素融合、教学效果、案例推广应用等几个方面进行整门课程的教学设计，结合理工专业门类的特点，将社会主义核心价值观的基本内涵、主要内容等有机、有意、有效地纳入整体教学布局和课程安排，做到专业教育和核心价值观教育相融共进，引导学生做社会主义核心价值观的坚定信仰者、积极传播者、模范践行者。

目　录

理工篇

理工篇

Science and technology

《沉积岩石学》课程思政教学设计

矿业工程学院　张琳婷

该课程主要讲述沉积岩的形成和演化、沉积岩的分类、各类沉积岩的主要特征、沉积岩的成岩后生变化；沉积相部分主要包括沉积环境和沉积相的基本概念、沉积环境特点及其在该环境中形成的岩石组合、各种类型沉积相的特征及其识别标志等。课程教学中注重培养学生地质思维和实践能力，融入大国工匠精神、爱国主义、民族精神、改革创新和科技强国等课程思政点，从德、行两个方面将本门课程所包含的“科学精神”与“人文精神”传达给学生。

一、课程定位

1. 课程性质：《沉积岩石学》属于石油工程与石油地质专业的主干课程，是在本科二年级开设的专业必修课程。

2. 课程地位：沉积岩是地壳中的三大类岩石之一，石油、天然气、煤、油页岩等有机矿产和盐类矿产几乎全是沉积成因的。铁矿的90%，铅锌矿的40%～50%，铜矿的25%～30%、锰矿和铝矿的绝大部分以及其他金属、非金属矿产，也都是沉积或沉积变质成岩的。

3. 课程教学内容与意义：沉积岩的形成和演化、沉积岩的分类、各类沉积岩的主要特征、沉积岩的成岩后生变化；沉积相部分主要包括沉积环境和沉积相的基本概念、沉积环境特点及其在该环境中形成的岩石组合、各种类型沉积相的特征及其识别标志等，以及如何利用沉积相和岩相古地理研究成果为油气和其他矿产勘探开发服务。

二、课程思政教学目标

1. 知识目标：沉积岩的形成和演化、沉积岩的分类、各类沉积岩的主要特征等；沉积相部分主要包括沉积环境和沉积相的基本概念、各种沉积环境特点及其在该环境中形成的岩石组合、各种类型沉积相的主要特征及其识别标志等。

2. 能力目标：使学生学会从沉积演化的思路出发，对沉积岩进行分析评价，能够通过已经学过的专业课程入手，强调课程内部的联系，强化学生的地质思想。

3. 素质目标：培养学生解决问题能力，把握其发展脉络，更好地服务于油气勘探事业。

4. 课程思政教学目标：立足课程思政的现代课程观，《沉积岩石学》课程重新认识、重新定位和重新塑造了教学目标，在知识性和能力性目标之外，还将“爱国精神、国家能源安全思维、保护环境思维、勇于担当、艰苦朴素，爱岗敬业、创新思维”的课程思政目标融入其中，贯穿于课程教学大纲的各个单元，实现了课程思政建设与教学目标的契合，与教学内容的融合，与教学素材的整合，与教学过程的结合，将本门课程所包含的“科学精神 ”与

"人文精神"传达给学生，形成"一念，三爱，四所得"的课程思政教学目标。

还将"能源安全"的理念；三爱（"热爱祖国""热爱专业""热爱青春"）；四所得（"大胆创新""艰苦奋斗""解放思想""审美素养"）融入其中，贯穿于课程教学大纲的各个单元，实现了课程思政建设与教学目标的契合，与教学内容的融合，与教学素材的整合。

三、课程思政教学设计

1. 课程教学设计模式

课程采取"知识讲授+自主探究+科研引导+思政元素"的教学设计模式，在讲授理论知识的同时，以教师科研为主线，引导学生进行自主探究活动，融入隐性思政元素，培养学生科学思维和专业知识应用的能力，并形成特色的课程教学设计："一条主线+两个核心素养+两个课程案例库+四个地学模块+四位一体教学模式。"（见图1）

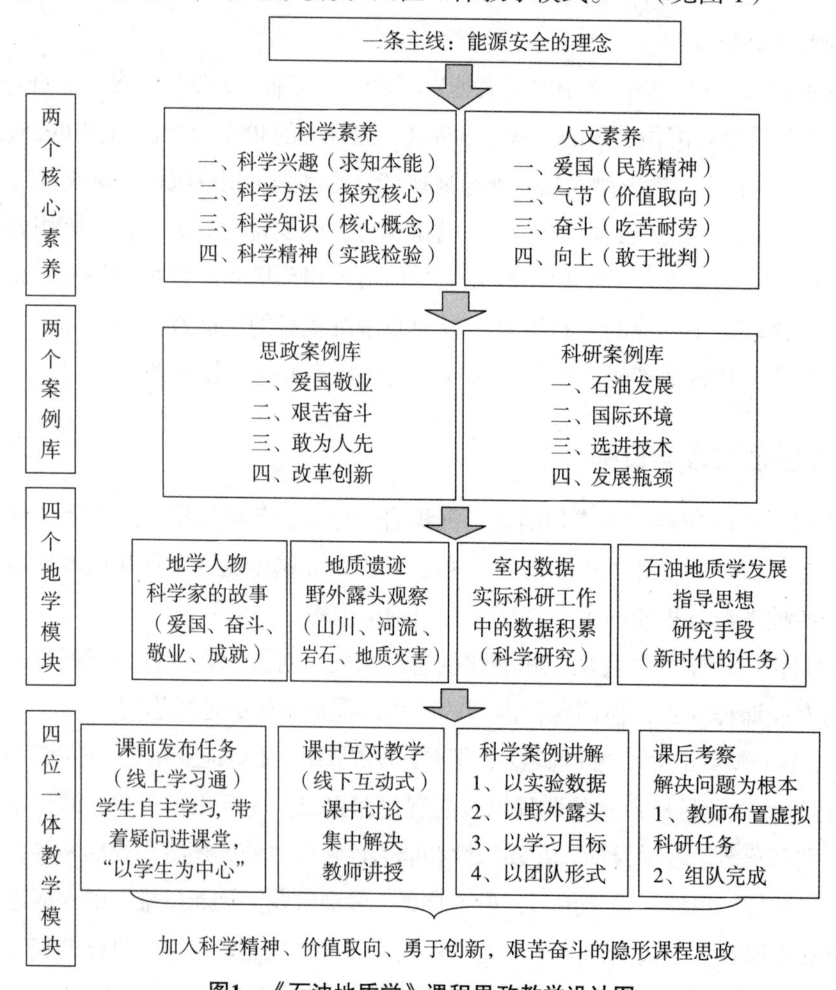

图1 《石油地质学》课程思政教学设计图

一条主线：党的十八大后，面对能源供需格局新变化、国际能源发展新趋势，习近平总书记从保障国家能源安全的全局高度，提出“四个革命、一个合作”的能源安全新战略。始终坚持能源安全的战略思维、坚持“创新、协调、绿色、开放、共享”的发展理念、坚持以人民为中心的发展思想、坚持辩证的科学思维方法，是经过系统、科学的顶层设计而形成的。这一战略，萌发于地方，根植于全国，放眼于全球，是增强能源安全保障能力、提升能源发展质量和效益、全面推进生态文明建设的能源行动指南。石油，工业血液、世界第一战略物资。自从人类选择了石油，它就成了人类政治、经济、军事、战略斗争的核心之一。20世纪70年代，两次石油危机严重影响了世界经济的发展和社会的安定。近百年来，世界上许多国家都在为争夺石油而进行没有硝烟的战争……总结出一条主线，“能源安全的理念”，培养和增强学生从国际和国家的大环境出发，激发出爱国情感，能深刻体会到“石油安全”的战略和经济地位，以爱国热情、创新精神、艰苦奋斗的理念为我们国家寻找更多的油气田与矿产。

两个核心素养：

科学素养：培养学生的科学素养，是时代发展的需要，是未来对人才需求的要本。任何一门学科，都要培养学生的科学兴趣（也是学生的求知本能），然后才能依托科学方法去探究问题的核心以及科学知识的核心概念。通过反复的论证，不怕失败，多头探索的精神去实践检验。

人文素养：“有才无德”与“有德无才”两者相比较，最可怕的是前者，如果一个人缺失了最根本的民族精神，那么将会成为我们民族的败类，这在历史上也大有人在，因此如何去培养去植入学生的民族精神是至关重要的。通过引入科学家钱学森教授的案例，讲述我们科学家的民族气节与价值取向。国家的发展，民族的兴衰除了我们的奋斗的精神还有科学技术，通过讲授王进喜的“铁人精神”、黄大年的“至诚报国情怀”来阐述爱国、爱专业、不惧风险的精神美德。我们现在所取得的成果和经验并不是一成不变的，通过讲授“陆相生油理论”来引导学生积极向上、敢于批判的精神。

两个课程案例库：

在教学过程中挖掘思政元素，促进学生知识传授、能力培养与价值引领有机统一，形成两个课程资源案例库。一个是以爱国敬业 、艰苦奋斗、敢为人先改革创新等内容的思政元素库；二是以石油发展 、国际环境先进技术、发展瓶颈为内容的科研案例库。

四个地学模块：

① 地学人物的挖掘（爱国、奋斗、敬业、成就）

在自然科学领域内，地质学家做出了很多杰出的贡献，中国地学的发展是一代代地质学家努力钻研实现的。挖掘著名地学人物，学习地质学家怀揣梦想和追求真理的精神，对地学的思想政治建设尤为重要。如闻名中外的地质学家李四光是中国地质力学的创立者、中国现代地球科学和地质工作的主要奠基人之一、中华人民共和国成立后第一批杰出的科学家和为国家发展作出卓越贡献的元勋。当代的战略科学家、地球物理专家黄大年教授“心有大我，至诚报国”的精神，不求私利，无私奉献，将科学摆在第一位，正如他生前所言“在科学上我没有对手，也没有朋友”。教学实践中，更多的关于科学家的故事扫描二维码。

中国好故事
www.chinastory.cn

扫描二维码
查看更多精彩好故事

②地质遗迹（野外露头观察）

地球在漫长的历史演变过程中，由于内外力的地质作用，形成了各种各样的地质遗迹，如留在岩层表面的各种构造、岩体的形态、矿物的类型、自然地理风景地等。中国地域辽阔、气候复杂，形成多样化的地形地貌，如雅鲁藏布江缝合带、云南石林、黄山奇峰、张家界柱状砂岩等，在世界上享有盛名。雅鲁藏布江是一个有名的地质构造遗迹，是世界上海拔最高的河流之一，地质构造变化较复杂，其缝合带是青藏高原多条缝合带中最南端的一条，代表新特提斯洋的残留，而新特提斯洋的研究是青藏高原的核心问题，对研究仲巴地区的岩浆活动具有重要意义。通过地质遗迹的发掘开发，形成科学的思想认识，丰富地学课程思政内容。

③室内数据（收集实际科研数据）

实际科研工作中的数据积累（通过报告+公开发表论文）对沉积相的识别与相图的绘制完善与教学有关的各类数据库，包括单井的钻井测井的数据，研究区大剖面的连井数据等，通过微相、亚相、相带的划分绘制沉积相图。

④ 沉积岩石学的研究成果、指导思想、研究手段（新时代的任务）

其发展历史始于1849年瓦尔特（Walther）发表的三卷巨著《作为历史科学的地质学导论》。1849年以后直到1931年，通过对各类沉积岩和沉积物及其形成过程和作用的研究，沉积岩岩石学逐渐发展成为一门新兴的学科。

我国沉积岩岩石学研究虽然起步较晚，但在新中国成立以后，特别是由于勘探和开发各类矿产资源的需要，沉积岩岩石学研究获得了较迅速的发展。我国地域面积广大，地质

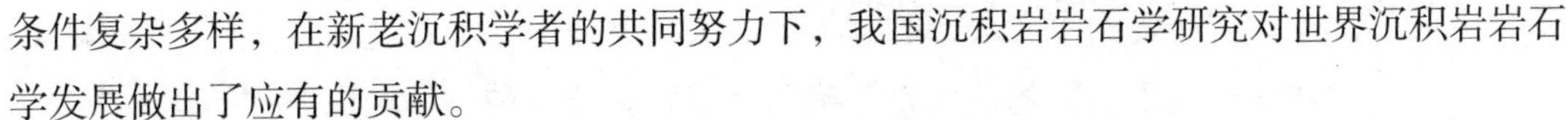

条件复杂多样，在新老沉积学者的共同努力下，我国沉积岩岩石学研究对世界沉积岩岩石学发展做出了应有的贡献。

1. 四位一体教学模块

课前发布任务（线上学习通）学生自主学习，带着疑问进课堂，“以学生为中心”，学生提问，课中以（线下互动式）课中讨论、集中解决问题、教师讲授为主，主要讲授核心概念问题。课后以实验数据为依据，以野外露头为基础，以团队形式完成学习目标。最后以“解决问题”为根本，以虚拟课题或参与教师科研为着手点。

2. 课程教学特色与创新

教学内容服务于教学目标，教学特色服务于教学内容。“以学生为中心”，“以国家能源安全高站位”激发学生的爱国情怀、民族大义。即：教师搭台子，引典论证，学生唱主角，有骨有肉有温度”的教学法在本门课程里结合“认知发现论”得以应用。提问问题，环环设计问题，章章解决问题，用实物、用实例、用“学习通”解决教学中的难点问题。从学生的身边出发，从地质人物入手，从重大发展提问，去深挖他们懂的、能理解的、感兴趣的问题深入浅出地学习，将专业用于科研，用于社会，用于学生的个人成长中。

3. 课程教学设计如何体现课程思政教学目标

在所设计的四个地学模块中的“地质人物”中我们从以下几点体现：

从李四光身上，我们学习热爱学习、不怕困难的钻研精神，树立远大志向的梦想精神以及科学救国的爱国精神。“中国石油之父”孙健初先生是第一个跨越祁连山的中国地质学家，探明并开发了玉门油矿，建成中国第一个石油工业基地，是中国石油地质的奠基人。他坚持科学，不迷信权威，反对西方学者所谓"中国贫油"论。黄汲青教会我们从事科研事业需秉持严谨踏实的态度，保持谦虚和感恩的生活态度。陈国达在研究构造地质学的过程，不断突破，不断创新，正是新时代青年需要向其学习的一丝不苟精神，并传递为科学真理艰苦奋斗和为国家富强、民族振兴、造福人类、无私奉献的精神。

当代地学名人黄大年同志放弃国外优越条件回到祖国，刻苦钻研、勇于创新，是为国家和人民奉献自我的优秀典范。从地质学家著名人物中学习地学科学家的刻苦钻研、不屈不挠和热爱祖国的精神，以及他们爱岗敬业、坚持不懈的科研理念。

在所设计的四个地学模块中的“石油地质学发展”中我们从以下体现：理论不是一成不变的，科学要有怀疑的态度，勇于创新。

19世纪二三十年代，世界上发现的石油资源绝大部分都在海相地层中，勘探实践所提供的客观事实，使西方许多地质学家形成了只有海相才能生油的概念。1941年，潘钟祥先生首次提出“中国陆相生油”。长期以来，中国的大部分油田都是在陆相生油理论上取得成果的。中国的石油地质家经过几十年的勘探，不仅在诸多的中新生代陆相沉积盆地发现了丰富的石油，而且还找到了大庆、胜利等亿吨级的大油田。实践证明，中国学者坚持的“海相能生油陆相也能生油”的认识是正确的。海相烃源岩和陆相烃源岩都是在半咸水、咸水沉积环境中形成的，大陆架、大陆坡是海相烃源岩发育的理想环境，而内陆咸化湖盆中的深水凹陷（或洼陷）则是陆相烃源岩发育的最好环境。同时，海相烃源岩和陆相烃源岩中有机物质的主要来源均为半咸水，咸水水体环境中发育的浮游藻类。因此，海相生油与陆相生油并没有本质的区别，都是烃源岩生油理论的一个组成部分，不存在独立的海相生油理论或独立的陆相生油理论。二者唯一的区别，就是陆相烃源岩的Ⅰ型干酪根比海相烃源岩的Ⅱ型干酪根品质更好，生油能力更强。从以上分析可以看出，地质学家发展中的重大事件推动地球科学以及人类文明的进步，牢记地质学家发展重大事件，使之融入地质学家课程思政，促使学生意识到地球科学的发展带给人们极大效益的重要性。

四、课程思政元素的融合

在教学过程中，根据各个教学单元的内容特点，选取更切合的课程思政教学目标融入，并配合以相应的教学活动设计，促进知识、能力和课程思政教学目标的同步有效达成。

沉积相部分主要包括沉积环境和沉积相的基本概念、各种沉积环境特点及其在该环境中形成的岩石组合、各种类型沉积相的主要特征及其识别标志等，以及如何利用沉积相和岩相古地理研究成果为油气和其他矿产勘探开发服务。这部分讲授突出“国家能源安全思维”的思政目标。这部分的知识核心是构建学生如何应用专业的学科知识，为油气和其他矿产勘探开发服务，构建完整的知识体系。

例如：在讲到识别三角洲相时，指出沉积环境及在该环境中形成的沉积岩特征时引出老一辈地质学家的“艰苦朴素，爱岗敬业”的精神。以成都地质学院曾允孚教授为例。“曾允孚教授是我们老一代地质学家的杰出代表，与刘宝珺院士同代，其一生都奉献给了我们国家的地质事业，是我国沉积学的泰斗，是我导师郭建华教授的导师。讲身边人，身边事，使学生没有距离感。接下来再引出曾老师提出的“沉积相”的概念，让学生有荣誉感，有继承发扬老一辈光荣传统的信心，从而提出其学习兴趣。

2. 在讲到陆相油气生成理论时，引出“中国石油之父”孙健初先生。他是第一个跨越祁连山的中国地质学家，探明并开发了玉门油矿，建成中国第一个石油工业基地，是中国石油地质学的奠基人。学习他坚持科学，不迷信权威，反对西方学者所谓“中国贫油论”。

中国的石油地质学家经过几十年的勘探，不仅在诸多的中新生代陆相沉积盆地发现了丰富的石油，而且还找到了大庆、胜利等亿吨级的大油田。实践证明，中国学者坚持的“海相能生油陆相也能生油”的认识是正确的。同时，引出我们老一辈潘钟祥、黄汲清、李四光教授，在这里引出“艰苦朴素，爱岗敬业、继承发扬老一辈光荣传统的思想”。在新中国成立之初，如何通过艰苦奋斗、永不放弃的精神摘掉了中国“贫油论”的帽子而发现了大庆油田，在这里必须提到大庆油田的“铁人”王进喜及其“铁人精神”，让学生立志做新时代的“铁人”。“铁人”是20世纪五六十年代社会送给石油工人王进喜的雅号，而“铁人精神”是王进喜崇高思想、优秀品德的高度概括，也集中体现出我国石油工人精神风貌。“铁人精神”内涵丰富，主要包括：“为国分忧、为民族争气”的爱国主义精神；“宁可少活20年，拼命也要拿下大油田”的忘我拼搏精神；“有条件要上，没有条件创造条件也要上”的艰苦奋斗精神；“干工作要经得起子孙万代检查”“为革命练一身硬功夫、真本事”的科学求实精神；“甘愿为党和人民当一辈子老黄牛”的埋头苦干的奉献精神等。“铁人精神”无论在过去、现在和将来都有着不朽的价值和永恒的生命力。这些事例让学生有荣誉感，有继承发扬老一辈光荣传统的信心，从而提升其学习兴趣。

3. 讲到油气成藏时，我们引入最热的时代话题“新型冠状病毒肺炎疫情下”小小的口罩，大大的中国。石油中的主要分离物质“聚丙烯”是口罩的核心材料喷绒布的主要成分，谁也没有想到在口罩紧俏关头，发声的是中国石油化工集团，一声“我有聚丙烯，谁有口罩机”的呐喊，大大的提高了我们的“口罩”安全感，从而将“新时代担当的爱国精神、创新思维”融入教学当中。聚丙烯来源于石油，那你知道石油是如何生成的吗？我们用最简单的案例，最动人的案例让学生对此次课感兴趣，带着荣耀带着使命感去学习。

五、教学效果

通过精心设计课程教学，在保障授课教学效果的同时达成教学目标。切合度较好，在教学过程中，坚持教书与育人相统一，挖掘并积累思政元素，以“春风化雨、润物无声”的形式，隐性融入地学专业课程的课堂教学环节，不断丰富课程思政的内涵，在传授专业知识的同时，培养学生科学素养、人文素养，塑造价值观，培养家国情怀。

学生通过课程学习，深刻认识到在老一辈地质学家如何摘掉“中国贫油论”的帽子，如何在“有条件要上，没有条件也要上”的艰苦年代中，凭着一颗颗的赤诚之心才有了我们今天的伟大祖国。国家的繁荣富强是建立在能源安全的基础之上的，有国才有家，国家安全是我们每个中国人的责任，新时代的中国不需要我们再去“跳泥坑”“人挑肩抗”，但是精神永不能忘记，让学生时刻感受到中国力量、中国精神、中国制造、中国故事，感受作为新一代石油工作者责任与担当，建立我们的民族自豪感、民族自信心、民族创造力。“石油工人一声吼，地球也要抖一抖”这样专业的自豪感。

六、教学案例对地质类课程的推广

本课程融合隐性思政的教学模式，可供其他地质类课程借鉴并推广应用，尤其是“四个地质模块”中的“地学人物”与“石油地质发展”两个模块。

在课堂中创设了一种良好的学习环境，在实施教学改革的过程中，学生通过实验、独立探究，减轻了学生的学习任务，教学测评中不再应该以学生记住知识的多寡来衡量，而应以学习中主动参与的程度、协作学习的能力与贡献等多因素来综合衡量。挖掘著名地学人物，学习地质学家怀揣梦想和追求真理的精神，对地学的思想政治建设尤为重要。如闻名中外的地质学家李四光是中国地质力学的创立者、中国现代地球科学和地质工作的主要领军人和奠基人之一、中华人民共和国成立后第一批杰出的科学家和为国家发展作出卓越贡献的元勋。

“立德树人”建立一个“有温度”的学科体系，使学生学习我们老一代的地质学家艰苦求实勇于奉献的科学精神，提升专业的认同感与自豪感，使青年学生加强奋斗与创新的决心，增加国家的能源安全意识。

《安全法律法规》课程思政教学设计

矿业工程学院　李　晔

该课程主要讲述安全生产相关法律规范的基本知识和基本内容，培养学生解决实际工程问题的综合实践和创新能力，融入理性思维、法治意识、职业道德、责任担当等课程思政点，培养学生遵纪守法、安全第一的职业素养。

一、课程定位

本课程是安全工程专业本科二年级开设的专业必修课程。本课程是安全工程专业学生的法律启蒙课程，在系统阐述安全生产相关法律规范的基础上，通过案例教学、混合教学等授课形式，使学生了解和掌握《中华人民共和国安全生产法》《中华人民共和国矿山安全法》《消防法》《安全生产许可证条例》《煤矿安全监察条例》和《煤矿安全规程》等安全方面的法律法规的基本知识和基本内容，培养学生的法律意识和法治观念，并使学生能够在今后的工作中，运用所学的法律法规的相关知识，指导企业按照法律规范从事生产，具有解决实际工程问题的综合实践和创新能力，并能够自主学习和终身学习最新的安全生产法律法规和相关政策。

二、课程思政教学目标

根据课程思政的要求，《安全法律法规》课程重新审视教学目标，在原有教学目标基础上，融入课程思政，使其贯穿于课程教学大纲的各个单元。将课程思政与教学目标、教学内容、教学素材以及教学过程完美融合，不仅使学生具备专业知识和能力，还使其能够构建理性思维、树立法治意识、遵守职业道德、勇挑责任担当，为其将来走上工作岗位、创造社会价值打下的坚固的基础。

三、课程思政教学设计

课程采取“知识讲授+案例分析+思政元素”的教学设计模式（见图1），在讲授理论知识的同时以事故案例为辅助，融入思政元素，培养学生法学思维和专业知识应用能力，潜移默化地进行遵纪守法、职业道德、责任担当的思政教育。

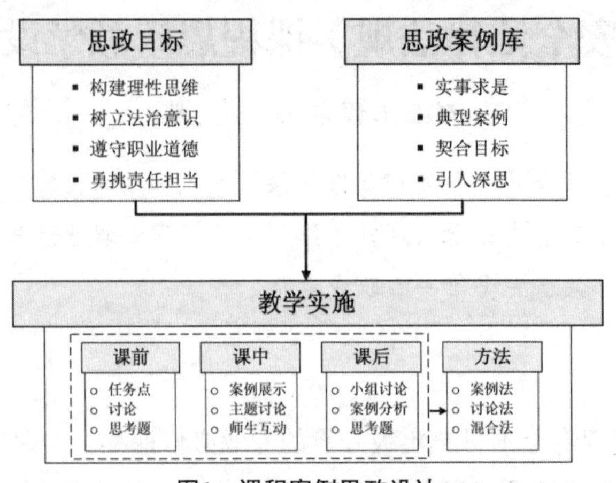

图1　课程案例思政设计

在开展教学之前，首先确定本课程的思政教学目标，为构建理性思维、树立法治意识、遵守职业道德、勇挑责任担当。在此基础上，搜集资料建立思政案例库，并坚持实事求是、典型案例、契合目标、引人深思的原则，保证每一个案例都是真实发生的，并且具有代表性，符合课程思政目标的要求，同时能够引起学生的共鸣。

在教学过程中，在课前、课中和课后都要制定相应的教学计划，使课程思政贯穿整个授课过程，同时采用适当的教学方法，使课程思政与教学内容紧密结合，做到“润物细无声”。

四、课程思政元素的融合

在教学过程中，根据各个教学单元的内容特点，选取更切合的课程思政教学目标融入，并配合以相应的教学活动设计，促进知识、能力和课程思政教学目标的同步有效达成。

1. 在《中华人民共和国安全生产法》《中华人民共和国矿山安全法》《中华人民共和国消防法》《安全生产许可证条例》《煤矿安全监察条例》和《煤矿安全规程》等安全方面的法律法规讲授过程中，对法的概念、特征、作用、权利和义务等基础知识的讲授中重点突出“构建理性的思维”的思政目标。这部分的知识核心是构建安全工程专业学生法学思维，从而能够理性地从专业视角处理安全生产的相关问题，做到有法可依、有法必依、违法必究，进而从根本上减少安全事故的发生。

该部分会引入部分案例使学生直面理性与感性、社会与法律、常识与专业等冲突。例如，在讲授《安全生产法》中从业人员的权利与义务中，会对从业人员在从业过程中的停止作业权与可能面对的开除等冲突问题，从而追问在该种情况下你如何选择的问题，引发学生对安全生产作业中忽视安全法律规定等根本原因的思考，理解安全相关法律法规中相关规定要求的深层含义，进而懂得维护自身的合法权益。

2. 在《中华人民共和国安全生产法》《矿山安全法》《消防法》《安全生产许可证条例》《煤矿安全监察条例》和《煤矿安全规程》等安全方面的法律法规讲授过程中，对安全法治原理、安全法治与社会发展等讲授中重点突出“树立法治意识”的思政目标。只有让学生真正意识到安全法律是安全生产工作中的重要组成部分，能够指导安全生产工作，并减少安全事故的发生，才能树立其安全法治意识，建立安全法治信心，并在未来的工作中依法从业，减少安全事故的发生。

该部分主要选取我国安全生产相关法律法规发展过程中发生的典型案例以及我国安全生产工作的新进展，从而使学生感受到我国安全法律法规体系建设的不易，以及我国安全工作取得的成就，进而对我国安全法律法规产生一种敬畏情感，唤起学生不断完善我国安全相关法律法规的责任感和使命感，同时对我国安全生产事业产生归属感和使命感。只有建立起这样强烈的情感，才能使学生更加热情的投入到安全生产相关工作中去，并不断吸收新的知识，不断完善法律体系，不断改进安全技术，达到本质安全。

3. 在《中华人民共和国安全生产法》《矿山安全法》《消防法》《安全生产许可证条例》《煤矿安全监察条例》和《煤矿安全规程》等安全方面的法律法规讲授过程中，对于从业资格、职业安全、权利和义务、工伤保险等相关内容的讲授中，突出“遵守职业道德”的思政目标。学生们只有认识到在将来的就业中，只有遵守职业道德，规范自己的行为，才能保证在生产过程的安全。因此，除了认真学习安全工程专业知识外，提升自我道德修养、法律知识同样重要。

该部分更多的是采用启发式、问题式教学法，让学生直面安全生产中的职业道德问题，启发学生对职业道德、自我修养等问题的讨论，进而使学生反思我国安全生产中的各类问题与职业道德之间的关系。例如，谈到注册安全工程师的造假问题，事故申报中的瞒报、谎报、不报等玩忽职守问题，进而思考职业道德、职业诚信在安全生产中的重要作用，以及提高从业人员的职业道德、职业诚信的有效方法。通过课堂讨论、辩论等形式，提高学生对职业道德、职业诚信的认知，培养良好的品德。

4. 在《中华人民共和国安全生产法》《矿山安全法》《消防法》《安全生产许可证条例》《煤矿安全监察条例》和《煤矿安全规程》等安全方面的法律法规讲授过程中，对于安全生产的法律规定、安全人员的责任义务等相关内容的讲授中，突出“勇挑责任担当”的思政目标。对于安全工程专业的学生来说，社会责任感和使命感能够帮助他们建立坚定、稳定、持久的职业责任感和职业荣誉感，这种情感反过来也能够帮助学生理解安全工作对社会和人民安全的重要意义。

这部分内容更多会采用案例分析和榜样实例的教学方法，突出榜样的力量，增加学生的责任感和使命感。例如，讲到《消防法》的时候，让学生观看消防员灭火救援的影视资料，传播正确的职业导向和社会责任感，以及大无畏的牺牲精神，帮助学生树立正确的人生观、价值观，找到正确的职业方向，体会人间大爱以及生命的脆弱，从而正视自己职业的重要性，增加自己的责任感和使命感。

五、教学效果

通过精心设计课程教学，保障授课教学效果，达成教学目标。在教学过程中，坚持教书与育人相统一，挖掘并积累思政元素，以“春风化雨、润物无声”的形式，隐性融入安全工程专业课程课堂教学环节，不断丰富课程思政的内涵，在传授专业知识的同时，引领学生思想、塑造价值观、培养职业道德和法律意识。

学生通过课程学习，深刻认识到在生产活动中安全工作的重要性，感受到遵纪守法、依法依规的必要性，理解安全工作者的责任与担当，做到尊重生命、热爱生命、保护生命。

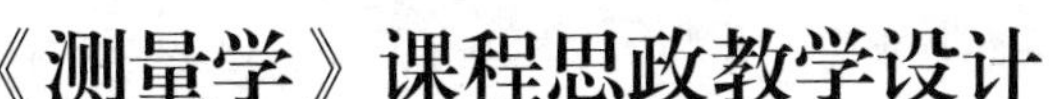

《测量学》课程思政教学设计

矿业工程学院　田桂娥

该课程主要讲述了高差、角度、距离外业数据采集方法及地形图测绘、误差处理等理论与实践，培养学生外业实践操作及动手能力和解决实际工程的能力，融入爱国主义、民族精神、职业道德等思政点，培养学生爱国敬业、艰苦奋斗、永攀高峰的科学精神和精益求精的科学态度。

一、课程定位

《测量学》课程是我校采矿工程、土木工程、给排水专业等近10个专业的专业必修课程，也是测绘工程专业研究生入学考试的基础课程。《测量学》是一门理论性、科学性和实践性很强的课程。本课程主要培养学生具有小区域控制测量和大比例尺地形图测绘的测量基本理论和技能，并具有从事矿山工程测量、管理和服务一线的工作技能。其中包括培养学生水准仪、经纬仪、全站仪等常规仪器的外业实践操作及动手能力，能够正确进行工程测量及测量成果的计算和绘图，解决在工程建设中的基础测量问题；培养学生艰苦奋斗、永攀高峰的科学精神和严谨、精益求精的科学态度，培养学生合作创新、团结合作的能力，能够将无人机测绘、三维激光扫描测绘、北斗等新技术与传统技术相结合以解决复杂工程问题。

通过课堂讲授、案例教学、讨论式教学、项目式引导等教学手段，讲授三大基础测量、误差理论与数据处理、导线布设及内业计算、地形图测绘等理论和思路，提高学生自主学习的主观能动性和在实际工程中分析问题、解决复杂问题的能力，培养学生团结合作、动手操作、勇于创新的能力，为培养学生全面发展保驾护航。

二、课程思政教学目标

围绕课程知识传授、能力提升和价值引领相结合的整体目标，结合本课程理论抽象、接地气的特点，挖掘自身蕴含的思政元素。

1. 培养学生爱国情怀。在珠峰测量和坐标系的相互转换等内容的讲授中，突出强调为国奉献、为国争光、国家安全的思政目标，通过实例体会前辈的爱国精神，体会绝对坐标对国家安全的重要性。

2. 培养学生不畏艰难、勇攀高峰的科学精神。通过珠峰测量视频，让学生如亲临珠峰测量现场，充分感受到测量工作者不畏艰难、永攀高峰的科学精神，感受国家实力的增强、测绘技术的先进，增强学生的专业认同感。

3. 培养学生合作创新和实践动手操作能力，通过二等水准测量课堂实验，充分锻炼学生对仪器的操作和实践动手能力，借助小组间的实验，培养学生团结合作的工作作风。实践中的数据观测、记录与解算，充分锻炼学生严谨求实、精益求精的科学态度，充分体会“失之毫厘，谬以千里”的道理。

三、课程思政教学设计

在教学过程中，将知识传授、能力培养、思政元素相结合，在讲授理论知识的同时以解决实际工程问题为主线展开教学活动，融入思政元素，培养学生的专业思维和人文素养，潜移默化地完成科学探索、爱国情怀和不畏艰难、勇攀高峰的科学精神的传授，增强学生的专业认同感。本课程以“一条主线+两个主要教学方法+三个中心+四个融合”教学设计思路开展教学，如图1所示：

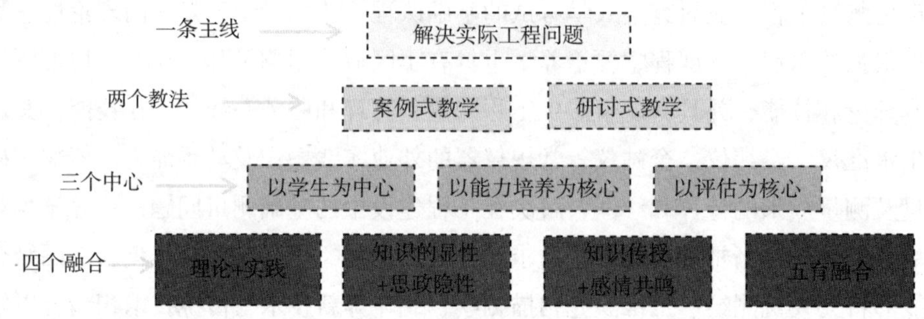

图1　课程思政教学设计

一条主线：“解决实际工程问题”符合了本课程实践性强的特点，本课程所有知识理论均是为了解决实际工程问题。以此为主线，整个课程设计多个学习情境。在学习情境中以解决某一生活难题或某一工程问题为出发点，引导学生进行资料的搜集、组织和实施等工作，在案例中让学生充分理解规则意识，锻炼其实践动手能力。

两个主要教学方法：“案例式教学”和“研讨式教学”。借助案例式教学，使学生充分理解测量工作者具有的突破陈规、敢于创新、不畏艰难、勇攀高峰的科学精神；通过研讨式教学充分调动学生的学习主观能动性和学习的责任感，逐步树立主动学习、快乐学习、学有所用的思想观念。

三个中心：教学过程以学生为中心，能力培养为核心，最终以有效的评估来检验教学效果。以OBE理念为基础，借助小组讨论、选人、实验模拟、程序演示、PBL小组作业等方式，实现学生为中心、教师为辅，充分体现学生的主体责任感，通过有效案例与学生在思想上产生共鸣、观念上达成一致，使其隐性的思政元素显性化，最终实现在潜移默化中达到立德树人。

四个融合：结合课程的特点，实现理论与实践的融合的同时，融合思政元素，达到隐性思政元素和显性知识传授的有机融合，达到润物细无声的目的，从而实现与学生在感性

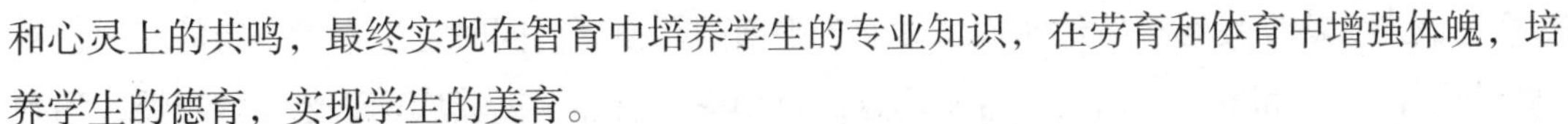

和心灵上的共鸣，最终实现在智育中培养学生的专业知识，在劳育和体育中增强体魄，培养学生的德育，实现学生的美育。

四、课程思政元素的融合

1. 在珠峰测量数据处理和沉降监测案例中融入“严谨求实、精益求精”的思政目标。在严峻的外业环境下，珠峰测量的最终结果要达到厘米级精度，需要多个处理步骤、多部门配合、多种数据处理方法，才能满足最终的测量精度；无论是哪个等级的变形监测，均应以国家或行业标准为准绳，通过实验和实习，让学生真正体会到测量中稍有粗心，测量数据就会超出规范要求，小则重测，大则将带来重大工程安全事故，在测量数据面前人人平等，“失之毫厘谬以千里”在这里充分体现出来。这种严谨、求实的信念一旦达成，在学生今后的学习和工作中，将会受益一生。

该部分知识主要采用讲授、实验、小组讨论等教学方式，贯穿启发式、问题式教学手段，让学生亲自感受测量中稍有马虎，限差超限，就需要重测。通过小组讨论误差超限原因，深层次剖析测量中“认真”二字的含义和测绘规范的重要性。通过查规范、外业实施、分析误差超限原因、处理误差的启发性教学过程中，培养学生分析问题、解决问题的能力，实现自主学习的能力。

2. 在水准测量原理及应用讲授中，将理论与实践融合在一起，通过珠峰测量视频的观看，构建“爱国敬业、不畏艰难、勇攀高峰、无私奉献”的思政目标。珠峰测量是世界的骄傲，珠峰测量一方面代表世界的科技水平，另一方面是国家荣誉的象征，更是测量人的骄傲，弘扬爱国主义精神，培养青年爱国情怀。通过珠峰测量视频增加学生对自己所学专业的崇拜、认可，进而培养学生爱岗就业，无私奉献的精神。在课程坐标系统、地形图符号及地形图测绘的讲授中，突出强调“国家安全”的思政目标，培养学生的安全意识、保密意识，通过南斯拉夫大使馆的惨痛教训，让学生能够深刻理解“科技强则国家强”，重要位置的地形图和绝对坐标对于一个国家的重要性，保护国家安全信息是每个公民应尽的义务，更是爱国的体现。这一目标的达成，能够将爱国、报国、强国的强大精神动力转化为学习专业的热情，形成强烈而持久的学习内驱力。这部分的知识核心是构建学生的测量专业思维，以严谨的态度、顽强的毅力进行测量实施，促进学生真正在专业视角上掌握这些抽象的专业术语，结合生活案例，将知识融会贯通，而非简单零散识记。

该部分知识更多采用视频、工程案例的教学方法，借助视频让学生真正感受到珠峰测量现场的氛围，每一个工作者都精神饱满、斗志昂扬，感受到作为一名珠峰测量者的骄傲，同时感受到珠峰测量者的敬业、执着与敢为人先的精神，在英雄人物的感召下，培养学生多思考，思考测绘在国家建设中的作用，思考自己应承担的责任和应具有的担当。

3. 在高斯投影、坐标转换的讲授中融入“勤于思考、合作创新”的民族精神和“国家安全”意识。高斯投影巧妙地实现了球面到平面的转换，但同时也带来了一定的问题，在高斯投影的引入和解决高斯投影带来问题的过程中，引导学生养成勤于思考的习惯，遇到难题，要主动寻找解决措施，只有认真思考了，才可能有创新、有奇迹发生，这同时也提醒我们在实际生活中要善于思考、积极努力。通过不同坐标系间的相互转换感受到在世界万物中看似复杂的事物可能存在着一定的内在联系，且这个关系可以用一种神奇的公式表示出来，万变不离其宗，鼓励学生多思考、勤思考以探索生活之美。生活中看似很普通或是遇到不如意的事情，换个角度看问题，可能会马上沙漠变绿洲，努力发现，努力探索，生活中到处充满美，让“美”走进我们的日常生活和学习中，哪怕是枯燥的学习，只要我们去探索，将会给我们带来意想不到的“美”，引导学生提高审美观念。

4. 在整个课程的讲授过程中，培养学生树立一颗“感恩”的心，感恩父母、感恩学校、感恩国家，以立德树人为根本。通过观看视频案例、与学生的闲聊，了解学生的家庭、了解学生将来的发展意向及学生所关心的一些话题，努力帮助其解决一些生活困难，增进师生感情，使学生在潜移默化中感受到“被爱”，并引导学生去“施爱”。一个内心充满爱的人，心里是充满阳光的，是积极向上的，人格是健康的，对社会、父母、老师、同学均会有一颗感恩的心。一个积极向上的人格有助于帮助学生建立正确的人生观、价值观和世界观，始终将培养学生的社会责任感作为一条思政目标贯穿其中，做一个有担当、有理想、有社会责任感和时代使命感的新时代青年。

五、教学效果

通过多种教学方法、教学手段，精心设计课程教学，保障授课教学效果，达成教学目标。在教学过程中，坚持知识传授与课程思政相统一，挖掘课程思政的隐性元素，在潜移默化中融入强烈的爱国情怀，严谨细致、精益求精的科学精神，精神艰苦奋斗、无私奉献的时代精神和“国家安全”意识，真正与学生在感情上产生共鸣，在心灵上保持一致，学会思想上引领学生。学生通过课程学习，深刻认识到测绘技术对国家发展的重要性，感受中国科技、珠峰精神、民族意识、职业担当，感受作为新一代青年的责任与担当，感恩父母、感恩母校、感恩国家。

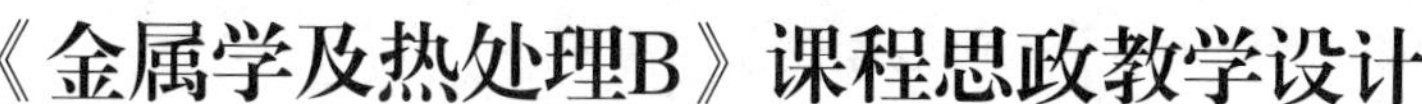

《金属学及热处理B》课程思政教学设计

冶金与能源学院　曹卫刚

该课程主要讲述金属学的基础知识，钢的热处理基本理论、材料强化，宏观力学性能和成分，微观组织关系，常用钢铁材料成分、组织、热处理及主要用途，培养学生解决冶金复杂工程问题的能力，融入科技兴国、爱国主义、爱岗敬业、工匠精神等课程思政点，培养学生爱国爱家的家国情怀和精益求精的工匠精神。

一、课程定位

《金属学及热处理B》课程是冶金工程专业培养学生专业技能和素养的重要专业基础课之一，是冶金工程专业学生必修的核心课程，是基础课和专业课的重要桥梁和纽带。课程紧密结合冶金工程专业特点，主要介绍金属学基础知识，钢的热处理基本理论、材料强化，宏观力学性能和成分，微观组织关系，常用钢铁材料成分、组织、热处理及主要用途，使学生掌握金属材料与热处理的基本知识，树立工程观念，掌握解决冶金复杂工程问题的基本方法，使学生具备运用课程中学到的科学原理处理冶金工程问题的能力。

二、课程思政教学目标

《金属学及热处理B》课程内容涉及钢铁和有色金属材料，这些材料与国计民生息息相关，是我国科技、经济和社会发展的基石，在国防军工、工业和日常生活等领域有着广泛的应用，故对本课程开展思政教学建设融入意义重大。在传道授业解惑的同时，培养学生科技兴国的责任担当，爱国爱家的家国情怀，爱岗敬业、精益求精、勇于创新的工匠精神。将这些人文情怀、责任担当和工匠精神融入课堂内容中去，以问题引导学生去思考，以榜样激励学生去努力，以实例引导学生去奋进，将学生培养成有理想、有担当、有责任、真抓实干的好青年。

三、课程思政教学设计

对于思政内容的讲授，既要因材施教、因地制宜，又要量体裁衣。根据不同章节内容特点，采用不同的教学案例、教学手段和教学方法，将思政教学目标融入其中，结为一体，使其不突兀、不教条，老师易讲解，学生易接受。

（1）思政融入课程内容，课程内容作为思政的素材。在晶体结构部分，可以欣赏对称之美，培养学生的审美情趣。在金属学基础和热处理部分，关于组织、结构和性能之间的关系，蕴含着唯物辩证法联系的观点；关于热处理工艺对材料性能和使用安全性的影响，则考验着工匠精神、职业道德和社会责任。在工业用钢中，特种优质钢的发展则充分展示着科技兴国的责任，以及爱国爱家的家国情怀。

（2）实例和故事引入课堂，增加课程的吸引性和学生的接受性。在金属学热处理部分，引入五四好青年、银亮线作业区的作业长孙帅奇的事迹，培养学生精益求精、勇于创新的工匠精神。

（3）课堂翻转，将学生的被动接受转变为主动出击。在课程考核中，增加与课程内容相关的思政考核。以“特种钢发展史”为主题，将学生分成若干小组，开展专题调研和汇报，让学生切身感受科技强国的责任，以及培养学生团队协作能力。

四、课程思政元素的融合

1. 学好基础知识，认识科技之美

《金属学及热处理B》中晶体结构、金属结晶、金属变形以及金属的热处理等都涉及到材料微观组织的认识，因此，通过大量微观组织照片、动态视频的展示，让学生认识欣赏科技之美，激发学生的学习兴趣。

2. 讲好科技发展历史，树立科技兴国之责

在《金属学及热处理B》课程中，讲述好人们认知的发展史、钢的发展史等，让学生明白“落后就要挨打”“科技强国”的意义，担负起科技兴国之责。

3. 贴近生活，树立榜样，培养学生工匠精神，树立正确职业精神

在《金属学及热处理B》课程中，热处理工艺对材料性能和使用安全性的影响，则考验着工匠精神、职业道德和社会责任，因此引入实例，将人文精神融入工科课堂。

五、教学效果

启智和育人融为一体，将思政元素“润物细无声”般融入课堂，量体裁衣；在授业解惑的同时，培养学生能够欣赏科技之美，拥有科技兴国的责任担当，具有爱国爱家的家国情怀，爱岗敬业、精益求精、勇于创新的工匠精神。通过精心的教学设计，让学生成为上课的主体，教师引入，学生“修行”，让思政元素注入学生的灵魂，培养真正有理想、有担当、有责任、真抓实干的当代大学生。

《机械原理》课程思政教学设计

机械工程学院　张雪雁

该课程主要讲述机构学设计和分析的基本原理和方法，培养学生工程思维和机械创新能力，融入创新精神、爱国奉献、匠心精神等课程思政点，旨在培养学生德行为先科技强国的情怀。

一、课程定位

《机械原理》是机械设计与制造及其自动化专业中研究机械共性问题的一门核心技术基础课，开设于第四学期。

在培养高级机械工程技术人才的全局中，是所有机械专业课程的奠基石，为学习相关技术基础和专业课程起到承前启后的作用。

课程专注于学生自主学习、勤于思考习惯的养成、终身学习意识的建立，采用启发式、讨论式、翻转式、基于项目设计等教学方法引领学生主动自觉涉猎国内外机械领域的新机构、新理论、新技术、新发展，养成善于发现问题和分析问题的工程素养，具有解决实际工程问题的综合设计能力和创新能力。

二、课程思政教学目标

围绕课程知识讲授、能力培养和德行为先的整体目标，深入挖掘自身蕴含的思政元素，结合自身课程建设的特色和优势，厚植爱国主义情怀，鼓励学生把爱国精神转化成为国奉献的实践行动。以机构学原理和零件设计计算为主体，多手段并举，筑牢技术之基，立投身机械之志，坚定实业报国之念，入机械一行，守机械之规，修工程素养，振兴民族工业；以实验为媒介，提升学生工匠思维，严格机械规范，打造精益求精，严谨严肃的匠心精神，坚定匠心强国之路；以课程设计为契机，挑战专业知识高度，求新求变，开拓创新思维，坚定科技兴国之策；以机械创新大赛、工厂实习等方式，锻炼工程实战思维，无畏科学研究的寂寞与艰苦，践行以身爱国之誓，共筑中国梦；培养具有“实业报国，匠心强国，科技兴国，以身爱国”思想的卓越工程人才的课程思政总目标。

三、课程思政教学设计

课程采取“知识讲授+自主探究+思政融合”的教学设计模式。

在讲授理论知识的同时以常用机构的设计分析为主体开展自主探究活动，培养学生工程思维和工程应用能力，同时润物无声地进行爱国情怀、科研精神、社会担当的德行培养，形成特色的课程思政教学设计：“一条主线，两个核心，三个模块，四个环节”。

（图1）

国家制造强国战略（十年“中国制造2025”）

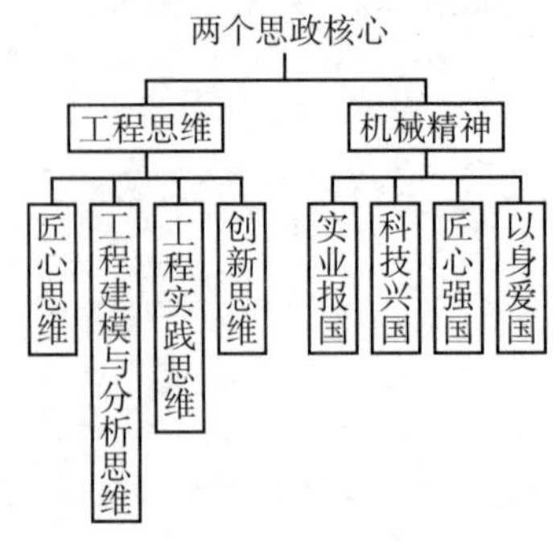

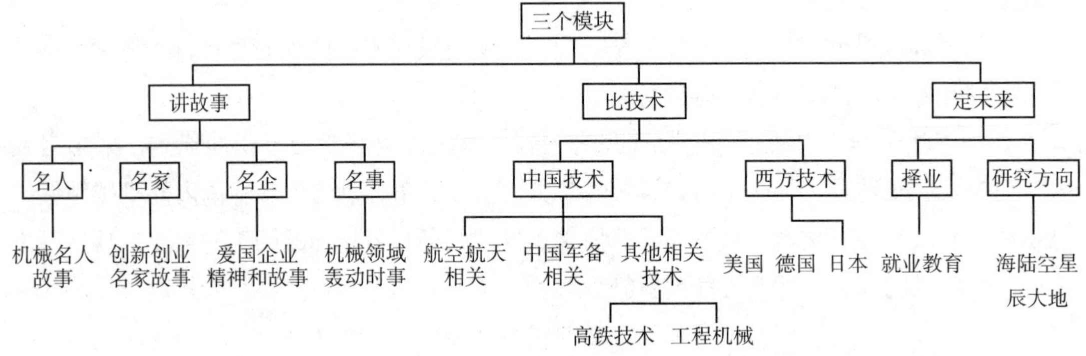

图1　课程思政教学设计

一条主线：立足制造强国的国家战略，以十年行动纲领“中国制造2025”为主线，深入挖掘专业知识中制造业强国的思政元素，实现课程思政目标与教学目标的同向同行，同频共振。

两个核心：以“工程思维”和“机械精神”的培养为核心要素，通过机构学原理的讲解，构建工程建模与工程分析思维，锻炼工程素养；通过课程设计，拓展创新思维，坚定科技兴国；通过实验操作，培养匠心精神，树立匠心强国之念；通过机械大赛、工厂实习，提升实战思维，践行以身爱国之誓；引领机械精神的养成：不屈、坚守、无畏、创造、创新、牺牲。

三个模块：讲故事模块（名人、名家、名企、名事件）；比技术模块（中美俄德日欧）；定未来模块（确定研究或择业方向，海、陆、空、星辰、大地）。设计三种教学模块，结合时事，讲机械人的故事，升华学生的精神境界，潜移默化地指引价值理念和爱国情怀。

四个环节：“知识讲授+随堂互动+自主探究+课后实训”四个环节相结合，实现思政与教学相融合。

四、课程思政元素的融合

在教学过程中，根据单元内容特点，设定切合的课程思政教学模块，配以相应的教学活动，例如相关视频或动画的直观展示、课堂互动、热点问题解读、TBL（基于小组的讨论）、PBL（基于项目的讨论）等形式，促进知识、能力、素质和课程思政教学目标的同步有效达成。

采用“讲授+直观展示+讨论+自主探究”的教学方法。

1. 个人品德—爱国奉献

讲国情时势，坚守爱国之心

例：主题：“绪论”——机械发展现状

国情时势教育，激发学生践行爱国主义的激情。中国正处于百年不遇之大变局：疫情全球肆虐，中美贸易战战火纷飞，美国奉行单边主义并粗暴干涉他国内政。当此之时，有些大学生竟然公开发表反华言论，侮辱自己的祖国，爱国主义教育迫在眉睫。美国称霸全球的底气就是先进技术和不择手段的金融霸权。美军一度挑衅中国主权，支持台独，粗暴干涉中国内政。而当问及“两弹一星”是指什么？被采访者竟一问三不知，还谈什么民族振兴？历经多年，中国在装备制造上厚积薄发，发展迅猛，国际地位大幅上升。但仍要理智地看到，中国工业与发达国家间差距巨大，人工智能，航空航天发动机，机器人技术、工程软件、新材料等影响高端制造业的核心技术，仍掌握在美欧大国手中，很多基础性研发还是我国的弱项。技术封锁、被卡脖子仍是今后很长一段时间中国工业将面临的尴尬局面。

例：主题：“绪论”——专题讨论：科学是否有国界？

科学无国界，但科学家有国界。当一个人的知识服务于国家时，科学就有了国界。

思政元素融入：中国的富强给了公民绝对的安全感。中国公民在感到骄傲的同时，也应看到身负的责任。大学生作为预备役军官，要做热血男儿。坚持体能训练，时刻做好保家卫国准备；购买国货，支持民族工业，要立“以身报国、投身工业、创新兴国、匠心强国”的爱国之志。

2. 民族精神—创新精神

弘扬创新精神，立科技兴国之志

例：主题：第三章“机构运动分析”或第四章“机构力分析”分析求解方法

工程分析计算软件推介时通过引入时事解读：哈工大、西工大等高校被限制使用美国工程软件MATLAB，美国对华为芯片的禁售，中兴、360等企业被疯狂限制、打压，多家中企和科研单位进入美国“实体清单”。机构的运动分析、力分析需借助主流工程软件完成计算，但几乎全部的工程分析软件都是西方发达国家开发的，使用需付费，受制于人。

这是美国遏制中国科技发展的手段之一。

思政元素融入：鼓励学生勇于担当，投身高新技术研发，立志科技兴国，打破外国软件技术垄断，做好长期备战的思想准备。

例：主题：第八章“轮系及其应用”

中国自主研发的三大航空发动机品牌（轮系应用实例）简介：昆仑、秦岭和太行。太行系列发动机完成自行设计、试制、试验、试飞全过程，结束了国产先进涡扇发动机的空白，用于歼-10飞机；华为、格力、比亚迪等企业致力于打造中国制造业基础框架，开创自主产权研发之路，实为中国企业楷模。

思政元素融入：强化自主产权意识，倡导创新精神，以掌握和领跑制造业核心技术为己任，有能者需担当，惟其如此，才能打破西方的技术垄断，从根本上保障国家经济安全和国防安全，方不负青春年华。

3. 大国工匠—工匠精神

学习名企历程，锻造工匠精神

例如：主题：“轮系的应用”

数控加工中心和机械表轮系（“德国N轴联动数控加工中心加工”视频、高端重工制造的震撼美）赏析。从国际视野出发，探讨发达国家机械发展的历程和特点，借鉴成功和失败的经验，为逐步缩短与超级大国的技术差距做好知识和精神上的准备。这可以帮助学生了解高端制造技术之难，之于制造业的重要性。讲名企故事：德国机械的发展历程。德国机械与美国制造业的差距曾经也很大，经历了从模仿到并行再到领跑的发展历程，从被嘲笑，到痛下决心打磨技术，直到“德国造”被世界认可，都源于德国企业和工人的精益求精、严谨到严苛的工匠精神。这可以引导学生用严谨细致的工匠态度对待自己的课业和未来的职业。

思政元素：帮助学生认识工匠精神的伟大创造力，摆正严谨的工匠态度，为打造中国工匠埋下一颗种子，立“以身为匠、匠心强国”之志。

4. 国家战略—环境保护

以德为先，强化环保意识

例：主题：“内燃机的构造和工作原理”

第一章介绍“原动机”部分时，提及当前常用动力装置以燃油机为主，而燃油机工作时对环境的污染、以及能源短缺的危机现状。机械工程师首先应树立环境保护意识，响应国家能源战略“节约、清洁、安全”的战略方针，响应“碳达峰、碳中和”国策，大力发展构建安全、高效、可持续的现代能源体系。建议研究方向绿色发电技术、氢燃料、生物柴油等新能源、清洁能源汽车、环保新材料等方向发展。

思政元素融入：强调科技发展与自然和谐共处的时代要求，宣扬机械设计应遵守社会

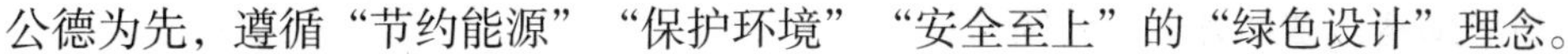

公德为先，遵循“节约能源”“保护环境”“安全至上”的“绿色设计”理念。

5. 家庭美德—责任担当

理性消费，责任担当

现实生活中一举一动、一文一句皆为德行。

例如：主题“轮系应用”

在重工机械表机芯结构展示时提出，品质决定价格，重工制造，价格高昂，很多品牌机械表成为奢侈品，瑞士百达翡丽、欧米伽海马、宝玑传世。为了炫富和所谓的“面子”，校园内一度出现了过度消费的浪潮，而很多没有经济实力的孩子陷入“校园贷”“套路贷”的危机，甚至自杀。

两个热点问题探讨：大学生应不应该消费奢侈品？如何看待奢侈品消费引发的“校园贷”“套路贷”现象？

思政元素融入：针对奢侈品消费问题，倡导理性消费。针对“校园贷”“套路贷”等现象，提倡家庭责任担当，告诫学生远离“套路贷”是对家庭负责任的选择。

6. 民族精神—传承精神

传承中华文明、讲中国精神之美

例：主题：“齿轮、凸轮、连杆三大机构的应用”

将机构的实际应用与企业关联，引出企业精神。自动化生产线的机构多如牛毛，连杆机构用作行走或执行机构、齿轮机构用于传动系统或执行机构、凸轮机构应用于实现分度和生产线上的复杂运动等，各类机构作用不同，各有千秋，需要完美配合与协调，才能实现自动化生产。把企业比作“生产线”，各部门就是“机构”，员工就是“构件”，企业必须拥有明确的共同目标才能协调一致，需要共同的精神引领才能团结一致，爆发出惊人的创造力，这就是企业精神。企业精神也是民族精神的一种体现。

讲名企故事：团结协作、迎难而上、宁折不弯的华为精神是中华民族文明的传承。经历磨难的华为人展颜一笑，是一种风骨，是一种视死如归，这是最美的企业精神，展现了中国最美的文化传承和最刚的脊梁。

思政元素融入：华为、比亚迪、五菱、格力等民族企业，在国家需要时，挺身而出为中华民族的伟大复兴而战，为民族的存亡而战，这才是真正的企业精神，是中华民族精神的传承。

五、教学效果

为达成课程思政教学目标，精心设计和整合课程教学内容，深入挖掘知识点蕴含的思政元素，集合成库；以润物无声的形式将隐性思政融入显性的专业课程各教学环节，不断丰富课程思政的内涵；坚持教书与育人相统一，在传授专业知识的同时，强化引领学生的政治认同、思想塑造、精神升华、家国情怀。

通过课程的学习，学生充分掌握机构设计分析的基本原理，建立工程思维，强化工程伦理，深刻体会国家战略思想、感受中国精神、传承中华文化、坚定民族自信心；在课程思政实践过程中，做到知行合一，树立以身爱国之志，内化于心，践行创新强国，外化于行。

六、教学案例对机械类专业课程的推广

在教学实施过程中，创新教学方法，探索教学模式改革，激活课堂教学，凝练出“一条主线+两个核心+三个模块+四个环节”的特色课程思政教学体系，以学生为中心，讲授与翻转混合、线上线下齐抓、课内课外互动、理论实践互补等多种形式并举，将机构学原理、设计分析方法有机结合，培养学生机械系统综合设计能力，将工程伦理教育、价值追求融入教学全过程，培养实践能力强、创新能力突出、具有家国情怀的卓越工程人才，培养担当民族复兴大任、德行出众的时代新人。

《机械设计基础B》课程思政教学设计

机械工程学院　崔冰艳

该课程主要讲述通用零件的设计理论和设计方法，阐述轴承、螺纹连接件、联轴器和离合器等部件的合理选择及综合应用，培养学生创新思维和解决工程实践问题的能力，融入大国工匠、自主创新、团结奉献、价值追求、责任担当等课程思政元素，培养学生具有“民族精神、创新精神、工匠精神、时代精神、科学精神”五大精神。

一、课程简况

《机械设计基础B》课程是采矿、冶金、安全等专业本科二年级开设的必修课程，同时也是非机械类工科专业的基础课程。课程的教学内容主要包括通用零件的设计理论和方法，教学目的是使学生掌握通用零件的设计计算方法和具备处理复杂的工程实际问题的能力。《机械设计基础B》课程是学生最先接触的和工程实际紧密结合的课程，是各专业后续专业课程的重要基础，在教学中起到承上启下的重要作业，进行课程思政教学设计，将能为大量修读该门课程的本科生提供兼有价值塑造、能力培养、知识传授功能的优质教学资源，实现知识传授与价值观引导的同频共振。

二、课程思政教学目标

在传授的知识性和能力性目标之外，将“政治文明、精神文明、社会文明和生态文明”的课程思政目标融入专业课教学之中，贯穿于课程教学大纲的各个单元，实现了课程思政建设与教学目标的契合，与教学内容的融合，与教学素材的整合，与教学过程的结合。让课程的教学内容和思政教学与时俱进。

三、课程思政教学实施设计

课程采用“12345”教学模式，即“一个主体、两个侧翼、三个核心、四类文明和五种方式”的机械设计基础课程的理论与思政一体化的教学设计模式。

在讲授机械设计基础的理论知识时以学生为主体，开展线上线下、课内课外的教学实践，培养学生具有核心能力、核心素养和核心精神，春风化雨地进行政治文明、精神文明、社会文明以及生态文明的德育培养，形成具有课程特色的课程思政教学设计的同心圆。课程思政教学设计的方案如图1所示。

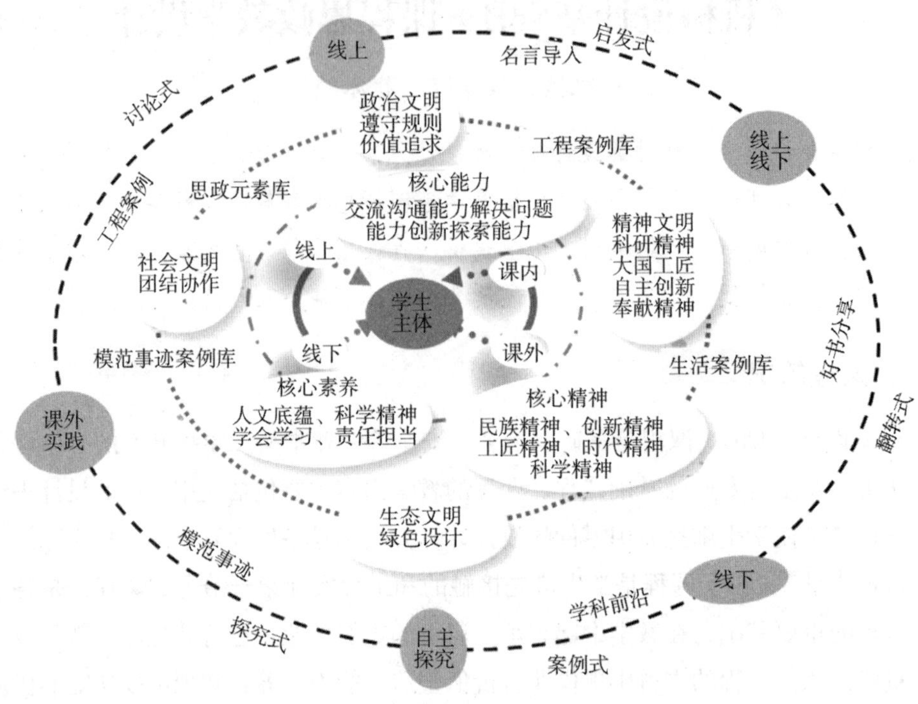

图1　课程思政教学设计

1. 一个主体

课堂是思政教学的主战场和主阵地，学生是思政教学的主体。深入挖掘专业知识中的思政元素，形成课程思政目标与教学目标的同心圆。同时，发挥学生的主体作用，激发学生的参与性、活跃性和积极性。

2. 两个侧翼

以“线上线下”和“课内课外”为两翼。通过线上和线下的混合式教学模式，开展机械设计原理、设计方法和典型机械零部件的讲解，构建工程建模与工程分析思维，锻炼工程素养。通过课内实践教学中的“三个一”学科前沿、名人故事、工程实例观后感交流来实现，开拓学生的视野，培养学生关心国家大事的爱国意识。通过课外的创新大赛、工程技术大赛、工程设计大赛、工厂实习，暑期社会实践等活动，提升实践能力，使学生学精悟透用好理论，实践过程中感受机械设计基础理论知识与“四种文明”的紧密联系，增强历史使命感和时代责任感，激发学生为实现中华民族伟大复兴的“中国梦”而奋斗的强大动力。

3. 三个核心

注重三个核心的培养，通过两个侧翼的理论与实践的实施，让学生具有“交流沟通能力、解决问题能力、创新探索能力”等三大能力；具备适应终身发展和社会发展需要的必备品格和关键能力的“人文底蕴、科学精神、学会学习、责任担当”四大核心素养；具有

“民族精神、创新精神、工匠精神、时代精神、科学精神”五大核心精神。

4. 四类文明

春风化雨地进行理论知识与“四类文明”的思政理念中的思政元素的融合，形成含有“四类文明”思政教学的案例库。一是以人文底蕴、民族精神等内容的思政元素库；二是以前沿进展、科学精神、创新精神等内容的工程实践案例库；三是以工匠精神、时代精神、责任担当等内容模范事迹案例库；四是以交流沟通、学会学习等内容的生活案例库。

5. 五种方式

通过五种方式开展思政元素的教学活动，开展“555”式的教学活动：通过“线上+线上线下同步+线下+ 自主探究+课外实践”五个教学环节，“名言导入+好书分享+学科前沿+模范事迹+工程案例”5种思政融合方式，“案例式+讨论式+启发式+翻转式+探究式”5种教学方式，完成理论与思政的教学目标，实现教书与育人的知行合一。

四、课程思政元素的融合

在机械设计基础课程教学过程中，根据各个教学单元的内容特点，选取更切合的课程思政教学目标融入，并配合以相应的教学活动设计，促进知识、能力和课程思政教学目标的同步有效达成。机械设计基础课程的思政教学中思政元素的融合：

1. 政治文明

①形成遵守规则的良好习惯

结合标准件的选择和轴系的结构设计，关联到生活中要遵守国家的法律法规和规章制度，步入社会，开始职业生涯时要有国家和企业安全意识，告诫学生泄露图纸是违法行为，危害国家及企业的利益，要有保密意识和法治观念。

②树立正确的价值追求

机械设计基础课程中有很多设计准则，在课程讲授齿轮传动、蜗杆传动和轴承的设计准则过程中，将设计准则蕴含丰富的哲理巧妙地渗透到学生人格发展、个人与集体关系等问题的讲授上。在对学生的价值观念起到引领作用，让学生树立正确的社会价值观、人生观，而不是机械地灌输自然科学知识。

以齿轮的设计准则为例：根据齿面硬度、开式或闭式的安装形式，来判断齿轮是按照齿面接触疲劳强度来设计，还是按照齿根弯曲疲劳强度来设计。齿轮设计准则实际是一个找出齿轮弱点，再针对弱点设计的过程。把这种设计思想引入到学生的思政教育中，要学会自我反思，寻找自己的缺点，及时发现自身的思想薄弱点、意志薄弱点。根据自己的薄弱环节，及时调整和矫正，使自己回到正确的人生轨道，并且人格趋于完善。按照设计准则齿轮要具有一定的机械强度，学生则要具有一定的思想政治“强度”。用正确的社会主义核心价值观理论武装自己，树立正确的价值追求，正确的人生观和世界观、具备积极进取、乐观向上、厚德载物、自强不息的人生态度。

2. 精神文明

①树立追求真理的科研精神

机械设计基础课程的开篇单元是课程的概述，在这个单元的知识点重点介绍该课程的研究内容：机械的基础理论发展、常见机构、连接部分、传动机构、轴系部件。在这些机械机构、零部件发展史上有很多不畏艰难、不怕牺牲、勇于探索的科学家和工程师，如阿基米德、莱特兄弟、鲁班等著名的中外科学家，他们为社会发展，尤其对机械工业的发展做出了杰出贡献。将典型的故事事例引入机械设计基础的课堂，塑造学生艰苦奋斗的精神、勇于探索的勇气和追求真理的决心和辩证唯物主义的思维。

以飞机的发展历史为例，可以将莱特兄弟如何研制飞机的故事引入课堂。讲解他们是如何日复一日地观察鸟类的飞行动作，如何一次一次将观察到的鸟类飞行原理应用到试验样机的制备中，之后又是如何一次次地冒着生命危险进行试飞测试，又是如何将试验失败获得的经验运用到之后样机的改进之中。这样授课可以使学生在今后的工作中乐观地面对各种机械设计难题，同时孜孜不倦地对机械设备进行一次次的改进，最终使之满足使用的要求。在这一过程之中逐步成长为追求真理，不断探索的科研精神。

②培养自主创新的探索精神

机械创新在于机构创新设计，结合轴的设计、轴承等内容。在教学过程中，介绍汽车主轴的装拆、高铁、大型驱逐舰、国产航母、国产大飞机、天眼等我国自主研发的高科技大型机械装备的设计理念和设计用途，让同学们知道机械设计基础课程的专业知识不仅仅是局限于课本，它可以制造出各种高尖端的设备用于保护祖国和人民安全，或用于提升社会服务，改善人民生活，或用于探索未知世界，提高国家科研实力。将这些机械设计的例子，融入课堂中，培养学生自主创新的探索精神。此外，还可引入全国人民共同抗议新冠病毒的案例，开展团结协作的爱国主义教育和勇于奉献的民族精神和爱国情怀。

③显示中华民族的奉献精神

结合凸轮单元，介绍舰艇柴油机配气凸轮、航母拦阻系统凸轮阀和飞机起落架凸轮回中机构。这些实例或来源于航母、军舰，或来源于国产大飞机。目前，我国首艘国产航母已经下水服役，国产大飞机C919 已经试飞成功，以此来激发学生报国的热情，树立建设“空天海”强国的志向，从现在开始提升自己的能力，拥有较强的实力，同时培养报效祖国的热情，树立为国奉献的精神。

④展现大国工匠的实践能力

机械设计基础课程的带传动和链传动单元中，将带传动和链传动的理论原理应用解决工程的实践问题，在潜移默化的工程实例讲解中体现工匠的实践能力。以带传动的设计为例：依据带的设计准则，如何利用设计准则进行带的工程设计和应用，展开理论知识要与工程实践相结合，只有在不断的实践中才能体现应用价值。穿插工匠精神展现的人物故事和事迹如：青涩年华绽放的风采——中国工程物理研究院机械制造工艺研究所工人陈行行和发动机焊接第一人——高凤林。让学生在故事中感受理论知识和实践结合的重要性，深层次地认识到机械设计基础课程中典型机构设计只有在工程实践中才能展现出工匠精神的实践能力。

3. 社会文明

深化团结协作的社会精神：对轴上的各个安装零部件上的定位和固定进行讲解和分析，突出轴系运转正常时轴上的零部件要具有相对的固定方式，才能保证轴上的零部件协同工作，并通过汽车发动机主轴的轴系工作的工程案例，让学生更好的理解机械系统中各零部件协同工作的重要性，从而能够更加深入的理解思政教育中团结协作的核心思想。

4. 生态文明

开展绿色设计的生态文明：机械设计基础课程的基础理论是机构的设计，在机构设计方法分析时，引入资源节约和绿色环变的绿色设计理念，告诫学生在设计的过程中，要考虑资源的可利用、环节保护、降低成本、优化设计的方面，倡导绿色设计。

五、教学效果

精心设计教学，保障教学效果，达成教学目标。在教学过程中，挖掘思政元素，将思政元素“潜移默化”地融入机械设计基础课程的课堂教学环节，不断丰富课程思政的内涵，在传授专业知识的同时，引领学生思想、塑造价值观、培养家国情怀，实现教书育人相统一。学生通过课程学习，在机械设计中，感受民族精神、科学精神、时代精神和大国工匠，感受作为新一代机械人的责任与担当，建立我们民族的奉献精神、追求真理、自主创新、价值追求和实践能力，感受在新时代党的领导下，健康成长的幸福感。

六、教学案例对机械类课程的推广

“12345”的思政教学模式重在以生为本，对接学生关注点，将名言警句、模范事迹、工程案例、科研前沿等融入课堂中，针对性强，易于操作，将思政元素渗透于机械设计基础课程培养的全过程，潜移默化地改变着学生的精神气质和理想追求，使思政元素深入人心，真正做到了“有情有义、有滋有味”，既实现了思政课教学理念、教学内容、教学手段上的创新，又提升了学生对思政教育的获得感，满足了学生成长成才的需求。可供其他机械类课程借鉴并推广应用，实现专业课程与思政教育知行合一。

《质量管理与可靠性》课程思政教学设计

机械工程学院　孟丽丽

该课程主要讲述质量管理基本理论、基本方法、基本技能，包含全面质量管理概论、统计过程质量控制、统计技术与方法、六西格玛管理、设计过程质量控制、质量检验及可靠性基础等内容，培养学生系统思维、创新和实践能力，融入创新精神、爱国主义、质量强国、精益求精等课程思政点，培养学生精益求精的工程素养和质量强国的爱国情怀。

一、课程定位

《质量管理与可靠性》是工业工程专业本科三年级开设一门专业必修课，主要讲授质量管理基本理论、基本方法、基本技能，包含全面质量管理概论、统计过程质量控制、统计技术与方法、六西格玛管理、设计过程质量控制、质量检验及可靠性基础等内容。课程主要培养学生掌握质量管理与控制的基本规律，掌握分析和解决质量问题的基本技能，将优秀的质量文化和质量思想融入教学中，进行职业素养教育和中国优秀文化教育，培养学生科技助力、质量强国意识和工匠精神。通过课堂讲授、探究翻转、案例教学、混合教学等形式，让学生阅读与案例相关的专业理论知识，进一步消化、吸收质量文化与管理的精髓，使其内化于心、外化于行，做到知行合一。

二、课程思政教学目标

围绕课程知识讲授、能力培养和价值引领相结合的整体目标，深入挖掘并提炼课程中所蕴含的爱国主义精神、质量意识、工匠精神、科学精神、职业道德、职业素养等德育元素，结合自身课程建设的特色和优势，以产品的设计过程、生产过程和质量检验过程为主线，将优秀的质量文化和质量思想融入教学中，突出质量意识和质量强国的理念，厚植家国情怀，共筑中国梦。教学过程突出工程素养和管理的系统思维，教会学生从系统的角度去思考企业的质量问题，既注重全局，也关注细节，不断提升学生工匠思维，遵守质量标准和规范，打造精益求精，科学严谨的大国工匠精神，坚定质量强国之路；以课程拓展、实践环节、创新创业为契机，挑战专业知识高度，开拓创新思维，掌握管理的系统方法，增强学生实践能力，践行科技报国之志；培养具有“家国情怀，质量强国，科技兴国，大国工匠”思想的卓越工业工程复合型创新人才的课程思政总目标，实现教书、授业、育人、解惑的同向同行、同频共振，构筑三全育人大格局。

三、课程思政教学设计

课程采取“知识讲授+自主探究+思政元素”的教学设计模式，在讲授理论知识的同时以产品全生命周期质量管理为主线进行自主探究活动，融入隐性思政元素，培养学生工程素养和管理思维，潜移默化地进行爱国主义、科学精神、价值取向、伦理规范下的职业素养、情怀与担当，并形成特色的课程教学设计："一条思政主线+两个课程思政案例库+三个课程思政模块+四个教学实施环节。"（见图1）

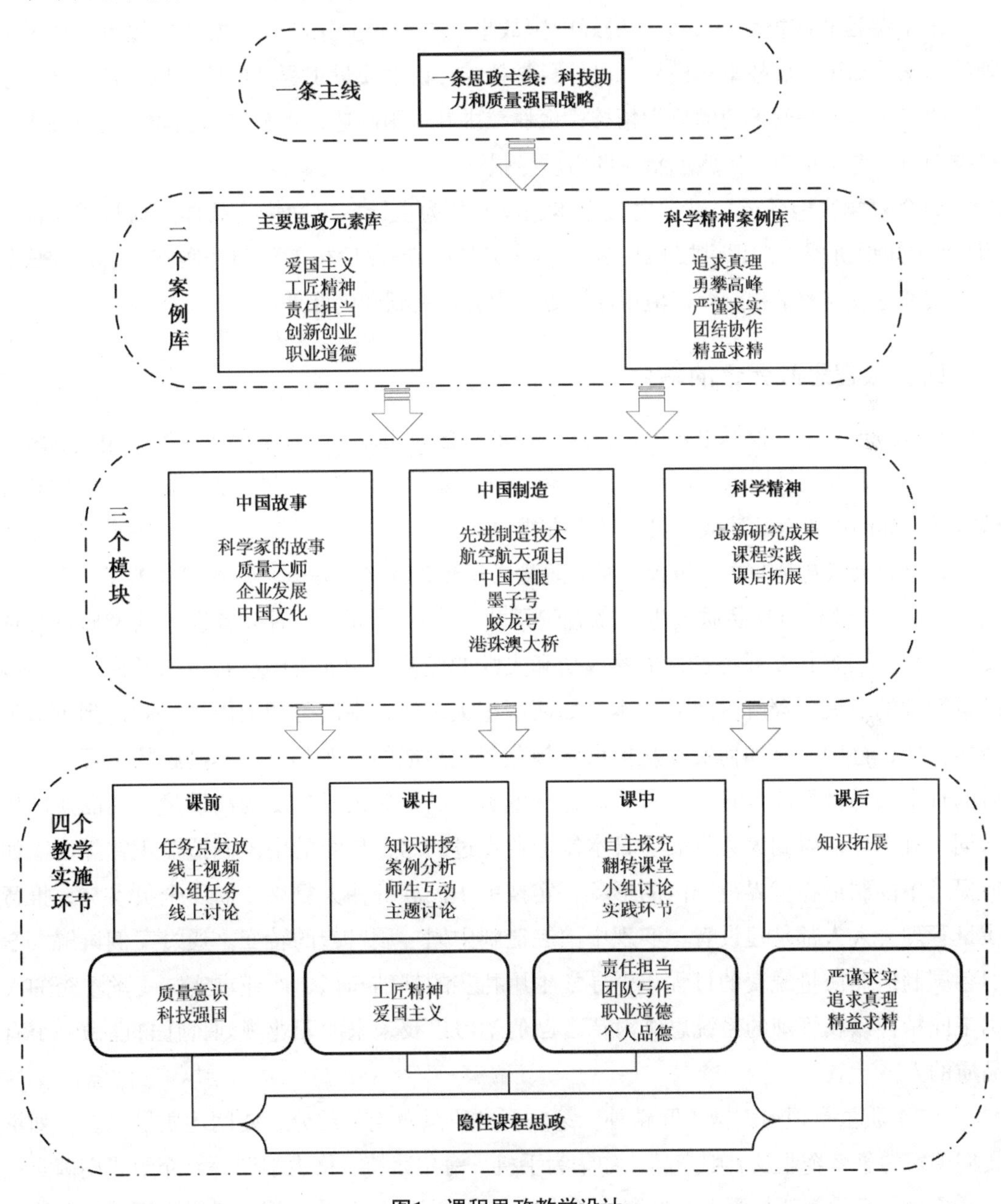

图1　课程思政教学设计

一条思政主线：以"科技助力，质量强国"为主线，在讲授知识的同时培养和增强学生以质量意识、大国工匠、科学精神为理念进行质量管理和控制的技能和方法。

两个课程思政案例库：在教学过程中挖掘思政元素，促进学生知识传授、能力培养与价值引领有机统一，形成两个课程资源案例库，包含视频和案例形式。一是以爱国情怀、民族创新、职业道德及大国工匠等内容的思政元素库；二是严谨求实、一丝不苟、公平公正、永攀高峰等内容的科学精神案例库。

三个课程思政模块：模块一讲好中国故事，讲解企业家与企业发展的故事、质量大师的理念及知识拓展故事；模块二讲好科学精神，讲解质量工程师的职责以及他们严谨求实、团结协作、一丝不苟的科学精神；模块三讲好中国制造，讲解自主创新、迎难而上，科技创新、勇于担当，民族创新，助力质量强国。

四个教学实施环节：以学生为主体、以教师为主导、以网络为载体，通过“课前预习+课中知识讲授（知识讲授+自主探究）+实践环节+课后拓展”四个实施环节，完成教学，实现思政与教学相融合，使得课程思政内容扩展到课内课外。

四、课程思政元素的融合

在教学过程中，根据单元内容特点，设定切合的课程思政教学模块，配以相应的教学活动，比如案例视频展示、班级互动讨论、翻转课堂等形式，促进知识、能力、素质和思政教学目标的同步有效达成。具体融入方式如下：

1. 学习大国质量和名企历程，树立质量意识和科技兴国理念，锻造大国工匠

（1）质量兴国与品质人生。观看纪录片《大国质量》，研究各发达国家质量管理发展历程，了解其发展特点，借鉴成功和失败的经验。例如美国、日本以及德国、中国质量管理的发展，理解二战后日本是如何赶超美国的，中国是如何由中国制造到中国创造转变的，德国又是如何实现从模仿到领跑智能制造的，尤其是日本赶超的历程，二战后的日本大力推行质量管理，日本制造从低劣产品代名词迅速变为高质量、高品质的代名词，日本经济得到大力发展。日本制造业走过的路，如今的中国制造业正在经历。如何提升中国制造在世界范围内的形象，实现中华民族的伟大复兴，需要全员参与，推行质量管理，人人都是建设者，实现中国制造到中国“质”造的转变。通过案例讲解，学习各国制造业质量蜕变的过程，引导学生用扎实的基础知识、严谨求实与一丝不苟的大国工匠精神以及管理的系统思维对待自己的学习以及未来的职业规划，让自己做一个有品质的人。

（2）质量意识与大国工匠精神。第一章“质量概论”部分，要阐述质量观点，列举我们国家的著名企业及名牌产品，如华为手机、海尔冰箱、格力空调等，介绍我们国家在产品质量方面的创新与领先，强调“科技助力，质量强国”的意识，增强学生们的民族自豪感；通过介绍张瑞敏37年前砸冰箱事件、张瑞敏的OEC管理法以及海尔的人单合一模式，进行质量意识、敬业奉献、大国工匠精神等方面的思政教育。

（3）讲好中国制造，融入中国精神。在“可靠性基础”讲授的过程中，会介绍高可靠性的工程，课上播放视频《超级工程》海上巨型风机和超级LNG船及其港珠澳大桥，这样的巨型工程，都是有众多具有工匠精神的工程师来打造的，是科学家们努力奋斗、勇攀高峰、自主创新的科技成果。例如中国伟大的航空航天工程，成功实现了神舟十一号、十二号宇宙飞船的成功发射，完成嫦娥一号、二号、三号、四号、五号的成功绕月、登月任务，可谓说是世界壮举。这样的重大工程，如果有一些小的失误也可能带来灾难性的后果，例如美国历史上三次航天灾难，不仅影响政治声誉，同时也造成人员和财产的巨大损失。我国目前正在大力发展航天事业，建设航天强国是我国不懈追求的航天梦，而航天梦的实现不是靠个别人，每个人都要有主人翁意识，每个人都是航天梦的筑梦者，航天梦的实现需要几代人共同为之奋斗，激励学生专业学习的兴趣和动力。也可以将个人品德与行为融入其中，中国航空航天在几十年的发展历程中，涌现出了一批批代表人物，形成了一系列的精神体系，其中以载人航天精神为代表，“特别能吃苦、特别能战斗、特别能攻关、特别能奉献”，体现了艰苦奋斗、无私奉献的中华民族光荣传统及优秀品德。中国航天事业的发展，与这些优良的品德、光荣传统息息相关，学生可以以此作为学习的榜样。

2. 讲好中国故事及质量大师的理念，使学生能够践行社会主义核心价值观

（1）家国情怀与爱国主义精神。在讲授产品质量形成的全过程中，会根据情况引入案例库中关于中国制造的案例。如华为和任正非的故事、海尔与张瑞敏的故事、中国天眼与南仁东的故事，通过案例的讲解，让学生体会企业是如何获得产品质量的，华为人是如何在被国外卡脖子的时候，努力奋进，搞自主研发，让自己在5G技术方面领先全球的；南仁东又是如何在抵御外界压力的情况下搞自主研发，研发我国500米口径球面射电望远镜（FAST）；中国科学家及企业领导者又是如何为了获得高质量的产品而不懈奋斗的历程，科学家那种“有条件要上，没有条件创造条件也要上”的实干精神，让科学家们的家国情怀、责任担当与科学精神成为新时代中国人砥砺前行的榜样。

（2）坚持不懈、勇攀高峰的个人品德。以质量大师的生平故事作为融入点，融入个人信仰及品德：戴明、朱兰是著名的质量专家，他们的工作最初并没有受到重视，但他们没有气馁，坚持自己的研究，以坚持不懈的信念，最终成为了世界知名的质量大师。同时，在适当的场合给学生介绍我国的老一辈科学家钱学森、华罗庚的故事以及新时代海归科技报国的楷模——黄大年，黄大年充分挖掘我国在多个领域取得的最新进展成果并形成了技术能力，首次推动我国快速移动平台探测技术装备研发，突破国外技术封锁，被誉为新时代海归科技报国的楷模。他们身上都具有科学家共有的坚持不懈、勇攀高峰的勇气和执着。

（3）社会责任与担当。讲到质量检验部分质检人员的职业素养以及严格把关的重要性时，可引入反面事件，例如三鹿奶粉事件，企业丧失社会责任，原料奶以次充好，无视质量，弄虚作假，造成极大的社会经济损失以及人员伤害；丰田召回事件，油门踏板存在质量问题导致汽车刹车失灵，企业过快扩张过程中过度削减成本无视质量，追求短期效益，造成巨大经济损失及社会影响，以这些事件来警醒企业家们不能失去道德底线去发昧心财。相反，一些优秀企业代表，像海尔、华为、格力、阿里巴巴等重视质量，正视其社会责任与担当，终成世界知名品牌。这也告诉学生质量意识以及责任担当对于自己乃至企业发展的重要性。

3. 助理质量管理与控制，讲好科学精神，使学生具有追求真理、严谨求实、精益求精的科学素养

（1）科学探索、追求真理。在统计技术与工具部分授课过程中将传统的知识中融入新的研究进展和研究成果，例如大数据技术应用在质量分析和诊断当中，让学生去感受科学的力量以及日新月异的新技术，激发学生创新精神，激励学生去探索科学、追求真理。

（2）严谨求实、团结协作。课后给学生布置拓展作业，分小组完成PBL任务，培养学生分析问题、解决问题的工程素养，并通过翻转课堂锻炼学生讲述的逻辑思维以及严谨求实和团结协作的科学精神。

（3）精益求精。课下观看视频《超级工程III》“纵横中国”的智能产线，让学生了解未来智能制造的现场和智慧产线以及现场科学的管理方式，使学生在学习专业知识的同时，深入体会精益求精的科学精神

五、教学效果

为达成课程思政教学目标，精心设计和整合课程教学内容，深入挖掘知识点蕴含的思政元素，集合成库；以润物无声的形式将隐性思政点融入专业课程各教学环节，不断丰富课程思政的内涵；坚持教书与育人相统一，在传授专业知识的同时，强化引领学生的政治认同、价值塑造、精神升华、家国情怀。通过课程的学习，使学生充分掌握质量管理的基本理论、基本技能，强化工程思维及质量强国意识、感受中国精神、传承中华文化、坚定民族自信心；在课程思政过程中，做到知行合一，内化于心，外化于行。

六、教学案例对工程类和管理类课程的推广

在教学实施过程中，通过灵活多用的教学模式，创新的教学方法，保障了课程质量，凝练出“一条思政主线+两个课程思政案例库+三个课程思政模块+四个教学实施环节”教学设计，以学生为中心，通过线上线下、课堂内外、理论实践、面授翻转多种形式，将基础知识、管理技术和现场实际相结合，提升学生解决复杂工程和管理问题的能力，将社会

主义核心价值观融入教育教学全过程。培养实践能力强、创新能力突出、具有团队协作精神和家国情怀的质量管理复合型人才，培养德智体美劳全面发展的社会主义建设者和接班人。本课程融合隐性思政的教学模式，可供其他工学类或管理类课程借鉴并推广应用，使专业课程与思政教育同向同行，形成协同效应，不断提高课堂教学效果和质量、提升学生学习热情和成效。

《设计导论》课程思政教学设计

机械工程学院　邓程程

该课程主要讲述设计的起源、发展、变化等设计的发展历程，阐述经典设计理论，鉴赏古今中外传承的设计精品，同时兼顾前沿设计领域信息的介绍，培养学生设计思维和创新能力，融入工匠精神、爱国主义、创新中国、审美素养等课程思政点，培养学生美学素养和开创中国设计未来的情怀。

一、课程定位

《设计导论》课程是工业设计专业的一门专业必修课程。通过讲述设计的起源、发展、变化等设计的发展历程，使得学生掌握设计的内涵、外延、特征、类型、本质、规律、研究对象、研究方法等相关方面的知识，让学生宏观上了解设计与经济、科技、艺术的关系，同时也在教学过程中启发学生的设计思维，提高学生的设计素养。课程教学结合大量优秀的设计作品，着重于经典设计理论的阐述，同时兼顾前沿设计领域信息的介绍。利用综合性的教学方法包括教师讲解，小组讨论，作业赏析，邀请业内人士讲座，校外参观等，给学生更多思考和自我表达的空间，以知识传递为基础，以能力培养为导向，让学生在教与学的过程中不断进行探索，激发学生观察、发现问题的积极性及分析、解决问题的能力和创新能力。

二、课程思政教学目标

将思政教育融入课程教学是现代设计教育的核心要点，《设计导论》的课程通过多种教学方法和教学平台的整合，全面展示大国文化和大国精神为世界设计史作出的贡献，以及对全球未来设计发展的巨大影响，从而更深刻地激发学生的民族自信和行业发展信心，摒弃对西方设计的盲目崇拜，能够做到去其糟粕，取其精华，合理融合，打造中国设计的未来。

三、课程思政教学设计

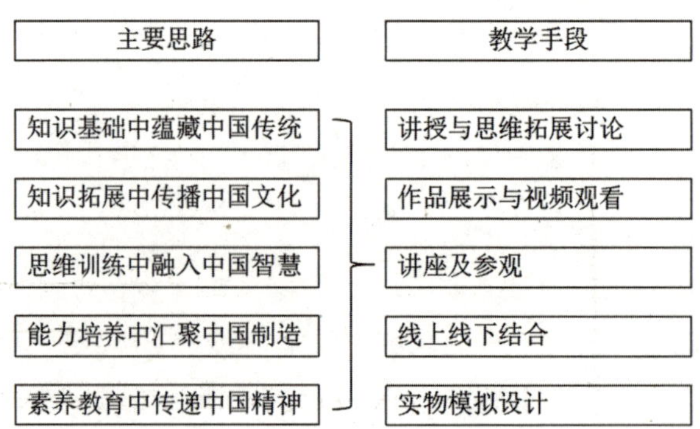

教学设计主要思路分为五个方面，以提升综合素质为目标，通过知识传递、拓展、思维训练、能力培养和素养教育，潜移默化地传播中国传统文化、智慧的精华，发扬中国制造，发展中国精神。教学中主要的教学手段有以下几点，通过传统讲授将学生引导到设计的世界，开始理解专业的内容，并且打开学生的学习兴趣，自主探索文化背后引申的内涵，将文化元素融入讨论的过程中，之后作品及视频的观看可以更加直观地产生视觉冲击，并激发学生深入研究的兴趣，邀请讲座及线下参观将通过老师的引导讲解，及观摩学习慢慢品味设计内涵中对于中国文化的传播和中国精神的传承，线下及线上的互动可以丰富学习的模式，增强学习效果，可以在线互动过程中传递思政元素信息，实务模拟设计增强学生的参与感。最终实现思政元素在学生脑海里沉淀并有效转化成行为输出的过程。

四、课程思政元素的融合

1. 知识基础中蕴藏中国传统

设计导论的基础知识包括中外设计史的部分，在最开始的模块就突出讲到我们国家的传统设计精粹，从世界的角度看大国的崛起，远古人对于世界的改造慢慢形成人与自然的共生圈，中国的传统从思想领域的儒释道，到文化政治领域的朝代更迭，无不推动着传统设计的发展并引领手工艺发展到世界顶尖级水平。通过展示文物模型，观看视频节目，解析博物馆展品，探讨文玩器物背后的故事，让学生充分了解并感慨中国传统文化的博大、深刻、辉宏与灿烂，将传统“工匠精神”在教学中深入解析，有形的器物设计承载无形的传统内涵，做到于无色中看繁花，于无声中听惊雷。

2. 知识拓展中传播中国文化

知识的拓展涉及到对于历史的思考，对于文化的理解和应用。我们国家拥有几千年的文化积淀，其中不乏独特的文化载体让华夏儿女都为之骄傲，比如我们的书法艺术，在世界语言系统中就是独一无二的文化瑰宝，不仅承载了信息传递的功能、音律、形态，同时还造就了华美的艺术形式，又注入诗文、绘画等多种艺术表达之中，成就了传统文化中的艺术高峰。了解书法文字的寿命长于其他各国的语言载体，不断演变发展，至今仍可以广泛应用于当下社会形态之中，并造就新一代的包容性的文字艺术，可见我们传统文化的魅力和底蕴。课堂通过对书法作品的实物展示和视频观看，提升学生对书法的认知与热爱。

3. 思维训练中融入中国智慧

现代大学生对于西方文明的摄入已经逐步超越对传统文化的认知，生活的西化，语言的西化，都是全球化之后的社会形态对于我们传统教育的巨大冲击。面对这种挑战，设计课程需要及时向学生展现中国智慧的魅力，领略中国智慧的价值所在，更好地“向后看”是为了“向前进”。“鲁班锁”体现了古人缜密且惊人的创造性能力，而古建筑设计的风水精妙又与现代科学研究所得的建筑理论不谋而合，从唐代的胡床交椅到明清的官帽椅、太师椅、架子床，榫卯结构的各种变式应用，处处玄妙，处处散发着古人智慧的光芒。课程在理论部分通过精准深入的对比讲授，传递传统文化中思维的特色和精华，并设置小组作业进行思维发散训练，从而使得领略中国智慧，坚定中国自信，走向中国设计的未来。

4. 能力培养中汇聚中国制造

作为设计行业的学生，实践能力是最基本的要求，导论的课程需要向学生展示如何培养并深入磨炼自己的动手能力、思考能力和拓展能力。于此过程中，理性，公正客观地阐述什么是中国制造，什么是大国情怀尤为重要，目前全世界公认的“世界工厂”到底具备怎样的生产能力，怎样的研发水平，又有哪些方面值得我们反思，需要我们去改进。作为设计专业的学生，必须拥有民族使命感，将设计师的价值观与国家利益，民族情怀紧密相连，为打造响亮的中国品牌而不断奋斗，无悔奉献。

5. 素养教育中传递中国精神

当下的社会压力让无数大学毕业生充满对未来的恐惧，利益为先，逐利忘本，那么我们设计教育最根本也是最核心的关注点应是素养教育。中国有着优秀的精神文化传统，正如宋代教育家张载的名言“为往圣继绝学，为万世开太平”，学生通过大学四年的积累和学习，能够掌握科学文化知识，熟练地应用于本专业的行为活动之中，但内心一定要坚定信仰，继承并发扬传统中国精神，不以功名论英雄，不以奸邪谋财富，不断提升自己的道德品质，并努力付之行动，追求知行合一，不负韶华。

中国艺术融汇于中国文化，中国文化蕴含着中国智慧。中国未来设计行业的发展需要有综合创新应用能力及高素质的设计人才。设计导论的课程从理论角度出发，引领学生对中国设计进行全面的认知与定位，对世界设计发展有综合的理解和思考，带着对中国制造的信心，对中国设计的梦想，对中国智慧的民族自豪，不断努力进取，走向具有中国特色的设计未来。

五、教学效果

根据以上的教学设计，学生可以在教师的引导下了解设计行业的精神内核，寻找到自己学习本专业的实际意义，并且树立正确的奋斗意识，为国家、为民族设计事业，为自身的综合素质提高而规划自己未来的努力方向。课程思政的内容融入在每个细小的知识点，有利于学生的默许接受，并激发他们对于设计情怀的追寻，摒弃了命令式或者作业完成式教学状态。最后学生会根据自己的理解进行实践锻炼，也为之后的专业课程打下了坚实的基础。

《化工设备机械基础》课程思政教学设计

化学工程学院　朱　靖

《化工设备机械基础》课程是为化工与制药类专业开设的一门综合性机械类课程，其任务是使学生获得必要的基础力学和金属材料知识，具备设计常、低压化工设备的能力。在教学活动中注重对学生的价值观引领、创新精神培养和安全、环保理念养成，使其不仅建立认识化工生产与设备理性思维基础，同时具备对问题进行科学分析，批判和质疑，勇于探究的精神。不仅具备化工设备的设计、运行和管理能力，同时养成科学、严谨、负责的职业素养，培养谨守工程伦理，坚守“人民至上，生命至上”工程活动底线的新时代化学工程师，积极投身到“中国制造2025”的历史任务中去，为祖国建设贡献力量。

一、课程定位

1. 课程性质

《化工设备机械基础》课程是为工科院校化工与制药类专业开设的一门综合性机械类课程。在我校为化学工程与工艺专业的专业核心课程，设48学时。

2. 课程地位

本课程是一门工程理论与实践能力并重的课程，其主要任务是使学生通过学习获得必要的基础力学和金属材料知识，进一步结合国家或行业的有关标准和规范，具备初步设计常、低压化工设备的能力。

3. 课程教学内容与意义

通过本课程的课堂教学和课后学习，学生将掌握容器设计有关的力学基础理论，金属材料的基本知识，能熟练地利用物体受力平衡的基本原理对物体进行受力分析，会建立承受拉伸（压缩）、剪切、扭转、弯曲及简单组合变形物体的强度条件、刚度条件。结合国家或行业的有关标准和规范，掌握中、低压力容器和典型化工设备的强度计算方法、结构设计方法，具备对常用化工设备进行机械设计与强度校核的能力。课程教学采用“目标引导式+案例式”教学，使学生通过课堂讲授、案例学习与探究讨论、混合教学等方式，具备设备设计的思路和方法，并执行行业相关规范，养成初步的工程能力。

二、课程思政教学目标

《化工设备机械基础》课程教学中注重知识传授、工程能力培养和思想价值引领。结合课程内容和特点，从中挖掘思政元素，在教学中以“培养谨守工程伦理，坚守‘人民至上，生命至上’工程活动底线的新时代化学工程师为核心”，把对学生的“价值观引领、安全和环保意识、批判和质疑的科学思维、不畏困难勇于创新的民族精神培养”等思政目标和专业知识的讲授有机融合，贯穿于课程教学的各个环节，充分发挥课程的育人功能，使“教书”和“育人”同步进行，与思想政治理论课形成协同效应，实现全方位育人。课程教学采用“目标引导式+案例式”教学，使学生通过课堂讲授、案例学习、探究与讨论等方式，从知识、能力、素养三个层次，逐层推进学生理论学习、工程设计能力和工程伦理素养的养成。

三、课程思政教学设计

1. 课程教学设计模式（见图1）

化工生产具有易燃、易爆、易中毒、高温、高压、有腐蚀等特点，设备安全至关重要。无论从选材、设计、制造还是安装、运行、检修等都需要具备相应的专业知识，才能成为合格的化学工程师。课程始终以化工工程师职业使命为切入点，人民生命财产安全为落脚点，以谨守工程伦理，坚守“人民至上，生命至上”的工程活动为底线，绷紧安全的弦，念好环保的经。课程教学采用“目标引导式+案例式”教学，使学生通过课堂讲授、案例学习与探究讨论、混合教学等方式，在学习构件受力分析、强度和刚度计算及设备设计选型的专业学习过程中，潜移默化地进行科学思维与科学精神养成、安全与环保意识构建、创新精神与能力培养和民族自豪感、使命感的培养，并形成相应的课程教学设计。本课程主要围绕“一个核心使命+三个核心素质+四类课程案例”。

一个核心使命：谨守工程伦理的新时代化工工程师使命。

三个核心素质：科学精神养成、安全环保意识、创新思维能力。

四类课程案例：科学精神与科学思维类案例；安全与环保类案例；工程改造与创新类案例；民族奋斗与民族精神类案例。

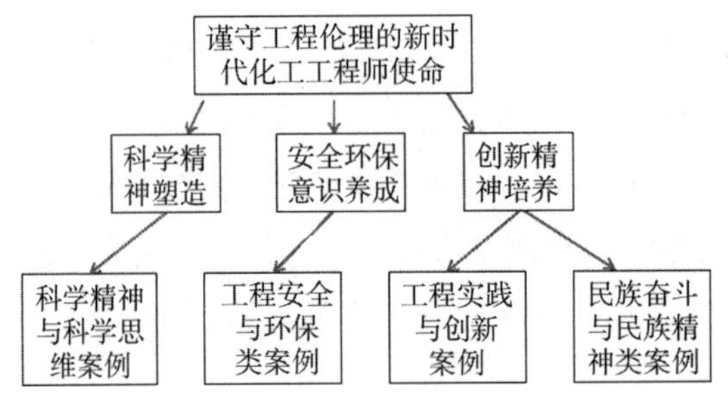

图1 《化工设备机械基础》课程思政教学设计

（1）科学精神与科学思维类案例。以理论力学、材料力学、机械力学方面知识的学习为主线，使学生从力学角度建立认识世界的理性思维基础，对具体问题能够进行科学分析，批判和质疑，从而培养勇于探究的科学精神。从设备的设计和运行过程中的基本科学问题着手，着重培养学生科学、严谨、负责的职业素养。

（2）安全与环保类案例。安全环保不分家，以视频动画的形式引入案例对学生进行安全和环保教育，包括实验室安全、实习及化工生产安全、国家安全管理规定等。在实验室安全和化工生产安全方面，利用安全事故引起学生对安全的关注；在各种设备的技术选择和设备设计选型中培养学生的安全、环保观念和法律意识，引导学生自觉关注国家和行业安全环保相关的管理规范，从而提升学生安全严谨的工作作风。

（3）工程改造与创新类案例。通过引出工程难题和解决方案的案例分析将知识的运用与创新有机结合，强化培养学生的归纳和演绎推理能力，除使学生掌握设备设计的基本原则和方法、强度计算的手段、计算书的构成等内容外，更通过讲解自主工程创新案例、新材料、新设备科研攻关案例，培养学生迎难而上，勇于科技创新的思想和能力。

（4）民族奋斗与民族精神类案例。通过介绍我国古代和现代、当代的辉煌工程案例，介绍我国劳动人民的工程智慧，从而提高学生民族自豪感，增加文化自信；并通过从装备制造业对我国创新驱动发展作用的角度出发，激励学生攻坚克难，积极投身“中国制造2025”的历史使命中去。

2. 课程教学特色与创新

结合课程的教学内容，在课堂教学中把握住课程思政的主要内涵，建立课程思政目标，将思政元素自然流畅地贯穿在教学的相关环节，并配合以相应的教学活动设计，促进知识、能力和课程思政教学目标的有效达成。

3. 课程教学设计如何体现课程思政教学目标

课程教学中采用BOPPPS有效教学模式，以课程目标和思政目标为引领，以学生为主体、以教师为主导、以体验为关键、以网络平台为载体，通过“课前+课中+自主讨论探究+实践”四个实施环节，完成教学目标，实现隐性教育与显性教育相统一。

四、课程思政元素的融合

1. 民族自豪感和使命感培养

中华民族是一个历史悠久的伟大民族，自古以来就有许许多多能工巧匠用他们的智慧和力量创造了无数工程奇迹。学生们生活在现代社会，相比传统文化，他们会更加关注当代的一些新科技、新事物，并慢慢地受其影响和同化，而忽略了我们伟大的古代工程中的原本就蕴含的科学精神和智慧。在化工设备机械基础课程教学中，我们在讲到相应知识点时，通过介绍相关的古代工程建设原理，在拓展学生对知识点的理解程度的同时，提高学生的民族自豪感和实现中华民族伟大复兴的历史使命感。

在讲到梁的相关知识时，采用正反两方面案例分析梁结构的强度问题，用“多伦多大学的工程戒指的故事”警示从事工程设计和工程管理的同学应尊重事实和背后的科学规律，认清自己身上承担的光荣使命，努力学习勇担重任，以严谨的态度和崇高的责任感投入到祖国建设的洪流中去。

从当今世界上现存第二早、保存最完整的单孔敞肩石拱桥——赵州桥的故事入手，介绍利用力学知识对桥梁创造性的设计，并提升民族自信。由于拱形结构多用于跨度较小的桥梁，大跨度的桥梁选用半圆形拱，就会使拱顶很高，不仅造成桥高坡陡、车马行人过桥不便。且半圆形拱石砌石用的脚手架就会很高，增加施工的危险性。1400多年前，李春和工匠们一起创造性地采用了圆弧拱形式，使石拱高度大大降低。赵州桥的主孔净跨度为37.02米，而拱高只有7.23米，这样就实现了低桥面和大跨度的双重目的，桥面过渡平稳，车辆行人非常方便，而且还具有用料省、施工方便等优点。但从力学角度分析，圆弧形拱对两端桥基的推力相应增大，需要对桥基的施工提出更高的要求。作为屹立1400年不倒的石桥，赵州桥建桥时力学计算精确，加固方法妥当，造型优美，工艺在当时达到世界先进水平。这座古桥在各方面仍然具有很多值得后人学习的地方，事实上，这座桥也可以作为空腹式拱桥的鼻祖。

从以上故事使同学们认识到1400多年前勤劳的中国人民就具有了工程智慧，建造了桥梁史上的丰碑，从而提高其民族自豪感，增加了文化自信。

2. 学生安全意识培养，职业生涯将安全始终放在首位

安全是化工行业的头等大事，而《化工设备机械基础》课程的课程内容设计主要围绕设备安全从受力、变形、内力、应力、强度、刚度、选材、设计条件、制造要求等各方面对安全都提出了要求。课程也始终常绷安全的弦，常念安全的经。以视频动画的形式引入案例对学生进行安全教育，包括实验室安全、实习及化工生产安全、国家安全管理规定等。在实验室安全和化工生产安全方面，我们利用安全事故动画引起学生对安全事件的关注；在各种设备的技术选择和设备设计选型中培养学生的经济观念和法律意识，提升学生安全严谨的职业素养。

安全方面的意识培养主要通过视频动画的形式和虚拟仿真两种方式进行。除了上述方面，我们也结合课程所学知识给学生设置和生活常识相关的拓展讨论题，如：石油化工企业为什么多见球形储罐等，促使学生应用所学知识解释身边的一些现象，增强学生对所学知识的理解和应用能力，同时理解和遵守工程职业的道德和规范，尤其是对公众的安全、健康和福祉，以及环境保护的社会责任。

3. 形成化工产业绿色发展理念

“创新、协调、绿色、开放、共享”是我国提出的绿色发展理念，与其他四大发展理念相互贯通、相互促进，对于生态文明建设具有重大意义。我们通过课堂教学中进行讲解和案例教学，促使学生逐步形成绿色发展的环保理念，并在今后的工作中贯彻始终。

我们在讲授“化工设备机械基础设备设计”过程中，通过视频动画案例给学生讲解设备结构设计、选材、构件选择不合理可能对生产造成的影响。如何避免生产过程跑冒滴漏

的产生，粉尘污染在企业生产中的危害等，进而让学生结合网络和文献报导的问题产生的原因、危害并提出解决措施，吸引学生注意到身边的理论知识，也提升了学生的绿色环保意识。在讲授“换热器设计”这部分知识的时候，我们通过短片介绍了一些化工企业废热利用的案例，进一步拓展学生对绿色发展理念的理解，并使学生能更好地将所学的理论知识与工业应用结合，引导学生建立环境和可持续发展意识，在工程实践中能够关注、理解和评价环境保护、社会和谐，以及经济、生态及人类社会可持续发展的问题。

4. 传授科学思维方法，培养创新精神

课程注重学生科学思维的培养，注重对学生能力的提升。从绪论起就采用思维导图将整门课的知识构架和能力培养的逻辑关系介绍清楚。我们在课堂教学中注意传授科学思维方法和知识应用案例，通过案例分析将知识的获取与运用有机结合，强化培养学生的归纳和演绎推理能力，并使学生掌握受力分析的一般方法、强度计算的一般手段、设备设计的基本原则、计算书的一般构成等，同时融入逻辑思维、创新精神等德育元素。

在讲授“换热器设计”过程中，介绍相变热管式换热器、大型空分用绕管式换热器的工作原理及设计，使学生具备对换热器进行创新设计的一般思路。在塔设备设计中，介绍螺旋塔版、隔壁塔、立体式塔版和新型高通量填料等，使学生明确学无止境、创新无止境的道理，并在化工课程设计、大学生化工设计竞赛中予以应用，启发他们自主学习，不断探索，树立终身学习的理念。

此外，授课中将新材料、新设备开发中涌现的事迹及著名学者介绍给同学，将他们坚定信念，勇挑重担，不断进取的精神传递给年轻人。借此对学生进行隐性渗透式的理想信念、使命感和科学精神等方面的思政教育。

五、教学效果

通过精心凝练思政目标，合理设计课程教学内容，在课堂有效实施，教学效果在课程设计、大学生化工设计大赛等实践活动中进行检验，达成教学目标。在教学过程中，始终坚持教书与育人相统一，不仅为学生设立远大目标，更将达成目标的方法与途径传授给学生。以“春风化雨、润物无声”的形式，隐性融入课程课堂教学，丰富课程思政的内涵，在传授专业知识的同时，引领学生思想、塑造价值观、培养家国情怀。学生通过课程学习，深刻认识到作为化学工程师的家国使命，“以不息为体，以日新为道”建立起终身学习意识。在课外创新实践中，学生们能自觉融入课程思政提倡的精神，在历时半年的化工设计大赛中不畏困难，不断创新，自主学习新知识，增长新本领，并将“创新、协调、绿色、开放、共享”是我国提出的绿色发展理念贯穿在设计作品中，取得优异的成绩。

六、教学案例对工程类课程的推广

在教学实施过程中，通过明确的教学目标凝练、有效的教学模式设计，创新的教学方法，保障了课程质量，凝练出“一个核心使命+三个核心素质+四类课程案例”的整体教学设计，以学生为中心，通过课堂内与外、理论与实践相结合，在提升学生利用专业知识解决工程问题能力的同时，将工程师使命和社会主义核心价值观融入教学过程，为培养德、智、体、美、劳全面发展，工程实践能力强、创新能力突出、具有团队协作精神和家国情怀新时代化工工程师奠定良好基础。本课程融合隐性思政的教学模式，可供其他工程类课程借鉴并推广应用，使专业课程与思政教育同向同行，形成协同效应。坚持立德树人为中心，践行“门门课程有思政”“教师人人讲育人”，提高课堂教学效果和质量、提升学生学习热情和成效。

《化工原理》课程思政教学设计

化学工程学院　樊丽华

该课程主要讲述流体流动、传热、蒸馏、吸收等化工单元操作的基本原理、计算方法及典型设备的结构与选型等内容，培养学生的创新思维和分析解决复杂化工问题的实践能力，融入创新精神、爱国主义、社会公德、个人品德等课程思政点，培养学生的职业素养、探索精神、环保理念和爱国情怀。

一、课程定位

《化工原理》课程是为化工与制药类工科专业如化学工程与工艺、能源化工等专业本科三年级开设的一门重要的技术基础课和核心必修课程。课程紧密结合化学工程专业的特点，以单元操作原理和应用为主体，理论学习与技能培养并重，是化学工程学科的重要基础，在培养学生创造性思维、综合设计能力和化学工程实践能力方面占有重要地位。

通过课堂讲授、探究翻转、案例分析、小组任务等形式，讲解化工生产中各单元操作的基本原理、计算方法及所用设备的结构与选型等内容，使学生获得动量传递、质量传递和热量传递的基本理论与实践技能，提高学生对复杂化学工程问题的分析和解决能力，建立经济、安全、环保及循环发展的工程观念。

二、课程思政教学目标

《化工原理》课程教学中将知识传授与思政教育融为一体，结合化工原理的课程内容和特点，从中挖掘思政元素，引导学生理解和认识质量、能量守恒是马克思主义哲学的自然科学基础的深刻道理，树立理论联系实际、具体问题具体分析、实事求是、探索精神、科学发展、职业素养等人文意识，在教学活动中把对学生的价值观引领、创新精神培养和安全、环保理念养成等思政目标和专业知识的讲授有机融合，贯穿于课程教学的各个环节，充分发挥课程的育人功能，使“教书”和“育人”的同步进行，与思想政治理论课形成协同效应，实现全方位育人。

三、课程思政教学设计

结合《化工原理》课程的教学内容，在课堂教学中把握住思政教育的主要内涵，将思政元素自然流畅地贯穿在教学的相关环节，并配合以相应的教学活动，形成“一条主线+两个核心要素+三个课程案例库+四个教学环节”特色教学设计，促进知识、能力和课程思政教学目标的有效达成（思政教学设计见图1）。

一条主线：化工专业以培养具有扎实专业知识和良好工程技术素养的应用型人才为目

标，因此作为化工专业核心课程的《化工原理》课程思政以培养学生工程素质为主线，即具有实践操作能力、良好的思维素质和工程创新能力。

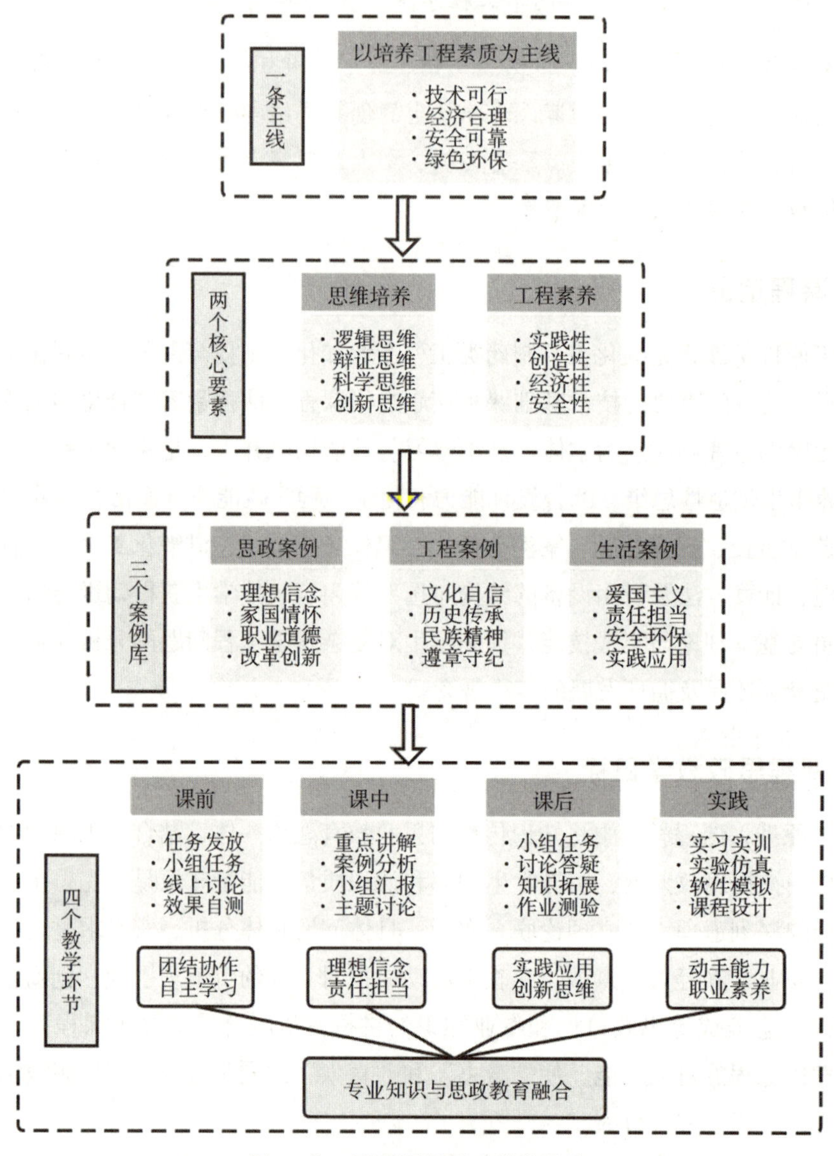

图1　化工原理课程思政教学设计

两个核心要素：促进学生知识传授、能力培养与价值引领有机统一，以思维培养和工程素养为核心要素，通过单元操作知识的讲解，从理论计算到实际操作，从工艺选择到设备设计，构建逻辑思维和科学思维。通过案例分析和小组任务等活动培养学生创新思维，并渗透经济、安全、环保等工程观念。

三个课程案例库：在教学过程中挖掘和积累思政元素，形成三个课程资源案例库，实现专业知识和课程思政的有机融合。一是以理想信念、家国情怀、职业道德和改革创新等为主要内容的思政元素库；二是以文化自信、历史传承、民族精神和遵章守纪等为主要内容的工程案例库；三是以爱国主义、责任担当、安全环保和实践应用等为主要内容的生活案例库。三个案例库相辅相成，互相渗透和补充，使学生掌握的专业知识有正确价值观的引领，发挥更重要的作用。

四个教学实施环节：以OBE理念为指导，以学生为主体、以教师为主导，充分利用先进的信息技术手段，以网络资源为载体，通过“课前+课中+课后+实验实践”四个教学环节保证教学任务的顺利完成，践行教育“立德树人”的根本任务。

四、课程思政元素的融合

1. 通过科学家的故事启发学生的人生观

《化工原理》课程中涉及到的“傅里叶定律”“伯努利方程”等都是学生熟知的课程内容，但公式背后科学家的故事，却很少受到学生关注。科学家所处的年代不同，背后的故事也不尽相同，可是不同的经历中却都隐藏着“勤奋”“百折不挠”“专注”等一些非常相似的关键词，引导学生自动开启人生思考模式。

在讲到传热过程的热传导定律时，会讲到傅里叶定律，这就自然提到了科学家傅里叶，傅里叶是法国著名的数学家、物理学家，他的名字早在许多课程中都为学生所熟知，如“傅里叶级数”“傅里叶变换”等，然而大多数学生并不知道傅里叶曲折的人生经历和在科学路上不断求索的奋斗故事。因此，结合傅里叶定律的讲解，简单介绍傅里叶的重要著作《热的解析理论》的发表经历。《热的解析理论》影响了整个19 世纪分析严格化的进程，在数学史乃至科学史上公认是一部划时代的经典性著作。然而这部著作之前，傅里叶经历了三次被重要科学家否定的过程。1807年，他向科学院呈交了一篇很长的论文，题为《热的传播》，但是拉格朗日提出了强烈的反对。最终，法国科学学会屈服于拉格朗日的威望，拒绝了傅里叶的研究工作。后来傅里叶又一次提交论文，依然受到科学家的反对，最终，他以百折不挠的精神将论文中的部分内容扩充，出版了著作《热的解析理论》。傅里叶在其曲折的一生中，始终以执着的态度坚守科学精神，值得同学们深思和学习。

2. 培养学生的民族自豪感

中华民族是一个历史悠久的伟大民族，自古以来就有许许多多能工巧匠用他们的智慧和力量创造了无数古代工程奇迹。学生们生活在现代社会，相比传统文化，他们会更加关注当代的一些新科技、新事物，并慢慢地受其影响和同化，而忽略了我们伟大的古代工程中的原本就蕴含的科学精神和智慧。在《化工原理》课程教学中，我们在讲到相应知识点时，通过介绍相关的古代工程建设原理，在拓展学生对知识点的理解程度的同时，提高学生的民族自豪感。

在讲到“流体力学原理”的相关知识时，采用案例分析的方式引入有关古代水利工程的介绍，如大禹治水的故事。先引导学生分析鲧为什么采取“水来土挡”的策略治理黄河水患失败？禹采用了什么样的办法？（禹在认真研究和测量山地尺寸的基础上，采取疏通河道，拓宽峡口的方法，让洪水能更快地通过，这正符合我们在流体力学中学习到的连续性方程原理，即流体流径越大，流速越小）其中蕴含的原理是什么？（禹采用了“治水须顺水性，水性就下，导之入海”“高处凿通，低处疏导”的治水思想，这也运用到了我们所学的流体阻力的一些基本原理）通过大禹治水的故事使同学们认识到4000多年前我们的先人就具有了这样的智慧，提高了民族自豪感，增加了文化自信。

3. 培养安全严谨的职业素养

安全是化工行业的头等大事，因此在教学中，我们必不可少地要常念安全。我们以视频动画的形式引入案例对学生进行安全教育，主要包括实验室安全、化工生产安全、国家安全观等方面的案例。在实验室安全和化工生产安全方面，我们利用安全事故动画引起学生对安全事件的关注；在各种单元操作的技术选择和设备设计选型中培养学生的经济观念和法律意识，提升学生安全严谨的职业素养。

安全方面的意识培养主要通过视频动画的形式和虚拟仿真两种方式进行。除了上述方面，我们也结合课程所学知识给学生设置讨论题，比如“为什么铁路或地铁站台上都会设置安全线”“如何减少VOCs对环境的影响”等，促使学生应用所学知识解释身边的一些现象，增强学生对所学知识的理解和应用能力，同时理解和遵守工程职业的道德和规范，尤其是对公众的安全、健康和福祉，以及环境保护的社会责任。

4. 形成绿色发展的环保理念

绿色发展理念是十八届五中全会上提出的“创新、协调、绿色、开放、共享”五大发展理念之一，与其他四大发展理念相互贯通、相互促进，对于生态文明建设具有重大意义。我们通过课堂教学中进行讲解和案例教学，促使学生逐步形成绿色发展的环保理念，并在今后的工作中贯彻始终。

我们在讲授化工原理课程中“非均相物系的分离”这部分内容时，通过视频动画案例给学生讲解粉尘污染在企业生产中的危害，进而让学生结合网络和文献的查阅了解空气中雾霾的产生、危害并提出解决措施，既吸引学生注意到了身边的化工原理，也提升了学生的绿色环保意识。在讲授“传热”这部分知识的时候，我们通过短片介绍了一些化工企业废热利用的案例，进一步拓展学生对绿色发展理念的理解，并使学生能更好地将所学的理论知识与工业应用结合，引导学生建立环境和可持续发展意识，在工程实践中能够关注、理解和评价环境保护、社会和谐，以及经济、生态及人类社会可持续的问题。

5. 传授科学思维方法，培养创新精神

科学思维是指人对自然界中客观事物的一种认知行为、认知方式和认知品质的反映。

我们在课堂教学中传授化工原理的科学思维方法和科学研究方法，通过知识的获取，强化培养学生的归纳和演绎推理能力，并使学生掌握量纲分析法、数学模型法、分解与综合法等科学研究方法，同时融入逻辑思维、创新精神等德育元素。

在介绍“萃取操作”之前，我们为学生放映《青蒿素的发现历程》短视频，采用启发式的教学方法引导学生提出问题并展开讨论，相关的问题如：

萃取分离的依据是什么？——教学：引出液液相平衡知识的讲解。

屠呦呦课题组是如何选择萃取剂的？——教学：引出萃取剂的选择。

对我们有什么启示？——思政：①屠呦呦是第一位获得诺贝尔科学奖项的中国本土科学家、第一位获得诺贝尔生理学或医学奖的华人科学家。教学过程中可借此对学生进行隐性渗透式的理想信念、使命感和科学精神等思政教育。②青蒿素的发现过程，包含逻辑思维和科研的一般方法：青蒿素的发现——揭示；抗疟新药——创新。借此培养学生的科学思维方法，培养他们的创新精神。

五、教学效果

通过精心设计课程教学内容和教学活动，保障授课效果，达成教学目标。同时坚持教书与育人相统一，挖掘并积累思政元素，以“春风化雨、润物无声”的形式，使学生在专业知识学习过程中涵养内在品格、提升人文精神、激发道德原动力、充实责任感和道德勇气，彰显担当精神和超越意识，建立稳固的内在人文素养和道德修养，深层次提升内生性学习动力、开阔人生境界、拓展专业视野，塑造正确的世界观、人生观和价值观，培养安全、环保的发展理念和科学、严谨、求真务实的职业素养。

学生通过课程学习，掌握单元操作的专业知识，并从中感受科学家的探索精神、创新意识和家国情怀，感受中华文化的伟大与传承，感受中国力量、中国制造和中国精神，建立民族自豪感和民族自信心，激发责任感和使命感，树立为实现中华民族的伟大复兴而努力学习的信心与决心。

六、教学案例对工科类课程的推广

在教学实施过程中，采用多种教学模式和方法保障了课程的教学质量和育人目标的实现。践行OBE理念，以结果为导向，以学生为中心，通过线上线下结合、理论与实践结合、讨论与翻转结合，将知识传授与品德培养融合，提升学生解决复杂工程问题的能力，同时将社会主义核心价值观融入教育教学全过程，培养具有团队协作精神、担当意识和创新能力的应用型人才。

本课程将专业知识和思政教育隐性融合的教学模式，可供其他工科类课程借鉴并推广应用，提炼专业课程中蕴含的思政元素，深挖专业学科的育人价值，形成课程整体育人的联动效应，潜移默化地对青年学生予以正能量的指引。由全体专业教师积极参与的课程思政建设，将德育工作和人文关怀润物无声地融入教学过程，在培养专业能力的同时加强对学生的思想引领和价值观塑造，使得专业课程与思政课程同向同行，将有力促进高校三全育人和立德树人目标的实现。

《精细化工工艺学》课程思政教学设计

化学工程学院　孙晓然

该课程主要讲述精细化工的范畴、特点、发展方向以及化学品的种类，表面活性剂、食品添加剂、合成材料助理、胶粘剂与涂料化学品的结构和性质、制备和工艺、用途和环境问题，现代精细化工领域的新技术。课程教学中注重培养学生从事精细化工产品的生产和新品种的开发的新思维和实践能力，融入科学素养、创新精神、爱国主义、工程伦理等课程思政点，培养学生家国情怀和创新意识，遵守职业道德，树立正确的世界观、人生观、价值观。

一、课程定位

《精细化工工艺学》是应用化学专业本科四年级开设的核心必修课程，也是化学工程与工艺等相关专业选修课程。精细化工作为现代化工的重要分支，主要讲述典型精细化学品的制造原理、制造配方、制造工艺和应用领域，为学生毕业后从事精细化工生产、管理、科技研发奠定必要的理论和技术基础。

本课程授课采用案例式、讨论式、引导式、讲演式等“以学生为主”的教学方法，考核采取平时成绩、讲课答辩、阶段与期末口试相结合的方式。通过课程学习，学生将具备精细化工工艺学基础知识和理论，掌握典型精细化学品的性质、结构、合成方法原理及基本生产过程及技术，了解精细化学品在各领域的应用，掌握新产品开发的基本技能，强化、巩固已学基础理论和知识，使学生的分析问题、解决问题以及创新创业能力得到提高，培养现代精细化工研究开发与管理等职业素质，以及具备科学人文精神、创新意识、爱国敬业的高素质化学工程人才。

二、课程思政教学目标

本课程充分挖掘精细化工知识中含有的科学人文精神和创新意识，结合精细化工发展的最新动向与当前社会热点、国家战略中的思政元素，将“创新、协调、绿色、开放、共享”五大发展理念和社会主义核心价值观“揉”进课程，增强教学内容的现实性、先进性和德育性，具备知识传授、能力培养和价值引领三位一体的教学目标，在教学中体现全员育人的思想，做到专业课程与思政课程同向同行。

三、课程思政教学设计

1. 课程教学设计模式

根据本门课程的性质、内容和课程目标，构建了以学为主的“531”的课堂教学模式，课堂教学采用启发与扩展等多元化教学方式，以师生之间的有机交互联系为主，充分发挥教师的主导作用，通过学生预习、自学、小组讨论引发学生的主动学习和思考的习惯与积极性，最终达成师生间百分百积极思维活的共鸣度、参与度以及互动度，“531”课堂教学模式见图1。

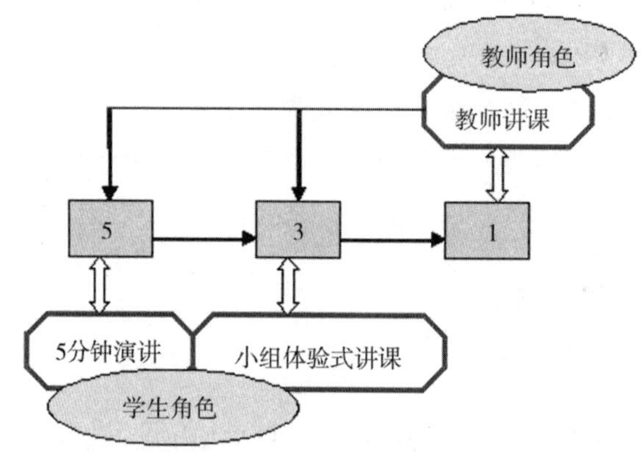

图1　“531”课堂教学模式

2. 课程教学特色与创新

（1）学生课前5分钟演讲，以兴趣促进主动学习

“531”的课堂教学模式中的“5”是每节课2—5名学生在课前进行5分钟演讲，主题内容自选或教师指定，自选为对自己感兴趣的、与精细化工相关的内容，鼓励使用ppt展示相关图片、视频等，只允许出现少量文字。

（2）体验式讲课，促进高效学习

“531”的课堂教学模式中“3”是指3—5个学生组成的讨论小组在课堂上进行体验式讲课，时间为每人3分钟左右，题目由教师根据教学大纲指定。通过“课后资料查阅—讲课报告撰写—ppt制作—课堂讲课—回答问题”系列环节，使学生最大限度参与到课堂中。

（3）课堂讲授形式与内容多样化，吸引主动学习

“531”的课堂教学模式“1”是指教师课堂授课，内容结合大纲要求，并将与精细化工密切相关的生命科学、材料科学、能源科学和空间科学等领域最新进展展示在课堂教学中，以精讲为主，采取案例式、提问讨论式、问题引导式等教学方法，在学生讲课的基础上，将知识重点难点强化，同时结合课程内容找到思政元素切入点，将正确的人生观、世界观、价值观、科学观等融入课堂，并与学生分享，启发和引导学生思考，体现价值引领。

（4）总成绩的全过程评价

配合“531”教学模式，课程考核采取期末口试与平时考核相结合的“343”评价方式，实现学生总成绩的全过程评价，保证评价客观性、全面性、差异性（见图2）。

“343”评价方式重在学习过程评价，总成绩由平时成绩、阶段性考试、讲课答辩与期末口试成绩组成，计算公式为40%平时成绩（含课堂出勤10%+阶段性考试30%+5分钟演

讲50%+平时作业 10%）+30% 专题讲课答辩成绩+ 30%期末口试成绩。

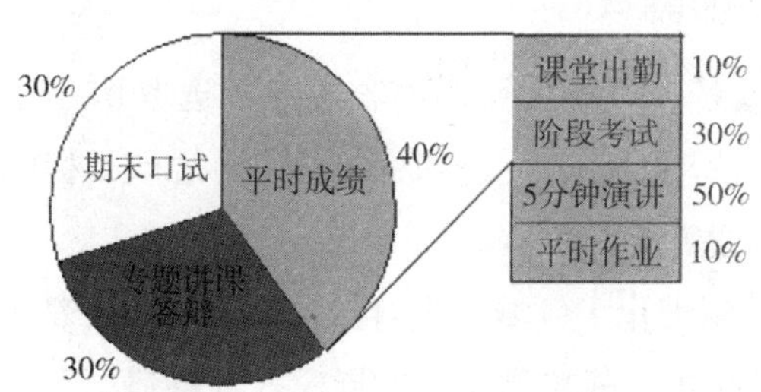

图2　“343”考核方式图示

3. 课程教学设计如何体现课程思政教学目标

采取“四步递进法”，以“531”教学模式为载体、课程大纲为基础设计课程思政教学方法。首先确定合理的课程思政知识切入点；第二步为思政切入点寻找支撑论据，如与知识切入点相关的古今中外科学史、科学技术创新案例、新闻、著名科学家发明家等人物故事、科学前沿技术、教师科研等，引起学生兴趣和求知欲，不仅启发学生，同时也为后续架构课程思政元素做好铺垫，这部分内容提前发布到网络平台让学生自己阅读并以小组形式讨论；第三步在课堂上，当课程进展到思政切入点内容时，教师自然引出支撑论据，并以此提炼相关的思政元素（正确的世界观、价值观、人生观、科学观）；第四步再从思政元素回到知识切入点，并布置相关的课后思政拓展题，进一步深化思政教育。整个课程思政设计将知识目标、能力目标和思政目标充分融合，实现三位一体总的课程教学目标（具体见图3）。

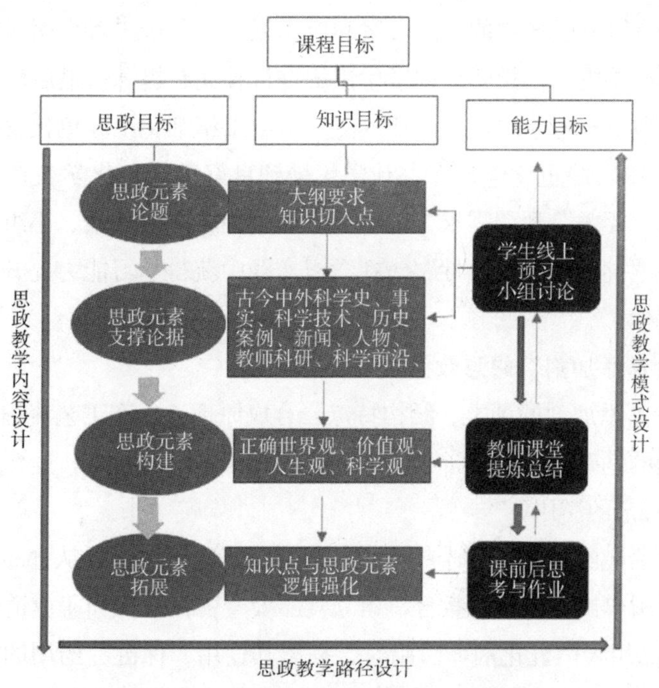

图3　课程思政教学目标达成的设计

四、课程思政元素的融合

在教学过程中，根据各个教学单元的内容特点，选取切合课程思政教学目标的知识点，并配合以相应的教学活动设计，促进知识、能力、思政目标的同步有效达成。

1. 第一章“绪论”的思政元素融合

本章知识目标为掌握精细化工领域产生背景、发展历史、精细化工工艺学基本概念、应用领域及精细化工关键技术、战略意义、发展模式与趋势。

（1）在讲述精细化工战略意义时，通过典型精细化学品在冶金、制药、生命、环境、军事、空间科学等国民经济中的重要应用和作用，增强学生对应用化学专业的认同感和自信心，使学生积极学习、奋发向上。

（2）讲述国内与欧美等国家在精细化率上的差距和关键技术“卡脖子”问题，结合高端精细化学品的需求趋势，培养学生的时代责任感和紧迫感，引导学生学好专业知识、提高专业技能，志存高远，积极投身于我国精细化工全面提升，为我国新型高端精细化工产品的开发做出贡献。

2. 第二章“表面活性剂”的思政元素融合

本章的知识目标为学习各类表面活性剂结构特点、合成原理、生产工艺流程、生产工艺的关键条件及控制原理、发展方向。在介绍阴离子表面活性剂时，采取翻转课堂的形式。首先在课前将学生分成2个大组，每个大组分再分成若干小组，分别以小组形式设计十二烷基硫酸钠和有机硅羧酸钠的生产方案和应用领域，分析二者表面活性，然后在课堂上选取某小组讲解相关内容，教师根据学生讲解进行补充、提炼。最后教师以副产品和废弃物制备有机硅羧酸钠技术路线为思政切入点，引申出精细化工绿色化发展方向，树立废物资源化利用的“5R”绿色化学理念，让学生受到良好的绿色化学教育，使环境保护在学生思想中达到由“要求”到“需求”的境界。通过翻转课堂教学、小组讨论演讲等教学形式，实现学习的“挑战度和高阶性”，在学习实践中获得学习能力提升，构建“团队合作精神”的思政目标。

3. 第三章“食品添加剂”的思政元素融合

在掌握常见食品添加剂的种类、结构特点、合成原理、生产工艺流程、生产工艺的关键条件及控制原理的基础上，以日常生活中食品问题为思政切入点。

（1）食品添加剂的滥用

对“鸭蛋黄是否越红越好”“半年不烂的苹果”等问题讨论，从食品添加剂的“被滥用”这一社会现象引申出“诚信”教育，树立食品安全责任意识和职业道德感。

（2）学习食品用天然乳化剂卵磷脂时，拓展其食用、保健、药用的高端应用领域，并以授课教师的亲身经历，引申出大学生要有“孝敬”之德，并以20世纪90年代食用卵磷脂以传销形式从美国进口到21世纪初卵磷脂的国产化，教育学生在了解精细化学品的多功能、多性质、多领域应用的基础上，产生民族自豪感的同时要有时代责任感和紧迫感，使学生树立科技发展无止境、需勇于创新的科学观。

4. 第四章“合成材料助剂”的思政元素融合

助剂类似于芯片或药品行业，高端技术与产品长期以来被国外公司通过专利池战略所封锁。结合美国早期对我国进行高端助剂产品技术垄断给我国所造成的诸多困境，以及我国科技人员通过科技创新，突破技术难关获得助剂国产化艰辛历程的实例作为思政切入点。

（1）高端木质素磺酸钠分散剂

介绍木质素磺酸钠采用的是案例教学，以染料用木质素磺酸钠分散剂的制造为例。2018年以前，国内超过50%的高端木质素磺酸钠分散剂市场是被处于全球领先地位的美国美德维实伟克公司占领和垄断，严重影响我国高端纺织业的发展，染料用木质素磺酸钠分散剂属于“卡脖子”技术。在种种情况下，国内浙江捷发科技有限公司经过多年自主研发，终于在2018年自行研制生产出绿色环保，不含甲醛、APEO、喹啉、壬基酚等有害物质，具有优良高温分散性和极好的耐热稳定性的国际一流高品质木质素磺酸钠分散剂，价格仅为美国产高端同类产品的50%，并制定《木质素磺酸钠分散剂》（T/ZZB 1664—2020）“浙江制造”标准，公司2019年度产量约13000吨，国内市场占有率达70.00%左右，完全占据了原先由美国MeadWestwaco公司Reax85A产品占领的高端市场，推动了传统产业的健康发展，并有部分产品出口到印度、印尼等国家地区。

通过这个案例教学，使学生了解建立企业、国家标准的重要性以及其制定是以科技创新为基础的，激发学生爱国敬业热情，引导他们把个人理想融入国家需求，为实现中华民族伟大复兴而努力奋斗。

（2）阻燃剂

学习阻燃剂时，首先提出“为什么公共场所火灾频发”“化工企业火灾发生案例及原因”等课后思考讨论题，让学生对火灾问题有所认识。在课堂上通过观看没加阻燃剂的合成材料引起火灾视频，引发学生对合成材料中阻燃剂的分类、阻燃机理、性能比较以及不同应用领域的使用要求等知识的学习讨论，并建立新型阻燃剂的开发创新、合成材料中添加阻燃剂的必要性以减少火灾发生和人民生命财产损失的理念，同时了解需要的场合下不添加阻燃剂的合成材料导致不良后果，构建“生命至上、安全第一、社会道德、个人道德、职业道德”的思政目标。

（3）光稳定剂

结合“索尔维在中国对天罡提起专利侵权诉讼”的案例展开思政教学。2019年2月25日，比利时全球领先的高新材料&特种化学品公司索尔维集团代表其全资子公司氰特工业公司及其聚合物添加剂事业部指控天罡制造和销售“天罡® T-68光稳定剂”，侵犯了与氰特旗舰产品线CYASORB THT®相关的专利权，并要求禁令救济、赔偿侵权损失和律师费。但是事实上，天罡公司作为我国光稳定剂领域领先的高新技术企业，早于2007年就对这一研究进行立项，并开始着手新化学结构的研发。经过实验室结构研发、配方筛选、小试、人工加速老化实验、不断优化配方与结构，从2010年开始陆续进入大田扣棚塑料应用实验阶段，历经多年大田应用实验，取得了积极结果后，才最终向市场推出了Tiangang® HS-625、Tiangang® T-68、Tiangang® T-69这一系列针对农用大棚膜的耐酸性高性能光稳定剂系列产品。该系列产品受到了市场的高度好评，在应用效果上已经达到或超过了国际先进产品水平，充分证明了中国精细化工企业从“中国制造”到“中国创造”转型的潜力。然而技术上越和国际先进水平接轨，越容易出现与世界领先企业在知识产权方面的摩擦。而作为一个具有较强自主创新能力快速发展的高新技术企业，天罡助剂希望通过这次与国际一流企业的“交手”进一步促进企业知识产权管理与保护相关能力的建设，积累宝贵经验，同时坚决捍卫企业的正当权益。

通过这个案例，引出光稳定剂的稳定原理、合成方法、分子设计原理等知识讲解，突出我国在高端精细化学品的技术亮点，引申实现高端精细化学品国产工业化过程的道路异常艰辛，增强学生的爱国热情和敬业精神，引导他们把个人理想融入国家需求，为实现中华民族伟大复兴而努力奋斗。

5. 第五章“胶黏剂和涂料”的思政元素融合

（1）通过“聚醋酸乙烯酯乳液胶黏剂（PVAc）的制备方案设计”的小组活动，对水性涂料的性质、制备方法、工艺流程及设备有了更深刻了解，介绍涂料从传统的有机溶剂涂料发展到水基、固体、热熔胶黏剂的历程，构建“安全、环保、创新”的思政目标。

（2）结合我国古代工匠利用糯米灰浆黏合剂建造的古建筑万里长城、泉州古塔、荆州古城墙至今屹立不倒，让学生感受到中国人民的智慧，增强他们的民族自豪感，引导他们思考和理解“精艺、创新、敬业”的“大国工匠”精神和价值取向。

6. 第六章“精细化工工艺学基础及技术开发”的思政元素融合

结合授课教师本人科研“腐植酸土壤调理剂”的研发和成果转化讲解精细化学品从实验室研发、中间试验阶段到工业化生产所需过程及专业知识，重点对“如何提出新思想”和“如何运用学过的专业知识实现新思想”进行讨论，构建“创新、求真务实，开拓进取，刻苦钻研、开拓视野”的思政目标，培养学生脚踏实地、埋头苦干的学习研究作风，让勤奋学习成为其实现理想的动力。

五、教学效果

本课程设计了“全课程融入思政教育”的授课内容，考核采用“全过程评价”。通过两年来课程思政教学的探索与实践，学生课堂上的学习状态和教师授课内涵都有了明显的改变。在期末口试时学生普遍反映本课程具有现实性和思想性，从课程学习中受益良多，答题中都自觉体现出正确的人生观、世界观、价值观，感到课程思政不再是僵化的思想政治理论和说教，而是潜移默化地体现在专业知识学习中，以“外化于行，内化于心”的形式融入了课堂，融入了实际，融入了学生思想中。课程思政教学过程不仅激发了学生的爱国之情和报国之志，增强了民族自信心和学习的主动性，也增强了学生的社会责任感，树立了为国家发展和社会进步刻苦读书的志向。教师也通过思政教学设计和实践，对于课程思政的内涵有了更加深入的理解和认识，对本门课程的课程目标更加明确，对教学内容也有了全新设计与提升，为课程思政的落实积累了经验，达到了教学相长的目的，实现“知识传授与价值引领相结合”的课程思政目标。

《应用化学专业英语》课程思政教学设计

化学工程学院　张秀凤

该课程主要以英语为媒介，讲述化学工业、研究开发、化学工程师职责、化学品原料、基础化学品、化工热力学等内容，培养学生对本专业科技文献的阅读理解能力、写作表达能力和英语的听、说、读、写能力，融入美育情怀、大国工匠、国家战略、民族精神等课程思政点，培养学生树立民族自信、探索先进科技、聚焦合作创新、引导绿色发展的信念和情怀。

一、课程定位

《应用化学专业英语》是应用化学专业本科二年级开设的基础必修课程，同时也是应用化学专业的专业课程。《应用化学专业英语》课程的目标就是培养学生对本专业科技文献的阅读理解能力、专业英语写作表达能力，全面巩固加强基本英语的听、说、读、写，提高用英语对化工过程进行表达的能力，拓宽学生眼界、启发学生思路、提高学生的学习兴趣，为今后从事科研、生产、管理、外事等各项事业打下坚实基础。

本课程通过讲授式、提问式、互动讨论式、案例启发式等教学形式，讲解化学工业、研究与开发、化学工程师职责、化学品原料、基础化学品、化工热力学等章节内容，以英语为媒介，拓展学生的视野，深化学生对化学工业的认识和感悟。作为化学化工类学生，不仅要掌握化工专业知识与技能，还要掌握专业英语才能与国际接轨，才可满足未来科研或工作的需要。

二、课程思政教学目标

习近平总书记在全国高校思想政治工作会议上提出“要坚持把立德树人作为中心环节，把思想政治工作贯穿教学全过程”。《应用化学专业英语》课程的开展形式是以英语为载体进行专业知识与技能的学习，而在专业知识范围之外，还应挖掘课程蕴含的思政素材和资源，结合课程的特色和优势，将“树立民族自信、学习先进科技、聚焦合作创新、引导绿色发展”的思政目标融入课程之中，贯穿于教学过程始终，将思想政治建设与教学内容有机结合，实现德育智育并举。

三、课程思政教学设计

根据每节课教授内容的特点，切入恰当的思政课程教学目标。课程总体采取“知识讲授+思政启发+合作探究”的教学模式。传授基础知识的同时，在教学过程中通过相应的教学活动设计插入思政元素，学生在知识与技能、思维与方法、思想政治教育等多维度实现

均衡协调发展，形成特色鲜明的课程教学设计："一个中心+三个要点+三个课程案例库+三个教学环节。"（如图1）

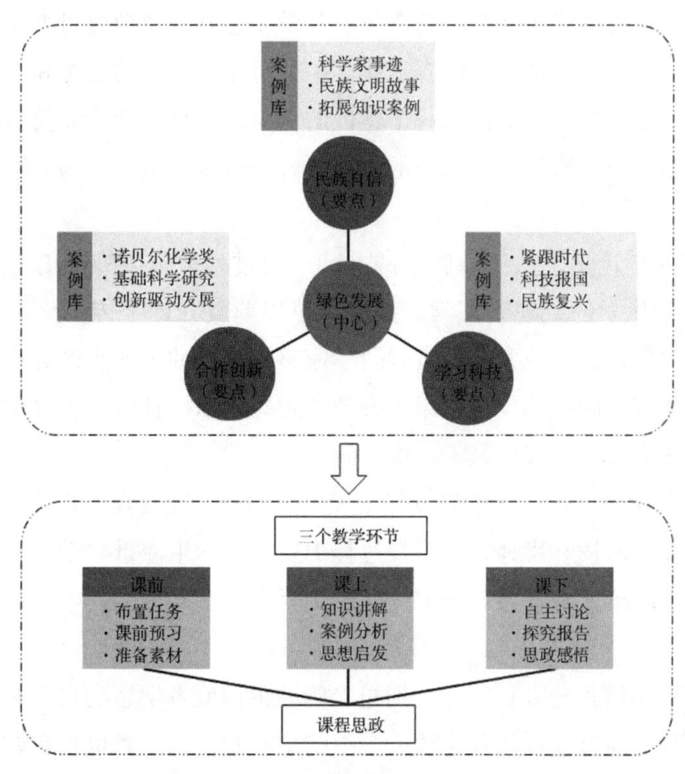

图1　课程思政教学设计

一个中心："绿水青山就是金山银山"理念成为全党全社会的共识和行动，是新发展理念的重要组成部分。引导学生树立"绿色发展"的观念，强化学生绿色环保意识，提高环保意识和社会责任感，坚定不移走绿色发展道路。

三个要点：通过学习化学工业的历史和发展，树立民族自信、学科自信；化学化工基本知识是所有研究创新的基础，学习科技知识，紧跟时代潮流；任何一种新化合物的发现、新工艺的开发都是集体的智慧，通过实例启发学生合作创新的重要性。

三个课程案例库：为开阔学生视野，丰富学生的思政内容，在课程教学过程中形成三个课程案例库：一是以科学家的艰苦奋斗历程、民族文明故事等构成的"民族自信"主题案例库；二是以现代研究前沿、当代先进科技为主要内容构成的"学习科技"主题案例库；三是以诺奖得主的事迹、我国自主创新成果等内容构成的"合作创新"主题案例库。

三个教学环节：教学过程分为"课前""课上""课下"三个环节，每个环节各有侧重，在教学过程中与学生互动，调动学生学习的积极性。结合应用实例，实现理论和实践的结合教学，激发学习兴趣，充分调动学生的自主学习动力。

四、课程思政元素的融合

1. 在讲授化学工业的发展历程、化学家和化学工程师等章节时可着重突出“树立民族自信”这一思政教学目标。这部分内容是让学生了解化学工业的起源和发展，学习英语的专业表达，对化学工业的发展历程有一个感性的认识，并且作为专业英语的第一单元的学习，有着引导学生入门、激发学习兴趣的作用，容易被学生接受，为后续的精细化学习打下基础。

该部分更多的是让学生产生情感上的共鸣。通过列举国内外历史上典型化学品的生产，来带动学生对化学的兴趣和探索。我国很早以前就开始了传统化工的生产，例如冶金、火药、印染、酿造等，以及我国古代科学家整理编撰的工业生产著作，这些都是我国古代劳动人民集体智慧的结晶。通过举例介绍或视频演示，让学生树立文化自信、学科自信，继承和发扬匠人精神，埋头苦干、潜心研究。

2. 化工技术、化学原理、化学研发等单元内容的理论性较强，且均为英文表达，需要学生对课文进行详细阅读和翻译，在讲授过程中要提醒学生注重“学习先进科技”。化学化工的基本知识是后续所有学习或研究的基础，只有将基础夯实，才能进行下一步的研究创新。

该部分主要应用讲授法和提问法。通过老师的讲授或者学生的自学对原理知识进行系统学习，随后老师可通过设置问题来检验学生的学习效果，或者也可在教授过程中与学生互动，调动学生学习的积极性。结合应用实例，实现理论和实践的结合教学。

3. 每单元“Notes”部分涉及到了名人事例。通过科学家们的事迹可以培养学生“聚焦合作创新”的意识。通常研究成果并非个人的杰作，而是集体的智慧，而且新的专利或化合物的产生往往是实验者不经意间发现的实验现象。因此要引导学生善于思考、勤于讨论、敢于置疑，疑问的提出就是创新的第一步。

这部分的教学形式主要是课上的小组讨论以及课下的学生自查。教师可以抛出问题并让学生在课下以小组为单位进行讨论研究，将讨论结果以学习报告的形式进行体现。学生讨论是非常有效的教学方式，不同水平的同学通过讨论进行知识互补，让思想火花进行碰撞，可能会得更为精彩的创新点。

4. 在讲到化学品的来源这一单元内容时，结合本单元后面的“阅读材料”，引导培养学生“绿色发展”、可持续发展的意识。这部分贴近实际工业生产，需掌握大量的英文专业词汇，因此对化工产业和环保二者关系的讲解必不可少。这样既能够缓解学生学习枯燥的理论内容，又有利于学生形成科学的发展观念，激发了学生的自主学习动力。

这部分内容主要采取讲授式和启发式教学，着重介绍生产有机化学品的三大原料（即煤、石油、天然气）以及全球的资源现状，也可以对“绿色化学”进行适当拓展讲解。通过观看互联网上有关环境问题的视频，启发学生对化工污染和环境保护的理性认识，引导学生树立“绿色发展”的观念，提高环保意识和社会责任感，在以后的科研或工作中积极践行。

五、教学效果

在教学设计中，将显性案例与隐性思政相结合；在教学过程中，丰富课程思政内涵，做到教书与育人的统一，保证了教学效果，最终达到教学目标。将书本知识与课程思政有机结合起来，深刻发掘课程案例中的思政内容，引导学生自主感悟，丰富学生的心灵世界及情感体验，培养学生爱党爱国的热忱情怀及科学报国的远大志向。

学生通过课程学习，深刻认识到化学化工产业的发展过程，感受先进科技给生活带来的便捷、合作创新给社会带来的进步、民族自信给我们带来的荣誉感和自豪感，感受绿色发展的必要性和重要性，勇担作为新时代化工人的责任与担当，做到知行合一、内化于心、外化于行。

六、教学案例对化学类课程的推广

课程在教学过程中通过“知识讲授+思政启发+合作探究”式的教学模式，以及“一个中心+三个要点+三个课程案例库+三个教学环节”这样特色鲜明的教学过程设计，学生在学习课程知识的同时，也能潜移默化地接受思政教育。教学过程中通过相应的教学活动设计插入思政元素，使学生在知识与技能、思维与方法、思想政治教育等多维度实现了均衡协调发展。在新时代的大背景下，课程思政的教学有助于引导学生形成正确的价值观，培养具有创新精神、团队精神、钻研精神、实践精神的有志青年，培养有理想、有道德、有文化、有纪律的时代新人。

本课程巧妙地引入思政要点，课程教学模式为其他化学化工类课程做了良好的示范，将书本知识和课程思政有机统一起来，把立德树人的教育根本任务和思想政治工作贯穿教学全过程，培养德智体美劳全面发展的社会主义建设者和接班人。

《环境影响评价》课程思政教学设计

化学工程学院　李良玉

该课程主要讲述环境影响评价的基本概念、评价程序、技术方法等内容，进而掌握各环境要素的环境影响预测方法以及评价方法，掌握编写环境影响评价报告书的基本技能，培养学生科学思维和实践能力，融入职业道德、责任意识、创新精神、实践能力等课程思政点，培养学生家国情怀，塑造正确的价值观，提升职业素养。

一、课程定位

《环境影响评价》是环境工程专业本科四年级开设的专业必修课，课程涉及环境工程专业学生所必需的专业理论知识，知识面广，实践性和工程性强，课程内容不断更新，在教学中紧紧结合日益凸显的环境问题及国家不断更新的产业政策、法律法规。通过本门课程的学习，使学生掌握了污染源调查与工程分析、水、气、声、生态的环境现状和预测评价知识，以及风险评价和规划环境影响评价的基本知识；使学生初步具备编制一般项目环境影响报告书的能力，培养学生掌握专业知识能力、分析和解决实际工程环境影响评价问题的能力。通过讲授、翻转课堂、案例教学、线上线下混合教学等形式，提升学生理论联系实际的综合应用能力。

二、课程思政教学目标

立足课程思政的现代课程观，基于“互联网+教育”的模式，《环境影响评价》课程教学除了知识性和能力性培养目标之外，通过革新教学理念、调整教学方法、重塑教学内容，以课程思政总目标“立德树人”为主线，将“树立法治意识、坚守职业道德、勇于担当责任、理论付诸实践”的课程思政分目标融入各个教学模块中，实现了课程思政能力建设与教学目标的契合，与教学内容的融合，与教学过程的结合。

三、课程思政教学设计

课程采取“教师引导+学生自主探究+师生案例研讨+思政元素+评价反馈”的教学设计模式，在教师引导下，学生课前完成自主探究学习，既培养了学生独立思考的能力，也为课堂开展理论讲授、案例研讨和思政融入拓展了时间，在培养学生专业知识应用能力的同时，潜移默化地进行了家国情怀、科学精神、职业道德、责任担当等思政教育，形成特色的课程教学设计：“课程思政总目标+四个课程思政分目标+五个课程案例库+三个教学实施环节”（见图）；课后学生输出的思维和价值观反馈，巩固了教学效果，形成了良性教学循环。

课程思政总目标：习近平总书记在全国高校思想政治工作会议上讲话时强调“要坚持把立德树人作为中心环节，把思想政治工作贯穿教育教学全过程，实现全程育人、全方位育人，努力开创我国高等教育事业发展新局面”。这是习近平总书记在新时代背景下对高等教育提出的新要求。本课程以“立德树人”为思政总目标，将“育人”贯穿整个教学过程，加强社会主义核心价值观教育，引导学生自尊、自信、自立、自强。

四个课程思政分目标：为实现知识传授、能力培养与价值引领“三位一体”的教学目标，将《环境影响评价》知识体系教学内容模块化，分为“环评法律法规、项目工程分析、大气环评、水环评、声环评、生态环评、风险环评、规划环评”八大模块；结合专业知识培养目标，挖掘知识点思政元素，确定了“树立法治意识、坚守职业道德、勇于担当责任、理论付诸实践”四个课程思政分目标。

五个课程案例库：以课程思政总目标和分目标为指导，深入挖掘教学思政元素，形成五个课程资源案例库。一是国家环境政策案例库；二是环评法律法规案例库；三环境污染违法事件案例库；四是创新改革举措案例库；五是建设项目环评案例库。

三个教学实施环节：教学设计将教学过程分为课前输入、课中讨论和课后输出三个阶段；每个阶段都以学生为主体，在教师的“引导+创设+导向”下，通过“自主探究+体验学习+深度思考+价值反馈”完成学习过程，实现专业教育与思政教育相统一。

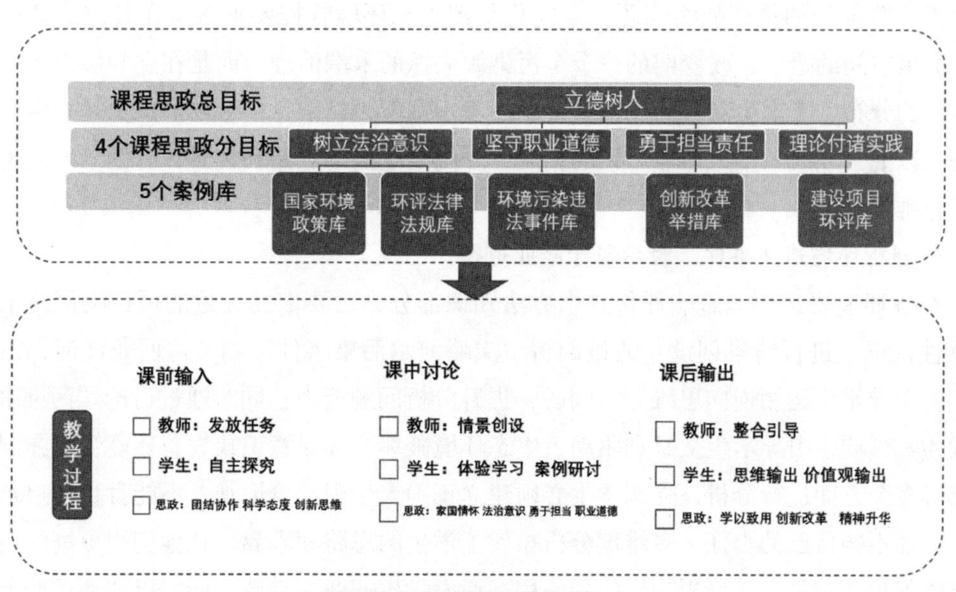

环境影响评价课程思政教学设计

四、课程思政元素的融合

1. 解读环评制度发展，谈科学发展观

本课程首先学习的知识点是环境影响评价及环境影响评价制度，环境影响评价不能

代替环境影响评价制度，前者是评价技术，后者是进行评价的法律依据。而法律不是一成不变的，随着社会的发展变化，法律在不断地完善，环评法亦是如此。因此学生们首先要树立法治意识，强化法律观念，紧跟国家不断更新的产业政策、法律法规，以此指导开展环境影响评价工作。同时在解析环评对象由污染型建设项目，扩展到生态型建设项目，再到现在规划环境影响评价的不断完善，体现了环评之间的联系性，是科学发展观的应用体现。这些内容有助于培养学生要用全面、联系、发展的观点看问题，从而更好地把握事物本质和发展趋势。

2. 解析环评改革举措，谈创新思维

我国环境管理现在已到了一个重要的转型期，要服务于经济高质量发展和新时期生态环境高水平保护要求，要从粗放式向精细化转变。“三线一单”就是在这样的背景下应运而生的，是环评管理的重要改革内容，也是环境保护管理的重大制度创新。“三线一单”是一个新事物，是近几年在区域战略环评、规划环评基础上，顺应新的环境管理需求不断探索和完善起来的。

课程中以“长江经济带三线一单构建的生态环境分区管控体系”为例，解析其集成化、空间化和信息化的特点，集成化是把很多生态环境问题，比如水、气、土这些要素层面的问题，放在一起来考虑，不再从小的尺度上看这个问题，而是从整个流域角度，考虑多要素、跨部门的重大战略问题；空间化是把生态环境管控要求落实在具体的管控单元上，突出空间的概念，改变旧的一个个污染源去抓的末端治理，而是在空间层面上看这些污染源的分布，考虑生态空间约束和资源环境承载能力；信息平台的形成更是加强了宏观管理。以上“三线一单”专业知识的拓展，开阔学生们的思路和视野，有助于宏观思维和创新思维建立。

3. 剖析环境违法事件，警示坚守职业道德

在各环境要素环境影响评价技术方法知识部分，需要借助大量的项目案例给学生带来感性认识，进行情景创设。通过剖析“文峪河水污染事件”和“广西龙江河镉污染事件”，引导学生运用逆向思维分析问题，提升分析问题能力；同时通过讨论“污染事件”的发生和影响，引导学生从暴利驱动、生态环境破坏、环保意识缺失、环境管理漏洞和无力感等多个方面进行分析，强调学生必须建立正确人生观、价值观，不能盲目地追求金钱至上，而不顾自己的责任。多维度分析拓展了学生的思路和眼界，让他们用更高的视角解读环境保护的意义和环境影响评价的作用，激发学生职业荣誉感。同时以“环评监测造假正式入刑”的法律条文警示学生，环评违法也将被追究法律责任，帮助学生加强环境保护工作者的责任意识，教导学生坚守职业道德。

4. 融入环评项目案例教学，达到学以致用

在“工程分析和水、气、声、土壤、生态”等专项模块环境影响评价知识点教学中，改革教学理念，采用“微课+翻转课堂+项目教学”多元化教学模式进行，突出“理论付诸实践”的思政目标。各环境要素环评知识理论联系实际，项目引进，实践先行，培养学生开放、共享、协作的理念、放手实践的精神和对职业的极致追求。

5. 抗击疫情，环保在行动，勇于担当

在“环评管理程序和工作程序”讲授中融入“勇于担当责任”的思政目标。这部分知识结合实际，运用情景教学方法，要求学生分别扮演环评技术人员和项目办人员两种角色，通过情景创设让学生们切身体会到我国为治理污染，保护环境，在管理和科技方面做出的诸多努力。同时结合习近平总书记关于生态环境保护“绿水青山就是金山银山”的重要论述，使学生切身感受到我国着力推动生态环境的态度，像对待生命一样对待生态环境，是为了人民，勇于担当时代重任的国家。但是2020年新冠疫情，美国将责任归咎于中国，声称美国病毒来自中国，并做出了向中国索赔40万亿的行为，以此为“反面教材”，帮助学生辨别是非，坚守中国立场。中国以全球人民至上和生命至上理念，及时采取了强有力的防控措施，在抗击疫情做出了巨大牺牲，有效阻碍了疫情向世界上其他国家的蔓延，为国际社会抗击疫情争取了宝贵时间。我们是一个有担当的国家，无论面对疫情还是面对生态环境，我们都勇于担当。

五、教学效果

《环境影响评价》教学中通过对教学目标和思政目标的有效实施，体现了立德树人内涵，发挥专业课程的价值渗透，引领学生塑造价值观，培养家国情怀，提升职业素养。通过课程学习，激发了学生职业荣誉感，强化了环保工作的责任与担当。

《物流管理》课程思政教学设计

建筑工程学院 段满珍

该课程主要讲述物流管理的基本理论知识、常见物流系统的基本功能、物流作业方法、操作技能和物流活动合理化问题，培养学生从事物流管理业务的创新思维和实践能力，融入时代创新、工程伦理、求真务实、环境保护等课程思政点，培养学生求真务实、诚实守信、勇于探索、追求卓越的大国工匠精神。

一、课程定位

1. 课程性质

《物流管理》于第三学期开设，是物流工程专业的核心主干课程，也是物流管理、企业管理、供应链管理等相关专业的必修课程，该课程是一门综合性、基础性较强，理论与实践紧密结合的课程。

2. 课程地位

该课程以物流基本概念、基础理论为核心，以竞赛实践项目、创新性设计和主题活动设计为驱动，开展混合式翻转教学，提高学生对专业知识的认知水平，建构完整的物流知识体系。同时为后续《供应链管理》《采购管理》《精益物流》《运输与配送场站设计》和《物流仿真技术》等课程的学习奠定基础，培养创新思维和自主学习能力。

3. 课程教学内容与意义

课程讲授过程中依托优慕课教学平台，运用翻转教学、PBL教学、互动教学、讨论式教学等多种教学手段，开展线上线下教学活动；通过小组讨论、课堂展示、互动点评等多个环节的训练，使学生逐渐适应混合式教学模式，培养学生主动参与教学、自主学习的意识和能力；使其具备运用物流管理基本理论和方法去发现、分析和解决物流领域常见问题的能力；获得物流经理人必备的知识素养、能力素养、职业素养和道德素养，为后续课程的深入学习奠定基础。

二、课程思政教学目标

立足课程知识传授、能力培养、价值引领和素质提升的育人目标，深入挖掘课程知识体系中蕴含的思政元素，结合课程整体教学设计、教学活动等环节实际，秉承“知行合一，润物无声”的思政教育理念，采取“（课）上（课）下并行，渗（透）润结合”两条主线，实现课程思政全过程融入，达成“三个认同，四个统一”的思政教育目标。

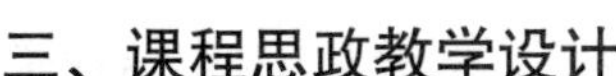

三、课程思政教学设计

1. 课程教学设计模式

通过课堂的隐性渗透和课下显性物流主题活动，让课程思政变得有情有义，有爱有温度。“时代创新”“工程伦理”“求真务实”“环境保护”系列主题探究活动的设计，达到专业知识的传授和价值引领相统一的作用；通过“专业知识探索+思政主题”的任务驱动设计实现学生对行业规范、家国情怀的根植，达到总结传承和创新探索相统一的目的；学生分组学习，线上线下按各组出现问题的特点分类指导，实现统筹协调与分类指导的统一。让学生在亲身实践中去感受伟大祖国，大好河山的美好；去体验环境保护的意义；去享受创新与收获带来的喜悦；让自己在实践学习的过程中从思想、政治和情感上认同党的创新教育理念（见图1）。

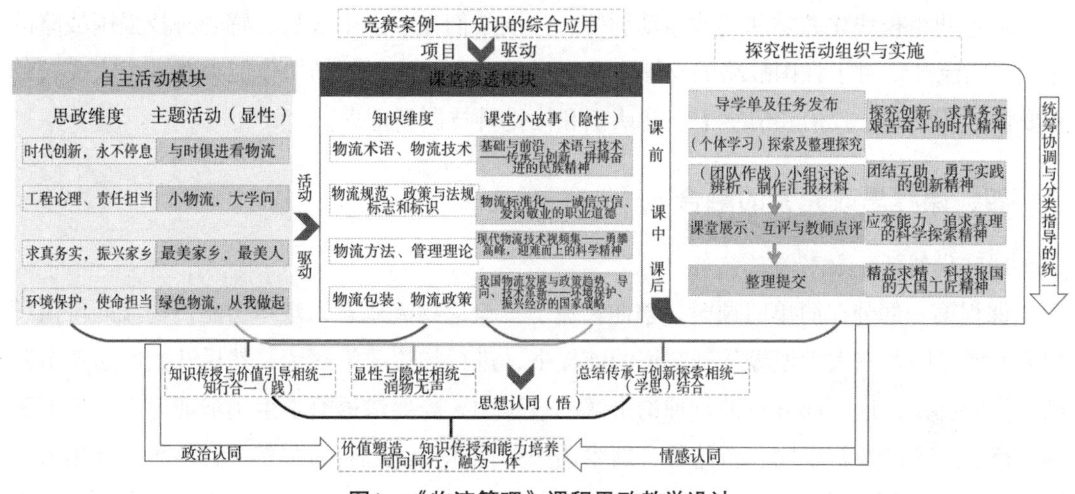

图1 《物流管理》课程思政教学设计

2. 课程教学特色与创新

将思政教学与知识的传授环环相扣，在传授知识的同时以讲故事的形式润物无声地向学生传递热爱伟大祖国，建设美丽家乡的思想，树立起学生自觉爱国爱家的信念。以课堂思政为引领，穿插设计自主探究活动，活动主题以“若隐若现”的形式将思政要素和专业知识串联起来，通过导学方式驱动学生主动完成探究性活动，设立“递阶式”系列考核指标体系（小组长负责制），帮助学生在完成探究活动的同时逐渐养成“诚实守信、求真务实、团结友爱、勇于探索，敢于担当”的良好品格，同时提高学生创新和思辨能力，塑造完美人格。

课程的特色在于“若隐若现，若有若无”，虽无“惊涛拍浪”之势，却有“润物于无声”之效果。课程全程讲述和活动设计从学生视角无一之处显露“思政”元素，但是整体下来却是“大珠小珠落玉盘”的布局。

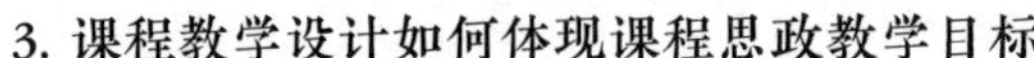

3. 课程教学设计如何体现课程思政教学目标

该课程思政目标的设计通过显性活动和隐性课堂两个模块来实现，通过“若隐若现”的主题活动和“知识+”授课形式实现思政多维度、多角度目标。课堂讲授中可以通过讲述物流科技前沿、分享物流新技术、物流实践中的趣事、身边物流活动探究等形式把与知识点相关的思政元素娓娓道来，与同学们分享；也可以带领大家一起讨论、互动、分享观点。课下的主题活动通过导学单来驱动学生自主完成，实现“课下显性与课上隐性相统一、知识的传授与价值引领相统一”，学生在探究活动中自主完成知识的探究学习，体会团队协作的重要性，感受自主学习、创新实践对个人成长的重要作用；遇到困难时既可以互相讨论，又可以网络检索，指导教师根据学情进行分类指导，同时采用递阶式（个人+小组长+教师测评+互评）考核方式进行科学测评，实现“总结传承与创新实践相统一，统筹规划与分类指导相统一”。

通过两组模块化教学和实践活动训练，让同学们在故事中成长，感受科技强国战略的伟大，物流知识对于强国战略的支撑意义，以及自主探究、团结协作能力对于个人成长的重要性，从思想、政治和情感上主动认识和接受科技创新理念。

四、课程思政元素的融合

1. 时代创新、永不停息

课程第一部分在简单回顾第一学期物流工程概论物流概念、基本功能、物流的价值、物流发展史以及三大学说等基础知识的前提下，进行物流政策解读，然后开始配送章节基础知识的讲授，这一部分在进行理论讲解的过程中，需要渗透给学生用辩证思维、创新思维看待物流理论及新事物、新趋势，新术语……比如疫情之后的“无接触物流”新趋势，社区配送如何更好地推行；面对唐山的物流特色，如何重新认识装卸搬运的作用，还有“前置仓”等课本上见不到的新名词。介绍完这一部分理论后布置探究性主题活动，让学生自己去检索、去实践、收集整理。

主题活动内容“与时俱进看物流”：无论时间的车轮如何转动，这是一个永不褪色的话题，实时追踪物流前瞻领域，探索物流世界那些与“新”挂钩的事物，囊括“新技术、新思想、新名词、新潮流、新人物，新鲜事……”

通过活动的展开，让学生经历个体探索与团队作战、协作学习和共同进步的成长历程，探索中自主完成理论知识的学习，拓宽视野的同时，又学会了如何运用现代信息技术提高文献检索能力，PPT制作能力，语言组织和表达能力，综合汇报和团队作战能力，培养求真务实、诚实守信的职业品格，真正实现内化于心、外化于行，达到理论与实践的知行合一。

2. 工程伦理、责任担当

物流配送及仓储管理部分涉及仓库及配送中心储位规划，拣货单及拣货策略设计，仓库作业效率等基础知识，理论讲解中需要进行设施设备标准化、作业规范化及岗位责任心等方面的职业道德、工程伦理思政点的渗透。

理论课结束后布置主题活动："小物流，大学问"工程伦理探寻活动，搜集物流领域的不文明行为，不当语言，不规范作业以及标准，包括法律空白等，探讨这些不文明、不规范行为可能导致的不良后果、影响或危害，正确认识职业操守的重要性，树立正确的人生观、价值观。在丰富学识，增长见识的同时达到塑造品格、引领价值观的作用，坚守职业人应有的道德标准，做一个"迂腐固执"的物流人。

3. 求真务实、振兴家乡

流通加工是物流企业获利最为丰厚的部分，但是难点在于、需要在与客户的密切合作中去寻找客户的需求点。物流信息技术讲解GS1体系、一维条形码、RFID技术等物流信息采集技术。此外，二维码作为日常生活中最为普及的信息技术广为使用。这些理论讲解中需要传递给学生的信号是"从实践中来，到实践中去"，物流需求源于生活实际，就像疫情催生了无接触物流、社区物流新模式一样。

主题活动："最美家乡，最美人"物流掠影，通过第二学期的京东劳动技能实践（或假期的物流实践），记录（或讲述）日常接触到（或听闻，见闻）的那些坚守物流岗位的小人物，"我是小人物，金字塔的最底层，确实夯实基础的那一分子"。通过寻找身边人的感人事迹，将"读万卷书"与"行万里路"相结合，让学生懂得扎根祖国大地，了解国情民情岗位情的重要性，在实践中磨炼成长，增长智慧才干，在艰苦奋斗中锤炼意志品质。

4. 环境保护、使命担当

环保涉及各行各业，方方面面，物流业更是无时无刻离不开这一主题。比如配送的最后一公里，社区物流的节约理念；比如流通加工排序的节约原则；仓储规划、托盘循环利用、拣选策略设计、配送路线设计、物流标准化、包装材料选择与设计等。绿色物流是永恒的主题，包装部分知识讲解中尤其突出环保材料的选择，环保设计理念，绿色包装的设计，等等，知识讲解中谈谈生活中过度包装实例，看看顺丰、菜鸟的绿色口号与目标，谈谈包装不当的危害。

布置主题活动："绿色物流，从我做起，我是绿色小能手"——减量包装，节约包装，环保包装设计。通过任务驱动，让学生自主发现、搜集哪些物流包装不符合绿色包装理念，设计一款能够体现绿色理念的小作品，讲述一个绿色理念的小故事……通过活动的开展，让学生体验环境保护、物流可持续发展的内涵及重要性，树立环保理念和可持续发展信念。通过小创作，小故事，让学生切身感受到科学创新的使命担当。

通过课堂渗透、课下实践等多种维度的训练，让学生通过自己的亲身实践，去体验去感受家国情怀，培养学生既敢于创新又坚守本心，既充满朝气又求真务实的精神，展现当代青年学生奋发图强、勇于攀登的精神，又体现他们的坚守与执着，真正做到知行合一，润物无声。

五、教学效果

通过缜密的逻辑设计，将知识点的讲授与思政点和思政活动无缝衔接、平滑过渡，达到润物无声的效果，同时实现了知识传授与价值引领的统一。“知识+思政”活动贯穿教学全过程，“课堂+实践”的探究模式让学生自觉行动去亲身感受实践创新的快乐，团结协作于个人成长的重要性，科技强国战略和无私奉献精神的伟大，以“若隐若现，若有若无”的方式达成思政课堂目标，丰富理论与实践，做到了知行合一，内化于心、外化于行，实现了教书和育人的统一，顺利达成“三个认同，四个统一”的思政教育目标。

六、教学案例对工科类课程的推广

本课程是专业基础课，对后续课程起着引领作用，因此，思政设计也应做到全覆盖，通过“课上渗透课下探究”的形式在传授知识的同时引领价值，自觉养成探究学习习惯，学会辩证思维和团结协作。因此，线下设计的多个探究性活动，专业性不是很强，但更注重隐性思政点的融入，帮助学生探究专业知识、开阔视野的同时，树立正确的人生观、价值观，学会利用现代信息技术强大自己，同时提高汇报能力、协作能力和应变能力，在实践探索中完成思政教育。该课程思政教学设计的优点在于通过隐性探究性设计，让学生主动做到“三认同”，达到了春风化雨，润物无声的思政教育效果。

课程思政的组织模式对于本专业其他课程，或者相关专业同类课程同样适用。

《材料力学》课程思政教学设计

建筑工程学院　马丽慧

该课程主要讲述杆件基本变形、材料力学性能及材料力学实验基本知识，运用强度、刚度及稳定性条件进行杆件强度、刚度校核、截面设计及许可载荷确定等计算工作以及材料力学实验操作技能，培养学生初步实验分析能力、解决复杂工程问题基本思维能力和一定的创新思维能力和实践能力，融入诚信公正、科学思维、爱国主义、实践检验、现象本质、主要矛盾等课程思政点，培养学生“树立职业责任感自豪感、树立爱国主义思想、树立实践创新精神”。

一、课程定位

《材料力学》课程是土木工程、材料成型与控制工程、机械设计制造及自动化等专业的主要专业基础课，是由基础理论课过渡到设计课程的专业基础课。本课程要求学生掌握等直杆件的强度、刚度及轴心受压杆件的稳定性的计算等。通过本课程的学习，学生应能运用强度、刚度及稳定性条件对杆件进行校核、截面设计及载荷确定等简单计算工作；并初步了解材料的机械性能及材料力学实验的基本知识和操作技能。教学过程中，以“实践（基本假设）——理论（力学模型和数学模型）——实践（试验验证）”的基本研究方法为主线，揭示杆件强度、刚度、稳定性等知识发生过程，培养学生解决问题的能力，发挥其课程特有的综合素质教育作用，为学习结构力学、钢结构、混凝土等后续课程提供必要的基础。作为工科专业设计的基本理论、基础理论、方法论和意识形态，《材料力学》无疑承担着启蒙和塑型学生专业设计思维、设计理念和工程伦理的重要作用。

二、课程思政教学目标

立足课程思政的现代课程观，《材料力学》课程重新认识、重新定位和重新塑造了教学目标，在知识性和能力性目标之外，还围绕社会主义核心价值观：爱国、敬业、诚信、友善等，从专业角度将“树立职业责任感自豪感、树立爱国主义思想、树立实践创新精神”的课程思政目标融入其中，从学生的知识学习、能力培养、思想育人全方位地实现知识传授、能力培养和思想育人有机结合的“三位一体”的课程教学总目标。

三、课程思政教学设计

在教学过程中，根据各个教学单元的内容特点，选取更切合的课程思政教学目标融入，并配合以相应的教学活动设计，促进知识、能力和课程思政教学目标的同步有效达成，形成“三条主线，六个思政主题，三个教学阶段”相结合的课程思政教学设计模式

（见图1）。

三条主线	六个思政主题	三个教学阶段
·将专业知识与工程实践相结合，培养爱国主义情怀，培养责任担当精神，强化对社会和集体的责任感 ·将专业知识与工程论理相结合，培养学生遵守职业道德规范、培养安全意识、求真务实和开拓创新的职业精神 ·将专业知识与职业发展相结合，培养学生追求卓越和精益求精的工匠精神。	·职业道德 ·科学精神 ·爱国主义 ·马哲辩证 ·实践创新	·课前 ·课中 ·课后

图1　《材料力学》课程思政教学设计

四、课程思政元素的融合

1. 树立职业责任感自豪感

将专业知识与工程伦理相结合。工程师的首要义务是把人类的安全、健康、福祉放在至高无上的地位。通过教学教育学生树立强烈的职业责任和职业荣誉感、团队合作意识，培养提高学生的工程意识和解决问题的能力，为培养行业优秀人才奠定坚实的基础。工程伦理教育的核心之一是“意识与责任教育”，推动“负责任的创新”。著名的“泰坦尼克”号，其沉船的原因除了当时船速太快以外，据科学家调查分析，这艘船的铆钉质量太差也是导致这场海难发生的主要原因。当时冰山不是直接撞在船体上的，而是与船壳钢板相擦。当船体受到挤压时，船体钢板间的铆钉受到了极大的剪切应力，发生了断裂进而造成了船体裂缝，从而使6个船舱浸满海水而沉入了大西洋底。在《到底是什么让泰坦尼克沉没？》一书中，珍妮弗·胡珀·麦卡锡博士和蒂莫西·福克博士把泰坦尼克号沉没的真正原因归结于一颗小小的用于钢板紧固的铆钉。

这就是工程师在选择船体的零部件时缺乏责任意识所造成的。因此，在课程的讲授过程中可以穿插一些工程伦理学、工程哲学的经典知识。通过工程伦理教育，塑造未来工程师“关爱生命、关爱自然、尊重公平正义”的可持续发展价值观，有利于协调社会各群体之间的利益关系，促进社会共享、和谐发展。

1900年，魁北克大桥开始修建，横贯圣劳伦斯河。为了建造当时世界上最长的桥梁，原本可能成为不朽杰作的桥梁被工程师在设计时主跨的净距由487.7米忘乎所以地增长到了548.6米。1907年8月29日下午5点32分，当桥梁即将竣工之际，发生了垮塌，造成桥上的86名工人中75人丧生，11人受伤。事故调查显示，这起悲剧是由工程师在设计中一个小的计算失误造成的（没有考虑稳定性的承压能力）。1913年，大桥的设计建造重新开始，可历史并没有给人以血的教训。1916年9月，由于某个支撑点的材料指标不到位，悲剧再一次重演。这一次是中间最长的桥身突然塌陷，造成13名工人死亡。1917年，在经历了两次惨痛的悲剧后，大桥终于建成通车，成为迄今为止最长的悬臂跨度大桥。惨痛的教训引起了人们的沉思，于是自彼时起，垮塌桥梁的钢筋便被重铸为一枚枚戒指，至今约100年时间，无时无刻不提醒着每一位身为被定义为精英的工程师的义务与职责。

戒指誓词：

工程师之义务

作为一名工程师，我对自己的专业深感骄傲。为此，我起誓如下：

作为一名工程师，我保证执业公正，公平，宽容，尊重；坚持奉献于标准和执业尊严，铭记我的技能是有义务最好的使用地球珍贵的资源来为全人类服务的。

作为一名工程师，我只会加入诚实的企业。如果需要，我的技能和知识会为了公众利益毫无保留地奉献出来。职责表现和职业忠诚，我应尽我所能。

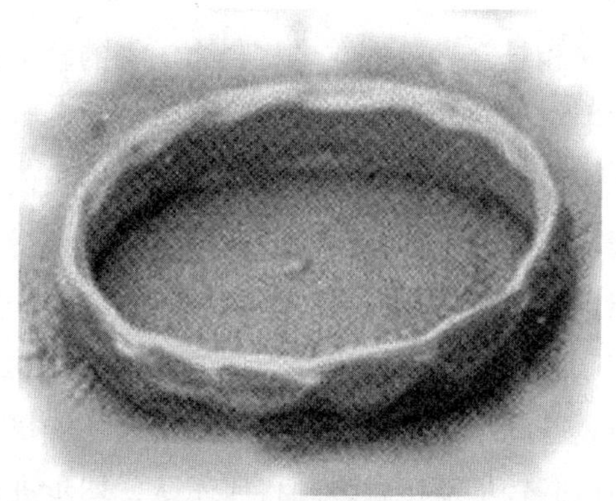

工程师之戒

2. 树立爱国主义思想

将专业知识与工程实践相结合。中国作为四大文明古国，古代在科学技术方面取得了卓越的成就，其中很多可以在材料力学的课程教学中加以应用。课程教学中加入这些优秀传统文化，一方面可以丰富课堂教学内容、增强课堂的趣味性，另一方面有助于学生对我国古代文明的理解和认识，增强民族自信，培养学生的爱国情怀。

材料力学作为一门实践性较强的学科，绪论部分可以结合中国古代的建筑成果。如隋代李春建造的赵州桥，历经1400多年，多次水灾和地震，依然完好没有破坏。现代的数值模拟技术表明它的结构非常符合现代力学原理，被选定为“国际土木工程里程碑”之一；山西应县木塔——世界三大奇塔之一，建成于900年前的辽代，采用筒式结构和斗拱结构，历经多次地震，目前结构依然完好。在讲述梁的合理截面设计这部分内容时，引入宋朝李诫在 1100年所著《营造法式》中的论述，指出在圆木中截取矩形截面梁的合理高宽比为3∶2时，其结构更为合理；而英国的托马斯·杨在1807年《自然哲学与机械技术讲义》中，通过数学关系证明矩形木梁的合理高宽比为强度最大时1.414∶1和刚度最大时1.732∶1；两者对比可以看出，李诫在《营造法式》中所提出的3∶2比值恰好在二者之间，说明这一比值完全符合力学的基本原理。尽管我国古代没有完整科学的力学体系，但工匠们能够实践得出这种合理的比值关系，反映了我国古代工匠的智慧。

关于工程构件变形和受力之间的线性关系，最常见的是从胡克的弹簧试验讲起。教师可以在此加入东汉经学家郑玄在《考工记·弓人》中的论述："假令弓力胜三石，引之中三尺，弛其弦以绳缓擐之，每加物一石，则张一尺。"这一论述通过做弓力的实验，揭示了变形与力的线性关系，从时间上比胡克定律要早1500多年。国防科技大学的老亮教授认为郑玄最早提出的力与变形的正比例关系，并建议把胡克定律改成"郑玄—胡克定律"。通过这些传统建筑经典和经典文献的故事，让学生领略中华文化的博大精深，展现中国古代人民的智慧，增强学生的民族自信与自豪感。

3. 树立实践创新精神

将专业知识和职业发展相结合。我们在《材料力学》的教学过程中，首先对学生穿插进行工程认识介绍，使学生对工程设计问题与材料力学的关系有一个初步的了解和感性认识，激发其参与工程课题的研究兴趣，促进其善于思考、勇于创新。另外，在课程学习过程中，还结合《大国工程》等优秀工程案例，对工程课题（包括工程背景、分析过程和成果应用）进行系统的介绍，以达到良好的工程认知和科研启蒙作用。更重要的是它将理论知识与重要工程问题紧密联系，培养了学生的社会责任感，使其对学科产生浓厚兴趣。这又恰恰是创新人才培养所具备一个重要品质。另外，工程认知培养模式进一步增强了学生进行科学研究的意识，为他们较早地接触教师科研团队，初步进行预研工作和创新活动提供了很大的便利。工程认知的培养模式将理论知识与工程实践相结合，在形成完整的实践教学、素质教育和创新教育方面都有很大的促进作用。

五、教学效果

"课程思政"不是"思政课程"，在专业课程的课堂教学过程中，不能脱离课程性质和学科特点，不能过分强调思政因素而弱化专业课程的难度与深度。专业课教师结合课程教学的内容，深入挖掘课程所蕴含的思政元素，思政课教师发挥自己的深厚的人文素养，两者协同，将思政元素巧妙设计融入具体教学内容中，让思政元素和课程知识完美结合，实现教书育人的教学目标。

《材料研究与测试方法》课程思政教学设计

张利民

《材料研究与测试方法》主要讲述各种测试方法及其原理，仪器的结构，掌握样品的制备、参数的选择、数据和曲线的处理以及各种影响因素，培养学生具备从事材料专业的生产与研究方面的材料性能测试与结果分析能力，融入科学精神、民族精神、职业道德、马哲辩证、时代精神等课程思政点，培养学生德才兼备，能够服务国家，造福人民。

一、课程定位

《材料研究与测试方法》是材料化学专业的专业基础课，是材料化学专业本科三年级开设的一门核心课程。通过本课程的学习，使学生了解各种测试方法及其原理，了解仪器的结构，掌握样品的制备、参数的选择、数据和曲线的处理，以及各种影响因素与结果分析，了解。通过本课程的学习，为开展课题研究、研读科技资料、完成毕业设计或论文提供分析方法及相关理论基础知识，使学生具备从事材料专业的生产与研究方面的材料性能测试与结果分析能力、掌握必要的研究方法。

二、课程思政教学目标

《材料研究与测试方法》课程思政是专业课和思政课二者教学成效的升华和凝练，使学生在润物无声的自然状态下接受思想洗礼，提升专业技能，起到单纯专业课或思政课不能起到的作用。以《材料研究与测试方法》课程知识体系为载体，以课堂教学为平台，挖掘《材料研究与测试方法》课程文化中的思想政治教育资源，将党的政策主张、倡导的道德规范、正确的思想认识，以及做人的道理、处世的准则等，以间接、内隐的方式，有意识、有计划、有目的地融入《材料研究与测试方法》课堂教学过程，营造浓烈的教育氛围，逐步熏陶学生，培养学生爱祖国、爱集体，遵纪守法，凝练正确的世界观、人生观、价值观，有社会责任感，能为人民服务，使学生符合国家发展、行业的发展需求，具有健全的人格、创新精神、高尚的职业道德和社会责任感，具备专业素养、专业理论、专业知识和专业能力。

三、课程思政教学设计

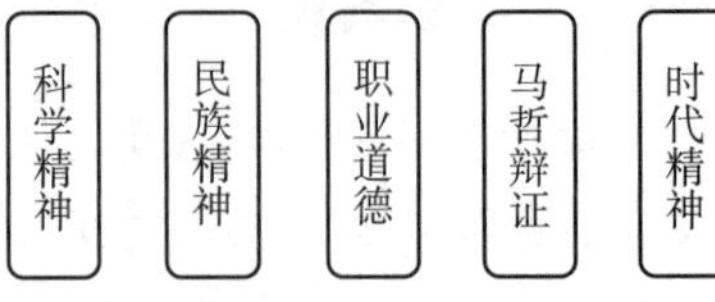

高级阶段：课程教学体现、落实、执行好思政教育目标，通过课程教学实践的丰富和发展，推动思政教育更加完善

中级阶段：确保课程思政引领、引导、推进高水平的《材料研究与测试方法》课程教学，充分发挥课程思政的导向作用

初级阶段：帮助学生树立正确思想，掌握较强的专业技能，基本达到预期培养目标

课前
任务发放
线上讨论

课中
案例展示
师生互动

课后
综合思考
探究讨论

图1　课程思政教学设计

通过《材料研究与测试方法》的课程思政，有利于树立端正的学习态度和学习动机，培养良好的个人品行和道德标准，为今后服务社会打下坚实的思想基础。习近平总书记在全国高校思想政治工作会议上强调，高校各类课程要“守好一段渠、种好责任田，使各类课程与思想政治理论课同向同行，形成协同效应”。《材料研究与测试方法》作为我校材料化学专业的核心课程，应该积极主动完成好这一任务。作为专业教师，更要身体力行，以身作则，坚决守好《材料研究与测试方法》课程思政“这段渠”，种好自己的责任田。在教学过程中，根据各个教学单元的内容特点，选取更切合的课程思政教学目标融入，并配合以相应的教学活动设计，促进知识、能力和课程思政教学目标的同步有效达成，逐步完成《材料研究与测试方法》课程思政建设：第一层次是《材料研究与测试方法》课程思政建设初级阶段，通过《材料研究与测试方法》课程思政建设，帮助学生树立正确思想，掌握较强的专业技能，基本达到预期培养目标；第二层次是《材料研究与测试方法》课程思政建设中级阶段，通过课程思政建设，确保课程思政引领、引导、推进高水平的《材料研究与测试方法》课程教学，充分发挥课程思政的导向作用；第三层次是《材料研究与测试方法》课程思政建设高级阶段，通过课程思政建设，课程教学体现、落实、执行好思政教育目标，通过课程教学实践的丰富和发展，推动思政教育更加完善（见图1）。

四、课程思政元素的融合

《材料研究与测试方法》课程思政元素如何在教学中体现出来，具体措施有：

（1）把握形式的“融合性”。课程思政最为突出的特点就在于它的“融合性”，所谓“融合性”是指课程思政本身并不是一种独立的课程存在，它必须与具体的学科教学内容、环节相融合，才能体现它的人生教化和价值引领意义。“课程思政实质上是一种课程观，不是增开一门课，也不是增设一项活动，而是将高校思想政治教育融入课堂教学和改革的各环节、各方面，实现立德树人润物无声。”与高校思想政治理论课直接而鲜明的授课风格不同，践行课程思政的课堂教学致力于挖掘本学科的德育资源，更加注重学生接受思想政治教育时的主观情感体验，以“春风化雨”的教育方式使学生受到涵养和启迪。比如结合《材料研究与测试方法》课程的特点大力宣扬“严谨治学”“实事求是”。

（2）坚持过程的“持续性”。学生自进入《材料研究与测试方法》课程学习之日起，通过严格的训练、引导和熏陶，对学生的思想认识、思维方式、价值取向等深层次的素养进行濡染和塑造。学术前辈、学科偶像勇攀高峰、严谨治学的高贵品质和提携后进的人格风范逐渐受影响到学生，最终，学生捍卫真理、尊师重道的品格在持续的、规范的、有序的学习与训练中得以自然而然地养成。在介绍各种测试发展过程中，不断强调创新精神，提及我国发展时，讲好中国故事，展现中国智慧。

（3）做好关系的“协同性”。专业课教学为课程思政提供了发展的广阔背景和深厚的学科基础，赋予思想政治教育坚挺的学科力量。以专业知识体系为载体和底蕴的思想政治教育更具有说服力、感染力、有效性和针对性。大学生在校期间对于专业课的学习较重视，专业课教学理应成为思想政治教育实践的重要组成部分，以专业课教学为抓手加强思想政治教育。同时，课程思政能提升专业课教学质量，推进学科建设。专业课可以通过践行课程思政理念，突破单一的知识体系传授的视域局限，在价值引领中凝练知识底蕴，在知识传授中实现价值升华，提升学生专业课学习的获得感，为学术可持续发展培养合格的后备力量，从而获得本学科最大限度的价值增量。在专业课程教学过程中坚持知识传授、能力培养、思想政治与人文素质培育同时进行，实现专业课程与思想政治教育同向同行。在提及有关历史人物时，客观分析他们的优缺点，帮助树立正确的三观，不仅明白如何做事，还要知道如何做人。在课程中提到一些科学事件和科学人物，对事件或人物给予必要的评价，使学生懂事理、明得失，把握做人的道理和处世的准则，既能做事，又会做人。

（4）展现立场的“鲜明性”。教学目的的确定、授课环节的设计、教学内容的编排，根据课程思政的基本要求有意识地推进实施，旗帜鲜明地宣传新时代中国特色社会主义理论的历史必然性和科学真理性，弘扬以爱国主义为核心的民族精神和以改革创新为核心的时代精神，反对一切削弱、歪曲甚至否定中国共产党的领导和社会主义制度的错误言论。比如提到测试设备的落后，更深刻地认识到落后就要被卡，落后就要挨打，增强危机意识，从而增强历史使命感。

（5）发挥教师的“主动性”。教师要成为学生健康成长的知心朋友和引路人，提升教师课程思政的主体意识与教育技能是思想政治教育融入教学的主要着力点和切入点。教师并不是安排专门的授课时段进行与教学内容无关的道德说教与政策宣讲，而是明确教学目标，创新授课方式，积极主动地挖掘《材料研究与测试方法》课堂文化中的课程思政资源，做到科学性与价值性、知识性与思想性的辩证统一。教师必须从学科实际出发，深刻凝练教学专题，思想政治教育融入专业课教学做到水到渠成，既不牵强附会，也不喧宾夺主，真正实现专业课程与思想政治教育同向同行。

五、教学效果

《材料研究与测试方法》课程思政，努力做到内容和形式的丰富与拓展，实现《材料研究与测试方法》课程内涵式提升与发展。通过不断改进设计课程教学，力求达成教学目标。在教学过程中，坚持专业知识与思政元素融合，把思政教育以间接、内隐的方式，有意识、有计划、有目的地融入《材料研究与测试方法》课堂，逐步熏陶学生，培养学生爱祖国、爱集体，遵纪守法，凝练正确的世界观、人生观、价值观，使学生有社会责任感，能为社会服务。

《混凝土材料学》课程思政案例设计

封孝信

该课程主要讲述混凝土原材料及其特性、新拌及早期混凝土的特性、混凝土微观结构、力学性能及耐久性能、配合比设计等方面的知识，以及各种材料和生产工艺参数与结构和性能之间的关系，培养学生理论联系实际、分析问题和解决问题的能力，以及创新思维，融入爱国主义、科学精神、职业道德等课程思政点，培养学生使其牢固树立起爱岗敬业、敢于担当、崇尚科学、勇于创新、积极向上、爱国奉献的正确世界观、人生观和价值观，将来成为德才兼备的合格的社会主义公民。

一、课程定位

《混凝土材料学》课程是无机非金属材料工程专业本科三年级开设的必修专业课程。通过该课程的学习，使学生掌握混凝土原材料特性、配合比设计、微观结构、力学性能及耐久性能等方面的知识，以及各种材料和生产工艺参数与结构和性能之间的关系，使学生能够根据实际工程对混凝土的性能要求，正确地选用原材料，合理地设计配合比，制成经济、适用、耐久的混凝土，为学生今后从事混凝土科学研究和混凝土工程建设准备好必要的理论基础。

二、课程思政教学目标

坚持立德树人的教育教学理念，立足课程思政的现代课程观，重新梳理、重新认识、重新定位和重新塑造《混凝土材料学》课程的教学目标，在实现知识性和能力性目标的同时，还融入课程思政目标，使学生牢固树立起爱岗敬业、敢于担当、崇尚科学、勇于创新、积极向上、爱国奉献的正确世界观、人生观和价值观，并将课程思政贯穿于课程教学大纲的各个单元，实现课程思政建设与教学目标的契合、与教学内容的融合、与教学素材的整合以及与整个教学过程的结合。

三、课程思政教学实施设计

在教学过程中，根据各个教学单元的内容特点，选取切合的课程思政教学目标融入，并配合以相应的教学活动设计，促进知识、能力和课程思政教学目标的同步有效达成。

混凝土材料是国家建设的重要材料之一，高铁、高速公路、核电站、水利设施、工业与民用建筑等都离不开混凝土材料。我国基础设施建设走在世界前列，并已经走出国门，走向世界，尤其是“一带一路”沿线国家。我国被称为“基建狂魔”，混凝土材料在其中发挥着不可替代的作用。在许许多多的建设工程中，展示着认真负责地对待工作的态度和勤奋踏实的工作作风，闪烁着科学精神、创新精神、奉献精神和爱国主义思想，这为课程思政提供了活生生的教学案例。

（1）混凝土行业是一个比较艰苦的行业，尤其是大型水利水电、高铁、高速公路等国家重点建设工程，长期在野外作业，广大建设者不畏辛苦、日夜奋战的建设一线，为国家建设做贡献。将这些内容融入教学过程中，有利于学生形成坚定的职业信仰，极大的激发学生的自主学习动力和克服学业困难的毅力，并以此来激励学生勤奋踏实地学习，培养爱岗敬业的精神，准备好将来为国家建设出力。

（2）我国有许多先进的混凝土技术，这些技术都是我国技术人员通过刻苦钻研、团队攻关、长期摸索、不畏权威、突破传统，甚至是突破国外的技术封锁而得到的。选取其中有代表性的技术以及相关的事件和人物融入讲授内容中，将这些技术的获得过程与教学内容相结合，激励学生们的科研兴趣，培养团队协作精神、敢于担当和勇于创新的精神。

（3）我国有许多世界瞩目的混凝土工程，如三峡大坝、港珠澳大桥、超高层建筑等，这些工程充分体现了中国人的聪明才智和中国人的智慧，也是中国混凝土材料工作者、技术人员和科研人员的骄傲和荣誉。这些工程中所使用的混凝土材料的性能与本课程的内容密切相关，高度融合，有意识地将这些工程体现在教学过程和教学内容中，提升学生从事混凝土行业的优越感和自豪感，坚定学生对专业的认同感，唤起学生的爱国情怀和投身国家建设的使命感，培养学生的爱国主义情怀。

四、课程思政单元的融合

1. 激发爱国主义精神，培养爱国情怀

港珠澳大桥是目前世界上最长的桥，以发生在建桥过程中的一个情节为例，激发爱国主义精神，培养学生的爱国情怀。

建设港珠澳大桥是中国中央政府支持香港、澳门和珠三角地区城市快速发展的一项重大举措，是“一国两制”下粤港澳密切合作的重大成果。港珠澳大桥沉管隧道及其技术是整个工程的核心，既减少大桥和人工岛的长度，降低建筑阻水率，从而保持航道畅通，又避免与附近航线产生冲突。

港珠澳大桥建设初期，我国的沉管隧道技术几乎还是空白，在国际上，荷兰有着先进的沉管隧道建设技术。当初打算让荷兰提供隧道的技术输出，可是他们漫天开价，远远超出了当时的预算。我国技术人员经过刻苦钻研，克服了这道难题，建成了举世瞩目的港珠澳大桥。

通过这个案例，让学生认识到专业的重要性及技术创新的重要性，激发学生的自主学习动力和克服学业困难的毅力，并以此来激励学生勤奋踏实地学习，培养爱岗敬业的精神；激励学生们的科研兴趣，培养团队协作精神、敢于担当和勇于创新的精神；提升学生

从事混凝土行业的优越感和自豪感，坚定学生对专业的认同感，唤起学生的爱国情怀和投身国家建设的使命感，培养学生的爱国主义情怀。

2. 培养辩证思维，提升创新精神

钙矾石又称为“水泥杆菌”，是指钙矾石像“杆菌”一样破坏水泥石的基体。当混凝土中有过多的钙矾石时，会引起混凝土膨胀，造成建筑结构破坏，甚至造成建筑物倒塌及人员伤亡。从这个角度来说，钙矾石是“有害”的。

混凝土的一个固有特性是在水泥水化硬化过程产生收缩而导致混凝土开裂，同样造成混凝土结构的破坏。那么是否可以让混凝土在水化硬化过程中不产生收缩而避免开裂呢？于是有学者就想到了利用钙矾石的膨胀作用来消除混凝土的收缩，在这种思想的指引下，发明了一种水泥——膨胀水泥。从这个角度来说，钙矾石对混凝土是“有利”的。

膨胀水泥的发明过程说明，可以将“害”变为“利”，这是一种辩证思维，在科学研究中是非常重要的。

通过这个案例培养学生的辩证思维，提升学生的创新能力。

3. 坚守职业道德，勇担社会责任

混凝土材料用于各种建筑物和构筑物，如民用住宅、工业厂房、道路、桥梁、机场、码头、核电站等，这些工程都与人民的财产安全和生命安全息息相关。建筑工程是百年大计，学生要牢固树立“质量第一”的思想。

如果建筑工程出现质量问题，就有可能给人民财产和生命造成极大损失。以一个“豆腐渣工程”给社会造成的危害作为教学案例。

“重庆綦江彩虹桥、三峡工程中焦家湾大桥、云南省高速公路部分路段、钱塘江防洪堤，是今年全国闻名的四大‘豆腐渣工程’。”（《检察日报》1991-12-08）

1999年1月4日晚6时50分，重庆市綦江县城区一座步行桥（彩虹桥）突然整体垮塌，数十名过桥者随大桥坠入桥下的綦河，造成了严重伤亡事故。这次因工程质量导致的重大责任事故，共造成40人死亡。

这次重大事故的原因，既有所用材料的质量问题，更重要的是由人为因素造成的。从设计、施工、监理到验收，都出现了不遵守职业道德、不负责任的情况，从而造成了极大的财产损失和生命损失。

通过该案例警示学生要坚守职业道德，牢固树立为人民为社会负责的社会责任感。

五、教学效果

通过精心设计，将思政内容融入课程教学，既保障了专业课程的授课教学效果，又达成了思政教学目标。在教学过程中，牢固树立教书育人的理念，坚持教书与育人的统一，不断挖掘和积累思政元素，通过“随风潜入夜，润物细无声”的教学形式，将思政内容潜移默化在专业课程课堂教学环节中。以不断丰富课程思政的内涵，在传授专业知识的同时，引导学生树立正确的人生观、价值观和世界观，培养高尚的职业情操和深厚的家国情怀。

通过课程学习，使学生既看到我国建设工程的宏伟和壮观，激发自豪感和爱国热情，又感受到所担负的重大责任，同时培养了科学的思维方法，为将来的职业生涯发展打下坚实的基础。

六、教学案例在材料类及土木工程类课程中的推广

本课程涉及到的混凝土材料是一种在建筑工程中应用最为广泛的材料，不仅是材料类学生学习的内容，也是土木工程类学生必修的内容。所以，本课程的思政教学案例还可供其他材料类课程和土木工程类课程借鉴和应用。

《材料工程基础B》课程思政教学设计

肖淑娟

该课程主要讲述材料结构与性能的基本理论知识和基本技能，阐述材料的扩散与相变、高分子材料结构与制备等内容，培养学生工程思维和创新意识，融入时代精神、国家战略、社会责任、家国情怀等课程思政点，培养学生德才兼备的科学素养和有责任担当的家国情怀。

一、课程定位

《材料工程基础B》是高分子材料科学与工程专业本科三年级开设的必修课程，作为高分子材料专业的专业课程，将材料工程的科学性、先进性和实用性相结合，涵盖了金属材料、高分子材料等内容，学习本课程可以提高学生解决材料工程实际问题的能力，也为学生进行材料学的深入研究打下基础。

通过课程讲授、案例教学等形式，使学生掌握材料结构与性能、固体中的相结构、材料的扩散与相变、高分子材料结构与制备等内容，了解该领域的生产现状和有关发展前沿，从而拓宽高分子材料科学与工程专业的深度、广度，加强理论的系统性，培养学生的工程思维、创新意识、分析解决实际问题等素质和能力。

二、课程思政教学目标

围绕课程的知识传授、能力提升和价值体现相结合的整体教学目标，推动形成“全程育人、全方位育人”的格局，《材料工程基础-B》课程重新认识、重新定位和重新塑造了教学目标，在教育教学中，既要注重在价值传播中凝聚知识底蕴，又要注重在知识传播中强调价值引领，突出显性教育和隐性教育相融通，即“科学武装头脑，人文滋养心灵”相结合的教学目标贯穿于课程教学大纲的各个单元，实现了课程思政建设与教学目标的契合。

三、课程思政教学设计

教学实施过程中，明确课程体系的基础上，实现知识传授与育人目标的统一。为此，认真分析和梳理了所讲授课程内容，明确思政的融入点，合理地将思政观点和专业知识点相结合。利用思政语言的逻辑性、深刻性和说服力，超越具体的专业问题，在更大范围分析思考，不但对课堂效果起到增进课堂互动的思想性，而且有利于培养学生“登高望远”的综合分析能力。

在课程思政教学设计中，需要依托区域特色、院校特色及专业特色去充分挖掘，作为理工类高校材料类专业的重要专业课，思政元素也需要体现出材料发展对于城市建设的支撑作用，鼓励学生努力学习专业知识，践行工匠精神和创新精神，为城市建设及国家发展贡献力量；将专业伦理与人文伦理相结合，要求学生遵守职业道德，熟悉工程伦理，提升其在专业领域的规范意识和行为标准。作为理工科典型知识课程，科学思维和辩证观念也是最为普遍存在的思政元素，引导学生用科学的立场看待事物、分析问题、认识社会。作为课程基础内容的拓展，对于材料科学、应用领域及其交叉学科和社会热点要加深融合，特别是和社会实际应用的关联，将社会主义核心价值观、国家需要融入教学当中，让学生切实体会到专业价值感和专业需要感以及专业奉献感。

思政设计中秉承以学生为中心的理念，并以为学生创造有意义的学习经历为教育总目标，从基础知识、学科应用、人文维度、自学能力、交叉观点和价值取向六个维度对总目标进行细化，让学生在获取专业理论知识的基础上，理解所学知识的应用价值，提升人文素养与个人综合素质。该思路与以育人为核心，将道德、人文关怀、价值观念有机融入专业课的课程思政教学目标异曲同工。

该设计模型如图1所示，以六种类型的目标为指引，理清专业知识和能力目标的同时融入思政培养目标，如人文维度、价值取向都包含典型的思政元素。这样设计培养目标不仅使课程的内涵更加丰富，还为学生带来好的学习体验，同时也提高了课程思政的教学效果。

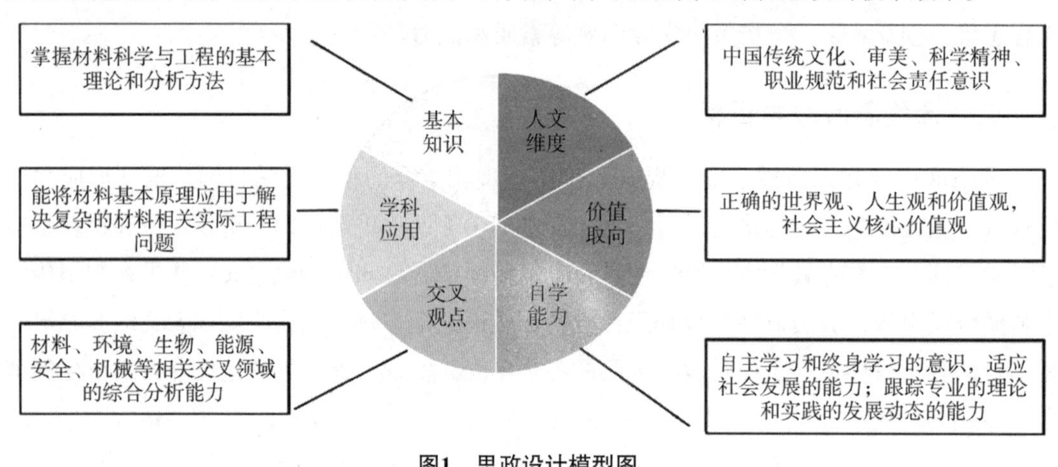

图1　思政设计模型图

四、课程思政元素的融合

为了给课程建设及课程思政提供理论依据和实践指南，需加强教育教学理论研究与探讨。基于“创造有意义的学习经历”整合课程设计模型，研究并发展了材料类专业课程思政的教学设计元素的融合。

1. 以材料行业现状存在的问题作为切入点

关注热点，社会责任。熔喷布是医用口罩中最核心的材料，是口罩的“心脏”。熔喷布的生产主要以聚丙烯为主要原料，通过高速热空气流对模头喷丝孔挤出的聚合物熔体细流进行牵伸，制成微米级短纤维，通过纤维自身互相缠结冷却形成熔喷法非织造布。熔喷布独特的超细纤维排布使其具有良好的过滤性、屏蔽性和吸油性，对微生物的过滤效率高达95%以上。新冠肺炎疫情期间，口罩成为保护医护人员和人民安全的重要保护手段。而作为核心材料的熔喷布制造，其结构与性能的控制需要科学的设计和精密的制造。我国在疫情期间积极调配企业力量，升级转型为国内国际提供了大量的医用防护口。以此为切入点激发学生的爱国热情和自豪感，激励其为国家振兴、民族强盛而努力学习。

2. 以传统文化的传承、环境保护作为切入点

环境保护，人人有责。比如，结合授课内容介绍传统古法冶炼生产，并配合视频，激发学生的专业自豪感和民族自豪感，同时引出对传统文化的重视，及环境保护的迫切性。比如前几年唐山地区出现了严重的雾霾天气，就产生雾霾的主要原因将学生分成两组，同学们调研、查阅资料，在大量数据的支持下阐述自己的观点，同时也被一串串惊人的数据震惊了。一组组惊人的数据、一张张对比鲜明的图片、一段段发人深省的视频，相信对学生的触动是深刻的，也让他们从内心树立起了“金山银山不如绿水青山”的环保理念。

3. 以正能量的传播作为切入点

家国情怀，个人品质。教书与育人不能分开，授课中不仅要做到教授专业课知识，还要关爱学生，做学生的引路人。比如在讲到固体扩散对我们的生产生活的影响等问题时，引导学生重视课程内容，为本次课程通过扩散与“近朱则赤，近墨者黑”相联系，通过课程思政将时代要求“社会的正能量”等内容引入专业课堂，努力实现全程全方位育人的专业人才培养目标。

五、教学效果

教书与育人不能分开，作为一名高校教师，不仅要做到教授专业课知识，还要关爱学生，做学生的引路人。“专业课程是载体，思政教育是灵魂，课程育人是目的”，我们要通过课程思政将时代要求“社会的正能量”等内容引入专业课堂，努力实现全程全方位育人的专业人才培养目标。

《电力系统分析》课程思政教学设计

张　怡

该课程主要讲述电力系统元件特性及其数学模型、分析系统正常和故障运行状态，综合阐述系统正常运行时电力系统潮流计算、系统故障时运用知识来分析和解决问题，使学生具有基础理论扎实、知识应用拓展和技术创新能力，融入明德博学、勤奋求实、爱国情怀、开拓创新等课程思政点，润物无声地向学生传递职业精神、培养工匠精神、提升职业素养以及新时代电力人的使命、责任和担当。

一、课程定位

《电力系统分析》是电气工程及其自动化专业本科三年级开设的必修课程，也是电气工程及其自动化的专业核心骨干课程。作为从基础到专业的桥梁课程，其承担着从基础理论、基础知识和基础技术到全面的专业知识、专业技术的过渡作用。本门课程将引领学生深入电气工程领域，培养学生掌握电力系统中主要电力设备特性、建立其数学模型、分析系统正常和故障运行状态，使学生具备系统正常运行时电力系统潮流计算能力和系统故障时分析和解决问题的能力，深入了解其在电气工程领域中的核心作用、地位和影响。

通过课堂讲授、线上线下讨论、案例分析、混合教学等形式，讲解电力变压器、输电线路等电力设备等值电路建立、电力系统手动潮流计算、计算机潮流计算、同步电机方程、对称和不对称故障分析、电力系统稳态和暂态分析等内容，使同学们在从电力设备到抽象模型、从单一设备到电力系统、从稳态到暂态的学习过程中，全面提升对电力工程基础知识和专业技术的理解和应用，为后续专业课程奠定基础，实现贯穿作用。

二、课程思政教学目标

围绕课程的知识传授、技术创新和价值引领相结合的整体目标，以习近平总书记的“三句话”为核心，即：备课时找出“三句话”深入挖掘课程思政的元素和资源；讲课时体现“三句话”有机融入课堂教学；反思时领悟“三句话”教育者先受教育，打造《电力系统分析》课程思政的特色和优势。以电力系统基本理论为基础，构建系统概念，树立电力系统职业价值观，筑牢明德之根基；以电力系统频率调整、经济运行为契机，拓展绿色能源，辩证角度分析新技术，彰显博学之精神；以电力系统稳态和暂态分析为载体，促进技术创新，提高专心致学的专业素养，展现勤奋之态度；以电力系统潮流计算为手段，提升知识应用，培养精益求精的工匠精神，践行求实之品质；形成了本门课程以校训“明德博学、勤奋求实”的课程思政目标，实现传道、授业、解惑、育人同向同行，通过有机融入的显性思政和潜移默化、润物无声地隐性思政，全面理解、践行习近平总书记的“三句话”。

三、课程思政教学设计

课程采用“知识讲授+技术创新+思政元素”的教学设计模式，在传授基础理论知识的同时以技术创新为特色开展教学，将课程思政理念融入全过程，培养学生具有基础理论扎实、知识应用拓展和技术创新能力，润物无声地传递职业精神、培养工匠精神、提升职业素养以及新时代电力人的使命、责任和担当。特色的课程教学设计围绕“一个基本点、两个核心要素、四个课程案例库、六步实施过程”展开（见图1）。

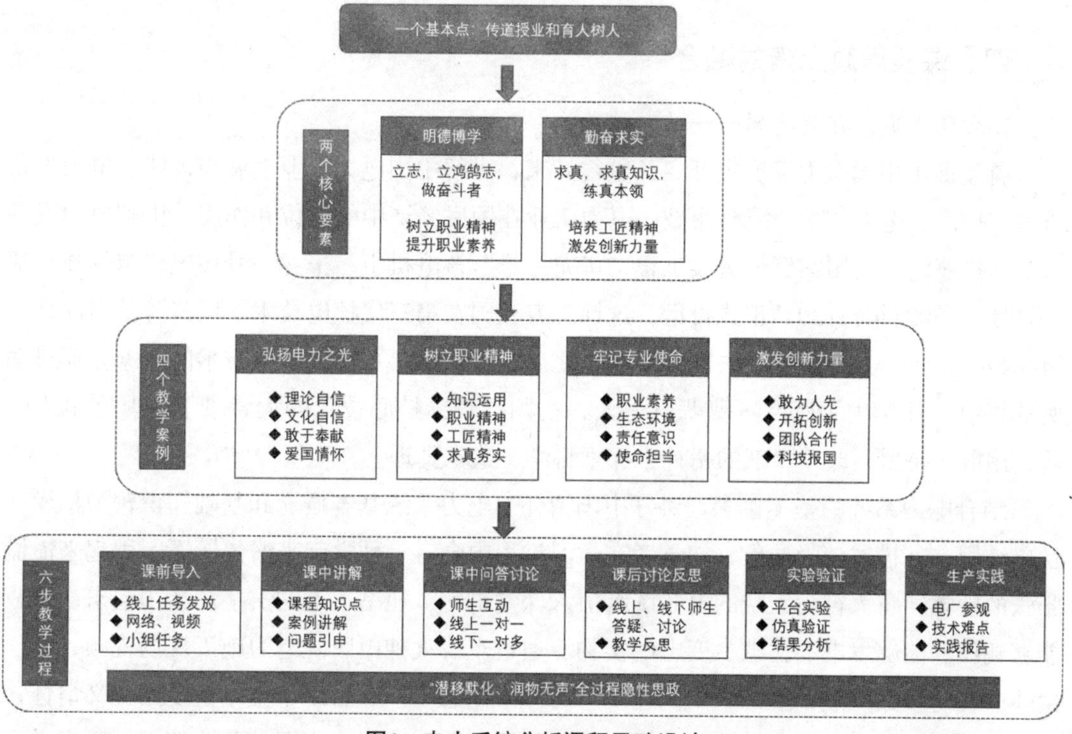

图1　电力系统分析课程思政设计

一个基本点：以传道授业和育人树人为出发点，坚持价值引领与知识传授相结合，以课程思政教育教学为根系，增强和提升学生思想政治素养；以传道授业解惑为主干，通过课堂教学、课后实验、生产实践等环节，实现电力系统分析知识储备和技术创新。

两个核心要素：促进知识传授、技术创新和价值引领同向同行，以明德博学、勤奋求实为核心要素，通过对电力系统基本理论的讲解，构建系统概念，树立电力系统职业价值观，筑牢明德之根基；通过对电力系统频率调整、经济运行为分析，拓展绿色能源，辩证角度分析新技术，彰显博学之精神；通过对电力系统稳态、暂态的分析，促进技术创新，提高专心致学的专业素养，展现勤奋之态度；通过对电力系统潮流的精确计算，提升知识应用，培养精益求精的工匠精神，践行求实之品质。

四个课程案例：一是以弘扬电力之光的为理想信念，坚持理论自信、文化自信、敢于奉献，激发学生爱国情怀；二是以树立职业精神为方向引领，提升知识运用、培育工匠精神和求真务实的品质；三是以牢记专业使命为责任担当，提高专业素养、守护生态环境、培养责任意识；四是以激发创新力量为内生动力，开拓电力创新、促进团队合作、践行科技报国。

六步实施过程：以教学团队为主导、以学生为主体、以网络平台为载体、以实验为技术验证、以生产实践为创新手段，通过“课前导入+课中讲解+课中问答讨论+课后讨论、反思+实验验证+生产实践”六个实施步骤，完成整个教学过程。

四、课程思政元素的融合

1. 大学之道，在明明德——《大学》

首堂课由中国电力发展史开启，鉴往知来，讲解中国电力工业发展与现状、电力设备研发与投产、电力技术研究与突破、电力工业在国民经济中的地位和作用。讲解电力设备研发与投产时，引用案例创造级工程“华龙一号”核电机组，华龙一号核电机组福建福清5号机组于2021年1月30日正式投运，这标志着我国在第三代核电技术领域跻身世界前列，历经47年，中国是继美国、法国和俄罗斯之后真正掌握自主三代核电技术的国家。通过案例的讲解，让学生去感受一辈辈电力人，在国外封锁核心技术的大背景下，坚守电力阵地，用敢于拼搏，敢于奉献的精神去探索科学，追求真理。

结合电力系统的基本概念，讲好中国情怀。电力系统基本概念和基础知识较为枯燥，且单纯用文字描述较为抽象，初学者在学习过程中会有一种学起来懵懵懂懂，用起来慌慌张张的感觉。将火神山医院的电气图纸引入课堂讲解，使书本上的文字“活”起来，变成能够建设、能够发电、输电、变电的实物。通过观看火神山医院电力施工现场视频，使学生体验在防疫战线建设上的“中国速度”与“中国态度”，帮助学生厚植爱国主义情怀，能够将学生自然将爱国主义情怀倾注到自己的专业中去，树立牢固的职业精神，坚定学习电气专业和从事专业领域的信心，用专业报效祖国、回馈人民。

结合电力系统交直流混合输电网络讲解中，引入我国“八交十直”超高压输电线路，其中国际上首条交流1000kV，直流±1100kV特高压输电线路的案例，激发学生的科研意识，爱国情怀，坚定理论自信和文化自信。

通过中国电力发展史中“华龙一号”的讲解，电力系统基本概念中与火神山医院的电气图纸相结合，输电网络中特高压输电线路的关键技术，真正做到以电力系统基本理论为基础，构建系统概念，树立电力系统职业价值观，筑牢明德之根基。

2. 博学之，审问之，慎思之，明辨之，笃行之——《中庸》

结合电力系统经济运行，经济分配火电厂的有功功率，提高煤炭和电力利用率，合理利用有限的自然资源；了解热电厂生产流程，对废气、废水的处理做到低污染和二次利用，增强学生投身生态文明建设的责任感、使命感。不局限课本上的知识，由电力系统经济运行为契机，引入截止到2020年国家能源局网站提供的我国新能源机组并网发电的数据，占发电总量的25%，拓展新能源发电知识，降低化石能源消耗，减少环境保护成本，做到“绿水青山就是金山银山”，让我们从电力人的角度，践行“美丽中国”的战略任务。

讲解电力系统有功功率平衡和系统频率调整过程中，讨论新能源机组参与系统频率调整的可能性，通过科技文献分析，了解目前关键瓶颈技术难点。通过引导学生思考风电机组、光伏机组并网发电过程中存在的输出功率随机性和间歇性，进而导致系统频率波动，甚至导致系统崩溃等关键技术问题，培养学生勇于探索科技前沿问题，积极思考，感悟学无止境，在不断的探索和求学中树立职业精神。

通过电力系统经济运行等知识点的讲解，大力建设新能源发电机组能有效降低化石能源消耗，减少环境保护成本，带给我们天蓝、地绿、水净的美好家园。从另外一个角度，通过对电力系统用功功率平衡和频率调整的学习，引申出风电机组、光伏机组并网发电过程中存在的输出功率随机性和间歇性，进而导致系统频率波动，甚至导致系统崩溃等关键技术问题，真正做到以绿色能源拓展为抓手，辩证角度分析新技术，彰显博学之精神。

3. 业精于勤，荒于嬉——《进学解》

结合电力系统稳态、暂态分析，推导电力系统稳定条件，判定电力系统是否稳定。此部分内容晦涩难懂，通过反复的综合分析和解题过程，教会学生用哲学辩证的思维看待稳态和暂态问题，掌握正确的学习方法和思维方法，培养学生逻辑思维与辩证思维能力，在反复的推导过程中训练解决问题的能力，提升学生的专业素养。

在此教学过程中，引用案例创造级工程“华龙一号”核电机组，华龙一号核电机组福建福清5号机组于2021年1月30日正式投运，这标志着我国在三代核电技术领域跻身世界前列，“华龙一号”创新采用“能动和非能动”相结合的安全系统及双层安全壳等技术，在安全性上满足国际最高安全标准要求。通过案例的讲解，让同学们意识到只有坚持不懈创新，勤奋刻苦钻研，敏而好学，才能迎头赶上，从而培养学生敢为人先的创新精神，激发学生在遇到困难时的好胜心，增强科技创新的自信心。

运用案例式、故事式和启发式的教学模式，面对晦涩难懂、卡脖子难题时，将辩证性思维引入解决过程，培养刻苦钻研，敏而好学的科学态度，敢为人先的创新精神，真正实现促进技术创新，提高专心致学的专业素养，展现勤奋之态度。

4. 勇于求实——《有子之言似夫子》

通过讲解架空输电线路的参数和等值电路、变压器的等值电路和参数、标幺制等内容，此部分内容计算繁琐，方法复杂多变，等值过程抽象，配合专业知识引入实际案例，将抽象的问题具体化、复杂的问题简单化、繁琐的计算细致化，积极思考问题，培养严谨的数学态度，树立求得真知的勇气和信心。

开闭式网络的电压和功率分布计算、复杂电力系统潮流计算是本门课程的重点也是难点，求解过程中前后关联度较高，运用案例式和启发式教学方法，由大唐王滩电厂作为电源出发点，途经京唐港、曹妃甸新城、曹妃甸老城区供电线路，一步一步计算，将抽象的理论教学转化成实际应用，以严谨的科学态度，在求解计算过程中确保计算精度，培养精益求精的工匠精神。

通过对电力网各元件的等值电路、参数计算和潮流计算的讲解，运用启发式、案例式和讨论式的教学手段，真正实现知识应用能力提升，培养精益求精的工匠精神，践行求实之品质。

五、教学效果

随着课程思政教学的深入，教师收获了一种全新的教育理念，提升了执教能力，丰富了教学内涵。在传道授业解惑过程中，挖掘课程思政元素，以“潜移默化，润物无声”的形式隐性融入工科专业课堂教学中，做到教书育人同向同行，同频共振。

学生通过课程学习，深刻感受硬核电力力量。在疫情面前，我们不是医护人员，但是我们能为所有奋战一线人员点亮胜利之光，深刻感悟青年一代有理想有担当，国家就有前途，民族就有希望。在“卡脖子”技术面前，要励志，立鸿鹄志，做奋斗者；要求真，求真学问，练真本领；要力行，知行合一，做实干家；敢于创新，实现关键技术自主可控。在困难和失败面前，要正确对待一时的成败得失，处优而不养尊，受挫而不短志，使顺境逆境都成为人生的财富而不是人生的包袱；学会辩证地看待成败，在挫折中不断奋起。每位华理人将“明德博学、勤奋求实”内化于心、外化于行。

六、教学案例对工科类课程的推广

在教学实施过程中，特色的课程教学设计围绕“一个基本点、两个核心要素、四个课程案例库、六步实施过程”展开，在传授基础理论知识的同时以技术创新为特色开展教学，培养学生具有基础理论扎实、知识应用拓展和技术创新能力，提升学生工程应用能力和技术创新思维。同时将课程思政理念融入全过程，润物无声地传递国家情怀、树立职业精神、培养工匠精神、提升职业素养以及新时代电力人的使命、责任和担当，旨在培养基础理论扎实、应用能力突出、创新思维灵活、具有团队协作精神、使命担当和家国情怀的复合型工科人才，培养德智体美劳全面发展的新一代青年。

本课程的思政教学模式，可供其他工科类课程借鉴并推广应用，使整个专业课程体系与思政教育同向同行，形成协同效应。坚持立德树人为中心，践行课程门门有思政，教师人人讲育人，所有课堂都是育人主渠道，全面实现全员育人、全过程育人、全方位育人。

《电工学A》课程思政教学设计

王静波

该课程主要讲述电路理论、电机及电气控制、模拟电子技术、数字电子技术的基本知识，培养学生解决电气信息类技术问题的能力，塑造创新思维，融入修身养德、马克思主义世界观和方法论、科学精神、民族精神等课程思政点，培养学生作为工程技术人员的求真务实精神和责任担当的意识。

一、课程定位

1.《电工学A》是非电类机械类本科专业二年级开设的核心公共基础课程，也是机械类本科专业唯一的一门电学系统学习课程，对相关学科后续专业课的学习及实践能力的培养具有重要作用。

2. 课程有较强的理论性、综合性、工程性和实践性，包括电路基础、供电与安全用电、电机与控制和电子技术等几个主要部分。随着电工电子技术以及工程控制论等新兴的科学技术理论蓬勃发展，电工学逐渐演变成为“大科学”和“大技术”，渗透融合到各行各业中，在新时代更要求非电专业的工程技术人员具有一定的电工电子学基础知识，这也是基本的行业要求。

3. 通过课堂讲授、探究翻转、案例教学等形式，使学生在知识及能力方面达到如下水平：知识方面，掌握电工电子技术的基本理论、基本知识，了解电工电子最新发展概况和所在专业的工程技术领域的具体应用；技能方面，具备基本实验技能，掌握常用的电工电子设备、器件的原理及操作，能够与电气工程及电子工程专业人员进行有效沟通；能力方面，能够解决工程上遇到的电工电子技术中的简单问题，提高分析解决问题能力和创新思维能力，支撑后续相关专业课程学习，架起电工电子技术与今后所从事工作的桥梁。

二、课程思政教学目标

围绕课程知识传授、能力提升和价值引领的相结合的整体目标，挖掘自身蕴含思政的素材和资源，结合自身课程的特色，以理论知识传授为基础，注重科学精神的塑造，提高历史思维能力，引导学生正确做人和做事，追求真理、勇攀科学高峰，引导学生树立正确人生观、价值观、使命感，培养“担当民族复兴大任的时代新人”；以专业技能培养为主线，凝练大国工匠精神，注重细节、追求完美，不断精益求精、提高创新思维能力，提高实际分析问题和解决问题能力；以素质培养为目的，引导学生用哲学思维思考和学习专业知识，建立批判性学习和辩证性思维方式，提高辩证思维能力，与思政课程同向同行、协同育人，为学生专业知识的学习和创新提供可持续发展的内驱力；形成了本门课程“融入知识、能力、素质目标，提高历史思维能力、创新思维能力和辩证思维能力”的课程思政目标，实现教书、授业、育人、解惑的同向同行、同频共振，构筑三全育人大格局。

三、课程思政教学设计

根据电工电子类学科特点，课程采取“引入专题式、随机渗透式、实践体验式和潜移默化式”的课程思政融入教学设计方式，在课程讲授过程中，能将电路课程专业知识目标和思政目标有效地融合和实施，根据思政元素特点，在推进过程、计划进度安排、教学资源运用上采取不同的教学设计，形成特色的课程教学设计：“抓住首堂首次，专题介绍、实践体验为深度，随机渗透、潜移默化为广度”的教学设计模式，以学生为主体、以教师为主导、以体验为关键、以网络为载体，切实落实课程思政目标（见图1）。

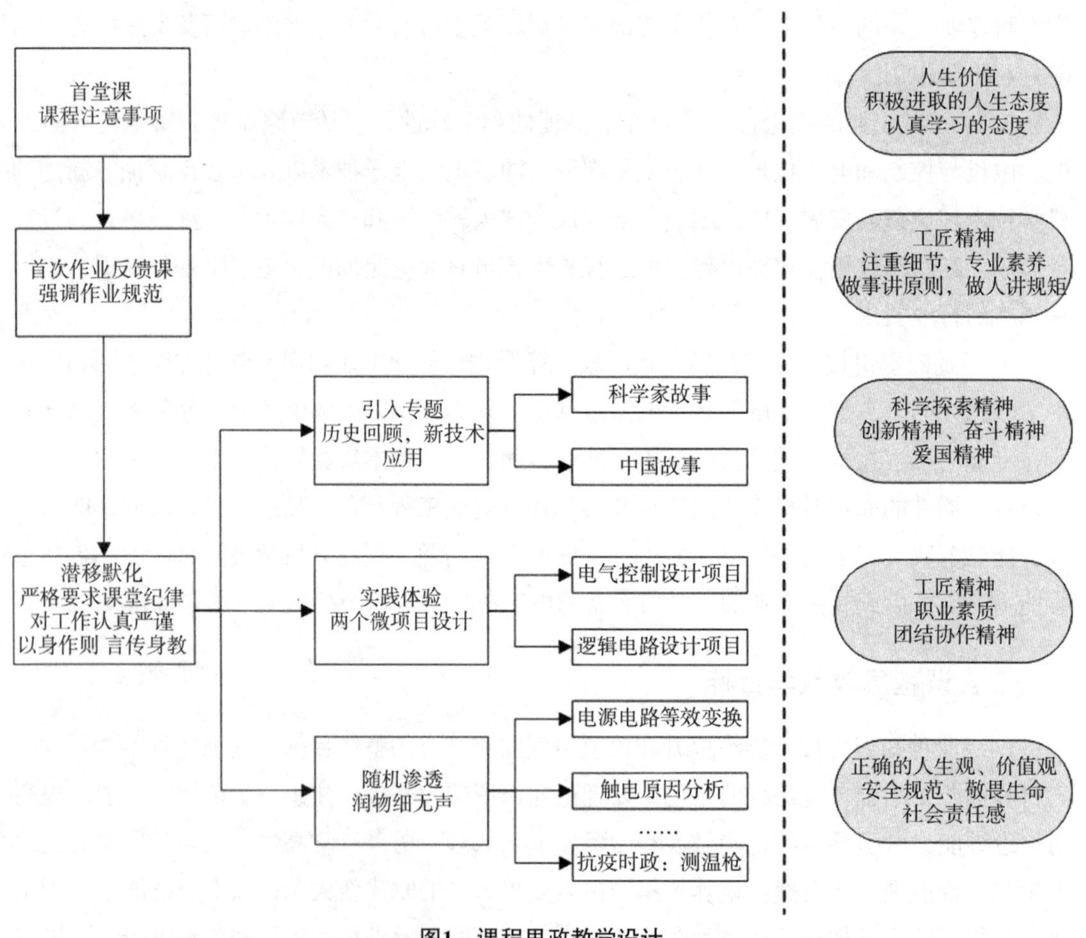

图1 课程思政教学设计

四、课程思政元素的融合

1. 抓住首堂首次，讲原则立规矩

首堂课介绍电工电子学课程作为专业基础课程的重要性时，通过电工电子技术渗透到各行各业的应用举例，激励学生认真学习、积极进取，打好学科基础，打好人生基础，建立积极进取的人生态度。态度决定高度，细节决定成败。

首次作业反馈课，针对很多学生做作业时不能坚持遵守规范，如运算过程中用到的电压或电流在电路图中没有任何标识、不标注物理量单位等现象为课程思政的切入点。因为标识不清楚，不能列写出正确的基尔霍夫电压（KVL）或电流方程（KCL）；不标注物理量单位，不能明确物理量意义，造成概念混乱。这些不规范的标注导致学生的自我要求下降，知识掌握不够扎实，并对后续学习人为地设置了障碍，学习效果达不到预期。这些问题正是可以更好地引导学生培养职业素养、做事讲原则、做人讲规矩，让学生从自身出发，从细节出发，不断培养职业素养和工匠精神。各行各业都有自己的行业标准，作为工科学生，要从开始接触专业基础课开始，就要有意识地培养自己的专业素养，学会积小流成江河，积跬步至千里。

2. 专题介绍、实践体验，深融思政元素

专题介绍，指在讲到某一专业知识点时引入具有共性的某一思政专题，通过 PPT 展示案例，然后展开分析和讨论。这种方式需要较长的时间，约8—10分钟，适合本学科本专业发展过程中的科学家故事及其中国故事等案例。

讲好科学家故事，培养科学精神，主要涉及基本的电路定律和基本的电路分析方法，比如基尔霍夫定律、戴维宁定理和诺顿定理等，另外还有最基本的电学单位也都是以科学家的名字所命名，比如伏特、安培、焦耳、库仑、法拉第等，尤其是伏特，堪称开创了“电气时代”的最伟大科学家之一，通过这些科学家的人物事迹，引导学生培养严谨的科学精神，创新精神，奋斗精神，激发学习热情，激励学生不断钻研知识，突破自我。

聚焦中国领先技术，感受中国力量，在特高压供电方面，我国已经全面掌握特高压交流和直流输电核心技术和整套设备的制造能力，在大电网控制保护、智能电网、清洁能源接入电网等领域取得一批世界级创新成果，中国的特高压输电技术在世界上处于领先水平，拥有完全的自主知识产权，被定为国际标准电压，将向世界推广。由此引导学生学习中国“电力人”精神，引发学生的民族自豪感，激发学习动力。

聚焦中国制造，讲好中国故事，“中国制造2025”是与德国4.0遥相呼应的计划，是我国实施制造强国战略的第一个十年行动纲领。电机作为自动化制造的重要一环，同时也是中国制造业的重要组成部分。然而我国的电机水平与世界却有很大的差距，比如控制类微电机与工业发达国家相比，不管从电机可靠性还是性能指标仍有较大差距，其整体水平相当于国外20世纪80年代中后期水平。而在高性能、高技术含量电动机方面，如无刷直流电动机、交流伺服电动机、直线电机等差距更大。由此激发学生的爱国热情和学习动力，努力学习为早日实现“中国制造2025”的目标而奋斗，同时也是为中华民族伟大复兴的中国梦添砖加瓦。

结合目前的时政，解析国家战略，与芯片、半导体、集成电路等高精尖产业密切相关，美国将一大批中国高科技企业列入实体名单进行制裁，比如华为、中兴等。对中国企业的芯片进行断供，限制其发展，阻挠中国的科技进步。美国能之所以能制裁中国企业，说到底是因为中国的芯片水平发展与世界发达国家相比有很大差距，在一些高端领域离开国外的先进技术无法正常运转。通过时政案例，使学生了解国家困境，更好地理解集成电路产业发展已上升为国家战略，就能更好地理解当代大学生的责任担当，激发学生的爱国精神、时代担当，教育学生发愤图强，能够更牢固地树立练就过硬本领的决心。

实践体验，指通过微项目进行实际操作，使亲身体会到一些思政内容。在电工电子学课程中设置两个实践项目，大概需要4个学时的时间，以实操训练、总结报告为主，体现“手脑并用，创造分析”。这种方式，一方面告诫学生实践是检验真理的唯一标准，新的理论知识需要实践来验证，在实践中不断获得新的知识，二者相辅相成；一方面通过项目体验，塑造学生专业人的思维、习性和精神品质。

通过这一方式，告诉学生电路理论研究的最终目的是实际应用。“应用”有大小之分：“小用”旨在解决具体的技术问题；“大用”旨在服务国家整体发展战略。电路作为一门自然科学课程之“用”，理应是顺应和推进国家整体发展战略之“大用”。

3. 随机渗透、潜移默化，广润思政元素

随机渗透，指在对电路专业知识讲授中对思政点的简明提示，也可称为画龙点睛式——知识画龙，思政点睛。这种方式每个思政点约需要3—5分钟，以课堂讨论和交流为主。

通过戴维宁定理和诺顿定理的电源等效变换，使学生学会运用辩证的方法处理学习和生活中的问题，同一问题有不同的解决方法，遇事不钻牛角尖，学会辩证地处理问题、面对世界。

再比如叠加定理，引导学生结合唯物辩证法中整体和部分的关系进行分析理解，整体和部分相互联系，相互影响，关键部分的功能及其变化甚至对整体的功能起决定作用，处理问题要统筹兼顾。

所学知识与生活密切相关，比如触电事故、触电防护、静电防护等。将电工学知识与具体日常生活联系起来，枯燥的知识变得生动而具体，理论联系实际，使学生深刻理解实践是检验真理的唯一标准，同时通过一些电力领域的安全事故，培养学生的安全用电意识，生命无小事，让学生珍爱生命、热爱生活，培养正确的世界观、人生观、价值观。

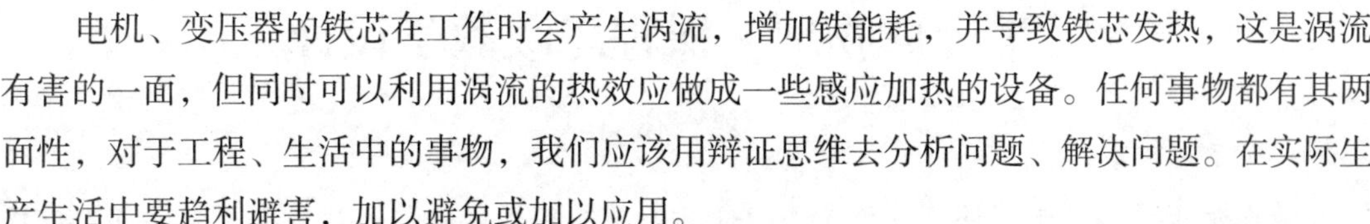

电机、变压器的铁芯在工作时会产生涡流，增加铁能耗，并导致铁芯发热，这是涡流有害的一面，但同时可以利用涡流的热效应做成一些感应加热的设备。任何事物都有其两面性，对于工程、生活中的事物，我们应该用辩证思维去分析问题、解决问题。在实际生产生活中要趋利避害，加以避免或加以应用。

另外，在电气自动控制部分，讲到一些低压电器的工作原理，比如说热继电器，靠发热元件实现过载保护，这里可以给学生提出问题：热继电器能否用于短路保护？答案是不行，因为过载保护是由于热量的积累，而短路只是一时的过电流，这里也可以使学生深刻认识到量变引起质变的辩证唯物论。

潜移默化，指教师对课堂纪律的严格要求，对工作认真严谨的态度，对学生的关心爱护，教师的为人师表、以身作则、言传身教，春风细雨，润物无声，潜移默化，于无声处，画龙点睛，精准滴灌。这种方式不用刻意安排，需要的是教师全方位的能力。

五、教学效果

通过精心设计课程教学，保障授课教学效果，达成教学目标。在教学过程中，坚持教书与育人相统一，挖掘并积累思政元素，以“春风化雨、润物无声”的形式，融入各工科专业课程课堂教学环节，不断丰富课程思政的内涵，在传授专业知识的同时，引领学生思想、塑造价值观、培养家国情怀。

学生通过课程学习，深刻认识到电工电子学在专业中应用，感受中国力量、中国制造、中国精神、中国故事，感受作为新一代青年工程技术人员的责任与担当，建立我们的民族自豪感、民族自信心、民族创造力。

六、教学案例对工科类课程的推广

在教学实施过程中，通过灵活多用的教学模式，创新的教学方法，保障了课程质量，凝练出“抓住首堂首次，专题介绍、实践体验为深度，随机渗透、潜移默化为广度”的课程思政教学设计模式，以学生为中心，通过线上线下、课堂内外、理论实践、面授翻转多种形式，将基础知识、技术和专业应用相结合，提升学生解决复杂问题的能力，将社会主义核心价值观融入教育教学全过程，培养实践能力强、创新能力突出、具有团队协作精神和家国情怀的复合型人才，培养德智体美劳全面发展的社会主义建设者和接班人。

本课程的教学模式，可供其他工科类课程借鉴并推广应用，使专业课程与思政教育同向同行，形成协同效应。坚持立德树人为中心，践行“门门课程有思政”“教师人人讲育人”，提高课堂教学效果和质量、提升学生学习热情和成效。

《半导体物理》课程思政教学设计

熊　伟

该课程主要讲述半导体物理的基本概念、基本规律和分析方法，培养学生综合分析和解决半导体物理实际问题的能力，融入科学精神、民族精神、全球观念、环境保护意识等课程思政点，培养学生不忘初心、牢记使命，以中国集成电路人的职业担当为己任，实现自己的职业理想和人生价值。

一、课程定位

《半导体物理》是电子科学与技术专业本科三年级开设的必修课程，也是电子科学与技术专业本科生的学科基础课。通过本门课程的学习，培养学生掌握半导体物理的基本概念、基本规律和分析方法，为电子科学与技术专业课程的学习奠定良好的基础。

通过课堂讲授、提问质疑、翻转课堂、线上随堂小测，课下作业、网络学习、线上线下答疑等教学形式，学生能够掌握半导体的晶格结构和电子状态，杂质和缺陷能级，载流子的统计分布，载流子的散射及电导问题，非平衡载流子的产生、复合及其运动规律等基本理论知识，培养学生综合分析和解决半导体物理实际问题的能力。学习和掌握半导体物理的基本概念、基本规律和分析方法，为学习后续课程打下基础，也为将来从事微电子学、光电子学以及固体电子学的研究打下坚实的理论基础。

二、课程思政教学目标

通过提炼《半导体物理》课程知识体系，挖掘思政资源，围绕课程知识传授、能力培养和价值引导相结合的整体目标，逐步形成了以理论体系为主线并穿插学科发展历史、物理学家思维与做事方式、科学精神等内容，以实事热点、典型应用作为专题讨论，知识技能和思想素质并重，形成了本门课程“弘扬科学精神和民族精神、树立全球观念和环境保护意识”的课程思政目标。在传授专业知识的过程中以润物细无声的形式融入思政教育，引导学生树立正确的价值观，养成科学精神、创新精神、爱国奋斗精神和梦想精神，具有全球化的国际视野和生态环境保护意识，厚植爱国主义，坚定中国立场，勇挑时代担当，激励学生不忘初心、牢记使命，以中国集成电路人的职业担当为己任，实现自己的职业理想和人生价值。

三、课程思政教学设计

在教学过程中将“弘扬科学精神和民族精神、树立全球观念和环境保护意识”的课程思政目标融入其中，实现课程思政建设与教学目标的契合，与教学内容的融合，与教学素材的整合，与教学过程的结合，潜移默化地进行科学精神、民族精神、全球观念和环境保护意识的培育，并形成特色的课程思政教学设计（见图1）。

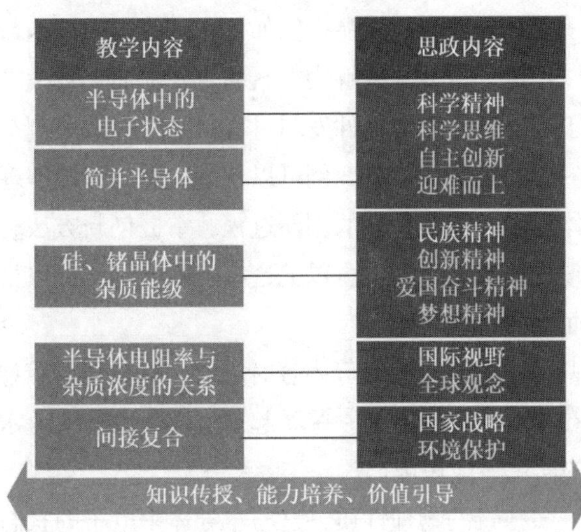

图1　课程思政教学设计

1. 嵌入历史故事，培养科学精神

为了让学生更好地理解和掌握半导体物理的基本理论，在教学过程中更加突出相关理论的发展脉络和知识体系的讲授，淡化数学推导，同时嵌入历史故事培养学生科学思维、自主创新、迎难而上的科学精神。

2. 结合时事热点，培养民族精神，树立全球观念

针对半导体物理与当今科技发展前沿紧密相关的特点，教学中采用结合时事热点进行课上讨论的形式，在讨论中体现中国元素，突出我国在相关领域的飞速发展与进步，坚定学生的学习信心，同时点明我们存在的不足与面临的挑战，培养学生创新精神、爱国奋斗精神和梦想精神，树立全球观念，厚植爱国主义，坚定中国立场，勇挑时代担当。

3. 联系典型应用，树立环境保护意识

把半导体物理知识在半导体器件中的应用引入课堂进行讨论，半导体器件结束使用后会产生电子垃圾，污染环境。在教学过程中通过讲述电子垃圾的危害以及处理现状，提高学生环境保护意识，坚定不移推动国家战略，勇担社会责任。

四、课程思政元素的融合

在教学过程中，根据各个教学单元的内容特点，选取更切合的课程思政教学目标融入，并配合以相应的教学活动设计，促进知识、能力和课程思政教学目标的同步有效达成。

1. 在讲授半导体中的电子状态和简并半导体等内容时突出“弘扬科学精神”的思政目标。这部分知识要求学生在量子力学的基础上进行学习，存在很多烦琐复杂的数学推导。

在教学中突出知识体系的讲授，淡化数学推导，同时嵌入历史故事培养学生的科学精神。量子力学的建立与其他学科不同，它不是由一两位物理学家创立，而是历经一场场激烈的争论，许多物理学家共同努力的结晶。例如：在讲解电子波函数的统计解释时，着重讲解理论产生的过程以及量子力学完美解决方案的定性描述，数学推导作为课外兴趣拓展知识。并且，许多基于半导体物理的器件发明过程也是很好的案例。例如：基于简并半导体，江崎成功发明了隧道二极管，这一案例可以使学生深刻地理解理论创新和实践创新的复杂关系，了解半导体物理与器件领域的创新过程，掌握创新方法，从而激发学生对半导体物理知识的学习兴趣，提高创新能力。以上这些思政案例均可以很好地培养学生科学思维、自主创新、迎难而上的科学精神。

2. 在讲授硅、锗晶体中的杂质能级等内容时突出“弘扬民族精神”的思政目标。这部分知识要求学生真正在专业视角上掌握一些看起来生涩难懂的专业术语，整合自己的知识体系，而非进行知识的简单零散识记。

半导体材料具有许多独特的物理性质，这与半导体中电子的状态及其运动特点有密切关系，半导体物理学正是研究这些关系的理论。基于这些独特的性质，可以制造出各种各样的半导体器件和集成电路。该部分更多的是让学生直面半导体物理与半导体器件、集成电路之间的关联，引出美国对华为打压的一系列事件，指出集成电路国产化的必要性，结合半导体物理知识分析集成电路国产化所要面临的问题和挑战，引导学生弘扬民族精神，厚植爱国主义，坚定中国立场，勇挑时代担当。例如，讲到施主杂质与受主杂质时，用施主杂质和受主杂质对半导体导电性的改变让学生思考利用这一特性制作晶体管和集成电路的问题，通过讲解讨论让学生真正理解、弘扬民族精神、养成创新精神，爱国奋斗精神和梦想精神的内在含义。

3. 在讲授半导体电阻率与杂质浓度的关系等内容时突出“树立全球观念”的思政目标。这部分的知识可以让学生深刻了解半导体物理与半导体器件、集成电路之间的关联。这种概念一旦达成，既能够在知识层面上有利于学生学习枯燥的理论内容，又有利于学生后续课程的学习，并形成坚定的职业信仰，极大地激发学生的自主学习动力和克服学业困难的毅力，促进学生真正理解半导体物理的重要性。

该部分主要选取在集成电路产业中需要依靠其他国家的生产技术，唤起学生的全球观念。集成电路是高度全球化的产业，开放合作是必然之路，中国和世界集成电路产业发展互相支持、密不可分。集成电路产业要求企业在全球进行资源配置，参与全球市场竞争。中国集成电路产业也努力融入全球集成电路产业生态体系之中，中国集成电路产业发展离不开世界支持。2000年以来，中国集成电路产业加速发展，形成了长三角、珠三角、京津环渤海以及中西部地区多极并举的发展格局。与此同时，全球集成电路产业的发展也离不开中国的贡献，中国是全球最大的电子产品生产基地，在整机系统需求的带动下，中国已成为全球规模最大、增速最快的集成电路市场，2001年以来年均复合增长率16.4%，2017年市场规模达到1.4万亿元。持续快速增长的中国市场已成为推动全球集成电路产业发展的主要动力之一，在华收入成为跨国公司的重要利益。例如，用集成电路生产需要全球厂商共同合作的案例唤起学生的全球观念，并认学生认识到，当今的人类命运共同体，比以往任何时候都需要青年肩负起重任。

4. 在讲授间接复合等内容时突出“树立环境保护意识”的思政目标，让学生在学习半导体物理的过程中注重对开发环境的保护，只有保护好生态环境才可以使这一技术持续发展。

该部分更多的是采用案例式教学法，让学生直面当代中国社会的现实问题，潜移默化地实现在中国视角下观察、分析、反思、解决半导体研发所面临的环境问题。例如，在讲解间接复合理论时会提到复合中心，它的主要应用就是制备高速开关器件。为了提高器件的开关速度，传统的方法是在硅中引入深能级重金属杂质金，利用金在硅中的深能级对少子的复合作用，缩短少子寿命，从而达到缩短器件开关时间的目的。正因为这样，很多人回收废旧芯片，虽然工艺很简单，但粗暴的提炼方式使土壤环境恶化，污染空气和水源，危害人体健康，造成的废水、废料无法处理，处理的成本远远高于回收的黄金的价值。用王水就可以腐蚀黄金，然后通过电解提取出来，可是废液腐蚀性太强，没有地方排放，现实当中很多人随意排放，造成土壤、空气和水源的污染。通过这些案例，鼓励同学们树立环境保护意识，一定要将电子垃圾交由有资质的环保处理企业进行环保处理，并且在保护环境的前提下研发回收废旧芯片的工艺，保护我们的生存环境。

五、教学效果

通过精心设计课程教学，保障授课教学效果，达成教学目标。在教学过程中，坚持教书与育人相统一，挖掘并积累思政资源，以润物细无声的形式，隐性融入课堂教学环节，不断丰富课程思政的内涵，在传授专业知识的同时，引领学生思想、塑造价值观、培养家国情怀。

通过《半导体物理》课程的学习，特别是课程思政的进行，学生可以深刻认识到物理学家的科学精神，我国集成电路产业的发展现状，半导体物理的重要性。丰富的课程思政内容可以提高学生学习的积极性和主动性，引导学生树立正确的价值观，养成科学精神、创新精神、爱国奋斗精神和梦想精神，具有全球化的国际视野和生态环境保护意识，厚植爱国主义，坚定中国立场，勇挑时代担当，实现自己的职业理想和人生价值。

《电路-1》课程思政教学设计

龚雨含

《电路-1》为电类专业在本科二年级开设的一门重要的必修课程，以电路模型和电路定律为主要依据，运用等效变换、网孔电路法、节点电压法等方法，结合戴维南定理、叠加定理、微分方程和相量法等经典理论，对电阻电路、动态电路和正弦稳态电路进行深入分析，为后续的电子技术、信号与系统、自动控制原理等课程打下理论基础。通过学习本门课程使学生达到全面地、系统地掌握电路基本理论，基本的分析方法，提高对实际电路的分析能力和解决问题的能力，拓宽知识面，对本专业形成最初的专业认识，顺利进入专业课程的学习。通过融入科学精神、马哲辩证、大国工匠和民族精神的课程思政点，培养学生“成为优秀的中国公民，成为优秀的当代学生，成为优秀的中国工匠，成为国家的科研力量”的核心价值观和理想信念。

一、课程定位

《电路-1》为电类专业在本科二年级开设的一门重要的必修课程，也是非常重要的专业基础课程。《电路》课程就像一座桥梁，连接着电类专业的基础课程与专业课程，学生在具备基本的高等数学知识后，学习本门课程是为后续的《电子技术基础》《信号与系统分析》《自动控制原理》打下坚实的理论基础。可以说，《电路》是电类专业非常重要的、具有承上启下作用的基础专业课。

通过系统讲授、翻转课堂、分组探究、案例讨论等形式，再结合线下线上混合教学模式，全面系统地让学生掌握以电路模型和电路定律为主要依据，运用等效变换、网孔分析法、结点电压法、叠加定理等方法，结合数学中的微分方程解法及相量的概念，对电阻电路、动态电路和正弦稳态电路进行较为深入的分析。通过学习本门课程使学生达到全面地、系统地掌握电路基本理论，基本的分析方法，提高对实际电路的分析能力和解决问题的能力，拓宽知识面，对本专业形成最初的专业认识，顺利进入专业课程的学习。

二、课程思政教学目标

《电路-1》课程重新认识课程定位和工程定位，在知识性和能力性目标之外，充分发挥课程的德育功能，围绕课程知识讲解、能力培养和专业导向相结合的整体目标，挖掘自身蕴含的思政素材和资源，结合自身课程的特色和优势，以模块化的知识点融入恰当的思政元素，运用德育的学科思维提炼电路课程中蕴含的文化基因和价值范式，将其转化为社会主义核心价值观具体化、生动化的有效教学载体，在电路专业知识的学习中融入理想信念层面的精神指引，通过古今中外各类具体电路方面的榜样及案例，让学生在日常学习中

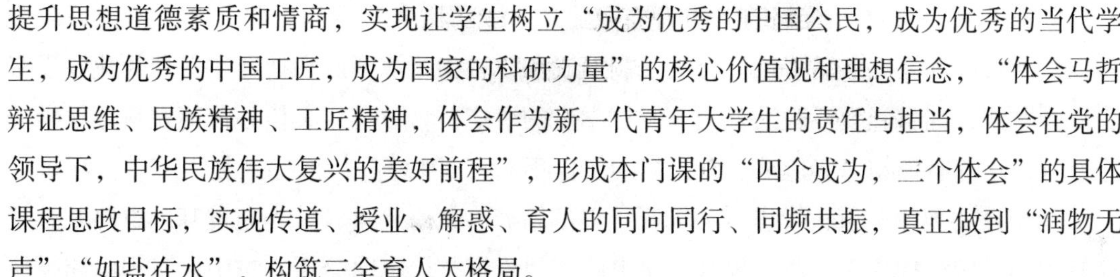

提升思想道德素质和情商，实现让学生树立“成为优秀的中国公民，成为优秀的当代学生，成为优秀的中国工匠，成为国家的科研力量”的核心价值观和理想信念，“体会马哲辩证思维、民族精神、工匠精神，体会作为新一代青年大学生的责任与担当，体会在党的领导下，中华民族伟大复兴的美好前程”，形成本门课的“四个成为，三个体会”的具体课程思政目标，实现传道、授业、解惑、育人的同向同行、同频共振，真正做到“润物无声”“如盐在水”，构筑三全育人大格局。

三、课程思政教学设计

通过系统讲授、翻转课堂、分组探究、案例讨论等形式，结合线下线上混合教学模式，在讲授理论知识的同时结合自身课程的特色，以模块化的知识点融入恰当的思政元素，潜移默化地进行科学精神、大国工匠、民族精神、理论联系实际，实现本门课程的“四个成为，三个体会”的具体课程思政目标，以“一条主线+两个核心要素+三个课程案例库+四个思政系列模块+五个教学实施环节”的课程教学设计（见图 1）。

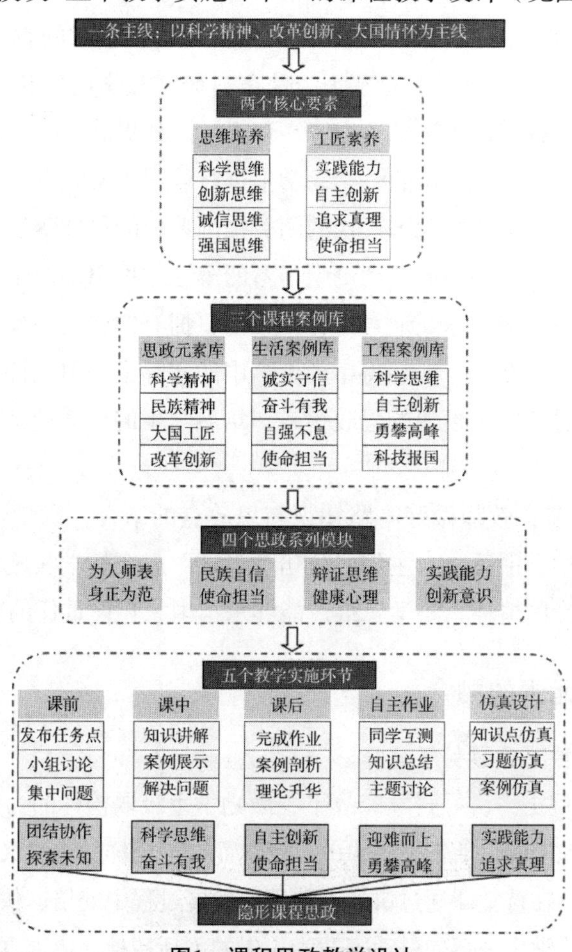

图1　课程思政教学设计

一条主线：以高等教育的“四为”定位“为人民服务”“为中国共产党治国理政服务”“为巩固和发展中国特色社会主义制度服务”“为改革开放和社会主义现代化建设服务”为主线，因材施教、教书育人、发掘学生的潜能，将社会主义核心价值观贯穿教学的全过程，培养有理想、有追求、有担当的新青年，实现中华民族的伟大复兴。

两个核心要素：以科学思维和工匠素养的培养为核心要素，首先通过基础电路基础理论知识的讲解，构建系统逻辑思维，将电路定律贯穿整个电路分析方法中，实现电路模块分析的融合，培养科学思维；通过工程实例分析，理论联系实际，强化理论掌握和应用，通过工程实例在生产生活中的实际作用，提高学生的学习兴趣和责任心，以及未来的使命担当。

三个课程案例库：在教学过程中挖掘思政元素，将知识传授、能力培养和使命担当的引领形成三个案例库：一是以科学精神、民族精神、大国工匠、改革创新的思政元素库；二是诚实守信、奋斗有我、自强不息、使命担当的生活案例库；三是以科学思维、自主创新、勇攀高峰、科技报国的工程思政案例库。

四个思政系列模块：模块一：教师严格要求自己，在平时的教学中将社会主义核心价值观贯穿教学的全过程，增强德育意识，注重科研和教学的转化、各类知识的相互转化，在和学生的交流中解惑，传达思政内容，育人无声地提高学生的自信心、责任心、使命感。模块二：结合电路理论知识的教学向学生进行爱国主义教育，利用多种思政点介绍中国在科学领域的贡献，也介绍我国近代的闭关锁国造成的科技落后，激发学生对祖国前途命运的责任感。模块三：运用电路理论中丰富的辩证法思想，对学生进行辩证唯物主义教育，辩证地对待人生环境，乐观地对待各种事情，拥有健康的心理。模块四：理论联系实际，培养科学思维创新意识，教师将生产生活中的实际案例引入课堂，培养学生的创新意识，科技报国。通过这四个模块的思政引入，培养学生的科学精神、大国工匠、民族精神、马哲辩证。

五个教学实施环节：教师做好电路知识与思政点的结合，以学生为主体以教师为主导，通过“课前、课中、课后、自主作业、仿真设计”五个教学实施环节，各环节无声引入思政点，培养具有爱国情怀、科学思维、能够承担国家建设重任的新时代大学生。

四、课程思政元素的融合

1. 学习科学家精神，勇攀科学高峰

结合电路理论发展史，讲好科学家故事，激励学生汲取榜样的力量。科学家的一个发明发现，可能就会给人们的生活带来巨大的改变，而这种榜样的力量又会对学生的人生道路产生潜移默化的影响。在首堂课通过讲述电路理论发展过程中安培、伏特等各个科学家的研究事迹和研究成果，让学生去感受科学家敢为人先的创新精神、追求真理严谨治学的求实精

神、科学精神，让科学家理想成为远大志向的标杆，科学家榜样成为青年学习的偶像。

结合“中国制造2025”，激发学生去探索科学。“中国制造2025”战略规划坚持把人才作为建设制造强国的根本，而在我国建设制造强国过程中，亟需大批综合性、实践性、创新性工程技术人才。因此要引导学生在校学习中要学好电路这类基础知识，才能进一步造就技艺精湛的技能型人才，涵养全民工匠精神。

2.聚焦电路，担时代使命，体会马哲辩证思维

电路的广泛应用，引导学生树立责任担当。电路应用如此之广泛，对国家整体发展至关重要。结合我国集成电路发展困境以及为解决重大需求国家新增集成电路科学与工程学科交叉学科，将“爱国情、强国志、报国行”融入教学过程。以世界级特高压直流输电工程为例，使学生对中国“电力人”产生敬佩，以“电力人”为偶像，对自己未来从事的职业产生自豪感。将习近平总书记对新时代中国青年寄语引入其中：立足于本专业，练就硬本领，投身强国伟业。

电路模型，引导学生透过现象看本质。通过展示各种不同的实际电路、电路元件以及手电筒电路模型，引出电路理论的建模思想及实际电路的电路模型的概念。电路模型是用理想电路元件代替实际电路器件而构成的理想电路模型。结合趣味小测试，引出透过现象看本质的辩证思想。引导学生客观、全面地看待事物，培养学生运用辩证思维解决工程问题的能力。

恰当的模型，培养严谨求实科学态度。讲述线圈的在直流、低频交变电流、高频交变电流三种情况下，其模型的差异。指出模型的选取必须考虑工作条件，根据不同的准确度的工程要求，把给定的工作条件下的主要物理现象和功能反映出来。结合小故事“蚂蚁搬糖”，引导学生，在学生生活乃至将来工作中，应抓住问题关键，找准重点，去伪存真，养成严谨求实科学态度。

3. 深入实际生活，培养工匠精神

电流电压无处不在，人体不能承受的伤害。电，在我们的生活中无处不在，小到你我的手机充电，大到电力超远距离国际传输，和我们的生活息息相关。正是这种我们最熟悉最便捷的能源，同学们真的了解它吗？我们真的掌握如何运用它为民生谋福祉，为社会谋发展了吗？它对我们的生活甚至生命又会造成哪些伤害呢？先让学生知道任何事物都具有两面性，我们要全面认识电，形成初步的马哲辩证思想，理性思考。

分组任务，展开讨论。以小组为单位，至少讲一个发生在身边或是曾经经历过的用电事故，造成了哪些经济损失或人员伤亡。学生通过这一活动，充分认识到电的危险性，对于电力设施和电力操作要认真对待，符合规程，时刻保持警惕，为后面展开讲解埋下伏笔。

构建人体电路模型，利用所学知识计算安全值。播放小视频举例说明人体触电的过程，讲解触电伤害的因素。通过对安全电流和安全电压范围的介绍，让学生明确人体在电面前是非常脆弱的，极易造成不可逆转的损伤。结合所学电路模型知识及基本电路分析方法，给定一个直流触电情境，分组进行人体电路模型设计，通过查找资料计算流过人体的电流，并与安全值进行比较，说明是否出现人身伤亡。通过直观的数字计算和比较，让学生进一步加深印象，“电老虎”很可怕，必须把它装进安全的“笼子”才能为我所用。

分析事故原因，构建人民生命财产安全大于一切的安全意识。将所学电路基本分析方法运用到实验操作中进行验证，通过分析计算、视频资料和同学们身边发生的电力事故悲剧，直击学生内心深处，只有内心被触动，才能在意识上紧绷安全这根弦，提升到未来在工作岗位上安全生产，安全操作，定期检修排查，培养具备较高安全意识、责任意识的中国工匠。

4. 典型电路分析，投射团结奉献的民族精神。

理论研究推动技术革新。深入地研究电路理论，能够推动技术的革新。我国目前在基础理论研究领域，还在国际中处于较劣势的地位，因此一些核心技术都掌握在欧美发达国家手里，在制造业，美国对我们这种“卡脖子”的制裁这两年更是层出不穷，以华为芯片为例，让学生知道自己身上担负着科技报国的使命与责任。

典型实用电路分析，在理论和生产实践间构架桥梁。同学们都接触过金工实习，在零件加工中有一种“以柔克刚”的零件加工方法，通过小视频介绍电火花加工过程。学生在视频观看后对其核心电路进行讲解，也就是典型二阶电路的瞬态响应分析，讲解电路的工作过程，让学生在有了具象的直观认识后再来学习理论知识，做到兴趣为先导，事半功倍。通过讲解二阶RLC电路能够把较低的电压电流转换成瞬时的大电压大电流的特点，能融化金属，从而加工零件造型，而不需要提高刀具硬度，降低生产成本，让学生明确一切理论研究都能最终转化成技术上的革新，科技是生产力，学好理论知识，科技报国。

从电路中发现特点，升华民族精神。在一个小小的二阶电路中，我们看到，供电电源只有几十伏，但最后输出的电压却几百上千伏，这样质的飞跃，仅仅靠一个电容或一个电感是无法实现的，但当这些小元件组成一个电路，就能迸发出惊人的能量。由此，我们联想到自己，要做到1+1>2的不凡成绩，靠一个人是不能实现的，一滴水只有融入大海才能永不干涸，一个人只有融入集体才能充分发挥自己的才能。再联想到新冠疫情，全国人民团结起来，舍弃小我完成大我，才有了今天我们能够安全地在校园学习和生活。由此，使学生升华出包括团结精神、奉献精神、拼搏奋斗在内的民族精神。

“情怀之上，匠心呈现”，我们在教书育人的同时，更要注重培养学生情怀，我们不是在培养生产流水线上的技术机器，更要让学生看到远方，甚至去看我们目不能及的远方，唯有如此，我们才算真正为国家培养出能够肩负中华民族伟大复兴历史重任的人才。

五、教学效果

课程组精心设计各个教学环节，保障授课教学效果，达成教学目标。在教学过程中，坚持教学内容与思政案例深度契合，深挖与本课相关的思政元素，以“春风化雨、润物无声”的形式，悄无声息地融入《电路》课堂教学各环节，不断丰富课程思政的内涵，在传授专业知识的同时，引领学生树立正确的人生观、塑造社会主义核心价值观、培养辩证的科学思维，在内心深植工匠精神和家国情怀。

学生通过课程学习，深刻认识到电路理论已经深入发展进入国家发展和百姓民生中，体会马列辩证思维、科学精神、民族精神、工匠精神，体会作为新一代青年大学生的责任与担当，体会在党的领导下，中华民族伟大复兴的美好前程，最终树立学生利用所学振兴祖国的爱国主义人生目标。

六、教学案例对电子及电工类课程的推广

在整门课程的教学中，突出学生的主体地位，采用多种教学模式，灵活的教学方法，让学生全情投入，全程参与进来，保障教学质量的同时，形成具体的“一条主线+两个核心要素+三个课程案例库+四个思政系列模块+五个数学实施环节”的教学设计，通过线上线下、分组任务、翻转课堂等混合教学形式及理论联系实际的实验和案例，让枯燥的理论基础知识鲜活生动起来，让理论与实践相统一，培养学生分析解决具体问题的能力，让新时代的社会主义核心价值观始终贯穿在《电路-1》课程中，培育理论知识扎实、动手实践能力突出、具备团结协作、奉献集体的合格人才，实现三全育人，为国家培养社会主义的建设者和接班人。

本课程从多个角度、悄如人心地融入课程思政元素，这种模式可以推广到其他电子类和电工类课程，打造电类学科的思政课程群组，打出组合拳，协同发展。通过借鉴，切实提高教学质量和思政水平，做到“门门课程有思政”“教师人人讲育人”，提升学生的学习热情，做到课程的美育德育。

《电气工程CAD》课程思政教学设计

何　茜

该课程主要讲述常用的电气制图规范，在AutoCAD环境中学会绘制电气图的基本操作，同时课程还讲授电子线路设计基础知识以及电子线路设计软件Alitum Designer的基本使用方法，培养学生独立设计电路图的能力，塑造创新思维，融入工匠精神、爱国主义、大国精神、职业信仰等课程思政点，培养学生作为电气设计工程师的求真务实精神和责任担当意识。

一、课程定位

《电气工程CAD》是电气工程专业本科三年级开设的专业选修课程，也是一门实践性较强的应用型技术课程。电气图是由图形符号、线框和简化外形组成的示意性的工程图，《国家标准总则》明确规定了电气图符、比例、字体、图线等方面的基本要求。随着计算机的普及和电气系统的复杂化，用手工绘制电气图的方法已经过时了，使用计算机软件设计和绘制电气图既加快了绘制速度，也加强了电气图的可读性和灵活修改，大大提高了工作效率。

本课程的主要教学任务是讲解常用的电气制图规范，在AutoCAD环境中学会绘制电气图的基本操作，同时课程还讲授电子线路设计基础知识以及电子线路设计软件Alitum Designer的基本使用方法，经过实验训练，使学生能够熟练地绘制印刷线路板图。本课程主要采用“教、学、做合一”的教学理念和项目式开发的教学思路，讲解常用的电气制图规范和印刷线路版图的绘制，培养学生识图、绘图、设计电路图的能力。

二、课程思政教学目标

围绕课程知识传授、能力提升和价值引领的相结合的整体目标，立足课程思政的现代课程观，树立“共享中国”课程目标，展示国家治理理念和能力现代化的成效。《电气工程CAD》课程重新认识、重新定位和重新塑造了教学目标，在知识性和能力性目标之外，打造实践性课程电气工程CAD的课程优势：以电气工程CAD理论背景为基础，打造共享中国之工程领域行业特色，培养工匠精神，树立职业信仰；以电气工程CAD电路图设计为契机，打造共享中国之锻造创新实践能力，增强大国自信，展现大国实力。课程思政目标贯穿于课程教学大纲的各个单元，实现了课程思政建设与教学目标的契合，与教学内容的融合，与教学素材的整合，与教学过程的结合。

三、课程思政教学实施设计

课程采用“知识讲授+共同探究+思政元素”的教学设计模式，在讲授理论知识的同时，根据各个教学单元的内容特点，融入隐性思政元素，促进知识、能力和课程思政教学目标的同步有效达成，潜移默化地进行正确的价值观教育、坚守职业道德操守教育以及精益求精的工匠精神的教育，借鉴相关课程的成功经验，形成本课程教学设计：“一个基本点+两个核心要素+三个课程案例库+四个中国系列模块+四个教学实施环节。”（见图1）

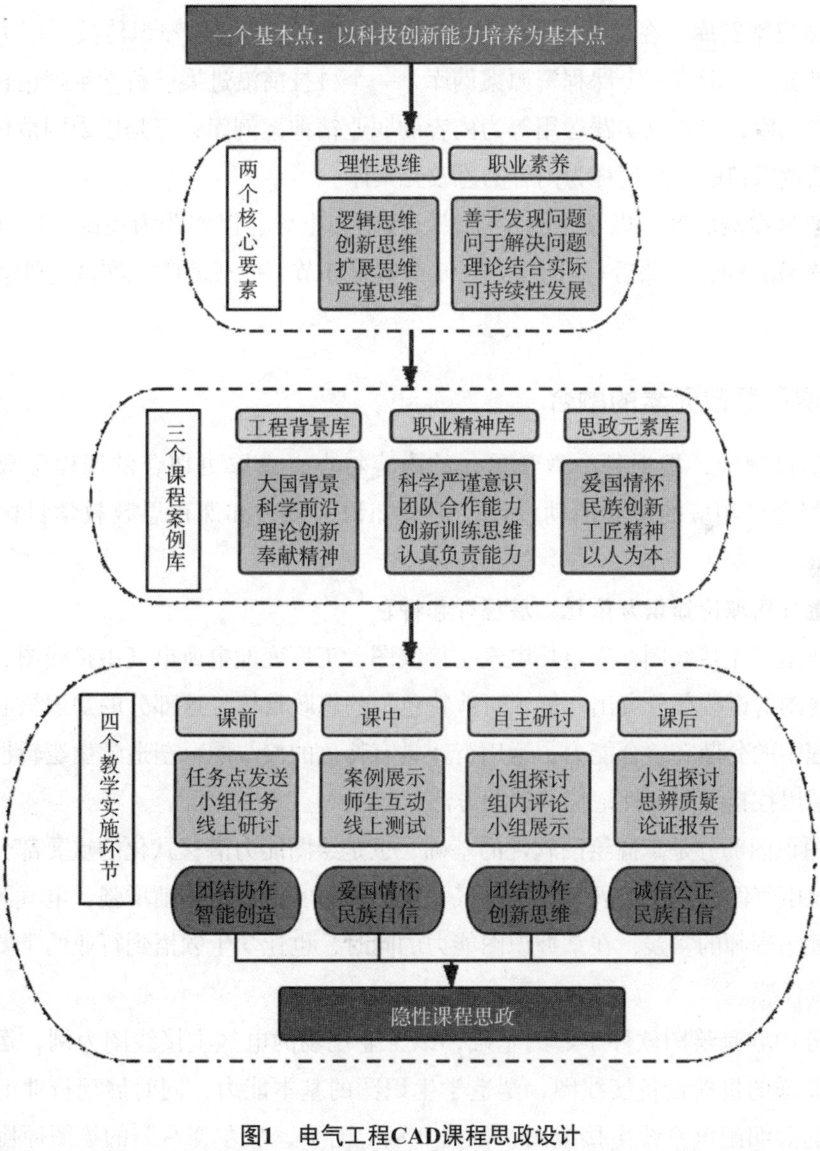

图1　电气工程CAD课程思政设计

一个基本点：关于《习近平关于科技创新论述摘编》中讲述：“强调科技创新是提高

社会生产力和综合国力的战略支撑，必须摆在国家发展全局的核心位置。我们要实现全面建成小康社会奋斗目标，实现中华民族伟大复兴，必须集中力量推进科技创新，真正把创新驱动发展战略落到实处”，以科技创新为主线，培养和增强学生围绕科技创新进行电气工程建设的意识。

两个核心要素：促进学生知识传授、能力培养与价值引领有机统一，以理性思维和工程素养为核心要素。通过以电力系统控制图和电路图的分析为基础，培养精益求精的工匠精神；以电力系统线路图为主线，进行严谨度和工匠意识的培养教育；以实际的工程施工案例为载体，树立中国大国意识，增强责任意识。

三个课程案例库：在教学过程中挖掘思政元素，促进学生知识传授、能力培养与价值引领有机统一，形成三个课程资源案例库。一个科技前沿进展、科学奉献精神为内容的工程背景案例库；二是以实践运用等为内容的职业精神案例库；三是以爱国情怀、民族创新、培养精益求精的工匠精神为内容的思政元素库。

四个教学实践环节：以学生为主体、以教师为主导、以实践为关键、以互联网为载体，通过“课前+课中+课后+共同探究”四个实施环节，完成教学，实现隐性教育与显性教育相统一。

四、课程思政元素的融合

在教学过程中，根据各个教学单元的内容特点，选取更切合的课程思政教学目标融入，并配合以相应的教学活动设计，促进知识、能力和课程思政教学目标的同步有效达成。

1. 以电气图理论知识为依托，展现行和特色

在识读电气主接线图、发电厂电气主接线图、工厂变配电所电气主接线图、照明配电系统主接线图的讲授部分突出“展示行业特色”的思政目标。这部分的知识核心是构建学生识图过程中的分散和整合能力，运用行业具有特色的接线图，塑造学生逻辑性的识图思维，代替了以往接线图硬性记忆的识图方法。

电气图识图部分是掌握绘图软件的基础，也是绘图能力潜移默化的重要部分。通过大量实例以及电气图的发展，展现我国电气领域严谨务实能力的逐渐增强，电气图的绘制直接影响后续工程师的实践，在掌握识图能力的同时，也让学生领悟到行业的重要性，塑造学生行业责任感。

这部分内容是绘图软件学习的基础，以工业现场的电气主接线图为例，运用电气工程中耳熟能详的机器设备接线图，塑造学生识图的基本能力，同时展现行业的特色。例如，楼宇的照明配电系统主接线图，根据“从上而下，从左到右”的绘图原则，展线从三相电网到照明设备的分级接线图，让学生们真正了解电器行业领域特色和电气线路图

的读图原则。

2. 以绘图理论为基础，展现工匠精神

当今社会心浮气躁，追求“短、平、快”（投资少、周期短、见效快）带来的即时利益，从而忽略了产品的品质灵魂。因此企业、员工更需要工匠精神，才能在长期的竞争中获得成功。对于电气专业即将面临就业的学生来说，工匠精神的传授刻不容缓，通过电气火灾等的危害加强对电气制图严谨务实精神的传输；通过对电气控制图保护功能的讲解，传授学生工匠精神中精益求精、责任担当意识。

在电气图的定义和分类、电气制图相关标准、CAD的进化史和典型软件、电气工程图的目的和意义的讲授部分突出“培养职业工匠精神”的思政目标。这部分的知识核心是介绍电气制图的分类和绘图标准，电气制图的绘图标准严谨且具有唯一性，在行业特色的基础上，体现行业工匠精神，其中主要塑造学生严谨务实的职业精神。

在真正运用软件绘制主接线图之前，需要注重向学生介绍电气制图的绘图标准，培养学生严谨务实的精神。例如，电气符号的放置、元器件的标识、接线等，以实际接线图为例分别展示德国和印度的电气实际接线图，强调绘图部分的严谨性；以电缆安装的艰难背景环境唤起学生作为电气设计工程师的求真务实精神，通过观看“IBM东京事件”案例，以设问法引出学生团结协作的责任感。

3. 以工程设计为依托，锻炼创新精神

在讲授常用电气符号、电气图连接线的表示方法、电气主接线图的设计部分突出“塑造创新理念”的课程思政。在电力系统分析、电气控制的基础上，这部分知识的核心内容是利用Autocad实现电气控制主接线图的设计，为学生提供了一个理论知识与工业现场结合的操作平台，培养学生的创新设计理念。

这部分以小组式探讨模式为基础，根据课程特点和工业设计专业学生思维活跃、敢于创新的特质，设计出问题导向的教学方法设计。课堂教学时由问题导入，引发学生的思考和讨论，教师深入分析和总结，进而引出本次课程的理论出发点，引发大家的共鸣，最终回归到课程的专业知识点和课程思政元素上。

4. 以工程背景知识为依托，树立大国信仰

在讲授Alitum Designer软件的基本使用能力、绘制电路板原理图、层次原理图的设计、印刷电路板的设计部分突出“增强大国自信”的思政目标。这部分知识的核心是利用Altium Designer实现元器件的结合和印刷电路板的设计，并结合单片机知识，实现软件和硬件的衔接，巩固学生专业基础知识，并在此基础上塑造学生独立自主的设计能力，增强爱国信心。

这部分采用小组式学习模式，思考问题并设计印刷电路板，在教授软件知识的过程中，贯穿展现大国实力的思政内容。例如，展现我国自主研制的芯片，增强学生爱国责任感；通过讲述我国印刷电路板达到的工业标准，体现我国科技水平的飞速发展，增强学生的大国信心；以我国自主研发的科技为例，例如华为科技、小米科技，激发学生的爱国情操。

五、教学效果

通过精心设计课程教学，保障授课教学效果，达成教学目标。在教学过程中，坚持教书育人相统一，挖掘并积累思政元素，以“春风化雨、润物无声”的形式，隐性融入电气专业课程课堂教学环节，不断丰富课程思政的内涵，在传授知识的同时，引导学生思想、塑造价值观、培养家国情怀。

同学通过课程学习，在认识电气工程CAD知识发展过程中，倾听中国故事，感受中国情怀，近距离接触中国智能制造，触摸中国精神，逐渐成长为德智体美劳全面发展的卓越人才。

六、教学案例对电气工程类课程的推广

在教学实施过程中，特色的课程教学设计围绕“一个基本点、两个核心要素、三个课程案例库、四个教学实践环节”展开，在传授基础理论知识的同时以技术创新为特色开展教学，培养学生具有基础理论扎实、知识应用拓展和技术创新能力，提升学生工程应用能力和技术创新思维。同时将课程思政理念融入全过程，润物无声地传递国家情怀、树立职业精神、培养工匠精神、提升职业素养以及新时代电力人的使命、责任和担当，旨在培养基础理论扎实、应用能力突出、创新思维灵活、具有团队协作精神、使命担当和家国情怀的复合型工科人才，培养德智体美劳全面发展的新一代青年。

本课程的思政教学模式，可供其他工科类课程借鉴并推广应用，使整个专业课程体系与思政教育同向同行，形成协同效应。坚持立德树人为中心，践行课程门门有思政，教师人人讲育人，所有课堂都是育人主渠道，全面实现全员育人、全过程育人、全方位育人。

《计算机原理》课程思政教学设计

人工智能学院　于复兴

该课程主要讲述计算机内部的数据加工过程，阐述一条指令从取指、分析到执行的操作步骤，培养学生创新思维和综合实践能力，融入时代精神、民族精神、科学精神、哲学思考、社会公德等课程思政点，培养学生弘扬中华传统美德，重视自主研发，克服困难，自主学习的优秀品质。

一、课程定位

1. 课程性质

本课程开设于计算机相关专业二年级下学期、为专业基础课。

2. 课程地位

《计算机原理》是工科高校计算机类的一门专业主干课程，在培养学生的创新思维、计算机系统分析能力和工程设计能力等方面占有重要的地位。

3. 课程教学内容与意义

该课程的主要内容是使学生了解计算机系统的基本组成原理；掌握计算机系统硬件的基本组成和各功能部件的工作原理；掌握信息、数据表示与指令结构类型及指令执行原理；掌握程序和数据在计算机中是如何存储的以及指令在计算机中的编译和执行过程，数据通路等；了解计算机与外部设备之间的接口技术与原理。

课程采用实践教学方法，将理论教学融入设计实践中，通过系统学习使学生能够运用课程中相关知识，对计算机系统硬件进行初步设计和维护。

二、课程思政教学目标

立足课程思政的现代课程观，《计算机原理》课程重新认识、重新定位和重新塑造了教学目标，在知识性和能力性目标之外，还将“厚植中华传统美德，弘扬民族精神和时代精神，重视自主研发，克服困难，自主学习”的课程思政目标融入其中，贯穿于课程教学大纲的各个章节，并在教学中融入哲学思想教导做人做事准则，实现了课程思政建设与教学目标的契合，与教学内容的融合，与教学素材的整合，与教学过程的结合。

三、课程思政教学设计

1. 课程教学设计模式

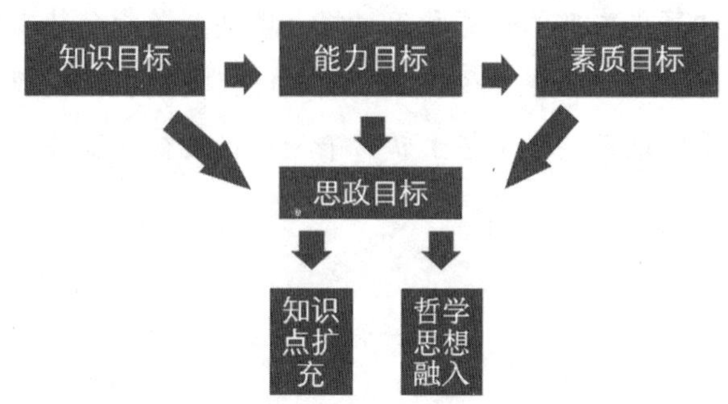

一.知识主线　掌握基本原理—>具备设计模型机能力—>设计计算机原理实验平台

二.思政主线 厚植中华传统美德，弘扬民族精神和时代精神，自力更生，艰苦奋斗，重视自主研发，注重自主知识产权，克服困难，自主学习

图1　课程思政教学设计

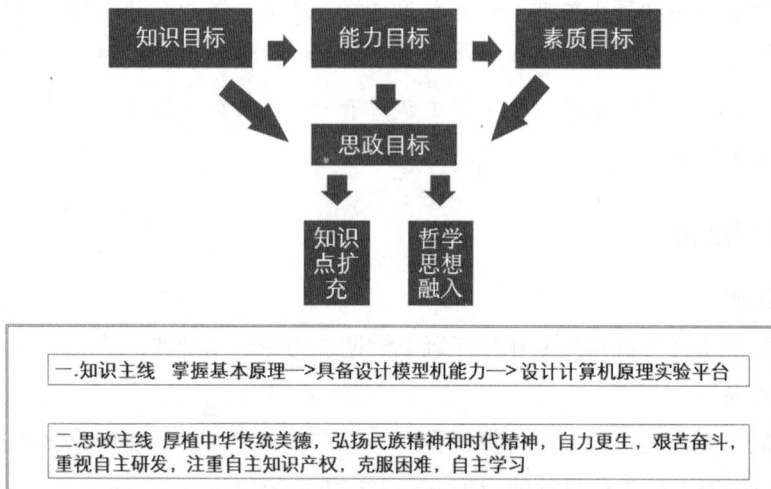

课程思政目标升华于知识、能力、素质目标，教学过程中，根据课程特点以及能力培养目标，选取切合的课程思政教学目标融入，并配合以相应的教学活动设计，促进知识、能力和课程思政教学目标的同步有效达成。

2. 课程教学特色与创新

本课程教学从实际出发，大胆创新，脱离课本，将《编译原理》《操作系统》》计算机原理》《计算机体系结构》这4门课程的知识融为一体，无缝结合，用一个整机的概念去讲解计算机原理。教学中，重点讲解计算机的数据加工过程，数据从输入、处理、输出，以及指令在计算机内部如何处理，不断强化。整个过程通过实践教学融会贯通，先是在实验教学环节中让学生设计一个运算器，然后课程设计中把这个运算器作为子集放到新设计的模型机中，自己设计指令、微指令，循序渐进地完成模型机的设计，前后衔接并逐步提高学生综合能力，最后在自己设计的模型机上运行指令进一步检验结果的正确性，反馈理论内容。该“计算机原理实践教学方法”已经获得国家发明专利的授权，专利号201510584523.X。充分发挥发明专利的榜样作用，带动学生兴趣，提高教学效果。

3. 课程教学设计如何体现课程思政教学目标

整体教学过程，厚植中华传统美德，采用计算机原理实践教学方法，内容独辟蹊径，系本人发明专利，无法从百度和上届学生获得参考，过程严格要求，培养学生自力更生、艰苦奋斗获取知识的传统美德，培养实践能力。

在计算机整体结构讲解中，引入巨型机案例、微芯片案例，弘扬民族精神和时代精神，让学生正确认识到我们国家客观的经济实力，树立建设强国的信心和决心。从我做起，做好自己，注重自主知识产权，注重自主研发。

计算机系统的设计离不开生活，因为设计师在设计计算机系统时会不自觉地将自己的思维或人生追求构造在计算机系统里。这些生活哲学就是计算机系统所遵循的哲学原理，找到他们的生活哲学，把教学和哲学统一形成教学和艺术的融合。

四、课程思政元素的融合

1. 时代精神——艰苦奋斗；民族精神——拼搏精神

小芯片大世界。结合课程教学知识点，在计算机性能分析中举例分析我国巨型机和微处理器芯片的性能，使得学生正确认识我国在微处理器芯片领域的劣势，正确认识自己，不要盲目自大，树立起建设强国的信心和决心。从我做起，做好自己，重视自主研发，重视自主知识产权，唤醒学生民族意识，激励其奋发向上，为祖国的科技进步而努力奋斗。

2. 科学精神——自主创新→爱国主义

麒麟系列CPU，龙芯。在讲解CPU结构中，将华为自行设计的手机CPU作为应用案例更容易吸引学生兴趣。以我国华为麒麟系列CPU为例，讲解麒麟系列CPU以及其迭代过程，进一步地引入我国自行设计的龙芯，不仅向学生传授了CPU功能、组成和结构等专业知识，也能让他们感受到技术背后科技人员的奋斗精神，另外，案例讲解中也能反映出政府对科技公司的支持。培养学生爱国主义情怀。

3. 哲学思考——有错就改

校验码的实现，在讲解校验码时通过对数据传送过程中的校验和纠错的讲解自然地引出，引出有错就改的哲学原理元素，发现错误，改正错误，开展批评和自我批评。

4. 哲学思考——效率优先

指令设计的20-80原则，在讲解指令设计时，通过设计原则，用20%的简单指令实现系统80%的功能，引入哲学元素效率优先，集中力量办大事，优先处理主要矛盾。

5. 社会公德——实践能力

虚拟仿真实验平台设计，计算机原理传统的实验教学是在设备上做实验，学生照着实验讲义搭线，缺乏思考，没有效果。改变这一现状，引入独创的计算机原理实践教学方法：先用软件模拟硬件实验的方式将传统验证性实验变成设计性实验，然后在此实验成果的基础上扩充成模型机进行课程设计，前后衔接，最后在自己设计的模型机上运行指令进一步检验结果。这一创举大大提高了学生的实践能力。在实践中掌握原理，同时提高了解决问题分析问题的能力，实现了自主学习。

五、教学效果

通过精心设计课程教学，保障授课教学效果，达成教学目标。在教学过程中，坚持教书与育人相统一，挖掘并积累思政元素，以“春风化雨、润物无声”的形式，隐性融入课堂教学环节，不断丰富课程思政的内涵，在传授专业知识的同时，引领学生思想、塑造价值观、培养家国情怀。

学生通过课程学习，深刻认识到计算机的数据加工过程，基本原理，感受到我们与发达国家的差距，已经我们取得到的成绩，正确认识自己，培养学生实践能力。

六、教学案例对其他类课程的推广

1. 本课程的思政点主要在教学知识点后通过提问的方式引出，衔接性好。

2. 教学中引入实践教学方法，加强理论掌握的同时提高实践能力。

《信号与系统C》课程思政教学设计

人工智能学院　高雪飞

该课程主要讲述确定性信号的特性、线性时不变系统的特性，信号通过线性系统的基本分析方法，培养学生的逻辑思维、科学素养、应用信号与系统的分析理论和方法解决工程实际问题的能力，融入探索科学、锲而不舍、终身学习、团结凝聚、民族自信、科技报国、创新思维、现象本质、量变质变、内因外因等课程思政点，培养学生的科学精神、科学思维、哲学素养、爱国情怀、理想信念、精神品格、道德修养。

一、课程定位

《信号与系统C》课程是通信工程专业本科二年级开设的必修课程，也是通信工程专业的基础课程。其课程内容是通信与信息技术的基本理论，在整个培养计划中举足轻重，起着启蒙和形塑学生专业思维、专业理念和专业修养的重要作用。

课程主要讨论确定性信号的特性、线性时不变系统的特性，信号通过线性系统的基本分析方法。通过线上线下讲授、讨论、案例、探究、演示、自主学习、flash视频演示、编程仿真等教学方式，使学生掌握信号与系统的基本概念，掌握信号分析与线性系统分析的基本理论和方法，以及这些理论和分析方法在工程技术中的应用，培养学生将抽象的数学理论应用于工程实际的能力，使学生能对工程中应用的简单系统建立数学模型，并对数学模型求解，为适应信息科学与技术的飞速发展，及在相关专业领域的深入学习打下坚实的基础。

二、课程思政教学目标

立足课程思政的现代课程观，基于传授知识、培养能力与提高素质的课程整体目标，结合课程自身内容特点，确立课程思政教学目标：以“追循科学家足迹——亲历探索过程——培养科学精神”“观察认识世界——分析解决问题——锻炼科学思维”“发掘事物规律——探寻底层逻辑——提升哲学素养”作为主要目标，同时，以“激发爱国情怀+树立理想信念+塑造精神品格+加强道德修养”作为辅助目标，实现课程“专业+思政”“科学+人文”的多层次、全方位育人模式。

三、课程思政教学设计

遵循OBE理念，从课程目标出发，采用“一体两翼”结构进行教学设计，教学整体按照“课程目标——确定思政主题——挖掘思政点——优化思政融入方式——思政融入”“课程目标——构建教学内容——选择教学策略——细化教学过程——知识传授”双线并行，两条主线同向同行，互为依托，相互促进，协同育人，显性思政和隐形思政融合于其中，贯穿于全程，如图1所示。

根据课程目标，构建教学内容、确定思政主题（见图1），同时教学内容和思政主题之间互相影响，互为参考。

根据教学内容和思政主题，选择教学策略，挖掘显性思政点，同时教学策略选择和思政点挖掘之间互相影响，一方面从选择的教学策略中挖掘隐形思政点，另一方面根据已挖掘的显性思政点调整教学策略。

根据已确定的教学策略和思政点来细化教学过程，优化思政融入方式，同时二者之间相互促进，根据教学过程进一步优化思政融入方式，根据思政融入方式进一步细化教学过程。

思政融入方式确定，教学过程细化完成后，开展教学，完成知识传授和思政融入，二者紧密联系，相辅相成，相得益彰，最终完成课程目标。

纵观整个教学过程，课程思政的架构、设计和实施包括“八个思政主题+七类思政点挖掘方法+四种思政内容融入方式”。

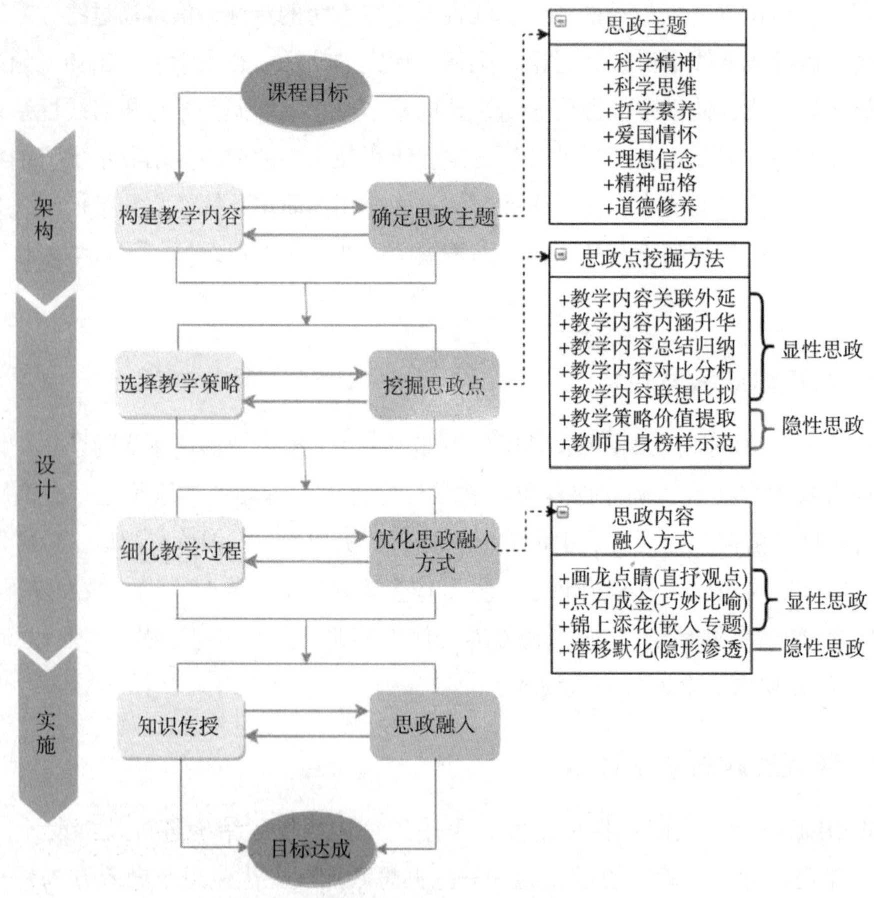

图1 《信号与系统》课程思政教学设计

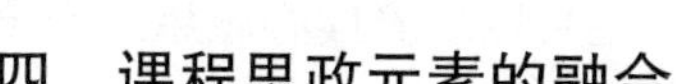

四、课程思政元素的融合

1. 思政点挖掘方法

（1）教学内容关联外延

对教学内容，以知识点为核心，向外围发散延伸，发现和搜集与知识点相关联的素材资源，从中提炼思政元素。

如针对“傅里叶级数”这一知识点，可以延伸到傅里叶这一人物，进而让学生从他的生平事迹和伟大成就中感受科学家探索科学、追求真理的精神。

（2）教学内容内涵升华

对知识点进行纵深思考，挖掘知识点所蕴含的深刻内涵，并对内涵进行升华。

例如对于“利用元件的S域模型分析电路”这一知识点，其内涵是将电路分析问题从时域转换到了S域，即在进行电路分析时使用了元件的S域模型，而当电路网络支路、节点较多时，S域模型分析法比时域微分方法要简化很多。那么将这一内涵进行升华，即解决问题过程中要善于创新思维，突破常规。

（3）教学内容总结归纳

对教学内容进行总结归纳，通过完成这一过程，挖掘其中蕴含的思政元素。

如“信号的分类”这一知识点，对信号进行分类时，根据不同分类方式，得出不同的分类结果，总结归纳发现，对于同一信号，可以从多个角度去看待，而每个角度有其自身的应用场合，引导学生扩展思维视角，进行多维思考。

（4）教学内容对比分析

对相关性比较大的知识点进行对比分析，通过对比分析，发现可以融入的思政点。

如在学习“拉普拉斯变换的基本性质”这一知识点时，可以和“傅里叶变换的基本性质”进行对比分析，发现二者的相同点和不同点，并分析其中的原因，引导学生在科研工作中，要善于关联对比，求同存异，同时能够探寻推理深层逻辑，分析异同的原因。

（5）教学内容联想比拟

展开充分联想，寻找可与知识点相比拟的、与其意象相似的事物、事理或现象，然后利用这些事物、事理或现象中所蕴含的思政元素。

例如针对“自由响应与强迫响应”这一知识点，因为自由响应与强迫响应分别是由激励和系统本身引起，由此联想比拟到内因与外因的辩证关系，进而鼓励学生在人生成长过程中要提升自我，等待机遇。

（6）教学策略价值蕴含

在线上线下、课上课下各种不同的教学环节，各种教学策略都蕴含着各自的思政元素。

例如：分组学习讨论可以提升学生的团队协作意识，还可以培养虚心诚恳、顾全大局的人格品质；探究法可以提升学生的逻辑思维能力，还可以培养细心钻研、探求真理的精神；线上学习任务可以加强学生的自律意识，培养勤奋努力的品质；独立完成作业环节可以培养诚实守信的品格和追求卓越的精神。

（7）教师自身榜样示范

学高为师，身正为范，教师自身良好的精神风貌、敬业态度就是给学生最好的学习榜样。因此教师要严于律己，以身示范，通过自身的一言一行向学生传递正能量。

2. 教学内容与思政点映射关系表

按照“课程目标——确定思政主题——挖掘思政点——优化思政融入方式——思政融入”“课程目标——构建教学内容——选择教学策略——细化教学过程——知识传授”的教学设计双主线，初步确定了教学单元、知识点、思政点、思政融入具体内容四者之间的对应关系，如表1所示。

3. 思政内容融入方式

在线上线下、课上课下教学中融入思政内容时，基于教学内容，可适当选取和结合动画视频、名言警句、诗词歌赋、名人事迹、时事新闻等相关资源、素材，采用以下几种融入方式：

（1）画龙点睛（直抒观点）

将教学内容中蕴含的较为鲜明的思政点直接明确地表达出来。

如“冲激信号的定义”这一知识点，教学内容主要是其由矩形脉冲演变而来，矩形脉冲的持续时间逐渐减小，幅度逐渐增大，直至持续时间趋于零，幅度趋于无穷大，成为冲激信号。其中包含的从量变到质变的过程显而易见，因此可以直接将其点出，并且结合“合抱之木，生于毫末；九层之台，起于累土；千里之行，始于足下”的诗句，进一步强调坚持的力量，鼓励学生无论学习、做事、成长，

表1 教学内容与思政融入映射关系表

教学单元	知识点	思政主题——思政点	思政融入具体内容
信号与系统的基本概念	信号的分类；信号的分解；系统的分类	科学思维——思维转换	横看成岭侧成峰——转换和扩展思维视角，多维思考
	信号的移位、反褶、尺度变换	哲学素养——现象本质	透过现象看本质
	冲激信号的定义	哲学素养——量变质变	从量变到质变，坚持的力量
连续时间系统的时域分析	自由响应与强迫响应	哲学素养——内因外因	理解内因与外因的辩证关系——提升自我，等待机遇
	零输入响应与零状态响应	精神品格——终身学习	问渠哪得清如许，为有源头活水来——不断汲取新知识，并将新知识转化为新的产出——终身学习，终身成长

续表

教学单元	知识点	思政主题——思政点	思政融入具体内容
傅里叶变换	傅里叶级数；傅里叶变换	科学思维——思维转换 科学精神——追求真理 精神品格——锲而不舍 精神品格——团结凝聚	转换视角，感知世界，超越常规，多维思考；追求真理、严谨求实 积土成山，聚沙成塔——无论个人与集体（团结凝聚），还是自身努力与成长（锲而不舍）
	阶跃函数的傅氏变换	科学思维——思维转换	转换视角，超越常规
	信号的持续时间与信号占有频带成反比	理想信念——人生选择	鱼和熊掌不可兼得，抓住重点，正确选择
	傅里叶变换的频移特性——调制与解调	爱国情怀——民族自信 理想信念——科技报国	结合中国通信领域时事，激发爱国热情，增强民族使命感
	抽样定理	道德修养——规则意识	遵守规则才能走得更远
拉普拉斯变换、连续时间系统的S域分析	拉普拉斯变换的定义	科学思维——创新思维	突破思维定势，于困局中寻求突破
	拉普拉斯变换的收敛域	道德修养——规则意识	树立规则意识，规范自身行为
	拉普拉斯变换的基本性质	科学思维——比较思维	科研工作中，关联对比，分析异同，探寻推理深层逻辑
	利用元件的S域模型分析电路	科学精神——突破陈规	困境中另辟蹊径，突破陈规，勇于创新
	由系统函数零、极点分布决定时域特性和频响特性	哲学素养——现象本质	从表象中分析出本质，从本质中寻找出规律
	无失真传输	哲学素养——福祸相依	保持开放心态，正确认识和对待事物的两面性
	理想低通滤波器	理想信念——树立志向	清醒认识理想与现实的关系，树立远大志向，为实现志向脚踏实地、努力奋斗，让理想照进现实
离散时间系统的时域分析	离散时间信号——序列；离散时间系统的数学模型—差分方程；常系数线性差分方程的求解；离散时间系统的单位样值（单位冲激）响应	科学思维——比较思维	科研工作中，关联对比，分析异同，探寻推理深层逻辑
	卷积和	哲学素养——现象本质	根据现象与本质的辩证关系，从本质出发去推演和创新方法
Z变换	Z变换的定义和收敛域、Z变换的性质	科学思维——比较思维	科研工作中，关联对比，分析异同，探寻推理深层逻辑
系统的状态变量分析	信号流图	科学精神——突破陈规	困境中另辟蹊径，突破陈规，勇于创新
	连续时间系统状态方程的建立和求解	科学精神——匠心筑梦	学习、工作要有工匠精神，摒弃浮躁，从容宁静，严谨专注，坚定务实，精益求精，一步一步脚踏实地走向成功

要用坚持量变的精神，耐心等待质变的时刻。

（2）点石成金（巧妙比喻）

通过运用比喻的方法，将知识点与思政内容巧妙关联。

例如对于“零输入响应与零状态响应”这一知识点，可将人生比喻为其中的系统，人生这个系统的响应是由现有状态和新的输入共同作用产生的，如果一直零输入，系统的响应保持不变，人生将停滞不前，所以要始终保有把自己看成是零状态的心态，不断吸取新的知识和思想。

（3）锦上添花（嵌入专题）

在教学内容中，嵌入相关专题内容，由专题内容引出思政点。

例如对于“傅里叶变换的频移特性——调制与解调”这一知识点，讲解调制与解调在通信中的应用时，可嵌入中国通信领域的时事新闻，进而激发学生们的爱国热情，增强他们的民族使命感。

（4）潜移默化（隐形渗透）

通过线上线下、课上课下的各种教学环节和教师的示范作用，将思政教育内容以间接、内隐的形式渗透进学生的思想和行为方式中。

如课堂讲授“连续时间系统状态方程的建立和求解”知识点时，因为连续时间系统状态方程的建立和求解过程比较繁琐复杂，通过师生共同完成完整过程，培养学生严谨专注、精益求精的工匠精神。

五、教学效果

采用图1所示的思政点挖掘方法对课程各教学单元的所有知识点进行了思政点挖掘工作，建立了教学内容与思政融入映射关系表，基于此表，利用图1所示的思政内容融入方式开展教学，实现显性思政教学。

在讲授、探究、文献阅读、发帖、讨论、作业、项目、抢答、测验、仿真等不同的教学环节中，根据它们目的、内容和形式的不同，可以隐性融入不同的思政元素，结合教师的榜样引领作用，在潜移默化中影响和塑造学生，实现隐性思政教学。

通过强化显性思政，细化隐形思政，实现了全体学生、全过程、全方位的课程思政教育，在对学生传授知识、培养能力和提高素质的同时，寓道于教，寓德于教，帮助学生启明心智，塑造品格，整合认知，实现了教学过程的一体两翼，达到了教书与育人的统一。

六、教学案例对工科基础类课程的推广

本课程思政教学的整体架构、设计和实施模式，具体解决了课程思政要做什么和怎么做的问题，且显性思政与隐形思政有效融合，互为补充。其核心是“八个思政主题+七

类思政点挖掘方法+四种思政内容融入方式”，八大思政主题分别为：科学精神、科学思维、哲学素养、爱国情怀、理想信念、精神品格、道德修养；七类思政点挖掘方法分别为：教学内容关联外延、教学内容内涵升华、教学内容总结归纳、教学内容对比分析、教学内容联想比拟、教学策略价值提取、教师自身榜样示范；四种思政内容融入方式分别为：画龙点睛（直抒观点）、点石成金（巧妙比喻）、锦上添花（嵌入专题）、潜移默化（隐形渗透）。

此模式为工科基础类课程的思政教学设计提供了通用的架构、设计、实施思路和具体实现的方式、方法，便于借鉴和推广，实现横向迁移。

《电磁学》课程思政教学设计说明

魏　环

该课程主要讲述电、磁运动的基本规律以及电磁相互作用的规律，培养学生的辩证唯物主义世界观、科学思维方式以及分析和解决电磁学问题的能力，融入科学精神、创新精神、时代精神、个人品德等课程思政点，培养学生的科学素养、奉献社会的精神以及家国情怀。

一、课程简况

《电磁学》是应用物理学专业必修的一门重要的学科基础课程。电磁学理论全面系统地研究电、磁运动的基本规律以及电磁相互作用的规律。

本课程主要内容包括静场（静电场与稳恒磁场）、电路、电磁感应、电磁场的基本规律四大部分。通过该课程的学习，学生应该掌握用基本定律处理典型问题并导出其规律的方法；理解场的物理含义和电磁场的物质属性；理解麦克斯韦方程和电磁波的基本性质；初步掌握电磁场作用于导体、电介质和磁性物质的经典唯象描述。

本课程重点培养学生对现象的观察能力及对实验结果进行归纳和分析的能力；培养学生的物理思维能力和解决实际电磁学问题的能力；培养学生运用数学语言表达物理思想和运用高等数学工具进行数学演绎的推理能力。通过提高学生的上述能力达到培养学生的科学素养和创新能力、使学生建立起科学的世界观和方法论的目标。

本课程将通过课堂讲授、课堂实物演示实验与多媒体仿真实验、讨论课、习题课、专题讲座等教学方式展开教学。

二、课程思政教学目标

在教育的目的中，“传道、授业、解惑”是并重的，不可“教而不育”；在教育的宗旨中，要培育的是“健全和谐”的人，这样的人才不仅要具备创造性的能力，还应具备人文关怀的精神与品质。故，课程思政的宗旨当是立德树人——引人以大道、启人以大智、育人以大德。

《电磁学》是物理学的一个重要分支，是应用物理专业的一门重要基础课，而物理教育是最重要的科学素质教育，培养正确的科学观、尊重科学，培养科学素养是物理教育的使命。与此同时，物理学是在人类探索自然奥秘的过程中形成的学科，在物理文化中，既有以物理学的知识体系为代表的科学文化，也有由物理学的思想、方法、价值观以及科学精神所展现的人文文化，因此，物理学是具有双重文化内涵的科学。物理教育不只是概念与规律的演绎，更是对高尚文化的传承与创新。

《高等学校课程思政建设指导纲要》特别指出：理学类专业课程，要注重科学思维方法的训练和科学伦理的教育，培养学生探索未知、追求真理、勇攀科学高峰的责任感和使命感。因此，立足于立德树人的课程思政理念，以及《高等学校课程思政建设指导纲要》，《电磁学》课程将“科学观及科学精神教育、人文情怀教育、爱国主义教育、奉献社会的人生观教育”作为本课程的课程思政教学目标。上述教学目标与物理教育的育人宗旨高度契合，也与《电磁学》课程的教学内容水乳交融，物理科学与物理学史中蕴含的丰富的物理文化素材能够确保这些教学目标的实现。

三、课程思政教学设计

思政教育的目的是立德树人，从广义上来讲，就是要在教学中对科学文化与人文文化中蕴含的优秀的和重要的思想方法、价值观进行弘扬与传承，沿着这个方向对学生进行能力与素质的培养以及价值引领和人格塑造。这既是“教育”二字中“育”字的内涵，也是教育的目的。因此，《电磁学》课程将“引人以大道、启人以大智、育人以大德”作为课程思政宗旨，以电磁理论知识为载体，结合本学科发展史，采用隐性与显性的方式，适时和自然地融入思政元素，实现“育人”目标。

围绕课程思政教育的宗旨，同时基于《电磁学》作为自然科学课程的内涵与特点，本课程确立两条思政教育的主线：一是培养学生的科学素养，二是培养学生的人文情怀与精神。课程思政教学设计如下图1：

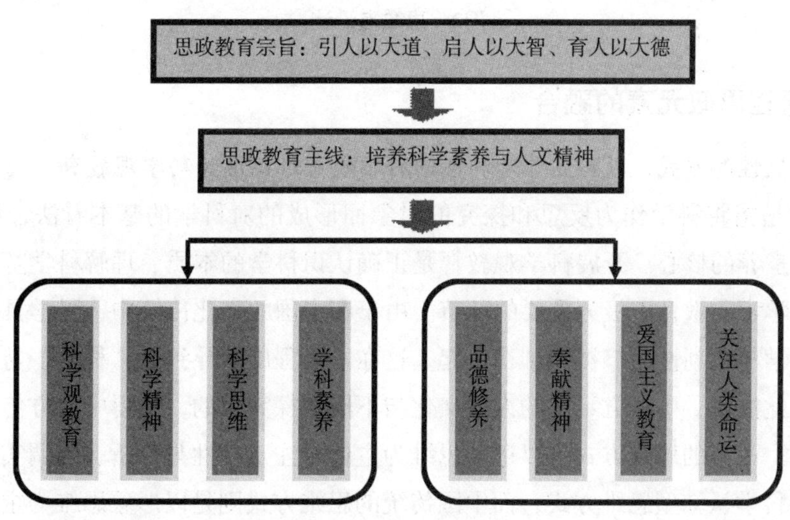

图1　课程思政教学设计

在上述教学设计中，沿着培养学生科学素养这条主线，科学观、科学的思维方式与行为方式、科学精神、学科素养是由这条主线延伸出来的四个具体和主要的教学方向与目标；“人文精神”是以人为对象和中心，表现为对人的尊严、价值、命运的维护、追求和关切，对人类遗留下来的各种精神文化现象的高度珍视，以及对一种全面发展的理想人格的肯定和塑造，人文精神是人文素养的核心。因此，本课程将培养学生的人文情怀与精神作为第二条主线，并将“推崇高尚的品德修养、激发爱国主义情怀、关注人类命运与培养奉献社会的精神”，作为开展人文精神教育的四项核心内容，以此实现塑造健全人格的育人宗旨。

《电磁学》课程将以教师为主导（围绕教学大纲与课程目标）、学生为主体（即关注和基于学生的知识储备与思维困难设计教学方案），在课程的每个教学单元中选取与课程思政教学目标相切合的案例或元素，并配合以相应的教学活动设计，促进知识、能力和课程思政教学目标的同步有效达成。

《电磁学》课程思政点设计如下图2：

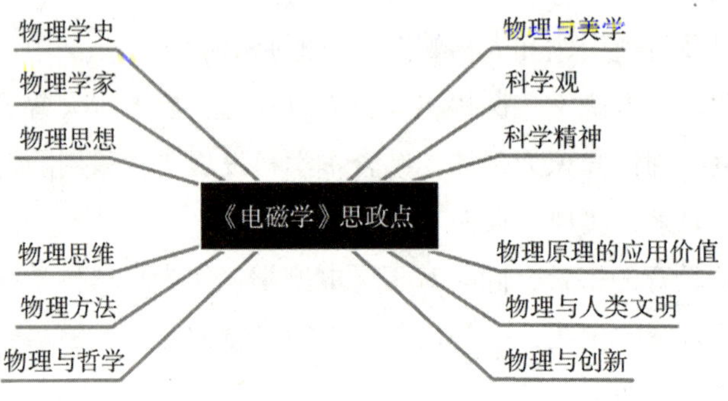

图2　思政点设计

四、课程思政元素的融合

1. 采用显性的方式、以建立非功利性的科学观为目标展开科学观教育

科学观是指将科学作为反思和探究的对象而形成的对科学的基本看法，科学观是一个人的科学素养的核心。开展科学观教育是正确认识科学的本质、理解科学基本特征的需要，也是科学素质教育中极为重要的环节。由于在中国的文化传统中，科学具有实用主义的特征，科学与功利性始终被捆绑在一起，这在一定程度上导致了“科学”与“技术”两个概念的彼此混淆。中西方不同的人文文化与不同的探究目的，使得中西方传统的思维方式各具特色。西方的思维方式是以逻辑思维为主体、注重理性与分析、强调实证与定量、偏重自然的科学认知型思维方式；而中国传统的思维方式则是以形象思维为主体，注重直觉与意象、强调经验与顿悟、偏重人文的政治伦理型的思维方式。因此，这两种思维方式有着明显的差异，具有很强的互补性。如果从是否具备科学性的角度来审视中国传统的思维方式，可以发现，其中存在着“疏于实证分析、不尚抽象思辨”的非科学的思维弱点或缺陷。另外，中国的传统思维则是非常注重对经典与传统的继承、模仿与再造，具有“唯

书唯圣唯上”的思维倾向，而这些思维倾向不利于形成对世界的有理有据的科学认识。许多传统的思想观念以及传统的思维方式因其强烈而鲜明的民族特性，并未随着时代的变迁而发生多大的变化，而是在以“浸润”的方式、持久地影响着中国人的思想观念和行为方式。基于对我国传统思维方式特征的认识以及我国民众对科学本质的理解与认识尚存在的某些偏差，本课程将帮助学生“建立非功利性”的科学观作为科学观教育的重点。结合物理学发展史，以显性教学方式、通过探究科学精神的起源，纠正学生对科学动机的误解，引导学生树立正确的科学观。

2. 结合电磁学中的物理原理、思想方法以及物理学史，开展科学思维教育与科学精神教育

电磁学是关于自然界电磁现象规律的科学，它所展现出的科学世界观和方法论，深刻影响着人类的思维方式和生产生活方式，这些均为对学生进行科学思维的训练与培养提供了很好的契机。例如，结合场的叠加原理，可以向学生介绍还原论的思想方法，并进一步向学生介绍笛卡尔的科学方法论；结合电磁感应定律的发现史，通过探究康德哲学对法拉第物理思想与创新思维的影响，既可以使学生对哲学与物理学的相互联系与影响获得非常感性和具体的认识，还能够使学生认识并接受逆向思维方式的训练；结合麦克斯韦方程组的学习，在探讨其物理图像与意义的同时，可以让学生领略、欣赏自然科学之美，认识和理解科学美学准则，帮助学生提升科学欣赏的品位与能力……上述教学环节在实施科学素质教育的同时，又引领学生由知识的表层学习进入到了关于科学思维与方法论的深度学习层面，实现了人才培养的高阶性。

物理学发展史表明，电磁学中的每一个重大物理发现都是众多科学家艰苦努力、不断探索的结果；每一次重大理论突破总是以物理思想的突破为先导。因此，本课程设计结合物理学发展史，引导学生通过物理原理的发现历程看科学家如何思考，透过科学家的言行看其如何“做事”，以此培养学生“尊重实践经验、诚实严谨，不迷信权威，敢于质疑和批判、追求超越与创新”的科学精神和创新精神。

3. 通过挖掘物理规律背后的人文内涵，培养学生的人文情怀，实现人格塑造

在物理学的发展历程中，出现过许许多多非常伟大的科学家，这个专业群体不仅在物理学领域有着极高的建树，同时也是充满人文精神与家国情怀的人道主义者，他们关爱他人、热爱祖国也热爱世界和平，特别是他们将自己的发明与发现毫无保留地支持和贡献给社会，由此所展现出的高风亮节与高尚品德同样在物理学史乃至人类历史中留下了浓墨重彩的一笔。

在电磁学的发展史中，以法拉第、麦克斯韦、库仑、安培、赫兹、马可尼等为代表的众多科学家的伟大发现与创新，改变了人类的生活方式与生产方式，推动了人类社会的文明进步。电磁感应定律的发现，将人类社会带入了电气化时代，随着电气化时代的到来，人们的生活方式也因此而改变：“大多数人的日常生活发生了革命性的变化，同距今1500年前的人相比，人们穿着不同，饮食不同，工作不同，更与他们不同的是，今天的人们还有了大量的闲暇时间。”这些都受惠于科学家的创新发现。同时还应该看到，电磁感应定律作为一个科学原理，将近200年过去了，它依然是今天的人们不断发明和创新的源泉。所以，科学家就是以自己的发明和创新支持和贡献社会的。

支持和贡献社会的奉献精神既是科学素质的一个重要方面，也是对青年人开展人生观教育的极佳素材，在塑造高尚人格方面能够发挥的作用。因此，本课程将结合物理学史，挖掘物理事件背后的人文内涵，透过科学家的言行看其如何“做事”、如何“做人”，让学生在感受物理学家不为物欲所惑，不为权势所屈，不为利害所移，始终保持严格的科学精神的同时，进一步关注物理学家这个群体支持和贡献社会的方式，感受他们伟大的奉献精神，以真实生动感人的案例实现人生观的价值引领以及人文精神的养育。

4. 以我国科学家取得的科学成就为载体，广泛开展爱国主义教育

爱国主义教育是一个国家最好的精神财富，爱国主义教育对引导学生建立国家意识与树立正确的人生观和价值观具有重要作用，爱国主义教育始终是大学物理教育目标的一个重要组成部分。物理教育中的爱国主义教育素材主要包括中国古代科学技术的辉煌、新中国成立以来我国科学技术的迅猛发展、当代科学家的奋斗历程等三个方面的案例。《电磁学》课程将通过展示现代中国科技工作者及物理学家在电磁驱动的研究领域（磁悬浮列车的研制、航母电磁弹射研究等）、超导材料研究领域、量子霍尔效应研究等领域所取得的非凡成就、为我国的科技进步与现代化建设做出了突出的贡献与勇于突破创新的奋斗精神和事迹，激发学生们的民族自信心；围绕“科学无国界，但是科学家有自己的祖国”这句爱国名言，激发和培育学生的爱国主义情怀。

五、教学效果

执行《电磁学》课程教学设计，能够在确保授课教学效果的同时，达成课程的教学目标。

在教学过程中，实现了在传授专业知识的同时，以科学的智慧与思想启迪学生、以博大厚重的人文文化滋养与引领学生，以“如盐入水”的方式践行了课程思政的教学理念。

学生通过本课程的学习，对科学的本质、科学精神、科学与人文的关系有了深刻认识与理解，对物理学原理的社会价值、物理学在推进人类文明进步中发挥的作用也有了充分认识。本课程的教学在培养科学精神、激励学生学好物理学、确立奉献社会的理想以及塑造健全人格方面产生了重要作用。

《大学物理A-2》课程思政教学设计

薄惠丰

该课程主要讲述物理学中电磁学、近代物理学的基本概念、基本理论和基本方法，培养学生科学思维方法，增强学生分析问题和解决问题的能力，融入辩证唯物主义世界观、方法论，探索精神、创新意识等思政点，培养学生科学素质和科学精神，帮助学生增强爱国主义观念。

一、课程定位

我校的《大学物理》课程面向全校非物理专业本科生，基础性强、教学要求高、学生受众量大、受益面广。结合学校的办学定位、人才培养目标和生源情况，《大学物理》课程始终坚持以打好学生必需的物理基础为出发点，通过教学内容的传授和各种教学环节的训练，使学生学习和初步掌握科学的思维和研究方法，激发探索和创新精神、提高学生的科学素质。

《大学物理》课程在教学过程中坚持以讲授为主，同时结合启发式、引导式、案例式、讨论式多种教学方式，强化物理学基本概念、基本理论和基本方法的训练，培养学生科学思维方法，增强学生分析问题和解决问题的能力，培养学生树立科学的世界观，培养学生的探索精神、创新意识和科学美感等科学素养，注重学生知识、能力、素质的协调发展，为培养基础扎实、实践能力和适应能力强、富有创新精神的高素质人才打下坚实的基础。

二、课程思政教学目标

《大学物理A-2》在注重经典物理知识与物理体系的学习之外，以“培养学生辩证唯物主义世界观、方法论，科学素质和科学精神，帮助学生增强爱国主义观念”为课程思政目标，将知识目标、能力目标和育人目标有机融合，在传授知识的教学过程中，合理内嵌思政元素，使社会主义核心价值观的培养渗透到教学目标当中。

三、课程思政教学设计

课程采取“知识讲授+思政元素”的教学设计模式，在讲授理论知识的同时以物理学发展历程为主线贯穿课程始终，融入隐性思政元素，同时以物理学思想为突破进行具有物理课程特色的思政教学，并注重与国情结合开展唯物主义教育与爱国主义教育，同时配合以相应的教学活动多样化的教学方法，促进知识、能力和课程思政教学目标的同步有效达成，形成特色的课程教学设计：“一条主线+两个核心+多样化的教学方式。”

一条主线：物理学发展历程融合思政教学元素

物理学的发展有其内在的逻辑性和时间规律，以物理学的发展历程为时间主线，将物理学发展历程中的重要科学家事迹、重大物理事件贯穿课程始终，合理融入思政元素，达到课程内容与思政元素的全方位深度融合。

两个核心：抓住物理学思想与中国国情两个核心着重开展思政教育

物理学中具有一些有学科特色的思想和思维方法，通过挖掘物理学思想背后的思政元素，将其与课程融合，在物理学知识的教学过程中潜移默化地进行思政教育，实现具有物理学科特色的思政教学是思政教育的一个核心。

另一个核心就是将思政教学与物理学科中具有中国国情特色的元素相融合，选取我国物理学家对于我国科研工作、国防事业、教育教学等做出的突出贡献，突出中华民族的爱国精神与家国情怀，以实现学生感情上的共鸣，增强课程思政教学效果。

以多样化的教学方法与教学形式开展课程思政教学

教学方法是实现课程教学目标的重要一环，通过采取讲授、讨论、演示、实验等灵活多样的教学方法，并通过学生自主学习、师生互动、生生互动等丰富的教学形式开展课程思政教学，激发学生学习兴趣，增强学生学习的获得感和成就感，解决传统思政内容教学形式死板、机械说教的问题，使得学生能够在轻松愉悦的氛围中实现德育、智育、美育的全面发展。

四、课程思政元素的融合

1. 以物理学发展历程为主线，将思政元素贯穿课程始终

每一个重大物理学发现的背后都是众多科学家经过一代乃至几代人的艰苦努力、不断积累，汇聚众多研究成果才得以完成。

例如本课程电磁感应一章中的电磁感应定律就是在奥斯特、法拉第、楞次、诺伊曼等人的研究基础上，历经二十余年的努力探索才得以完成的。

又如本课程中量子物理部分原子结构基本物理模型的建立，经历了汤姆孙发现电子并提出枣糕模型，再到卢瑟福粒子完成散射实验并提出核式模型，再到玻尔基于原子光谱实验提出氢原子轨道理论，直到薛定谔、海森堡、泡利等人建立完整的量子力学体系，人们才对原子结构有了基本正确的认识。

因此，通过对物理理论建立历程的讲授使学生了解物理概念和定律形成的过程，掌握其逻辑体系，更重要的是使学生学习科学家不畏艰险，追求真理，勇于创新，严谨治学的科学精神，引领学生形成正确的人生观和价值观。

2. 以物理学思想为重点，突出物理课程思政特色

物理学中的重大理论突破总是以物理思想的突破为先导的，例如本课程中相对论一章

中爱因斯坦提出狭义相对论基本原理、量子物理部分玻尔提出量子化假设，都是面对顽固的传统学派，大胆突破传统观念、传统理论取得成功的例子。

通过相关案例的教学使学生懂得任何理论都不是终极的真理，都存在它的局限性，要克服旧的理论存在的问题，就要大胆突破传统观念的束缚，提出新观点、新理论，这也是推动人类文明不断地向前发展的核心原动力。

此外，通过讲述新的理论建立过程中的物理思想，引领学生体会科学家们不迷信权威，勇于探索真理的求是精神，培养学生创造性思维和批判性思维能力。

3. 以我国科学家取得的科学成就为载体，广泛开展爱国主义教育

中国近现代的大量物理学家们在自己的研究领域都取得了非凡的成就，他们怀着一颗拳拳赤子之心，为国为民，奋发图强为我国的科技进步与现代化建设做出了突出的贡献，在本课程教学中展示他们的成果与事迹，将能极大地激发学生们的爱国主义情怀。

例如讲授相对论一章的质能方程内容时，介绍原子能的利用问题同时结合以钱学森、邓稼先为代表的我国23位“两弹一星”元勋的工作历程，引领学生体会老一辈科学家们名利最轻，科学最重，家为轻，国为重的爱国主义情怀。

再如在量子物理部分讲授原子能级知识时，介绍激光的原理与应用同时结合高能化学激光奠基人张存浩院士在激光器研制工作中的卓越成就，引领学生体会我国科研工作者面对国外技术封锁，急国家之所急，坚持走自主创新之路，在关乎国家安全、国民经济建设的重大原创核心技术上做出突出贡献的家国情怀。

通过将课程教学内容与这些物理学家的精神和事迹相结合，能使学生受到感染，激励学生们努力学习，增强学生的民族自豪感、自信心，树立攀登科学技术高峰的信心，担负起民族复兴重任。

4. 传授物理知识的同时，注重全面培养唯物主义世界观与方法论

物理学的发展史是人类追求真理、探索未知世界的历史，物理学中展现了一系列科学的世界观和方法论，深刻影响着人类对物质世界的基本认识、人类的思维方式和社会生活，因此以物理学基础为内容的大学物理课程，可以潜移默化的培养学生的思维能力和科学素养，对学生正确认识客观事物，形成唯物主义世界观、方法论有着重要作用。

五、教学效果

通过精心设计课程教学，保障授课教学效果，达成教学目标。在教学过程中，坚持教书与育人相统一，挖掘并积累思政元素，以“春风化雨、润物无声”的形式，隐性融入物理学课堂教学环节，不断丰富课程思政的内涵，在传授专业知识的同时，引领学生思想、塑造价值观、培养家国情怀。

学生通过课程学习，深刻认识到物理学的发展对于人类文明的推动作用，感受科学家们不迷信权威，勇于探索真理的求是精神，不畏艰险，追求真理，勇于创新，严谨治学的科学精神，增强学生的民族自豪感、自信心，树立攀登科学技术高峰的信心，担负起民族复兴重任。

《高等数学A-1》课程思政教学设计

闫　焱

该课程主要讲述高等数学的基本理论知识和基本技能，培养学生理性思维、创新思维和实践能力，融入创新精神、爱国主义等课程思政点，培养学生数学素养、学生的专业素养和职业道德。

一、课程定位

《高等数学A》是经管类、理工类各专业（数学专业除外）本科生一年级必修的重要基础理论课之一。通过本课程的学习，有助培养学生的抽象思维、逻辑推理的理性思维能力，亦有助于培养学生的创新精神和创新能力，进而提高自主学习能力、综合运用知识分析问题和解决问题的能力。该课程不仅为各专业的后续学习提供必要的数学工具，也为学习各类后继课程和进一步扩大数学知识面奠定必要的数学基础，培育基本的数学素养。

二、课程思政教学目标

《高等数学A》的课程思政目标以习近平新时代中国特色社会主义思想为指导，坚持知识传授与价值引领相结合，运用可以培养大学生理想信念、价值取向、政治信仰、社会责任的题材与内容，全面提高大学生缘事析理、明辨是非的能力，让学生成为德才兼备、全面发展的人才。依据“与思想政治理论课同向同行，形成协同效应”的教育要求，将“知识传授与价值引领相结合”，从数学文化视角探讨高等数学与课程思政的有机融合，挖掘高等数学课程中的思政元素，提炼高等数学课程中所蕴含的数学素养、人文精神、文化自信、社会责任、爱国情怀等价值范式，使学生在认知、情感和行为方面把握正确的方向，最终实现知识传授、能力培养与价值塑造的统一，实现立德树人、润物无声。

三、课程思政教学设计

在教学过程中，挖掘专业知识和数学知识的内涵，找准时机，将课程思政合理融入。构建知识目标、能力目标、素质目标三位一体的教学模式，将课程思政、高等数学知识融为一体。

教学手段：采用线上线下混合式教学。

1. 线上部分：分为课前、课后两部分。课前给学生设定学习任务点，预习高等数学教学课件、教学视频，将课程思政融入其中，使学生达到对知识初识的学习目标。课后通过明确学习任务、反馈学习情况（测试及作业），使学生掌握一定的数学知识和技能，提高其数学素养，感悟高等数学蕴含的德育价值。

2. 线下部分：主要采用“教师授课+学生主动参与”两种授课方式，加强思政教育。教师授课以问题驱动为导向，创设情境、引入主题，引导学生发现问题、解决问题，强化知识体系。为提高学生的参与度，采用翻转课堂、案例分析或课上讨论等授课方式，引导学生自主学习，增强学生的团队合作能力，培养学生的专业素养和职业道德。

四、课程思政元素的融合

围绕“知识传授与价值引领相结合”课程思政目标，在教学设计上，将知识积累与融汇创新相结合，挖掘德育元素与教学内容的契合点，通过积极培育和践行社会主义核心价值观，运用马克思主义方法论，将教学与育人相结合，坚持知识传授、价值引领、能力培养相结合，引导学生正确做人和做事，各教学单元和教学活动结合以下内容进行教学设计。

1. 高等数学的研究工具，即基础理论篇——极限

【思政目标】“爱国情怀，科学素养”的思政目标

“极限”的教学单元中含有诸多极具代表性的中国数学成就，能够极大地增强学生的民族自豪感和文化自信，激发学生的爱国热情。这部分思政教学用我国古代的数学成就对学生进行爱国主义教育，增强民族自信心，了解祖先智慧，传承祖先文化和古代科学家的科学精神，进而激励学生为祖国的繁荣富强和中国梦的实现而努力学习。

中国古代的《墨经》中载有“穷，或有前，不容尺也”；《庄子·天下篇》中载有“一日之锤，日取其半，万世不竭”；《九章算术注》中载有刘徽开创的“割圆术”，“割之弥细，所失弥少，割之又割，以至于不可割，则与圆合体，而无所失矣”。这些都是中国的朴素的、直观的极限思想。而且刘徽对圆面积公式的证明，被公认为世界数学史上首次将极限思想和无穷小分割方法引入到数学证明中。中国古代数学因为历史发展的独特性，和西方数学风格迥异，之后在此基础上为近代数学奠定了发展根基，继而为现代数学研究做出了巨大贡献。富有极限思想的例子，要比欧洲早一千多年。

2. 高等数学的核心内容——微积分

【思政目标】“坚持真理、勇于探索、求实创新”的思政目标

微积分是基于极限而创建的，是《高等数学》课程教学中的核心点所在。现代微积分体系的形成，要归功于众多科学家的共同努力。微积分研究的是微分与积分的矛盾，微积分基本定理时揭示微分与积分的既对立又统一的规律。人类由极限的原始思想到柯西、魏尔斯特拉斯的ε-δ的极限形式化严格定义，牛顿—莱布尼兹的流数术到现代微积分体系的建立无不闪耀着数学的创新精神。数学是人类经历上万年的漫长探索与研究逐渐积累而成的，一代又一代的数学家为此付出了艰辛的能力，同时也逐渐形成了他们的集体人格：对理性思维的坚信与传承、尊重事实、坚持真理、实事求是、勇于怀疑、勇于批判、勇于探

索、坚持不懈、敢于创新就是数学家集体人格的主要表现。

例如，微积分学开创人德国科学家莱布尼兹，他先是成为哲学家，而后成为数学家的，现在我们所学微积分定理和符号等重点知识很多也是莱布尼兹给出的，法国数学家笛卡尔首先也是一位哲学家。马克思与恩格斯，在学生眼里都是文科生，但这两位先哲在微积分领域均有很大成就，其见解独特，并从微积分知识中不断汲取养分。马克思自从牛顿和莱布尼兹创始了纯数学的里程碑微积分之后，很感兴趣，专门研究微积分，为此马克思为研究微积分的手稿达1000多页，很多结论非常重要。通过研究，也让马克思获取了揭示人类发展规律的灵感源泉和思想动力。

五、教学效果

通过精心设计课程教学，保障授课教学效果，达成教学目标。在教学过程中，坚持教书与育人相统一，挖掘并积累思政元素，以“春风化雨、润物无声”的形式，不断丰富课程思政的内涵，在传授专业知识的同时，引领学生思想、塑造价值观、培养家国情怀。

学生通过课程学习，深刻认识到数学不仅是一种工具，而且是一种思维模式；不仅是一种知识，而且是一种素养；不仅是一种科学，而且是一种文化。在学习中感受中国力量、中国制造、中国精神、中国故事，感受作为新时代青年建设者的责任与担当，建立我们的民族自豪感、民族自信心、民族创造力；感受在党的领导下，健康生活的幸福和美好。

《肿瘤放射物理学》课程思政教学设计

许贺菊

该课程主要讲述与肿瘤放射治疗有关的物理问题，充分体现了物理技术的改进和发展在放射治疗和提高疗效中的地位和作用，培养学生科学思维、辩证思维和在临床工作中灵活地处理放射治疗中与物理有关的具体问题的能力，融入客观唯实、创新精神、奉献精神等课程思政点，培养学生的科学素养、社会责任感和医者仁心的大医情怀。

一、课程定位

《肿瘤放射物理学》是以培养放疗物理师为目标的应用物理专业本科二年级开设的专业核心课程。作为连接基础物理与临床应用的桥梁课程，它详细论述了与肿瘤放射治疗有关的物理问题，充分体现了物理技术的改进和发展在放射治疗和提高疗效中的地位和作用。

通过课堂讲授、案例教学、混合教学等形式，对核物理基础、剂量学及其剂量计算、放疗设备、放射治疗技术、放射生物学基础等主要内容进行讲解。通过本课程的学习使学生们对肿瘤放射治疗中的各种物理原理及物理问题有深刻的理解，能在掌握放射治疗基础理论、基本知识的同时，掌握放射治疗计划设计和放疗方案制订的方法和技巧，能在临床工作中灵活地处理放射治疗中与物理有关的具体问题。

二、课程思政教学目标

课程思政的本质是立德树人，是在教育结构上实现知识传授、价值塑造和能力培养的多元统一。《肿瘤放射物理学》课程将树立正确的科学观为课程思政目标，从科学方法、科学精神科学素养三个方面深入挖掘思政元素，树立良好的职业道德和高度的社会责任感，培养科学的思维方法和精益求精的匠心精神，增强创新意识和创新精神。教学过程中将课程思政元素贯穿于课程教学大纲的各个单元，实现了课程思政建设与教学目标的契合，与教学内容的融合，与教学素材的整合，与教学过程的结合。

三、课程思政教学设计

课程采取“问题引入+模块教学+思政元素”的教学设计模式，以时间为轴，以整个放疗过程为主线，以成为一名合格物理师应该掌握的内容为血肉，从一开始的物理基础知识储备，到计划设计，再到后来的质控和质保等工作，将课堂内容四维化，融入隐性思政元素，将教学目标立体化，在教授理论知识的同时，训练学生科学思维和综合应用能力，树立良好的职业道德和高度的社会责任感，培养科学精神和精益求精的匠心精神，增强创新意识和创新精神。并形成特色的课程教学设计：“一个目标+三个核心要素+四个教学实施环节+多个思政点融入。”（如图1所示）

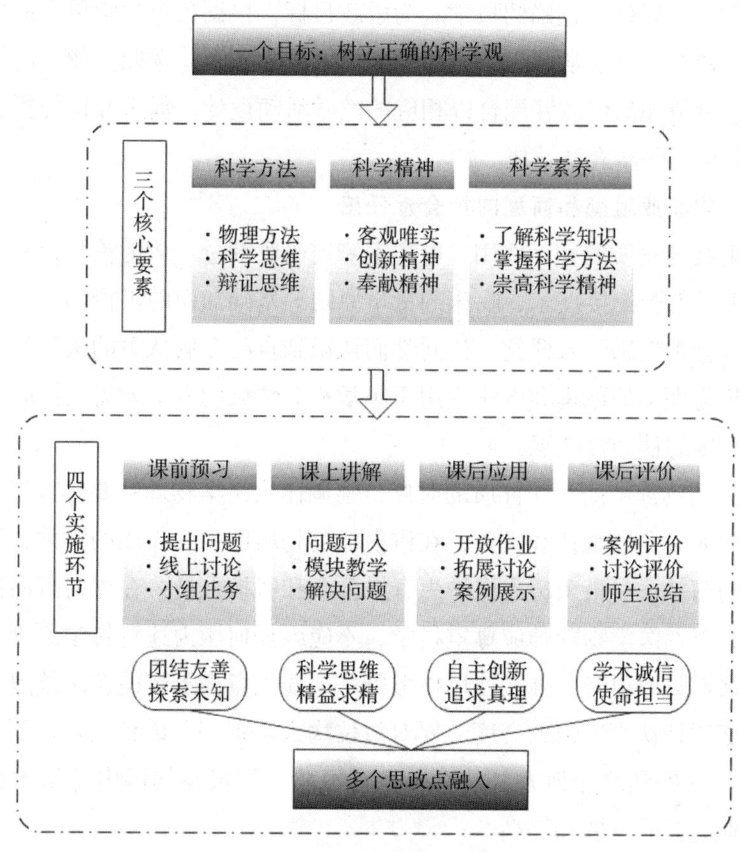

图1　课程思政教学设计

一个目标：课程思政是方法，不是加法，要坚决杜绝“两张皮”的现象，不能是简单的专业知识和思政元素的混合，《肿瘤放射物理学》的课程思政围绕树立正确的科学观的思政目标，深入挖掘课程内容中的思政元素，做到知识传授、能力培养和价值塑造三者有机融合，做到润物细无声。

三个核心要素：为实现树立正确的科学观的思政目标，把科学方法、科学精神、科学素养作为核心要素，提高教师的教学站位，达到专业知识和思政元素两者之间的化合，即产生一种质的变化，真正提高课程的价值和站位。从思想的角度，科学的角度，真正做到教师、课程、学生三者的共同进步和提高。

四个教学实施环节：以学生为主体、以教师为主导、以应用为目标、以网络为载体，通过“课前预习+课上讲解+课后应用+课后评价”四个实施环节，完成教学，实现专业知识和课程思政点的隐性融合，这种隐性思政既能够引起的学生共鸣，这又极大地促进了学生知识的掌握和能力的提升，达到1+1>2的理想局面。

四、课程思政元素的融合

在教学过程中，以树立正确的科学观为思政目标，根据各个教学单元的内容特点，从科学方法、科学精神、科学素养三个方面深入挖掘思政元素，选取更契合的课程思政点融入，提高课程的价值和站位。并配合以相应的教学活动设计，促进知识传授、价值塑造和能力培养教学目标的同步有效达成。

1. 树立良好的职业道德和高度的社会责任感

在绪论、射线与物质的相互作用、电离室测定吸收剂量、放射治疗设备、放疗计划设计、楔形野照射、射野衔接技术、临床剂量学原则等基础知识的讲授部分，把医学物理师的职业道德和社会责任感引入课堂。让同学们认识到自己今后从事的医学物理师工作不仅需要具有直接将物理学的原理和方法应用于医学相关领域的专业能力，同时必须具有良好的职业道德和高度的社会责任感。

例如，在讲到物理师的工作性质的时候，强调作为医学物理师要具有用他们的知识、经验和技术为病人服务的责任和义务；在讲射线与物质的相互作用的时候，医学物理师应本着救死扶伤的精神，尽最大努力保护患者、公众和医护人员；在讲射野衔接技术、临床剂量学原则时，强调医学物理师应尊重科学，不应因任何压力违背科学原则进行临床实践活动；在讲到楔形野照射时，强调使用楔形野一定要注意楔形野的实际放置和计划中保持一致，工作中必须持认真谨慎的态度，要对每位病人负责；在讲到放疗计划设计时，强调医学物理师乐于帮助和培养他人，共享知识和经验，积极参加国内外学术交流和协会活动，促进本行业的共同发展和提高。

2. 培养科学的思维方法和精益求精的匠心精神

放射治疗的疗效在很大程度上依赖于放疗的精确程度，在现代放疗“三精”的治疗时代，做到“精确定位、精确计划设计、精确治疗”是获得最优放疗疗效的保证。因此，在肿瘤放射物理学基础、剂量学基础、处方剂量计算、放疗计划设计与执行等内容的讲授部分突出“科学的思维方法和精益求精的匠心精神”。

在讲肿瘤放射物理学基础、剂量学、处方剂量计算时、强调物理知识的科学性、计算的准确性、剂量校正和剂量计算条件的一致性，特别要注意的是数据测量时所用的条件，培养学生的科学精神；在讲放疗计划的设计与执行时，按照对计划设计的广义理解，计划设计过程应是一个对整个治疗过程不断进行量化和优化的过程，它除保留了传统计划系统进行剂量计算和剂量显示的功能外，更多地强调了主管医生或物理师通过治疗计划设计对实现治疗方案要求的程度，强调同学们在从事工作的时候要做到高标准，严要求，要求越高，就越有可能使放疗计划达到更优的效果，培养精益求精的匠心精神。

3. **增强创新意识和创新精神**

在从普通放疗到适形，调强的精确放疗，到现代弧形调强，立体定向放射治疗，后装治疗，Tomo治疗等先进的现代放疗技术的讲授部分突出“增强创新意识和创新精神”。对于本专业以后所要从事的医学物理师行业，参与各种物理诊疗设备的购置验收过程，负责确定设备的选型和技术指标，负责设备的验收测试；构建医疗设备厂商和医疗单位之间的桥梁，反映医疗诊治需求，参与研发新的医疗技术和设备；应该具有终身学习的精神，不断努力学习，更新专业知识，掌握最新的医学物理知识和技术，并在实践中加以应用；培养同学们的创新意识和创新精神，在放疗计划的设计与执行过程中不断开拓创新，不断学习、使用、改进和创造新设备和新技术。

五、教学效果

通过精心设计课程教学，保障授课教学效果，达成教学目标。在教学过程中，坚持教书与育人相统一，在深刻认识到物理知识和技术在放射治疗中的地位与作用的同时，从科学方法、科学精神、科学素养三个方面挖掘并积累思政元素，以“春风化雨、润物无声”的形式，隐性融入应用物理专业课程课堂教学环节，不断丰富课程思政的内涵。在传授专业知识的同时，引领学生树立正确的科学观，树立良好的职业道德和高度的社会责任感，培养科学的思维方法和精益求精的匠心精神，增强创新意识和创新精神。

六、教学案例对物理类课程的推广

本课程以树立正确的科学观的思政目标，采取“问题引入+模块教学+思政元素”的教学设计模式，把科学方法、科学精神、科学素养作为核心要素，提高教师的教学站位，达到专业知识和思政元素两者之间的天然化合，即产生一种质的变化，真正提高课程的价值和站位。从思想的角度、科学的角度、真正做到教师、课程、学生三者的共同进步和提高，可供其他物理类课程借鉴并推广应用，使专业课程与思政教育同向同行，形成协同效应。坚持立德树人为中心，践行“门门课程有思政”“教师人人讲育人”，提高课堂教学效果和质量、提升学生学习热情和成效。

《C/C++语言程序设计》课程思政教学设计

阎红灿

该课程主要讲述C语言的基本语法知识和编程控制逻辑，案例演示数组和函数的编程技术，启发和类比枚举法、递推法、迭代法和各类排序查找法及递归法的算法设计和应用，培养学生严谨的逻辑思维和综合应用能力，融入创新精神、爱国主义、奋斗意识和知识见识等课程思政点，培养学生建立社会主义核心价值观和民族自立自强的奋斗精神，在学习中养成遵规守纪、认真严谨、勤劳坚韧的品格和习惯。

一、课程定位

《C/C++语言程序设计》是面向理工科专业本科一年级开设的通识性必修课程。计算机向各个行业的渗透，改造与重塑了很多传统行业，作为大学生学习计算机编程、掌握算法设计和计算机科学技术的基础课程，其基本语法知识、数据结构表示和文件及各类算法应用，全面、系统地展示了计算机语言的特点和机器工作原理。通过本门课程的学习，培养学生严谨的逻辑思维和计算思维，理解数据的编码和计算机存储表示，具备服务于专业数据管理和分析的算法设计能力。

通过知识讲授、案例演示、类比推理、实训演练、混合教学等形式，讲解计算机语言的数据结构和类型表示、程序设计的三种控制结构、数组的定义与应用、函数的参数传递、文件的读写等基本语法知识，进而培养学生对枚举、递推、迭代、排序查找和递归算法的逻辑思维理解和应用能力，让学生不仅能顺利通过计算机二级考核，更具有自主学习计算机新技术的能力，并服务于专业学习和创新应用，为参与大学生程序设计竞赛和大学生创新创业活动奠定技术基础。

二、课程思政教学目标

围绕课程知识传授、创新思维培养和价值观引导相结合的整体目标，梳理知识自身蕴含的思政元素，挖掘应用中隐含的思维和价值观素材，升华实训练习中映射出的人生哲理，结合课程本身逻辑思维性强、算法设计应用广泛的特色和优势，形成本门课程“引导学生厚植爱国主义情怀”“引导学生加强品德修养”“引导学生增长知识见识”“引导学生培养奋斗精神”和“引导学生增强综合素养”的“五引导”课程思政目标。

三、课程思政教学设计

课程采取“知识讲授+案例演示+实训练习+思政元素”的教学设计模式，在讲授理论和案例演示的同时以计算机语法知识和算法设计为主线进行巩固练习和实训，融入隐性思政元素，培养学生严谨逻辑思维和算法设计能力，潜移默化地引导学生建立社会主义核心价值观和民族自立自强的奋斗精神，在学习中养成遵规守纪、认真严谨、勤劳坚韧的品格和习惯，并形成特色的课程教学设计："一个目标+两个核心+三个思政案例库+四个教学环节+五个引导系列。"（见下图1）

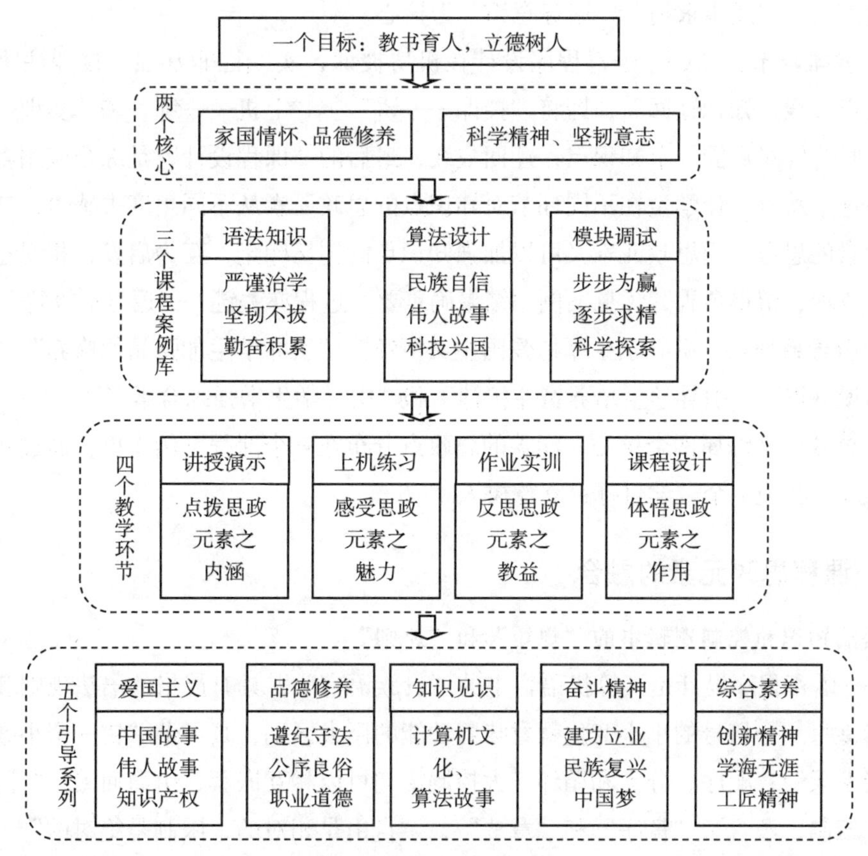

图1　课程思政教学设计

一个目标：习近平总书记指出："要用好课堂教学这个主渠道，思想政治理论课要坚持在改进中加强，提升思想政治教育亲和力和针对性，满足学生成长发展需求和期待，其他各门课都要守好一段渠、种好责任田，使各类课程与思想政治理论课同向同行，形成协同效应。"思政课程作为主渠道系统地进行思想政治理论教育，引领大方向，而课程思政辅以协同，全程融入课堂教学环节，全方位帮助学生树立理想信念、价值理念和道德观念，实现立德树人目标。

两个核心：计算机发展、计算机文化、计算机应用的专业领域背景有很多中国故事、中国智慧、民族精神元素，引领学生厚植爱国情怀，建立四个自信，树立社会主义核心价值观；计算机编程严格的语法规则和严谨的逻辑控制蕴含了很多"无规不成方圆""勿以恶小而为之"的道德元素和"精益求精""科学创新"的工匠探索精神。

三个课程案例库：C/C++语言程序设计主要内容划分为三大模块：语法知识和控制逻辑、算法设计与应用、模块设计与调试，挖掘和升华每一模块蕴含的思政元素形成独立的案例库。语法知识和控制逻辑案例库以“严谨治学”“章法办事”为核心；算法设计与应用案例库以“中国故事”“民族精神”为核心；模块设计与调试运行案例库以“任务化解，分而治之”“逐步求精”“服务意识”为核心。

四个教学环节：C/C++语言程序设计在机房授课，实践性非常强，授课注重讲练结合，“三点一线，知识迂回”，即将“授课——讲”、“上机——练”和“实训——用”三个环节联合针对巩固一个知识点，迂回成线，最后的“课程设计”是综合应用多个知识点。利用这个特点，让学生在不同环节对知识点的思政元素从不同角度去感悟，知识点引发思政元素的思考，而思政元素又可以加强知识点的记忆印刻，互为启发，相得益彰，可谓“予人玫瑰，留得余香”（见案例“结果确重要，过程亦关键——逗号运算符”）

五个引导系列：“引导学生厚植爱国主义情怀”“引导学生加强品德修养”“引导学生增长知识见识”“引导学生培养奋斗精神”和“引导学生增强综合素养”。

五个思政元素综属两个核心，涵盖的思政点分布在三个课程案例库里，通过四个教学环节的实施，实现一个教学目标：立德树人。

四、课程思政元素的融合

1. 语法知识和控制逻辑中的“规矩”和“原则”

C/C++语言程序设计是计算机语言中的“贵族语言”，具有严格的语法规则和严谨的控制逻辑，每一个符号的小小变化就意味着功能的巨大区别，真可谓“错一个小数点，卫星就不能上天”；顺序、分支和循环三大控制语句可以相互嵌套，由简而繁，共同完成所有的程序控制，蕴含了“良序”和“章法”，“自由是相对的，限制是绝对的”。将其引申，小到一个家，大到一个单位一个国家，乃至国际，必须有家规国法、国际条例。如果一个国家具有“人民立场”，如果“人类命运共同体”得以人人遵守，这个世界就会用文明的方式解决争端，人类和平共处，繁荣昌盛。

2. 算法设计和应用中的“故事”和“精神”

C/C++语言程序设计的算法包括：枚举法、递推法、迭代法、排序查找法和递归法，各具特点，解决不同的问题，好多算法和应用背景涉及中国故事和伟人精神。如杨辉三角形、百钱买百鸡、计算圆周率等，凸显出中国古人的智慧和科学探索精神，彰显科技知识的巨大力量，增强民族自豪和文化自信。同时，“动态规划”和“搜索寻优”的算法思想和计算思维，也在告诉我们解决NP复杂问题的方法策略。遇到困难“不言放弃”，而是“从一点一滴做起，规划成就大事业”，“雷锋的螺丝钉精神”“星星之火，可以燎原”也是如此。“不可强取”时则可以“变通”“求其次”，小到为人处世，大到国家方略，

知识和思想很重要，“香港回归”“一带一路”就是伟大的创举。

3. 程序调试和运行中的“坚持”与“信念”

程序的语法错误编译时有提示信息，很容易排除，但是运行错误没有那么简单。程序调试工具Debug实现程序的单步执行，可以帮助发现运行错误，但是需要配以逻辑思考和冷静耐心。通过逻辑分析、单步执行、输出中间结果等方式一步步找出问题所在。“不忘初心，牢记使用”“坚持到底，决不放弃”“坚守信念，克服困难”“吃一堑长一智”，这些思政点，经过老师的点拨，学生都能在程序调试过程中体会和感悟，并留下深刻的记忆，在作业实训和课程设计中受益。

五、教学效果

通过课程教学中显式思政元素的梳理升华、隐式思政元素的挖掘点播、与现实学习生活、国家国际大事的关联映射，将“五个引导”系列思政元素无缝地融入课程的三大模块教学中，每一个思政点都是水到渠成地自然展现在学生面前，而且与知识点达成相得益彰的互动互补关系。学生在老师的授课点播中理解其内涵、练习中感受其魅力、实训中反思其教益、课设中体悟其作用，用到知识点就“条件反射”般忆起与之关联的思政点。思政点还能巧妙地帮助学生理解记忆知识点核心，真正将教学中显性知识目标和隐性思政目标有机融为一体，潜移默化中实现课程“引导学生厚植爱国主义情怀”“引导学生加强品德修养”“引导学生增长知识见识”“引导学生培养奋斗精神”和“引导学生增强综合素养”的“五引导”课程思政目标，让学生不知不觉中知行合一、内化于心、外化于行。

六、教学案例对计算机语言类课程的推广

《C/C++语言程序设计》课程中，严格的语法规则和严谨的控制逻辑，显式地折射出“规矩”和“章法”的作用和意义，“无矩无以成方圆”的道理，“引导学生加强品德修养”；算法设计案例中挖掘出中国故事、伟人精神，“引导学生厚植爱国主义情怀”；算法的应用高效解决复杂问题，感受科技知识的力量，“引导学生增长知识见识”，“引导学生增强综合素养”，积极参与学科竞赛和创新创业活动，长见识，增本领，将来建功立业，报效国家；学习计算机编程是一个慢慢积累、熟能生巧的过程，实训作业正是锻炼学生的意志力，程序的调试要集冷静思考和缜密逻辑思维于一体，“引导学生培养奋斗精神”，要勤奋积累，要坚持初心，通过自己的努力获取程序运行成功正确的喜悦，体悟“幸福生活是奋斗出来的”。

综上所述，将“家国情怀、品德修养”和“科学精神、坚韧意志”两个核心、五个系列的思政元素融入“语法知识和控制逻辑”“算法设计和应用”“程序调试和课程设计”

三个模块的教学内容，通过“课堂讲授”“上机练习”“作业实训”“课程设计”四个教学环节的实施和反复渗透，达成立德树人的思政目标。

计算机语言类课程有着共同的特点：实践性强，语法知识和控制逻辑相似，只是算法设计各有侧重，有的侧重数据结构和算法，有的侧重数据分析，甚至使用相同的教学案例，只是具体语句不同而已。比如“判断素数”案例可以用在任何语言类编程案例。所以课程思政元素素材选取和植入方式可以借鉴，无论教学模式还是授课方法和形式都可以参考，甚至课程思政的整体设计也可以稍加修改使用。所以，《C/C++语言程设计》课程的思政设计适合所有计算机语言类课程。

《证券投资分析》课程思政教学设计

王弈丹

该课程主要讲述证券投资分析的基本理论和方法，培养学生运用定性与定量相结合的方法来处理经济问题的能力，从而提升学生的创新思维和实践能力，融入大国工匠、职业道德、时代精神、民族精神等课程思政点，培养学生奋斗有我和符合社会主义核心价值观的责任意识、团队精神。

一、课程定位

《证券投资分析》课程是数学与应用数学专业本科三年级开设的专业选修课程，也是应用数学专业（金融数学方向）的专业课程，为培养符合社会主义市场经济要求的应用型经济管理人才而设立。课程讲授内容包括宏观经济学中的经济周期理论、微观经济学中的公司行为理论，以及会计核算、统计分析、法律制度、政策规范等内容，因此是一门涉及面广、信息容量大、综合性强的应用经济科学。

通过讲授法、讨论法、案例分析法、练习法、自主学习法、直观演示法、任务驱动法等形式，使学生掌握市场的运行机理，学会证券投资分析的基本理论和方法，能够从宏观、中观、微观三个层面分析证券价格波动的原因，透彻理解宏观经济变量对市场趋势的影响，准确把握行业周期变化所带来的投资机会，能够根据上市公司的经营状况选择合适的投资对象；同时，掌握常用的技术分析方法，包括K线、形态、趋势线、波浪等，从而培养学生的投资意识，强化、提高学生运用定性与定量相结合的方法来处理经济问题的能力，为数学与应用数学专业（金融数学方向）的毕业生未来工作需要打下必要基础。

二、课程思政教学目标

《证券投资分析》课程在原有知识性、能力性教学目标基础上，将课程思政内容融入其中，引导学生做理性投资人，在保持初心的基本要求下回归价值投资，并使学生在学习过程中领悟自然规律和人生哲理，树立正确的价值观、人生观和世界观，实现了课程思政建设与教学目标的契合。

三、课程思政教学设计

课程在理论知识授课的同时，将理性投资和价值投资理念贯穿始末，以“观大势、谋全局”的隐性思政教育内容为主线，培养学生在进行价值投资前做到“家事国事天下事，事事关心”的全局投资分析模式，提升学生的大国担当、责任意识、职业素养、个人品德，形成特色的课程教学设计（见图1）。

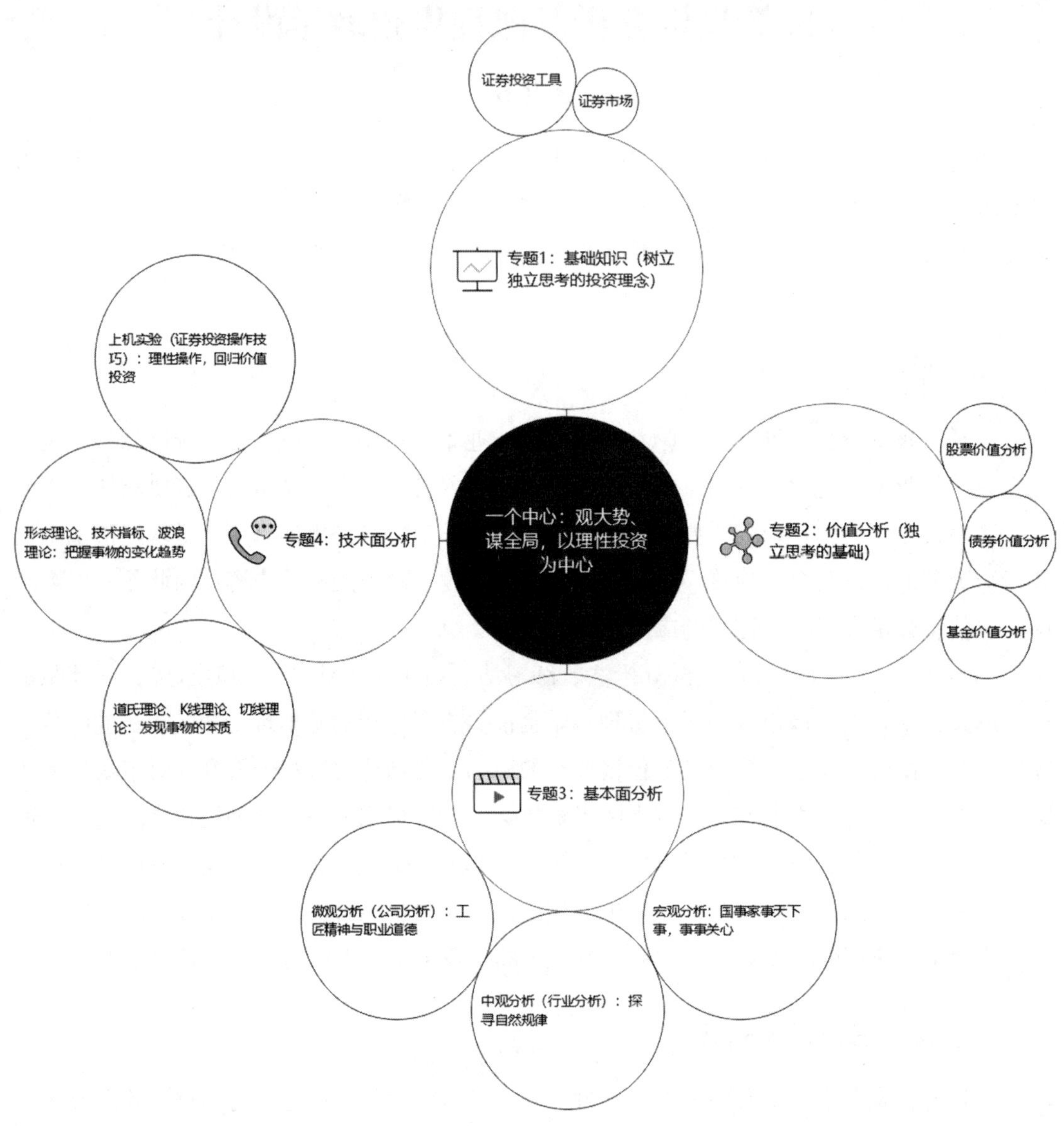

图1　课程思政教学设计

一个中心：观大势、谋全局，以理性投资为中心。习近平新时代中国特色社会主义经济思想的重要组成部分包括“观大势、谋全局、干实事”，其中“观大势、谋全局”正是进行证券价值投资的起点和基础。“明者因时而变，知者随事而制”，身处百年未有之大变局，参与经济活动，更需要因势而谋、因势而动、因势而进。因此，“观大势、谋全局”，培养学生以理性投资为中心，做好证券的大势和全局分析，透彻理解宏观经济对证券市场的趋势影响，准备把握大势带来的机遇与挑战，是本门课程的主线和中心。

四个专题：将证券投资课程内容分为四个板块，逐一挖掘和引入思政元素，确保了思政的全面贯通。一是基础知识部分，主要对证券投资工具和证券市场基本概念进行讲授，

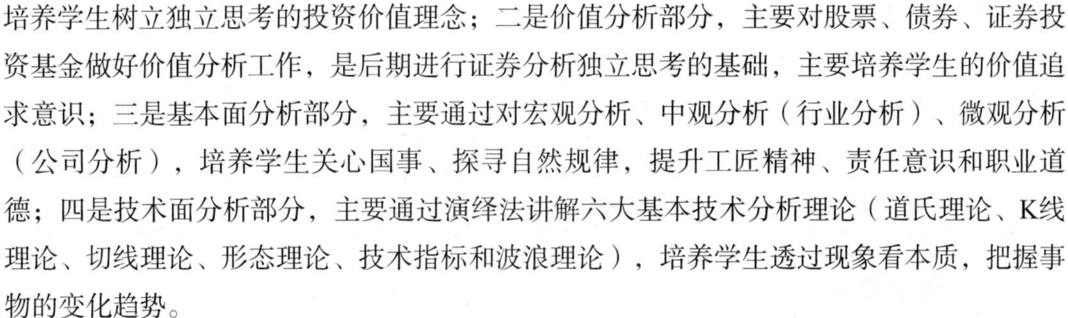
培养学生树立独立思考的投资价值理念；二是价值分析部分，主要对股票、债券、证券投资基金做好价值分析工作，是后期进行证券分析独立思考的基础，主要培养学生的价值追求意识；三是基本面分析部分，主要通过对宏观分析、中观分析（行业分析）、微观分析（公司分析），培养学生关心国事、探寻自然规律，提升工匠精神、责任意识和职业道德；四是技术面分析部分，主要通过演绎法讲解六大基本技术分析理论（道氏理论、K线理论、切线理论、形态理论、技术指标和波浪理论），培养学生透过现象看本质，把握事物的变化趋势。

四、课程思政元素的融合

在教学过程中，根据各个教学单元的内容特点，选取更切合的课程思政教学目标融入，并配合以相应的教学活动设计，促进知识、能力和课程思政教学目标的同步有效达成。

1. 在证券投资工具、证券市场、有价证券的价值决定等基础知识的讲授部分突出守住初心、防控风险、理性投资的思政目标。这部分的知识核心是帮助学生了解证券投资有关基础知识，促使学生掌握证券行业专业术语，形成自己对证券相关概念的知识体系。在基础知识外，课堂还会播放和讲解证券历史上的相关真实案例，例如郁金香泡沫、巴林银行事件、美国次贷危机等，使学生对投资有更直观的概念，意识到投资是一项风险与收益并存的行为，从而引导学生在理性投资前提下，要时刻重视和防控风险。

2. 基本面分析（宏观经济分析、中观经济分析、微观经济分析）和技术面分析等内容的讲授是为了培养学生建立初步的投资分析框架，突出价值回归的重要性。这部分要求学生以小组形式完成一份投资报告，知识核心是构建学生的证券投资思维体系，使学生整合前部分学到的证券相关知识基础，能够建立属于自己的价值回归模型，真正学会对有价证券进行价值评估，并利用证券交易软件研判市场行情，同时锻炼学生团队合作能力、逻辑思维能力和信息整合能力，并从中领悟投资行为的底线和意义。

3. 在教学过程中，根据各教学单元内容特点，分别确定更切合的课程思政教学目标，配以相应教学活动设计，促进知识、能力和课程思政教学目标的同步有效达成。例如：在证券投资工具等基础知识讲授部分突出守住初心、防控风险、理性投资的思政目标；基本面分析和技术面分析等内容的讲授是为了培养学生建立初步投资分析框架，突出价值回归的重要性；期间穿插讲解的部分拓展内容，例如中美证券业发展情况对比、中西方证券业发展史及金融监管异同、我国的股权分置改革等，目标是帮助学生认清我国证券行业发展现状，建立对我国证券行业发展的信心，唤起学生爱国主义情怀，提升投身于我国证券行业建设的职业使命感和责任感。

4. 课程还会组织学生参与全国证券投资大赛，帮助并引导学生理论结合实际，提高课程参与感和获得感，锻炼学生的实操能力。只有身临其境，才能真正掌握和熟悉证券投资的相关概念和流程，明白价值投资的含义。同时，参加比赛能够培养学生的抗压能力。例如，在参加全国金融职业教育教学指导委员会主办的全国金融与证券投资模拟实训大赛过程中，学生意识到通过投资，个人虚拟资金每日面临着几万元，甚至几十万元的涨跌，所以每笔投资指令的发布都需经过深思熟虑，心理承受能力得到不断增强，这个过程极大地激发了学生的自主学习动力和克服困难的勇气、毅力。

五、教学效果

本课程从学生学情制定教学目标，根据教学目标实施教学过程，通过将思政理念融入每一个教学任务，及时更新教学内容和教学方式，引导学生“观大势、谋全局”，提升教学效率，传导价值投资理念。通过学习，学生提升了对证券投资课程学习兴趣，教师队伍也进一步强化了专业知识，教学水平和质量得到大大提升。

《大学物理学A》课程思政教学设计

刘　涛

该课程主要讲述物理学的基本概念、基本理论和基本方法，培养学生发现问题、提出问题、分析问题和解决问题的能力，融入求实精神、创新精神、科学精神、家国精神等课程思政点，帮助学生树立正确的科学观，养成融合科学文化和人文文化的科学素养。

一、课程定位

我校《大学物理》课程是面向全校非物理专业一年级本科生的一门公共基础必修课，课程基础性强、教学要求高、学生受众量大、受益面广。

结合学校的办学定位、人才培养目标和生源情况，《大学物理》课程始终坚持以打好学生必需的物理基础为出发点，通过教学内容的传授和各种教学环节的训练，使学生学习和初步掌握科学的思维和研究方法，激发探索和创新精神、提高学生的科学素质，形成了本课程的定位和目标。

我校《大学物理》课程的定位是：面向全校各专业学生，强化物理学基本概念、基本理论和基本方法的训练，培养学生科学思维方法，增强学生分析问题和解决问题的能力，培养学生树立科学的世界观，培养学生的探索精神、创新意识和科学美感等科学素养，注重学生知识、能力、素质的协调发展，为培养基础扎实、实践能力和适应能力强、富有创新精神的高素质人才打下坚实的基础。

二、课程思政教学目标

我校《大学物理》课程的目标是：通过《大学物理》的教学，使学生对物理学的基本概念、基本理论和基本方法有比较系统的认识和正确的理解，培养正确的科学观，提高科学素养，为培养基础扎实、实践能力和适应能力强、富有创新精神的高素质人才打下坚实的基础。

1. 求实精神：通过本课程教学，培养学生追求真理的勇气，严谨求实的科学态度和刻苦钻研的作风。

2. 创新意识：通过学习物理学的研究方法、物理学的发展历史以及物理学家的成长经历等，引导学生树立科学的世界观，激发学生的求知热情、探索精神、创新欲望，以及敢于向旧观念挑战的精神。

3. 科学文化感：以物理知识为载体，挖掘物理知识本身的人文精神，展示物理学与其他自然科学、数学及人文科学在文化层面上的联系，强调物理学对人们形成正确的自然观、人生观的重要作用，使学生得到科学文化和人文文化的双重滋养，并使学生具有不断认识世界、探索世界并与世界和谐共处的思想意识。

三、课程思政教学设计

1. 课程教学设计模式（见图1）

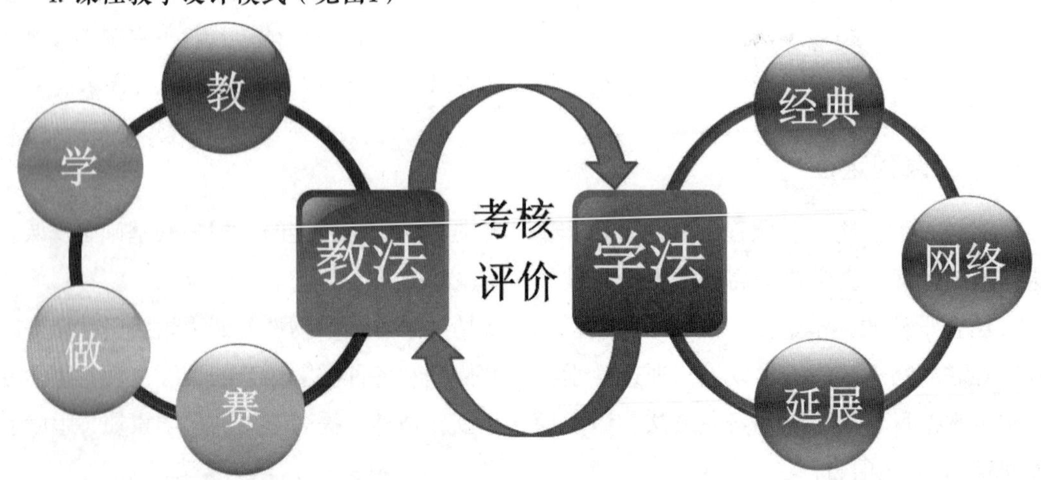

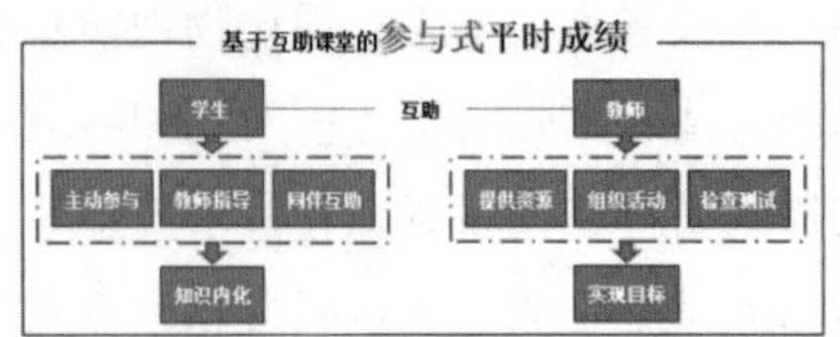

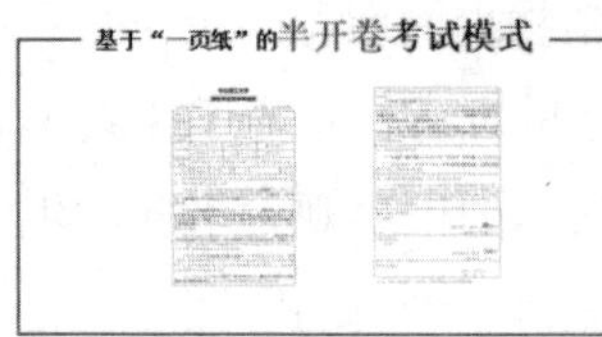

图1　课程思政教学设计

教法，采用多种手段相结合的方式，可以简单总结为：“教——学——做——赛”。

教：就是讲授，包括板书教学，多媒体展示，课堂实物演示；

学：就是仿学，老师根据教学目标布置针对性课后思考任务，引导学生仿照所学内容，自行解决；

做：就是做实验探究，我们有配套的实验课程，在该课程中，学生将亲自动手去验证近20个实验；

赛：即为竞赛，组织、参与各级学科竞赛，目的就是为了促进学生对学习知识的消化吸收和再利用，真正到达“学以致用”。

学法，在以学生学习为中心的理念指导下，《大学物理》教学在某种程度上就是要帮助学生养成良好的自学能力，也就是要让学生掌握一定的学习方法，这里边包括经典的听课+复习+做作业三部曲也包括使用网络搜索引擎，对一些感兴趣的知识点，学会自己找答案，还包括使用数字课堂平台，精品课网站和专题讲座，学会进一步延展所学内容。

考核评价，为使“教”和“学”形成有机的整体，近几年，《大学物理》课程一直致力于考核评价方式改革的探索，并逐渐形成了基于互助课堂的参与式平时成绩和基于一页

纸的半开卷考试模式。参与式平时成绩，是形成性考核的具体表现，为的是不断的向学生传递“积极压力”信号；半开卷考试，则为的是让同学们从机械记忆中跳出来，更多地去关注对知识的理解和应用。

2. 课程教学设计如何体现课程思政教学目标

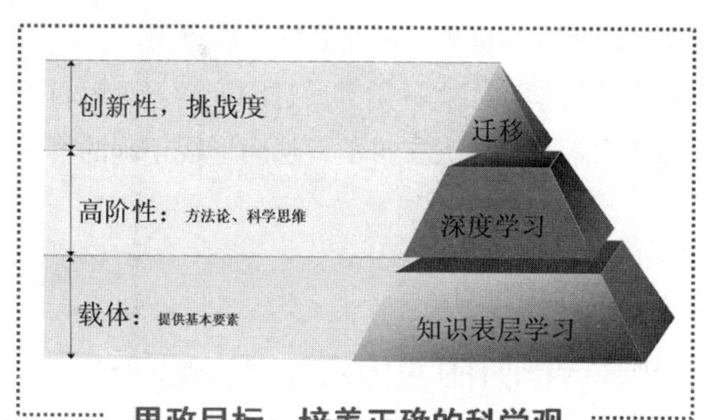

思政目标：培养正确的科学观

在人工智能时代，教育应该聚焦在计算机所不能取代的“能力”上，即人类在解决复杂问题时的那种高阶思维和多维度思维！现在所倡导的教育高阶性，其实就是这种能力的培养，那么我们应该如何培养学生的这种高阶能力呢？我想答案肯定是深度学习。所谓的深度学习，也就是学生在老师的合作引导下，基于知识载体去挖掘，藏在知识表层背后的那种“可以传承的，富有人类智慧的东西”我的理解就是方法论、科学思维。我们希望通过教学，让学生不仅知道这是一种怎样的物理现象，那是怎么一回事，还要知道背后所蕴含的物理规律，更要知道规律是怎么被发现的，科学家想发现它的初衷是什么，它是怎么想得，又是怎么做的！可以简单概括为“知其然，也要知其所以然，更要知其所以然的所以然”！我认为只有通过深度学习才能学到这种“获取新知识新能力甚至是新财富的方法”，然后我们再引导学生将其运用到其他领域，也就是实现物理知识迁移，而此迁移过程恰恰就是大学物理创新性的体现，而怎么深入浅出、怎么自然合理、怎么富有成效的实现迁移，也正是教育过程中最具挑战度的地方。总而言之，这三个学习环节始终贯穿在整个《大学物理》教学活动中，其根本目的就是培养学生，使之具有科学方法、科学精神、科学素养，也就是我们所说的正确的科学观，而这也正是大学物理教学的课程思政目标和途径的所在。

四、课程思政元素的融合

科学精神——求实精神：通过本课程教学，培养学生追求真理的勇气，严谨求实的科学态度和刻苦钻研的作风。

科学精神——创新意识：通过学习物理学的研究方法、物理学的发展历史以及物理学家的成长经历等，引导学生树立科学的世界观，激发学生的求知热情、探索精神、创新欲望，以及敢于向旧观念挑战的精神。

科学精神——科学文化感：以物理知识为载体，挖掘物理知识本身的人文精神，展示物理学与其他自然科学、数学及人文科学在文化层面上的联系，强调物理学对人们形成正确的自然观、人生观的重要作用，使学生得到科学文化和人文文化的双重滋养，并使学生具有不断认识世界、探索世界并与世界和谐共处的思想意识。

通过知识学习了解自然科学和人文科学，通过深度学习理解自然科学和人文科学的内在联系，通过知识迁移获取融会自然人文科学，从而形成正确的科学观。这就是大学物理教学的课程思政理念融合。

五、教学效果

通过"教—学—评"全方位设计课程教学，保障授课教学效果，达成教学目标。在教学过程中，培养正确的科学观，坚持教书与育人相统一，挖掘并积累思政元素，不断丰富课程思政的内涵，在传授专业知识的同时，引领学生思想、塑造价值观、培养家国情怀。以物理知识为载体，挖掘物理知识本身的人文精神，展示物理学与其他自然科学、数学及人文科学在文化层面上的联系，强调物理学对人们形成正确的自然观、人生观的重要作用，使学生得到科学文化和人文文化的双重滋养，并使学生具有不断认识世界、探索世界并与世界和谐共处的思想意识。

六、教学案例对理工类课程的推广

《大学物理》课程中所引用的隐性思政教学模式，可供其他理工类基础课程借鉴并推广应用，使知识教育、能力教育与思政教育有机成为一体。坚持立德树人为中心，践行"门门课程有思政""教师人人讲育人"，提高课堂教学效果和质量、提升学生学习热情和成效。

《地球科学之美》课程思政教学设计

矿业工程学院　宋土顺

该课程主要讲述地质学知识体系，学生了解地球科学的基本概念，认识地球的形成和演化，培养学生创新思维和实践能力，融入爱国主义、民族精神、改革创新和国家战略等课程思政点，培养学生掌握岩石的观察和描述方法，德能兼修素养，成为德智体美劳全面发展的社会主义建设者和接班人。

一、课程定位

1. 课程性质

本课程是资源勘查工程专业一年级的专业核心课程，开课学期是第2学期。

2. 课程地位

本课程旨在完善学生的地质学知识体系，让学生了解地球科学的基本概念，认识地球的形成和演化，掌握地球中岩石的观察和描述方法以及鉴定标准；了解专业的基础理论、基本知识，掌握海相、陆相、过渡沉积相模式，提升学生学习后续专业课的兴趣。

3. 课程教学内容与意义

课程为矿业工程学院本科专业必修课程，选择宏观地质构造、山岳、矿物奇石、海洋、湖泊和生物之美，结合微观矿物和岩石之美，举例“红色文化之旅”，开展美育教育。课程旨在培养学生对地球科学的了解，感受自然之美，掌握专业之美的欣赏方法，重建正确的世界观、人生观和价值观。

二、课程思政教学目标

通过使学生理解习近平新时代“绿水青山就是金山银山”的价值追求（思政），帮助学生强化对风化作用的理解。课程通过总结宏观地质构造、矿物奇石、海洋、湖泊和生物特征，结合矿物和岩石分布，围绕“红色文化之旅”和“绿水青山就是金山银山”开展思政教育。课程旨在培养学生对地球科学的了解，感受自然之美，热爱自然，弘扬艰苦朴素的民族精神和爱国情怀，树立正确的世界观、人生观和价值观，塑造学生对美好生活的向往和人类命运共同体的价值观。思政教育贯穿于课程教学大纲的各个单元，实现了课程思政教育与教学目标、教学内容和教学素材的有机融合。

三、课程思政教学设计

1. 课程教学设计模式

在教学过程中，根据各个教学单元的专业内容特点，选取更切合的课程思政教学目标融入，根据“专业知识+思政元素+跟随性学习+模仿性研究”的教学设计模式并配合以相应的教学活动设计，促进知识、能力和课程思政教学目标的同步有效达成。培训学生的沉积学思维和专业知识应用能力，培养学生对地球科学的了解，感受自然之美，热爱自然，弘扬艰苦朴素的民族精神和爱国情怀，树立正确的世界观、人生观和价值观，塑造学生对美好生活的向往和人类命运共同体的价值观。思政教育贯穿于课程教学大纲的各个单元，实现了课程思政教育与教学目标、教学内容和教学素材的有机融合。

2. 课程教学特色与创新

《地球科学之美》课程在教学过程中，根据各个教学单元的内容特点，选取更切合的课程思政教学目标融入，并配合以“线上+线下+PBL”的教学活动设计，促进知识、能力和课程思政教学目标的同步有效达成。

3. 课程教学设计如何体现课程思政教学目标

将显性、隐性思政元素直接融入知识点及教学案例设计，正面立榜样，侧面潜移默化地渗透，通过课程的学习，让学生在新技术、新模式、新思维下，将遥感技术的学习与爱国精神、职业精神、科学精神等联系，实现思政进课堂。

四、课程思政元素的融合

在教学过程中，根据各个教学单元的内容特点，选取更切合的课程思政教学目标融入，并配合以相应的教学活动设计，促进知识、能力和课程思政教学目标的同步有效达成。

1. 在母岩的风化作用及其风化产物类型，碎屑岩的矿物成熟度概念及其研究的地质意义，风化壳的概念及其研究的地质意义等基础知识的讲授部分突出“习近平新时代绿水青山就是金山银山”的思政目标。这部分的知识核心是构建在高山、河流和湖泊条件下的风化作用的专业思维，包括物理风化、生物风化和化学风化，融入人类活动对环境影响的思政教学内容。

该部分内容更多的是让学生了解资源勘查工程专业对生态环境的关注，强化从原有认知中单纯对资源的获取到环境保护的冲击和改变。“绿水青山就是金山银山”是2005年时任浙江省委书记的习近平同志在浙江湖州安吉考察时首次提出，后来又进一步阐述了绿水青山与金山银山之间三个发展阶段的问题，包括：①从卖矿石到卖风景，从靠山吃山到养山富山；②美丽风光变身美丽经济，生态红利催生自觉行动；③久久为功谋求发展，生态引领全域提升。习近平同志的“两山”重要思想，充分体现了马克思主义的辩证观点，系统剖析了经济与生态在演进过程中的相互关系，深刻揭示了经济社会发展的基本规律。

2. 在火山碎屑岩的概念及岩石的一般特征，火山碎屑岩的分类及各主要岩石类型的特征，火山碎屑岩的成因类型及其识别标志等理论性较强的部分的讲授中融入“红色文化之旅——长征精神”的思政目标。融入红色文化之长征精神，以长征途中跨越的18座大山和感人故事为线索，弘扬新时代发展要求，锐意进取，自强不息。

该部分主要选取红色文化之旅——长征精神，唤起学生红军长征的感受。红军长征始于1934年10月，第五次反围剿失败后，中央主力红军为摆脱国民党军队的包围追击，被迫实行战略性转移，退出中央根据地，进行长征。基本路线为：瑞金→突破敌四道防线→强渡乌江→占领遵义→四渡赤水→巧渡金沙江→抢渡大渡河→飞夺泸定桥→翻雪山→过草地→陕北吴起会师（1935年10月）→甘肃会宁会师（1936年10月），宣告长征的胜利结束。结合感人故事的融入，旨在培养学生感受红军指战员在长征途中表现出对革命理想和事业无比的忠诚、坚定的信念，表现出不怕牺牲、敢于胜利的无产阶级革命乐观主义精神，表现出顾全大局、严守纪律、亲密团结的高尚品德。

3. 在河流的沉积环境及其沉积特征，河流相的亚相、微相划分及其主要特征，河流沉积组合及垂向模式，古代河流沉积的主要鉴别标志，河流相的油气分布规律等部分的讲授中，通过“长征精神的融入”促进“爱国主义立场”思政目标的达成，让学生能够充分理解自强不息是民族精神的最高表现，是保证我们革命和建设事业走向胜利的强大精神力量。

该部分更多的是采用启发式、问题式教学法，让学生感受历史，培养学生重于求实独立自主的创新胆略和善于团结顾全大局的集体主义精神。例如谈到河流时，融入红军长征过程中跨越的。旨在培养学生有勇气战胜各种挑战，在激烈较量和竞争中，不掉队，并迎头赶上。缺乏忧患意识，就没有远见卓识，在困难和挫折面前就会惊慌失措、陷入被动，甚至导致事业的失败。对于一个政党、国家和民族来说，忧患意识是成熟的表现。生于忧患，死于安乐，这是被历史反复证明的真理。

4. 在沉积相、沉积环境、沉积体系的概念，相律及相模式的概念，标准相模式的教学内容的讲授中强化“习近平新时代生态文明建设的核心价值观”的思政目标。面对资源约束趋紧、环境污染严重、生态系统退化的严峻形势，必须树立尊重自然、顺应自然、保护自然的生态文明理念，走可持续发展道路。对于大学生，社会责任感和时代使命感能够帮助他们建立职业责任感和职业荣誉感，树立正确的价值观和人生观。

这部分更多的是采用案例的方式，通过对矿山环境治理，生态环境修复等内容，提倡人类与自然和谐统一发展。生态文明建设其实就是把可持续发展提升到绿色发展高度。习近平同志结合新的实践需要，对推进生态文明建设提出了更加丰富、更加系统、更加明确的指导思想和总体要求：①作出生态文明建设总体部署；②正确处理经济发展与环境保护关系；③牢固树立生态红线观念；④探索环境保护新路；⑤着力解决损害群众健康的突出环境问题；⑥完善生态文明建设制度体系。新时代背景下，在大学生心中树立尊重自然、顺应自然、保护自然的生态文明理念。

五、教学效果

通过反复学习教学内容、精心设计课程教学、结合学生反馈进行教学设计的反复修订，提高教学效果，达成教学目标。在教学过程中，坚持教书与育人相统一，强化教师自身政治理念与专业知识的学习，深入挖掘并积累思政元素，以最适宜学生接受的方式将显性、隐性的思政元素融入遥感原理与应用的课程课堂教学环节，不断丰富课程思政的内涵，在传授专业知识的同时，引领学生塑造正确的人生观、价值观，培养学生的认真工作、努力付出的情怀，以及将所学知识付出到社会主义建设中的精神。

六、教学案例对工科类课程的推广

在教学实施过程中，将思政元素通过“线上+线下+PBL”的教学模式，将基础知识、技术能力、创新精神与思政元素融为一体，并通过学生的自主学习、协作创新，潜移默化地将社会主义核心价值观、生态保护意识、团结协作精神、甘于奉献的职业精神、为中华崛起而读书的等思政元素融入学生的思想中，弘扬艰苦朴素的民族精神和爱国情怀，树立正确的世界观、人生观和价值观，培养德智体美劳全面发展的社会主义建设者和接班人。

《构造地质学》课程思政教学设计

矿业工程学院　王树志

该课程主要讲述构造地质学基本理论与方法，让学生应用构造地质学的基本研究思路与方法解决实际的地质问题与工程问题，培养学生创新思维和实践能力，融入创新精神、爱国主义、逻辑思维、家国情怀等课程思政点，培养学生探索求真的专业素养和至诚报国的爱国精神。

一、课程定位

《构造地质学》课程是资源勘查工程专业本科二年级开设的专业基础课程（核心骨干课程）。通过本门课程的学习，培养学生掌握构造地质学基本理论与方法，具备分析和解决基础地质问题的能力，并具备与学科与课程相适应的构造思维，理解其在地质学科中的地位和影响。作为构造地质学的基本理论和基本方法的解析构造原则贯通全课程，利用构造地质学思想和方法探索自然真理，解决实际问题是课程教学的主要思政目标。《构造地质学》无疑承担着启迪学生专业思维、专业理念并进行专业探索的重要作用。通过课程的学习，让学生在新进展、新思路、新技术、新能力、新思维下，将构造地质学的基本研究思路与方法与实际的地质现象与地质问题甚至是工程问题相联系，实现地质规律与矿产勘查规律的深入认识并解决相应的工程问题。

二、课程思政教学目标

立足课程思政的现代课程观，《构造地质学》课程重新认识、重新定位和重新塑造了教学目标，在知识性和能力性目标之外，还将“构建专业思维、培养专业精神、探索自然真理、解决实际问题”的课程思政目标融入其中，贯穿于课程教学大纲的各个单元，实现了课程思政建设与教学目标的契合，与教学内容的融合，与教学素材的整合，与教学过程的结合。

三、课程思政教学设计

课程采取“知识讲授+思政融合+思政主题”的教学设计模式，以构造解析为主线进行讲授，融入思政元素，其中体现设计的思政主题，培养学生地质学思维和专业知识应用能力，潜移默化地进行科学精神、价值取向的地学工作者责任、情怀与担当，并形成特色的课程教学设计：“一个设计思路+四个章节安排+四部分思政融合案例+六个思政主题。”（见图1）

一个设计思路：以构造地质学学科解决的基本问题的提出为起点，通过多种研究方法相结合，对小构造进行专题分析，最终对大构造进行综合分析的研究思路。

四个章节安排：促进学生知识传授、能力培养与价值引领有机统一，第一章和第二章为构造地质学基础理论介绍，基于问题的提出统领整体课程；第三章到第五章为研究方法介绍，主要进行构造地质学以及岩石力学的基础理论和构造地质学研究的方法详细解剖；第六章到第十一章为小构造的专题分析，对构造地质学的变形采用前述的方法进行介绍与分析；第十二章到第十五章为大构造的综合分析，主要对前述的所有方法与构造进行整合。

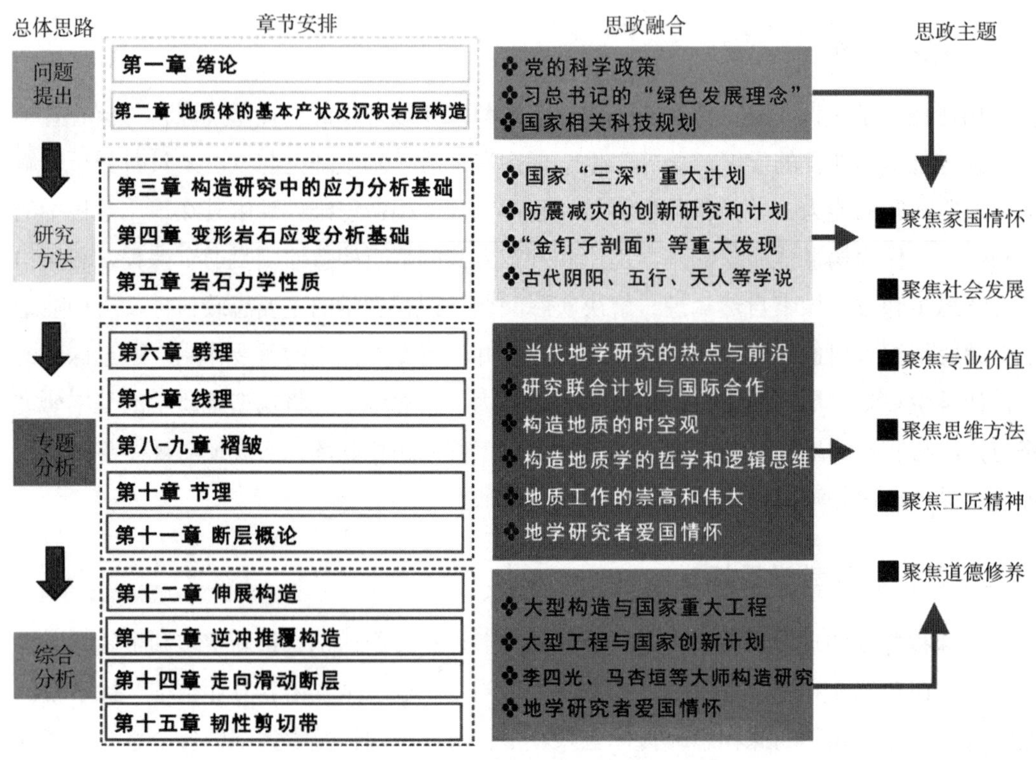

图1 《构造地质学》课程思政教学设计

四部分思政融合案例：针对前述的四部分章节安排，在教学过程中挖掘思政元素，促进学生知识传授、能力培养与价值引领有机统一，形成相对应的四部分个课程思政融合案例。第一部分主要针对构造地质学基本理论和方法，穿插党的主要科学政策、习近平总书记的“绿色发展理念”以及国家相关科技规划涉及的课程信息；第二部分针对不同的研究方法的提出与应用，与国家重要研究计划、重大发现和朴素的古代学说相结合；第三部分针对具体小构造，介绍相关的研究热点与前沿以及涉及到的不同的思维方法与专业观念，同时结合专业的发展现状与国际合作，增强学生的国际视野；第四部分针对大综合的大型构造特征穿插国家重大基础工程与不同学者对大型构造的研究历史等提高学生的爱国情怀。

六个思政主题：将前述的所有案例及专业课程部分，体现并凝练"聚焦家国情怀、聚焦社会发展、聚焦专业价值、聚焦思维方法、聚焦工匠精神和聚焦道德修养"等思政主题。

四、课程思政元素的融合

1. 通过全身心的现代知识传授，激发学生对地质学知识的兴趣和对地质事业的热爱

构造地质学是一门有关地质变形与演化的学问。地球以及地质构造的过去、现在和将来如何？大洋是怎样变大陆、陆地又是如何变海洋的？怎样了解地球，进而保护地球，合理发掘人类生存与繁衍的基本需求以及社会可持续发展必需的海陆空资源，完成人类赋予地学工作者的神圣使命？如何理解地质工作是实现国家目标的先行？"一马当道，万马不能前行"的道理？"上天、下海、入地"一直是人类的梦想，地质学者是如何将此梦想逐渐变现的？什么是国家的"三深"重大计划？地质学者是怎样开展"深天"（航天、遥感，气象）、"深海"（海底地质、深海钻探）、"深地"（大陆科学钻探、深部能源矿产）研究的？全球地质学者是如何为一个清洁、安全、富有的地球而不懈努力，开展着防治与减轻地震、火山、滑坡、环境污染、荒漠化等各种地质灾害的创新研究的？通过全身心的现代地学知识点的传道、授业、解惑，由浅入深地展现了地质学的研究意义、地质工作的崇高和伟大，激发广大学生对构造地质学知识的浓厚兴趣和对地质事业的热爱。

2. 通过名山大川物泽天华的讲解与展示，润物无声地进行爱国情怀的熏陶

课程讲的是沧海桑田的构造变化，讲的是大自然的来龙去脉。我国拥有无尽的名山大川，伴随丰富的人文遗址，拥有世界上最古老和最年轻的雄伟山脉，有最高最多的山体奇峰、最长最美的海岸线和最高的湖泊，有世界最大规模的喀斯特地貌和黄土高原区，有世界规模最大的钨矿、稀土稀有金属矿。通过激情洋溢的讲解，通过自己在祖国山川的亲身实践和图像展示，激起了同学们对祖国大地的无限热爱和对大自然研究探索的强烈欲望，接受了入学以来第一次系统的地球科学启蒙教育和爱国情怀熏陶。

3. 通过对地学研究中国地域优势的实证介绍，提高学生的国家自信和民族自信

我国地域辽阔，地球上各个演化时期的地质信息和物质记录丰富，有悠久至20多亿年和新近几百万年的造山带，有各种类型的构造类型和门类齐全的定年化石，有丰富的能源矿产和宝石资源。课程详实介绍了我国所具有的独特地域特色和研究优势，明确告诉学生，中国大地上已经形成了众多世界公认的天然博物馆和地质学科研教学基地。突出的有如青藏高原变质与变形、中国中部超高压变质带、中国北方陆相生油盆地和华南花岗岩等，其蕴藏的重大科学问题，均构成了当代地质学研究的热点与前沿。其构造之多样、岩石之典型、信息之丰富、分布之广泛、交通与生活条件之便利，当数全球罕见，吸引了全球地质学界的目光，各发达国家的地质学界纷纷寻求机会，力争与中国开展科研合作，显著提升了中国地学的国际地位。通过客观事实的讲解和典例介绍，提升同学们对国家和中华民族的自豪感和自信心。

五、教学效果

通过精心设计课程教学，保障授课教学效果，达成教学目标。在教学过程中，坚持教书与育人相统一，不断挖掘并积累思政元素，以体现思政主题为课程思政的主要目的，以“春风化雨、润物无声”的形式，融入案例、介绍、实践等具体内容，不断丰富课程思政的内涵，在传授专业知识的同时，引领学生思想、塑造价值观、培养家国情怀。

在开展科学知识传授的同时，是可以联系实际，有的放矢，润物无声地培养学生的爱国情怀，提高他们的国家自信和民族自信心的。努力加强学问与道德关系的引导，实现德识双馨国家人才的培养目标。牢记使命，积极工作，勇于创新，做一个有利于国家和社会的人，脱离了低级趣味，德识双馨的人。

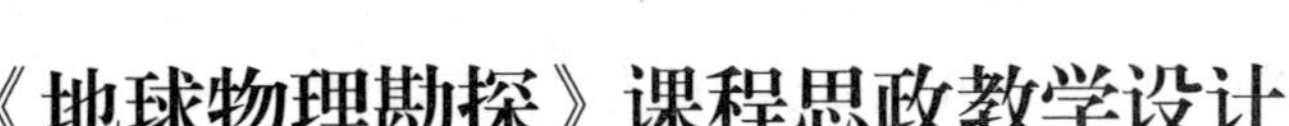

《地球物理勘探》课程思政教学设计

矿业工程学院　张　鹏

该课程主要讲述介绍了重、磁、电、震等地球物理方法的基本原理和野外作业方法，培养学生的创新思维和实践能力，融入爱国主义、民族精神、改革创新和国家战略等课程思政点，培养学生德能兼修素养，成为德智体美劳全面发展的社会主义建设者和接班人。

一、课程定位

《地球物理勘探》课程是资源勘查工程专业本科三年级开设的一门重要专业必修课。通过本课程的学习，学生应对地球物理勘探方法的正、反演计算、各种方法在地质工作中的作用以及应用前提和地质解释等基本知识有一个全面的理解和认识。课程主要内容包括各种岩矿石的地球物理特性，重力、磁法、电法、地震等地球物理方法的基本原理，各类勘探仪器，以及各种资料的整理和解释等内容。

学生毕业后能较快地在矿产资源勘查、地球内部结构与构造、地质灾害预报等实际问题中应用多型地球物理仪器采集野外数据，对数据进行初步处理和分析，给出简易地质解释。该课程的知识，是学生在以后资源勘查行业工作的重要理论基础，对保障我国各类资源的勘探开发，实现中华民族伟大复兴具有重要意义。

二、课程思政教学目标

立足国家教育部门对课程思政的要求，对《地球物理勘探》课程的教学目标进行深化，在原有知识性和能力性目标之外，还将“爱国情、强国志、报国行”的思想融入课程目标中，不仅在言谈身教中感染学生的爱国主义情感，同时将严谨科研、安全生产、服务国家、大局意识贯穿于课程教学大纲的各个单元，让学生以后在实际工作中，以“国家富强、民族振兴、人民幸福”为目标，为“保障工业发展，实现民族复兴”贡献力量。

三、课程思政教学设计

课程采取“知识讲授+思政融合+思政主题”的教学设计模式，以构造解析为主线进行讲授，融入思政元素，其中体现设计的思政主题，培养学生地质学思维和专业知识应用能力，潜移默化地进行科学精神、价值取向的地学工作者责任、情怀与担当，并形成特色的课程教学设计：“一个设计思路+两个章节安排+两部分思政融合案例+六个思政主题”。（见图 1）

一个设计思路：以地球物理学学科解决的基本问题的提出为起点，通过多种研究方法相结合，针对各种矿床进行专题分析，最终对各种物探方法进行针对性分析的研究思路。

二个章节安排：促进学生知识传授、能力培养与价值引领有机统一，前言和第一章为地球物理学基础介绍，基于问题的提出统领整体课程；第二章到第五章为研究方法介绍，主要进行针对各种物探方法进行针对性的基础理论、原理和实际应用方法详细解剖。

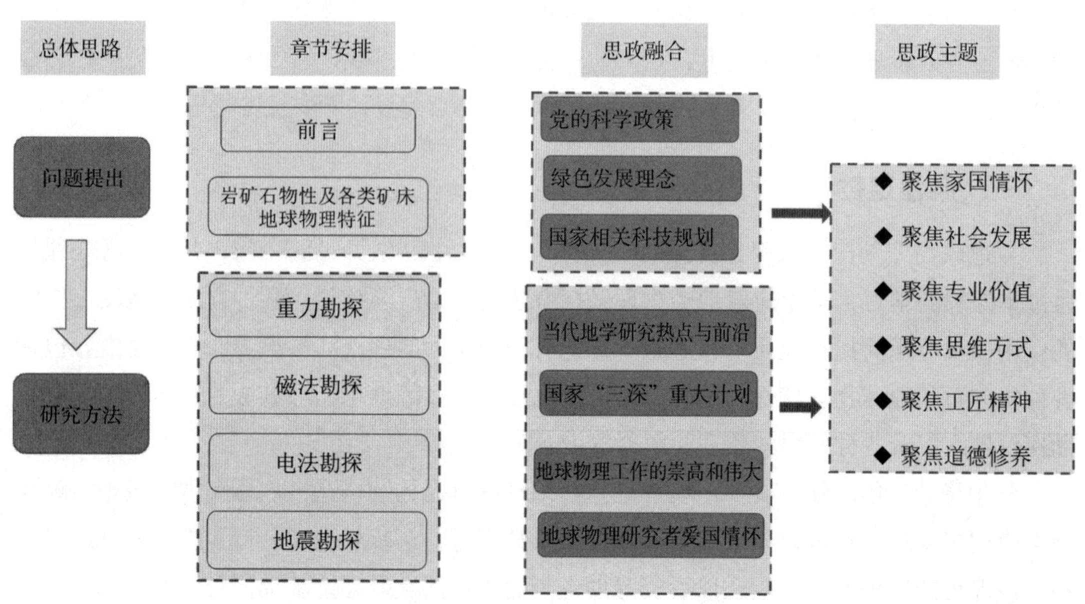

图1 《地球物理勘探》课程思政教学设计

两部分思政融合案例：针对前述的两部分章节安排，在教学过程中挖掘思政元素，促进学生知识传授、能力培养与价值引领有机统一，形成相对应的两部分课程思政融合案例。第一部分主要针对构造地质学基本理论和方法，穿插党的主要科学政策，习近平总书记的“绿色发展理念”以及国家相关科技规划涉及的课程信息；第二部分针对不同的研究方法的提出与应用，国家重要研究计划、研究热点与前沿以及涉及到的不同的思维方法与专业观念，同时结合专业的发展现状与国际合作，增强学生的国际视野，针对国家重大基础工程与不同学者对地球物理研究的贡献等提高学生的爱国情怀。

六个思政主题：将前述的所有案例及专业课程部分，体现并凝练出聚焦家国情怀、聚焦社会发展、聚焦专业价值、聚焦思维方法、聚焦工匠精神和聚焦道德修养等思政主题。

四、课程思政元素的融合

1. 通过全身心的现代知识传授，激发学生对地质学知识的兴趣和对地质事业的热爱

地球物理勘探是一门应用型学科，用数学和物理的方法来解决地质学问题。地球内部是什么样子？怎样了解地球，进而保护地球，合理发掘人类生存与繁衍的基本需求以及社会可持续发展所必需的海陆空资源，完成人类赋予地质学工作者的神圣使命？如何理解物探工作是实现国家目标的先行？“一马当道，万马不能前行”的道理？“上天、下海、入地”一直是人类的梦想，物探学者是如何将此梦想逐渐变现的？什么是国家的“三深”重大计划？地质学者是怎样开展“深天”（航天、遥感，气象）、“深海”（海底地质、深海钻探）、“深地”（大陆科学钻探、深部能源矿产）研究的？通过全身心的现代地学知识点的传道、授业、解惑，由浅入深地展现了地质学的研究意义、地质工作的崇高和伟大，激发广大学生对构造地质学知识的浓厚兴趣和对地质事业的热爱。

2. 通过各种物探方法寻找矿物的讲解与展示，润物无声地进行爱国情怀的熏陶

课程讲的是找矿的方法，我国拥有无尽的名山大川，伴随丰富的人文遗址，拥有世界上最古老和最年轻的雄伟山脉，有最高最多的山体奇峰、最长最美的海岸线和最高的湖泊，有世界最大规模的喀斯特地貌和黄土高原区，有世界规模最大的钨矿、稀土稀有金属矿。通过激情洋溢的讲解，通过自己在祖国山川的亲身实践和图像展示，激起了同学们对祖国大地的无限热爱和对大自然研究探索的强烈欲望，接受了入学以来第一次系统的地球科学启蒙教育和爱国情怀熏陶。

3. 通过对地学研究中国地域优势的实证介绍，提高学生的国家自信和民族自信

我国地域辽阔，课程详实介绍了各种物探方法在我国具体的具体应用，也简要介绍了老一辈地球物理人的开拓进取，让中国地球物理取得了跨越式发展，吸引了全球地质学界的目光，各发达国家的地质学界纷纷寻求机会，力争与中国开展科研合作，显著提升了中国地质学的国际地位。通过客观事实的讲解和典例介绍，提升同学们对国家和中华民族的自豪感和自信心。

五、教学效果

通过精心设计课程教学，保障授课教学效果，达成教学目标。在教学过程中，坚持教书与育人相统一，挖掘并积累思政元素，以“春风化雨、润物无声”的形式，隐性融入资源勘查工程专业课程课堂教学环节，不断丰富课程思政的内涵，在传授专业知识的同时，引领学生思想、塑造价值观、培养家国情怀。

学生通过课程学习，感受中国力量、中国制造、中国精神、中国故事，感受作为地学人的责任与担当，建立我们的民族自豪感、民族自信心、民族创造力，感受在党的领导下，健康生活的幸福和美好。

《环境工程》课程思政教学设计

矿业工程学院　赵恒泽

该课程主要讲述水质净化与水污染控制工程、大气污染控制工程、固体废物的处置与管理以及噪声等公害防治技术的基本原理和方法，培养学生解决环境问题的初步能力，融入科学理念、环境保护、可持续发展、爱国情怀等课程思政点，培养保护环境、科学生产的职业素养。

一、课程定位

《环境工程》是理论性和实践性都很强的学科，是在人类保护和改善生存环境并同环境污染作斗争的过程中逐步形成的，这是一门既有悠久历史又正在新兴发展的、独立的工程技术学科。本课程是安全工程专业的一门选修课程。本课程系统介绍环境工程学的基本理论，特别是水质净化与水污染控制工程、大气污染控制工程、固体废物的处置与管理以及噪声等公害防治技术的基本原理和方法。通过教学使学生明确基本的环境问题，掌握各类环境问题产生原因、主要特点，培养学生解决环境问题的初步能力，为改善生存环境做贡献。

二、课程思政教学目标

根据课程思政的要求，《环境工程》课程重新审视教学目标，在原有教学目标基础上，融入课程思政，使其贯穿于课程教学大纲的各个单元。将课程思政与教学目标、教学内容、教学素材以及教学过程完美融合，不仅使学生具备专业知识和能力，还使其能够构建科学理念、树立环境保护意识、坚持可持续发展、建立爱国情怀，为其将来走上工作岗位、创造社会价值打下的坚固的基础。

三、课程思政教学设计

课程采取“知识讲授+案例分析+思政元素”的教学设计模式，在讲授理论知识的同时以事故案例为辅助，融入思政元素，培养学生法学思维和专业知识应用能力，潜移默化地进行遵纪守法、职业道德、责任担当的思政教育（见图1）。

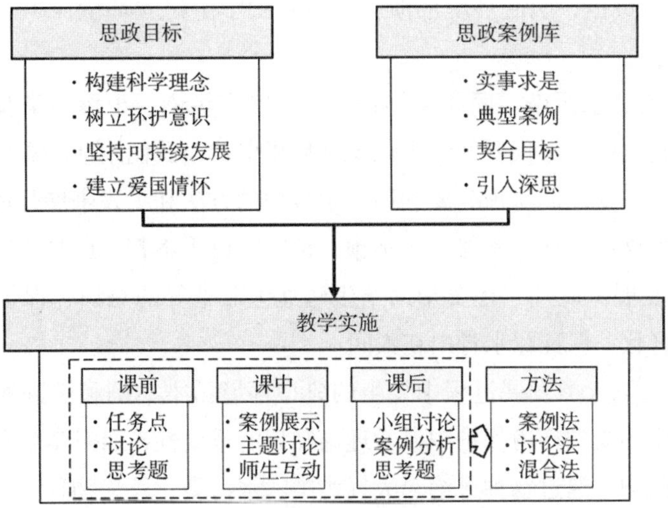

思政目标	思政案例库
·构建科学理念 ·树立环护意识 ·坚持可持续发展 ·建立爱国情怀	·实事求是 ·典型案例 ·契合目标 ·引入深思

教学实施

课前	课中	课后	方法
·任务点 ·讨论 ·思考题	·案例展示 ·主题讨论 ·师生互动	·小组讨论 ·案例分析 ·思考题	·案例法 ·讨论法 ·混合法

图1　课程案例思政设计

在开展教学之前，首先确定本课程的思政教学目标，为构建科学理念、树立环境保护意识、坚持可持续发展、建立爱国情怀。在此基础上，搜集资料建立思政案例库，并坚持实事求是、典型案例、契合目标、引人深思的原则，保证每一个案例都是真实发生的，并且具有代表性，符合课程思政目标的要求，同时能够引起学生的共鸣。

在教学过程中，在课前、课中和课后都要制定相应的教学计划，使课程思政贯穿整个授课过程，同时采用适当的教学方法，使课程思政与教学能容紧密结合，做到润物细无声。

四、课程思政元素的融合

在教学过程中，根据各个教学单元的内容特点，选取更切合的课程思政教学目标融入，并配合以相应的教学活动设计，促进知识、能力和课程思政教学目标的同步有效达成。

1. 在环境工程的基本知识、环境保护和可持续发展的讲授过程中，重点突出“树立环境保护意识、坚持可持续发展”的思政目标。这部分的知识核心是构认识生态环境问题、坚持环境保护和可持续发展，坚决贯彻习近平总书记的“绿水青山就是金山银山”的思想，使学生清晰地感受到我国对环境保护的重视、对绿水青山的渴求、对可持续发展的追求，意识到学习环境工程的重要意义以及自身的社会责任，从而激发其学习热情。

该部分会引入部分案例以及国家政策等方面的内容，使学生认识到环境保护在国家发展、社会和谐、世界发展的重要作用和意义。例如，引入近年来的环境破坏问题，包括雾霾、水污染、水土流失等严重环境问题以及对我们生活的影响，并提问：如果一直持续下去，你认为人类还能发展多长时间？在此过程中，让学生意识到环境保护的重要性，激发学生认真学习环境工程相关知识和技能，并掌握正确的环境保护方法。此外，还要让学生意识到，科学合理方法的重要性，错误的环保手段不仅不会有效改善环境问

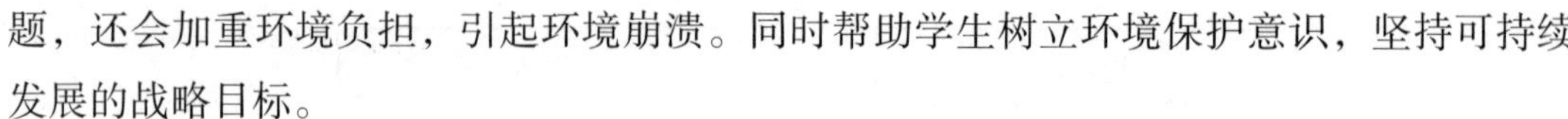

题，还会加重环境负担，引起环境崩溃。同时帮助学生树立环境保护意识，坚持可持续发展的战略目标。

2. 在大气污染、水污染、固体废弃物污染、噪声污染、土壤污染及其他污染和相应控制方法的讲授过程中，不仅要使学生认识到环境保护对我们生活的重要意义，还要帮助学生构建科学思维，让他们认识到要利用科学合理的方法和手段来展开环境保护工作，尊重生态环境自然发展的规律，不能过多干预，也不能放手不管，而是要坚持科学发展的要求，做到可持续发展。此外，还要帮助学生建立生命平等的意识，保护自然界中的动植物，做到物种多样化，保证绿水青山在人间。

该部分主要选取人类发展过程中发生的典型环境污染案例和引进外来物种案例进行讲授，从而使学生感受到环境保护中科学理论知识的重要性，启发学生尊重科学、注重实践，多方面思考问题。通过物种灭绝、大气污染、水污染、外来物种入侵等严重的环境问题，唤起学生对安全检测与监控的重视，激发学生对环境保护、生命权利、安全健康等的尊重和思考，激发学生投入到环境保护工作中的热情，从小事做起，节约电能、水资源、不乱扔垃圾、绿色出行等，以身作则，来保护我们的绿水蓝天。从而增加学生对将来从事环境保护工作产生责任感和使命感，以及对我国环境保护事业产生归属感和使命感。只有建立起这样强烈的情感，才能使学生更加热情的投入到环境保护相关工作中去，去不断吸收新的知识，不断改善我们的生活环境，造福全人类。

3. 在进行清洁生产、循环利用、环境监测和评价等方面的讲授过程中，重点讲授环境工程方面的新理念、新方法及发展趋势，突出我国目前环境保护的伟大成果，以达到“坚持科学发展，建立爱国情怀”的思政目标。学生们将环境保护与爱国情怀联系在一起，将环境保护作为国家发展的一件大事来做，才能干出一番大事业。同时，学生们还要认识到只有环境保护技术的不断发展，才能有效对环境问题进行监控监测，才能及时发现环境问题，保护人们赖以生存的生态环境。因此，在学习和将来的就业中，只需要不断探索和发现先进的环境保护和监测评价技术，引入大数据、云计算等先进计算机手段，发展完善相应理论，才能在现代化发展进程中，始终保持先进性，保证环境污染事故不发生或者少发生，保证环境可持续发展。

该部分更多的是采用讲授式、启发式、问题式教学法，在学生明白相应环境保护技术的情况下，让学生直面环境保护中出现的相关问题，以及目前环境保护中存在的缺陷，启发学生利用现代的电子通信、计算机等手段，探讨问题的解决方法、技术的变革趋势等，进而畅想环境保护技术的发展方向。通过这些教学活动，学生不仅能够意识到先进环境保护技术的重要作用，还能够坚定学生尊重科学、不断发展科学技术的信念，激发其不断创新、不断探索的信念，为将来环境保护的发展贡献自己的力量。

4. 在环境法治的作用、原则、体系、制度等方面进行讲授过程中，突出“树立法治意识、遵守法律法规”的思政目标。环境保护同样需要法律规范我们的行为，对破坏环境的行为进行处罚和制裁。因此，在授课过程中，要始终帮助学生树立法治意识，使他们认识到破坏环境的行为不仅违反道德，同样会触犯法律，会受到相应的惩罚。此外，在面对破坏环境的行为时，我们也有了依据和依靠，能利用法律武器保护自己、保护环境。此外，法律的学习还能帮助学生建立社会责任感和使命感，帮助他们建立坚定、稳定、持久的职业责任感和职业荣誉感，这种情感反过来也能够帮助学生理解环境保护工作对社会和人民安全的重要意义。

这部分内容更多会采用案例分析的教学方法，通过一个个真实的案例，使学生意识到环境保护的重要性、遵纪守法的重要性。通过讨论，使学生认识到法律是束缚我们的重要因素，只有遵守法律法规、建立法律意识，才能有效约束自己的行为，才能坚决的与违法行为作斗争。同时还要激发学生对本职业的认同感和使命感，建立环境保护责任感，才能帮助学生理解环境保护的重要意义。

五、教学效果

通过精心设计课程教学，保障授课教学效果，达成教学目标。在教学过程中，坚持教书与育人相统一，挖掘并积累思政元素，以“春风化雨、润物无声”的形式，隐性融入安全工程专业课程课堂教学环节，不断丰富课程思政的内涵，在传授专业知识的同时，引领学生思想、塑造价值观、培养职业道德和法律意识。

学生通过课程学习，深刻认识到在生产生活中环境保护工作的重要性，意识到“绿水青山就是金山银山”，构建科学理念、树立环境保护意识、坚持可持续发展、建立爱国情怀。

《安全人机工程》课程思政教学设计

矿业工程学院　侯欣然

安全人机工程学是从安全的角度和着眼点研究人与机的关系的一门学科，有机融合了生理学、心理学、卫生学、人体测量学等学科的知识和成果，研究人在从事生产或其他活动过程中在实现一定活动效率的同时最大限度地保障人的健康和安全，培养学生具备运用人机系统背景知识及原理，表达和解决复杂安全工程问题的能力，融入科学精神、爱国主义、时代精神、职业道德等课程思政元素，增强学生以人为本的安全理念，激发勇于创新突破的精神，培养协作增效意识，理解其在安全工程领域的地位和意义。

一、课程定位

《安全人机工程》课程是安全工程专业本科第6学期开设的专业必修课程，是一门研究“人——机——环境”三者之间相互关系的交叉性应用学科，有机融合了生理学、心理学、医学、卫生学、人体测量学、劳动科学、系统工程学、社会学和管理学等学科的知识和成果，形成自身的理论体系、研究方法、标准和规范，研究和应用范围广泛并具有综合性。本课程注重培养学生具备运用人机系统背景知识及原理，表达和解决复杂安全工程问题的能力，理解其在安全工程领域的地位和意义。

通过课堂讲授、探究翻转、案例教学、混合教学等多种形式，让学生对人与机具、环境之间的相互关系有比较全面了解和认识，发现并利用人的行为方式、工作能力、作业限制等特点，并能从适合于人的生理与心理特征的角度出发，对工程设计、工作安排、环境布置等提出科学的建议和要求，为“人—机—环境”系统建立一个合理可行的方案，使作业者获得舒适、健康、安全、可靠的作业环境，力求提高作业者的作业能力、系统生产率、安全性、舒适性和有效性。

二、课程思政教学目标

立足课程思政的现代课程观，《安全人机工程》课程以应对变化、塑造未来为建设理念，以立德树人作为教育的根本任务，以践行社会主义核心价值观为最终目标，在原有的知识和能力教学目标的基础上，还将“树立系统思维，增强以人为本的安全理念，激发勇于创新突破的精神，培养协作增效意识”的课程思政目标有机地融入其中，贯穿于课程教学大纲与课程实践教学过程中，实现了课程思政建设与教学目标的有机契合。

三、课程思政教学设计

课程采用“知识讲授+案例分析+工程实践+思政元素”的教学设计模式，在讲授基础知识的同时，以解决复杂安全工程问题为目标，以导入精选案例为对象，引导学生讨论分析并进行自主探究，同时融入隐性思政元素，培养学生安全意识和专业知识的应用能力，并形成以“安全+高效+可靠+环保”为主线的课程思政教学设计（见图1）。

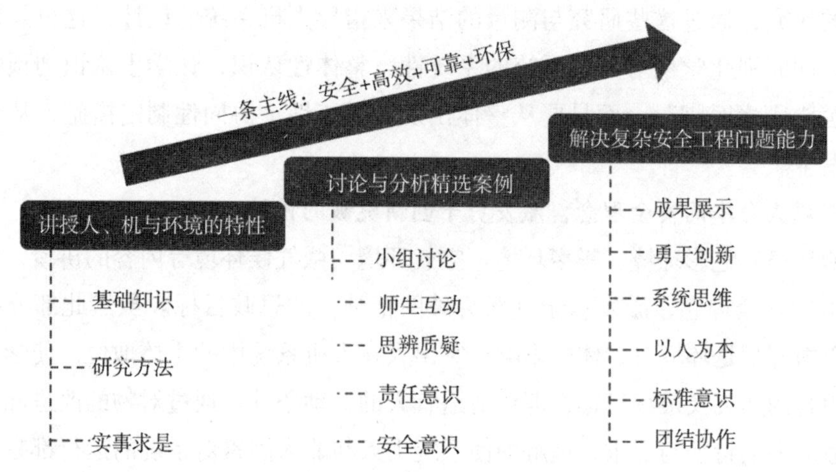

图1　课程思政教学设计

一条主线：随着科学技术的发展，机械化、自动化、数字化的程度越来越高，对减少事故、保护人身安全、提高工作效率和系统可靠性，立足环保的人机系统需求和要求越来越高，以“安全+高效+可靠+环保”为主线，帮助学生明确学习目标，系统立体认识课程内容及重点。

讲授基础知识：采用知识讲授，并利用线上拓展板块，通过生活和生产中的实例强化学生对基础知识和研究方法的理解和认识，培养学生树立实事求是的科学精神。

讨论分析精选案例：结合基础知识，精选相关典型案例，并进行小组讨论与分析，加强师生间互动，挖掘思政元素，培养学生思辨质疑的精神，强化学生作为职业“安全人”的责任担当和安全意识。

工程实践：通过小组间的成果展示，培养学生勇于创新的精神，在创新过程中培养学生系统性思维，以人为本的安全理念和标准意识，提高学生的团结协作意识。

四、课程思政元素的融合

1. 增强实事求是精神，树立系统思维

在人机工程学的起源与发展、人体测量、人体心理、生理特性、人的信息处理系统等关于人的基本特性相关知识的讲授部分，突出“树立系统思维”的思政目标。这部分内容的教学目标主要是让学生深刻认识安全人机工程学的研究目标，安全人机工程学的研究内容不仅仅是人、机、环三个独立的因素，而是要从大安全的视角出发，采用系统思维和协同分析方法，研究人、机、环构成的系统进行整体性研究及优化，以实现预定的安全目标。

该部分以典型事故案例为背景，讲述人机工程学的起源与发展，讨论并深入剖析事故发生原因，进而提出预防事故发生可采取的技术措施。引出在人机系统中研究人体特性的重要性及意义，使学生了解知人造物的思想，研究人的生理、心理特性，如进行人体测量学的研究，通过这些研究与测量的结果来指导人机系统的设计，这也是役物宜人的第一步。同时强化学生对人机系统的系统性、整体性认识，让学生认识到预防事故切忌“头痛医头脚痛医脚”，而是要从整体出发，系统性、协同性制定措施，从根本上预防事故的发生。

2. 增强以人为本的安全理念，激发勇于创新突破的精神

在照明环境、色彩环境、噪声环境、空气环境、微气候环境等内容的讲授，突出“增强以人为本的安全理念，激发勇于创新突破的精神”的思政目标。虽然此部分内容讲环境，但核心内容却是环境对人体的影响，突出人在人机系统中的主体地位，使学生理解研究此部分内容的初衷及最终目标，即创造适宜人的劳动条件。通过对物的改进和塑造，使其更好地适应人的特征与要求，理解即使系统中人与非人因素对系统的运行都是不可或缺的，但将人看作主体，人的存在才保证了系统存在的意义。在同一个系统当中，人为主体，物为客体，看重人的感觉。在系统运作时，保证人在最小代价下获得最高效率，使人的安全感得以提升。

该部分内容选取在疫情期间奋战在一线的医务工作者穿戴防护服内所形成的微气候环境，唤起学生的家国情怀，明白生命的价值，增强学生对生命的敬畏，同时提出如何解决防护服的隔离性与舒适性的矛盾，减轻医务工作者的疲劳，提高医务工作者的舒适性，激发学生的勇于创新突破的精神。

3. 培养协作增效意识

工作负荷、作业空间设计、人机系统等内容的讲授中，突出“培养协作增效意识”的思政课程目标。此部分内容使学生明白1+1>2的核心思想，即与他人的合作可获得更大的成效，这种获得的成效不是个人可获得成效的简单叠加，而是远远大于各个体单独作用时可获得的成效之和，此部分内容激发学生的团队协作意识。

对于安全人机系统而言，它有3个大的组成要素：人、机、环，进行人机系统的设计时，通过3个要素的组合来达到设计的目的，而获得这种目的，仅仅依靠人是做不到的，人必须凭借物。只依靠物也是不行的，物不具备主观能动性，物必须在人的意识之下运作，才能达到人的目的。只有人、机、环组合在一起，才能取得各因素单独作用时所不能获得的功效，这便是安全人机系统中“协作增效”的思想。换一个角度来理解，人们通常在进行人机系统设计时，更想获得的是系统的作用成果，而不是系统中某些因素单独的作用效果，也就是说人们在潜意识中是趋向于对系统“增效”部分的认可，是想更多地获得“大于2 的部分”，这便是安全人机系统中安全协作增效原理的意义。

五、教学效果

通过精心设计课程教学，深度挖掘思政元素，保障教学效果，达成教学目标，在教学过程中，以“大道至简，润物无声”的形式，将理论知识与思政元素有机融合，不断丰富课程思政的内涵，在传授专业知识的同时，引领学生思想、塑造正确的价值观。

学生通过课程学习，深刻认识到安全人机工程在安全工程领域的重要意义，树立系统性思维、“以人为本”的安全理念，感受实事求是、创新精神、团结协作的力量和魅力，感受作为新一代职业“安全人”的责任与担当，感受在党的领导下，健康生活的幸福和美好。

《JAVA程序设计与开发》课程思政教学设计

矿业工程学院　石木耀

该课程主要讲述JAVA语言的基本语法知识和程序设计的基本技能，阐述面向对象的编程思想、设计模式及其综合应用，培养学生创新思维和计算机编程实践能力，融入艰苦奋斗、勤奋求实、科技报国等课程思政点，培养学生德能兼修素养和大国工匠精神。

一、课程定位

《JAVA程序设计与开发》是地理信息科学专业本科三年级开设的选修课程。作为连接地理信息程序开发语言基础与GIS设计与开发、移动GIS设计与开发的桥梁课程，其基本理论、基本知识、基本技能全面阐释了课程体系的全面、系统、先进和实用的特点。通过本门课程的学习，培养学生掌握一门新的面向对象编程语言Java及其在移动应用程序开发中的应用，初步具备应用设计模式进行软件设计的能力，理解其在现代大型应用软件设计与开发中的地位和影响。

通过课堂讲授、探究翻转、案例教学、混合教学等形式，讲解Java语言基础、数组、类和对象、面向对象编程思想、集合、IO、反射、枚举与泛型等调试与上线等编程思想与技术，提升移动软件编程基础知识综合应用能力。通过课程的学习，让学生在新进展、新思路、新技术、新能力、新思维下，将枯燥的程序代码与动态的软件设计过程相联系，实现程序代码的编写与调试，着重培养和提升学生的动手实践能力。

二、课程思政教学目标

围绕课程知识传授、能力提升和价值引领的相结合的整体目标，挖掘自身蕴含思政的素材和资源，结合自身课程的特色和优势，以面向对象编程语言为基础，稳中求变，构建逻辑思维，展示工匠睿智；以程序设计为主线，在项目和案例中中寻真知，提升软件设计思维，坚守工匠初心；以技术方法为手段，试（指程序调试）中求新，培养创新思维，彰显工匠能术；以错误诊断为目的，新中唯诊，拓展编程思维，践行工匠仁义；形成了本门课程“艰苦奋斗、勤奋求实、科技报国”的课程思政目标，实现教书、授业、育人、解惑的同向同行、同频共振，强化显性思政、细化隐性思政、构筑三全育人大格局。

三、课程思政教学设计

课程采取“知识讲授+自主探究+思政元素”的教学设计模式，在讲授编程理论知识的同时以程序设计为主线进行自主探究活动，融入隐性思政元素，培养学生软件思维和专业知识应用能力，潜移默化地进行科学精神、价值取向、伦理规范下的工匠责任、情怀与

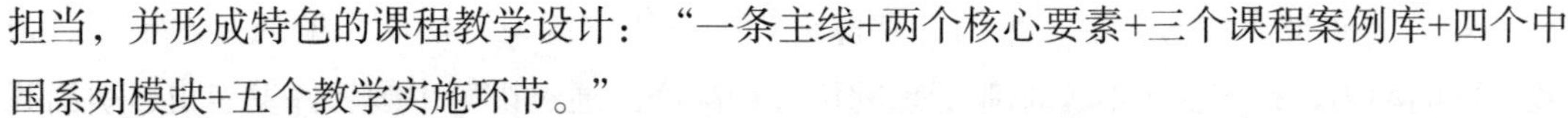

担当，并形成特色的课程教学设计：“一条主线+两个核心要素+三个课程案例库+四个中国系列模块+五个教学实施环节。”

一条主线： 以习近平总书记“创新是一个民族进步的灵魂，是一个国家兴旺发达的不竭动力，也是中华民族最深沉的民族禀赋。在激烈的国际竞争中，惟创新者进，惟创新者强，惟创新者胜”——科技创新和“要树立正确人才观，培育和践行社会主义核心价值观，着力提高人才培养质量，弘扬劳动光荣、技能宝贵、创造伟大的时代风尚，营造人人皆可成才、人人尽展其才的良好环境，努力培养数以亿计的高素质劳动者和技术技能人才”——人才强国为主线，培养和增强学生以创新技术理念进行信息技术报国的意识。

两个核心要素： 促进学生知识传授、能力培养与价值引领有机统一，以思维培养和工匠素养为核心要素，通过基础编程知识的讲解，构建逻辑思维，体现工匠智慧；通过上机项目的操作，提升实践思维，培养工匠耐心；通过技术方法的掌握，培养创新思维，彰显工匠过硬技术；通过实践项目的设计，拓展项目实战思维，践行工匠报国之心。

三个课程案例库： 在教学过程中挖掘思政元素，促进学生知识传授、能力培养与价值引领有机统一，形成三个课程资源案例库。一是以爱国情怀、民族创新、遵纪守法及顽强拼搏等为主要内容的思政元素库；二是以爱岗敬业、服务群众、奉献社会、经世济民等为主要内容的生活案例库；三是以前沿进展、大胆创新、艰苦奋斗、求真务实等为主要内容的软件案例库。

四个中国系列模块： 模块一讲好中国故事，讲解科学家故事、民族文明及知识拓展故事；模块二讲好中国情怀，讲解工匠的职责和关爱、树立学习的决心和信心、奉献工匠的仁心和爱心；模块三讲好中国创造，讲解自主创新、迎难而上；科技创新、勇于担当；民族创新，助力发展；模块四讲好中国精神，讲解工匠精神、精益求精、匠心独运，匠心，大道所向。

五个教学实施环节： 以学生为主体、以教师为主导、以体验为关键、以网络为载体，通过“课前+课中+课后+自主探究+实验实践”五个实施环节，完成教学，实现隐性教育与显性教育相统一。

四、课程思政元素的融合

1. 严守理论阵地，讲好中国故事

结合编程语言发展史，讲好计算机科学家的故事。在讲述Java语言发展史时，通过Java语言的发展与现状、软件技术研究和突破、软件设计新思想和代码质量控制的发展、信息技术领域中的角色和地位，追溯其发展历史，突出其与基础科学（如数学）、现代科学技术和网络技术等相互渗透的特点，完成从了解程序、写程序到设计程序全过程的理性认知和正确思考。

好的开始是成功的一半，采用首堂课进行“少年中国说”活动，增强奋发学习、报效祖国的动力，树立实现心中职业梦想的信心和决心。通过讲解中国软件发展史，引出我国国产地理信息软件MapGIS的开发者——吴信才教授。其技术团队开发的MapGIS软件，奠定了我国地理信息制图软件的基础，吴信才教授长期痴迷于数字制图及GIS的科研、应用等工作，他见证并推动了GIS在我国的发展。他不知疲倦地奋战在技术一线，引领了中国地理信息系统软件产业的发展。一个时代，总是要与某些人物连接在一起，与他们的思想共进退。吴信才教授就是这样一个人物，他改革了地质填图历史，让涉及图件种类繁多、形态复杂、数量巨大的地质工作变得轻松。他心无旁骛脚踏实地，守得云开见月明，只为在数字制图和地理信息系统领域点亮一盏明灯，从彩色地图编辑出版系统，再到MapGIS，每一次创造都掀起一场技术革命，您拾起前人遗憾，透过地理信息的窗台，望向无垠的星空，技术在您的手中仿佛被赋予了灵魂，以全新而又科学的阵型组合起来，倾听着时代的呼唤，不断描绘着新技术的蓝图。吴信才教授曾多次向教育部无偿捐赠MapGIS软件，帮助全国200余所高校建设 GIS实验室。问及为什么要做这些，他的理念是这样：“成果不是编出来看的，是要给社会应用才能产生价值的，技术是要传承给下一代的！”在完善学历教育的同时，吴教授也开始注重培养具有创新思维和应用技能的产业人才。2000年，MapGIS大学生制图竞赛应运而生，这是国内最早开设的GIS赛事之一。不忘初心，经过近20年的坚持，大赛逐渐成长为我国GIS教育界的一项标杆性赛事平台——全国高校GIS技能大赛，不仅促进了GIS相关专业教学改革，也培养了数十万名擅于实践创新的GIS优秀人才，为我国GIS教育水平和人才水平的提升做出了重要贡献。

2. 聚焦技术本质，讲好中国情怀

观细节，展关爱。作为一个未来从事软件行业的人，需要在本科阶段就要明白学好软件技术是为了谁，需明白技术报国的道理。为此，在讲授该门课程的时候要时刻教育学生懂得这一点。软件最终编写出来不是为了欣赏把玩，而是为社会服务的，服务于各行各业的人。目的只有一个，推动我国的信息化和智能化。

勤思考，树信心。数据结构和软件算法很多，有些甚至需要掌握过硬的数学能力，因此在本门课的讲授过程中，通过一些示例的讲解以及一些作业的布置和讲解，培养学生勤于思考、善于思考、大胆实践的精神，让学生在解决问题中收获学习的信息。例如，可以将数据结构中的一些算法以及GIS原理中的一些经典算法拿出来作为示例或者作业，先让学生试着自己完成，然后老师再加以引导和讲解，使之在不断的自我实践中形成编程能力。

扎根基，献爱心。一个软件的设计与实现需要掌握方方面面的知识，如计算机硬件、操作系统、数据库、编程语言、数据结构与算法、网络、软件工程、数学等知识。因此，学生应该重视基础，将所学知识融会贯通，要多实践，多思考，带着问题去学。可以通过

深入基层，到各行各业中去调研，了解社会中人民群众的需求，或者深入到农村了解基层群众的生活，能否利用所学编程知识为他们服务，归根结底是要让学生奉献爱心，回报社会，深入基层，了解需求，打牢根基，勤奋求实，实事求是，奉献自我。

五、教学效果

通过精心设计课程教学，保障授课教学效果，达成教学目标。在教学过程中，坚持教书与育人相统一，挖掘并积累思政元素，以“春风化雨、润物无声”的形式，隐性融入地理信息科学专业课程课堂教学环节，不断丰富课程思政的内涵，在传授专业知识的同时，引领学生思想、塑造价值观、培养家国情怀。

学生通过课程学习，深刻认识到在程序设计中，感受中国力量、中国制造、中国精神、中国故事，感受作为新一代大国工匠的责任与担当，建立我们的民族自豪感、民族自信心、民族创造力，感受在党的领导下，健康生活的幸福和美好。

《误差理论与测量平差基础B》课程思政教学设计

矿业工程学院　张凌云

该课程主要讲述误差理论与测量平差基础在现代测量数据处理中的应用及发展趋势；误差的来源、性质、分布、数字特征及协方差、协因数传播规律；最小二乘原理和四种经典平差模型，即条件平差，间接平差，附有参数的条件平差、附有约束条件的间接平差的基本理论及精度评定。该课程使学生掌握基本的测量数据处理方法，能够结合测量工程和规范要求，建立适当的模型，进行数据处理综合分析，初步具备解决复杂工程数据处理问题的能力，培养学生自主学习和终身学习的意识和适应发展的能力；融入严谨求实、精益求精的测绘职业精神，大国工匠精神、科学素养与文化自信，培养学生独立思考能力、创新思维，培养学生的专业幸福感和家国情怀。

一、课程定位

《误差理论与测量平差基础B》一门面向地理信息科学大二学生的专业基础课。其课程特点是理论性强，公式、概念繁多，理论与实践联系密切。随着科学技术的发展，以“测量测图”为核心的传统测绘已经发展到“以空间信息服务”为核心的地球空间信息工程，测量数据处理扮演着举足轻重的角色，它是外业数据采集到测量数据科学应用和工程应用的核心步骤，为后续多门专业课程如大地测量学、工程测量、GNSS原理与应用提供技术支持和数据支撑。在2020版培养方案中该课程为40学时，学分2.5分。

二、课程思政教学目标

在“新工科”背景下，基于OBE理念，紧扣《2020测绘地理信息类专业补充标准》，确立了“培养测量数据处理能力、解决复杂工程问题能力”的课程建设目标。从知识目标、能力目标和素质目标三个层次对“工程专业教育认证”下的毕业要求指标点给予支撑。从知识层面来讲，要求学生认识误差理论与测量平差基础在现代测量数据处理中的应用及发展趋势；理解掌握误差的来源、性质、分布、数字特征及协方差、协因数传播规律；掌握最小二乘原理和四种经典平差模型，即条件平差，间接平差，附有参数的条件平差、附有约束条件的间接平差的基本理论及精度评定，掌握水准测量控制网、边角网、GNSS 控制网平差模型的建立及处理方法，能够对计算结果进行评价和分析。

从能力层面来讲，核心是培养学生掌握基本的测量数据处理方法，能够结合测量工程和规范要求，建立适当的模型，进行数据处理综合分析，初步具备解决复杂工程数据处理问题的能力，培养学生自主学习和终身学习的意识和适应发展的能力。

从素质层面来讲，在专业知识传授中，注重价值观培养，培养严谨求实、精益求精的测绘职业精神，大国工匠精神、科学素养与文化自信，培养独立思考能力、创新思维。通过历史重大测绘事件如珠峰高程测量、重大工程测量项目（珠港澳大桥、川藏铁路）、重大科学工程（FAST、环型正负电子对撞机）、测绘名人等培养学生的专业幸福感和家国情怀。

三、课程思政教学设计

以“培养测量数据处理能力、解决复杂工程问题能力”为主线，以实现国家富强、民族振兴、人民幸福为己任，坚持价值引领、筑牢科技梦想，增强学生自主创新、团结合作、勇于奉献的精神，从爱国情怀、职业精神、生活态度等方面对学生进行正确地引导，向新时代世界科技强国迈进！

根据课程体系，挖掘章节相关课程思政元素，对各模块进行详细设计，并付诸教学实践。根据课程学时合理安排课堂教学内容和课下教学任务。

在教学实施中，围绕以学生为主题、以学为主、以学习效果为目标的“三学”理念，以教师为主导，综合运用线上、线下教学资源。课前通过“科普宣传、电影大片视频、线上讨论”驱动自主学习，课堂通过“讲授+问题驱动+视频播放+小组汇报”丰富学习思维，课后通过“作业、测验”深化学习效果、通过“实验实践”增强动手能力，形成“课前驱动+课堂互动+课后深化+实验实践”的实施模式，实现隐性教育和显性教育的统一。

四、课程思政元素的融合

在教学过程中，根据各个教学单元的内容特点，选取更切合的课程思政教学目标融入，并配合以相应的教学活动设计，促进知识、能力和课程思政教学目标的同步有效达成。

1. 在误差来源、分类和误差发展历史部分的讲授中融入“矛盾观”和“人生规划”的思政目标。矛盾具有普遍性和客观性，是事物本身所固有的，不以人的主观意志为转移。测量仪器、观测者、外界条件三方面的因素是引起误差的主要来源，统称为观测条件。在整个观测过程中不管观测条件如何，总会产生这样或那样的误差，测量误差是客观存在的。

根据观测误差对测量结果的影响性质可分为系统误差、偶然误差和粗差。这三种误差的特性以及对测量结果的影响特性不同，有主次之分，需要同学具体问题具体分析，分辨出来什么是主要矛盾，什么是次要矛盾，并针对不同的矛盾采取不同的方法进行解决。矛盾是可以相互转化的，根据研究目的不同，系统误差也是动态变化的，如GPS观测中的对流层折射延迟误差往往作为系统误差加以改正，但是如果研究对象是区域的对流层模型，那么它拥有了偶然误差的特性。人生中的误差也是不可避免的，理想、完美的人生是不存在的，所以面对随机误差，人要豁达淡定，积极调整心态；人生就是一个规避粗差，不断进取、修正系统误差的过程。在这个过程中，往往需要对人生进行规划，凡事预则立，不预则废，这样才能做成事情，达到自我实现的高度。

2. 在误差分布与精度指标的部分的讲授中融入“整体论与重点论”的思政目标。本部分主要内容为偶然误差数据的数字特征（数学和期望），正态分布至关重要。在联系自然、社会和思维的实践背景下，我们以正态分布的本质为基础，以正态分布曲线及面积分布图为表征，进行抽象与提升，抓住其中的主要哲学内涵，归纳正态分布论的主要内涵如下：

整体论：正态分布启示我们，要用整体的观点来看事物。“系统的整体观念或总体观念是系统概念的精髓。”正态分布曲线及面积分布图由基区、负区、正区三个区组成，各区比重不一样。用整体来看事物才能看清楚事物的本来面貌，才能得出事物的根本特性。不能只见树木不见森林，也不能以偏概全。此外，整体大于部分之和，在分析各部分、各层次的基础上，还要从整体看事物，这是因为整体有不同于各部分的特点。

重点论：正态分布曲线及面积分布图非常清晰地展示了重点，那就是基区占68.27%，是主体，要重点抓。此外，95%，99%则展示了正态的全面性。认识世界和改造世界一定要抓住重点，因为重点就是事物的主要矛盾，它对事物的发展起主要的、支配性的作用。抓住了重点才能一举其纲，万目皆张。

发展论：联系和发展是事物发展变化的基本规律。任何事物都有其产生、发展和灭亡的历史，如果我们把正态分布看作是任何一个系统或者事物的发展过程的话，我们明显地看到这个过程经历着从负区到基区再到正区的过程。无论是自然、社会还是人类的思维都明显地遵循这样一个过程。准确地把握事物或者事件所处的历史过程和阶段极大地有助于掌握我们对事物、事件的特征和性质，是我们分析问题，采取对策和解决问题的重要基础和依据。发展的阶段不同，性质和特征也不同，分析和解决问题的办法要与此相适应，这就是具体问题具体分析，也是解放思想、实事求是、与时俱乐进的精髓。总之，正态分布论是科学的世界观，也是科学的方法论，是我们认识和改造世界的最重要和最根本的工具之一，对我们的理论和实践有重要的指导意义。此外，准确度、精度和精准度让学生了解方向选择的正确性，方向错了，精度再高，离散度再小，也是错误地集中，走入南辕北辙的误区。

3. 协方差传播律及权章节的课程思政切入点为协方差传播律、权、珠峰高程、中国天文大地网的建立、系统误差的传播等。作为一门严谨性很高的学科，测量数据的采集要实事求是，测量数据的处理更要严谨求实、精益求精和勇于创新；不仅要掌握测量数据处理的方法，更要清楚测量在国民经济建设和社会主义建设宏图下的内涵。艰难困苦，玉汝于成。从中国天文大地网的建立，到港珠澳大桥的开通，再到2020珠峰高程的公布，我国测绘技术水平和能力得到了充分的体现，代表着人类探索和认识世界的新高度，也代表着人类精神和梦想的新高度。2020珠峰高程测量国产装备成为这次珠峰高程测量的主力军，很好地诠释了大国工匠精神的奥义。“不畏艰险、顽强拼搏、团结协作、勇攀高峰”的登山精神和“自主创新、追求卓越”的北斗精神闪耀着时代光芒，激起学生的文化自信和民族自豪感，激励更多志存高远、矢志报国的年轻人投身科技强国的伟业，为中华民族伟大复兴作出更大贡献。系统误差的传播也警戒学生差之毫厘，失之千里，对于测量数据必须严谨求实、锱铢必较，端正工作态度。

4. 平差数学模型与最小二乘原理章节的课程思政点为最小二乘原理，四种经典平差函数模型的联系。由谷神星的轨道发现引入最小二乘原理，展示榜样的力量，激发学生学习兴趣，激励学生勇于探索。通过画数轴、找节点梳理四种经典平差函数模型的联系和区别，掌握区别平差函数模型的“锚点”，即平差所选参数个数u和必要观测个数t的关系。四种平差函数的模型都是基于最小二乘原理，横看成岭侧成峰，引导学生探索不同的经典平差模型最终平差后的是否一样，培养学生探索未知、追求真理的科学精神。

五、教学效果

在专业知识传授中，注重价值观培养，培养严谨求实、精益求精的测绘职业精神，大国工匠精神、科学素养与文化自信，培养独立思考能力、创新思维。通过历史重大测绘事件如珠峰高程测量、重大工程测量项目（珠港澳大桥、川藏铁路）、重大科学工程（FAST、环型正负电子对撞机），测绘名人等培养学生的专业幸福感和家国情怀。

《地理学基础》课程思政教学设计

矿业工程学院　郭力娜

该课程主要讲述岩石圈、大气圈、水圈、生物圈等地球表层系统四大圈层的成分与结构、空间规律与特点、能量平衡与物质循环等理论和特征，培养学生观察地理事物、分析地理现象和解决地理问题的能力，并培养学生形成空间地理学，融入家国情怀、文化认同、科学精神、可持续发展、生态文明建设等课程思政点，培养具有底层地理学和爱国情怀的社会主义合格建设者。

一、课程定位

1. 课程性质

《地理学基础》课程面向地理信息科学专业本科二年级学生开设，是一门偏理论的专业必修课，总学时32学时。课程内容侧重"自然地理学"，因为自然地理是认识地学环境系统的基础，也是学习"工程和技术地理"的必修课（见图1）。

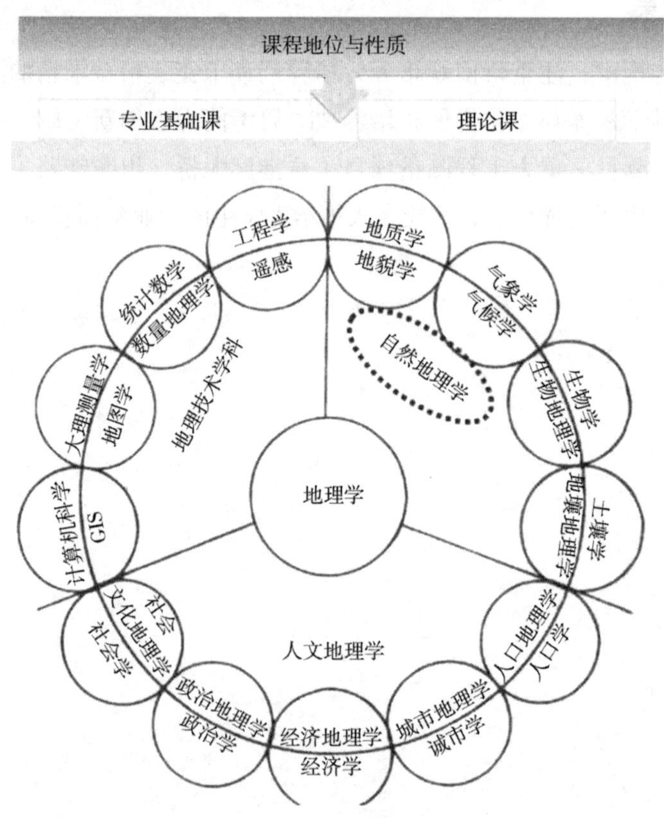

图1　课程地位与性质

2. 课程地位

（1）课程特点。作为最早面向学生开设的专业基础必修课，其基本理论、基本知识、基本思维全面、系统阐释了利用地理信息技术解决工程实践和应用问题时最需关注的区域性、综合性和空间性特点，也即课程特点；同时将“不断协调和优化人地关系”作为工程实践应用的最终目的。

◆区域性：地域分异规律是地理学核心规律，区域差异是研究任何地理学问题需首先考虑的问题。

◆综合性：系统论思想是学习地理学的主要思想和方法论，地球表层系统作为一个整体，其发生、发展和演化都是多因素综合作用的结果。

◆空间性：空间尺度和“流”（即物质、能量和信息流）是地理学观察世界的视角，因区域不同、尺度不同而地理规律有异，因时间不同而地理事件发展阶段不同。

上述三个特点是地理学分析解决问题的主要思维视角，贯穿每个学习单元。

◆核心命题：处理和协调人口、资源、环境与经济发展之间相互关系，促进人地关系和谐发展、可持续发展是其核心命题（见图2）。

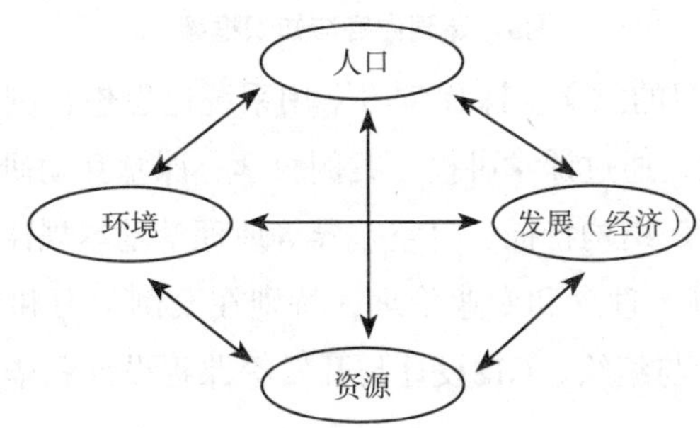

图2　地理学研究命题

（2）在学生培养中的地位

通过本门课程的学习，培养学生掌握地理学圈层知识和地域分异规律关键知识，具备利用时空分异规律和空间分析方法分析地理现象的底层地学逻辑，理解其在地理工程中的应用和重要性。

3. 课程教学内容与意义

（1）课程内容框架。主要围绕大气、水、生物、岩石圈等四大圈层，并涉及地球内外部环境、土壤、地貌和自然地理综合等六大系统，共计九章（图3）。

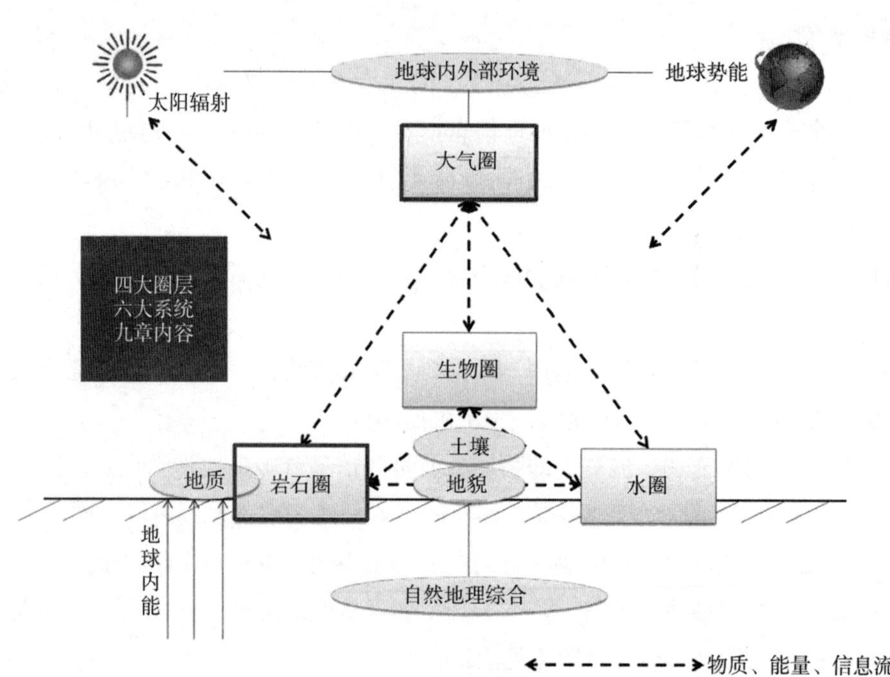

图3　课程内容与知识框架

（2）教学方法与学习的意义。课程学习采用系统论思想，围绕地球表层系统，以能量传输和物质循环为主线，通过课堂讲授、案例教学、课堂互动研讨报告等方式讲授四大圈层基本构成、形成因素、结构特征、时空差异等地理学基本规律、基础理论和方法论，启蒙和形塑学生地学思维、理念和专业伦理，特别在案例学习和专业研讨环节的学习实践，可以为后续地图设计与编绘、GIS设计与开发等课程设计和毕业设计提供选题参考和空间分析范式参考。

二、课程思政教学目标

基于知识传授——能力提升——价值引领三个层次逐次递进并有机结合的总目标，立足课程思政的现代课程观，根据《高等学校课程思政建设指导纲要》要求，关注树立社会主义核心价值观，培养爱国主义情怀，增加国家认同、政治认同、文化认同，激发学生科学精神等，体现教学的“教育性”，同时结合课程特点和授课环节逻辑安排，分基础层——情感认同、中间层——科学精神、目标层——价值观依次递进的三个层次设定“三层递进”课程思政目标（见图4），并将其贯穿于课程教学大纲的各个单元，实现课程思政建设与教学内容的融合，与教学素材的整合，与教学过程的结合。

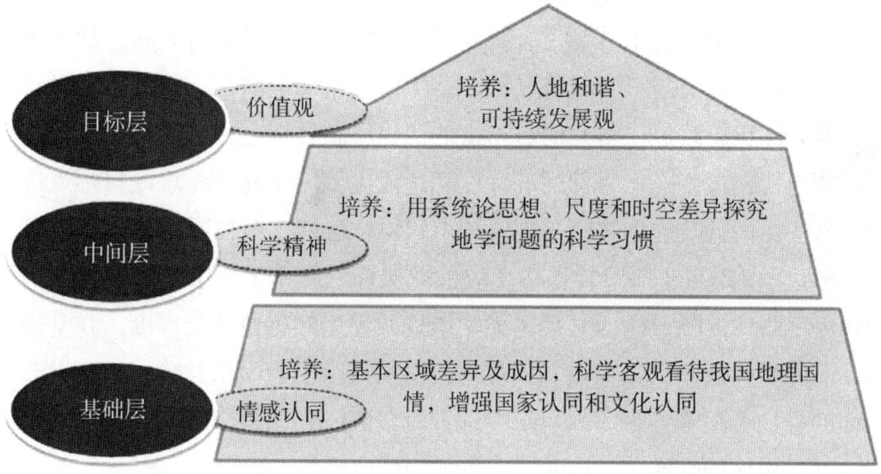

目标层　价值观　培养：人地和谐、可持续发展观
中间层　科学精神　培养：用系统论思想、尺度和时空差异探究地学问题的科学习惯
基础层　情感认同　培养：基本区域差异及成因，科学客观看待我国地理国情，增强国家认同和文化认同

图4　地理学基础“三层递进”课程思政目标与内容架构

三、课程思政教学设计

1. 课程教学设计模式

教学设计采取“三步走”以教学策略，“人地关系”命题为导向，分了解、认识——探究——拓展三个步骤依次达成课程教学内容及三个层次课程思政目标，教学策略及关系见图5。

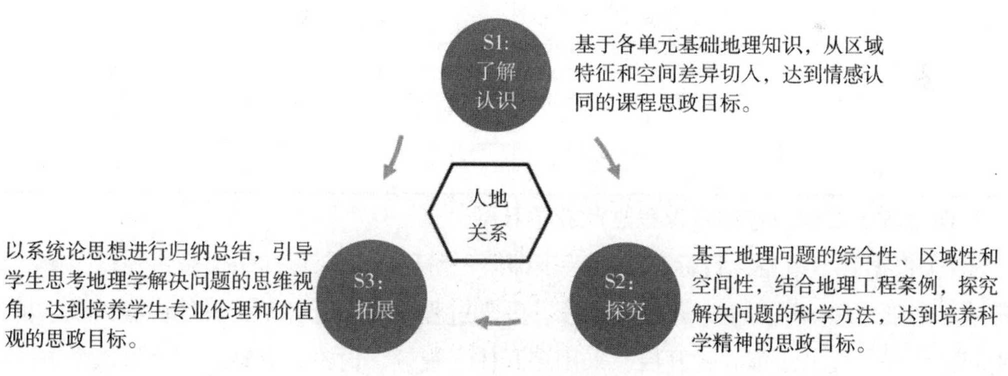

图5　地理学基础课程思政教学策略图

2. 课程教学特色与创新

依据教学策略，将课程核心内容和特点与课程思政目标积极匹配，使教学内容和课程思政内容表现出层次性，有助于不断凝练教学重点、思政要点，提高教学与课程思政的针对性、进阶性，改善课堂教与学的效果。“三层递进”课程思政目标设计主要基于以下几个方面的考量：

（1）聚焦课程思政目标点。地理学的研究对象是地理环境，地理环境的形成受内外部多因素综合影响，故地理学研究内容广泛且综合，具有多学科交叉性，如与地球物理、天文、地质、气象、水文、土壤、生态、经济、历史、政治等都有关联，这也使地理学表现出广泛的应用性，以及与日常经济、社会、生活的密切关联性。落到课程思政目上，可以为地理学基础课程思政提供多元的、丰富的课程思政目标点；然而目标点太多，反而会降低目标的指向性，最终降低目标的准确度和达成度。基于此，将思政目标点进行系统整理，采用三分法，由近及远划分出基础层、中间层、目标层等三层次，逐次实现。

（2）兼顾学生认知和情感接受梯度。根据课程思政相关要求，知识点讲解和课程思政目标的切入要自然流畅。为此必须考虑学生认知程度和感情接受梯度，在基础层要首先实现师生共同的情感认同，知识点和课程思政的切入以引起学生共鸣，进而引起学生注意和兴趣；中间层加大深度，带领学生探究地理学研究问题的科学方式、科学精神；目标层引导学生深度思考地理学解决问题的专业伦理和价值观。

（3）匹配思政目标与课程内容。为深度挖掘提炼专业知识体系中所蕴含的思想价值和精神内涵，科学合理拓展专业课程的广度、深度和温度，在各单元内容学习过程中，都注意体现地理学区域性、综合性和空间性特点，并将课程内容和思政目标与此三个特点匹配（详见表1）。

表1　地理学基础课程思政目标层次与内容特点匹配表

目标 特点	基础层	中间层	目标层
	情感认同	科学精神	价值观
区域性	★	★	★
综合性		★	★
空间性	★	★	★
人地关系			★

3. 课程教学设计如何体现课程思政教学目标

（1）根据教学策略，目标达成第一步即第一阶段，从课程知识上来讲，以了解、认识各单元基础地理知识为主，是热身阶段。教学过程中将结合各单元具体内容以及学情，采用问题导入、故事法等方式开启，采用多媒体、视频、讨论、互动、案例等教学方法，引入与我国地理国情相关的学生熟悉的地理事件或地理现象，从区域特征和空间差异切入，引导学生思考他们所熟悉的地理事件或地理现象的真相，增强学生情感认同。

（2）第二步，在课程知识上以地理知识的应用为主，是探究阶段。教学过程中需要引入较多案例，并采用探究式学习方法，指导并引导学生探究地理工程问题的科学解决方式，并适时开展“科学精神”层面课程思政目标教育教学工作。

（3）第三步，是课程知识的拓展阶段。教学过程中多采用启发式提问、布置作业、作业讲演等方式，指导学生应用所学知识解决常见地理问题，并引导学生较为深入和全面

地思考专业伦理、人地关系论、可持续发展等价值观。

四、课程思政元素的融合

1. 爱国主义+民族精神：抛出问题——客观分析——激发情感认同

了解地理国情，爱祖国大好河山。在各单元知识学习中，第一阶段都是对各圈层基本地理知识的学习，以认识地理学为基础，在教学设计中首先引入学生熟悉的地理知识和地理现象，引导学生从地理学视角分析地理现象形成的客观影响因素。在第一单元从季节节律、昼夜节律、弯曲的河流，引出地球公转、自传的地理意义及对地理环境的影响；在大气圈从国内外温度、降水和风的时空变化，引出气候的空间差异；在水圈从水资源储存空间和数量，引出水资源合理利用；在岩石圈从矿产资源开采，引出矿产资源分布空间差异；在生物圈从生物种群和群落，引出生态系统与保护。通过这些内容，引导学生结合地理现象的学习，更加熟悉我们国家地理国情现状，爱祖国大好河山，将爱国、强国的精神动力转化为学习的热情。

分析地理差异，传承民族奋斗精神。在各单元基础知识学习初级阶段从现象入手，结合我国地理国情，用地域分异规律引导学生分析现象背后的原因，让学生充分认识到，地理现象的东西方差异、中外差异以及我国南北方差异的根本都是从自然地理环境几大要素的差异开始的。分析问题要有客观的认识和判断，不能人云亦云，帮助学生充分认识我国人民无畏艰难，在有限资源基础上，用中国智慧辛勤耕耘，以有限的地理资源养活了世界第一人口，增强学生传承生生不息的民族奋斗精神。

2. 科学精神+大国工匠：引入案例——使用工具——培养科学精神

解决问题，善用理性科学思维。在各单元学习的第二阶段，以科技论文、行业实践工程等形式引入实践案例，通过案例指出相关科学问题，引导学生思考解决问题的科学办法，进而抛出案例中分析问题的科学范式和数学工具，地理学常用的科学思维方式和方法，有相关性分析、地统计分析、回归分析、系统动力学分析、趋势性分析、情景预测分析等计量地理学思维方法。例如，在让学生理解自然地理环境是四大圈层相互影响综合体（地球表层系统）时，这引入灰箱系统。我们可以看到或监测到物质、能量和信息的输入，也看得到或监测到物质、能量和信息的输出，但我们并不能确定在灰色的箱子里到底发生了什么，只能把其当作一个整体。用这样的案例或比喻帮助学生理解自然地理系统复杂性的同时也提供科学的研究方式和方法，让其知道再复杂的事物和现象都可以总结出规律进行研究，引导他们思考，日常生活中遇到复杂或棘手的问题时，注意保持系统观和合理的方法，同时强调数学学习和数理分析的必要性。

交叉融合，发展创业能力。地理学数据最重要的特点是空间性，即与位置有关。大数据时代，海量与位置有关的地理数据更显示出其广泛的应用性，不仅是自然地理数据，人文经济和社会地理的数据都在5G时代都将具有重要的经济分析价值。基于此背景，在案例分析和学习过程中，适时引入优秀毕业设计案例，如打车APP、校园智趣跑步APP、外卖配送系统、中小学游学系统等小而具体的案例，引导学生注重交叉融合，精进GIS开发技能的同时，关注社会生产生活各方面与位置数据相关的服务需求，激发学生利用专业所学发展创业能力。

3. 国家战略+马哲辩证：复盘总结——思想升华——形成专业价值观

基于资源环境约束，认识国家振兴经济的战略。各单元知识学习的第三阶段是复盘总结和拓展认知阶段，教学设计紧扣地理学“人地关系”核心命题，回归解决问题本身。例如，讲到我国东、中、西部不同发展战略，启发学生思考战略的差异与地域环境的关系，再深入启发学生思考解决问题的最优办法就是允许一部分人先富起来，先富带动后富，在辩证中提升对中国特色社会主义的先进性和优越性的认识。又如，讲到我国的人口密度线（即胡焕庸线），引导学生思考李克强总理之问：“我们的发展将来可否突破胡焕庸线”，再深入启发学生思考西部发展和贫困人口脱贫问题，激发学生“勇挑时代的担当”使命感。这种社会责任感和使命感能够帮助他们建立坚定、稳定、持久的职业责任感和荣誉感，也能塑造专业的社会和人文价值。

善用系统观，建立地理要素相互联系的专业辩证认知。在分析任何地理现象以及解决地理问题的时候，都应注重运用系统观，强化地理要素之间的相互联系，提高辩证思维。如国家在耕地资源合理利用和保护的学习中，引用习近平主席“山水林田湖草”生命共同体思想，强调人的命脉在田，田的命脉在水，水的命脉在山，山命脉在林，“山水林田湖草”是相互联系的一个整体系统的，基于系统思维和系统功能才能实现可持续发展目标，不能头痛医头脚痛医脚。

五、教学效果

通过不断积累、丰富和梳理教学案例，精心设计课程教学，才能保障授课教学效果，达成各层次、各环节教学目标。在教学过程中，坚持知识传授、方法实践与价值塑造相统一，不断凝练思政目标点和思政元素，以“春风化雨、润物无声”的自然过渡形式，将思政元素融入课堂教学，丰富并深化课程思政的内涵，在传授专业知识的同时，引领学生地学思维、塑造地学价值观、培养家国情怀。

学生通过课程学习，深刻认识到地理学基础知识、计量地理方法、地理信息技术在生产、生活和国民经济发展中的普遍存在与重要应用，从而认识地理国情，掌握地理方法，形成正确的人地价值观，建立学习专业知识的自豪感和自信心，激发利用专业技能创新创业、服务社会的新时代职业理想。

《石油经济管理》课程思政教学设计

矿业工程学院　张　盈

该课程主要讲述石油经济管理的基本理论知识和基本技能，阐述世界石油产业的发展历程、发展现状及未来石油产业的发展前景，培养学生的创新思维和综合应用能力，融入了爱国主义、民族精神、大国工匠等课程思政点，培养学生德能兼修素养和为祖国贡献能源的高尚情怀。

一、课程定位

1. 课程性质

开设年级：本科三年级。

课程性质：专业必须课。

2. 课程地位

《石油经济管理》是石油科学、经济科学和管理科学综合集成的一门课程，旨在让学生掌握一定石油科学知识的基础上，运用经济学、管理学等理论来分析世界石油资源、世界石油市场、石油公司、政府及有关组织、国际石油合作及各国石油概况，为学生以后从事石油战略研究、石油市场及贸易、石油产品营销、国际石油合作及石油项目的经济评价、项目运营的技术经济评价等打下坚实的基础。这也是培养技术复合型人才的一门重要课程，实现经济学与工科专业进行接轨的一门理论基础课程。

3. 课程教学内容与意义

本课程按照双语教学模式进行，更符合国际和国内石油行业对人才的要求。通过课堂讲授、探究翻转、案例教学、混合教学等形式，学生可以掌握基础的经济学理论，石油工业的发展历程，世界油气资源概况，世界油气资源的市场结构及供需关系等相关理论及知识，从而能够运用这些理论和知识分析世界石油市场的变化及各企业应该采取的策略，如何加强国际合作以及应对各国政府对石油产业的影响等。本课程为学生从事石油经济评价及技术评价、撰写研究报告和学术文章起到很好的指导和促进作用。

二、课程思政教学目标

立足课程思政的现代课程观，《石油经济管理》课程重新认识、重新定位和重新塑造了教学目标，在知识性和能力性目标之外，还将“爱国主义、民族精神、职业道德、改革创新、国家战略、科学精神、大国工匠”的课程思政目标融入其中，贯穿于课程教学大纲的各个单元，实现了课程思政建设与教学目标的契合，与教学内容的融合，与教学素材的整合，与教学过程的结合。

三、课程思政教学实施设计

课程采取“知识讲授+自主探究+思政元素”的教学设计模式，在讲授理论知识的同时以石油经济管理为主线进行自主探究活动，融入隐性思政元素，培养学生经济学思维和石油专业知识应用能力相结合，潜移默化地进行科学精神、价值取向、伦理规范下的石油人的责任、情怀与担当，并形成特色的课程教学设计：“一条主线+两个核心要素+三个课程案例库+四个中国系列模块+五个教学实施环节。”（见图1）

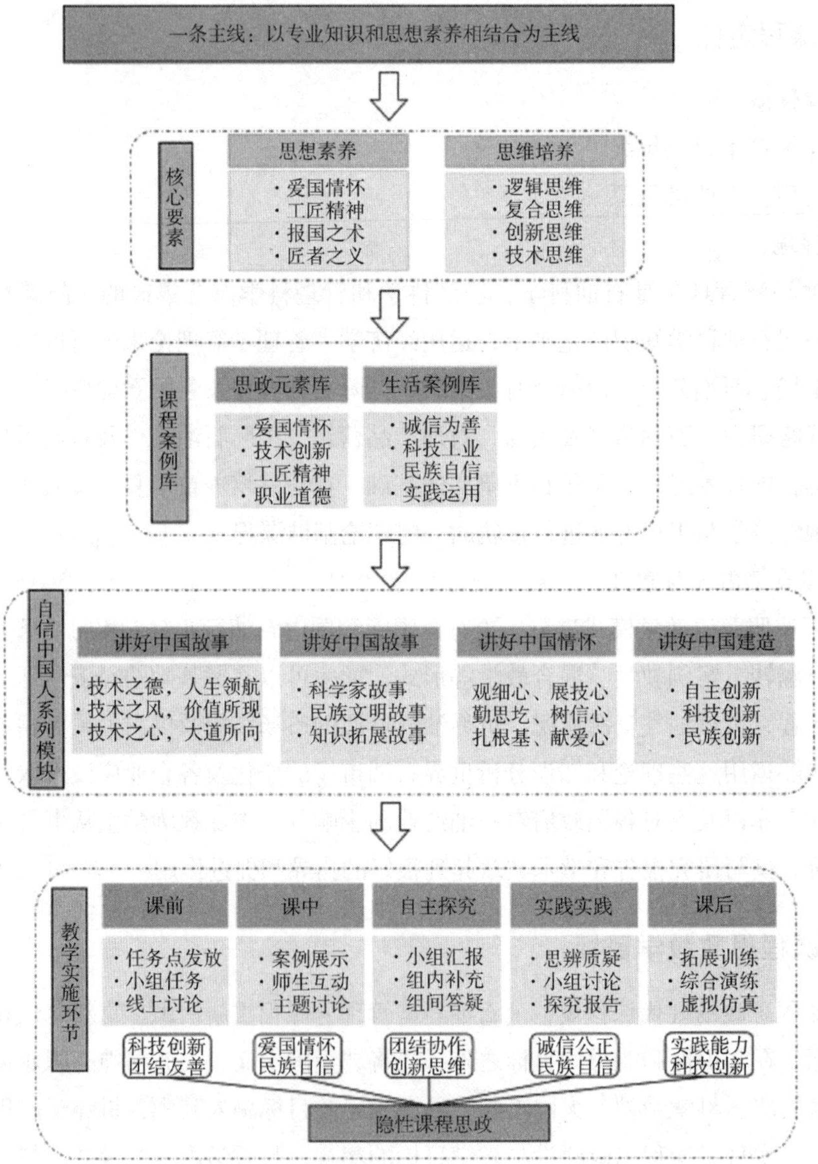

一条主线：以专业知识和思想素养相结合为主线

核心要素
- 思想素养：·爱国情怀 ·工匠精神 ·报国之术 ·匠者之义
- 思维培养：·逻辑思维 ·复合思维 ·创新思维 ·技术思维

课程案例库
- 思政元素库：·爱国情怀 ·技术创新 ·工匠精神 ·职业道德
- 生活案例库：·诚信为善 ·科技工业 ·民族自信 ·实践运用

自信中国人系列模块
- 讲好中国故事：·技术之德，人生领航 ·技术之风，价值所现 ·技术之心，大道所向
- 讲好中国故事：·科学家故事 ·民族文明故事 ·知识拓展故事
- 讲好中国情怀：观细心、展技心 勤思坨、树信心 扎根基、献爱心
- 讲好中国建造：·自主创新 ·科技创新 ·民族创新

教学实施环节
- 课前：·任务点发放 ·小组任务 ·线上讨论 —— 科技创新 团结友善
- 课中：·案例展示 ·师生互动 ·主题讨论 —— 爱国情怀 民族自信
- 自主探究：·小组汇报 ·组内补充 ·组间答疑 —— 团结协作 创新思维
- 实践实践：·思辨质疑 ·小组讨论 ·探究报告 —— 诚信公正 民族自信
- 课后：·拓展训练 ·综合演练 ·虚拟仿真 —— 实践能力 科技创新

隐性课程思政

图1 《石油经济管理》课程思政教学设计

一条主线：以习近平总书记“在中国人民实现‘中国梦’的伟大奋斗中实现自身价值，努力书写无愧于时代的华彩篇章”——思想政治教育为主线，培养和增强学生的爱国主义情怀。

两个核心要素：促进学生知识传授、能力培养与价值引领有机统一，以思维培养和思想素养为核心要素，通过基础石油经济理论的讲解，构建逻辑思维，体现石油专业人才培养的全面性。

三个课程案例库：在教学过程中挖掘思政元素，促进学生知识传授、能力培养与价值引领有机统一，形成三个课程资源案例库。一是以爱国情怀、民族创新等为主要内容的思政元素库；二是以大国外交、企业奋进、民族自信等为主要内容的生活案例库；三是以前沿进展、奉献精神等为主要内容的科技案例库。

四个中国系列模块：模块一讲好中国故事，讲解科学家故事、民族文明观及知识拓展故事；模块二讲好中国情怀，讲解石油人的职责、树立学习的决心和信心；模块三讲好中国制造，讲解自主创新、迎难而上；科技创新、勇于担当；模块四讲好中国精神，讲解石油产业在国内经济发展中做出的贡献，以及我国石油产生自力更生的发展历程。

五个教学实施环节：以学生为主体、以教师为主导、以体验为关键、以网络为载体，通过“课前+课中+课后+自主探究+实验实践”五个实施环节，完成教学，实现隐性教育与显性教育相统一。

四、课程思政元素的融合

在教学过程中，根据各个教学单元的内容特点，选取更切合的课程思政教学目标融入，并配合以相应的教学活动设计，促进知识、能力和课程思政教学目标的同步有效达成。

1. 在石油的发展历史、石油峰值理论、世界石油市场的讲授部分突出“国家战略、职业道德”的思政目标。这部分的知识核心是构建学生的经济学与专业相结合的思维体系，而经经济学思维本身，又能够促进学生真正在专业视角上掌握这些看起来生涩难懂的专业术语，整合自己的知识体系，使我国的能源发展走向绿色经济的发展方向而非高污染低产出的状态。

该部分更多的是让学生直面理性与感性、能源开发与保护、产业发展与经济性相冲突的特殊案例，强化专业理性思维对学生的原有认知的冲击和改变。例如，讲到石油峰值理论，用正反双方的观点，探讨世界油气资源的真实情况，让学生真正理解看似简单死板的资源蕴藏规律背后深刻的资源价值意义及带给世界的经济意义和复杂的政治意义。

2. 在政府与组织、中国石油产业的国际化经营等章节的讲授中融入“爱国主义、民族精神”的思政目标。只有真正让学生体验到我国石油产业面临的挑战和机遇，才能切实理解复杂的国际油气产业背后的真正意义。这种坚定的职业信念一旦达成，既能够在知识层面上有利于学生学习枯燥的理论内容，又有利于学生形成坚定的职业信仰，极大地激发学生的自主学习动力和克服学业困难的毅力。

该部分主要选取我国在东海、南海与周边国家因油气资源而产生的海岸线纷争和目前油气资源开发现状，唤起学生的爱国情怀和真正的职业情感体验。例如，用我国南海目前被多国势力进行油气开发，使原本是中国和亚洲邻国的问题变成了世界问题，唤起学生投的爱国情怀和强国的使命感，职业使命感及作为一名石油人的责任感。

3. 在石油资源概况和世界油气供需状况的讲授中，更突出促进“改革创新、科学精神、大国工匠”思政目标的达成，让学生能够充分理解“石油资源是经济发展的命脉”。只有用中国的石油安全才能保证我国社会的正常运转，这是石油人的使命和担当。这一目标的达成，能够将爱国、报国、强国的强大精神动力转化为学习专业的热情，形成强烈而持久的学习内驱力。

该部分更多的是采用启发式、问题式教学法，让学生直面当代中国石油产业的现实问题，追问性地启发学生进行自我学习和自我发现，潜移默化地实现在中国视角下观察、分析、反思、解决我国油气供需矛盾问题。同时，采用社会实践和社会参与的方法，增强学生的学业参与感与获得感。

五、教学效果

通过精心设计课程教学，保障授课教学效果，达成教学目标。在教学过程中，坚持教书与育人相统一，挖掘并积累思政元素，以“春风化雨、润物无声”的形式，隐性融入石油经济管理课程课堂教学环节，不断丰富课程思政的内涵，在传授专业知识的同时，引领学生思想、塑造价值观、培养家国情怀。学生通过课程学习，深刻认识到在石油工程专业英语中，感受中国力量、我们的民族自豪感、民族自信心、民族创造力，感受在党的领导下，健康生活的幸福和美好。

六、教学案例对工科类课程的推广

在教学实施过程中，通过灵活多用的教学模式，创新的教学方法，保障了课程质量，凝练出“一条主线+两个核心要素+三个课程案例库+四个中国系列模块+五个教学实施环节”教学设计，以学生为中心，通过线上线下、课堂内外、理论实践、面授翻转多种形式，将基础知识、石油工程专业内涵和经济学相结合，提升学生解决复杂的交叉学科问题的能力，将社会主义核心价值观融入教育教学全过程，培养石油工程专业实践能力强、创新能力突出、具有团队协作精神和家国情怀的复合型人才，培养德智体美劳全面发展的社会主义建设者和接班人。本课程融合隐性思政的教学模式，可供其他石油类课程借鉴并推广应用，使专业课程与思政教育同向同行，形成协同效应。坚持立德树人为中心，践行“门门课程有思政”“教师人人讲育人”，提高课堂教学效果和质量、提升学生学习热情和成效。

《遥感原理与应用》课程思政教学设计

矿业工程学院　谷海红

该课程主要讲述遥感技术的基本理论、遥感影响的分析处理方法，系统全面地介绍了遥感的基本概念、遥感卫星的特点、传感器类型、遥感影像的成像原理，遥感影像的大气校正、几何校正，图像的融合、图像的监督和非监督分类等，培养学生扎实的遥感技术理论知识能力，通过上机环节提高学生使用遥感软件完成基本的图像处理的实际动手能力和相互协作能力。课程教学中融入了改革创新精神、保护环境与可持续发展的价值观念、科学研究能力和团队协作能力等课程思政点，培养学生爱国情怀、自强不息和勇于探索的情怀。

一、课程定位

《遥感原理与应用》是针对地理信息科学专业三年本科生开设的必修课。本课程系统全面地介绍了遥感技术的基本理论、分析处理方法。通过学习，使学生了解陆地资源卫星、高分辨率卫星、高光谱卫星、SAR类卫星、大气卫星、海洋卫星等；掌握遥感的基本概念、遥感卫星的特点、传感器类型、遥感影像的成像原理，遥感影像的大气校正、几何校正，图像的融合、图像的监督和非监督分类等；能够使用遥感软件完成基本的图像处理。通过本课程学习，使学生拥有扎实理论知识能力，另外上机环节提高学生的实际动手能力和相互协作能力，同时培养学生具备良好、诚信的科学文化素质。

二、课程思政教学目标

立足课程思政的现代课程观，《遥感原理与应用》课程重新认识、重新定位和重新塑造了教学目标，在知识性和能力性目标之外，还挖掘课程中蕴藏的思政元素。通过分析遥感技术的发展及国内外遥感技术的对比，激发学生的使命感和责任感，培养学生追求进步、自强不息的改革创新精神；基于遥感技术在环境和灾害监测、地质等领域的应用，培育学生保护环境与可持续发展的价值观念；通过撰写学术论文及小组汇报，培养学生灵活应用理论知识的能力、科学研究能力和团队协作能力。

三、课程思政教学设计

在教学过程中，根据教学内容特点，融入适合的课程思政教学目标，并配合以相应的教学活动设计，促进知识、能力和课程思政教学目标的同步有效达成。将《遥感原理与应用》“课程思政”教学大致分为课前挖掘、课中融入、课后巩固三个阶段（见图1）。课前，教师深入分析、挖掘所学课文中蕴含的“思政元素”，创建包括文本、PPT、音频及视频等多种形式在内资料库，与专业课预习任务一同布置，供学生课前自主学习。课中，教师精心设计教学活动，实现教学互动，使思政教育有效地融入专业课堂教学中。课堂互动过程大体分为引入、讨论、反馈三个环节。教师设置课后任务，要求学生对课中思政内容进行反思和拓展是实现思政内容的内化和迁移的重要阶段。

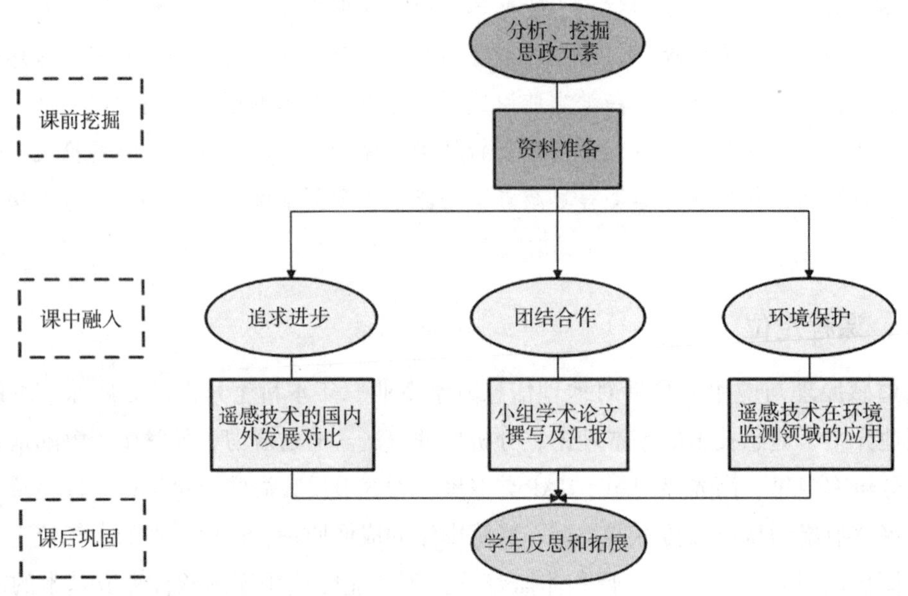

图1　课程思政教学设计图

四、课程思政元素的融合

1. 追求进步品格的培养

通过分析遥感技术的发展及国内外遥感技术的对比，深入介绍中国遥感技术历史、现状和发展趋势，并通过与遥感技术先进国家的对比分析，使学生切身深刻感受到地球空间信息技术的全球发展趋势，并在此过程中激发学生的使命感和责任感，并倾注到自己的专业中去，以职业担当为己任，坚固自己的学习信念和信心，培养学生追求进步、自强不息的改革创新精神。

2. 环境保护意识的培养

基于遥感技术在环境和灾害监测、地质等领域的广泛应用，通过专题讲授、案例分析等方法，培育学生保护环境与可持续发展的价值观念。同时，根据当前国家生态建设的大政方针，将遥感技术融入生态建设应用中，可以让学生更加深刻地学习专业知识和体会知识的应用，更好地实现学生环境保护意识的培养。例如，基于本校矿业学科的特色背景，选择资源开发强度大的迁安市，俗称“铁迁安”，通过遥感影像分类解析迁安市的生态环境动态变化，将遥感技术与生态建设有机融合，可以让学生更加深刻地学习和应用专业知

识，不露痕迹地将学生带入价值思考中，提升学生的综合素质。

3. 团结合作精神的培养

通过撰写小组学术论文撰写及汇报，培养学生灵活应用理论知识的能力、团队协作能力和科学研究能力。《遥感原理与应用》属于理论性比较强的专业必修课，其中涉及的大部分内容都是基本原理、算法等相对枯燥的内容，传统的教学模式很难融入团队协作的概念，课堂氛围也较沉闷。为此，增加案例教学环节，可以让学生更加深刻地学习和应用专业知识。通过教师案例介绍及教学设计上增加一节专门的"小组专题汇报"，将学生分成小组并选出一位小组长，要求每个小组自行完成组织材料、制作PPT、演讲等工作，并增加生生互评环节。通过案例教学环节，可以使学生们既深入学习了专业知识，又从感性和理性层面上了解了团队合作的重要性及团队成员公平分配的原则。

五、教学效果

通过挖掘课程中蕴藏的思政元素，逐步增强学生对"课程思政"实施和推广的接纳度和认同感。同时，顺应教学改革的趋势，了解思政融合的内涵和重要作用并引起重视，通过把思政内容融入《遥感原理与应用》专业课程教学之中，及时对专业课程教育方法进行调整，以能够适应当前的课程思政融入的趋势。

通过理论讲授、案例分析、学生小组论文、汇报等环节，激发学生们的主观能动性，调动学生学习的积极性，提高学生的综合素质，真正让学生领会追求进步、团结合作、环境保护等思政元素的深刻内涵，以期实现教书与育人的统一，做到知行合一、内化于心、外化于行。

《遥感原理与应用》课程思政教学设计

矿业工程学院　李孟倩

该课程主要讲述遥感物理基础、遥感卫星成像、遥感图像处理与分类的理论与方法，培养学生遥感图像处理和专题图生产方案设计能力，并培养学生解决实际工程问题和进行科学研究的创新思维和实践能力，融入创新精神、爱国主义、环境保护、资源合理开发利用、职业精神等课程思政点，培养具有优良职业精神的测绘工作者和社会主义建设者。

一、课程定位

1. 课程性质

本课程是测绘工程专业的专业核心课程，开课学期是第5学期。

2. 课程地位

本课程在系统阐述遥感物理基础、遥感卫星成像、遥感图像处理与分类的理论与方法的基础上，通过课堂教学、实验、上机、实践等教学环节，使学生掌握遥感技术的基本概念、原理，掌握遥感图像处理与专题图制作的方法，进一步了解国内外遥感卫星数据、图像处理方法的发展现状，熟悉遥感在农业、林业、水体、植被、资源保护等领域的新理论、新方法，培养学生图像处理能力和专题图生产方案设计能力，使其掌握遥感图像处理及专题图制作所需的基本理论和基本工艺方法，具有解决实际工程问题的综合实践和创新能力，并能够自主学习和终身学习测绘工程专业相关知识。

3. 课程教学内容与意义

（1）采用案例式教学和PBL混合式教学，激发学生主动学习的兴趣，培养学生独立思考、分析问题和解决问题的能力，引导学生主动通过实践和自学获得自己想学到的知识。

（2）在教学过程中采用电子教案、多媒体教学与传统板书、教具教学相结合，提高课堂教学信息量，增强教学的直观性。

（3）课内讨论和课外答疑相结合，每周至少一次进行答疑。

二、课程思政教学目标

围绕遥感技术的概念、遥感技术的分类以及遥感技术的特点，将遥感技术的发展过程和遥感在国民经济建设、地学中的重要作用融入课程。挖掘遥感技术在解决农业、林业、水资源、环境、地质等行业问题中的思政元素，让学生充分了解国内外遥感技术差距，提高对测绘、遥感职业精神的认同感，培养为国奉献的精神。

三、课程思政教学设计

遥感课程将课程思政元素渗透到讲授知识、实践探索和学生自主学习等活动过程中，培养学生遥感影像处理和分析、专题信息制作能力，使学生能够服务于各行各业，成为国家资源管理、政府执法的科学武器！在传授课程知识的基础上，把思想政治工作贯穿教育教学全过程，把思想价值引领贯穿教育教学全过程和各环节，以身作则，用正确的站位和责任担当引导学生，将知识学习与学科前沿相结合、选取遥感相关案例、人物有效融入专业教学，做到“润物无声”效果，顺利完成了“三全育人”最后一公里。

1. 课程教学设计模式

《遥感原理与应用》课程在教学过程中，根据各个教学单元的内容特点，选取更切合的课程思政教学目标融入，并配合以相应的教学活动设计，促进知识、能力和课程思政教学目标的同步有效达成。下表为部分课程思政资料，包括线上阅读任务、课程案例等资料。

表1　课程思政教学部分资源汇总

序号	章节教学内容	课程思政教学内容	对应的教学目标	教学方法
1	第二章　遥感平台及传感器	高分七号卫星轨道特点和传感器选取	知识及能力目标：认识高分立体遥感数据参数确定方法；引导创新思维。 思政目标：了解我国遥感事业发展现状，培养学生爱国情怀。	课堂视频展示+教师引导+学生发言
2		“80后”站长王建平：我在祖国的西陲仰望星空	知识及能力目标：进一步认识遥感卫星星座。 思政目标：了解测绘职业精神，培养学生对专业的热爱。	课堂视频展示+教师引导+学生发言
3	第三章　遥感物理基础	渤海海洋环境状况；遥感作“天眼”农业更智慧	知识及能力目标：掌握光谱技术识别特定目标的技术流程；激发科研兴趣。 思政目标：遥感在环保、农业等方面的贡献，培养学生对专业的认可度。	课堂视频展示+小组讨论
4	第七章　遥感图像增强与融合	高分二号遥感数据融合	知识及能力目标：认识国产遥感数据融合的特点和方法；了解高分遥感前沿。 思政目标：了解我国遥感事业发展现状，培养学生爱国情怀。	线上阅读+心得网页交流
5	第九章　遥感图像计算机分类	基于高分辨率遥感影像的大麻作物信息提取方法研究	知识及能力目标：非法作物识别技术流程与应用关键参数；引导科研思维。 思政目标：提高学生对执法的认真，提升学生利用遥感技术维护人民生命财产安全的爱国精神；提高学生团队合作与沟通的意识。	专题PBL分发素材，小组探究，教师分析
6		基于生态保护格局的塞罕坝森林景观特征分析	知识及能力目标：遥感可持续发展与生态技术融合方法；引导科研思维。 思政目标：了解遥感在环保等方面的贡献的同时了解我国在环保方面的贡献，培养学生对专业的认可度及国家荣誉感；提升学生团队合作与沟通的意识。	
7		大气气溶胶成分遥感研究进展		
8	第十一章　遥感图像水体信息提取专题	遥感影像看洪灾	知识及能力目标：遥感专题信息提取方面的技术；引导科研思维。 思政目标：了解遥感在地质灾害等方面的贡献的同时了解中国人民在灾害面前团结一致的精神，培养学生对专业的认可度及国家荣誉感；提升学生团队合作与沟通的意识。	

2. 课程教学特色与创新

《遥感原理与应用》课程在教学过程中，根据各个教学单元的内容特点，选取更切合的课程思政教学目标融入，并配合以“线上+线下+PBL”的教学活动设计，促进知识、能力和课程思政教学目标的同步有效达成。

3. 课程教学设计如何体现课程思政教学目标

将显性、隐性思政元素直接融入知识点及教学案例设计，正面立榜样，侧面潜移默化地渗透，通过课程的学习，让学生在新技术、新模式、新思维下，将遥感技术的学习与爱国精神、职业精神、科学精神等联系，实现思政进课堂。

四、课程思政元素的融合

1. 为中华崛起而读书

以案例教学法、问题驱动教学法，或者直接引用等方式将院士事迹、高分系列卫星、北斗卫星、环境系列卫星等思政元素引入《遥感原理与应用》的教学，培养学生民族自豪感，学习老一辈科技工作者胸怀祖国、服务人民的爱国精神。

2. 淡泊名利、服务社会的职业奉献精神

以案例教学法、问题驱动教学法，或者直接引用等方式将抗险、减灾、防灾中的先进事迹、院士事迹、国家工程项目中的思政元素引入《遥感原理与应用》的教学，培养学生淡泊名利、服务社会的职业奉献精神。

3. 集智攻关、团结协作的协同精神

以PBL教学法、案例教学法、问题驱动教学法，或者直接引用等方式将抗险、减灾、防灾的遥感案例、生态工程项目、高分卫星建设等工程项目中的思政元素引入《遥感原理与应用》的教学，并通过设计可行性较强的案例，让学生亲历集体活动、共同获取成果的形式，身体力行地体验集智攻关、团结协作的重要性。

五、教学效果

通过反复学习教学内容、精心设计课程教学、结合学生反馈进行教学设计的反复修订，提高授课教学效果，达成教学目标。在教学过程中，坚持教书与育人相统一，强化教师自身政治理念与专业知识的学习，深入挖掘并积累思政元素，以最适宜学生接受的方式将显性、隐性的思政元素融入遥感原理与应用的课程课堂教学环节，不断丰富课程思政的内涵，在传授专业知识的同时，引领学生塑造正确的人生观、价值观，培养学生的认真工作、努力付出的情怀以及将所学知识付出到社会主义建设中的精神。

六、教学案例对工科类课程的推广

在教学实施过程中，将思政元素通过“线上+线下+PBL”的教学模式，将基础知识、技术能力、创新精神与思政元素融为一体，并通过学生的自主学习、协作创新，潜移默化地将社会主义核心价值观、生态保护意识、团结协作精神、甘于奉献的职业精神、为中华崛起而读书的等思政元素融入学生的思想中，培养德智体美劳全面发展的社会主义建设者和接班人。

《GNSS原理与应用A》课程思政教学设计

矿业工程学院　薛秀秀

本课程主要讲述全球定位系统GNSS的基本理论，如时空基准、系统组成及信号结构、测量定位中的误差源及定位原理，培养学生的创新思维和辩证解决问题的能力，并将理论知识付诸项目实践，讲述GNSS测量的设计实施及数据处理和检核，培养学生实践能力和综合应用能力。课程教学中融入科技强国、国家安全、改革创新、民族精神、大国工匠、职业精神、民族自信、辩证思维等课程思政点，尤其是中国的北斗已经组网完毕并开通服务，课程结合当前进展进行介绍，培养学生的爱国情怀、职业操守、科学文化素质等，守护崛起大国安全，弘扬中国北斗精神，托起航天强国梦。

一、课程定位

《GNSS原理与应用A》是测绘工程专业的核心骨干课程，授课对象为本科三年级学生，是一门专业必修课程。其中包含32个理论和8个实验学时，是一门理论与实践并重的课程。

本课程主要讲述全球定位系统GNSS产生和发展、优点及用途，时空基准的建立及转换，GNSS的系统组成及信号结构，GNSS测量定位中的误差源，单点定位、相对定位、差分定位的基本原理，培养学生在理论学习的基础上，能根据测量技术规范对实际工程项目进行设计实施，熟练使用GNSS接收机进行静态测量、动态测量，掌握GNSS测量数据的处理及质量检核等。

后续还有相关的实习任务，结合经典测量手段，实现大地控制测量和工程控制测量。从传统经典测量定位技术发展到全球导航定位技术，再到数字化时代的时空智能实现，GNSS技术及其增强系统发挥着越来越重要的作用，为各行各业各领域的应用提供理论支持和设计、实现依据。

融入科技强国、国家安全、改革创新、民族精神、大国工匠、职业精神、民族自信、辩证思维等课程思政点，尤其是中国的北斗已经组网完毕并开通服务，课程结合当前进展进行介绍，培养学生的爱国情怀、职业操守、科学文化素质等，守护崛起大国安全，弘扬中国北斗精神，托起航天强国梦。

二、课程思政教学目标

课程思政是一种全新的思想政治教育理念，《GNSS原理与应用A》作为一门专业课，在教育教学的过程中也应秉承课程思政的理念。明确教学目标，才能使课程思政教育有的放矢。围绕知识、能力和情感素质三个层面的教学目标，挖掘本课程思政素材。课程在学生掌握专业理论知识的基础上，培养学生敬业、精益、专注、创新等方面的“工匠精神”；培养学生严以律己、不畏艰难的意志和毅力及对技术精益求精的良好职业品质，使学生养成遵守标准和遵纪守法的习惯；培养良好的职业道德素养。北斗系统是一代代北斗人艰苦卓绝、含辛茹苦建设起来的，作为我国自主产权的导航系统和GNSS的重要组成部分，对国家安全至关重要。此外，教学中还注重弘扬爱国主义，培养青年爱国情怀；增加学生对自己所学专业的认可程度，爱岗就业，敢为人先。

三、课程思政教学实施设计

以“科技强国，服务社会”为主线，以实现国家富强、民族振兴、人民幸福为己任，坚持价值引领、筑牢科技梦想，增强学生自主创新、团结合作、勇于奉献的精神，从爱国情怀、职业精神、生活态度等方面对学生正确地引导，向新时代世界科技强国迈进！

根据课程体系，挖掘章节相关课程思政元素，对各模块进行详细设计，并付诸教学实践。根据课程学时合理安排课堂教学内容和课下教学任务。

在教学实施中，围绕以学生为主题、以学为主、以学习效果为目标的“三学”理念，以教师为主导，综合运用线上、线下教学资源。课前通过“科普宣传和电影大片视频、线上讨论”驱动自主学习，课堂通过“讲授+问题驱动+视频播放+小组汇报”丰富学习思维，课后通过“作业、测验”深化学习效果、通过“实验实践”增强动手能力，形成“课前驱动+课堂互动+课后深化+实验实践”的实施模式，实现隐性教育和显性教育的统一。

四、课程思政元素的融合

在教学过程中，根据各个教学单元的内容特点，选取更切合的课程思政教学目标融入，并配合以相应的教学活动设计，促进知识、能力和课程思政教学目标的同步有效达成。

1. 在绪论，GNSS的构成，GPS的发展历史、系统构成等基础知识的讲授部分突出“不甘落后、奋勇争先、自主创新、科技报国、勇于奉献、服务社会”的思政目标。这部分的知识核心是构建学生对GNSS的整体认识，了解不同导航系统之间的区别和联系，通过“银河号”事件和北斗卫星导航系统建设的荆棘之路，对学生进行爱国主义教育。北斗三号已经组网成功，但中国芯片目前的困境犹如最初的北斗，通过最近的华为事件激发学生积极投入科学研究，为这门课程开设的价值提供支撑。

该部分主要通过案例进行讲授，通过案例让大家明白永远不要把自己的性命寄托在别人的身上，对个人如此，对国家亦如此。而掌握先进技术的前提是学习，这也是这门课程开设的一个必要性说明。

2. 在GPS误差源的讲授中融入“矛盾观”的思政目标。矛盾具有普遍性和客观性，是事物本身所固有的，不以人的主观意志为转移。测量仪器、观测者、外界条件三方面的因素是引起误差的主要来源，统称为观测条件。在整个观测过程中不管观测条件如何，总会产生这样或那样的误差，测量误差是客观存在的矛盾。在削弱或削除GPS观测误差时需要对误差源进行分类，具体问题，具体分析。

3. 在坐标系统和时间系统部分的讲授中，突出强调“国家安全”思政目标的达成。面对风云变幻的国际形势，作为一个独立自主的大国，建立中国星基的导航定位和授时系统，无论是对于保障国民经济的正常运行，还是保障国防安全，都至关重要。全球四大卫星导航系统，无一例外地都具备高精度授时功能。时间作为基本单元，已经成为测量距离的最准确要素，换句话说，高精度授时是准确定位的基础。目前公开的授时精度中，北斗系统略胜GPS一筹。回首20世纪90年代，美国正式向全球开放GPS民用信号。时至今日，从道路导航、远洋导航、工程测绘到登山远足，再到国土资源管理，GPS系统已经渗透到人们生活和社会的方方面面。在市场中最大的个人消费领域，GPS一直处于垄断地位。而今，新一轮从空间到地面的立体化大国崛起业已开始，中国北斗，必然掀起从国防安全、社会稳定到经济腾飞的新旋风，成为引导中国繁荣的启明星群。

该部分更多的是采用启发式、问题式教学法，给同学们介绍不同坐标系统的定义、联系和区别，最终让学生自己归纳总结协议天球坐标系到协议地球坐标系的转换流程和步骤。

4. 在伪距测量和载波相位测量基等部分融入“不同角度看待问题”。伪距测量方法简单，采用码相关得到电磁波传播时间，方法简单，对接收机要求较低但定位精度低；反之，载波相位测量采用载波波长测量，其精度很高，但却带来了整周跳变的探测以及整周模糊度的确立两个难题。

这部分主要采用讲授法，通过列表，从精度对比分析两种测距方式的优劣。测量精度很高，但是却引入了两个问题——整周模糊度的确定和周跳。

5. 在卫星位置计算基础部分重点实现“重点论”的思政目标。卫星位置计算总体上分为两部分，第一部分是二体问题，这是卫星位置计算的重要基础，是卫星位置计算的主要矛盾，而摄动改正要作为微扰项，是次要矛盾。主要矛盾和次要矛盾及相互关系的原理具有重大的方法论意义。它告诉人们在观察和处理任何事物或过程的诸种矛盾时，必须善于以主要精力从多种矛盾中找出和抓住主要矛盾，提出主要的任务，从而掌握工作的中心环节；当矛盾的主次地位发生了变化，事物的发展进入新的阶段时，要善于找出新的主要矛盾，及时转移工作的重点；还要把事物或过程的主要矛盾和次要矛盾作为一个有机的体系予以统筹兼顾，发挥它们之间相互促进、相互制约的作用，以推动事物的发展。

6. 在GPS外业测量如静态测量、RTK等部分融入“团结协作”的思政目标。GPS静态测量是集体测量项目，需要经历GPS网布点、观测、记录、数据传输处理、基线解算及网平差步骤。既有分工，又有合作；只有精诚团结，密切配合，才会有好的测量成果和测量速度。在实现中华民族伟大复兴的中国梦的征程中，必须发扬团结协作的集体主义精神，培养学生吃苦耐劳，认真细致，实事求是的精神，早早树立起正确的人生观、价值观和为国家建设服务的思想。

五、教学效果

以北斗全球导航系统为切入点，结合重大历史、工程事件（如银河号游轮事件、MH370失踪之谜、珠港澳大桥工程项目、2020珠峰高程测量）等，引导学生领略科技发展下的测绘之美和经历过的现实之殇，培养学生家国情怀、职业精神和正确的生活态度。深入挖掘课程思政元素和资源，不断丰富思政内涵，多元化、高广度地融入课程教学过程中，坚持教书育人相统一，以潜移默化的形式融入课堂教学活动相应环节，使得学生能掌握专业知识、提升技能、增强素质，能更深刻地体会北斗精神、中国力量，秉承自主创新、锐意进取的精神，更好地理解科技强国的内涵，认识到如何能更好地为中国梦发扬自己的光芒，让中国梦闪耀世界！

《矿物功能材料》课程思政教学设计

矿业工程学院　马玉新

该课程主要讲述矿物功能材料的性质、常用的加工工艺和矿物功能材料在各领域中的应用等内容，培养学生掌握矿物材料的物理化学特性、制备基本原理，并且能够运用所学方法对矿物功能材料的进行改性研究的能力，课程融入民族精神、改革创新、美育情怀等思政点，培养学生具有为国争光、敢于创新的精神和人文情怀的素养。

一、课程定位

《矿物功能材料》是2018级矿物加工工程专业的一门专业选修课。本课程的任务是使学生了解各种功能材料的功能、物化特性、制备原理及应用。本课程的目的是使学生获得较广泛的功能材料的基础知识及应用范围。

二、课程思政教学目标

立足课程思政的现代课程观，《矿物功能材料》课程重新认识、重新定位和重新塑造了教学目标，在知识性和能力性目标之外，还将“科学之美，科技强国”的课程思政目标融入其中，贯穿于课程教学大纲的各个单元，实现了课程思政建设与教学目标的契合，与教学内容的融合，与教学素材的整合，与教学过程的结合。

三、课程思政教学设计

在教学过程中，根据各个教学单元的内容特点，选取更切合的课程思政教学目标融入，并配合以相应的教学活动设计，促进知识、能力和课程思政教学目标的同步有效达成。

1. 利用国内知名专家的科学研究和发现之美，培养学生体验科学之美。利用伟人的诗句，培养学生博大的科学情怀，从大家之作的雕刻完美演绎到科学的创作之美，着力培养工科学生的科学之美的情怀。

2. 从我国最先进的技术装备入手引入矿物功能材料，从而培养学生科技强国的思想。纵观人类发展历史，科技创新始终是一个国家、一个民族发展的重要力量，也始终是推动人类社会进步的重要力量。改革开放特别是党的十八大以来，在全国科技界和社会各界共同努力下，我国科技事业密集发力、加速跨越，实现了历史性、整体性重大变化，重大创新成果竞相涌现，一些前沿方向开始进入并行、领跑阶段，科技实力实现了从量的积累向质的飞跃、点的突破向系统能力提升，正在从世界上具有重要影响力的科技大国迈向世界科技强国。具体而言，有八大特征表明中国成为世界上具有重要影响力的创新大国。近日，习近平总书记在给袁隆平、钟南山、叶培建等25位科技工作者代表的回信中指出，希望全国科技工作者弘

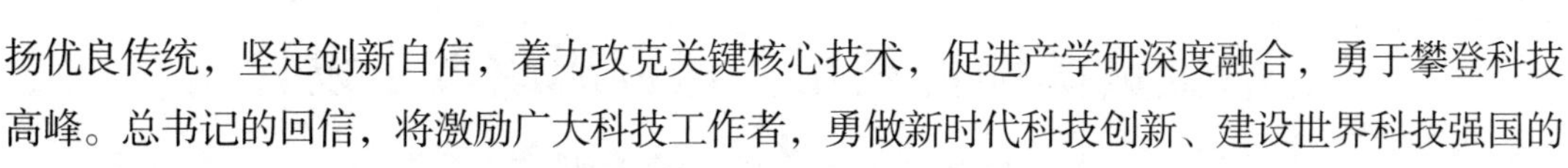

扬优良传统，坚定创新自信，着力攻克关键核心技术，促进产学研深度融合，勇于攀登科技高峰。总书记的回信，将激励广大科技工作者，勇做新时代科技创新、建设世界科技强国的排头兵。结合领导人对创新的阐释促使学生产生对科技创新的驱动力与使命感。

四、课程思政元素的融合

1. 通过我国的先进技术和设备引出矿物功能材料的重要性

（1）案例形式：PPT+讲授。

（2）视频名称：《科技强国》。

访问地址：https://www.xuexi.cn/lgpage/detail/index.html?id=15485668412568622。

（3）让我们来看看《科技强国》在改善人民生活等方面取得的成就。

2. 通过知名科学家的研究引出所要讲授的内容，提高学生兴趣

本节课的内容是“石墨烯”，知识性的教学目标是学生了解石墨烯的发展、石墨烯的特点和制备方法，课程思政的案例《科学之美、科技强国》和本节课的石墨烯的发展、特点和制备方法是完全契合的。课程思政案例同时也是课程专业知识的典型案例，专业知识和价值分析同步同向同过程完成。案例最后进行的总结和升华，也同时提升了本讲课“石墨烯材料的先进性”专业知识的站位和理论层次，即：其一，更好地理解了材料创新对于人民生活水平的提高和国家科技的影响力；其二，结合学生现在使用的高科技产品，从材料角度分析创新对产品科技性能的提升效果。

五、教学效果

1. 案例导入使用我国的先进技术和设备引入学生的爱国情怀，使学生主动对创新驱动、科技强国进行思考，加深学生对材料的认识，将本课学习内容与国家战略和人民生活结合在一起，不露痕迹地将学生带入价值思考中，为后面课程思政的开展做好思想准备。通过伟人的诗词和知名科学家对于科学之美的阐释，培养学生的科学之美的情怀。

2. 使用视频对《科技强国》进行简单介绍，快速将学生带入科技与创新的双重视野中，对生活水平的提高、国家战略的发展都有重要作用。小视频有助于提升学生的学习兴趣，强化学生对《科技强国》的直观认知，更好地理解科技创新是如何改善人民生活和提升国家国际竞争力的前景。

3. 使用讲授法，通过对《科技强国》在材料发展中所起到的作用，展示出的是国家和人民对科学价值的追求，在最后的总结性的讲授中，在宏观背景下将本案例提升到爱国主义、中国立场、时代担当的高度，进一步使学生树立起牢固的法治信念和职业信心，激发学生持久健康的学习动力，坚守法学初心，激励学生在今后的学业过程中克服学习困难，实现专业和职业理想。

《冶金资源综合利用》课程思政教学设计

冶金与能源学院　曹卫刚

该课程主要讲述冶金矿产资源的分布及其特点，中国的几大冶金资源分布地及现有开采和利用加工等状况，稀土资源的综合利用情况以及钢铁冶金渣的综合利用，培养学生综合思维和工程实践能力，融入生态文明、科技报国、马哲思辨等课程思政点，培养学生家国情怀和绿色发展理念。

一、课程定位

《冶金资源综合利用》课程是冶金工程专业本科生开设的专业选修课，是冶金工程专业课中不可或缺的一门课程。它不仅开阔了学生的专业眼界，增加了对冶金工程系统性的认识，而且也完成了冶金流程闭环的构建，符合未来产业的发展趋势。本课程主要介绍冶金矿产资源的分布及其特点，中国的几大冶金资源分布地及现有开采和利用加工等状况，稀土资源的综合利用情况以及钢铁冶金渣的综合利用。通过本课程的学习，使学生掌握循环经济在冶金工程中的应用，形成冶金工业循环经济的理念；使学生全面了解复合矿、稀土资源和钢铁冶金渣的综合利用工艺，全面认识冶金资源综合利用在冶金工程及其在整个国民经济发展过程中的重要作用；使学生对冶金工业可持续发展的理念具有深刻的理解和认识，为今后从事本专业相关工作打下扎实的理论基础。

二、课程思政教学目标

“固废资源化再利用”“环境保护”和“资源节约”是《冶金资源综合利用》课程中的核心内容，也是国家未来发展的重要趋势。将“绿水青山就是金山银山”的绿色发展理念和爱国情怀融入并贯穿于课程之中。“绿水青山就是金山银山”的绿色发展理念涉及到发展与环境的“舟水关系”，我们党的执政理念和方式的变革，以及对我国发展观、价值观和财富观的全新洗礼。爱国情怀则主要从军事和科技发展的角度讲述“落后就要挨打”的道理，激励学生为国家强盛而奋斗。把涉及到的理念内容、爱国情怀与课堂内容相结合，将实际案例融入课堂的设计中来，把“绿水青山就是金山银山”的理念和爱国情怀讲到学生心里去，培养学生的绿色发展理念和爱国情怀。

三、课程思政教学设计

针对不同章节内容的特点，采用不同的教学案例，教学手段和教学方法，将思政教学融入其中，使其不教条、不突兀，能够深入学生心底。

1. 在绪论部分，从唐山钢铁企业发展的实例讲起，结合真实的钢铁厂引起的废水、废

渣、废气等问题，引出“绿水青山就是金山银山”的绿色发展理念。从环境、党的执政理念以及发展观的改变等角度去阐释冶金行业目前的问题以及未来发展的趋势，将循环经济的发展理念贯穿于其中。

2. 在冶金资源部分，引入20世纪六七十年代日本购买矿渣的案例；在稀土资源部分，引入伊拉克战争武器的对比。这两个案例的引入主要为提升学生的爱国情怀。“落后就要挨打”，只有努力提升我国的科技，才能使我国更好的发展，才能使我们冶金行业更良性的发展。

3. 在钢铁冶金渣综合利用部分，从冶金渣综合利用发展的角度讲述科技强国的理念，鼓励激发学生可以把冶金渣综合利用作为事业的方向，其利国利民。从冶金渣的污染、固废资源化等方面阐释“绿水青山就是金山银山”的绿色发展理念。

四、课程思政元素的融合

1. 在真实案例中贯穿思政要素

《冶金资源综合利用》课程的核心内容为循环经济、绿色发展、固废再利用等，很多内容与生产实例相结合。因此，可以将“绿水青山就是金山银山”的绿色发展理念贯穿于真实案例中。作为钢铁发展重地的唐山是本课程最好的实例，学生有切身体会，案例就在身边，能够使学生更好地理解“绿水青山就是金山银山”理念。

2. 故事讲述中提出科技兴国之责

通过伊拉克战争的讲述，提出稀土资源的可贵，总结出“落后就要挨打”。因此，科技兴邦，是我们的使命和历史担当，使学生树立“为中华崛起而读书”的信念。

五、教学效果

将思政融入课堂，将思政作为课堂内容不可或缺的一部分。在传道授业解惑的同时，引入实例，讲解内容，升华育人。通过精心的教学设计，让学生在实例中学习知识，在实例中感受人文精神，进而理解“绿水青山就是金山银山”理念，担负起科技兴邦的历史责任。

《生物质能及其利用技术》课程思政教学设计

冶金与能源学院　王一同

该课程主要讲述生物质分类、组成以及生物质转化技术手段、原理及应用，目的是让学生了解我国目前可再生生物质能源分布现状、可再生生物质能源应用前景，及在碳达峰、碳中和目标下开发利用生物质能源的必要性，通过科研反哺教学，工程实践应用，使学生牢固掌握科学精神，融入爱国主义等思政元素，最终为我国工业生产绿色化转型添砖加瓦。

一、课程定位

该课程主要讲述生物质分类、组成以及生物质转化技术手段、原理及应用，目的是让学生了解我国目前可再生生物质能源分布现状、可再生生物质能源应用前景，及在碳达峰、碳中和目标下开发利用生物质能源的必要性，通过科研反哺教学，工程实践应用，使学生牢固掌握科学精神，融入爱国主义思政元素，最终为我国工业生产绿色化转型添砖加瓦。

二、课程思政教学目标

立足课程思政的现代课程观，《生物质能及其利用技术》课程重塑教学目标，在知识性和技能性目标之外，还将“绿色可持续发展，绿水青山就是金山银山”的课程思政目标融入其中，贯穿于课程教学大纲的各个单元，实现了课程思政建设与教学目标的契合，与教学内容的融合，与教学素材的整合，与教学过程的结合。

三、课程思政教学设计

在教学过程中，根据各个教学单元的内容特点，选取更切合的课程思政教学目标融入，并配合以相应的教学活动设计，促进知识、能力和课程思政教学目标的同步有效达成。

1. 在生物质能源的发展现状和前景基础知识的讲授部分突出“绿水青山就是金山银山”的思政目标。这部分的知识核心是构建学生的专业思维体系。通过对比目前我国能源现状以及化石能源发展带来的诸多生态与环境问题，强调生物能源发展的必要性及可行性，以及发展生物质能在国家战略上的重要性。

2. 在农业固体废弃物资源化利用等理论性较强的部分的讲授中融入“绿色可持续发展”的思政目标。通过讲解我国农产品及废弃物产量以及这些废弃物所蕴含的能量引入可持续发展的这一重要的思政目标。

该部分主要讲解我国农村目前的环境以及废弃物资源浪费的情况。通过分析废弃物的价值，以及废弃物可利用的转化方法让学生理解可持续发展的途径及意义。

3. 在生物质能源工程的部分的讲授中，更突出促进“绿水青山就是金山银山”思政目标的达成，让学生能够充分理解目前我国高速发展是以破坏环境为代价的，只有绿色发展才是强国之路。

该部分更多的是采用启发式、问题式教学法，让学生直面当代中国社会的现实问题，追问性地启发学生进行自我学习和自我发现，通过启发式和问题式教学更能将枯燥的理论工程技术知识消化和吸收。通过适当的视频播放能让学生直观了解我国目前能源工业的现状及情况，再深入启发学生提出环境污染问题的方案，提升学生树立主人翁意识。

四、课程思政元素的融合

1. 通过展示我国丰富的生物资资源以及生物质资源的高附加值利用的重要性充分展示我国地大物博、坚持绿色可持续发展的决心，体现大国担当，保护全球生态环境的信心。

2. 通过讲述固体废弃物资源利用的重要性让学生树立社会主人翁意识，激发学习热情和努力奋斗的危机感，报效祖国的爱国主义情感。

3. 通过科研反哺教手段使学生了解世界前沿科学，树立强烈的爱国责任感与信念感。

五、教学效果

该课程覆盖多种生物质资源转化原理与技术理论性较强、教学内容分散，与思政内容结合难度较大，如果仅仅单纯在课程内容中生硬加入思政教学内容，不仅学生感觉枯燥无味，难以理解，也容易使学生产生厌学情绪。基于此，我们在课程的教学中，深挖专业知识与思政育人的结合点，收集准备思政素材，凝练思想性、人文性和实践性更强的教学内容，并采用多种教学载体，将其自然融入课程教学环节，有效提升学生“四个自信”，培养学生爱国情怀、工程强国自信、专业担当等，取得良好效果。

《材料分析技术》课程思政教学设计

冶金与能源学院　李　杰

该课程主要讲述金属材料的微观形貌、晶体结构及成分分析的主要方法原理及应用，培养学生科研分析和实践能力，融入爱国主义、科学精神、大国工匠精神等课程思政点，培养学生家国情怀和专业使命担当的情怀。

一、课程定位

《材料分析技术》课程是金属材料工程专业三年级的专业必修课程，是培养学生综合素质与创新创业能力的核心课程之一。

《材料分析技术》课程主要讲述金属材料的微观形貌、结构及成分分析的主要方法原理及基本技术，掌握光学显微分析（OM）、X射线衍射仪（XRD）、透射电镜（TEM）、扫描电镜（SEM）、电子探针的原理和仪器构造及应用，了解其他分析技术包括：电子能谱分析、背散射电子衍射（EBSD）、俄歇电子能谱仪（AES）、扫描隧道显微镜（STM）、原子力显微镜（AFM）、磁力显微技术（MFM）、力调制显微术（FMM）、静电力显微技术（EFM）以及近场光学显微镜等分析方法及基本技术，了解最新的微观结构分析技术的进展。

通过本课程的学习，使学生掌握相应的基本知识、基本技能及必要的理论基础，具有正确选择材料分析方法、测试方法的能力；具备专业从事材料分析测试工作的初步基础；具备通过继续学习掌握材料分析新方法、新技术的自学能力，培养学生正确选用现代分析技术开展材料组成、结构与性能关系的科学研究能力。

二、课程思政教学目标

在课程中有机融合思想政治教育之后，将价值塑造、能力培养、知识传授整合成为新的课程目标，从而培养材料类学生的历史使命感及责任感。具体来讲，就是结合本课程的特点，将安全、职业素养等融入教学，使学生充分理解材料分析技术的内涵及外延，深入理解诚实守信爱岗敬业和基本国情、综合国力、中国梦之间的辩证关系。结合材料专业案例，引导学生认识到本专业领域在我国国民经济发展和国防工业发展中的重要地位；将一些重要的核心价值观融入课程的教学，如爱国意识、文化自信、工业强国自信、职业担当等；培养学生的安全生产意识、质量意识、环保和效益意识；提高学生自主学习获得新知识的能力；增强团队合作意识，提高团队合作能力。

三、课程思政教学设计

在教学过程中，根据各个教学单元的内容特点，选取更切合的课程思政教学目标融入，并配合以相应的教学活动设计，促进知识、能力和课程思政教学目标的同步有效达成。

1. 在本课程的绪论课中，在讲解本课程的性质、目的与任务的同时，其思政教学设计的切入点是联系材料是文明和时代进步的标志，加强学生对专业的理解和认可度，进行中华悠久历史文化和璀璨文明方面的教育，增强学生的爱国主义意识和坚定文化自信。

2. 在材料分析技术发展趋势部分的讲授中融入“专业思维创新化”的思政目标。只有让学生真正体验到金属材料的艺术性和创新性，才能切实理解复杂的金属材料组织性能控制理论背后的工程实践的意义。这种坚定的专业创新思维一旦达成，既能够在知识层面上有利于学生学习枯燥的理论内容，又有利于学生形成坚定的金属材料的职业信仰，极大地激发学生的自主学习动力和克服学业困难的毅力。

四、课程思政元素的融合

1. 通过展示我国劳动人民在材料发展各个阶段对材料使用的成就，让学生认识到我国的灿烂文明和我国劳动人民的智慧和创造力，提升学生民族自尊和爱国主义热情，提升学生文化自信，激发学生传承祖国文化，振兴中华的情感。

2. 通过展示并比较历史上东西方、各个文明材料学发展的情况以及相关历史事件，让学生明确认识到“落后就要挨打”，激发学习热情和努力奋斗的危机感，激发日后振兴中华、报效祖国的爱国主义情感。

3. 展示新中国成立后党和国家领导人对材料学尤其是新材料的重视，展示我国当前材料学的发展现状和伟大成就，让学生认识到只有在中国共产党的领导下才能实现我国材料学领域的复兴和腾飞，坚定学生对党的领导和社会主义制度的拥护，提升学生“四个自信”。

4. 展现我国老一辈材料科学家的形象和奋斗历程，让学生进一步认识到是祖国培养了他们，从而提升学生学习热情，强化爱国主义情感和报国情怀。

五、教学效果

该课程覆盖材料分析技术的范围较广、理论性较强、教学内容分散，与思政内容结合难度较大，如果仅仅单纯在课程内容中生硬加入思政教学内容，不仅学生感觉枯燥无味，难以理解，也容易使学生产生厌学情绪。基于此，我们在材料分析技术课程的教学中，深挖专业知识与思政育人的结合点，收集准备思政素材，凝练思想性、人文性和实践性更强的教学内容，并采用多种教学载体，将其自然融入课程教学环节，有效提升学生“四个自信”，培养学生爱国情怀、工程强国自信、专业担当等，取得良好效果。

《太阳能及其利用技术》课程思政教学设计说明

冶金与能源学院　黄　兴

《太阳能及其利用技术》课程是新能源科学与工程专业本科四年级开设的专业必修课程。课程主要讲授太阳辐射的变化规律与计算方法；太阳能收集、转换、蓄存的基本原理与装置；太阳能热水器、太阳能制冷空调、太阳能热发电、太阳能光伏发电等各种利用技术的设计与评价方法。通过对太阳能基础和利用的基本理论与技术进行系统的学习，使学生掌握与太阳能利用有关的基本概念、基本原理和基本方法，从而具备太阳能光热、光电转换系统的知识与解决实际问题的能力，融入了国家战略、爱国主义、改革创新等课程思政点，从而增加学生的社会责任感、专业荣誉感、职业使命感意识。

一、课程简况

《太阳能及其利用技术》课程是新能源科学与工程专业本科四年级开设的专业必修课程。课程主要讲授太阳辐射的变化规律与计算方法；太阳能收集、转换、蓄存的基本原理与装置；太阳能热水器、太阳能制冷空调、太阳能热发电、太阳能光伏发电等各种利用技术的设计与评价方法。通过对太阳能基础和利用的基本理论与技术进行系统的学习，以及一定的实践环节训练（作业、实验、课程设计），使学生掌握与太阳能利用有关的基本概念、基本原理和基本方法，从而具备太阳能光热、光电转换系统的知识与解决实际问题的能力，融入了国家战略、爱国主义、改革创新等课程思政点，从而增加学生的社会责任感、专业荣誉感、职业使命感意识。

二、课程思政教学目标

《太阳能及其利用技术》课程作为培养太阳能利用人才的基础性课程，通过该课程的学习，使学生了解我国目前太阳能光热、光电以及光化学三种利用方式的发展现状，从而认识到太阳能发展与利用的重要性与紧迫性。通过课堂讲授、案例教学、探究翻转等形式让学生了解当前阶段我国在环境保护和科学技术领域所面临的挑战，进而让学生意识到所学专业知识的重要性，从而增加学生的社会责任感、专业荣誉感、职业使命感意识。

三、课程思政教学设计

课程采用“课堂讲授+案例教学+探究翻转”的教学设计模式，在讲授理论知识的过程中融入思政元素。学生学习专业知识的同时了解当前阶段我国在环境保护和科学技术领域所面临的挑战与机遇，进而意识到所学专业知识的重要性，从而增加学生的社会责任感、专业荣誉感、职业使命感意识。

四、课程思政元素的融合

1. 太阳能利用方式的背景——节能环保教育

推动太阳能各种利用方式出现的主要原因是人类社会的可持续发展面临着环境恶化、资源短缺的严重挑战。随着社会的快速进步和发展，人类对能源需求量越来越大，即便是这些导致环境恶化诸多常规能源，也即将面临着枯竭的危险。因此，新能源的开发与利用被各个国家列为国家战略，而取之不尽用之不竭的太阳能则成为新能源的首选之一。相比常规一次能源，太阳能利用十分清洁，不会对环境造成任何影响。学生通过对目前地球资源储量数据的了解，对目前整个人类社会环境的认识，深切了解节能环保对整个人类社会的可持续发展的重要性，培养学生节能环保意识，增加学生的社会责任感、专业荣誉感和职业使命感。

2. 偏远地区太阳能的利用——爱国主义教育

太阳能光伏发电作为太阳能光电利用的主要形式，可分为并网和离网两种。离网系统的特点是自发自用，使用起来较为灵活。比如，位于地广人稀区域的游牧民族、地处偏远的荒岛、深山等处，市电的利用具有很大的局限性，离网太阳能发电的应用则是很好的补充。

在太阳能光伏发电部分授课过程中，拟选取央视纪录片《詹娘社哨所》视频片段，视频中第一个画面就是矗立在悬崖峭壁上的哨所屋顶，一位士兵在清扫屋顶搭建的太阳能光伏系统上的积雪。哨所位于喜马拉雅南麓亚东县境内，海拔4620米，四周全是85度坡度的悬崖峭壁。哨所房顶安装环保太阳能发电设备。据介绍，自从安装了太阳能发电系统后，哨所陆续配备了熟食真空冷却机、果蔬保鲜真空预冷机和冰箱冰柜，使得住所官兵的生活有了很大的改善。通过该教学案例的学习，可让学生从中可以深刻地认识到边防官兵牺牲奉献、报效祖国、崇尚荣誉的精神，学生体会到国家的安宁来之不易，增强学生的爱国主义情怀。

3. 太阳能电池材料的发展历史——科技创新教育

太阳能发电的基础是太阳能电池，太阳能电池材料的光电转换效率越高，太阳能发电的成本就越低，越有利于光伏发电的大规模推广和应用。因此，最近这些年基础研究领域对太阳能电池材料的研究在如火如荼地进行中。从第一块锗半导体上做成的太阳能电池1%的转化效率，到目前转换效率接近30%的叠层太阳能电池，材料科学家进行了无数的尝试。一方面从可能提高太阳电池光电转换效率的各种可能性出发，进行材料设计，进行实验验证。另一方面还从提高入射太阳光强度的角度着手，设计了聚光光伏发电系统，有效地将光伏发电系统的光电转换效率提高到40%以上。这个过程的学习，可以让学生很好地体会科技创新的思路与方法，掌握科技创新的要素，培养学生科技创新的能力。同时，也让学生真切地体会理论知识与实践的联系，增加学生对学习科学知识的兴趣与动力。

五、教学效果

在社会多元化价值交织、渗透的复杂背景下，单纯或过度依赖思政课对大学生进行价值引导的局限性日益凸显，亟需发挥多学科优势，全课程、全方位育人。课程思政的实质不是增开一门课，也不是增设一项活动，而是将思想政治教育融入专业课程教学和改革的各环节、各方面，实现立德树人润物无声。围绕“知识传授与价值引领相结合”的课程目标，在知识传授中加强主流价值观的引领。

在《太阳能及其利用技术》课堂教学中我们将遵循这一指导思想，进行专业课程知识教学的同时融入人文素养、职业素养和科学素养教育，引导学生建立良好的科学价值观并形成基本的职业素养，培养全面发展的高层次人才。

《工程图学B》课程思政教学设计

机械工程学院　王明明

本课程是一门技术基础课，其教学目标是学生在掌握基本绘图知识的前提下，还要具有严谨、认真的做事风格，以及能够进行团队合作的为人处世之风，只有这样才能保证每位同学零件图的准确性、才能保证每个多个零件装配在一起后的合理性。在教学的过程中，我们还将“工匠精神、爱国奉献、梦想精神”融入其中，从点滴之间培养学生的职业道德、职业能力、职业品质。结合“中国制造2025”和“制造业强国战略”，引导学生树立远大理想和爱国主义情怀，树立正确的世界观、人生观、价值观，勇敢地肩负起时代赋予的光荣使命，全面提高学生思想政治素质。

一、课程定位

《工程图学B》课程是电信、电科、通信、电技、电、电气、高分子、复材等本科专业相关必修的一门技术基础课，是研究绘制和阅读工程图样的原理和方法。该课具有系统的理论性和较强的实践性，是培养学生具有用绘图仪器手工绘制工程图样和计算机绘图的能力，是使学生具有用所学的知识表达工程设计思想、进行创造性形体设计能力的一门学科。

课程采用多媒体授课，与讲授法、实物演示法，板书法、启发法、提问法等相结合的教学方法教学，并以计算机AutoCAD作为辅助手段，提高教学效果。教学内容按由浅入深，循序渐进，适应学生的认知规律，不断提高学生的知识水平。易懂知识可以采取学生自学及教师着重讲解重点难点的方法，锻炼学生自主学习的能力，同时要求学生通过做习题巩固所学知识，培养学生的实际应用能力，做到活学活用。

二、课程思政教学目标

通过本课程的学习，使学生掌握用正投影方法绘制和阅读工程图样的方法和步骤、掌握零部件常用的表达方法、掌握标准件及常用件的规定画法、贯彻和掌握制图相关的国家标准、掌握查阅相关标准资料的方法。课程注重培养学生的制图基本技能；培养学生用正投影法绘制和阅读工程图样的能力，提高学生的空间想象力和逻辑思维能力；培养学生选用合理的表达方案表达零部件的能力；培养学生严谨踏实的工作作风，提高学生的工程素质。

本课程是一门技术基础课，其教学目标要求学生在掌握基本绘图知识的前提下，还要具有严谨、认真的做事风格，以及能够进行团队合作的为人处世之风，只有这样才能保证每位同学零件图的准确性、才能保证每个多个零件装配在一起后的合理性。在教学的过程中，我们还将“工匠精神、爱国奉献、梦想精神”融入其中，从点滴之间培养学生的职业道德、职业能力、职业品质。结合“中国制造2025”和“制造业强国战略”，引导学生树立远大理想和爱国主义情怀，树立正确的世界观、人生观、价值观，勇敢地肩负起时代赋予的光荣使命，全面提高学生思想政治素质。

围绕课程的知识目标、能力目标、素质目标，提炼整门课程的课程思政教学目标。

三、课程思政教学设计

课程采取“知识讲授+小组讨论+思政元素”的教学设计模式，在讲授理论知识的同时以“工匠精神、爱国奉献、梦想精神”为主线进行自主探究活动，融入隐性思政元素，培养学生制图能力、读图能力、逻辑思维能力的同时，潜移默化地进行大国工匠精神、爱国奉献精神及梦想精神的培养，为培养有爱国心、从业责任心、有梦想、有创新的新时代大学生埋下伏笔，具体课程教学设计如图1所示。

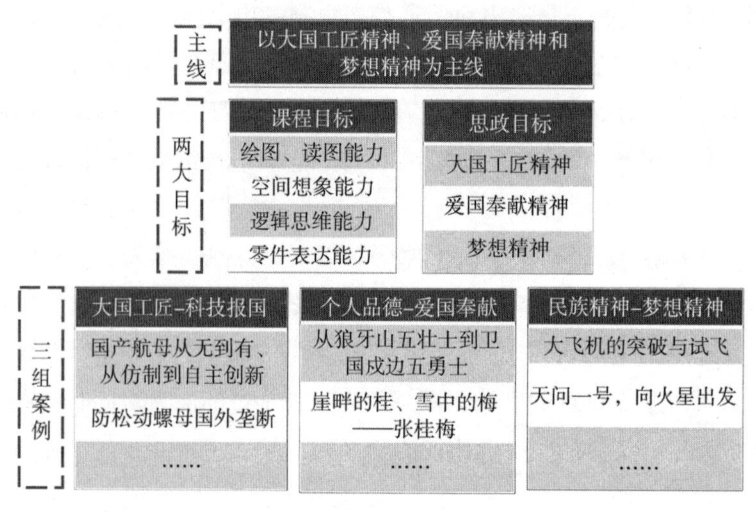

图1　课程思政教学设计

一条主线：在实现中华民族伟大复兴的中国梦的新时代，要把工匠精神打造成一个大国、强国的重要精神支柱。随着社会的进步与发展，“工匠”开始获得应有的地位与价值，特别是提升人类生活品质的“工匠精神”，再度开创人类美学的新的境界追求。让工匠精神支撑“中国制造”转型升级“中国智造”，这是制造行业的梦想。工匠精神的前提是爱国奉献精神，爱国是将祖国装在心间，奉献则是要将爱国行动付诸实践。

两大目标：以知识为前提的学习目标，达到提高学生的空间想象力和逻辑思维能力，培养学生严谨踏实的工作作风，提高学生的工程素质。以“工匠精神、爱国奉献、梦想精神”为思政目标，培养新时代有爱国心、有从业责任心、有梦想、有创新精神的大学生。

三组案例：思政元素可能使我们身边的小事，也可能是涉及国家发展的重大事项，譬如扎根云南贫困山区40多年，推动创建了中国第一所免费女子高中的张桂梅；实现航母从购买到国产的国产航母设计团队，等等。搭建大国工匠——科技报国精神、个人品德——爱国奉献精神、民族精神——梦想精神的案例库，从身边小事到国家大事影响学生、感悟学生。

四、课程思政元素的融合

在教学过程中，根据各个教学单元的内容特点，选取更切合的课程思政教学目标融入，并配合以相应的教学活动设计，促进知识、能力和课程思政教学目标的同步有效达成。

1. 在制图基本知识、国家标准、投影法概述及点、线、面投影特性等基础知识的讲授部分中，通过国家标准对线型的要求及使用范围，对绘图过程文字书写、尺寸标注等规定，强调国家标准的重要性，培养学生恪守各种标准规定的习惯，培养良好的行为习惯，增强遵纪守法意识。将“点动成线、线动成面、面动成体”的基本常识融入点、线、面的投影特性中，让学生了解系统学习及不积跬步无以至千里的重要性。

2. 在平面立体、曲面立体、组合体截切以及组合体读图的讲授过程中，以绘图过程中主视图、俯视图及左视图协同绘制，共同表达一个物体的三维形体为契机，强调要从不同角度看问题、思考问题的重要性，强调团队协同的重要意义。例如在讲授长方体及圆柱体的三视图中，二者的主视图和左视图可以完全一致，但通过俯视图的观察可以找出二者的不同，强调了多角度分析问题的重要性。

此外在讲授组合体绘图与标注过程中强调，基准线是绘图的首绘线、也是标注过程中首先要确定的线，强调我们为人处世中也应该有自己的基准线，生活学习中要符合学校各项规章制度的基准线，更应该把握国家法律法规的基准线。

3. 在讲授视图、剖视图、断面图及其他表达方法时机件常用表达方法中，要求学生不仅能够准确读出零件的外部结构，还能够对零件内部结构进行表征。在讲授该部分时，结合我国发布的“中国制造2025”和“制造业强国战略”，以及大国重器相关视频，向学生传递制造业是国民经济的基石，制造智能化、数据化是制造业发展的方向，而机械制图又是制造业中不可缺少的一个环节，是制造业中的语言，我们更应该掌握。

4. 在讲授零件图及装配图过程中，将“工匠精神”及团队合作精神融入其中。单个零件孤独地躺在车间没有任何意义，只有一个机器中的若干工件按照其既定的装配方式装配在一起，才能够实现机器为我们服务的功能。此外，单个零件绘制的准确性直接决定了最终机器装配图的准确性，要在学生时期弘扬工匠精神、团队精神意识，才能为国家培养合格的接班人。我国的航母从无到有，从引进到自建，实现了从设计、材料研发到最终的制造组装的全过程，实现了航母的国产化；而舰载机的登舰，也彰显了我国航空航天的飞速前进。但大家要知道，航母、舰载机的制备过程，起步就要有设计图纸，没有图纸只能望洋兴叹，无所适从。航母、舰载机实现国产化，是设计师从一个点、一条线的绘制，从一个螺孔到一个甲板的绘制，这是中国的力量。所以大家要知道制图的重要性，也要知道哪有什么岁月安好，只不过是有人替你负重前行!

5. 在讲授计算机绘图过程中，除了课程需要掌握的AutoCAD绘图基础外，还向学生介绍其他平面设计的软件，如SolidWorks，以及三维绘图软件Creo、UG等。不仅要介绍他们的异同点，更要阐述我国工业软件的不足，激发学生的学习激情。

五、教学效果

通过精心准备课程教学内容、设计教学方式，保障授课教学效果，达成本课程教学的知识与能力目标。在教学过程中，坚持教书与育人相统一，挖掘并积累思政元素，以讲述“身边小事、国家大事”的形式，逐渐融入《工程图学》课程课堂教学环节，不断丰富课程思政的内涵，在传授专业知识的同时，引领学生思想、塑造价值观、培养家国情怀。

学生通过课程学习，深刻认识机械制图的魅力以及制图对于国家重工业发展乃至国家国防领域的重要意义。感受大国工匠精神、爱国精神、梦想精神对于实现中华民族伟大复兴的重要意义，建立我们的民族自豪感、民族自信心、民族创造力。

《造型材料与工艺》课程思政教学设计

机械工程学院　张鑫韬

该课程主要讲述常用的产品造型材料、产品造型工艺及造型材料表面处理等综合性知识，培养学生创新思维和实践能力，融入科学思维、环境保护、追求进步、工匠精神等课程思政点，培养学生尊重科学、勇于创新和工匠精神等素养。

一、课程定位

《造型材料与工艺》课程是工业设计专业本科二年级开设的必修课程，也是工业设计专业的重要核心基础课程。作为工业设计专业让学生建立设计实践意识的基础性课程，《造型材料与工艺》无疑承担着启蒙和引导学生专业思维、专业理念和实践意识的重要作用。

二、课程思政教学目标

立足课程思政的现代课程观，《造型材料与工艺》课程重新认识、重新定位和重新塑造了教学目标，在知识性和能力性目标之外，还将“构建理性思维、建立环保及可持续性意识、树立正确的设计与材料认知、塑造工匠精神”的课程思政目标融入其中，贯穿于课程教学大纲的各个单元，实现了课程思政建设与教学目标的契合，与教学内容的融合，与教学素材的整合，与教学过程的结合。

三、课程思政教学设计

在教学过程中，根据各个教学单元的内容特点，选取更切合的课程思政教学目标融入，并配合以相应的教学活动设计，促进知识、能力和课程思政教学目标的同步有效达成。

1. 在《造型材料与工艺》课程中的“第一章概论”“第二章设计材料的分类与特性”“第三章材料感觉特性的应用”等基础知识的讲授部分突出“构建理性思维”的思政目标。这部分的知识核心是构建学生在设计背景下对造型材料以及设计与材料之间关系的正确认识和理解，而理性的思维本身，又能够促进学生真正在专业视角上掌握这些看起来生涩难懂的专业术语，整合自己的知识体系，而非像以往的学生进行知识的简单零散识记。

2. 在《造型材料与工艺》课程中的“第四章材料与环境”基础知识的讲授部分融入“建立环保及可持续性意识”的思政目标。环境保护及可持续性发展是当前世界各国均高度重视的人类重要任务，它决定了人类未来的发展方向及发展态势。环境保护及可持续性发展对设计师的专业学习及职业发展都具有重要的指导意义，设计专业的学生必须要在学校学习期间就建立起环保意识及可持续发展的态度。

3. 在《造型材料与工艺》课程中的“第五章产品设计中材料的选择与开发”基础知识的讲授部分，更突出促进“树立正确的设计与材料认知”目标的达成，让学生能够充分理解材料的选择对产品的影响作用，以及产品各要素的材料选择要求。这一目标的达成，能够使学生在设计中选择材料的过程中具有更加清晰透彻的认识，为在设计中合理使用材料奠定良好的基础。

4. 在《造型材料与工艺》课程中的“第六章金属及加工工艺”“第七章塑料及加工工艺”“第八章木材及加工工艺”“第九章玻璃及加工工艺”“第十章陶瓷及加工工艺”等基础知识的讲授部分中强化“塑造工匠精神”的思政目标。自提出“中国制造”变为“中国创造”以来，许多专家学者就纷纷呼吁应当唤回“工匠精神”，让其成为制造行业迅猛发展的思想动力。“工匠精神”不仅适用于制造行业，在学生中塑造“工匠精神”，对于学生未来职业道德和职业素养的培养具有深远意义。“工匠精神”所带来的社会责任感和时代使命感能够帮助学生建立坚定、稳定、持久的职业责任感和职业荣誉感，这种情感反过来也能够帮助学生真正理解工业设计所内在的社会和人文价值。而学生“工匠精神”的培养、塑造，自然离不开在学生成长中扮演着引导者角色的专任教师的参与与影响。

四、课程思政元素的融合

1. 针对“构建理性思维”的思政目标，该部分主要通过在各类产品中应用材料进行设计的案例介绍与分析，使学生更好地理解材料与设计之间相辅相成、相互影响、相互促进和相互制约的关系，强化专业理性思维对学生的原有认知的冲击和改变。例如，利用不同材料针对同一类产品（比如座椅）进行设计，虽然在功能体现上是相同的，但由于不同材料加工能力及造型特点的差别，产品呈现出丰富的形态表现，让学生真正理解材料与设计之间的关系。

2. 针对“建立环保及可持续性意识”的思政目标，该部分主要选取部分绿色设计案例进行讲解分析，通过设计师的设计构思、环境保护及可持续性思考、材料选取思路、设计实践及加工手段等方面的详细讲解，使学生更好地理解在工业设计的实践过程中，环保意识及可持续性发展观念对促进社会发展、引导受众树立正确认知等方面具有极其重要的作用，同时通过案例解析，引导学生将这一关键意识引入到设计活动之中。

3. 针对“树立正确的设计与材料认知”的思政目标，该部分更多的是采用启发式、问题式教学法，为学生提供现实已知的产品设计目标，追问性地启发学生进行产品分析，引导学生提出在设计中需要注意并合理解决的诸项问题，再引导学生针对上述各项问题开展讨论，选取相对更合理的设计材料进行模拟设计。通过这样的引导形式，帮助学生更准确地建立起设计与材料之间关联的认知。

4. 针对“塑造工匠精神”的思政目标，这部分更多的是采用大量实例介绍及学生间探讨的方式开展，增强学生的学业参与感与获得感。例如，通过我国在新材料研发方面投入的巨大努力和取得的可喜成就，帮助学生更好地了解新材料研发之路的艰苦卓绝，并因我国所取得的成果而骄傲；通过设计师成功的设计案例，引导学生认识到刻苦的学习、严谨的态度以及创造性的思考对于自己的专业学习和发展具有重要的影响。

五、教学效果

通过精心设计课程教学，保障授课教学效果，达成教学目标。在教学过程中，坚持教书与育人相统一，挖掘并积累思政元素，以“春风化雨、润物无声”的形式，隐性融入课堂教学环节，不断丰富课程思政的内涵，在传授专业知识的同时，引领学生思想、塑造价值观、培养家国情怀。

学生通过课程学习，深刻认识到在设计研究工作中，材料的开发与应用扮演着非常重要的作用，通过案例学习，感受中国力量、中国制造、中国精神、中国故事，感受作为新一代设计师的责任与担当，建立我们的民族自豪感、民族自信心、民族创造力，感受在党的领导下，健康生活的幸福和美好。

《汽车理论》课程思政教学设计

机械工程学院　龙海洋

该课程主要讲述汽车的六大性能及其动力装置参数的选择等基本理论知识，将基础知识与汽车结构设计紧密结合，培养设计者的责任感和使命感；用专业知识孕育学生“人与社会和谐发展”的观念，引导以后设计汽车时注重节能环保；指导学生具备针对重点知识、重点行业前沿查阅相关领域最新科研成果的能力。通过前沿技术的引入，将创新精神、科学思维、工匠精神等课程思政元素融入授课过程中。

一、课程定位

《汽车理论》课程是车辆工程、交通类（交通运输、交通工程、汽车运用工程等）专业的一门专业基础课，是汽车设计、试验及使用所必须的专业基础知识。其根据作用于汽车上外力的特性，分析与动力学有关的汽车各使用性能：动力性、燃油经济性、制动性、操纵稳定性、平顺性及通过性；介绍各使用性能的评价指标与评价方法。通过建立有关的动力学方程式分析汽车及其部件的结构形式与结构参数对各使用性能的影响，阐述性能预测的基本计算方法。本课程力图使学生牢固掌握汽车的基本性能以及性能分析和综合的基本理论和方法，为从事汽车工程的研究和汽车产品的开发打下良好的基础。

二、课程思政教学目标

立足课程思政的现代课程观，《汽车理论》课程将基础知识与汽车结构设计紧密结合，培养学生设计的责任感和使命感，共筑中国汽车行业长城；用专业知识孕育学生“人与社会和谐发展”的观念，引导学生以后设计汽车时候要注重节能环保。让学生在理论知识学习的基础上，加深对所学专业知识的理解，提高学生对课程学习的专注度，培养学生学习枯燥知识兴趣，引发知识共鸣，从而锻炼设计思维能力。指导学生具备针对重点知识、重点行业前沿查阅相关领域最新科研成果的能力。通过前沿技术的引入，将“创新、批判、质疑、奋进”等课程思政元素融入授课过程中。主要围绕以下几个目标进行：

1. 知识目标：通过课上师生互动的实施，将“创新、严谨、质疑”等课程思政元素融入授课过程中；

2. 能力目标：倡导汽车行业新生力量，未来进行结构设计时，应结合基础理论知识，将“不断求真、不断创新”的学术精神引入课堂，培养学生强烈的社会责任感和使命感；

3. 素质目标：遵守交通规则，安全驾驶，文明行车是每个公民的责任，课上自然融入相关内容，逐步引导学生具备“勇担当、守初心，共筑健康中国梦”的社会公德意识。

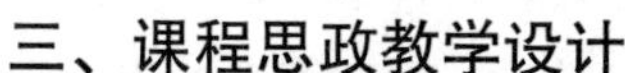

三、课程思政教学设计

根据不同章节的内容特点，运用案例式教学与启发式教学，构建富有逻辑的知识结构并以视频、PPT、板书或者师生互动等形式表述出来。开展线上线下混合式的创新教学模式，通过线上资源的推送，拓展教学内容的广度和深度，体现“挑战度”；线下拓展探究，培养学生发现、分析、解决问题的能力，实现“高阶性”，并设计相应的教学活动，促进专业知识、设计思维能力和课程思政教学目标的同步完成。

1. 从汽车动力性、行驶条件、燃油经济性、动力装置参数选择的方法等基础知识入手，构建汽车理论核心知识构架，使学生对汽车性能的专业知识基本了解。这样有利于对后期课程的深入学习，避免对不理解的知识产生枯燥感，达到的“寓教于享、寓教于乐”的情感目标。通过对比不同车辆的驱动力参数，学习汽车构造相关知识，激发学生的行业热情，培养正确的汽车设计人员应有的行业素养，从而突出社会主义核心价值观，将“创新、严谨、质疑”等课程思政元素融入授课过程中。

2. 汽车动力性的相关知识主要集中于汽车受力分析及计算公式、发动机外特性曲线与部分负荷特性曲线和计算汽车动力性指标时等，使学生能更好地利用数学知识和物理知识解决实际工程问题，能更合理地、科学地解释汽车相关问题。教学中做到理论联系实际，更好地融合理论知识和实际经验。对生活实例进行讲解，通过轮胎的驻波现象视频实例讲解，强调“安全驾驶，文明行车”保持良好的社会公德意识。

3. 汽车的阻力构成讲解时，需要综合考虑，扩宽学生思维，形成多学科融合的思考方式，其中汽车行驶过程中的空气阻力就涉及空气动力学的知识，都需要学生了解和学习，培养学生查阅文献阅读文献的自学能力。

4. 汽车的燃油经济性讲解时，引入技术先进的丰田新款2.0L四缸汽油机的讲解，同时对比国产比亚迪全新骁云1.5T动力总成，增强学生的爱国主义情怀。

5. 讲解制动性的同时引入行业前沿制动器技术，同时介绍制动系统的发展历史，激发学生的学习兴趣和好奇心，培养学生用基础理论指导技术创新的思想。自然融入遵守交通规则、安全驾驶，文明行车的相关知识，引导学生树立社会主义核心价值观，奉行诚信、遵纪守法、遵守交通规则、文明驾驶，做一个有益于社会的人。同时强调科学家们“不断求真，不断创新”的学术精神应该值得大家学习。

6. 理论知识学习的同时，还需对汽车文化进行了解。了解汽车的发展历，以及随着社会的发展和科技的进步汽车用途呈现多样化。汽车的发展不仅影响了整个社会的经济结构和发展速度，也让我们的生活发生了翻天覆地的改变。百余年来，汽车在满足人们代步需求的同时，也积累和蕴含了丰富的精神财富，被赋予了更多的文化内涵，形成了一个独特的文化现象。汽车文化的具体体现主要是汽车本身所折射出的设计理念，其中所包含的设计元素实际上就是文化元素。美国、德国、英国、法国、意大利、日本、韩国的汽车，因为其文化元素的不同，设计风格便截然不同。美国社会学家说："没有汽车的出现，就不会有现代的美国。"对于美国人而言，汽车与水和面包同等重要。美国汽车具有车席大、安全、舒适、悬挂柔软的特点。欧系车大多数具有百年的历史，生产的汽车都是以精致出名。各车厂家的优秀文化传统、高超的设计能力、典雅的外观，明显的操作个性，更是称雄于世。德系汽车以安全、结实、技术含量高而著称于世。德国轿车给人的感觉是比较传统，冷静、深藏不露，很少以外表去哗众取宠。其轿车线条挺拔有力度，造型严谨而传统，给人一种坚固和耐用的感觉。法国汽车对创新理念的重视、富于创造激情及想象力的气质在汽车设计上一览无遗。国产汽车以性价比著称，随着汽车工业的进步，长城汽车、比亚迪汽车、吉利汽车、长安汽车等都对汽车文化有助推作用，同时对汽车产业的发展也倾注了我国劳动人民的心血。通过汽车文化的学习，引导学生爱上汽车设计，喜欢上汽车理论学习，还可以培养学生强烈的爱国主义情操。

四、课程思政元素的融合

自从汽车诞生之日起，汽车的制动性就显得至关重要，并且随着汽车技术的发展和汽车行驶车速的提高，其重要性也显得越来越明显。制动性直接关系到交通安全，重大交通事故往往与制动距离太长、紧急制动时发生侧滑等情况有关。所以，汽车的制动性是汽车行驶的重要保障。应用车辆制动时拖痕引出本节课内容，引导学生思考，提升学生学习兴趣。

通过了解和学习的过程中感受科学的奥秘和汽车设计之美，品味汽车的世界发展史，激励和引导学生创新发展，将中华文化体现在汽车设计之中，并走向世界。为学生提供专业参考网站以供课下学习讨论。

汽车理论慕课：https://www.icourse163.org；

中国汽车工业协会：http://www.caam.org.cn/；

美国机动车工程师学会（SAE）：http://www.sae.org/servlets/index。

五、教学效果

在讲授过程中，增加知识点之间的对比，合理利用表格、板书与多媒体的对比，使同学们掌握了复杂的内容。在讲课过程中穿插讲述学生在日常生活中的常见实例，激发了学生的兴趣。在对前沿技术自然融入课程知识中，注重理论与实际的有机结合，引导学生将理论知识应用到实际设计及驾驶过程中。丰富的教学案例，有效的进行课堂穿插。在拓展训练过程中同学们能领悟到，在技术的进步当中，人类不断求真、不断创新的学术精神。

《图形与创意》课程思政教学设计

机械工程学院　刘　超

该课程主要讲述图形与创意的基本理论知识和基本技能，通过理论讲解和课题实训，培养学生对图形的创意思维和设计能力。课程融入了创新精神、文化自信、传统文化、工匠精神、爱国奉献、使命担当等课程思政点，培养学生的美育情怀和德能兼修素养。

一、课程定位

《图形与创意》课程是工业设计专业本科一年级学生开设的专业选修课程，也是工业设计专业的基础课程，是低年级学生接触设计的开始，是一门理论与实践紧密结合的基础设计课程。课程具有理论知识全面、系统、翔实，设计案例精选、典型，专项训练针对性强等的特点。通过本门课程的学习，一方面培养学生的创新性思维能力，启发从不同角度去观察、思考，从而设计出创新性图形的能力。另一方面，培养学生的表达能力和对美的鉴赏能力，引导学生在设计中运用形式美法，为工业设计专业的图形设计提供更多的方法和途径，并为后续课程的学习打下良好的创意基础。

课程采用讲授式、启发式、研讨式、项目教学等多种教学方法。通过图形创意概述、图形创意思维、联想、想象、图形创意应用等内容的讲授和训练，让学生能够合理运用理论知识和创新思维方法，进行图形创意实践。作为工业设计专业的基本理论、方法论和意识形态，《图形与创意》无疑承担着启蒙和塑造学生专业设计思维和设计理念的重要作用。

二、课程思政教学目标

立足课程思政的现代课程观，《图形与创意》课程重新认识、重新定位和重新塑造了教学目标。围绕课程知识传授、创意思维和设计应用能力培养以及价值引领相结合的整体目标，挖掘自身蕴含思政的素材和资源，结合自身课程的特色和优势，在理论知识和设计表达能力的培养目标之外，还坚持立德树人，把培育和践行社会主义核心价值观融入教书育人全过程，实现全程育人，全方位育人。课程教学中注重引导学生树立文化自信，道路自信的民族自尊心和自豪感，弘扬中国文化；培养学生严谨踏实的职业精神、精益求精的“工匠精神”、实践能力和责任意识；培养学生大胆创新、自强不息、锐意进取、敢于创新的精神和担当精神；培养学生具备专业伦理素养，加强生态环保意识和规则意识，提升道德标准；培养学生心系祖国，关注时事政治的家国情怀和爱国主义情怀。课程思政内容蕴含于理论知识讲授和课题设计实践中，贯穿于教学大纲的各个单元，实现了课程思政建设与教学目标的契合，与教学内容的融合，与教学过程的结合，实现课程思政“盐溶于汤”，实现教书、授业、育人、同向同行、同频共振，强化显性思政、细化隐性思政、构筑三全育人大格局。

三、课程思政教学设计

课程采取“知识讲授+案例赏析+学生自主设计+思政元素”的教学设计模式，在讲授理论知识的同时以图形创意为主线进行设计创作，融入隐性思政元素，培养学生的图形创意思维和设计应用表达能力，将中国文化、创新精神、专业伦理素养、“工匠精神”、爱国情怀等思政内容潜移默化地融入课程，形成了“一条主线+两种方式+五个思政模块+三个教学实施环节”的课程教学设计（见图1）。

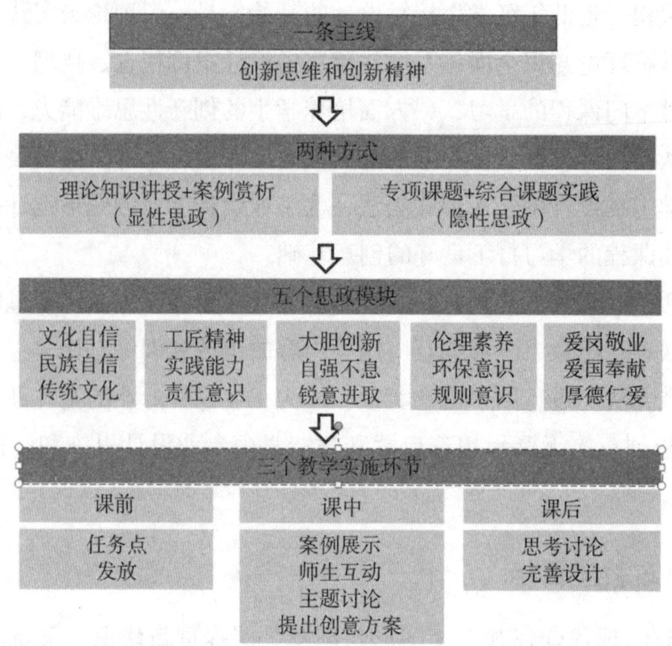

图1　课程思政教学设计

一条主线：我们进行的事业是前无古人的伟大事业，“惟改革者进，惟创新者强，惟改革创新者胜”。习近平总书记再三强调创新。创新思维方法和创新精神的培养贯穿图形与创意课程的始终，春风化雨，润物无声。

两种方式：在理论知识讲授过程中甄选典型设计案例，学生通过极具感染力的设计案例切实体会中国文化、中国精神、中国故事，感受大国工匠的震撼力和说服力。在专项课题和综合课题实践设计过程中更是引导学生知行合一，外化于行，不断创作，不断创新，不忘设计师的初心，坚守设计师的仁心，不断提升设计师的思想境界和设计能力。

五个思政模块：在教学过程中挖掘思政元素，促进学生知识传授、能力培养与价值引领有机统一，形成五个课程思政模块。模块一讲中国文化，讲解、赏析颇有意味的传统图形创意作品，体会传统文化图形中的图形创意精髓，树立文化自信、民族自信、道路自信；模块二讲工匠精神，讲授匠心故事，欣赏独具匠心、精雕细琢设计作品，培养学生在设计中践行“择一事，终一生”的工匠精神和修身哲学；模块三讲创新精神，讲授设计师的创新创业故事，鼓励学生在设计实践中突破陈规、大胆创新、锐意进取、敢于创新；模块四讲生态环保意识，鼓励学生参加公益广告类设计活动，具有责任意识、担当意识;模块五讲爱国奉献、厚德仁爱、奋斗有我、顽强拼搏，讲解赏析“抗击新冠肺炎疫情”海报设计和庆祝新中国成立70周年海报设计。

三个教学实施环节：以学生为主体、以教师为主导、以设计实践为关键、以网络为载体，通过“课前+课中+课后”三个实施环节，完成教学，实现隐性教育与显性教育相统一。

四、课程思政元素的融合

在教学过程中，根据各个教学单元的内容特点，选取更切合的课程思政教学目标融入，并配合以相应的教学活动设计，促进知识、能力和课程思政教学目标的同步有效达成。

1. 认识中国传统文化，提升“文化自信”

结合图形创意的发展历史，了解图形创意作品和体现中国传统艺术魅力的设计佳作，讲解图形起源与发展中引入陕西西安出土的人面鱼纹彩陶，广汉三星堆遗址中发掘的青铜纵目人、青铜人面鸟身像、青铜神树等中国最早的图形创意案例，让学生感受到先民的智慧和创造力，感受我们图形创意的悠久历史。在讲解图形创意的核心——想象中的共生和正负形图形时，引入唐代敦煌莫高窟205号窟上的兔纹、四喜娃、六子争头和太极等经典的民族传统图形，让学生领略我国传统创意图形极高的艺术魅力和艺术价值，进而感受到中国图形艺术的博大精深。在图形的设计类别与表达章节中讲解装饰图形设计时，引入故宫文创——骨质瓷咖啡杯和杯盘套装设计，其装饰图形寓意深刻，图案精美，是故宫文化的现代传承和演绎，从而激励学生对传统文化学习，在设计中深层次挖掘文化的热情。在讲解汉字的设计要领时，精选优秀的字体设计和以汉字为主的招贴设计，展示汉字书画同源的文化根基。通过这些内容的讲解，展示中华民族传统的悠久历史和灿烂文化，加强学生对传统文化的热爱，让学生从历史中汲取营养和智慧，自觉延续文化基因，增强民族自尊心、自信心和自豪感。

2. 内化于心，外化于行的“工匠精神”

在教学内容设计和对学生作业要求中体现精益求精的“工匠精神”。“工匠精神”的培养和传承在教学环节中不可或缺，弘扬工匠精神已经成为一种广泛共识。在讲解图形创意的核心——想象中的正负形同构时，引入“我在故宫修文物”系列海报，海报以6件国宝级珍贵文物为背景，缩小的修复师身影镶嵌在文物残损处，每一件文物残损处的小人物形象让工匠的神韵跃然纸上。案例构思巧妙，于细节处着眼，寓意大历史，小工匠，择一事、终一生的工匠精神和修身哲学。并以此引导教育学生，作为设计师也应该以修复工匠为楷模，做作业做设计具有精益求精、精雕细琢，不断追求完美，择一事、终一生的工匠精神，让“工匠精神”成为设计师的职业素养。学生在做作业过程中的反复思考和不断打磨，不但提高了学生的创意思维能力和手绘表达能力，也将这种精神内化于心、外化于行，形成强烈而持久的学习内驱力，成为伴随学生一生的处世哲学。

3. 融入原创精神，锐意进取，开拓创新

强化塑造学生的创新设计思维和独立自主能力，达到“课程思政同向同行”的要求。图形设计是一门注重创意的课程，创新性思维贯穿课程的始终，在讲解图形的联想和图形的想象章节，以及图形设计在各设计领域的应用中都涉及创新性思维和方法的融入。比如讲解中国广告人李丹的成长历程和获奖作品，李丹在全国设计大师班学到了图形创意的方法之后，通过十年的辛勤耕耘终于成为第一位走上戛纳领奖台的中国本土广告人，并通过欣赏他在智威汤逊2012年为美加净防蛀牙膏创作的平面海报《牙文明》系列感受设计创新的价值。在课程讲解和实践过程中引导具备学生善于观察，勤于思考，合理运用图形创意方法，吸取多国文明、多种文化的兼收并蓄的态度和能力。塑造学生不断丰富自我，立志成为一名具有开拓创新、锐意进取精神的设计师的决心和能力。

4. 植入生态环保、和谐共生理念

在讲解图形创意的核心——想象中的拼置同构、置换同构、肖形同构、正负形同构等设计方法中引入人与自然、动物和谐共生的公益海报。比如欣赏世界自然基金会WWF的经典创意海报，基金会致力于保护世界生物多样性及生物的生存环境，所有的努力都是在减少人类对这些生物及其生存环境的影响。WWF海报画面极具想象力和震撼力，让学生在触目惊心的广告招贴中理解图形创意方法的同时，树立人与自然和谐共生的生态意识，为保护大自然，为保护环境发声，培养学生具备作为设计师的良知、道德感和责任感。

5. 结合时事政治，树立爱国主义情怀

精选课程思政案例素材，选择与教学目标契合、与教学内容联系紧密的、学生感兴趣的社会问题、热点问题，寓道于教、寓德于教、寓教于乐。比如讲解想象的定义中引入《哪吒之魔童降世》影片中哪吒的形象创新设计和海报设计，提高学生的思想境界和认识水平，增强学生对设计事业贡献力量的决定和信心。再比如讲到多个形态的创新组合中同构方法的运用、图形创意在广告设计中运用以及设计实践——主题海报设计中，精选建国70周年优秀海报、“抗击新冠肺炎疫情”海报、历届全国大学生广告艺术大赛获奖作品（比如2017年的两个公益选题分别是“厉害了，我的国”和“中国精神”）。通过赏析和设计实践，培养学生的“家事国事天下事，事事关心”的主人翁责任感和家国情怀，强化“勇挑时代的担当”责任意识和担当意识。精选的思政案例，可以是画龙点睛式、专题嵌入式、元素化合式、隐性渗透式等多种方式驱动教学，使爱国主义宣传接地气、有生气、聚人气，有情感、有深度、有温度。此外，还可充分利用新媒体与信息化技术，如超星在线开放课程平台实现混合式学习。对于大一学生而言，社会责任感和时代使命感能够帮助他们建立坚定、稳定、持久的职业责任感和职业荣誉感，这种情感反过来也能够帮助学生真正理解设计师存在的社会和人文价值。

五、教学效果

“触动心灵的教育才是最成功的教育。”课程精选设计案例，通过一张张鲜活的图像和一行行触动人心的文字，触动学生心灵，激励着、鞭策着学生们树立持久的理想和信念。通过精心设计教学模式和方法，能有效保障授课教学效果，很好地达成教学思政目标，立德树人渗透教学全过程。课程分别从课前、课中、课后挖掘思政元素，并有效进行融合，通过精选的案例讲解规范学生，保证学生知行合一、升华学生思想境界，引导学生形成良好的道德观、人生观、价值观。

学生通过课程学习，深刻感受到图形创意设计过程中，中国文化、中国力量、中国精神、中国故事的感染力和生命力，增强了民族自豪感、树立了民族自信心。每一位青年设计师在耳濡目染和身体力行中，承担起作为新一代设计师的责任与担当、使命与任务，做到了知行合一、内化于心、外化于行。

六、教学案例对设计类课程的推广

“蒙以养正，圣功也。”课程思政对学生思想的引导和栽培意义重大。《图形与创意》课程教学内容丰富，教学案例针对性强，尤其针对课程思政目标加以精心选择。教学方法灵活多样，因材施教，因时因地制宜，保证了课程质量和学生学习的质量。“一条主线+两种方式+五个思政模块+三个教学实施”的课程教学设计，以学生为中心，通过线上与线下、理论与实践、课内与课外等多种形式，提升学生运用图形创意思维进行设计实践的能力，将社会主义核心价值观融入教育教学全过程。

本课程将显性思政和隐性思政相结合，对其他设计类课程具有借鉴并推广作用，坚持专业教育与思政教育同向同行，同频共振。将思政教育贯彻学校教育教学全过程，突出育人价值，立德树人，让课堂有思想、有高度、有温度、有情怀。

《化工分离工程》课程思政教学设计

化学工程学院　孙　章

该课程主要讲述讲授各种分离方法的特征和分离过程的选择、特性分析和计算以及在多组分物系中的应用，培养学生的工程思维和设计能力，融入创造精神、奋斗精神、爱国主义、自主创新、追求真理、环境保护等课程思政点，培养学生的德能兼修素养和工程伦理。

一、课程定位

《化工分离工程》是为化工与制药类专业如化学工程与工艺、能源化学工程及其他相近专业本科三年级开设的一门应用性和实践性较强的综合性课程，属于学科基础平台的专业核心课程。本课程是《化工原理》课程的延伸，其基本理论和原理全面阐释了课程体系的专业和实用的特点。通过本门课程的学习，培养学生掌握分离过程的原理及应用，具备分析和解决分离过程中复杂工程问题的能力，理解分离过程在化工生产中的地位和影响。

通过课堂讲授、专题讨论、案例教学、混合教学等形式，主要讲授分离工程的原理及在多组分物系中的应用，从分离过程的共性出发，讨论各种分离方法的特征和分离过程的选择、特性分析和计算，强调将工程和工艺相结合的观点，为后续的化工工艺设计课程、化工过程开发课程及毕业设计等环节奠定理论基础。

二、课程思政教学目标

围绕课程知识传授、能力提升、价值引领和人格升华的相结合的整体目标，秉持“立德树人”的课程思政初心，坚持“育人为本、德育为先”教育理念，将“塑造崇高理想、提升逻辑思辨、强化工程伦理”的课程思政目标融入于课程教学大纲的各个单元，把知识教育与价值观教育、能力培养有机结合起来，实现了知识传授与价值引领相结合，引导学生运用辩证唯物主义观点和科学的方法论考察、分析和处理工程过程的复杂实际问题，培养学生的工程观点和设计能力。

三、课程思政教学设计

课程采取“知识讲授+过程考核+思政元素”的教学设计模式，在讲授理论知识的同时进行多层次、过程性考核活动，恰如其分地嵌入思政元素，将知识传授与价值传递相结合，培养学生的工程思维和专业知识应用能力，润物无声地进行民族精神、科学精神、工程伦理的人格塑造，进一步使学生树立起牢固的爱国信念和职业信心，实现专业和职业理想。本课程的思政教学设计形成以下特色：“一条主线+三个要素+五个案例。”（见图1）

图1 课程思政教学设计

一条主线：以习近平总书记“把立德树人作为教育的根本任务，培养德智体美全面发展的社会主义建设者和接班人”为宗旨，以“塑造健全人格”为课程思政主线，培养和增强学生的积极向上的心态、创新求是的思维和勇于担当的意识。

三个要素：将对学生的知识传授、能力培养与价值引领进行有机统一，以树立崇高理想、提升思辨能力和强化工程伦理为核心要素。通过化工分离过程在国民经济发展和日常生活中的重要作用的论述，讲述中国故事，展现中国精神，树立崇高理想；通过化工分离过程基础知识和原理的讲解，构建逻辑思维，提升思辨能力；通过节能技术方法的掌握，培养责任担当，强化工程伦理。

五个案例：在教学过程中结合历史和时政不断挖掘思政元素，促进学生知识传授、能力培养与价值引领的有机统一，形成五个课程资源。一是以抗疫中的熔喷布，展现中国速度；二是讲述中国成为第一制造大国的发展历程，彰显奋斗精神；三是以溶液中的非理想性的争论入手，培养存疑思辨；四是国人命名的计算方法为例，鼓励自主创新；五是以《中华人民共和国节约能源法》的颁布，强化节能环保。

四、课程思政元素的融合

1. 坚守思想阵线，树立崇高理想

结合抗疫之中的熔喷布，讲好中国故事。在“典型化工生产工艺中分离过程”的课程内容讲授部分让学生认识分离过程在化工生产中的重要性，介绍熔喷布的来源及制造过程，说明化工分离过程在国民经济和日常生活的重要性，增强学生对化工专业的认识，培养学生的工程素养。通过新冠病毒抗疫过程的讲述，介绍我们短短12天就能上马一条熔喷布生产线的事例，体现中国强大的工业能力。结合“非典”和“新冠”两个抗疫过程对比，通过手上简简单单的一只口罩的变化，展现我国17年的工业实力增长。进一步阐述打

赢这场防疫阻击战的指路明灯——中国特色社会主义制度的软实力，让学生领会中国特色社会主义的道路自信、理论自信、制度自信、文化自信是一种更加强大的精神力量，是我们风雨无阻、高歌行进的根本力量，也是我们打赢疫情防控人民战争、总体战、阻击战的根本底气，是凝聚中华民族命运共同体坚不可摧的强大力量，培养学生坚定中国特色社会主义“四个自信”意识。

结合我国抗疫成果，展现中国世界作为第一大工业大国的实力。通过新冠疫情以来我国熔喷布的生产速度展现中国作为世界第一大工业大国的实力，进一步讲述新中国成立70年来，通过艰苦奋斗和自力更生建成了全球最为完整的工业体系，成为世界第一大工业国。让学生理解我国能够建成全球最为完整的工业体系是由老一辈科研工作者持续投入到国家建设洪流中所实现的。讲述在新中国70年的发展历程中涌现一些具有强烈爱国情怀的典型代表的先进事迹，譬如钱学森、周培源、叶笃正、钱三强、邓稼先、黄旭华、郭慕孙等，彰显“拳拳赤子心、铮铮报国情”。培养学生以老一辈科学家为楷模，学习他们对理想的坚持，对国家的热爱，以此树立起以科技创新服务国家、造福人民的荣誉感和使命感，把爱国情怀化为建设国家的强大精神动力，使个人成功的果实结在爱国主义这棵常青树上。

2. 剖析科学争论，提升思辨能力

讲解科学争论，培养存疑思辨。在相平衡条件和相平衡常数计算的部分讲授中，让学生充分理解“相平衡”的科学内涵。以溶液的非理想性争论为切入点，介绍Van Laar和Dolezalek的观点，通过对两种观点的剖析，引导学生保持怀疑精神、勇于创新，提升学生的逻辑思辨能力，进一步培养学生运用辩证唯物主义观点和科学的方法论考察、分析和处理工程过程的实际问题，促进树立正确的世界观和价值观。

中国人名方法，诠释创新突破。在设计变量的计算和分析的部分讲授中，让学生充分理解“设计变量”的内涵，重点讲解中国人发明的“郭慕孙”法。通过这次方法的介绍，理解其中的创新之处，培养学生继承传统的基础上进行创新突出，形成自主产权的创新性成果。同时介绍化工学家郭慕孙先生回国创建了中国第一个流态化研究室的故事，老一辈科学家把个人理想与党和国家的需要、民族的前途命运紧密联系在一起的高尚情操。

3. 激发责任担当，强化工程伦理

在精馏的节能的部分讲授中，引导学生了解《中华人民共和国节约能源法》，采用文献调研和专题讨论的方法，开展专题小组讨论，认识“节约资源是我国的基本国策，国家实施节约与开发并举、把节约放在首位的能源发展战略”；进一步培养学生坚持“节约发展、清洁发展、安全发展”的理念，深植工程伦理，在解决复杂工程问题的具体实践过程中体现节能、环保意识；让学生深刻认识正确的工程伦理能够帮助他们建立稳定、持久的社会责任感能和职业素养荣誉感，这种职业素养反过来也能够帮助学生真正理解化工专业存在的社会和人文价值。

通过以上三类思政点的融入，形成以点带面的效果，在讲授分离过程的基本原理和过程分析的基础上融入家国情怀、理想塑造、逻辑思辨、创新精神、工程伦理、职业素养等德育元素，实现课程知识教学和思政教育互相融合、并行，在课程教学中贯穿立德树人的育人理念。

五、教学效果

通过精心设计课程教学，保障授课教学效果，达成教学目标。在教学过程中，坚持教书与育人相统一，结合时政实事挖掘并积累思政元素，以“春风化雨、润物无声”的形式，嵌入化工专业课程的课堂教学环节，不断丰富课程思政的内涵，在传授专业知识的同时，引领学生思想、塑造价值观、培养家国情怀。

学生通过课程学习，深刻认识到在化工生产过程中，感受中国力量、中国制造、中国精神、中国故事，感受作为新时代化学工程师的责任与担当，建立我们的民族自豪感、民族自信心、民族创造力，感受在党的领导下祖国富强所创造的美好生活。

六、教学案例对工科类课程的推广

本课程将系列思政点嵌入知识传授过程的教学模式，可供其他工科类课程借鉴并推广应用，使专业课程与思政教育同向同行，形成协同效应。坚持“立德树人”的教育初心，践行“门门课程有思政、教师人人讲育人”的精神，提高课堂教学效果和质量、提升学生学习热情和成效。

《化工设计与模拟》课程思政教学设计

化学工程学院　陈红萍

该课程使学生学会对化工工艺流程进行设计优化、主要设备进行设计和选型，还要对整个项目进行经济分析、安全评价和环境评价。该课程使学生认识到在设计的全过程中，必须严格遵守各级政府和主管部门的法规、标准及规范。一个化工生产流程从设计开始，就意味着有可能给人类的生存环境带来污染，在设计过程中应尽可能地采取积极措施，以求在化工生产给人类造福的同时，最大程度地减少对社会发展带来的负面影响。该课程培养学生创新思维和实践能力，融入社会公德、民族精神、大国工匠、科学精神、时代精神等课程思政点，培养学生德能兼修素养。

一、课程定位

1. 课程性质：《化工设计与模拟》是化学工程与工艺专业的一门主干专业必修课，开设于第6学期。

2. 课程地位：该课程是前期所学专业课和专业基础课的实践应用，是培养学生专业综合素质和现代化工工程师的必备专业课。

3. 课程教学内容与意义：该课程采用课赛同步的教学方法，在培养学生专业综合素质、专业伦理、创造性思维、现代化工工程实践能力方面占有重要的地位。

二、课程思政教学目标

在国家课程思政理念的引导下，借助课程载体实现思政育人成为高校育人的新课程模式。为实现专业课程与思政课程的协同发展，达到立德树人的目的，《化工设计》课程对教学目标进行了重新修正、认定，在知识和能力目标要求之外，另外加入了"树立家国情怀和主人翁的责任意识、树立遵规守纪守法的规则意识、勇挑时代担当意识、具有科学精神和工匠精神、将生态文明和节能降耗牢记于心、具有智慧化管理理念、具有团结合作诚实守信意识"的课程思政目标，思政教育体现在课程大纲、课程内容、课后习题及课程考核中，使课程学习与思政教育有机结合，相辅相成，达到知识水平、专业能力和德育水平全面提高，使学生成长为对社会主义发展有用的高素质化工专业人才。

三、课程思政教学设计

1. 课程教学设计模式

在学习化工设计的分类、化工厂设计的程序及设计内容、立项报告、项目建议书、可行性研究报告、设计任务书的编写方法和设计文件的部分内容时，融入了"遵规守纪守法的规则意识和团结合作诚实守信意识”的思政目标。

在学习工艺流程设计部分时，融入了“树立家国情怀和主人翁的责任意识、勇挑时代担当意识、将生态文明和节能降耗牢记于心、具有智慧化管理理念”的思政目标。

学习化工计算及设备的设计部分，在强化设计计算和现代设计计算方法应用时，要融入“科学精神和工匠精神”的思政目标。

在车间布置设计和管路布置设计部分的学习时，除了学习掌握车间、管道的平面和立面布置的内容、要求和布置方法外，在掌握典型设备平面和车间立面布置方案和管道布置方案的同时，提高学生系统分析设备及操作的专业综合素质，同时培养学生综合考虑设备自身因素以外，还要依照工厂设计、运输、安全、防火防爆等法规进行不知，融入“以人为本的责任意识、节能降耗意识和遵规守纪守法的规则意识”的思政目标培养（见图1）。

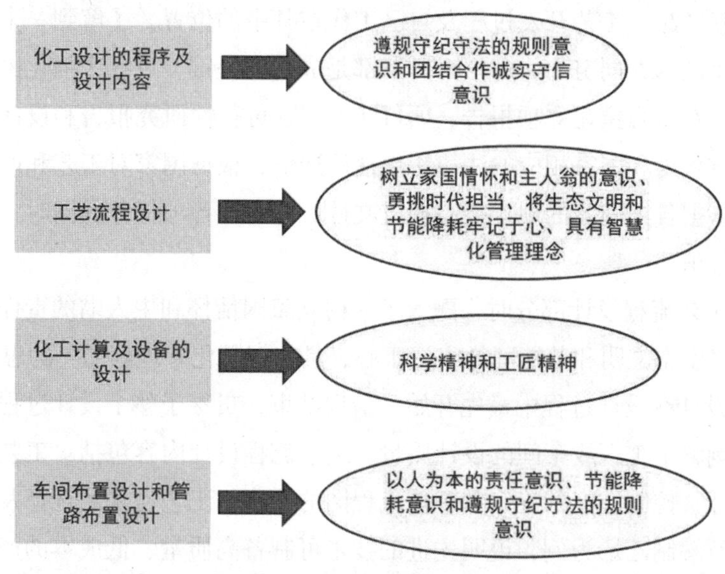

图1 课程思政教学设计

2. 课程教学特色与创新

课赛同步的教学方式，最终完成全国大学生化工设计竞赛作品。

3. 课程教学设计如何体现课程思政教学目标

课程思政不仅体现在课程大纲中，更要在课程教学实施过程中体现。《化工设计》课程作为化工专业综合能力培养的重要课程，依据课程特点，课程教学方法主要是课上讨论+课堂讲授+课程实践（大作业），课程思政也贯穿于课程教学的各个环节。在根据教学内容的不同，融入切实可行的思政目标，使学生在知识、能力提高的同时，思政得到同步提高，以“润物细无声”的方式引导学生树立正确的世界观、人生观和价值观。

四、课程思政元素的融合

1. 在学习化工设计的分类、化工厂设计的程序及设计内容、立项报告、项目建议书、可行性研究报告、设计任务书的编写方法和设计文件的部分内容时，融入了“遵规守纪守法的规则意识和团结合作诚实守信意识”的思政目标。

该部分主要介绍了工程设计在新工艺设计开发中的地位、各阶段设计的目的及意义、工程设计的内容及设计相关的法律法规和行业规范、规定等。通过本部分学习，学生了解自己所从事的工作在新产品、工艺开发过程中所处位置及重要性、掌握化工设计的程序及设计内容，会根据相关规定撰写立项报告、项目建议书、可行性研究报告、设计任务书，了解需要提交的设计文件，了解设计过程中需要遵循国家和行业的基本设计政策和规范。学生通过了解新产品、工艺开发过程及自己工作在其中的位置，了解到一个工艺过程开发需要多人多个团队的共同努力，每一个环节都是成功的关键，过程中强化团队合作和诚实守信的重要性。在学习撰写立项报告、项目建议书、可行性研究报告和设计任务书时，需要依照当地地方规划和国家相应的法律法规建厂选址，根据国家对工艺和产品的规定确定工艺和产品，依据各项内容的规定撰写相应文件。在完成各项任务的同时，培养“遵规守纪守法的规则意识”。

2. 在学习工艺流程设计部分时，融入了“树立家国情怀和主人翁的责任意识、勇挑时代担当意识、将生态文明和节能降耗牢记于心、具有智慧化管理理念”的思政目标。

工艺流程设计在设计过程中最先开始、最后结束，贯穿于整个设计过程，且工艺流程设计的好坏影响整个工厂或车间的设计质量。工艺流程设计内容包括：工艺流程的选择、工艺流程的设计、控制方案的确定和工艺流程图的绘制。工艺流程的选择及设计部分的学习，用烃类热裂解制乙烯为例，说明先进的技术可制备高质量、低成本的产品，但国内先进技术和设备的缺乏是关键，激励学生奋发图强的斗志，培养“家国情怀和勇挑时代担当的责任意识”；每一个工艺流程的设计，出来都是一个生产线或工厂，其安全生产的可靠性、能耗和三废排放不仅影响生成成本，更影响着我们所生存的生态环境和人类可持续发展，推荐学习“中国制造2025”，把握中国制造业的未来发展方向——“创新驱动、质量为先、绿色发展、结构优化、人才为本”的基本方针，培养学生的“主人翁责任意识、生态文明和节能降耗意识”。在流程控制方案设计部分，以现在焦炉烟道气中NOx控制为例，说明对工艺参数监测控制的重要性，培养学生“智慧化管理理念”。同时用印度博帕尔泄漏事故（视频）作为警示，说明设计的重要性和出现设计缺陷的危害，从各方面全面阐释并达成学习本部分的思政目标。

3. 学习化工计算及设备的设计部分，在强化设计计算和现代设计计算方法应用时，要融入“科学精神和工匠精神”的思政目标。

化工计算容不得半点马虎，化工设计计算任务量大，要求工程能力强，对设计者专业素质和工作经验要求高。当前，很多流程模拟软件及设备设计软件的出现，使设计计算任务得到了适当简化，以乙烯工厂的设计为例，早期人工设计，需要300人设计约三年，现在借助现代设计工具，只需要30人设计三个月。但模拟软件的设计都有自身的局限性，要以科学的态度分析所得数据，要有精益求精的态度，培养学生的“科学精神和工匠精神”。

4. 在车间布置设计和管路布置设计部分的学习时，除了学习掌握车间、管道的平面和立面布置的内容、要求和布置方法外，在掌握典型设备平面和车间立面布置方案和管道布置方案的同时，提高学生系统分析设备及操作的专业综合素质，培养学生综合考虑设备自身因素以外，还要依照工厂设计、运输、安全、防火防爆等法规进行不知，融入“以人为本的责任意识、节能降耗意识和遵规守纪守法的规则意识”的思政目标培养。

本部分在依据相应设计规范和法规的基础上进行设备和管道的布置同时，还应充分考虑人的活动和安全，培养“以人为本的责任意识和遵规守纪的规则意识”。在考虑设备的立体布置和管道布置方面，在符合设备自身要求的情况下，以便于安全管理、操作的前提下，遵循高位能利用和管路最短原则以节省能耗，培养学生从经济的角度分析问题，提高“节能降耗意识”。

5. 本课程最大的亮点是学以致用，用每年的全国大学生化工设计竞赛任务完成本课程的阶段性考核。本课程的每一个单元就是大赛任务的一部分，终极目标是设计一个车间或工厂。全国大学生化工设计竞赛是由中国化工学会、中国化工教育协会、教育部高等学校化工类专业教学指导委员会举办，旨在多方面培养大学生的创新思维和工程技能，培养团队协作精神，增强大学生的工程设计与实践能力，实践“卓越工程师教育培养计划”。本课程结合大赛题目布置课程作业，分阶段完成，在完成各阶段作业的同时，达到“家国情怀和主人翁的责任意识、遵规守纪守法的规则意识、勇挑时代担当意识、具有科学精神和工匠精神、将生态文明和节能降耗牢记于心、具有智慧化管理理念、具有团结合作诚实守信意识”的思政目标。

五、教学效果

通过设计课程教学，保障授课教学效果，达成教学目标。在教学过程中，坚持教书与育人相统一，挖掘并积累思政元素，在教学过程中不断丰富课程思政的内涵，在传授专业知识的同时，引领学生思想、塑造价值观、培养家国情怀。学生通过课程学习，深刻认识责任意识、创新精神，感受传承精神、工匠精神，感受作为未来工程技术人员的责任与担当，建立我们的民族自豪感、民族自信心、民族创造力。

《食品分析》课程思政教学设计

化学工程学院　李红霞

该课程主要讲述食品各项指标的分析检测方法，从而控制和管理生产、保证和监督食品的质量，避免食品安全事件的发生，为开发食品新资源和新产品、探索新技术和新工艺等提供可靠依据，培养学生创新思维、实践能力，融入爱国主义情怀、社会公德、职业道德、时代精神和科学精神等课程思政点，提升学生德能兼修素养和使命担当意识。

一、课程定位

《食品分析》课程是为面对化学专业本科三年级学生开设的专业选修课程。通过本课程的学习，使得学生明确食品分析的意义，掌握食品分析的方法。通过对食品各项指标的分析检测，从而控制和管理生产、保证和监督食品的质量，避免食品安全事件的发生，为开发食品新资源和新产品、探索新技术和新工艺等提供可靠依据。通过该课程的学习，要求学生能将所学的化学分析和仪器分析的基础理论和操作技能运用到实际样品分析中。在具体的教学中，采用混合式教学方式，包括翻转课堂、任务布置、讨论、作业等多种方式，让学生在学习过程中具有较强的创新意识，能运用已有的知识去分析解决食品检测中的实际问题，实际操作能力都得到锻炼和提高。

本课程总计32学时，分成18个相关知识点。本课程的每一个案例都是很好的思政教育素材，在提高学生的科学素养和创新能力的同时，可强化对学生的思想教育。

二、课程思政教学目标

课程教学将知识传授、能力提升和价值引领作为整体目标，结合课程的特色及优势，深入挖掘课程蕴含的思政元素和资源，本课程主要以《分析化学》和《仪器分析》课程理论为基础，强化实践，结合科研和创新的理念，体现分析工作所起到的“眼睛”作用，追求精准；以检测目标和检测方法为主线，以掌握的分析方法理论为基础，将样品处理、有机分析、无机分析、仪器分析多种方法和思维理念相结合，了解食品分析的重要性，掌握食品分析方法的多样性和复杂性，提炼食品分析的思维方法。习近平同志在全国高校思想政治工作会议上明确指出：“要用好课堂教学这个主渠道，思想政治理论课要坚持在改进中加强，提升思想政治教育亲和力和针对性，满足学生成长发展需求和期待，其他各门课都要守好一段渠、种好责任田，使各类课程与思想政治理论课同向同行，形成协同效应。”课程教学中将“民以食为天、食以安为先”理念贯彻始终，“政治思想目标——公民意识目标——职业精神目标——科学信念目标”融汇成了本门课程思政目标。近年来的食品安全问题，已经上升到了国家高度。解决食品安全问题的关键在于食品的监督管理，

而食品的监督管理依赖于食品的分析检测。总之，充分利用课程内容对学生开展思政教育是《食品分析》课程的主要目标之一。

三、课程思政教学设计

以政治思想、公民意识、职业精神、科学信念等为系统要素，构建本课程的思政教学目标，提高学生专业水平同时，强化学生的治素养，培养学生具有较高的综合素质。

政治思想目标：

政治思想目标是课程思政教学的首要目标，是落实党的教育方针、培养中国特色社会主义合格接班人的根本措施。通过本课程的学习，在食品安全案例的讲解过程中，使学生树立正确的世界观、人生观、价值观，热爱祖国、热爱人民，树立爱国主义精神和全心全意为人民服务的思想，做一个有益于社会的栋梁人才。

公民意识目标：

公民意识是社会意识的一种存在形式，是在现代法治社会条件下形成的民众意识。《食品分析》课程在讲解的过程中穿插着大量的食品掺假案例，让学生明白这些犯罪将对社会造成极大危害，做到抵制犯罪，做遵纪守法的公民，使学生在法律意识和道德意识方面得到强化。

职业精神目标：

职业精神是对职业的崇敬、热爱并为之奋斗的精神。职业精神是基于对职业的正确认识，是建立在职业责任感和职业道德观念之上的。“民以食为天，食以安为先”，食品分析是食品质量监督的保障，从事食品分析职业要具有诚信、责任、服务和质量意识，做到遵守职业道德的规范尤为重要。以职业精神作为该课程思政教学目标，培养学生的敬业精神。

科学信念目标：

科学信念就是以科学知识作基础的信念。《食品分析》课程中涉及大量的分析方法，包括各种营养素的分析方法和有毒有害物质的分析方法，这些方法是食品安全监管的依据。作为分析工作者，必须具有多方面的知识水平，能够正确评判各种方法的优势和存在的不足，能够开发和实验出更加先进和更加科学的方法，学会在实践中发现问题并解决问题。授课中融入了教师的“利用氨基酸分析测定乳品中蛋白质的方法研究”和“利用气质联用技术检测食用植物油掺假的研究”等科研项目成果，让学生相信科学、热衷科学，让学生树立自信、自强、勤奋探索的精神。

四、课程思政元素的融合

将“政治思想目标——公民意识目标——职业精神目标——科学信念目标”四个目标贯穿《食品分析》课程教授的整个过程，在所有章节都融入了思想政治教育。

第一单元：绪论（1学时），强调食品分析的重要意义，对保障人们生命健康的作用，食品检测工作者的担当和使命。

第二单元：食品的物理检验法（1学时），结合分析对象的物理特性，运用各种仪器设备进行指标的分析检测，融入科学发展观。

第三单元：样品的采集与处理（2学时），样品的采集与处理对分析结果的准确性具有重要的影响，强化规范操作和公民意识。

第四单元：食品感官检验法（2学时），方法的特殊性，对检测人员的高标准要求，强化责任感。

第五单元：水分和水分活度值的测定（2学时），明确水分检测的重要意义，杜绝通过在牛奶等食品中加水获取暴利，强化法律意识。

第六单元：碳水化合物的测定（4学时），碳水化合物是食品中三大营养素之一，开发含有功能性多糖的具有保健功能的食品意义重大，强化科学信念目标。

第七单元：脂类的测定（4学时），脂类也是人体的三大营养素之一，通过检测避免将地沟油和劣质油冒充高级油的事件发生，保障人们的健康，体现检测工作者全心全意为人民服务的思想情操。

第八单元：食品容器及包装材料的检测（1学时），随着科学的发展，新的安全的食品包装材料开发意义重大，强化学生的科学研究的思想理念。

第九单元：食品病原微生物的检测（1学时），微生物危害是食品安全的重要评价指标，该讲课的授课过程中将法律意识和责任意识的思政目标融入其中。

第十单元：蛋白质和氨基酸的测定（2学时），蛋白质是人体三大营养素中最为重要的营养素，近年来多起围绕蛋白质的安全事件发生，严重地危害人们的身体健康。蛋白质检测的意义及其重大。针对检测方法存在的问题，开发更为实用的先进的检测方法，将政治思想目标、公民意识目标、职业精神目标和科学信念目标融入本单元的教学中。

第十一单元：灰分及重要矿物元素的测定（4学时），该讲课的方法主要是以无机分析方法为主，对于各种食品都有着不同含量的要求，强化分析工作者的责任感。

第十二单元：食品中有害物质的测定（1学时），有害成分的检测使食品分析的一个重要的方面，是“民以食为天，食以安为先”的重要体现，强化公民意识和道德观。

第十三单元：辐照食品的检测（1学时），是科技手段运用于食品的保存中，但其安全检测意义重大，融入科学观念目标。

第十四单元：维生素的测定（2学时），各种维生素对人体的健康作用不同，而各种维生素的检测方法并不相同，强化责任感和科学观念。

第十五单元：酸度的测定（1学时），酸度可以体现食品的口感、成熟性和腐败性等，融入职业精神目标。

第十六单元：食品添加剂的测定（1学时），因为食品添加剂产生的食品安全事件最为突出，食品添加剂的种类繁多，不同食品中的添加剂差别很大，检测方法需要不断更新。课程讲授融入政治思想目标、公民意识目标和科学信念目标。

第十七单元：转基因食品的检测（1学时），作为新型食品，人们对其认识还不足，需要用科学的新方法对其检测，融入科学信念目标。

第十八单元：新资源食品的检测（1学时），随着人们生活水平的提高和科学的发展，开发有利于人体健康的食品意义重大，其检测方法需要与时俱进，融入公民意识目标和科学信念目标。

五、教学效果

1. 在讲授过程中，将与蛋白质检测相关的三聚氰胺、大头娃娃、皮革蛋白等乳品安全事件融入教学中，使学生在思想上更加抵制食品的掺假行为，更加重视食品监督的重要性，也让学生明白蛋白质检测的意义所在，从而使学生更加容易了解各种蛋白质及氨基酸检测的优缺点，更有利于学生对各种蛋白质及氨基酸分析方法的记忆和掌握。

2. 将教师的科研成果运用于教学中，弥补了已有分析方法的缺陷，使得检测的结果更加准确可靠，也避免了分析检测方法的漏洞给不法分子以可乘之机，从而激发学生的学习兴趣和进行科研的热情，增强学生的自信和自强意识。

六、教学案例对分析类课程的推广

该课程的教学以食品指标的分析方法学习为明线，以食品安全事件引出的食品成分分析的重要意义为暗线，将知识学习和思政目标有机地结合。教学模式上以线下教学为主，以线上教学为辅，结合网络资源，激发学生的学习热情。课程教学中将讲授、翻转课堂、提问、讨论、作业及思考题布置等多种手段结合，使学习深入浅出、灵活多样，极大提高了学习效果。该教学可以推广应用到其他分析类课程的教学中。

《分析化学》课程思政教学设计说明

化学工程学院　李　明

《分析化学》作为一门主干基础课程，培养学生运用分析化学的知识解决分析化学问题的能力，培养学生进一步获取知识的能力和创新思维的习惯。立足课程思政融入教学的课程观，《分析化学A-1》提升了已有的教学目标，在传授知识和培养能力的目标之外，还将树立实事求是、严谨求学的科学作风，培养坚韧不拔的科研素养和爱岗敬业的责任意识等课程思政目标融入其中，创新培养路径，以专业知识学习为本，以真实案例为辅，激发学生产生思想共鸣，帮助学生树立正确的三观、社会责任感和职业责任感。

一、课程简况

《分析化学》作为化学工程与工艺、环境工程、应用化学和非化学化工专业的一门主干基础课程，其教学的目的和要求在于：向学生传授定量分析的基本化学原理和基本分析方法；分析测定中的误差来源分析、误差的表征、实验数据的统计处理的原理与方法，分析测试过程中的质量保证与有效测量系统；定量分析中的试样准备与常用的分离和富集方法的原理及应用；分光光度分析、电化学分析、色谱分析的物理与化学原理、技术与应用等知识；初步学会常用分析化学文献的查阅方法；了解分析化学在化工生产、环境工程等领域中的应用和发展，了解其他学科发展对分析科学的作用，了解分析科学发展的方向；掌握分析化学处理问题的方法，培养学生运用分析化学的知识解决分析化学问题的能力，培养学生进一步获取知识的能力和创新思维的习惯。

二、课程思政教学目标

立足课程思政融入教学的课程观，《分析化学》提升了已有的教学目标，在传授知识和培养能力的目标之外，还将“树立实事求是、严谨求学的科学作风，培养坚韧不拔的科研素养和爱岗敬业的责任意识”等课程思政目标融入其中，创新培养路径，以专业知识学习为本，以真实案例为辅，激发学生产生思想共鸣，帮助学生树立正确的三观、社会责任感和职业责任感。

三、课程思政教学实施设计

在教学过程中，根据各个教学单元的内容特点，选取更切合的课程思政教学目标融入，并配合以相应的教学活动设计，促进知识、能力和课程思政教学目标的同步有效达成。

1. 分析化学教学过程树立严谨求学的科学作风和实事求是的科学态度

在“误差和分析数据处理”这一章中注意使学生树立正确的科学观和价值观，培养学

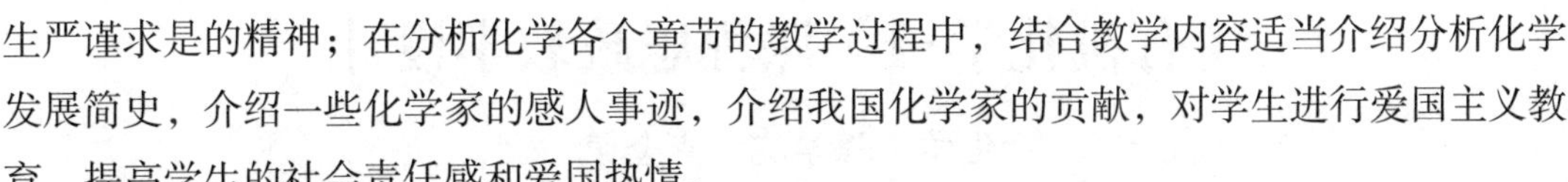

生严谨求是的精神；在分析化学各个章节的教学过程中，结合教学内容适当介绍分析化学发展简史，介绍一些化学家的感人事迹，介绍我国化学家的贡献，对学生进行爱国主义教育，提高学生的社会责任感和爱国热情。

2. 分析化学教学过程中的人文情怀的培养

人文情怀是指具有以人为本的意识，尊重、维护人的尊严和价值，能关切人的生存、发展和幸福等。在分析化学教学过程中对学生进行人文情怀的培养。例如：分析化学在社会各个领域有着广泛应用，其为药品检验、食品卫生、临床诊断、环境污染、科学研究、国家安全等提供数据参考。在讲授分析化学在药品检验的重要作用时，可以近年来发生在我国的“齐二药（亮菌甲素注射液）”危害用药者健康与生命安危的药害事件为例，一方面说明分析化学的重要作用，另一方面告诫同学们不能为了一己之私，而以损害别人利益甚至牺牲别人的生命为代价。在讲授分析化学在食品检验的重要作用时，可以以近年来国内的“瘦肉精”“地沟油”“三聚氰胺”等危害人类健康甚至生命的事件为例，对同学们进行知识传授和人文情怀的培养。

3. 分析化学教学过程中的环保意识的培养

习近平总书记在哈萨克斯坦纳扎尔巴耶夫大学发表演讲并回答学生们提出的问题，在谈到环境保护问题时他指出：“我们既要绿水青山，也要金山银山。宁要绿水青山，不要金山银山，而且绿水青山就是金山银山。”在《分析化学》教学过程中对学生进行环保意识的培养。分析化学在环境检测方面应用广泛，在理论课教学过程中可以通过启发式教学，让同学们思考如何利用所学分析方法对实际生活中的环境进行检测，一方面可以增强同学们学习的积极性，另一方面可以增加同学们的环保意识。例如，在讲解氧化还原滴定法应用实例时，可以讲解化学需氧量（COD）测定的范例，让同学们了解需氧物质污染是水污染的来源之一，生物化学需氧量（BOD）和化学需氧量（COD）愈高，水污染也严重，大家平时要注意对水资源的保护。在分析化学实验中，由于在取样、试样的制备和分析测定等过程中，需要使用一些化学试剂以及在上述过程中会随之产生一些废气、废液和固体废弃物。化学试剂以及产生的这些废气、废液和固体废弃物大多数具有毒性，会对人和环境造成污染。在分析化学的实验教学中渗透学生们环保意识的培养。

《有机化学-1》课程思政教学设计

化学工程学院　卢金荣

该课程主要讲述各类有机物的结构、性质、制备及应用，阐述有机物之间相互转化反应和利用有机反应合成制备新物质的功能。课程教学主要任务是使学生掌握有机化学的基本知识、基础理论、基本技能及有机化学学科的科学思维和方法，培养学生的创造性思维，使学生深入了解自然科学规律、提高发现问题和解决问题的能力，为后续课程的学习和进一步掌握新的科学技术，筑牢有机化学基础。课程教学融入敢于创造创新的科学精神、责任担当的爱国精神、参与生态建设的职业精神等课程思政点，培养崇尚科学、科技报国的理想信念。

一、课程定位

《有机化学-1》课程是化学、应用化学、化学工程与技术专业本科一年级开设的一门必修课程，也是学科基础课程。有机化学作为四大化学分支学科之一，是化学化工本科专业基础理论体系的重要部分，是研究各类有机化合物的结构、性质、相互转化及规律的学科。本课程的主要任务是使学生掌握有机化学的基本知识、基础理论、基本技能及学习有机化学的基本思想和方法；了解有机化学与其他学科的相互渗透，以及最新的研究成果和发展趋势；在创造性思维、了解自然科学规律、发现问题和解决问题的能力方面获得初步的训练，为后续课程的学习和进一步掌握新的科学技术成就和发展能力，打好必要的有机化学基础。

本课程基于OBE理念，以产出为导向，探索并构建学生主动参与、团队协作、探索与创新的教学模式。课程教学主要采用讲授式、启发讨论式、探究翻转、案例式课堂等教学方式，并利用现代教学手段如多媒体资源、智慧课堂等开展以学生为主体的体验式教学，达到夯实学生的有机化学基础理论知识、建立结构决定性质的有机化学思维、扩展有机物在日常生活中的应用知识等教学目标，以此门课程为窗口，使学生真正领略物质世界蕴含的科学魅力和化学学科智慧。

二、课程思政教学目标

围绕知识体系、学科思维、价值观建立的课程总体目标，通过对学科知识体系以及专业特色的归纳总结，形成与教学内容有机融合，使社会主义的核心价值观具体化、生动化的课程思政目标。依据有机化学基础理论，利用有机反应性质创造物质的学科属性，传达科学使世界更美好、科技兴国、严谨求实、敢于创造的科学精神；依据有机物体系系统性质，利用专业知识以及创新技术发展绿色化学、安全化工的学科目标，传达利用创新科技参与生态文明建设，坚守职业道德的理想信念；依据有机化学发展过程线索，利用中国科学家在此领域的贡献与有机化学工业对我国发展的贡献讲述，传达责任与担当、追求卓越、自我奉献的爱国情怀。在“润物细无声”知识学习中，达成以上课程思政目标，实现理想信念的精神指引。

三、课程思政教学设计

课程采用“知识介绍+启发扩展+讨论探究+案例融入+思政升华”的教学模式。各类有机物的知识介绍以“结构决定性质”为主线，采用启发讨论式方式完成各类有机物结构和反应性质内容的教学，通过反应性质“共性——个性”的归纳简化知识体系，促进学生对于知识的理解与应用，构建透过现象看本质的学科思维，提高问题分析能力。通过“扩展探究——案例融入”方式将有机化学知识与社会生活、生产实际、前沿技术联系，培养善于探究未知、崇尚科学的态度，促进知识、能力和课程思政目标的有效达成。形成“一条主线+两种思维+三种精神+四个案例库+五个教学实施过程+六种能力”的特色闭环教学设计。

一条主线：践行“以学为主”的教学理念，除了让学生掌握知识外，学习本学科的思维与智慧，获得学习的方法能力是教学设计的主要目的。因此教学过程中始终把握学习有机化学的思维模式主线“结构决定性质”，使学生养成自主分析、推断有机物的性质知识，并内化为分析问题能力。

两种思维：通过在学习过程中“结构决定性质”的分析问题方法的磨炼，构建透过现象看本质的思维，培养科学思辨、思考创新的思维习惯。

三种精神：依据有机化学基础理论，利用有机反应性质创造物质的学科属性，使学生树立敢于创造的科学精神；依据有机物体系系统性质，利用专业知识以及创新技术发展绿色化学、安全化工的学科目标，使学生树立利用创新科技参与生态文明建设的职业精神；依据有机化学发展过程线索，利用中国科学家在此领域的贡献与有机化学工业对我国发展的贡献讲述，使学生树立责任与担当的爱国精神。

四个案例库：通过“扩展探究——案例融入”方式将有机化学知识与社会生活、生产实际、前沿技术联系，培养善于探究未知、崇尚科学的态度，促进知识、能力和课程思政目标的有效达成，建立四个类型的案例库，包括：基础理论探究案例库，学习过程中深化理论，感受头脑风暴；前沿研究案例库，感受科技创新力量；有机物生产生活应用案例库，感受化学使世界更美好；有机化学家的研究故事案例库，感受科学精神。

五个教学实施过程：以学生为主体、以教师为主导、以体验为关键、以线上平台、智慧课堂为载体，通过“课前+课中+课后+探究讨论+扩展应用”五个实施环节，完成教学，实现隐性教育与显性教育相统一。

六种能力：通过有机化学知识学习以及学习活动训练，使学生获得分析问题、解决问题、自主思考、学习、创新、价值判断能力，实现闭环教学过程，回归到学生的知识、能力、情感收获。

四、课程思政元素的融合

1. 夯实理论，感受科学力量

利用有机反应创造新物质，使世界更美好。绪论通过介绍有机化学的发展历史，“生命力学说”的破除以及有机化学的开端，通过著名化学家柏则里的学生维勒的研究实例，告诉学生在科学的研究中要有反抗唯心主义、反抗权威的意识，并且树立“实践是检验真理的唯一标准”的思想。通过简单有机物尿素合成到伍德沃德这位天才有机合成科学家攻克有机合成的巅峰之作维生素 B12的全合成，表达有机化学创造新物质，新物质撑起科技发展基础的重要作用。

在有机化学的各章节中，介绍重要的人名反应以及反应在实际物质合成过程中的重要应用，进而介绍相关科学家的突出事例与贡献，科学的进步对人类的生存与发展的重要贡献。

基础理论的创新与应用成就新科技。在理论知识如何与实践相结合的案例中突出“创新与发展”的目标。例如：在讲授共轭理论及共轭效应的特点，介绍2000年诺贝尔化学奖的三位得主——日本的科学家白川英树、美国科学家的黑格和马克迪亚米德，在导电聚材料的开创性工作及贡献。导电聚合物的品种层出不穷，新应用不断拓展，已有部分技术实现了商业化。这些事例可以让学生了解基础知识如何应用于产品开发及开拓新的应用领域，促进不宪政创新性思维的建立，使学生感受化学的发展与时代发展的密切关系，体现以创新发展为核心的时代精神，加深对社会主义核心价值观的理解。将科学技术的研究进展引入课堂，不仅激发了学生学习基础知识的重要性，也能激发学生学习的积极性和主动性，点燃学生科学研究的热情和用知识报效祖国的爱国热情，树立正确的人生观和价值观，尽早规划自己的人生，实现自己的人生价值。

以各类有机物的应用为扩展，感受生活中的有机化学。扩展介绍各类有机物的应用，如保护人类健康的药物分子、各类实用材料分子、染料分子等，使学生能够充分感受到有机分子的广泛应用，感受到我们需要化学的学科魅力，崇尚科学，利用专业知识为人类创造美好生活的信念。在介绍水杨酸时，引入化学药物内容，并提出抗疫过程中用到的药物分子，学习科学家不断探索分子应用、追求卓越的精神。

2. 面对行业短板，敢于发展，坚守生态建设，展现中国决心

利用专业知识以及创新技术发展绿色化学理念。在使学生了解有机合成实践过程中的条件选择知识时，引入绿色合成以及新的合成技术，介绍原子经济性反应以及绿色合成方法等内容，使学生建立绿色化学理念，正视学科存在的客观问题，如环境污染以及健康损害等，激励学生敢于创新发展，为国家生态建设贡献力量。例如格氏试剂的应用以及有机硼试剂的代替研究，碳酸二甲酯绿色无毒甲基化试剂等。

利用专业知识助力安全化工，坚守职业责任。例如介绍芳环硝化反应时，以重大事故为反面案例，通过“安全事故实例教训”使学生产生用专业知识保护人民生命和财产安全的坚定信念和责任，遵守职业规范，敬畏生命，鼓励学生认真学习有机化学理论知识，用专业知识造福人类社会。

注重交叉应用，严谨求实，责任担当。通过有机分子在医药等生命健康领域的重要应用介绍，强化“严谨求实，不断探索”意识。在讲授立体化学这部分内容时，将“反应停”视频放给同学们观看，通过触目惊心的药物致畸案例，使学生深刻理解化学药物应用的科学性与严谨性，是每一位化学工作者的职业操守和科学态度。2006反应停药物沙利度胺的“卷土重来”，该药品在改善肝癌患者肝功能及稳定肿瘤细胞方面有新发现，使学生意识到科学的发现需要我们解放思想，拥有不断探索的科学态度，才能有新的发现和创新。

3. 以有机化学发展过程为线索，讲述中国成就。

溯历史，传达责任与担当、自我奉献的爱国情怀。讲述中国科学家在此领域的贡献与有机化学工业对我国发展的贡献。合成化学家戴立信的事迹，黄鸣龙等老一辈化学家实现了新中国医药化工从无到有的艰苦奋斗和创造精神。

望今朝，细数追求卓越、超越进取的中国发展。加强基础研究，原始创新和自主创新的成果推动国家发展，通过引入与课程内容相关的基础研究动态，向学生讲述在基础研究方面中国化学家的重要成就，使学生能够深入了解本学科的发展以及建立中国自信，为有机化学的发展贴上中国标签而努力奋斗。例如周其林所带领的课题组主要从事金属催化的有机合成反应、不对称催化、手性药物合成等研究。经过“板凳甘坐十年冷”的潜心攻关，他设计发展出一类全新的手性螺环配体骨架结构，又从这类骨架结构出发，合成了数百个系列手性螺环配体和催化剂。这些为国内外同行所称道的“周氏催化剂”具有很高的催化效率和选择性，目前已成为合成化学中一个不可或缺的工具，被全球40多个研究组借鉴使用，还被多家制药公司用于手性药物的生产。正是由于在合成化学研究中作出了卓越的贡献，周其林在2012年获得首届中国化学会手性化学奖，2018年又获得第3届未来科学大奖——“物质科学奖”。这些中国科学家的成就是新时代中国发展的成果，通过讲述这些内容，全面增强学生的文化自信、科技自信，鼓励学生追求卓越。

五、教学效果

通过精心设计教学过程，保障授课教学效果，达成与教学内容有机融合，使社会主义核心价值观具体化、生动化的课程思政目标。在教学过程中，坚持教书与育人相统一，挖掘并积累思政元素，通过线上扩展资源以及线下课堂教学相结合，将思政元素以多种形成呈现并以“春风化雨、润物无声”的方式，隐性融入化学基础课程教学全过程中。在传授化学基础知识的同时，构建学生科学思维，引领时代思想、塑造价值观、培养家国情怀。学生通过课程学习以及自主探究和扩展，构建创造创新思维，感悟学科智慧与魅力，在有机化学发展过程中感受科学力量、中国力量、中国精神、中国故事，感受作为新一代青年人的责任与担当，建立积极向上的奋斗激情，建立民族自豪感、民族自信心，为国家发展发挥创造精神。

六、教学案例对化学基础类课程的推广

有机化学等基础化学课程知识点众多、理论性强，传统课堂教学中学生学习兴趣欠佳，往往感觉理论枯燥乏味，难学难记，难以建立学习动力和激情。为了改变以上现状，在教学实施过程中，以产出为导向构建学生主动参与、团队协作、探索与创新的教学模式，具体为“知识介绍+启发扩展+讨论探究+案例融入+思政升华”的教学模式，融合讲授式、启发讨论式、探究翻转、案例式课堂教学方法，并利用现代教学手段如多媒体资源、智慧课堂等开展以学生为主体的体验式教学活动，总结出“一条主线+两种思维+三种精神+四个案例库+五个教学实施过程+六种能力”的教学设计，以培养学生学习能力、价值引领为课程终极目标。

本课程教学如自主探究、小组讨论、自我学习、自主挖掘扩展等融合丰富的隐性思政元素，以上教学模式和教学设计可供其他化学基础课程借鉴并推广应用，使专业课程与思政教育同向同行，形成协同效应。坚持立德树人为中心，践行“门门课程有思政”“教师人人讲育人”，提高课堂教学效果和质量、提升学生学习热情和成效。

《现代仪器分析》课程思政教学设计

化学工程学院　李跃华

该课程主要讲述各种仪器分析方法的基本原理、仪器的基本结构及主要部件的功能和仪器的使用方法，学会建立新分析方法的基本思路，准确树立“量”的概念，初步具有应用各种仪器分析方法解决实际问题的能力，同时了解其前沿领域的发展趋势，培养学生的创新思维和实践能力，融入创新精神、爱国主义、科学理念、马克思主义哲学思想、生态文明等课程思政点，培养学生“坚持科学精神、保持终身学习、形成职业操守、坚守中国立场、勇挑时代担当”。

一、课程定位

《现代仪器分析》作为分析化学学科中的主干课程，是为应用化学专业、化学工程与工艺专业的本科三年级学生开设的专业必修课程。仪器分析作为分析化学的重要组成部分，是利用各种学科的基本原理，采用电学、光学、精密仪器制造、真空、计算机等先进技术探知物质化学特性的分析方法，体现了学科交叉、科学与技术的高度结合。通过本课程的学习，使学生掌握各种仪器分析方法的基本原理、仪器的基本结构及主要部件的功能和仪器的使用方法，学会建立新分析方法的基本思路，准确树立“量”的概念，初步具有应用各种仪器分析方法解决实际问题的能力，同时了解其前沿领域的发展趋势，了解分析新技术、新方法在有机化学、精细化工、生物技术和环境科学等学科中的应用以及各学科的进展对分析化学的要求，为学生今后从事教学、科研和生产工作打好相应的基础。

知识目标：牢固掌握若干常用仪器进行定性、定量和结构分析的基本原理以及仪器的各重要组成部分，各种分析方法的干扰因素、误差来源以及消除的方法。

能力目标：对各仪器分析方法的应用对象及分析过程有基本的了解，以经典案例作为抓手，促使学生主动将知识综合运用到分析和解决实际问题中去，培养学生的创新能力和创新意识。

综合素质目标：培养严谨的科学态度和细致、踏实的作风以及做事认真、实事求是的人生态度，具备良好的化学相关专业职业素质和职业道德；具备运用现代科学技术与方法进行化学等相关学科学研究的基本能力及自主学习和终身学习能力；具备良好的沟通能力和团队合作精神；树立依法工作的法律观念，学会用法律保护他人和自身的权益。

二、课程思政教学目标

通过学习《现代仪器分析》课程，掌握各种现代仪器分析方法对物质进行定性、定量、结构和形态分析，注意提高学生发现、分析与解决环境和资源循环问题的能力，培养创新性思维，为后续课程的学习打下扎实的基础。仪器分析课程蕴含着深厚的爱国主义精神、先进的科学理念和创新思维、马克思主义哲学思想以及社会主义精神文明、生态文明等多重思政元素，是实施课程思政的完美载体，具有强化专业和塑造价值的重要作用。本课程与现代思想相适应，突出对学生能力和素质的培养，并适合学生的个性发展。21 世纪的仪器分析化学不再是单纯的理论课程，已逐步走出“化学”范畴，发展成为一门现代科学。在仪器分析专业课程的教学实施中，如何抓好课堂教学的关键渠道，将思政元素与专业课程内容同向同行，协同育人显得尤为重要。在教学过程中融入思政元素，以典型社会事件和人物事迹为引领，重视“工匠精神”的培养，挖掘课程的思想政治资源，促进专业知识与道德素质的全面提升，培养具有社会主义核心价值观、爱国情怀、人文素养和创新精神的高层次人才。结合课程思政的具体要求，贯穿“青年是未来社会建设的中坚力量”的理念，帮助学生树立远大理想。仪器分析课程的授课主体是化学化工专业的学生，引导学生脚踏实地，突出体现引领学生树立正确的职业观、人生观和价值观。每个具体任务的完成还将“坚持科学精神、保持终身学习、形成职业操守、坚守中国的立场、勇挑时代的担当”的课程思政目标融入其中，贯穿于课程教学大纲的各个单元，实现了课程思政建设与教学目标的契合，与教学内容的融合，与教学素材的整合，与教学过程的结合。

三、课程思政教学设计

1. 课程教学设计模式

《现代仪器分析》课程教学团队根据课程特点和课程思政项目的育德目标进行多次讨论，针对社会主义核心价值观、中国优秀传统文化教育、中国改革开放成果，特别是中国特色社会主义“四个自信”（道路自信、理论自信、制度自信、文化自信）的内容进行课程思政教学案例的设计与凝练，结合仪器分析课程教学内容的特点，确定合适的课程思政教学融入点，并通过教学实践进一步形成了若干思政教学案例，同时提出：（1）一切“积极向上的正能量”都属于思政教学内容；（2）课程思政教学要“激发学生对专业课程的学习兴趣”；（3）课程思政教学不是孤立的，要润物无声地与专业课程“融为一体”（见图1）。

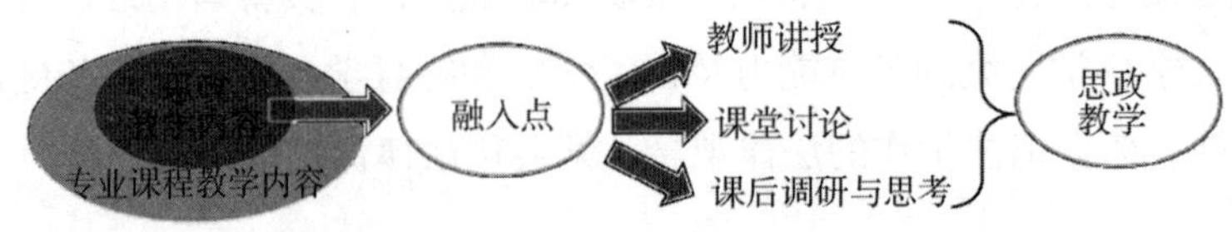

图1 仪器分析课程教学设计模式

2. 课程教学特色与创新

仪器分析课程具有以下主要特点：（1）分析仪器的发展是由不断出现的新理论、新技术和新成果带来的新方法，也造就了若干个诺贝尔奖级别的成果，是推动化学、材料、化工等等相关学科进步的重要力量，其本身就是一个不断发展、极具创新的过程，精益求精，终身学习是课程本质特色和要求；（2）学习本课程的学生将来均从事与化学、化工、环保、健康和食品安全等相关的职业，需要奉献精神和职业精神；（3）仪器从庞大到小巧、从粗糙到细致，是科学与艺术交叉的结果。

在教学实施过程中，教师必须有能力引导学生灵活使用专业知识，擅于将多学科间的知识进行高效关联和融合，将相关的前期学习基础与现学知识点相结合。如此，不仅可以巩固已学知识点，还可加深对现有知识点的理解，亦可通过多种知识点的融合，实现对多门学科知识的升华。同时，在学生当前的实验研究或今后的科研工作中，引导学生建立积极向上的团队合作科学精神就显得尤为重要。古有所云“三人行，必有我师焉，择其善者而从之，其不善者而改之”，每个人都有自己的长处和优点，良好的团队协作精神既可以帮助学生更快、更有效的完成学习任务，并在不同思想的交会中碰撞出新的想法和观点，在学习别人长处的同时，亦可审视自己的不足和缺点，最终建立共同进步、你追我赶、努力奋进的良好学习氛围。

（1）利用线上手段，穿插仪器发展史和最新成果与应用的微型专题讲座

专题一：仪器分析历史上的诺贝尔奖获奖者

仪器分析发展是多学科相互渗透、交叉发展的结果，这些成就分布在物理、化学等各个领域。在100多年分析仪器的发展史中，产生了30多个诺贝尔奖，如X射线、拉曼效应、分配色谱、电子显微镜、高分辨核磁共振等。

2017年诺贝尔化学奖颁给了雅克·杜波切特（Jacques Dubochet），阿希姆·弗兰克（Joachim Frank）和理查德·亨德森（Richard Henderson），表彰了他们在冷冻电子显微镜技术上的发展，并以超高的分辨率确定了溶液里的生物分子结构，为生物学及生理医学的发展提供了重要的技术支撑。在新冠疫情突发之时，中国政府反应迅速、应对得当，几家公司相继在短时间内研发出检测试剂和仪器，能够快速有效地进行感染者的检测判别，这与企业研发人员的积极创新是分不开的，同时也运用最新冷冻电镜技术解析新冠病毒结构。这一实例的有效引入不仅可以让学生全面了解最新科技手段的进展，更能“润物细无声”地引入马克思主义哲学“现象与本质”的原理，以先进的仪器设备为载体，穿透物质的宏观表面现象观察到物质内部的精密结构及组成的本质，反之，通过对物质内部结构信息的本质可清晰解释物质宏观的现象（见图2）。

图2　专题ppt：核磁共振的发展历程—七星闪耀

专题二：仪器分析最新发展成果与应用

现代仪器分析已高度综合电、光、计算机、材料科学、物理、化学、生物学等先进技术，它既是知识创新和技术创新的前提，也是创新研究的主体内容之一。此外，多种仪器分析技术之间也是相互支撑、配套使用、密不可分，在仪器分析中色谱-质谱联用技术（包括气相色谱-质谱联用和液相色谱-质谱联用）就是典型的两种以上仪器的联合使用。联用技术的开展有效克服了单种技术应用的局限性，实现了更快、更有效地分离和分析技术及方法。2018 年8 月31 日，作为STORM（STochastic Optical Reconstruction Microscopy）超分辨显微技术的发明创始人，哈佛大学华裔教授庄小威在Science 杂志的特刊Science Special Section“技术改变生物”上以通讯作者身份发表了题为“用超分辨率显微镜观察和发现细胞结构的研究进展”的综述文章，总结了超分辨显微成像技术，将多学科交叉融合及团队协作的科学精神体现得淋漓尽致，这一超分辨显微技术在观察和发现新的细胞结构、功能方面具有卓越的贡献。

通过介绍这些典型的创新内容，同时将最新的科研成果和发展趋势引入课程，让学生了解本专业面临的竞争形势、创新态势。

专题三：身边的人物介绍：仪器分析中的有影响的学者

在讲课时也以发生在学生身边的人和事为例，让他们知道创新是处处存在的，不是可望而不可即的事情，为此，本课程挖掘了下面本校教授的创新事例。

黄汉国教授：自1958年毕业于北京大学化学系分析专业后，一直从事分析化学的教学与科研工作。1979年赴日本近做大学进修，从师著名荧光分析专家西川泰治教授研究稀土荧光分析。1981年回国后，于1983年成立了稀土荧光分析研究室。1986年完成了中国科学院自然科学基金和河北省科委资助的《稀土元素的荧光特性及其在分析化学中的应用》，1989年又完成国务院引进国外智力领导小组和河北省教委下达的《稀上元素和铀的荧光分析法研究》项目。河北省科委主持的鉴定会的鉴定意见为：“在稀土荧光分析化学学术领域中有重要意义，在国内外居前沿地位、整个系列工作已达到国际水平”（前项）；“在稀土荧光分析方面已达到国内外先进水平”（后项）。黄汉国教授自1959年在《科学记录》（中国科学院出版）发表《用纸上电泳法分离稀土元素》第一篇论文以来，至今已在国内外公开发表50多篇学术论文，在国内外有较大的影响，入选了《中国化学五十年（1932—1982年）》。

（2）PBL式教学，优选项目案例：学生角色扮演分析专家

从食品安全、环境保护、化工产品质量、刑侦、考古等多领域选择学生们感兴趣的案例，由学生作为分析人员，通过让学习者通过自主探究和合作来解决问题，从而学习和掌握隐含于问题背后的科学知识，培养自主学习和终身学习的意识和能力（见图3）。

仪器分析-案例分析 题目选择

第1题 基本信息： [矩阵文本题]
第2题 你想要完成的案例分析： [多选题]

选项	小计	比例
案例1. 2008年中国奶制品污染事件-三聚氰胺	38	35.29%
案例2. 皮革明胶制药用空心胶囊事件	10	9.24%
案例3. “盐”中毒事件	10	9.24%
案例4.三聚氰胺中掺混的白色粉末是什么?	6	5.04%
案例5.福建有个女儿村?	7	5.88%
案例6.口罩日常消毒后还能否有效阻隔病毒?	29	26.05%
案例7.珍贵的壁画这样修复才能成功?	17	15.13%
案例8.对“兴奋剂”说不!	18	15.97%
案例9. NASA-2020年火星探测车	7	5.88%
案例10. “毒跑道”到底有多毒!	7	5.88%
本题有效填写人次	109	

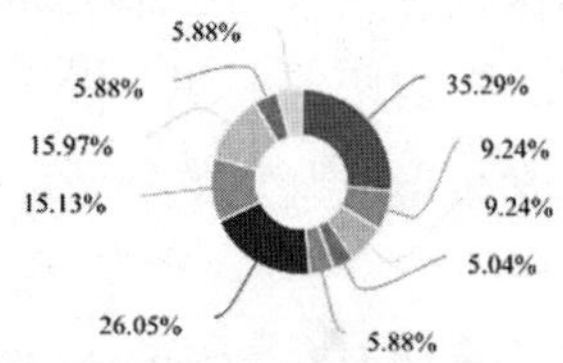

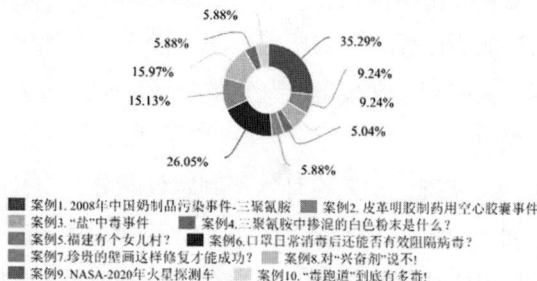

案例1. 2008年中国奶制品污染事件-三聚氰胺 案例2. 皮革明胶制药用空心胶囊事件
案例3. “盐”中毒事件 案例4.三聚氰胺中掺混的白色粉末是什么？
案例5.福建有个女儿村？ 案例6.口罩日常消毒后还能否有效阻隔病毒？
案例7.珍贵的壁画这样修复才能成功？ 案例8.对“兴奋剂”说不!
案例9. NASA-2020年火星探测车 案例10. “毒跑道”到底有多毒!

图3 2016级化学专业学生案例选择情况

四、课程思政元素的融合

在教学过程中，根据各个教学单元的内容特点，革新教学内容，把价值引领贯穿到专业课的教学活动中，配合以相应的教学活动设计，促进知识、能力和课程思政教学目标的同步有效达成，形成课程教学“大思政”的新格局。

1. 通过历史、因果的角度阐述仪器分析课程的发展历程，探讨科技进步的发展历程离不开对原有知识的打破与更新。诺贝尔奖在20 世纪的获得者中，几乎都离不开仪器分析的辅助，说明事物发展的轨迹和变化规律，从中学到用发展的眼光看问题，分析问题和解决问题的思维方法。这部分的知识核心是通过科学发展的历程，引领学生坚守科学精神，又能够促进学生真正在专业视角上掌握这些看起来生涩难懂的专业术语，整合自己的知识体系，而非像以往的学生进行知识的简单零散识记。

2. 通过在分析测试方法中运用马克思主义、辩证法的前提假定，明确仪器分析方法的革新，是在不断的修正与拓展中完成。教会学生不能固定已有的思维模式，辩证分析每一种分析方法、测试技术以及仪器结构等优缺点，保持终身学习。在遇到具体的实际项目时，综合分析所要达到的目的要求，合理采用分析测试手段。兼顾经济与效率，合理化解决问题。遇到困难，尝试用马克思辩证法处理具体事物。

3. 在《仪器分析》进行若干知识点讨论，实现“无课不思政”和“每节课都思政”的理念，将各种仪器分析方法的原理、影响因素等理论性抽象性较强的部分的讲授中融入“形成职业操守”的思政目标。只有真正让学生体验到仪器分析的精神意蕴与价值追求，才能切实理解各种仪器分析方法背后的实践意义。

该部分主要提出有关食品安全、环境分析、污染检测等案例，学生通过查阅相关资料，就自己感兴趣的案例给出案例分析结果，包括化学专业背景知识、仪器分析技术前沿、国标检测方法和案例带来的标准、法规和制度等方面的进步。例如近年来备受关注的食品安全问题：三聚氰胺、苏丹红、瘦肉精等，通过撰写课程论文，使学生归纳了知识，总结了概念，学到了思维的方式，提高了学习能力和独立获取知识的能力，要求学生从国家、集体、个人的角度多思考本课程所带来的思想上的进步，进而帮助学生以仪器分析对人类社会的进步保驾护航为己任，形成坚定的职业操守，既能够在知识层面上有利于学生学习枯燥的理论内容，又有利于学生形成坚定的职业信仰，极大的激发学生的自主学习动力和克服学业困难的毅力。

4. 通过介绍国民经济状况、工艺设计水平判定仪器分析与社会发展的契合程度。结合我国仪器的发展状况和企业单位的实际工作条件，不要好高骛远也不能不尽其用。满足生产分析的最大化要求，以完成实际任务为指导，综合分析工艺参数，合理运用测试仪器，正确评价分析指标，客观反应测试结果。更突出促进“坚守中国的立场”思政目标的达成，让学生能够充分理解“大型仪器设备的最终目标是实现中国造”。这一目标的达成，能够将爱国、报国、强国的强大精神动力转化为学习仪器分析的热情，形成强烈而持久的学习内驱力。

仪器分析的讲授离不开分析仪器，分析仪器的好坏与质量和企业密切相关。第十二届全国人大四次会议工作报告上，要鼓励企业开展个性化定制，柔性化生产,培养精益求精的工匠精神，向学生传播精益求精、精雕细琢，更完美的精神理念。在讲到色谱分析中，和同学们一起讨论全球寿命超过200年的企业有几百家，其中我们国家仅有五家，其中就有一个著名的日本岛津企业，日本岛津的企业如何在激烈的竞争中-直立于不败之地，我们应该学习岛津对科学的执着追求，以开拓精神不断向科学技术挑战。我们国家在大型精密分析仪器的生产上技术相对落后，是什么原因导致落后，可以作为一个思考题请同学们进行探讨。该部分更多的采用启发式、问题式教学法，让学生直面当代中国仪器分析领域的核心技术现实困境，追问性的启发学生进行自我学习和自我发现，潜移默化的实现在中国视角下观察、分析、反思、解决问题。

5. 诚信教育诚信历来是中华民族优良传统美德，是衡量华夏子孙基本道德品质的天平。诚信在当代中国仍然是公民道德规范建设的基本内容之一，可见诚信对个人，甚至对支撑-一个国家发展的至关重要性。而让人痛心疾首的是中国正在遭遇一场“诚信危机”，例如关乎人民身体健康的三聚氰胺牛奶、瘦肉精火腿肠、染色馒头、硫磺生姜的食品安全问题，培养学生的诚信意识,将来在从事分析检测工作时自觉地把人们群众的健康安全放到第一位。 对于化学类专业的学生，通过技术、方法改进和规范标准的提高，勇挑时代的担当，社会责任感和时代使命感能够帮助他们建立坚定、稳定、持久的职业责任感和职业荣誉感，这种情感反过来也能够帮助学生真正理解化学特别是分析化学存在的社会和人文价值。

例如，结合关乎民生的食品安全问题，以案例《三聚氰胺事件导致国家标准的变化》进行分析，对《质谱法》中色谱-质谱联用的原理和应用进行讲解和分析，突出该方法的特点适用于食品中的微量有害物质检测，使学生通过切身体验和具体案例更好的理解仪器分析技术的发展对食品安全、健康保障和保护，从而强化学生对的仪器分析的价值理解和认同（见图4）。

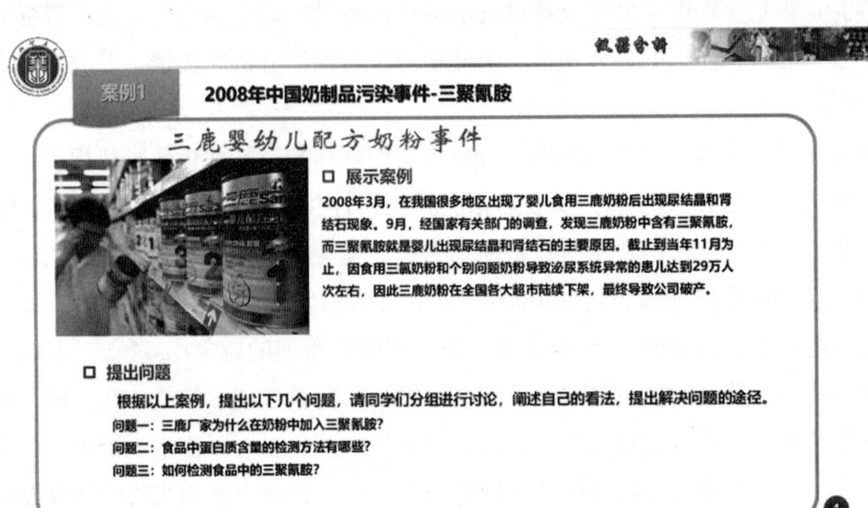

图4 仪器分析项目案例举例

通过中国在应对奶粉三聚氰胺事件中的快速反应和标准变化，帮助学生坚持科学精神，坚定中国立场，认清和勇挑时代担当，并在此过程中引入分析化学的作用和贡献，能够将学生自然将爱国主义情怀倾注到自己的专业中去，坚固自己的学习信心。在课堂上分析这些事件的同时，也指出食品安全问题不仅在国内发生，国外同样存在较为严重的问题。如2005年，英国食品标准局发现市场上销售的鲑鱼中含有强致癌性的“孔雀石绿”；2013年，荷兰两家牛奶农场的牛奶中发现了过量的有毒物质黄曲霉毒素；2013年美国遍布全美15个州的大肠杆菌疫情等。通过国内外的对比，向学生说明食品安全是每一个国家发展过程中的普遍问题，并非只有中国存在这样的问题。在分析以上食品安全问题时，与学生说明，商家的自律和职业道德非常重要，学生可以寻找合适的机会，向商家宣传食品安全关系到每个人的生命和健康；而从监管的角度来说，食品检测仪器和方法至关重要，奶粉质量的检测就是一个很好的例子，鼓励学生要学好专业知识，培养创新精神，将来在工作岗位上把好食品质量关。

6. 通过课外资料，讲好中国故事。中华人民共和国成立70多年来，我国的科技发展取得了辉煌成绩，大家熟知的如“两弹一星”“人工合成结晶牛胰岛素”。这些成就跟分析化学有没有关系？分析化学家陈国珍就参与了核燃料产品的质量控制分析，因为涉及国家机密，他没有因此发表一篇相关学术论文，但他是真正的幕后英雄。51 个氨基酸经历200多步化学合成牛胰岛素，每一步都要结构鉴定严格把关，当年没有核磁、质谱，只有元素分析、氨基酸定量分析、纸层析等分析手段，分析化学家是在如样艰苦的条件下完成了结构分析的。

五、教学效果

通过精心设计课程教学，保障授课教学效果，达成教学目标。在教学过程中，坚持教书与育人相统一，将学科交叉融合的趋势走向、行业发展前景等内容纳入其中，激发学生的创新精神，让课程思政成为培养学生创新意识、夯实创新底蕴、锤炼创新素质的过程，以利于创新型人才的成长。挖掘并积累思政元素，以“春风化雨、润物无声”的形式，隐性融入医学专业课程课堂教学环节，不断丰富课程思政的内涵，在传授专业知识的同时，引领学生思想、塑造价值观、培养家国情怀。

《有机化学-2实验》课程思政教学设计

化学工程学院　韩　超

该课程主要讲述有机化合物的合成、分离、提纯和分析鉴定的方法，加强学生对有机化学理论课程中的基本原理和基本知识的理解和运用，培养学生的科学素养以及创新意识、实践和综合能力，融入科学精神、国家战略、民族精神、哲学辩证等课程思政点，充分发挥有机化学实验课程的育人功能，培养学生的德能兼修素养、家国情怀和社会责任。

一、课程定位

《有机化学-2实验》是应用化学、化学专业独立开设的一门专业必修课程，是有机化学教学内容的一个重要组成部分。其教学目的是通过实验使学生训练并掌握有机化学的基本技能，学会有机物合成、分离、提纯和分析鉴定的方法，培养学生观察现象，分析问题和解决问题的能力，加强学生对有机化学理论课程中的基本原理和基本知识的理解和掌握。

通过课堂讲授、案例引用、实际操作等形式，讲授有机化学实验的基本操作，应用所学的有机化学知识，设计实验步骤。通过本门课程，培养学生理论联系实际、实事求是的严谨的科学态度和良好的工作习惯，以实现独立进行科学研究工作和思考的能力。

二、课程思政教学目标

立足课程思政的现代课程观，《有机化学-2》课程重新认识、重新定位和重新塑造了教学目标，在知识性、能力性和素质性目标之外，深入挖掘教材的德育元素，将“构建科学的思维、严谨求实的科学态度、保护环境的意识、传播优秀传统文化、确立社会主义核心价值观”的课程思政目标融入其中，贯穿于课程教学大纲的各个单元，实现了课程思政建设与教学目标的契合，与教学内容的融合，与教学素材的整合，与教学过程的结合。大学教育不仅要培养有扎实的理论知识和娴熟的操作技能的专业人才，更要培养有较高的综合素质和高尚的思想品德的社会主义建设者。

三、课程思政教学设计

将思政课程内容结合有机化学实验融入教学中，基于OBE教学理念，从思维能力、动手能力、素质培养等方面制定教学大纲，在专业知识和能力培养目标的基础上添加德育目标。结合思政课程案例内容，将有机化学理论知识和有机化学实验操作与学生的行为习惯相结合，根据不同实验的内容特点，选取与教学内容契合的思政教学案例，融入课程目标，并配合以相应的教学活动设计，促进知识、能力和课程思政教学目标的同步有效达成，增强实验课程教学对学生独立思考、团结合作意识和沟通能力的培养，培养学生树立严谨求实的科学态度，细致入微的工作作风，培养学生正确的世界观、人生观、价值观和相关职业道德。

在课程思政教学设计的体系中，既要实现已有的课程教学目标，又要体现课程德育目标，要把二者有机结合起来，这是课程思政教学设计的基本理念。将社会主义核心价值观融入课程内容，在专业知识传授中渗透思政教育的理念、意识和内核。值得注意的是，简单地将思政元素加到专业课程中并不是课程思政，而应该抓住专业特征，在既有学科课程中通过开发基于“从做中学”“教育即生活”“学校即社会”的活动课程，以及基于潜移默化实现学生德育的隐性课程，自然而然地实现专业教学的深化和升华。在这样的理念下，课程从教学目标、课程资源、教学内容、教学方法、教学评价五个环节进行教学设计与思政融入，形成一个课程整体（见图 1）。

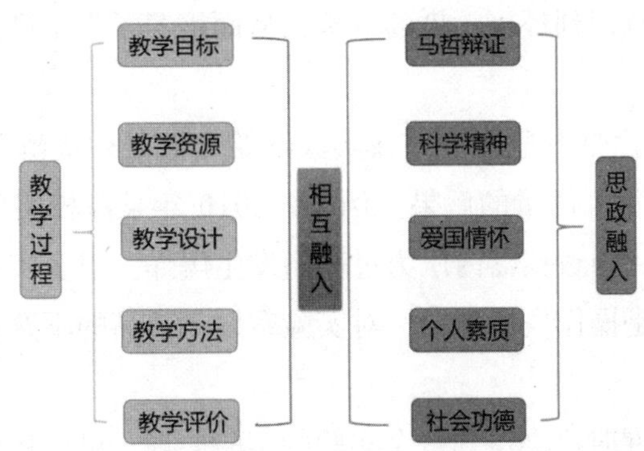

图1 《有机化学-2实验》课程思政教学设计的五个环节

四、课程思政元素的融合

1.有机化学实验教学内容中蕴含着很多的思政元素，可以从不同角度进行阐述和解析。目前高校大学生自我意识突出，缺乏集体意识和团队意识，社会责任感不强。因此，在进行专业知识传授的同时，需有意识地提高学生其他的综合素质，改变以往专业实践教学中重智轻德的现象，将“实事求是”“理论联系实际”“量变质变规律”“环境保护”等思政元素和辩证唯物主义观点巧妙地融入实践教学中。在教授知识的同时潜移默化地逐步提高大学生的思想政治素养和高尚的道德情操，在锻炼操作技能的同时，引导大学生人生观、价值观、世界观的良性发展。

2. 首先从实验课程的价值引领方面，例如在实验过程中如何评价和对待不成功的实验结果？有机化学的每一个实验都蕴含着丰富而深刻的哲学原理和辩证唯物主义理论。比如有机化学实验结果的不可预测性，大家在使用相同仪器设备、相同试剂、相同实验方法的情况下，却得到不同结果，在产率高与低、产品性状好与坏。有的学生为了得到好成绩弄虚作假。教师在这个时候就要有意识地引导学生用马克思主义实事求是的观点，要求学生如实记录实验数据，理性看待实验结果，用辩证唯物主义思想去分析问题，反思试验存在的问题，引导学生不断进行积极探索，总结失败的教训。这样引导下，学生往往会比成功的实验获得更深刻的认识与收获。通过实验不仅有助于学生专业知识的学习和动手操作技能的培养，更有助于学生形成科学的思维方式，并且从基础学科基础训练中杜绝学术造假的发生，为其树立正确的人生观和世界观奠定良好的基础。

3. 加强环保保护意识和化学安全意识是有机化学实验特别重要的一项内容。化学是一门实验科学，在实验过程中会产生废气、废液和废渣。如何处理这些废物呢？有些学生在随意将废液向下水道倾倒，固体废物随手乱丢的情况。因此，结合一些环境污染案例，如：20世纪40年代，美国一家化学公司向河谷中填埋有机氯农药有害废物。10余年后，在当地的空气、土壤和地下水中检测到 82 种有毒化学物质，且陆续发生了婴儿畸形、患怪病等现象，让学生深刻意识到环境污染的危害，从而培养了学生良好的环保意识和习惯，提升了学生的道德修养。

此外，化学实验往往带有危害性，在实验开始之前必须提醒学生提高安全意识，操作要规范，否则会带来不可估量的后果。例如，2010 年某高校实验室研究生给分析仪冲入氮气，由于操作违规，导致仪器内压力过高而发生爆炸。很多实验室事故的教训告诉我们，实验室事故大部分是操作失误事故，对实验室设备药品的不熟悉，对实验室安全防护知识缺乏。

4. 有机化学实验授课时都会讲到每个实验的实验原理，可以将辩证唯物主义“实践是检验真理的唯一标准”的观点引入课堂，指导学生认清实践是人们获得真理的重要来源，同样，理论课所学到的各种理论知识都可以在实验实践中进行检验。如：

乙酰苯胺的合成实验，不仅要使学生了解酰胺的合成方法和调高产率的手段，强化对基本知识的理解和掌握，还可以将实验现象与辩证唯物法中质、量互变规律相结合，引导学生观察分馏柱中蒸汽上升的位置没有馏出物是因为蒸汽并未到达柱顶并未被冷凝形成液滴，即量变还未达到质变。学生在实验过程中，切实感受到了事物的发展变化规律由量变到质变再到新的量变的质与量的转变过程。潜移默化地引导学生在做实验的过程当中，不仅要认真观察实验现象，更要透过现象思考背后的本质，为学生在基础理论课和专业实践课之间架起一座桥梁，使学生在做实验的过程中主动思考理论原理，在实验过程中去验证实验原理，使理论与实践相辅相成，互相促进。这样，实践教学才能真正地成为理论与实践的结合体并将二者相结合来解决实际问题的能力，为学生在基础理论课和专业实践课之间架起一座桥梁。

5. 通过有机化学实验的学习，不断培养学生间团结协作的精神。结合实验茶叶中提取咖啡因和设计性实验——混合物的分离提纯和取代苯甲酸的制备实验，需要同组学生的分工合作提高效率，并提升对实验方案的设计水平。这就体现了个体和团队的关系，个人和国家的关系。学生通过具体的实验过程，体会感受，团队合作各取所长，探讨协作，能取得更好的成果。个人的发展离不开团体，团体的发展又是每个人发展的具体体现；国家的发展，也离不开每一个人的努力和奋斗。为实现中华民族伟大复兴，又有赖于每一个人把自己的聪明才智和创造力充分发挥出来。

将茶叶中提取咖啡因的实验，与中国传统文化的发扬相结合，唤起学生对茶文化的了解，引导学生认识茶文化在传统文化中的重要地位，并将化学专业知识和优秀传统文化相结合，启发学生从物质结构的角度分析茶叶在日常生活中的作用。从茶叶中不同组成的结构性质引出其相应的提取方法，最后对咖啡碱的提取原理进行讨论分析，培养学生从专业角度思考问题、解决问题的能力，增强学生的专业自豪感和家国情怀。

五、教学效果

精心设计教学内容，开展多样化的教学形式，提高教学效果，达成教学目标。思政建设与课程建设相统一，思政伴随教学，教学隐藏思政。“随风潜入夜，润物细无声”，让学生在学习中感受到思政教育的存在，提高精神境界，激发学习动力。深层次提升学习动力、开阔人生境界、拓展专业视野，塑造正确的世界观、人生观和价值观。

学生通过课程学习，掌握实验操作的专业技能和应用。在学习中，感受到科学家的献身精神、创新意识和爱国情怀，感受中华民族的伟大，感受中国精神，建立民族自豪感和民族自信心，激发责任感和使命感，树立为实现中华民族的伟大复兴而努力学习的信心与决心。

六、教学案例对化工类课程的推广

在有机化学实验的实际教学过程中，通过多样化的教学模式，创新的教学方法，障了课程的教学质量和育人目标的实现。践行OBE理念，以结果为导向，以学生为中心，通过线上线下、理论联系实践多种形式，将所学的基础知识和实验相结合，提升学生解决复杂有机化学实验的能力，将社会主义核心价值观融入教学全过程，培养学生的团队协作能力和创新意识。

在授课过程中，融合隐性思政教育，可用于其他专业有机化学实验的学习，具有一定的推广价值，使专业课程与思政教育同向同行，形成协同效应，潜移默化地对学生予以正能量的指引。坚持立德树人，以学生为中心，开展思政伴课行，提高课堂教学效果和质量、提升学生学习热情和效果。

《运筹学原理B》课程思政教学设计

建筑工程学院　刘　岩

《运筹学原理》用优化的理念、优化的方法来考虑实际问题、分析实际问题，并最终解决实际问题。在现代社会发展中，它的应用越来越广泛，从企业生产最优决策到大型复杂工程项目高效建成，从军事资源配置到航空航天计划，从个人发展决策到整个人类发展控制等，无一不渗透着运筹学的思想与方法。通过课程教学大纲各个章节与教学方式中课程思政元素的挖掘，将思政教育诸如“爱国主义、民族精神、职业道德、时代精神、大国工匠”等思政点激活或融入课程教学改革的各环节、各方面，强化显性思政，优化隐性思政，既重知识传授又有价值引领和能力培养，实现全员、全过程、全方位育人。

一、课程定位

《运筹学原理》课程是工程管理专业本科二年级的核心必修课程，是系统学习专业课程和掌握专业技能的基础模块，是链接大学基础学科与专业学科的重要能力素养提升课程。运筹学作为国家教学指导委员会认定的管理类专业五大核心课程之一，在管理类专业中占有极其重要的地位，用优化的理念、优化的方法来考虑实际问题，分析实际问题，并最终解决实际问题。通过《运筹学原理》的学习，可以培养学生运筹学的逻辑思维、审慎批判的决策思考能力，使学生充分体会到“运筹帷幄，决胜千里”的独特魅力。

运筹学的优化思维在现代社会发展中应用越来越广泛，从企业生产最优决策到复杂工程项目高效建成，从军事资源配置到航空航天计划，从个人发展决策到整个人类发展控制等，无一不渗透着运筹学的思想与方法。通过《运筹学原理》强化学生将知识应用到实践的思维意识的创新应用能力，让课程成为培养实用型、创新型人才的知识奠基石，成为学生拓宽视野、树立正确社会价值观念的思想启明灯。

二、课程思政教学目标

突出《运筹学原理》在工程管理专业中的核心课程地位，充分发挥运筹学优化思维对培养当代大学生创新意识和创新能力的独特优势，通过课程内容与教学方式中“课程思政”案例的分析讨论和前沿学术的拓展，以丰富知识讲授为核心、案例式参与式教学手段为特色、多元化资源建设为助力，培养学生“学以致用、知行并进”课程思政素质——“构建运筹帷幄思维，唤起职业使命感；坚定民族文化自信，提升专业存在感；坚守中华文化立场，建立职业荣誉感；勇挑时代使命担当，增强科研敬畏感；树立全球开放观念，践行专业责任感”。

三、课程思政教学设计

通过课程教学大纲各个章节与教学方式中课程思政元素的挖掘，打造“见+思+学+解+升”的思政与教学知识融合组链，将思政教育激活或融入课程教学改革的各环节、各方面，强化显性思政，优化隐性思政，既重知识传授又有价值引领和能力培养，实现全员、全过程、全方位育人。

结合《运筹学原理》各单元知识应用范畴独立性相对较强的特点，思政教育设计具体实施围绕知识点的“导入+讲授+理解+应用”四个递进步骤，嵌入式展开“见+思+学+解+升”五项思政融合教学设计体系。具体教学设计实施环节设置及逻辑关系如图1所示。

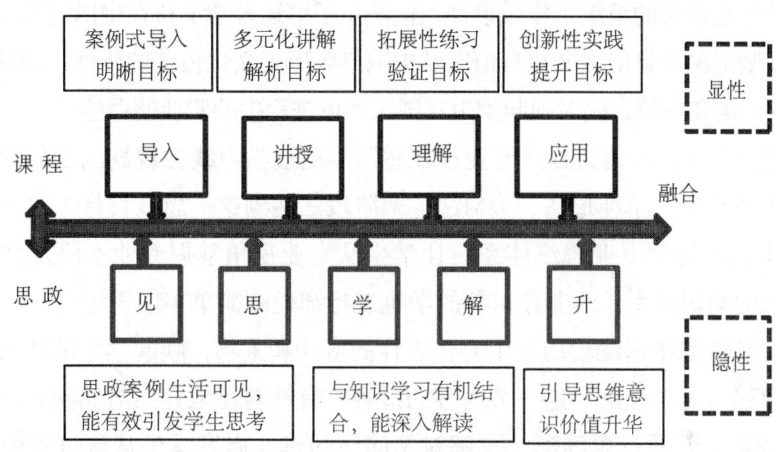

图1　运筹学原理课程思政教学设计基本架构

教学设计说明：课程思政教学设计由显性知识学习和隐性思政育人两部分并行开展。教学设计特点突出为“显性+隐性→融合”，将思政育人环节通过“见+思+学+解+升”五个环节嵌入到“导入+讲授+理解+应用”四个教学步骤中。其中：课程思政导入的案例需要注意选用学生日常能够接触或容易理解的社会现象、科技动态、时事新闻等，案例应具有针对大学生思维能力深度，能够引发学生共鸣和深层次思考；同时，案例选取需注意与本章知识点的密切关系，注意思政目标与教学目标的有机结合，切忌以思政而思政，让思政成为知识学习理解的助推力量；最后，通过创新应用、知识拓展等升华知识学习的思政含义，让思政育人实现度更为清晰。

四、课程思政元素的融合

1.“构建运筹帷幄思维，唤起职业使命感”。通过学习运筹学产生背景、课程特点、课程目标这部分内容达到这一思政目标。这部分的知识核心是构建学生的运筹学专业的思维体系，结合课程内容与教师教学设计，能够规划课程学习过程、运用运筹学的理性思维模式认识问题、分析问题；通过剖析运筹学之“中国故事”等课程思政案例，能够领会与追踪中华古老而朴素的运筹思想。这一目标的实现可以将价值塑造、知识传授与能力培养融为一体，促进学生主动学习，尤其注重激发学生学习兴趣，注重学生学习效果，提升学生的获得感。

该部分更多的是采用启发式、问题式教学法，培养学生初步的运筹学思想，激发学习兴趣。例如在“绪论”中“运筹学的产生和发展”这一部分，通过“中国古代运筹思想”文字或者视频资料，有针对性地介绍中国古代一些典型事件中所包含的运筹思想，使学生了解中国古代这些优秀文化遗产和历史经验，丰富了世界科学史的宝库，是永远值得我们学习和借鉴的。通过“运筹学在中国的发展”文字或者视频资料，有针对性地介绍运筹学学科在中国发展过程中的一些重要的组织工作或事件，使学生了解运筹学学科在中国的发展基本上是与国际同步的，坚定民族自信、文化自信以及中国悠久历史文化传统的传承，表现出主动学习和持续学习的兴趣和热情，同时唤起学生在国家建设进程中的职业使命感。

2.“坚定民族文化自信，提升专业存在感”。通过学习线性规划问题的数学模型及其特点、图解法的意义、单纯形法、大M法、两阶段法达到这一思政目标。这部分的知识核心是构建学生的运筹学专业思维体系，让学生从专业视角掌握专业术语及其逻辑推进关系，整合自己的知识体系，而非像以往的学生进行知识的简单零散识记。

该部分主要选取中国法治历程中有代表性的事件和人物，唤起学生的法治情感体验。例如，结合课程“对偶理论”这一节内容的讲解，有针对性地介绍对偶问题原问题与对偶问题的转换规则，并通过单纯形法求解对偶问题的解，启发学生从该过程中与“对立统一”的马克思主义辩证法观点联系起来。在学习运筹学的过程中，学会运用“辩证统一”的思想解决生活中的实际问题，突破了思政教育过于集中于思政课的瓶颈，缓解思政课的“孤岛化”困境，挖掘《运筹学原理》课程内蕴的独特思政价值，让学生的政治成长与知识增长相辅相成。同时通过对运筹学线性规划领域科学家典型事例的学习，培养学生坚定对中华文化的自信、对老一辈科学家的敬畏情感。

3.“坚守中华文化立场，建立职业荣誉感”。在学习对偶问题的性质和基本思想、线性规划灵敏度分析这部分融入的思政目标。这一目标的达成，能够将爱国、励志、求真、力行的强大精神动力转化为专业热情，形成持久的学习内驱力。

这部分主要让学生学习解决线性规划对偶问题在专业领域中的应用、跟随发展前沿；以线性规划对偶思想启发创新思维；结合对偶问题的特性融入马克思主义“对立统一”辩证法观点的讨论，能够提高对马克思主义矛盾论和辩证法的认识，用辩证法的观点解决复杂问题；结合灵敏度分析内涵引入中国运筹典故“齐民要术”，弘扬中国历史文化，表现出“爱国、励志、求真、力行”的精神，从而激发学生的自主学习力和职业使命感。

4.“勇挑时代使命担当，增强科研敬畏感”。在学习运输问题模型及其特征、求解方法、应用表述作业法求解运输问题、处理特殊运输问题这部分达到的思政目标。这一目标的达成，能够是使学生正确地认识问题，善于总结规律，用辩证思维看待问题，在学习运筹学的过程中，结合专业实际积极思考，提高学生利用已有理论方法解决非标准问题的能力，加深对马克思主义思想和中国特色社会主义理论的认识，培养学生的创新意识和严谨的学术态度。

这部分通过中国历史上代表性的人物，让学生体会到科研探索的严谨。例如引入老子的道法自然——“道”的运行遵从其本然的状态，而自然科学研究的就是探索“道”之所“法”的那个“自然”状态。再深入启发学生解决运输问题在相关专业的应用、跟随发展前沿；立足学科和专业领域，践行追求卓越和刻苦务实精神，做具有使命担当的社会主义接班人。

5. “崇尚科技创新精神，增强民族自豪感”。在图论中图的基本概念和基本方法、最小支撑树问题、最短路径问题、网络最大流问题这部分再次融入的思政目标。其引入可以发展学生用专业性思维发现问题、归纳及抽象问题、解决问题的能力；结合对专业领域的典型事例（交通网络、中国邮路问题）的讨论，能够认同对学科和专业价值，认清时代赋予的责任和历史使命。学生在课后遇到相同或相似的事件，能够运用课堂教学中掌握的理论知识与理性判断的能力与方法去分析判断，找到正确认识和处理问题的途径。这样，通过该方法将促进学生理论知识与实践能力的全面发展，增长见闻、开拓视野、获取技能，形成寓教于乐，潜移默化的效果。

这部分更多的是采用启发式、问题式教学法以及社会实践和社会参与的方法。例如，“中国邮递员问题”这一节中，有针对性地介绍中国邮递员问题是由我国数学家管梅谷教授首先提出，并逐步发展成为运筹学的一个学科分支，使同学了解管梅谷教授是如何从实际问题中提炼出这一个运筹学问题的，并希望同学们向管教授学习，在学习运筹学的过程中，结合专业实际积极思考、到生产一线深入调研，争取提炼出新的运筹学问题，并提出解决方法，培养学生能够逐步具备“求真、力行、务实”的科研态度和科学精神，为运筹学学科的发展添砖加瓦。

6. “树立全球开放观念，践行专业责任感”。在网络计划中图（统筹图）的构成、参数计算方法、网络优化方法这部分突出的思政目标。这种全球观和专业感的目标一旦达成，既能够坚定学生的专业信仰，又能够培养学生从世界角度看问题的全局统筹观念，同时又利于维护国家安全荣誉和利益。

这部分主要采用启发式的教学方式以及社会实践和社会参与的方法。例如，通过引入科学家华罗庚的统筹方法和优选法的讨论，具有运用运筹学思维、方法解决实际问题的能力，表现出对老一辈科学家的敬畏情感。再如，通过引入“疫情当前的中国速度”这一全球热点问题，结合网路计划无需通过复杂的数学符号和模型就可以将大型工程问题的实施进度进行合理安排并实现有效的控制与管理的优势，让学生了解解决这类复杂大型工程项目管理中协调调度问题的有效方法，探究网络网络计划技术在生活和相关专业领域的应用问题，培养学生追求卓越、理性思考的思维习惯，做具有国际视野、家国情怀、专业责任感的社会主义接班人。

五、教学效果

课程思政教学设计整体围绕知识目标、素质目标与思政目标融合开展，教学效果以思政教学目标达成度构建考核标准体系，主要由学生端课堂思政育人情况反馈（主观）、多元化价值观测试（主观+客观）、和教师思政育人效果反思（主观）三个部分构成，形成“定性+定量→定量”的显性效果评价体系。

通过可量化的课程思政教学效果评价显性结果，充分体现课堂知识教育与思政育人的隐性融合，从而有效展示教学设计的合理性、规范性。同时从评价中总结经验和不足，为进一步提升设计质量和思政育人能力提供能力源泉。

六、教学案例对工程类课程的推广

课程思政教学设计以思政案例为主要实施手段，思政教学案例库在课程体系建设中尤为重要，案例的甄选、设计、使用和完善需要长期的积累过程。思政育人效果显著且能高度融合知识内涵的优秀案例，可以为工程类学生在课堂知识学习的同时提供思想价值提升的时代共鸣，在相关院校和专业课程中并行使用。

《结构化学基础》课程思政教学设计说明

蔡艳青

《结构化学基础》课程主要讲授学生在已经掌握有关的化学基础知识的基础上，从原子、分子的尺度研究物质结构及结构与物质的物理、化学性质之间关系的一门基础学科，使学生掌握微观世界的结构和运动规律，理解结构与性能的相互关系和某些实验方法的基本原理，培养学生掌握结构与性能的关系、具有创新思维和实践能力，融入献身科学、保护环境、科技报国等课程思政点，为学生将来从事材料研究及相关行业的工作打下坚实的、必备的理论基础。

一、课程简况

《结构化学基础》课程是材料化学、高分子材料与工程专业本科三年级开设的必修、选修课程，这门课是本科生在已经掌握有关的化学基础知识的基础上，从原子、分子的尺度研究物质结构及结构与物质的物理、化学性质之间关系的一门基础学科。课程教学的主要任务是使学生掌握微观世界的结构和运动规律，理解结构与性能的相互关系和某些实验方法的基本原理，给学生打好专业理论基础知识，为学生将来从事材料研究及相关行业的工作打下坚实的、必备的理论基础。

二、课程思政教学目标

立足课程思政的现代课程观，《结构化学基础》课程重新认识、重新定位和重新塑造了教学目标，在知识性和能力性目标之外，还将“献身科学，锲而不舍”“保护环境，为绿水青山添一己之力”“志存远大、科学报国”的课程思政目标融入其中，贯穿于课程教学大纲的各个单元，实现了课程思政建设与教学目标的契合，与教学内容的融合，与教学素材的整合，与教学过程的结合。

三、课程思政教学实施设计

课程采取“知识讲授+自主探究+思政元素”的教学设计模式，在讲授理论知识的同时以《结构化学基础》的名人案例为主线进行自主探究活动，融入隐性思政元素，培养学生科学思维和专业知识应用能力，潜移默化地进行科学精神、价值取向、伦理规范下的青年工作者责任、情怀与担当，并形成特色的课程教学设计：“一条主线+两个核心要素+两个课程案例库+四个中国系列模块+五个教学实施环节。”（见图 1）

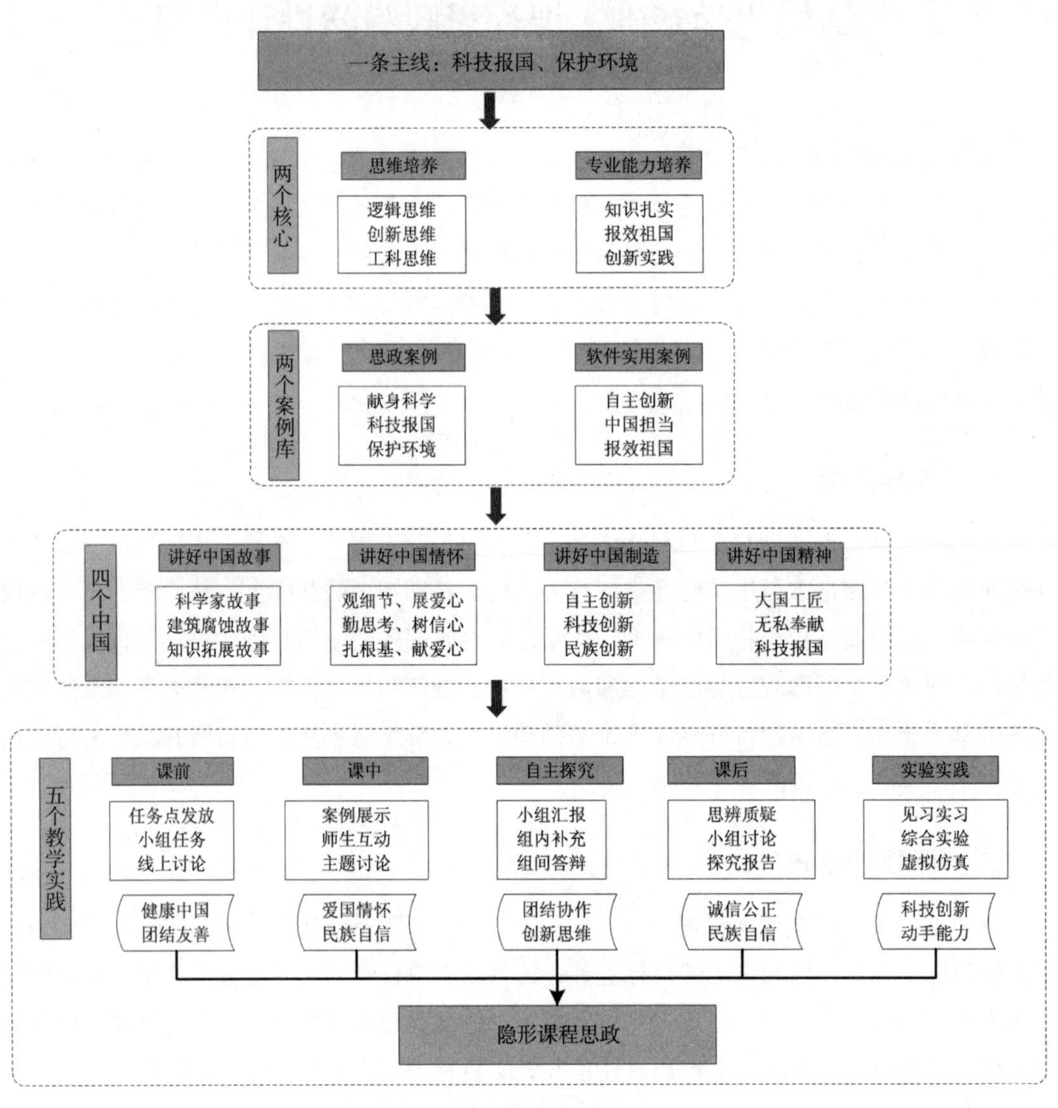

图1　课程思政教学设计

一条主线：以习近平总书记“拿起科学武器勇于创新，才能实现振兴中华民族伟大梦想”——献身科学和科技报国，培养和增强学生以学习好自身本领科技报国的意识；以习近平总书记的“绿水青山就是金山银山”，培养和增强学生保护环境的意识。

两个核心要素：促进学生知识传授、能力培养与价值引领有机统一，以思维培养和自专业能力培养为核心要素，通过结构化学基础知识的讲解，构建逻辑思维，在丰富学生知识的同时，突出“献身科学”“科技报国”“保护环境”的目标。

两个课程案例库：在教学过程中挖掘思政元素，促进学生知识传授、能力培养与价值引领有机统一，形成两个课程资源案例库。一是以献身科学、科技创新及保护环境等为主要内容的思政元素库；二是以自主创新、中国担当、报效祖国等为主要内容的生活案例库。

四个中国系列模块：模块一讲好中国故事，讲解科学家故事、民族文明观世及知识拓展故事；模块二讲好中国情怀，树立学习的决心和信心、无私奉献的仁心和爱心；模块三讲好中国制造，讲解自主创新、迎难而上，科技创新、勇于担当，民族创新、助力健康；模块四讲好中国精神，讲解大国工匠，无私奉献，科技报国。

五个教学实施环节：以学生为主体、以教师为主导、以体验为关键、以网络为载体，通过“课前+课中+课后+自主探究+实验实践”五个实施环节，完成教学，实现隐性教育与显性教育相统一。

四、思政元素的融合

在教学过程中，根据各个教学单元的内容特点，选取更切合的课程思政教学目标融入，并配合以相应的教学活动设计，促进知识、能力和课程思政教学目标的同步有效达成。

1. 在讲授量子力学基本知识时，如Planck量子假设、Einstein光子学说和Bohr原子结构理论的基本内容过程中，突出“献身科学，锲而不舍”的思政目标。

在讲原子学说时，可以讲讲它的提出者约翰·道尔顿。他为了把自己毕生精力献给科学事业，终生未婚，而且在生活穷困条件下，从事科学研究。同时，介绍一些楷模普朗克、爱因斯坦、玻尔的成长经历，他们在不到30岁的年轻时期就突破了重大发现，获得了诺贝尔奖！当代大学生以独生子女为主，没有经历过艰苦环境的锻炼，依赖性强，实践和动手能力差，普遍缺乏坚忍不拔和吃苦耐劳的精神。在教育教学中要把科学精神渗透到化学教学中。马克思说：在科学上面是没有平坦的大路可走的，只有那在崎岖小路上攀登不畏劳苦的人，才有希望到达光辉的顶点。在化学授课中介绍国内外优秀化学家不畏困难的求知精神、百折不挠的科学研究品质，是我们培养学生素质的目标。督促学生要刻苦学习，像这些科学家一样有远大的抱负，同学们的机会还有很多，要有献身科学，锲而不舍，立志成才的决心。

2. 在讲授结构化学元素周期表，以及一些原子结构探测过程所涉及的实验验证过程中，穿插讲授“保护环境，为绿水青山添一己之力”的思政目标。

比如，化学元素中有很多有毒或放射元素，在我们以后做实验使用时要注意安全使用，不能随意排放，保护环境。

时代的发展离不开科学技术的进步，科学技术在改善人类物质生活的同时，也对环境造成了一定影响。环保和化学有着紧密的联系，在教学中对学生进行爱护资源，有保护环境的教育是一项重要任务。但有些学生环保意识薄弱，思想麻痹大意，缺乏自我约束力，对实验室环境污染的严重性和危害性缺乏认识。在实验过程中产生的废液、废物，有些学生随意向下水道倾倒，固体废物随手乱丢。有些学生在通风橱内进行的实验却没有将通风橱的橱窗关闭，导致实验过程中产生的废气弥漫整个楼层。

高校学生是实验室的主力军，无论是教学实验，还是科研实验，学生都是主体，因此培养学生的环保意识至关重要。开展实验室环保教育是重要的也是必要的，告诫学生勿以善小而不为，勿以恶小而为之。讲一讲自然环境受到的严重污染，生态平衡遭受的极度破坏，人类健康遇到的极大威胁。在教育教学过程中，可以利用国内外真实案例讲述环境污染的严重性和危害。例如，水体中有机物污染事件、重金属中毒事件。20世纪40年代，美国一家化学公司向河谷中填埋有机氯农药、塑料等残余有害废物，陆续发生了一些婴儿畸形、人患怪病等现象，在当地的空气、土壤和地下水中检测到82种有毒化学物质。虽然时隔多年，我们仍需引以为戒，让历史不再重演。结合“绿水青山就是金山银山”的论述的重要意义，让学生从化学角度认识绿水青山的含义，懂得可持续发展的重要性，介绍我国的污染状况及环境污染治理的紧迫性，结合我国今年开展的“环保督察”形成的环保风暴，使学生认识环保的意义及此项政策的必要性，让大家自主关心环保、参与环保 。

3. 在“多电子原子结构”的教学中，结合“n + 0.7l”电子排布规则，介绍徐光宪先生为发展我国化学教育事业和提高科研水平做出的巨大贡献，突出“志存远大、科学报国”的思政目标。

徐光宪先生为适应国家需要，四次变更科研方向，每次都能看准前沿，迅速取得累累硕果，由于他具有广博深厚的学科基础，为祖国科研事业作出贡献的强大精神驱动力。

此外，对结构化学做出突出贡献的化学家一卢嘉锡。卢教授满怀科学救国的热忱，放弃国外优厚的待遇从美国回到中国，在艰苦的条件下从事科研工作。他不畏清贫、不惧艰险，爱国奉献、追求卓越，投身科学，成绩斐然。两位科学家的故事，不仅是科学的启蒙，更重要的是报效祖国、满腔热情的赤子之心，鼓励学生通过科技创新，树立远大的目标，投身科技事业，科技报国。

五、教学效果

通过精心设计课程教学，保障授课教学效果，达成教学目标。在教学过程中，坚持教书与育人相统一，挖掘并积累思政元素，以“春风化雨、润物无声”的形式，隐性融入结构化学专业课程课堂教学环节，不断丰富课程思政的内涵，在传授专业知识的同时，引领学生思想、塑造价值观、培养家国情怀。

学生通过课程学习，深刻认识到在结构化学课程中，感受中国力量、中国制造、中国精神、中国故事，感受作为新一代青年工作者的责任与担当，建立我们的民族自豪感、民族自信心、民族创造力，感受在党的领导下，健康生活的幸福和美好。

六、教学案例对课程的推广

在教学实施过程中，通过灵活多用的教学模式，创新的教学方法，保障了课程质量，凝练出“一条主线+两个核心要素+两个课程案例库+四个中国系列模块+五个教学实施环节”教学设计，以学生为中心，通过线上线下、课堂内外、理论实践、面授翻转多种形式，将基础知识与专业知识相结合，提升学生解决复杂结构化学问题的能力，将社会主义核心价值观融入教育教学全过程。课程教学中培养实践能力强、创新能力突出、具有团队协作精神和家国情怀的复合型人才，培养德智体美劳全面发展的社会主义建设者和接班人。

本课程融合隐性思政的教学模式，可供其他课程借鉴并推广应用，使专业课程与思政教育同向同行，形成协同效应。坚持立德树人为中心，践行“门门课程有思政”“教师人人讲育人”，提高课堂教学效果和质量、提升学生学习热情和成效。

《高分子化学-A》课程思政教学设计

侯桂香

该课程主要讲述高分子化合物的合成及反应原理，使学生明确合成领域中的机理理论、规律和研究方法，培养学生对不同合成机理联系与区别对比、特征规律的推演与总结、分析和解决问题的思路能力，形成解决合成过程复杂问题的能力和创新实践的能力。课程教学中融入科研精神、绿色发展、自强自信、勇于担当、实事求是等课程思政点，培养学生形成探索攀登、精益求精的科学精神、绿色环保的科学发展观、民族自强自信和甘于奉献、勇于担当的情怀。

一、课程定位

《高分子化学-A》是高分子材料与工程专业的必修课，属于专业基础课程，于本科三年级秋季学期开设。课程主要内容涉及高分子化合物的合成及反应原理，理论新、概念多、公式多、知识抽象，课程难度较大。作为一门专业基础和专业入门的课程，对于学生了解高分子专业领域内容，激发学习兴趣与热情，树立专业信心起到至关重要的作用。

教学过程以任务驱动展开，综合采用归纳、演示、启发、互动、案例等教学方法，以机理为主线，按基础知识、机理特征、聚合速率、分子量、影响因素五个方面展开具体的教学，突出重点和难点，实现知识体系系统化。课程以能力培养为目标，利用网络平台的资源完成学生的知识预习、复习、应用及归纳内化，发挥“教”与“学”双主体地位。通过本课程的学习，使学生在掌握高分子合成领域中的基本知识、基本理论和基本研究方法的基础上，紧密联系实际，实现合成预定结构和性能聚合物的目的。

二、课程思政教学目标

以课程思政的理念为指引，针对高分子化学中不同的教学内容，发掘契合的思政元素，运用合适的教学素材和案例，进行合理的教学设计，将德育渗透、贯穿《高分子化学-A》课程教育和教学的全过程。在传授高分子合成机理的基础上，引导学生看到知识背后的“科研精神、绿色发展、自强自信、勇于担当、实事求是”等德性因素，使学生学会并转化形成自身为人处世的素质和涵养，进而实现对学生人格、品德、素质、能力的综合培养。

三、课程思政教学设计

课程采取“任务驱动+探究学习+学以致用+思政融入”的教学设计模式，在探究解决高分子合成过程控制问题的过程中，学习高分子合成理论知识：机理特征、动力学影响因素、实施方法等，培养学生分析问题、解决问题的能力、专业知识应用能力和科学的思维方法。在此过程中适时地融入与知识点契合的思政元素，潜移默化地影响学生形成探索攀登、精益求精的科学精神、绿色环保的科学发展观、民族自强自信和甘于奉献、勇于担当的情怀，形成具有一定特色的课程思政教学设计：两个思政源泉库+三个思政教学环节+四个思政教学原则，如图1所示：

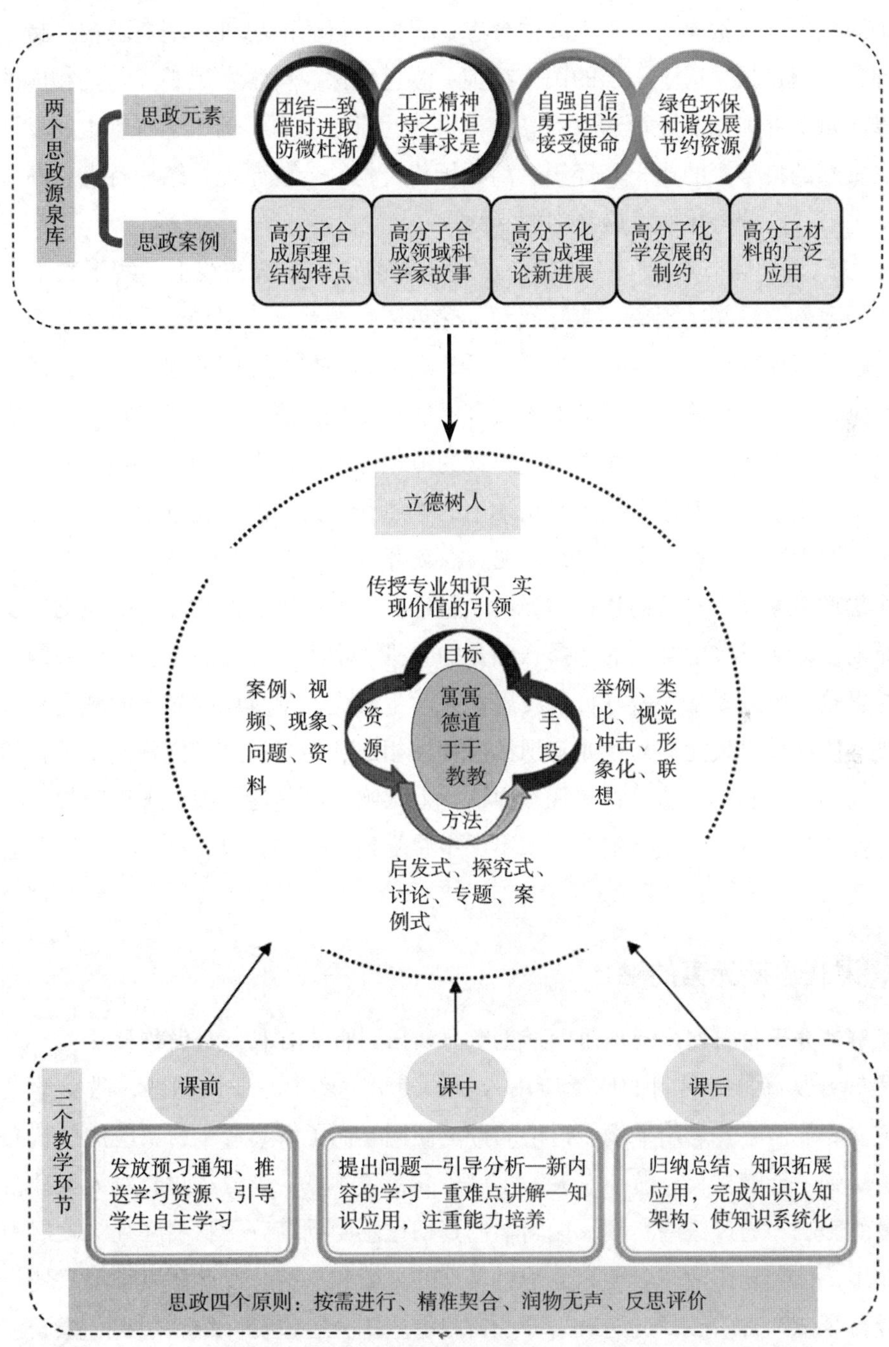

图1　高分子化学课程思政教学设计示意图

课程思政的目的：立德树人，践行习总书记提出的“专业课与思想政治理论课同向同行，形成协同效应，以专业课为载体，将思想政治教育贯穿高校学生校园生活的始终”，为社会主义事业培养合格的建设者和接班人，真正落实高校立德树人根本任务。

两个思政源泉库：课程思政元素库和课程思政案例库。从课程具体内容出发，建设形成四个课程思政元素模块：个人品德意志、习惯；科研的思维、精益求精、持之以恒的工匠精神；自信自强、勇于担当的民族精神；绿色环保、科学发展观。与之相应的思政素材，可以从以下五个方面进行选取：高分子材料的广泛应用实例、学科创生和发展历程中做出突出贡献的科学家的成长和经历、高分子化合物的合成原理及结构特点、高分子化学理论的新进展、高分子化学发展面临的制约。

三个思政教学环节：课前—课中—课后。课前借助丰富的线上、线下教学资源，将专业知识与案例、视频、现象、实际问题、热点话题相结合，引导学生自主学习。课中通过提出问题—引导分析—新内容的学习—重难点讲解—知识应用的程序展开，适时地运用比喻、类比、联想、渗透等手段，引入契合的思政元素，使学生在学习知识、解决问题、增长能力的过程中，自觉将这些学问中蕴含的道理与我们做人、做事、身心发展、社会需求、历史责任相联系，潜移默化地影响学生的思想和行为。课后通过归纳总结、知识拓展应用等，将课程思政元素贯穿其中，实现隐性教育与显性教育相统一。

四个思政教学原则：按需进行的原则、精准契合的原则、润物无声的原则、及时反思评价的原则，即从思政融合点的选择、融合的时机、融入的方法、融合的效果四个方面评价和指导思政实施的效果。做好自我反思和与学生交流，了解思政教育的感受和效果，不断地改进，使课程思政能够与专业知识学习相辅相成、相互促进。做到使学生自然而然地产生德育的体会、心得、感悟，实现学生情感上共鸣。“寓道于教，寓德于教”，将思政元素与专业知识相融合，让学生在不知不觉中感受到精神的启迪、意志的鼓舞和道德观的建立。

四、课程思政元素的融合

1. 了解高分子材料的广泛应用，产生专业认同，奋斗有我，争做栋梁

课程展开从高分子材料的广泛应用入手，使学生产生专业认同感，激发学习兴趣与热情，树立专业信心。运用举例、讨论的方法使同学们了解高分子材料应用已从人们的衣食住行扩展到了智能材料、航空航天和军事等高精尖领域，高分子材料对人类社会产生了无法估量的影响。通过这些实例，让同学们真切地感受到高分子材料在社会发展中的重要地位和作用，体会到作为一名准高分子材料人的自豪和兴奋，以此激发学习兴趣与热情，树立专业自豪感和自信心，进而对高分子材料的应用分类进行介绍，塑料、橡胶、纤维、涂料、胶黏剂和功能高分子六大类，不同用途的产品具有不同的结构组成（内因），控制

不同的合成条件和成型过程（外因），可以获得不同功能的制品。与此相类似，学生的成长与发展也是与自身因素和成长经历有关，要结合自身的"个性"全方位地提高、塑造、磨炼自己，使自己成为社会的可用之才，潜移默化地影响和激励学生"努力学习、拼搏进取、争做栋梁"的思想意识，迸发进一步学习的内驱力和学习热情。

2. 讲好科学家的故事，培养科研精神

高分子化学学科发展到今天，凝聚了无数中外科学家的智慧。合成机理分为逐步聚合和连锁聚合，反应形式又可分为缩聚、自由基聚合、离子聚合、配位聚合等。在学习到某一合成理论时，对相关理论作出突出贡献的科学家，借助于案例、举例的方式在适当的部分融入。如在绪论部分介绍不随波逐流的"高分子化学之父"施陶丁格，他在首次提出长链大分子的观点时，遭到了当时权威胶体论者的激烈反对和讽刺质疑，但是他没有退却，坚信自己的理论是正确的，更认真地开展深入研究，与胶体论者展开了面对面的辩论。后来，在事实面前人们接受了高分子的概念，一个学科应运而生。这些事例中，自然融入"坚持科学理性，不畏权威，勇于探索，持之以恒"的科研精神。

高分子合成原理理论的奠基者Flory先生，提出了支撑聚合机理的"等活性"理论，他花了一生时间，从一些仅有的实验数据中提炼出高分子合成理论。这项伟业对于高分子工业而言，就如同点亮了一盏灯，让工业操作变得有章可依。从中可以让学生学到利用科学假设建立模型的科研思维方法和"甘于奉献、孜孜不倦、探究真理"的精神。

Carothers对缩聚反应发展做出了突出的贡献，他在未清洗干净的玻璃棒上，发现了几缕乳白色的细丝，这个偶然的现象，促使了尼龙的研究和合成。这项合成技术应用于实际生产，为社会发展做出了巨大的贡献，让学生体会到"敏锐的洞察力，细微的观察力"在科研实验中的重要性。同时，科学的发展要与工业相结合，现代文明需要科研者的努力和从业人员的付出。我们作为高分子专业的一员，学好专业知识，努力拓宽知识面，启迪自己的创造性思维，培养透过现象看本质的分析能力，为提高人们的生活水平和社会进步作出自己的贡献。

3. 剖析高分子化合物的合成原理，感悟良好的个人品德意志习惯

运用丰富的想象力和联想能力，让抽象的高分子合成理论和微观结构形象化。高分子合成原理包括逐步聚合和连锁聚合，逐步聚合过程就像接绳子，由短（小分子）汇成长（预聚物），再到更长（大分子）。分子链的增长是需要时间的积累，就如同学生将来的成就需要每天坚持不懈地努力与付出，不积跬步无以至千里，不积小流无以成江海，融入"脚踏实地、惜时、进取"的思想。连锁聚合则需要活性中心，只要具备了这个小的诱因，聚合过程就像被触动了的"多米诺骨牌"，瞬间完成高分子的形成。从中给我们的启示：一个微小的力量能够引起的或许只是察觉不到的渐变，但是它所引发的却可能是翻天覆地的变化，亡羊补牢不如防患于未然。我们做人、做事要谨记不以恶小而为之，要谦虚谨慎、防微杜渐、未雨绸缪。

合成高分子是由小分子间借助于共价键形成的，具有很多优异的性能，如质轻、高强、高模、高弹等。单个小分子是不具有这些性质的，大分子的结构体现出了个体只有将自己的力量与集体融合在一起，才能发挥作用，物尽其用。一滴水只有放进大海里才永远不会干涸，进而让学生体会到最伟大的力量就是团结。就像这次新冠肺炎疫情一样，每个人从自身做好防护和隔离，在力所能及的范围内去贡献，全国各地的医务工作者和相关的防疫人员的共同努力，全国人民万众一心，在短时间内将疫情有效地控制。"篝火能把严寒驱散，团结能把困难赶跑"，自然融入"团结一致、团队利益、大局意识、全局观念"的思政教学理念。

4. 聚焦高分子合成前沿，树立民族自尊心自豪感和时代发展的使命感

活性可控聚合、配位聚合、酶催化聚合等内容均属于高分子合成理论的前沿。配位聚合最早是由Ziegler-Natta催化乙烯、丙烯时提出并迅速发展应用的机理，目前关于其反应机理及催化剂的问题仍是高分子合成领域研究的热点。我国过去只能购买现成的催化剂，价格高昂，受垄断的限制。我国学者在烯烃配位聚合的应用研究领域做了大量工作，如中国科学院的唐勇、胡友良等，设计了新型单中心聚烯烃催化剂，为聚乙烯多样性链结构的选择性合成提供了高效的途径。这些内容可以专题讲解、案例分析的形式引入课堂，使同学们了解到我国高分子起步晚，基础差，但科研学者们不畏艰难，持之以恒地坚持，为高分子材料的发展做出了突出的贡献，并取得了一些世界瞩目的成就，使同学们"树立民族自尊心和自豪感"。但同时要看到我国产业发展依然面临许多问题，高端产品依然依赖进口。这对我国高分子合成基础研究提出巨大挑战的同时，也提供了巨大的机遇，激励学生勤奋刻苦学习专业知识，为解决高分子合成基础和国家发展面临的产业问题做出自己的贡献，为实现伟大复兴的中国梦而努力奋斗，进而实现对学生"勇于担当，接受时代发展的使命"的思政目标。

5. 认识高分子化学发展面临的制约，明确责任担当

纵观高分子材料的发展史，从出现到大规模使用，直至现在人们的生活已经无法离开高分子，同时高分子也有危害人体健康、破坏自然环境、加剧资源枯竭的负面效应，如白色污染、有毒奶瓶、装修污染等。我们正在经历感受的例子：一次性口罩主要原料熔喷布，即为聚丙烯纤维热黏合制备的，疫情出现以来被大量使用。熔喷布具有通气性好，过滤细菌和有毒气体，伸缩性、弹性，价格比较低等优点；但因其纤维的排列都是具有一定的方向，所以也比较容易被撕开，使用周期短。大量废弃的一次性口罩为环境带来负担，废弃的高分子材料如何处理对环境保护和资源节约具有重要的意义。

引入废旧饮料瓶做纤维的实例，借助视频展示的方式使同学们认识到废弃的塑料瓶是可以用来生产服装的，实现了资源的循环利用，达到了保护环境和节约资源的目的。

看到废弃高分子材料回收再利用的光明前景，树立绿色环保、和谐发展的信心。作为高分子材料从业者的我们在做好材料发展的同时，要时时刻刻以“可持续发展”为思想为引领，在经济社会发展过程中要具有社会责任感。在高分子材料的设计、合成、加工、使用以及回收过程，要以环境保护为先。金山、银山不如绿水青山，要以发展的眼光来进行生产和生活。

五、教学效果

以《高分子化学-A》课程为载体，挖掘其中蕴含的思政元素，合理设计授课过程，运用启发式、探究式、案例式等教学方式，引导学生主动思考，激发学习兴趣，探究问题。在传授高分子合成机理的基础上，引导学生看到知识背后的“科研精神、绿色发展、自强自信、实事求是”等德性因素，使学生学会并转化形成自身为人处世的素质和涵养。在知识传播中实现价值引领，价值传播中凝聚知识底蕴。

学生通过学习专业知识，解决问题、明确原理，感受到学有所用、学以致用的成就感。与此同时，将这些现象、问题、蕴含的道理与我们做人、做事、身心的成长发展、社会的需求、历史责任、人生观、价值观相联系。“寓道于教，寓德于教”，将思政内容通过点石成金、举例分析、类比联想等方式渗透于学生的内心，让学生在不知不觉中感受到精神的启迪、意志的鼓舞和道德观的建立。实现知识、能力、素养三位一体的课程培养目标。

六、教学案例对材料及化工类课程的推广

本课程与思政融合的教学设计遵循按需进行、精准契合、润物无声、及时反思评价的原则，采用“任务驱动+探究学习+学以致用+思政融入”的教学设计模式，借助与教学内容密切相关的案例、故事、视频、话题等教学素材，运用比喻、类比、联想、渗透等手段，将社会主义核心价值观融入课前、课中、课后三个教学环节中，助力学生在掌握高分子合成原理基础知识，实现设计并制备预定高分子、解决合成过程工艺问题的能力。同时，培养良好的个人品德意志、习惯，学习精益求精、持之以恒的工匠和科研精神，树立自信自强、勇于担当的民族精神，明确并自觉践行国家科学发展观的战略，增强学生的社会责任感，使其成为国家和社会未来发展的合格建设者和接班人。

本课程与思政相结合的教学实践经验，可供其他材料及化工类课程借鉴并推广应用，使专业课程与思政教育同向同行，形成协同效应，专业课与思政融合有助于提高大学生的人格素养、综合素质和对社会的适应能力。为社会主义事业培养合格的建设者和接班人，真正落实高校立德树人根本任务。

《高分子物理》课程思政教学设计

张志明

该课程主要讲述高分子链结构、链构象、高分子溶液、共混物和嵌段共聚物、半晶态聚合物、聚合物网络、聚合物流体等多种体系的物理性质，培养学生工学探究意识，应用所学知识分析、解决问题的能力和独立获取知识的能力，融入科学精神、改革创新、时代精神、国家战略等课程思政点，培养学生改革创新精神（逆向思维、创新思维、运动思维）和工匠情怀（敬业、精益、专注、创新）。

一、课程定位

《高分子物理》是高分子材料与工程专业本科三年级开设的必修课。作为高分子材料与工程专业的核心课程，其基本理论、基本知识、基本技能全面阐释了该课程具有知识框架体系庞大、内容抽象、理论性强的特点。通过本门课程的学习，培养学生的工学探究意识，增强材料研究观念，理解高分子凝聚态物理学的已有范式，使学生在后续课程所涉及的《高分子材料成型加工》等课程中更好地建立凝聚态物理思维。

通过课堂讲授、案例教学、混合教学等形式，讲解高分子链结构、链构象、高分子溶液、共混物和嵌段共聚物、半晶态聚合物、聚合物网络、聚合物流体等多种体系的物理性质，提升运用高分子物理基础知识解决实际问题的能力。围绕着结构与性能的课程主线，重点突出不同高分子结构运动、变化的特征和规律；根据每一个结构层次运动特征，综合理解结构、结构的变化对高分子材料性能的影响。通过课程的学习，让学生接触到高分子科发展的新动态、新成果，帮助学生构建高分子物理知识体系，完善高分子结构划分的层次，明确高分子不同结构层次都具有运动与变化能力的认知，在课程各项内容之间建立逻辑关系，方便学生的学习与应用。

二、课程思政教学目标

围绕课程的知识目标、能力目标、素质目标，提炼整门课程的课程思政教学目标。

围绕《高分子物理》课程的教学内容，以概念为先导，从材料结构、性能应用与分子运动转变等三方面构建高分子物理知识体系，串联逻辑主线，展示高分子材料的运动规律；以聚合物的结构与性能为主线，结合项目组科学研究成果，从仿生设计到创新设计，提升自信心，培养爱专业情怀，增强独立科研能力，提升创新实践能力；结合高分子物理的历史发展与其中蕴含的科学精神，培养大学生专业素养和思想政治素质；引导学生树立爱国主义、理想信念、科学思维、创新意识等价值观，实现培根、铸魂、启智、增慧的功效；在内容组织安排上既凸显思想性、理论性，又呈现批判性、实践性，注重显性教育与

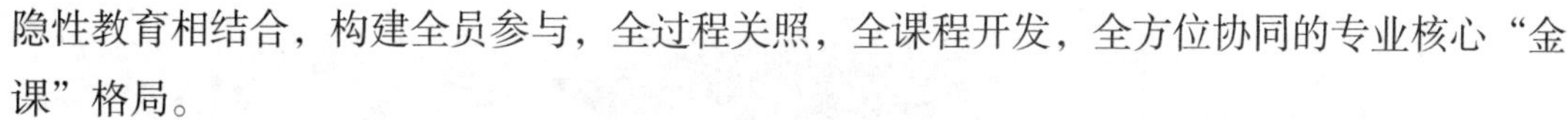

隐性教育相结合，构建全员参与，全过程关照，全课程开发，全方位协同的专业核心“金课”格局。

三、课程思政教学设计

课程采取将“价值塑造、能力培养、知识传授”与“新工科深度融合进行混合式教学设计”，在讲授理论知识的同时以“不甘落后的志气和敢为人先的勇气”这一条主线进行自主探究活动，融入理想信念等隐性思政元素，培养学生工学思维和专业知识应用能力，不着痕迹地进行科学精神、变压力为动力、变被动为主动的工匠情怀、使命担当的塑造，并形成“强化基础、拓展应用、激励探究”等特色鲜明的课程教学设计：“一条主线+两个核心要素（科学精神和工匠情怀）+三个课程案例库（思政元素库、生活案例库、科技案例库）+四个中国系列模块（“中国制造与大国崛起”“中国质造与中国品牌”“中国智造与中国智慧”“中国创造与中国未来”四个模块）+五个教学实施环节（课前期待、课中满足、自我探究、课后留恋、自我评价）。”（见下图）

一条主线：以改革创新、守正笃实为主线

一条主线：以习近平总书记“只有把关键核心技术掌握在自己手中，才能从根本上保障国家经济安全、国防安全和其他安全”——改革创新、守正笃实为主线，培养和增强学生以工匠精神和担当意识，来进行高分子物理性质的学习。

两个核心要素：促进学生价值塑造、能力培养、知识传授有机统一，以科学精神和工匠情怀为核心要素，通过高分子物理中性能到结构方向的讲解，构建逆向思维，体现敬业精神；通过对比理解DNA双螺旋结构与长链状高分子结构的特点，提升创新思维，坚守精益求精；通过分子链运动的多重性和依赖性，拓展运动思维，彰显专注的风范，践行创新驱动发展战略。

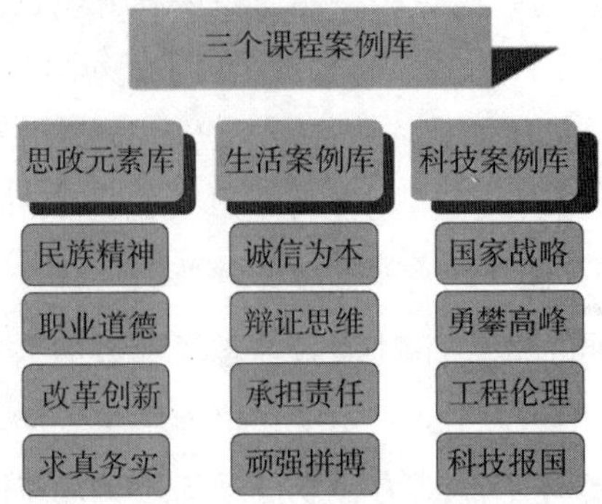

三个课程案例库：在教学过程中挖掘隐性思政元素，促进学生价值塑造、能力培养、知识传授有机统一，形成三个课程资源案例库。一是以民族精神、职业道德、改革创新及求真务实等为主要内容的思政元素库；二是以诚信为本、辩证思维、承担责任、顽强拼搏等为主要内容的生活案例库；三是以国家战略、勇攀高峰、工程伦理、科技报国等为主要内容的科技案例库。

四个中国系列模块：模块一“中国制造与大国崛起”，讲解中国制造业从复苏走向强大，已是名副其实的制造大国，成为“世界工厂”；模块二“中国质造与中国品牌”，讲解质量结合技术让中国质造走向国际，经过产业转型升级，制造强国之势正在形成；模块三“中国智造与中国智慧”，讲解中国产品的智能化、人性化、个性化成为主要性能特点，制造业的智能化迫在眉睫；模块四“中国创造与中国未来”，讲解中国未来的优势必然从创新出发。“双创”背景下，激励同学们积极创新，致力于占据产业链的未来，“中国制造”定会成为“中国创造”“中国发明”。

五个教学实施环节：以学生为主体、以教师为主导、以体验为关键、以混合式课例研修为载体，通过“课前期待、课中满足、自我探究、课后留恋、自我评价”五个实施环节完成教学，实现既要旗帜鲜明也要润物无声。

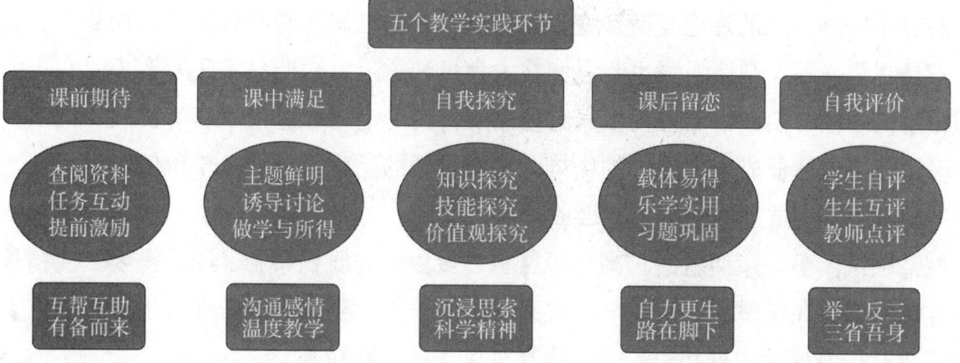

四、课程思政元素的融合

1. 中国制造与大国崛起

在讲述高分子物理发展史时，通过高分子物理发展与现状、学术研究和技术的突破、实验室新方法和质量控制的发展、高分子材料研究领域中的角色和地位，追溯其发展历史，突出其与化学、现代科学技术和生命大分子材料等相互渗透的特点，完成从了解聚合物材料的结构——分子运动——性能是体现微观——宏观作用全过程的理性认知和正确思考。

好的开始是成功的一半，采用首堂课观看“加油向未来”超高分子量聚乙烯在港珠澳大桥的应用视频，增强奋发学习、报效祖国的动力，树立实现心中职业梦想的信心和决心。通过讲解中国高分子物理的发展史，引出我国高分子物理学科的奠基者——唐敖庆。唐敖庆是中国量子化学的主要开拓者，他数十年如一日，始终及时把握国际学术前沿的新动向，开拓新课题，为赶超国际学术先进水平，取得一系列的卓越成就，在分子设计和合成新材料方面产生其深远的影响。1956年，在国家十二年科学发展规划的鼓舞下，唐敖庆为解决国家建设急需的高分子材料合成和改性问题，转而从事高分子反应与结构关系的研究，和他的高分子物理化学研究集体（包括学术讨论班的学员）对高分子主要反应中的缩聚、交联与固化、加聚、共聚以及裂解等逐一进行深入研究。唐敖庆又和他的合作者们在高分子统计理论研究的基础上，开拓了一个新领域，即高分子固化理论和标度研究。他系统地概括了各类交联和缩聚反应过程中，凝胶前和凝胶后的变化规律，解决了溶胶凝胶的分配问题，提出了有重要应用价值的各类凝胶条件。通过案例的讲解，让学生体会“科学成就离不开精神支撑。科学家精神是科技工作者在长期科学实践中积累的宝贵精神财富”，让科学家们深厚的家国情怀、强烈的使命担当和甘为人梯的精神成为新时代中国人砥砺前行的榜样。

2. 中国质造与中国品牌

高分子物理涉及的理论复杂多变，而物理性能的准确与否与其应用密切相关。制造大国并不是制造强国。制造强国主要强调技术含量和质量，强调自主研发实力。在迈入制造大国相当长一段时期，中国主要依靠大量而廉价的劳动力和总量丰富的自然资源以及高度的环境污染等保持低成本大规模的优势，没有过硬的品牌，一直处于价值链的低端。经过产业转型升级，制造强国之势正在形成。

制造强国不是一蹴而就的，高分子材料领域更是需要积累和专注，需要工匠精神。从我国首颗原子弹和氢弹的研发成功到航天飞船的诞生，到首艘国产航母下水，国产大飞机C919首飞，所有这些成就都离不开几代高分子人的工匠精神。

质量结合技术让高分子制造走向国际市场。国产手机小米、华为工程塑料部件已经得到国际广泛认可，格力、海尔等白色家电塑料制品也已经成为实力品牌，国产汽车、飞机的高分子材料占比不断上升。在功能高分子材料行业，也涌现了像海螺型材、金发科技、万华化学等一批品质企业。我国高分子材料品牌的大放异彩也充分体现了国家对品牌战略的重视。

3. 中国智造与中国智慧

高分子物理是一门实践性较强的学科。因此，其实际操作、分析过程及最终结果的获取，依赖于各种技术检测手段。除了产品质量，现在消费者更注重产品性能。不可否认，高分子材料制造业的技术取得了迅猛的发展，而市场的需求总是走在前面。生产的简单工业化已经不能满足人们独特的要求，高分子制品的智能化、人性化、个性化成为主要性能特点，智能高分子研究迫在眉睫。

结合世界制造强国纷纷布局“智造”格局。德国提出“工业4.0”战略，利用物联信息系统将生产中的供应、制造、销售信息数据化、智慧化，后达到快速、有效、个人化的产品供应。与此同时，美国制定了先进制造业回归规划，日本也提出振兴制造业计划，强调工业从精益化到智能化的转变。

我国也不例外。科技部近日出台了《“十三五”先进制造技术领域科技创新专项规划》，其中涉及国产仪器仪表行业发展的项目也获重点扶持。主要包括形状记忆材料制造、光刻胶、智能机器人、微电子封装材料及成套工艺、新型电子制造关键装备、气溶胶传感器、绿色聚合等。目前国内，大型仪器设备几乎全部依赖进口，功能高分子材料走上“中国智造”之路刻不容缓。

4. 中国创造与中国未来

进入新时代，我国高分子材料业正面临许多新的挑战：中国制造业的成本优势逐步削弱，转型升级和价值链攀升，互联网和制造业紧密融合，消费者驱动，环境与资源的挑战。而整个制造业同样面临全球性、多样化、个性化需求的新挑战，规模和成本控制不再是制胜的法宝，高分子产业领域需要进行全新的、多模式的发展，创新要素显得重要。

联合国大会将每年4月21日指定为“世界创意和创新日”，并呼吁各国支持大众创业、万众创新。中国的这一理念被写入联合国决议，显示了创新作为推动可持续发展重要动力已获得广泛国际共识，中国方案再次为全球课题贡献智慧。

随着中国经济的崛起，很多劳动密集型产业已经逐渐转移到东南亚等劳动力成本更具优势的地区，中国的制造成本已经与美国相差无几。那么中国未来的优势必然从创新出发。中国是世界上人口大国，全国高等教育的普及已经让广大人民群众有了创新的基础素质，“双创”背景下，中国正涌现出一群充满激情的企业带头人，他们积极创新，致力于占据产业链的未来，“中国制造”定会成为“中国创造”“中国发明”。

五、教学效果

将热点词汇“工匠精神”作为主线贯穿整个课堂的教学活动，要求同学们在坐标图标注上注重细节，一丝不苟，做到精益求精；在讲解“多组分体系”时，结合国内外高分子合金制备上两种截然不同的处理方式，引导学生树立诚实守信、严谨负责的职业道德观；在动态、静态弹性等标注项目上，阐述了实践的重要性，教导学生从实践中寻找答案。此外，还应结合丰富的案例将“量变质变规律”“发展观”“整体观”等融入课堂中。

在线上课环节中，仍可以将思政元素融入教学内容中，既深化了知识点，又发挥了育人功能。根据不同课程的具体内容和特点，深入挖掘提炼课程所蕴含的思政元素和承载的德育功能，将教书育人内涵落实于课堂教学的主渠道之中。

不积跬步无以至千里，不积小流无以成江海。将高分子物理与课程思政相结合，培养学生做有社会责任心、爱校爱国、掌握科学技术、为国家的科技振兴贡献力量的人才。《高分子物理》的课程思政建设要始终坚持因事而化、因时而进、因势而新，与时俱进地促进课程思政建设，从而实现“爱国、创新”“科学、可持续科学发展观和绿色生态发展观”等课程思政育人目标。

六、教学案例对工科物理类课程的推广

在教学实施过程中，除了作为主要授课形式的课堂案例分析外，凝练出“一条主线+两个核心要素+三个课程案例库+四个中国系列模块+五个教学实施环节”教学设计。组织学生进行专题小组讨论，启发学生树立正确的价值观、人生观、世界观，做最好的自己；安排相关，案例资料查询、撰写读书报告与心得体会、集中进行上台汇报展示等方式进行课程思政教育，提升课程思政改革的效果。通过评价学生在专题小组讨论、读书报告、汇报展示中的表现以及在期终考试中对有关思政教育的反馈及感悟，考核专业课程教学中思政教育的效果，从而有效推进课程思政改革。

天工析理

本课程融合隐性思政的教学模式，可为其他理工类课程的思政教育提供参考，对课程思政脉络与教学手段等有机结合，坚持把立德树人作为中心环节，把思想政治工作贯穿教育教学全过程。作为工科教师，在教学中不仅要传授知识、培养能力、传授技能，还要引导学生树立正确的人生观、世界观、价值观，更要凭借良好的道德信念和科学精神来感染学生、影响学生、教育学生。

《激光原理与技术》课程思政教学设计

邱志刚

该课程主要讲述激光原理与技术涉及的基本理论知识和基本技能，阐述激光器的构成与特性、激光谐振腔、激光振荡、速率方程理论以及激光关键技术如调Q技术、选模技术、稳频技术等，在此基础上讲述激光的综合应用，培养学生的创新思维和实践能力，融入家国情怀、科技报国、服务社会、饮水思源、理论联系实际等课程思政点，培养学生德才兼备德为先、培养技能报国恩的情怀和科学健康的人生观和价值观。

一、课程定位

（1）《激光原理与技术》课程是电子科学与技术专业本科三年级开设的必修课程，核心骨干课，也是光电相关专业的专业基础课程。

（2）课程内容理论深奥、实践创新性强、具有很高的应用价值和意义。对于打造理论基础扎实、实践能力强、工程素质高、创新意识强的高级应用型人才起着至关重要的作用。

（3）课程教学以“理论基础——关键技术——综合应用——创新拓展”为主线，将教学内容分为基础理论、关键技术和综合应用3大基本模块外加创新拓展模块，并针对不同教学内容采用不同教学策略。对于激光原理部分按照知识点组织颗粒化、类比化教学，强调对知识的理解；对于关键技术按照激光的四大特性组织互动式、翻转课堂教学；基础理论和关键技术两部分结合验证性实验巩固相关知识和技能。

对于综合应用部分，以工程案例的形式组织项目式、虚拟化教学。对于创新拓展部分，开展第二课堂拓展、科研反哺教学。

通过该课程的学习，增强学生家国情怀、科技报国、服务社会意识；使其具备较强的光电系统设计工程素质，适应信息化社会对应用型人才的需求，提升创新实践素质；能科学发现、分析及解决激光应用工程问题，并能与医疗、矿业、机械等行业进行交叉应用，为成为光电领域应用型人才打下坚实基础。

二、课程思政教学目标

为有效实施课程思政，实现“立德树人、德育为先”的根本教育任务，结合学校定位和专业培养目标，课程组对《激光原理与技术》课程教学进行重新组织、定位与探索，除了确定知识和能力教学目标外，还将“德胜于才者谓之君子、才胜于德者谓之小人”的理念融入其中。通过理论与实践教学环节，帮助学生激发学习热情，树立专业自信，引导学生践行社会主义核心价值观、民族精神和时代精神，把学科资源转化为育人资源，通过知识提高学生的个人品格，培养学生的科学思维能力、创新意识以及勤奋钻研的精神。通过整合教学素材，贯穿教学过程，实现课程思政与教学目标相符，与教学内容相容，实现“价值塑造”“知识传授”“能力培养”和“素质提升”四位一体教育，培养学生的责任感与担当，教导学生“先做人、后做事”，树立“学以为成、报效祖国、服务社会”理念。

三、课程思政教学设计

1. 课程教学设计模式（见图1）

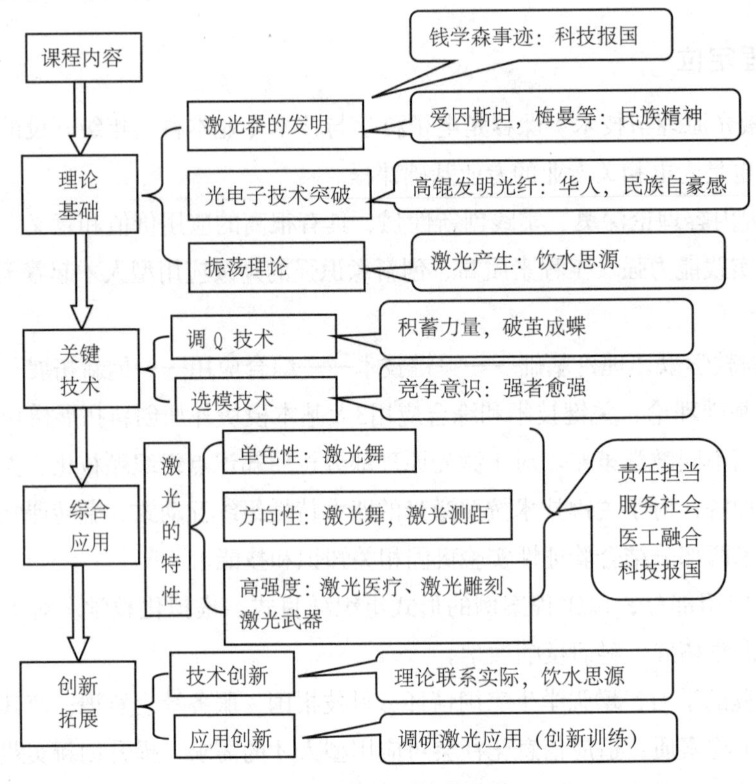

图1　课程思政教学设计

（1）激光发明过程，都是国外科学家做出卓越贡献，要以此培养民族精神。

（2）光电子技术思想突破——高锟发明光纤，华人诺贝尔物理奖获得者，民族自豪感。

（3）在振荡理论中，光在谐振腔内无数次传播，最终形成激光，引导学生有饮水思源意识。

（4）关键技术中调Q涉及到能量的积蓄，最终突破关隘，形成激光，即破茧成蝶。选模过程的竞争理论，帮助学生树立竞争意识，强者更强，弱者逐渐退出舞台。

（5）理论联系实际，通过实物对比，讲解激光特性（将手电筒和激光笔进行对比，

展现相干光和非相干光的单色性、方向性和高亮度）。

（6）播放激光舞、激光加工视频、激光医疗图片，引入医工融合理念，帮助学生树立学以报国、服务社会信念。

（7）引入激光武器，插入图片。课程思政：学习高精尖技术，保家卫国、振兴中华。

（8）鼓励学生开展激光应用调研，培养创新实践意识和能力。

2. 课程教学特色与创新

激光，作为我国信息产业的重要基础，占据着举足轻重的地位，目前已成为新工科、多学科融合的领头羊，广泛应用于国防建设、信息技术、机械加工、医学治疗、检测测绘等领域。《激光原理与技术》是电子科学与技术专业的核心课程，理论深厚、实践性强，要求学生系统掌握知识、创新、实践能力强。但是，该课程只有48个理论学时和16个实验学时，理论难、创新实践培养环节不足，因而教学难度非常大。教学团队坚持知识、能力、素质的有机融合，通过改革创新，在教学内容、教学模式和考核方式三方面形成一定特色与创新。

（1）教学内容改革。教学内容以“理论基础—关键技术—综合应用—拓展创新”为主线，将课程内容分为基础理论、关键技术、综合应用和创新拓展4大模块，包括基本原理、激光特性、谐振腔理论、激光振荡理论、激光应用5个专题，光放大、谐振腔、高斯光束等8个板块，光子描述、光放大条件、光学振荡等45个知识点。课程教学中制作了教学PPT、重难点视频和动画，增加了前沿科技论文和热点应用案例，拓宽了教学内容宽度和广度。

（2）教学方法改革。教学方法采取了线上线下结合、大班集中授课+小班分组实训+创新英才培养的组合模式，采用多元化教学方式，如颗粒化、翻转课堂、项目式等方式，体现了学生的主体地位，提升了师生互动、生生互动，培养学生解决激光领域复杂问题的综合能力和高阶思维，强化产教融合，依托学科竞赛和已立项的教育部协同育人项目，优化实践培养平台。

（3）考核方式改革。课程采取多元化考核，注重过程性。根据不同的课程内容模块，采取不同的考核模式，如客观考核、项目式考核、创新实践活动考核等，并且在整个过程中注重爱国情怀、科技报国、服务社会、职业道德等元素，从而形成了基于OBE考核多元化过程考核形式，提升了学习过程挑战度。

3. 课程教学设计如何体现课程思政教学目标

在《激光原理与技术》教学过程中，首要任务是根据教学内容的特点，选取切合实际的课程思政目标，将思政教育素材融入教学内容当中，并以适当的教学活动实施到教学过程中，将价值塑造作为课程的“灵魂”，确保学生可以产生积极向上的价值观，有效达成“四位一体”的教学目标。

四、课程思政元素的融合

1. 在激光的基本原理部分讲授内容中突出“学以为成、报效祖国、服务社会”的思政目标。这部分的重点是激光器的发明过程、基本原理、特性、应用等知识，结合Laser定义引出钱学森、结合激光发明过程引出爱因斯坦等科学家，激发学生民族意识；讲述激光应用时，通过激光产业教导学生要学有所成，报效祖国、服务社会；通过华人“光纤之父”高锟激发民族精神和自豪感。通过这些科学家的光辉事迹培养学生热爱科学、勇于探索、持之以恒的科学精神；学习科学家为振兴中华刻苦钻研、奋发图强的优秀品质，继承和发扬他们的光荣传统；使学生接受科学精神的熏陶与感染，从而激发学生学习兴趣，提升学生科学素养。在此基础上教育学生既要做到有才，更要有德，强调“德胜于才者谓之君子，才胜于德者谓之小人”，要求学生将学到的知识和能力有效地服务于社会。

该部分内容首先让学生对激光器有感性认识，通过激光应用激发学生的兴趣，从而树立专业信心。其次，通过激光行业的未来前景来深入吸引学生，强化学生对激光的探索精神，培养学生的创新实践意识和能力。再次，结合激光的特性，启发学生如何合理利用激光，将其作为一种技术和能力保家卫国、服务社会、造福社会，从而践行社会主义核心价值观。

2. 在激光原理的理论性较强的部分，讲授过程中以“知识传授”为重点，要融入“学以为成、报效祖国、服务社会”的思政目标。教学过程中让学生充分体验到理论基础的重要性，如何利用理论知识进行实践设计，从而切实理解复杂理论背后的实践意义。这样既能够在知识层面上有利于学生学习枯燥的理论内容，又有利于学生形成坚定的专业素养，极大地激发自主学习动力和克服学业困难的毅力。对课程中的一些定律、定理等内容，与生活中的道理、道德等相结合，做到寓道于教，把《激光原理与技术》课程与思政知识相结合，从而在传授知识的同时融入思政教育。例如介绍激光泵浦源，教育学生饮水思源、不忘初心，自强不息是成功之源。

此部分教学更多采用讨论式、启发式、互动式教学方式，该部分主要选取激光器基本原理中具有代表性的理论，以唤起学生的探索精神。例如，启发如何设计谐振腔、讨论如何理解稳定性、互动描述自再现模形成过程、高斯光束的传输与变换等内容，唤起学生投身激光领域、加强培养激光器的设计、为我国激光产业的发展贡献自己的智慧与力量，从而增强建设祖国的爱国情怀和强国的使命感，唤起学生对专业学习、报效祖国以及服务社会的责任感。

3. 在激光特性部分，包括振荡特性和放大特性两大模块。在此部分讲授过程中，更突出促进“素质提升”思政目标的达成。教学过程中让学生能充分理解“追根溯源”的重要性，通过激光振荡特性和放大特性的学习，懂得“知其然，知其所以然”的道理，彻底理解掌握激光特性。教学注重将相关理论与实际相联系，既传授知识，又融入思政教育，且提升学生的素质。例如通过讲解振荡模式竞争效应时，引入现实生活中的竞争时刻存在，但是要通过提升自身素质进行公平竞争。通过讲解激光放大特性，引入现实生活中要想有所成就，必须要脚踏实地地付出，慢慢积累能量，由荧光到激光的突变，影射由量变到质变。通过学习激光特性，能够将理论学习转化为素质培养，使学生学习动力足、后劲强，素质得以很大提高。

该部分更多的是采用启发式、问题式教学法，让学生真正理解并掌握激光的振荡特性和放大特性。如追问性地启发学生激光起振以后，输出模式有几个？理想与实际情况是否一致？为什么？讲解线宽极限时，提问学生激光的单色性如何？自然界是否有单色光？原因是什么？对于激光放大特性，让学生讨论激光的高亮度特性，如果亮度不够如何处理？等等。通过这几种教学方式的运用，加强学生对知识的理解与把握，提升学生的自身素质，达成“素质提升”的目标。

4. 在激光技术部分，涉及到激光特性的控制与改善，在讲授过程中强化“自强不息、勇于探索、敢于实践、精益求精”的思政目标。对于三年级电子科学与技术专业的学生，应该已经具备一定的社会责任感和时代使命感。通过前几部分内容的学习，他们已经理解并掌握激光的特性，即单色性、方向性、相干性和高亮度。但是，他们通过学识的开阔和知识的积累，会发现激光的这些特性还无法满足一些高精尖的实际需求，还需要通过一定的技术和方法对他们进行改善。通过这些使得学生们懂得要始终保持“自强不息、勇于探索、敢于实践、精益求精”的精神，要通过自身的不断努力，使综合素质不断提高，为报效祖国、服务社会积累更多的知识和能力。

这部分以采用启发式教学为主，辅以社会实践和社会参与的方法，既提升学生的学习动力和探索精神，又增强学生的学业参与感与成就感。例如，讲到激光器输出模式时理想与实际情况存在很大差距，若不采取措施，多数激光器往往是多模输出。涉及到激光的高亮度时，告知学生其性能并不理想，要通过调Q技术对其进行改善。而实际中有多种调Q技术，而且还有很大的开发空间，要求学生去查阅相关文献，总结归纳主流技术，并激励学生自己的创新意识，开发新的技术来改善性能。如此等等，以此来教导学生理想很丰满，但是要靠个人的努力才能够实现，否则会面对骨感的现实。以此来传播积极向上的职业探索精神，帮助学生坚定“自强不息、勇于探索、敢于实践、精益求精”的信念。

5. 在实验教学中，首先对学生进行分组教学，培养学生的团队合作能力。其次，鼓励学生在实验过程中勤于观察与思考，培养锻炼学生发现问题、分析问题和解决问题的能力，从而培养学生的实践动手能力和科学素质，进一步激发学生的学习兴趣。再次，设置开放性、综合性实验，并且布置课后实验思考题，鼓励学生自主学习，充分发挥学生的主观能动性，进而培养学生的创新实践能力和素质。

首先，通过实验教学可以将社会主义核心价值观——友善：包容、协作、团结、尊重、和气、宽厚融入其中。每个实验任务的完成都需要三人为一组，整个过程渗透团队协作能力的培养，要有团队精神。同时还要鼓励学生既敢于提出个人见解，又要勇于放弃或修正自己的错误观点。例如，在进行高斯光束传输与变换实验中，需要团队合作调整光路，各抒己见提出光束聚焦和准直的方案，然后一起讨论，确定方案并实施。

其次，实验教学可以将社会主义核心价值观——敬业：踏实、肯干、精益求精、吃苦耐劳精神贯穿始末。在实验过程中，培养学生爱护设备和工具、踏实认真做实验的良好习惯，严格执行激光安全操作规程，尽量减小实验误差，提高实验效果。比如在激光器设计实验中，要重复多次调整谐振腔结构，实时观察并记录实验效果。实验结束后，要整理好设备和实验室，认真分析总结实验数据，得出科学的结果和结论。这样培养学生养成一丝不苟的敬业精神、精益求精的工匠精神、吃苦耐劳精神、认真负责的工作态度，从而为学生今后从事专业技术工作打下了坚实的思想基础和科学素质。

五、教学效果

（1）课程思政教学目标达成度.通过课程思政要素融入教学，学生树立了专业自信，培养了社会主义核心价值观、民族精神和时代精神。把学科资源转化为育人资源，通过知识提高学生的个人品格，培养学生的科学思维能力、创新意识以及勤奋钻研的精神，实现了“价值塑造”“知识传授”“能力培养”和“素质提升”四位一体教育，培养学生的责任感与担当，教导学生“先做人、后做事”，树立“学以为成、报效祖国、服务社会”理念。

（2）在教学过程中，首要是坚持课程思政是作为完成立德树人这一根本任务的本质要求，坚守用科学的思想政治理论武装头脑的基本立场，理直气壮地开展课堂教学，充分发挥课程思政理论武装和价值引领的显性作用。其次要善于挖掘利用好其他课程、其他教学方式以及社会日常生活中蕴含的教育资源。再次要做到显性教育与隐性教育方法的相互补充。一方面，要注意发现运用隐性教育因素，发展隐性教育方法；另一方面，要注重显性教育的隐性渗透，发展渗透式方法。

（3）在课程教学中，教师的使命在于教书育人，培养社会主义事业建设者和接班人。任课教师不仅要用自己渊博的见识，扎实的专业知识去教好书，同时也要帮助学生养成良好的道德品行。教师必须不断丰富和完善知识结构，增强教学技能，凝练育人本领，使教书与育人两方面和谐统一，努力实现教育事业的价值目标。

（4）通过课程学习，如何做到知行合一、内化于心、外化于行。每个人通过自己的努力都可以做到知行合一，从知到行是一个漫长的过程，在这个过程中学生需要做到真听，真看，真思考。“师父领进门，修行靠自身。”教师教“知”的部分，学生积极践行

“行”的部分。

真听：学生必须要认真听任课教师的讲课，包括知识和学习方法的讲解，然后把自己的实际情况与教师的讲解比对，找出自己的问题点，查漏补缺。

真学：看老师的在讲课时的言行举止，从中去感受不同知识的重要程度、学习方法、教学资源的利用等，找准课堂教学的教学目标。

真思考：针对课程内容，在教师的启迪和引导下积极思考，运用类比、对照、讨论、调研等方法去深入思考重点难点及相关的学习技巧。

六、教学案例对电子信息类课程的推广

电子信息类专业课程的覆盖面越来越广，成为开展课程思政教学的重要载体。随着我国战略新兴行业的兴起和传统产业的改造升级，各行业对电子信息类专业人才的需求发生了重大变化，专业人才必须先立德树人，然后再利用掌握的专业知识科技报国，服务社会，由此可见课程思政教育的重要性。

本课程的教学过程中，将思政要素与《激光原理与技术》的知识相互融合，通过互动式、讨论式、类比化等教学方式，通过思政案例引导学生践行社会主义核心价值观、民族、工匠和时代精神，培养学生的责任感与担当，教导学生“先做人、后做事”，树立“学以为成、报效祖国、服务社会”理念。因此对于电子信息类的其他专业课程具有很强的借鉴价值和推广意义。

《虚拟现实技术》课程思政教学设计

人工智能学院　石　琳

该课程主要讲述虚拟现实技术的基本理论知识和基本技能，讲授如何利用虚拟现实建模语言VRML及主流软件Unity3D构建基本的虚拟现实系统，培养学生的创新思维和动手编程能力，融入改革创新（不甘落后）、个人品德（厚德仁爱）、大国工匠（精益求精）等课程思政点，培养学生的德能兼修素养和精益求精的工匠品质。

一、课程定位

1. 课程性质

本课程面向计算机科学与技术专业的本科学生，开课时间为第7学期。本课程是计算机、图形图象处理及相关专业主要的专业课。

2. 课程地位

本课程内容具有较高的前沿性，紧密联系社会需求，学生掌握课程相关技术后可以在IT行业内部的游戏开发、科学计算可视化、城市规划等方面具备竞争优势。

3. 课程教学内容与意义

虚拟现实技术是自20世纪60年代后逐渐发展起来的一项以计算机图形学、传感器技术等为核心的新技术。本课程以计算机对虚拟现实系统的支撑为出发点，全面系统介绍虚拟现实系统的特点以及重点讲解虚拟现实建模语言VRML，并适当引入当前的热点Unity 3D引擎的使用方法。通过本课程的学习，学生可以在了解虚拟现实的特色及软硬件配置的同时，掌握虚拟现实系统的开发工具及流程，以达到开发简单虚拟现实系统的能力。

完成本门课程的学习后，学生一方面对流行的虚拟现实建模工具有基本的了解与简单的掌握，为以后的学习工作打下良好的基础；另一方面可以掌握虚拟现实的基本设计思想、方法，以便服务于后继的虚拟现实系统建立工作。

为了顺利达到本门课程的教学目的，在教学中要采用知识讲授与实际案例分析相结合、知识吸纳与实际动手操作相结合的教学手段，使学生不仅学到了知识，还基本具备了将知识与实际相结合的能力。

二、课程思政教学目标

围绕课程知识传授、能力提升和立德树人相结合的整体目标，挖掘自身蕴含思政的素材和资源，结合自身课程的特色和优势，围绕VR基本理论、技术手段、三大阶段，贯穿一根主线（科技创新，厚德仁爱），围绕两个中心（思维培养和工匠素质培养），展开三个案例，全面体现“不甘落于人后，不忘人生价值，不辱工匠使命”，形成了本门课程

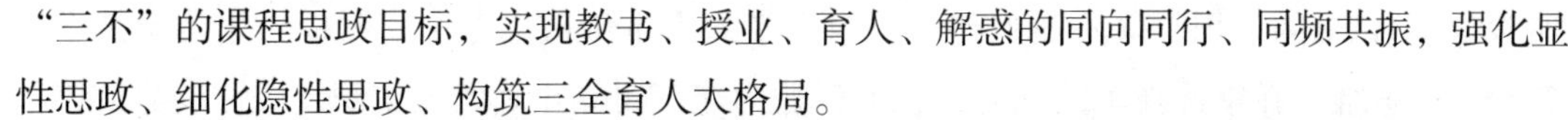

“三不”的课程思政目标，实现教书、授业、育人、解惑的同向同行、同频共振，强化显性思政、细化隐性思政、构筑三全育人大格局。

三、课程思政教学设计

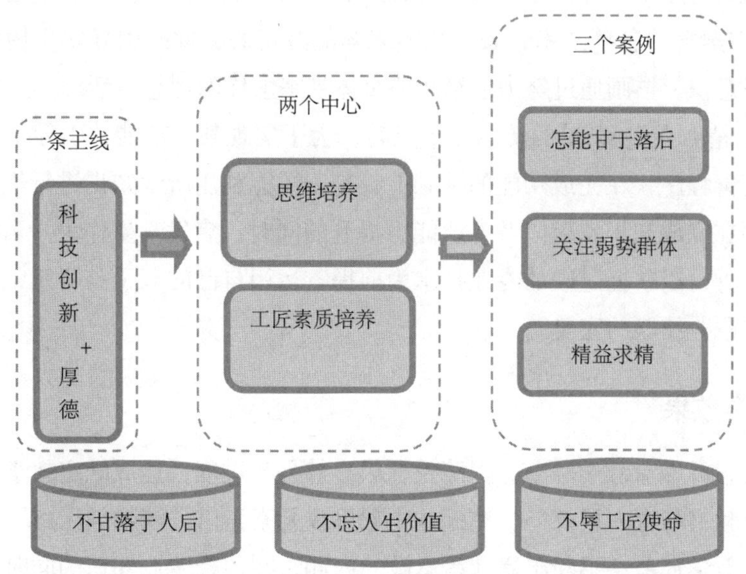

一条主线：以科技创新，厚德仁爱为主线，帮助学生构建技术服务于人的思维，在掌握技术的同时，也要以德为先，从而树立正确的人生观。

两个中心：将知识传授、能力培养与价值引领有机统一，以思维培养和工匠素质培养为中心，通过基础知识的讲解和编程实践的过程，充分构建逻辑思维；通过理论学习和编程调试、运行及测试过程，充分培养工匠精神，认真严谨，精益求精。

三个课程案例：在教学过程中挖掘思政元素，将知识传授、能力培养与价值引领有机统一，形成三个完备的课程资源案例。

教学实施环节：以学生为主体、以教师为主导、以动手实践为关键，通过“课堂讲授+自主讨论+动手实践”几个实施环节，完成教学，实现隐性教育与显性教育相统一。

四、课程思政元素的融合

1. 怎能甘于落后：通过课前学生自主查阅资料，了解国内外虚拟现实技术的发展历史与现状，结合课堂中教师的系统讲解及进一步剖析，掌握该知识点的同时，也充分体会到就当前该项技术而言，我们和世界的差距，从而激发学生勇于攀登、不甘落后的内驱力，好好学习，提高自身素质，报效祖国。

2. 关注弱势群体：通过讲授法、案例导入与参与式课堂活动相结合的方法，将学生带入亲身的经历体验中，既使学生主动对VR的应用领域进行深入思考与掌握相关知识点，加深学生对VR的认识，又不露痕迹地将学生带入人生价值思考中，帮助学生构建技术服务于人的思维，在掌握技术的同时，也要以德为先。树立正确的人生观，关注弱势群体。学生在进行积极讨论后，听教师的讲授，事半功倍，目的性强，听后归类并联想，加深理解与记忆，鼓励创新，掌握科技力量，报效祖国。同时，也会引导学生充分发挥工匠精神，分析VR中蕴含的各项技术，激发探索未知的好奇心，同时引导学生树立正确的人生观，增强责任意识，描画通过努力能给弱势全体带来怎样的理想生活。

3. 精益求精：在讲解VR的传感器节点时，为了实现某项功能，引导学生尝试不同方法，一步步完善程序，在完成功能的基础上，是否还能利用所学知识进行优化，做到精益求精。该案例在完成知识掌握以及专业能力提升的同时，启发学生作为一名IT人，应该具备大国工匠精神，以掌握过硬的专业技术为前提，运用自己的双手与智慧，在自己的本职岗位上去追求职业技能的完美。

五、教学效果

通过精心设计课堂教学环节，保障授课教学效果与进度，达成既定教学目标。在教学过程中，坚持教书与育人相统一，挖掘并积累思政元素，以“润物细无声”的形式，隐性融入相关专业教学环节，不断丰富课程思政的内涵，在传授专业知识的同时，引领学生思想、塑造价值观、培养家国情怀。学生通过课程学习，深刻认识到在掌握技术本领的过程中，应该建立科学精神，培养大国工匠，并且时刻不忘对人生价值的思考；感受作为新一代青年工作者的责任与担当，建立我们的民族自豪感、民族自信心、民族创造力；感受在党的领导下，健康生活的幸福和美好。

《TCP/IP协议分析与网络编程》课程思政教学设计

人工智能学院　吴明飞

该课程主要讲述TCP/IP协议族的重要协议的原理及应用层的网络编程，培养学生数据分析能力和实践能力，融入科技报国、自主创新、遵纪守法、团结协作等课程思政点，培养学生热爱祖国，坚守职业操守，自主研发的精神品质。

一、课程定位

1. 课程性质

本课程是面向网络专业本科三年级开设的专业必修课，是一门专业课程。

2. 课程地位

《TCP/IP协议分析与网络编程》是网络工程专业的一门专业核心课程，具有承上启下的关键作用，在培养学生的创新思维、计算机网络搭建与配置优化、网络应用综合设计开发能力等方面占有重要的地位。

3. 课程教学内容与意义

本课程主要介绍目前Internet/Intranet上使用的各个流行的通信协议的具体细节及编程开发的相关知识，主要包括网络层、传输层、应用层的一些重要协议的原理与应用。通过本课程的教学，学生能够系统地了解计算机网络的体系结构；理解并掌握计算机网络各层的功能、工作原理和主要协议；能够运用计算机网络的基本概念、基本原理和基本方法进行网络系统的分析和应用。学生一方面对流行的各层通信协议细节有基本的了解，为以后的学习工作打下良好的基础；另一方面可以掌握网络通信协议的基本设计思想、方法，以便服务于后继网络软件的开发。课程采用实践教学方法，将理论教学融入设计实践中，通过系统学习使学生能够运用课程中的相关知识完成网络应用软件的编程与设计开发。

二、课程思政教学目标

立足课程思政的现代课程观，本课程重新认识、重新定位和重新塑造了教学目标：在知识性和能力性目标之外，还培育学生热爱祖国，网络强国的战略思想；培养自主研发，克服困难，自主学习，团结协作精神；加强网络安全意识和网络“法律”意识；树立学生正确的价值观和责任意识。课程思政融入课堂教学，贯穿于课程的各个章节，实现了课程思政建设与教学目标的契合，与教学内容的融合，与教学素材的整合，与教学过程的结合。

三、课程思政教学设计

课程思政目标升华于知识、能力、素质目标，教学过程中，主要采取“案例演示+知识讲授+实践探究+任务驱动”的教学手段，根据各个教学单元的内容特点以及能力培养目标，选取更切合的课程思政教学目标融入，并配合以相应的教学活动设计，促进知识、能力和课程思政教学目标的同步有效达成，最终实现“立德树人，培养德才兼备的优秀人才”的目的（见图1）。

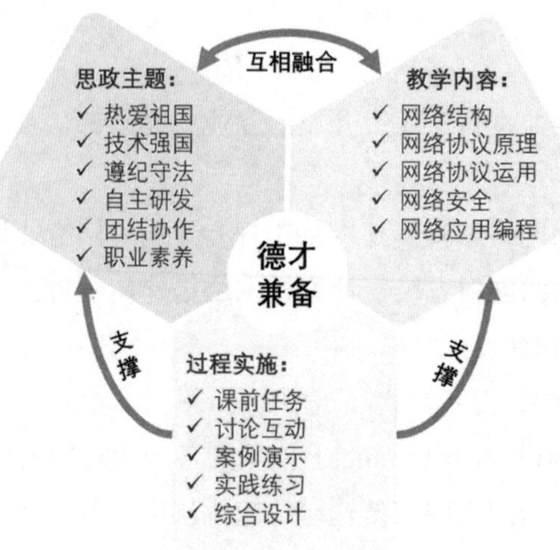

图1　课程思政教学设计

四、课程思政元素的融合

在实际教学过程中根据各个教学单元的内容特点，融入与课程贴合度紧密的思政教学，并配合以相应的教学活动设计，促进知识能力和课程思政教学目标的同步有效达成。

（1）在讲解计算机网络及体系结构中，将计算机网络体系结构的分层思想与“团结协作互帮互助”相结合，培养同学们在学习、工作、生活中团结协作的精神，做到互帮互助。

（2）IP地址资源紧缺，IPv6的提出、开发，中国跟发达国家处于同一起跑线，在占用量上甚至要超前发达国家，增强同学们的民族自豪感与爱国情操。

（3）OSPF路由选择协议中需要全面考虑整个网络的链路状态，综合比较后决定出一条最优路径用于数据传输。基于这种思想，可以引导学生在解决问题时，要发散思维，用全局视野，做出最明智的抉择，学会“拓展思维，不做井底蛙”。

（4）在讲解域名系统DNS时，结合域名解析过程和相关材料分析，体会我国拥有并运行根域名服务器的紧迫性和重要性，教育学生具有网络主权意识，并加强网络安全意

识，引导学生为将我国建设成为网络强国而努力奋斗。

（5）FTP协议的讲授过程中，引入网络资源共享助力发展的理念，教育学生要学会与他人共享网络资源，合理运用网络资源，以实现网络资源效用的最大化，同时提醒同学们共享资源的同时，要有版权意识，遵纪守法，自主研发。

（6）讲授网络安全协议的过程中，提醒学生要具备足够强的网络安全意识，尤其是我们网络专业，与网络知识技能关联十分密切，在日后无论从事何种职业，都要做文明合法的网民，严格遵守网络法规，坚决做到"自警自省，防微杜渐，规范网络言行"。

五、教学效果

通过精心设计课程教学，保障授课教学效果，达成教学目标。在教学过程中，坚持教书与育人相统一，挖掘并积累思政元素，以"春风化雨、润物无声"的形式，隐性融入课堂教学环节，不断丰富课程思政的内涵，在传授专业知识的同时，引领学生思想、塑造价值观、培养家国情怀。

学生通过课程学习，深刻认识到计算机的数据加工过程、基本原理，感受到我们与发达国家的差距以及已经我们取得到的成绩，正确认识自己，培养学生的实践能力。

《Windows应用开发》课程思政教学设计

人工智能学院　苏亚光

该课程主要讲述，windows软件的基本创建过程，属于软件开发的初阶课程，旨在让学生们从感性上对窗体应用程序的开发有所了解，培养学生的创新思维和实践能力（动手能力），融入创新精神、进取精神、用于实践等课程思政点，培养学生独立思考、“求甚解”的品格。

一、课程定位

1. 课程性质

开课单位：人工智能学院计算机系

开设年级：大学二年级

课程性质：选修课

课程类别：专业课

授课学期：第4学期

2. 课程地位

本课程介绍windows应用开发。利用面向对象的程序设计语言进行桌面应用程序的设计，针对windows面向对象的特性，讲述用户界面设计、控件、控件属性及事件、图形图像处理等内容。

本课程是一门实践性很强的课程，因此应注重学生实践能力的培养，加强实训内容，结合实际案例进行教学，对工程实践中应注意的问题进行强调。

3. 课程教学内容与意义

采用理论知识讲授与案例分析相结合的教学方式。

通过本课程学习，使学生掌握一种比较流行的应用程序开发平台及编程语言，能够完成适当规模的C/S应用程序的设计与开发，增强学生工程实践能力的培养。

二、课程思政教学目标

通过对课程的学习，学生也应当学会独立思考并且举一反三，将学习方法运用在其他的课程学习上。利用现有的知识进行创新，增强学生的创新意识，不断提升自身能力。同时也应该具备一定的应变能力，以满足不同情景下的需求，便于后续工作的开展（对应2020版教学大纲培中的课程思政教学目标）。

三、课程思政教学设计

1. 课程教学设计模式

案例1：突破陈规、大胆创新

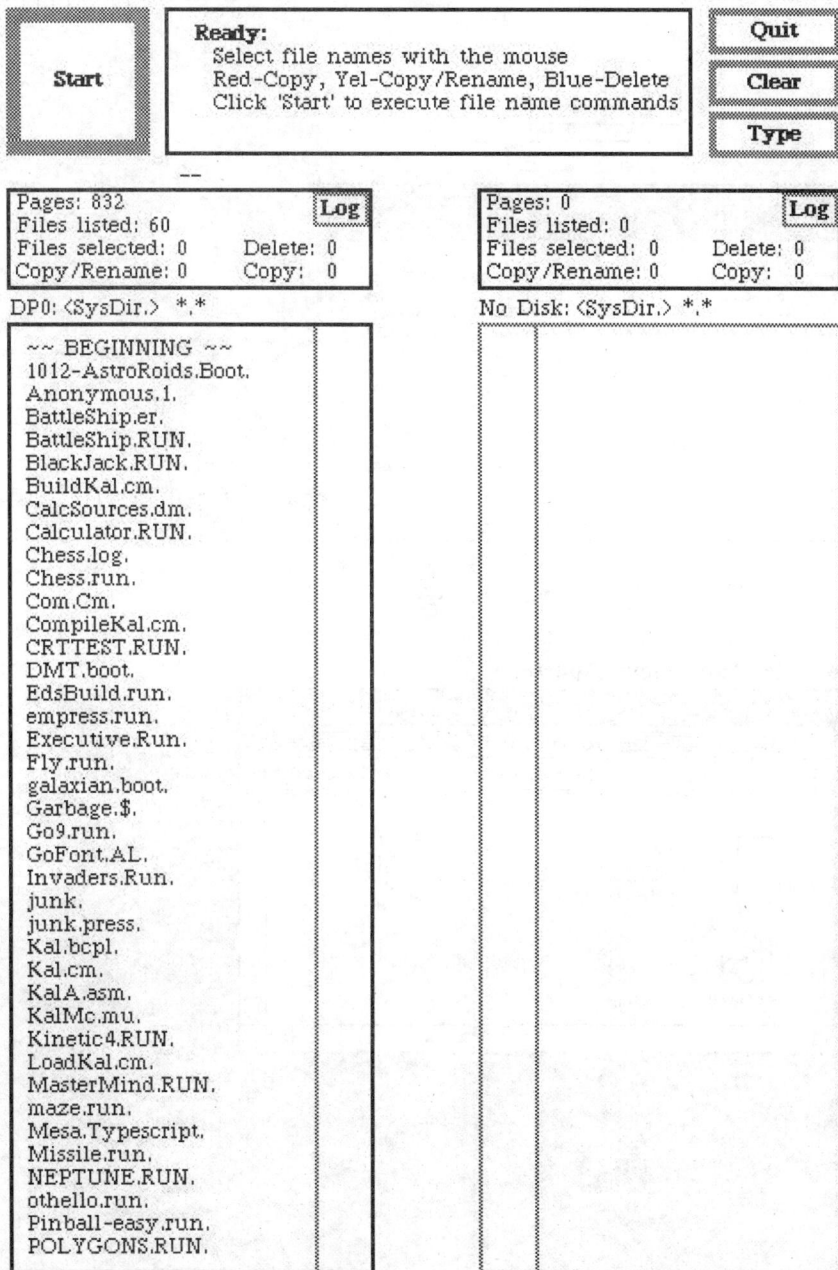

Start

Ready:
Select file names with the mouse
Red-Copy, Yel-Copy/Rename, Blue-Delete
Click 'Start' to execute file name commands

Quit
Clear
Type

--

Pages: 832 Log
Files listed: 60
Files selected: 0 Delete: 0
Copy/Rename: 0 Copy: 0

DP0: <SysDir.> *.*

~~ BEGINNING ~~
1012-AstroRoids.Boot.
Anonymous.1.
BattleShip.er.
BattleShip.RUN.
BlackJack.RUN.
BuildKal.cm.
CalcSources.dm.
Calculator.RUN.
Chess.log.
Chess.run.
Com.Cm.
CompileKal.cm.
CRTTEST.RUN.
DMT.boot.
EdsBuild.run.
empress.run.
Executive.Run.
Fly.run.
galaxian.boot.
Garbage.$.
Go9.run.
GoFont.AL.
Invaders.Run.
junk.
junk.press.
Kal.bcpl.
Kal.cm.
KalA.asm.
KalMc.mu.
Kinetic4.RUN.
LoadKal.cm.
MasterMind.RUN.
maze.run.
Mesa.Typescript.
Missile.run.
NEPTUNE.RUN.
othello.run.
Pinball-easy.run.
POLYGONS.RUN.

Pages: 0 Log
Files listed: 0
Files selected: 0 Delete: 0
Copy/Rename: 0 Copy: 0

No Disk: <SysDir.> *.*

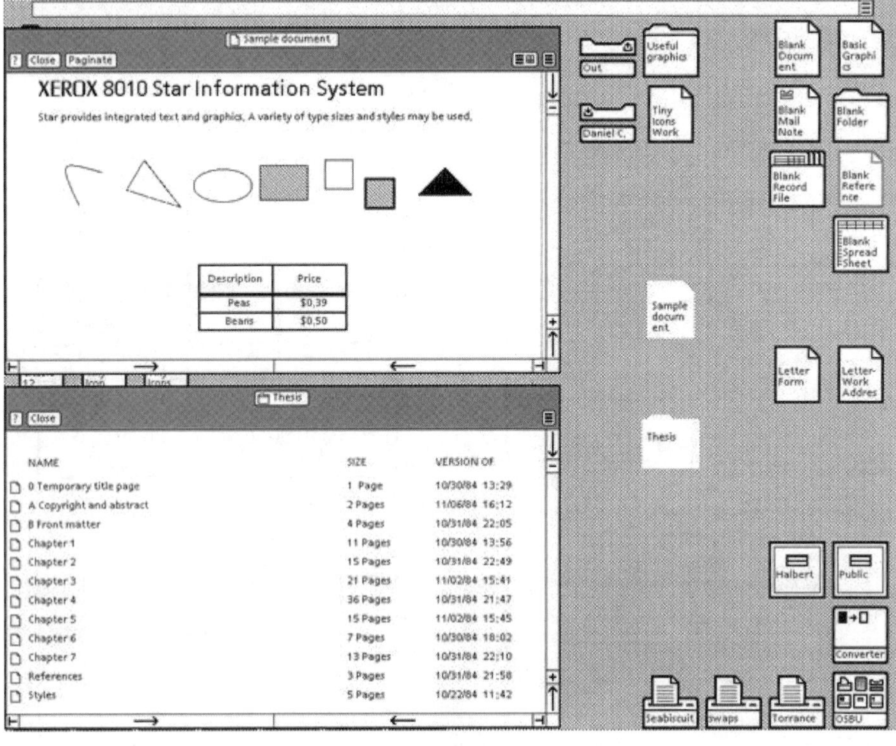
Sample document
Close
Paginate
XEROX 8010 Star Information System
Star provides integrated text and graphics. A variety of type sizes and styles may be used.
Description
Price
Peas
$0.39
Beans
$0.50
Thesis
Close
NAME
SIZE
VERSION OF
0 Temporary title page
A Copyright and abstract
B Front matter
Chapter 1
Chapter 2
Chapter 3
Chapter 4
Chapter 5
Chapter 6
Chapter 7
References
Styles
Out
Daniel C.
Useful graphics
Tiny Icons Work
Blank Document
Basic Graphics
Blank Mail Note
Blank Folder
Blank Record File
Blank Reference
Blank Spread Sheet
Sample document
Thesis
Letter Form
Letter-Work Addres
Halbert
Public
Converter
Seabiscuit
Swaps
Torrance
OSBU

File
Edit
View
Special
System Disk
5 items
232K in disk
167K available
Empty Folder
System Folder
Disk Copy
Font Mover
Fonts
System Disk
Guided Tour
SysVersion
My Folder
Trash

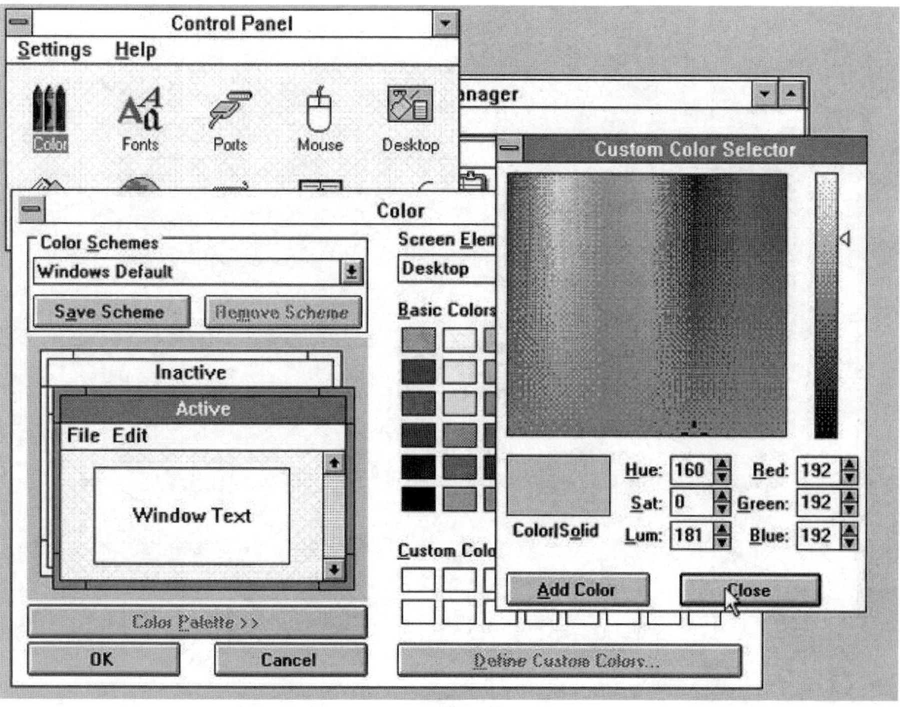
Control Panel
Settings Help
Color
Fonts
Ports
Mouse
Desktop
Custom Color Selector
Color Schemes
Windows Default
Save Scheme
Remove Scheme
Screen Elem
Desktop
Basic Colors
Inactive
Active
File Edit
Window Text
Hue: 160
Sat: 0
Lum: 181
Red: 192
Green: 192
Blue: 192
Color|Solid
Custom Colo
Add Color
Close
Color Palette >>
OK
Cancel
Define Custom Colors...

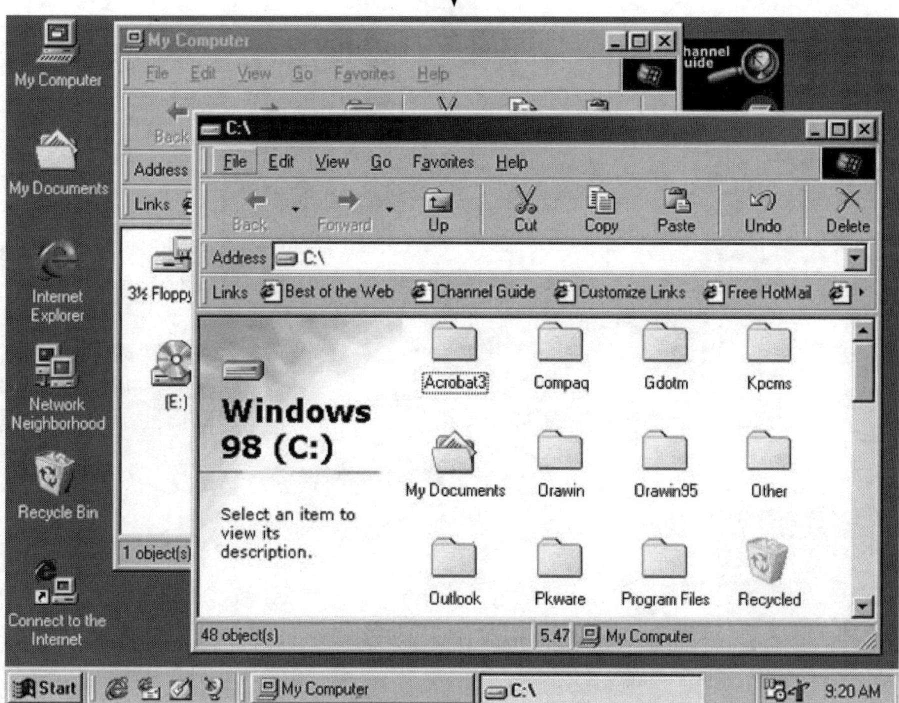
My Computer
My Documents
Internet Explorer
Network Neighborhood
Recycle Bin
Connect to the Internet
C:\
File Edit View Go Favorites Help
Back
Forward
Up
Cut
Copy
Paste
Undo
Delete
Address C:\
Links Best of the Web Channel Guide Customize Links Free HotMail
Windows 98 (C:)
Select an item to view its description.
Acrobat3
Compaq
Gdotm
Kpcms
My Documents
Orawin
Orawin95
Other
Outlook
Pkware
Program Files
Recycled
48 object(s)
My Computer
Start
9:20 AM

Home directory
Red Hat Support
Floppy 0
Mon Jul 21
1:31 PM

Finder File Edit View Go Window Help
Wed 2:40 PM
/usr/bin/login (ttyp1)
iTunes
Applications
Back View Computer Home Favorites Applications
Applications
Library
System
Users
Acrobat Reader 5.0
Address Book
AppleScript
Calculator
Chess
Clock
DVD Player
Image Capture
iMovie
Internet Connect
Internet Explorer
iTunes
Mail
Preview
QuickTime Player
Sherlock
Stickies
System Preferences
Help
Open
Show Info
Show Package Contents
Move to Trash
Duplicate
Make Alias
Copy "Address Book"
Modified: 9/14/01
Version: 1.1
Mac OS X
Mac OS 9
557

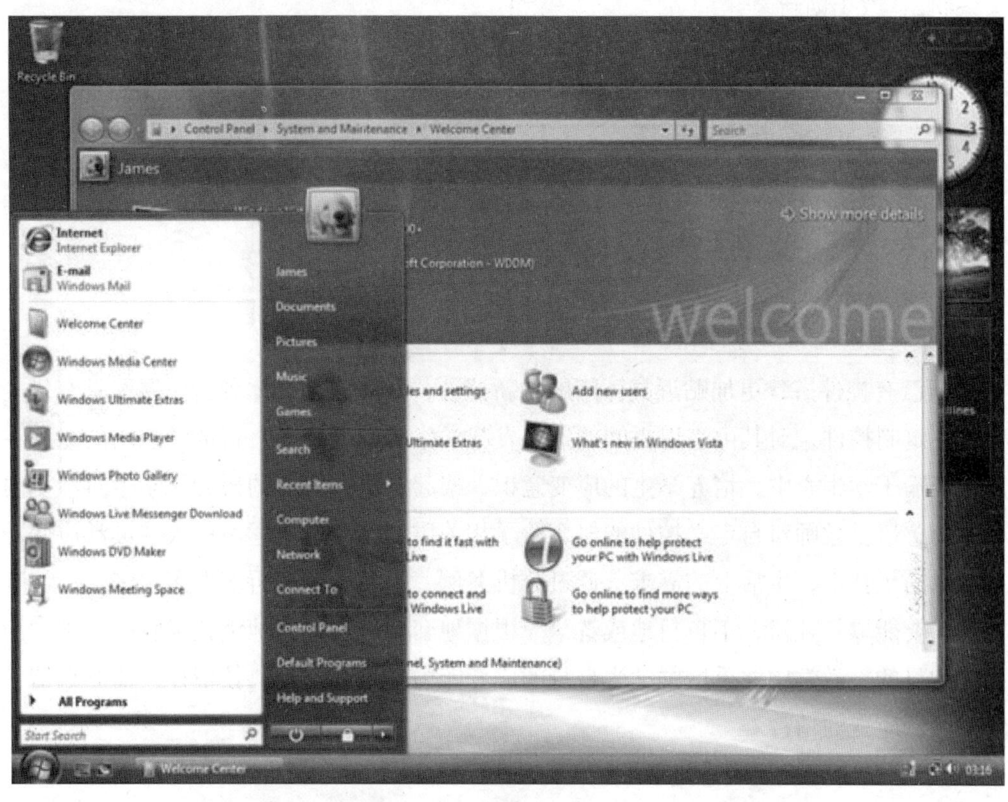

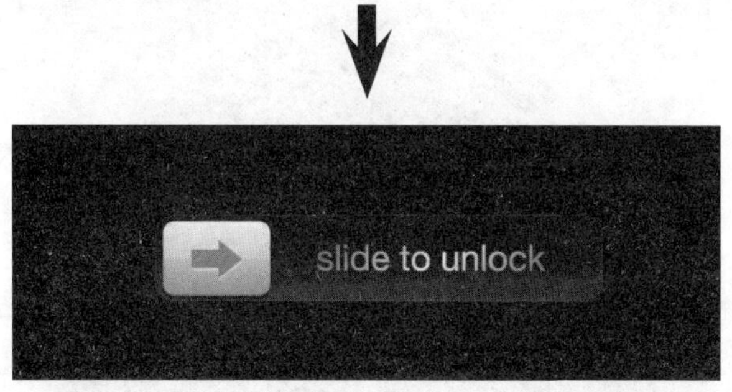

通过对人机交互的发展过程以及大公司知识产权案例的介绍，引发学生对创新的思考，以及对知识产权保护的思考。教师对人机交互及大公司的知识产权案例给予相关讲解，让学生感受创新意识及知识产权保护意识的重要性，倡导学生利用旧事物去不断创新改善生活，顺应社会发展。通过人机交互发展过程的引入，增强学生的创新意识，培养学生创新情怀，树立自信，弘扬学生创新的精神。

案例2：敢于创新

根据已有控件搭建更加贴近具体问题的新控件，具体问题具体分析。展示具有代表性的个性化定制控件，对其由来以提问的形式发起学生对其的思考，将活学活用的意识在无形之中灌输于学生心中，培养学生的应变意识，架起技术与人才的桥梁。学生对案例内容进行体会感悟。教师对自定义控件的概念给予相关讲解，让学生学习前人“灵活应变”的精神，以满足技术，生活上的需求。通过分析案例，引领学生多听多看多学多思，认真学习知识；要能取长补短，不盲目地或者毫无根据地套用，在不断地消化吸收中实现“为我所用”的目的。教学中注重增强学生自身的应变能力，培养学生科技情怀，树立自信，弘扬学生灵活应变的精神。

案例3：勇于实践、锐意进取

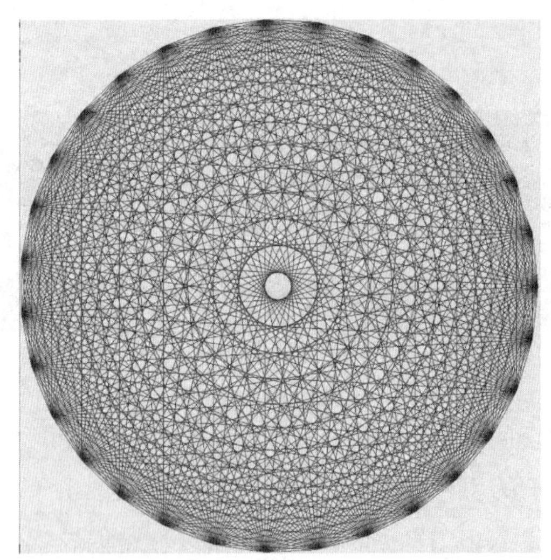

通过绘制图形过程中是否采用双缓冲技术，倡导学生深入“探求事物的本质”并付诸行动，鼓励学生勇于实践，不断探索，积极面对未来可能遇到的那些棘手的问题。引入双缓冲处理，引领学生将理论付诸行动，勇于实践，不断探索，贯彻实践出真知的做事原则，激发学生的学习热情，认识自己的同时更好地认识世界，在学习理论知识的同时注重结合实践，以更加积极的姿态投入今后的学习和生活。从学生的具体感官出发，引领学生

积极“探求”，响应“勤奋求实，明德博学”的办学口号，丰富自身专业知识与技能，增强学生的动手实践意识，肩负起中国青年应有的责任。

2. 课程教学特色与创新

采用理论知识讲授与案例分析相结合的教学方式，融入思政元素，创新性地激发学生的潜在创造力、应变能力以及理论联系实际的能力。

3. 课程教学设计如何体现课程思政教学目标

案例1：（1）通过本单元思政教学，让学生了解基本知识后，对基本知识的内容有所升华，能够更深刻地认识顺应事物客观规律对于人机交互形式的革新起着至关重要的作用，并利用当前所学到的知识，进行不断创新，培养学生的创新能力，顺应时代发展潮流，以满足社会发展对人才的需求。（2）提升学生对知识产权保护的认识，以大公司的知识产权事件为切入点，让学生体会知识产权保护的重要性，鼓励学生积极创新，多维思考，利用现有的知识，不断地研究产生新的事物，方便生产生活。同时也要注意保护自身的权益不受损害。

案例2：（1）通过本单元思政教学，引导学生利用当前所学到的知识进行灵活变通，培养学生的灵活应变能力，顺应时代发展，以满足社会发展对人才的需求。（2）在介绍课程内容的过程中，引出将基本控件元素用于搭建个性化控件的实例，让学生学习将相关知识迁移到适合的场景，能够根据自身需求，合理地利用知识，进行灵活应变，倡导学生做到活学活用，将“灵活应变”的原则贯彻于学习中。

案例3：（1）通过本单元思政教学，引导学生透过现象看本质，进行灵活变通，培养学生的动手能力，提高学生自身的实践能力，顺应时代发展潮流，培养时代人才。（2）将基本内容进行讲授后，使学生有大致的理解，让学生对于由表及里的认知过程有更深刻的认识，倡导学生亲自实践，体会本单元所涉及内容的用途并学会运用到项目工程中，提高自身的实践能力，以满足需求。

四、课程思政元素的融合

案例1：应变能力、创新能力

（1）通过引用人机交互的演变过程诠释符合客观规律、符合实际需求的创新给人机交互带来的长足进步与发展，激发学生的创新意识。

（2）从实际知识产权问题出发，增强学生的知识产权保护意识，鼓励学生充分利用已获取的知识大胆尝试，不断创新，设计新的项目（人机交互）产品，并对优秀的作品给予鼓励，培养学生的创新意识，架起技术与人才的桥梁。

案例2：创新能力

根据已有控件搭建更加贴近具体问题的新控件，具体问题具体分析，温故而知新。让学生体会控件搭建的过程实际上是对已有控件的进一步创新和综合，引导学生根据自身需求进行灵活应变，能够达到举一反三的效果。

通过展示一些具有代表性的个性化定制控件，打破学生对传统意义上控件的感官认识，将活学活用的意识在无形之中灌输于学生心中，培养学生的应变意识，架起技术与人才的桥梁。

案例3：实践能力

从试图处理图形绘制时所产生的闪烁出发，展示利用双缓冲技术逐步解决该问题的过程，体现由表及里，透过现象看本质的思想，使学生增强实践意识，从实际的案例中激发学生“我们要去探究！”的心声，从而潜移默化地影响学生对待学习和生活的态度。从学生的具体感官出发，引领学生积极“探求”，响应“勤奋求实，明德博学”的办学口号，丰富自身专业知识与技能，增强学生的动手实践意识，肩负起中国青年应有的责任。

五、教学效果

通过精心设计课程教学，保障授课教学效果，达成教学目标。在教学过程中，坚持教书与育人相统一，挖掘并积累思政元素，以“春风化雨、润物无声”的形式，隐性融入《Windows应用开发》课程课堂教学环节，力求做到“简则易从，易则易知”，在传授专业知识的同时，引导学生适应时代，勇于创新，敢于实践，不断攀登。

良好的人机交互和永远离不开图文并茂交互接口。学生通过课程学习，深刻认识事物的发展的客观规律在算法领域的体现，感受“求甚解”的重要性。

《微型计算机接口技术》课程思政教学设计

人工智能学院　刘劲芸

该课程主要讲述微型计算机接口技术的原理及应用，让学生了解和掌握微机接口的种类和基本结构，培养学生创新精神和团结协作能力，融入爱国情怀、社会公德、民族精神等课程思政点，培养学生与时俱进和顾全大局的精神。

一、课程定位

《微型计算机接口技术》课程是计算机科学与技术专业本科三年级开设的专业选修课程。本课程以IBM-PC微机为主要对象，系统深入地讲述了微型计算机接口技术的原理及应用。其主要内容包括：I/O端口地址译码技术、定时/计数技术、DMA技术、中断技术、存储器接口、并行接口、串行接口、A/D与D/A转换器接口和总线技术。通过让学生了解和掌握微机接口的种类和基本结构，进而了解各种应用系统和测试系统组成与工作原理。

本课程采用课堂讲授、案例教学等形式，以理论结合实际的教学方法，从应用角度出发，在讲清基本理论的基础上，强调接口电路分析和设计能力的训练，通过应用实例，使学生从中学习如何分析和设计接口电路的基本方法和技巧。

二、课程思政教学目标

立足课程思政的现代课程观，《微型计算机接口技术》课程重新认识、重新定位和重新塑造了教学目标，清楚地认识到当代我党的核心领导地位。在学生系统学习课程内容的同时，能够围绕设计任务的实施，在实践中探索，在探索中反思，培养学生们的团结协作能力，并将“承继爱国情怀，奋力开拓创新”的课程思政目标融入其中，贯穿于课程教学大纲的各个单元，实现课程思政建设与教学目标的契合，与教学内容的融合，与教学素材的整合，与教学过程的结合。

三、课程思政教学设计

在教学过程中，采取“知识讲授+自主探究+思政元素”的教学设计模式，根据各个教学单元的内容特点，选取更切合的课程思政教学目标融入，并配合以相应的教学活动设计，促进知识、能力和课程思政教学目标的同步有效达成（见图1）。

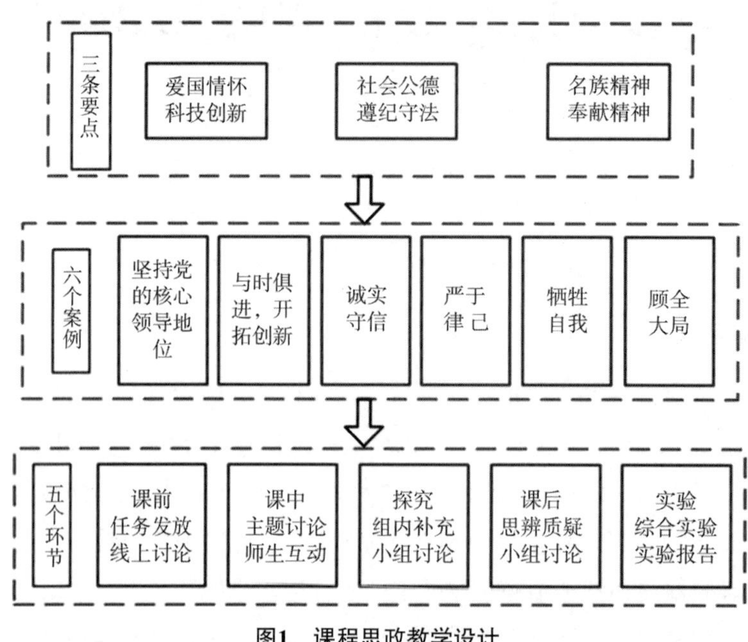

图1　课程思政教学设计

四、课程思政元素的融合

1. 承继爱国情怀，奋力科技创新

坚持党的核心领导地位。通过讲解微处理器CPU在计算机系统中的核心地位，引导同学们进一步加深理解坚持党的核心领导地位的重要性。在计算机系统中，CPU处于绝对的核心地位，总线操作、内存访问、外设存取、中断是否进行响应、总线使用权是否出让等等，都处于CPU的绝对控制之下，而这种绝对的领导地位是计算机系统有条不紊、执行各条指令的基础。将微型计算机系统的众多功能与我们国家地域广阔、民族众多的国情相比拟，通过介绍微型计算机CPU的核心地位引导同学们理解我党的领导地位，是肩负国家、民族发展重任的必然性。

与时俱进、开拓创新。通过总线层次结构的讲授，引导同学们深刻理解与时俱进、开拓创新的重要性。早期PC微机采用单级总线即ISA总线，总线不分层次。各类外设和存储器都是通过各自的接口连接到同一个ISA总线上。随着微机应用领域的扩大，所使用的I/O设备门类不断增加，且性能的差异性越来越大，特别是传输速度的差异，微机系统中传统的单一系统总线的结构已经不能适应发展的要求。为此，现代微机系统中采用了多总线技术以满足各种应用要求，这是科技进步下，科研人员与时俱进、开拓创新的结果。

2. 弘扬社会公德，自觉遵纪守法

诚实守信。所谓I/O端口地址译码，即将每个地址转换成唯一的端口控制信号。通过该内容的讲解，融入中华民族的传统美德—诚实守信。让学生深刻理解诚信这一为人处事的基本原则，小到为人诚实不说谎，大到对事业、对祖国的忠诚，需明白诚信二字已渗透在生活的各个层面。

严于律己。在定时/计数器初始化编程时需首先写入82C54A的命令字，以确定计数器的选择、工作方式、读写指示和计数码制，进而8254A按照设置命令控制定时计数器的定时计数工作。通过该内容的学习，让学生了解严于律己的重要性，设定既定规则就需依照规则行事。培养学生的自律意识，遵守既定规则、遵守党纪国法，心存敬畏、手握戒尺、慎独慎微。

3. 传承名族精神，践行奉献精神

牺牲自我。所谓中断是指CPU在正常运行程序时，由于外部/内部随机事件或由程序预先安排的事件，引起CPU暂时中断正在运行的程序，而转到为外部/内部事件或为预先安排的事件服务的程序中去，服务完毕，再返回去继续执行被暂时中断的程序。在授课过程汇总将牺牲自我，成全他人融入到知识内容中，让学生去感受个人为了维护和保全社会整体利益或他人利益,自觉地牺牲掉自我利益。

顾全大局。DMA控制器和CPU之间的总线控制权转移主要体现在其的两种工作状态中，即主动态和被动态。在主动态时，DMA控制器取代CPU获得系统总线的控制权，成为系统总线的主控者，向存储器和外设发号施令，进而实现更高效率的数据传输。在被动态时，DMA控制器接受CPU对它的控制。通过该内容的讲述，让学生了解为了整体利益，角色可以互相转换，以互相成全来顾全大局，以达到高效率的目标，培养学生的宽视野、大格局概念。

五、教学效果

通过精心设计课程教学，保障授课教学效果，达成教学目标。在教学过程中，坚持教书与育人相统一，挖掘并积累思政元素，以“春风化雨、润物无声”的形式，隐性融入计算机专业课程课堂教学环节，不断丰富课程思政的内涵，在传授专业知识的同时，引领学生思想、塑造价值观、培养家国情怀。

学生通过课程学习，深刻认识到在微型计算机接口技术在社会发展中的影响，感受中国力量、中国制造、中国精神、中国故事，感受作为新一代科技青年的责任与担当，建立我们的民族自豪感、民族自信心、民族创造力，感受在党的领导下，健康生活的幸福和美好。

《高频电子线路A》课程思政教学设计

人工智能学院　王莎莎

该课程主要讲述无线电通信技术的电路组成及工作原理，它包括高频小信号放大器，高频功率放大器，正弦波振荡器，调幅、检波与混频，角度调制与解调等。通过对高频电路基本原理和基本电路的学习，培养学生综合运用课程知识的能力、实验创新设计能力和团队合作能力。课程教学中融入爱国主义，工匠精神，奉献精神；民族自信、人文关怀、民族创新；团队合作、实践能力、科技报国等思政点。通过高频电子线路知识的讲解，构建科学思维，体现职业道德；通过各电子模块的搭建，提升逻辑思维，构建职业思想；通过电子技术方法的掌握，培养创新思维、规范行业行为；通过多点知识的不断补充，提升拓展思维，提升职业技能。职业道德、职业思想、职业行为是职业素养中最根本的部分，而职业技能是支撑职业人生的表象内容。

一、课程定位

《高频电子线路A》是电子信息工程专业本科三年级开设的必修课程，也是电子信息工程专业的专业课程。作为一门基础理论课程它是向专业工程类课程过渡的桥梁，具有很强的理论性、工程性与实践性。通过本门课的学习，培养学生掌握无线通信系统中的单元电路，并具备读电路图和分析电路、设计电路的能力。

通过课程讲授、探究翻转、实物教学、课堂及课下讨论等教学形式，讲述高频小信号放大器，高频功率放大器，正弦波振荡器，调幅、检波与混频，角度调制与解调等。通过对高频电路基本原理和基本电路的学习，培养学生综合运用课程知识的能力、实验创新设计能力和团队合作能力。在给学生奠定扎实的理论基础的同时，让学生学习与了解更多的现代高频技术和理论。

二、课程思政教学目标

围绕课程知识传授、能力提升和引领相结合的整体目标，结合自身课程的特色，挖掘其蕴含思政的素材和资源，以高频电子理论为基础，通过无线电通信技术的应用，充分挖掘知识点蕴含的哲理，构建逻辑思维、科学思维、创新思维及辩证思维，体会专业课程在人类的生产生活中扮演的重要角色。通过培养学生对专业及行业的认识，提高学生的使命感、责任感及民族自豪感，增强学生的专业信心，帮助学生激发学习高频电子线路的动力，形成了本门课程“四维、三感”的课程思政目标，实现授业、解惑、育人，强化显性思政、细化隐形思政，构建三全育人大格局。

三、课程思政教学设计

本课程采取讲授法、讨论法、练习法并结合相关思政元素的教学设计模式，在讲授理论知识的同时，融入隐性思政元素，注重学生自主创新能力的培养、潜移默化地进行科学精神、民族精神和爱国主义教育。

一条主线+两个核心要素（思维培养和IT职业素养）+三个课程案例库（思政元素库：爱国主义，工匠精神，奉献精神；生活案例库：民族自信、人文关怀、民族创新；职业案例库：团队合作、实践能力、科技报国）+四个中国系列模块+五个教学实施环节（见图1）。

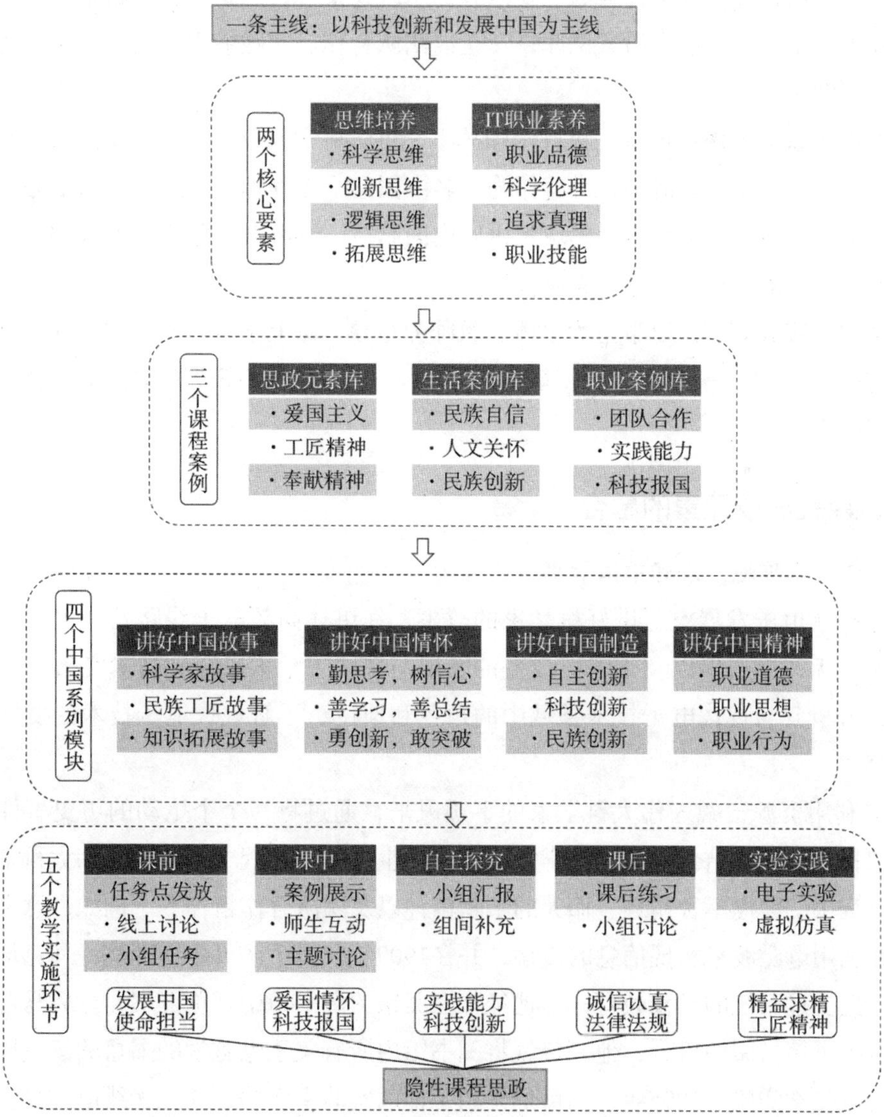

一条主线：以科技创新和发展中国为主线

两个核心要素

- 思维培养：·科学思维 ·创新思维 ·逻辑思维 ·拓展思维
- IT职业素养：·职业品德 ·科学伦理 ·追求真理 ·职业技能

三个课程案例

- 思政元素库：·爱国主义 ·工匠精神 ·奉献精神
- 生活案例库：·民族自信 ·人文关怀 ·民族创新
- 职业案例库：·团队合作 ·实践能力 ·科技报国

四个中国系列模块

- 讲好中国故事：·科学家故事 ·民族工匠故事 ·知识拓展故事
- 讲好中国情怀：·勤思考，树信心 ·善学习，善总结 ·勇创新，敢突破
- 讲好中国制造：·自主创新 ·科技创新 ·民族创新
- 讲好中国精神：·职业道德 ·职业思想 ·职业行为

五个教学实施环节

- 课前：·任务点发放 ·线上讨论 ·小组任务 —— 发展中国 使命担当
- 课中：·案例展示 ·师生互动 ·主题讨论 —— 爱国情怀 科技报国
- 自主探究：·小组汇报 ·组间补充 —— 实践能力 科技创新
- 课后：·课后练习 ·小组讨论 —— 诚信认真 法律法规
- 实验实践：·电子实验 ·虚拟仿真 —— 精益求精 工匠精神

隐性课程思政

图1 课程思政教学设计

一条主线：以习近平总书记“抓创新就是抓发展，谋创新就是谋未来”——科技创新、发展中国为主线，培养和增强学生以创新发展理念进行电子设计的意识。

两个核心要素：以思维培养和职业素养为核心，通过高频电子线路知识的讲解，构建科学思维，体现职业道德；通过各电子模块的搭建，提升逻辑思维，构建职业思想；通过电子技术方法的掌握，培养创新思维、规范行业行为；通过多点知识的不断补充，提升拓展思维，提升职业技能。职业道德、职业思想、职业行为是职业素养中最根基的部分，而职业技能是支撑职业人生的表象内容。

三个课程案例库：在教学过程中挖掘思政元素，形成三个课程资源案例库。一是以爱国主义、工匠精神及奉献精神等为主要内容的思政元素库；二是以民族自信、人文关怀及民族创新等为主要内容的生活案例库；三是以团队合作、实践能力、科技报国等为主要内容的职业案例库。

四个中国系列模块：模块一讲好中国故事，讲解科学家故事、民族工匠故事和知识拓展故事；模块二讲好中国情怀，讲解作为一名中国电子工程师应勤思考，树信心，要善学习总结、勇于创新，敢于突破；模块三讲好中国制造，讲解自主创新；模块四讲好中国精神，讲解职业道德、职业思想及职业行为。

五个教学实施环节：以学生为主体，教师为主导，课上学时与网络学习并肩而行，通过“课前+课中+课后+自主探究+实验实践”五个实施环节，完成教学，实现隐性教育与显性教育相统一。

四、课程思政元素的融合

1. 严守理论阵地，讲好中国故事

结合高频电子发展史，讲好科学家的故事。在讲述高频电子线路发展史时，通过电磁学理论、无线电通信以及无线电设备的发展与现状、学术研究和技术突破，追溯其发展历史，分析其与现代电子技术领域中的角色和地位，了解现代电子技术的发展方向及技术内容。

充分利用资源，融入伟大科学家的事迹风采，通过将一个个生动的历史事件和人物传记与课程知识点相结合来达到教学目的，使学生在学习过程中深刻领会伟大科学家在取得成就过程中的锲而不舍精神、伟大的奉献精神以及团队合作精神等。例如，意大利的马克尼研究利用电磁波来实现信息的传输，并在1909年获得了诺贝尔物理奖。马克尼在幼年时并没有接受过系统的学校教育，但他经常在父亲的图书馆中博览群书。之后马可尼拥有了去大学图书馆借阅的机会，他一口气将图书馆内所有关于电磁学的书籍阅读完毕，还做了大量的电磁学实验。1895年，马可尼开始了他的实验室实验，并把无线电信号发送到了1.5英里（约2.4km）的距离，他成了世界上第一台实用的无线电报系统的发明者。

结合高频电子基础知识，讲好中华民族工匠的故事。“中国制造2025”正是得益于目前中国人越来越认可的工匠精神。十九大报告中提出：“建设知识型、技能型、创新型劳动者大军，弘扬劳模精神和工匠精神，营造劳动光荣的社会风尚和精益求精的敬业风气。”“工匠精神”源于对岗位的热爱，源于对创新精神的实践。高频电子线路的设计、制造过程中，几十年如一日的执着，为提高仪器性能而日夜测试、反复试验的辛劳，正是爱岗敬业的有力体现。

结合无线电传输过程，讲好基础知识的拓展故事。日常教学中融入时政信息和当下热点信息。讲授课程时不局限于课本专业知识，也不局限于行业内的最新动态，还关注每天发生在身边的新闻时事，从这些时事中体会专业课程在人类的生产生活中扮演的重要角色，提高学生的使命感和责任感。

例如，随着无线通信技术的不断进步，无线通信已经越来越多地渗入我们的生活并对我们的生活带来了巨大的改变。蓝牙、WiFi、4G、5G以及卫星通信，一方面使得我们人与人的距离越来越近，交流越来越便捷。另一方面无线通信技术在完善的同时，与我们的生活联系更加的紧密。蓝牙技术可以让你随心所欲地安排家用电器；可通过移动通信技术传输语音和图像信息，让爱不被距离阻断；汽车司机可以根据信号源地图确定位置等。可在无线电通信技术给我们带来便捷的同时，有些网民会在网络上发布一些不实的信息，不少不法分子利用无线电通信的便捷欺骗大众。对于这些问题，我们在教学过程中需要对学生进行思想教育

2. 坚持勤学思考，讲好中国情怀

高频电子线路涉及到的电子类知识繁多，方法原理也复杂多变，学生难以理解和记忆。在讲解知识的过程中，配合专业知识的讲授适当地融入思政元素，将抽象的问题具体化，复杂的问题简单化，难懂的问题通俗化，积极思考，梳理学习的信心。

讲解调制与解调时，第一个反应时为什么不能直接发送信号呢？第二个反应是频率变了还是原来的信号吗？运用启发式、讨论式教学方法，启示学生，遇到困难时，要多动脑，多思考，找到解决问题的办法，培养学生战胜困难的决心和信心。

3. 拓展创新视野，讲好中国制造

高频电子线路是一门理论性、技术性较强的学科。随着无线电技术的快速发展，从传统常用技术向更实用、创新的方向演变。通过无线电信号的选频，放大，调制与解调等基础内容的讲解和现代5G技术相结合，让同学们体会到中国当代技术的飞速发展，已从跟随仿造向技术创新的方向发展。同时，让同学们意识到只有坚持不懈创新，顺应技术发展规律，不急躁、不浮躁，才能迎头赶上，从而培养学生敢为人先的创新精神，激发学生兴趣和热情，增强科技创新自信心。

利用故事化、情景化、视觉化等手段穿插无线电通信的发展，例如芯片技术的发展及

应用、4G技术的普及、5G技术的融入。将中国制造的思政元素融入其中，让学生了解作为一名中国电子工程师，在研发、设计、检测和质量控制中，应勤思考，树信心，要善学习总结、勇于创新，敢于突破的技术素养。

4. 坚守至善之心，讲好中国精神

高频电子线路是以无线电通信过程为主线，课程体系以使用的各个电子模块为核心，将基础电子线路与通信相联系。在讲解中还穿插一些在今后工作中需要具备的职业素养。职业素养包括职业道德、职业思想、职业行为及职业技能。其中前三项是素养中最根基的部分，而职业技能是支撑职业人生的表象内容。因此在工作中如何尊重别人，尊重自己，如何热爱自己的工作及单位等问题，结合专业知识讲解进行伦理、道德及法律法规教育，引导学生去观察、思考，并作出正确的选择。

五、教学效果

通过精心设计课程教学，保障授课教学效果，达成教学目标。在教学过程中，坚持教书与育人相统一，挖掘并积累思政元素，隐性融入电子信息工程专业课程课堂教学环节，不断丰富课程思政的内涵，在传授专业知识的同时，引领学生思想、塑造价值观、培养家国情怀。

学生通过课程学习，深刻认识到我国电子技术的迅速发展，而高频电子线路是其基础，感受中国力量、中国制造、中国精神、中国故事，感受作为新一代青年电子工程师的责任与担当，建立我们的民族自豪感、民族自信心、民族创造力，感受在党的领导下，健康生活的幸福和美好。

六、教学案例对电子类课程的推广

在教学实施过程中，通过灵活多用的教学模式，创新的教学方法，保障了课程质量，凝练出“一条主线+两个核心要素+三个课程案例库+四个中国系列模块+五个教学实施环节”教学设计模式，以学生为中心，通过线上线下、课堂内外、理论实践、面授翻转多种形式，将基础知识、电子技术和设计相结合，提升学生解决复杂电子问题的能力，将社会主义核心价值观融入教育教学全过程，培养电子设计实践能力强、创新能力突出、具有团队协作精神和家国情怀的复合型人才，培养德智体美劳全面发展的社会主义建设者和接班人。

本课程融合隐性思政的教学模式，可供其他电子类课程借鉴并推广应用，使专业课程与思政教育同向同行，形成协同效应。坚持立德树人为中心，践行“门门课程有思政”“教师人人讲育人”，提高课堂教学效果和质量、提升学生学习热情和成效。

《C/C++语言程序设计》课程思政教学设计

刘　盈

该课程主要讲述C语言的基本语法知识和编程控制逻辑、案例演示数组和函数的编程技术，启发和类比枚举法、递推法、迭代法和各类排序查找法及递归法的算法设计和应用，培养学生严谨的逻辑思维和综合应用能力，融入创新精神、爱国主义、奋斗意识和知识见识等课程思政点，培养学生建立社会主义核心价值观和民族自立自强的奋斗精神，在学习中养成遵规守纪、认真严谨、勤劳坚韧的品格和习惯。

一、课程定位

《C/C++语言程序设计》是面向理工科专业本科一年级开设的通识性必修课程。计算机向各个行业的渗透，改造与重塑了很多传统行业，作为大学生学习计算机编程、掌握算法设计和计算机科学技术的基础课程，其基本语法知识、数据结构表示和文件及各类算法应用，全面、系统地展示了计算机语言的特点和机器工作原理。通过本门课程的学习，培养学生严谨的逻辑思维和计算思维，理解数据的编码和计算机存储表示，具备服务于专业数据管理和分析的算法设计能力。

通过知识讲授、案例演示、类比推理、实训演练、混合教学等形式，讲解计算机语言的数据结构和类型表示、程序设计的三种控制结构、数组的定义与应用、函数的参数传递、文件的读写等基本语法知识，进而培养学生对枚举、递推、迭代、排序查找和递归算法的逻辑思维理解和应用能力，让学生不仅能顺利通过计算机二级考核，更具有自主学习计算机新技术的能力，并服务于专业学习和创新应用，为参与大学生程序设计竞赛和大学生创新创业活动奠定技术基础。

二、课程思政教学目标

围绕课程知识传授、创新思维培养和价值观引导相结合的整体目标，梳理知识自身蕴含的思政元素，挖掘应用中隐含的思维和价值观素材，升华实训练习中映射出的人生哲理，结合课程本身逻辑思维性强、算法设计应用广泛的特色和优势，形成本门课程"引导学生厚植爱国主义情怀""引导学生加强品德修养""引导学生增长知识见识""引导学生培养奋斗精神"和"引导学生增强综合素养"的"五引导"课程思政目标。

三、课程思政教学设计

课程采取"知识讲授+案例演示+实训练习+思政元素"的教学设计模式，在讲授理论和案例演示的同时以计算机语法知识和算法设计为主线进行巩固练习和实训，融入隐性思政元素，培养学生严谨逻辑思维和算法设计能力，潜移默化地引导学生建立社会主义核心价值观和民族自立自强的奋斗精神，在学习中养成遵规守纪、认真严谨、勤劳坚韧的品格和习惯，并形成特色的课程教学设计："一个目标+两个核心+三个课程案例库+四个教学环节+五个引导系列。"（见下图1）

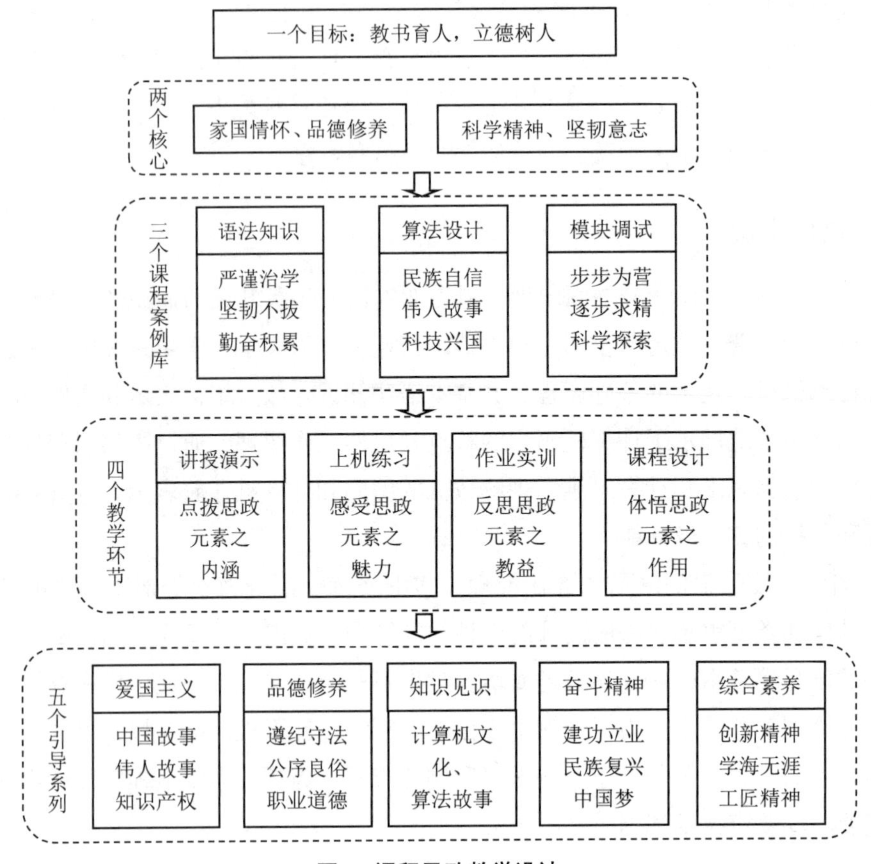

图1　课程思政教学设计

一个目标：习近平总书记指出："要用好课堂教学这个主渠道，思想政治理论课要坚持在改进中加强，提升思想政治教育亲和力和针对性，满足学生成长发展需求和期待，其他各门课都要守好一段渠、种好责任田，使各类课程与思想政治理论课同向同行，形成协同效应。"思政课程作为主渠道系统地进行思想政治理论教育，引领大方向，而课程思政辅以协同，全程融入课堂教学环节，全方位帮助学生树立理想信念、价值理念和道德观念，实现立德树人目标。

两个核心：计算机发展、计算机文化、计算机应用的专业领域背景有很多中国故事、中国智慧、民族精神元素，引领学生厚植爱国情怀，建立四个自信，树立社会主义核心价值观；计算机编程严格的语法规则和严谨的逻辑控制蕴含了很多"无规矩不成方圆""勿以恶小而为之"的道德元素和"精益求精""科学创新"的工匠探索精神。

三个课程案例库：C/C++语言程序设计主要内容划分为三大模块：语法知识和控制逻辑、算法设计与应用、模块设计与调试，挖掘和升华每一模块蕴含的思政元素形成独立的案例库。语法知识和控制逻辑案例库以“严谨治学”“章法办事”为核心；算法设计与应用案例库以“中国故事”“民族精神”为核心；模块设计与调试运行案例库以“任务化解，分而治之”“逐步求精”“服务意识”为核心。

四个教学环节：C/C++语言程序设计在机房授课，实践性非常强，授课注重讲练结合，“三点一线，知识迂回”，即将“授课——讲”、“上机——练”和“实训——用”三个环节联合针对巩固一个知识点，迂回成线，最后的“课程设计”是综合应用多个知识点。利用这个特点，让学生在不同环节对知识点的思政元素从不同角度去感悟，知识点引发思政元素的思考，而思政元素又可以加强知识点的记忆印刻，互为启发，相得益彰，可谓“予人玫瑰，留得余香”。（见案例“结果确重要，过程亦关键——逗号运算符”）

五个引导系列：“引导学生厚植爱国主义情怀”“引导学生加强品德修养”“引导学生增长知识见识”“引导学生培养奋斗精神”和“引导学生增强综合素养”。

五个思政元素综属两个核心，涵盖的思政点分布在三个课程案例库里，通过四个教学环节的实施，实现一个教学目标：立德树人。

四、课程思政元素的融合

1. 语法知识和控制逻辑中的“规矩”和“原则”

C/C++语言程序设计是计算机语言中的“贵族语言”，具有严格的语法规则和严谨的控制逻辑，每一个符号的小小变化就意味着功能的巨大区别，真可谓“错一个小数点，卫星就不能上天”；顺序、分支和循环三大控制语句可以相互嵌套，由简而繁，共同完成所有的程序控制，蕴含了“良序”和“章法”，“自由是相对的，限制是绝对的”。将其引申，小到一个家，大到一个单位一个国家，乃至国际，必须有家规国法、国际条例。如果一个国家具有“人民立场”，如果“人类命运共同体”得以人人遵守，这个世界就会用文明的方式解决争端，人类和平共处，繁荣昌盛。

2. 算法设计和应用中的“故事”和“精神”

C/C++语言程序设计的算法包括：枚举法、递推法、迭代法、排序查找法和递归法，各具特点，解决不同的问题，好多算法和应用背景涉及中国故事和伟人精神。如杨辉三角形、百钱买百鸡、计算圆周率等，凸显出中国古人的智慧和科学探索精神，彰显科技知识的巨大力量，增强民族自豪和文化自信。同时，“动态规划”和“搜索寻优”的算法思想和计算思维，也在告诉我们解决NP复杂问题的方法策略。遇到困难“不言放弃”，而是“从一点一滴做起，规划成就大事业”，“雷锋的螺丝钉精神”“星星之火，可以燎原”也是如此。“不可强取”时则可以“变通”“求其次”，小到为人处世，大到国家方略，知识和思想很重要，“香港回归”“一带一路”就是伟大的创举。

3. 程序调试和运行中的“坚持”与“信念”

程序的语法错误编译时有提示信息，很容易排除，但是运行错误没有那么简单。程序调试工具Debug实现程序的单步执行，可以帮助发现运行错误，但是需要配以逻辑思考和冷静耐心。通过逻辑分析、单步执行、输出中间结果等方式一步步找出问题所在。“不忘初心，牢记使用”，“坚持到底，决不放弃”，“坚守信念，克服困难”，“吃一堑长一智”，这些思政点，经过老师的点拨，学生都能在程序调试过程中体会和感悟，并留下深刻的记忆，在作业实训和课程设计中受益。

五、教学效果

通过课程教学中显式思政元素的梳理升华、隐式思政元素的挖掘点拨、与现实学习生活、国家国际大事的关联映射，将“五个引导”系列思政元素无缝地融入课程的三大模块教学中，每一个思政点都是水到渠成的自然展现在学生面前，而且与知识点达成相得益彰的互动互补关系。学生在老师的授课点拨中理解其内涵、练习中感受其魅力、实训中反思其教益、课设中体悟其作用，用到知识点就“条件反射”般忆起与之关联的思政点。思政点还能巧妙地帮助学生理解记忆知识点核心，真正将教学中显性知识目标和隐性思政目标有机融为一体，潜移默化中实现课程“引导学生厚植爱国主义情怀”“引导学生加强品德修养”“引导学生增长知识见识”“引导学生培养奋斗精神”和“引导学生增强综合素养”的“五引导”课程思政目标，让学生不知不觉中知行合一、内化于心、外化于行。

六、教学案例对计算机语言类课程的推广

C/C++语言程序设计课程中，严格的语法规则和严谨的控制逻辑，显式地折射出“规矩”和“章法”的作用和意义，“无规矩不成方圆”的道理，“引导学生加强品德修养”；算法设计案例中挖掘出中国故事、伟人精神，“引导学生厚植爱国主义情怀”；算法的应用高效解决复杂问题，感受科技知识的力量，“引导学生增长知识见识”，“引导学生增强综合素养”，积极参与学科竞赛和创新创业活动，长见识，增本领，将来建功立业，报效国家；学习计算机编程是一个慢慢积累、熟能生巧的过程，实训作业正是锻炼学生的意志力，程序的调试要集冷静思考和缜密逻辑思维于一体，“引导学生培养奋斗精神”，要勤奋积累，要坚持初心，通过自己的努力获取程序运行成功的喜悦，体悟“幸福生活是奋斗出来的”。

综上所述，将“家国情怀、品德修养”和“科学精神、坚韧意志”两个核心、五个系列的思政元素融入“语法知识和控制逻辑”“算法设计和应用”“程序调试和课程设计”

三个模块的教学内容，通过“课堂讲授”“上机练习”“作业实训”“课程设计”四个教学环节的实施和反复渗透，达成立德树人的思政目标。

计算机语言类课程有着共同的特点：实践性强，语法知识和控制逻辑相似，只是算法设计各有侧重，有的侧重数据结构和算法，有的侧重数据分析，甚至使用相同的教学案例，只是具体语句不同而已。比如“判断素数”案例可以用在任何语言类编程案例。所以课程思政元素素材选取和植入方式可以借鉴，无论教学模式还是授课方法和形式都可以参考，甚至课程思政的整体设计也可以稍加修改使用。所以，《C/C++语言程设计》课程的思政设计适合所有计算机语言类课程。

《复变函数A》课程思政教学设计

孟宪瑞

该课程主要讲述复变函数的基本理论知识和基本技能，阐述复数域中极限、连续、导数、积分、映射等基本理论知识及其综合应用，培养学生创新思维和实践能力，融入创新精神、思维严谨、完善自我、坚守初心等课程思政点，培养学生严谨的数学思维和勇于创新勇于探索的精神。

一、课程定位

《复变函数A》课程是数学专业本科二年级开设的必修课程，也是数学各专业的重要专业基础理论课程之一，是理科大学生继《数学分析》课程学习后又一门分析类课程。本课程围绕基本概念、基本理论、具体求解和实际应用三条主线，培养学生正确掌握复变函数的各种基本概念、理论和方法，以及处理问题的思维方式。

通过本课程的学习，使学生了解到复变函数和其他数学分支学科的联系及其在其他自然科学学科中的应用，使学生进一步了解到数学的重要性和广泛的应用背景，提高应用能力，而且为后继的数学和应用数学各课程的学习准备解决问题的方法和工具，更是通向物理、力学、经济等学科和工程技术的桥梁。

本课程以课堂讲授、互动、类比、讨论、精讲精练相结合的教学方法为主，适当安排习题课与小组讨论课，并可在个别章节辅以课内实践手段。

二、课程思政教学目标

立足课程思政的现代课程观，《复变函数A》课程重新认识、重新定位和重新塑造了教学目标，在知识性和能力性目标之外，充分挖掘自身蕴含的思政素材和资源，结合课程的特色：以实数域函数的性质为基础逐渐拓展到复数域，稳中求变，展现数学家们运用科学思维，突破陈规；以对比实分析和复分析间区别和联系为手段逐步掌握复变函数的各种运算方法，展现事物间的辩证关系；以理论的实际应用为目的，运用多种方法解决问题，拓展学生的科学思维和吃苦耐劳的精神。最终，实现课程思政建设与教学目标的契合，与教学内容的融合，与教学素材的整合，与教学过程的结合，强化显性思政，细化隐形思政，达到润物细无声的教学效果。

三、课程思政教学设计

课程采取“知识讲授+小组探讨+思政元素”教学设计模式，在讲授基本理论知识的同时以实分析和复分析的区别与联系为主线进行探讨，融入隐性思政元素，培养学生严谨的数学思维和专业知识运用能力，润物细无声地将科学精神、创新精神、唯物辩证的思想渗透其中，形成如下教学设计："一条主线+两个核心要素+三个模块+四个实施环节。"（见图1）

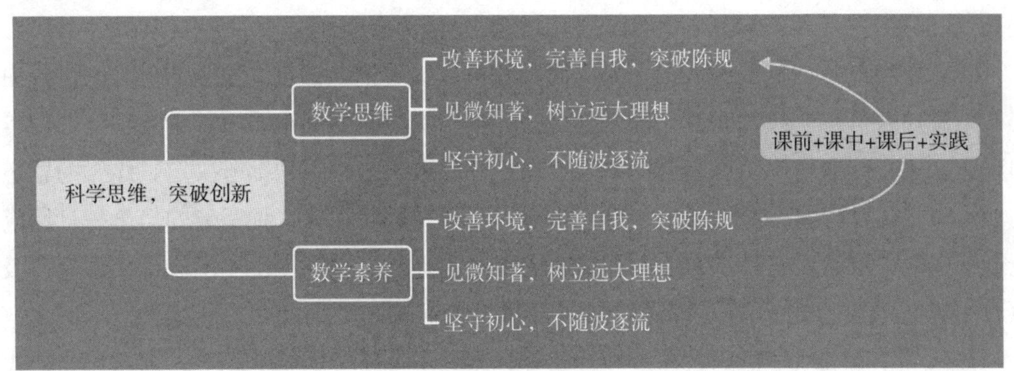

图1　课程思政教学设计

一条主线： 运用科学思维，突破创新，培养学生的数学思维能力。

两个核心要素： 以思维培养和数学素养为核心要素，通过对比实变量函数的性质讲解复变函数，培养学生严谨的数学思维和突破陈规、勇于创新的精神。

三个模块： 模块一讲改善环境，突破陈规，完善自我，通过数学家的故事和数学学科发展蕴含的哲理坚定学生自我完善的信念；模块二讲见微知著，树立远大理想，通过数学定理蕴含的人生道理，帮助树立学生远大理想；模块三讲坚守初心，不随波逐流，踏实做好本职工作，通过函数的性质，告诫学生不要浮躁，坚守初心，保持正直善良，踏实做好现在的每一步，将来才有更大的发展空间。

四个实施环节： 以学生为主体，老师为主导，线上线下相结合的方式，通过"课前+课中+课后+实践"四个环节完成教学，实现显性思政与隐性思政的统一。

四、课程思政元素的融合

在教学过程中，根据各个教学单元的内容特点，选取更切合的课程思政教学目标融入，并配合以相应的教学活动设计，促进知识、能力和课程思政教学目标的同步有效达成。

1. 在复数和复变函数等基础知识的讲授部分突出"改善环境，突破陈规，完善自我"的思政目标。这部分的知识核心是掌握复数域中的运算及性质，而数域的扩大，又能够激发学生对于常规体系发生改变后一些性质的探索，重新整合自己的知识体系，而非像以往的学生进行知识的简单零散识记。

该部分更多的是让学生探索复数域和实数域的区别和联系等特殊案例，强化专业理性思维对学生的原有认知的冲击和改变。例如，复数的来源，探索$x^2+1=0$到底有没有解的问题，让学生思考此问题怎么解决的？哪些数学家怎么得到的复数的概念，体会数学家勇于创新的精神，进而让学生体会数域的变化实则是函数的生存环境发生了改变。类似地，人们为了发展自己、提高自身的专业素养，往往也要通过改善环境来达到目的。上大学、读研究生、出国深造、名校访问等都是通过改良自身所处环境来提高自己的学识和能力的，这一点对学生完善自我、创业就业都是有利的。

2. 在解析函数、复变函数的积分、级数和留数等理论性抽象性较强的部分的讲授中融入“见微知著，树立远大理想”的思政目标。讲授中让学生真正明白数学定理蕴含的本质和寓意，才能更准确地理解和运用数学定理。通过数学定理中“部分决定整体”的思想，让学生坚定远大理想，不负韶华，努力奋斗，踏实做好现在。这种坚定的信念一旦达成，既能够在知识层面上有利于学生学习枯燥的理论内容，又有利于学生形成远大理想，极大地激发学生的自主学习动力和克服学业困难的毅力。

该部分主要选取解析函数在边界上相等，则一定在整个区域上相等；柯西积分公式的本质是边界上的值决定内部取值。这些“部分决定整体”的特性，唤起学生现在是否努力决定未来是否成功的情感体验。例如，在讲解解析函数的性质的时候，通过唯一性定理：在区域D 内解析的函数 $f_1(Z)$ 和 $f_2(Z)$ 在 D 内某一子区域（或一小段弧）上相等，则它们必在区域 D 内恒等，体验“一线”决定“一面”的例证，再次体现了复变函数论课程的“见微知著”“以偏概全”的特性。其实人生的很多过程也是如此，可以说人的一生常常会出现“一点”决定“一线”甚至“一面”的情形。就上大学这一人生的节点来说，我们并不否认成才并非读书一路可行，但就普遍情况而言，“上”和“不上”对一个人来说很可能会影响其一生。复变函数的这些理论在教学中可由教师引申出上述的思政元素，这会对学生数学专业的学习甚至对整个人生的态度有一定的指导意义。

3. 在共形映射和调和函数等几何意义和物理意义的讲授中，突出“坚守初心，不随波逐流”思政目标的达成，让学生能够充分理解共形映射的特性：保域性、保角性、保伸缩率等。通过这些特性，折射出人不应该随波逐流，应该坚守初心，不论外界环境如何变化，始终要做一个正直善良，禁得起诱惑，不浮躁，踏实做人的品格。这一目标的达成，能够将踏实学习，不浮躁，保持初心，砥砺前行的精神动力转化为学习数学的热情，形成强烈而持久的学习内驱力。

该部分更多的是采用启发式、问题式教学法，让学生探索映射的本质与现代社会浮躁的风气对比，追问性地启发学生进行自我学习和自我发现，潜移默化地解决数学问题。例如，谈到共形映射问题，启发学生无论我们身处何种环境，亲历怎样的艰难险阻，经受怎样的诱惑与迷惑，都不会随波逐流，忠于内心善良的本性，立于不败之地。

五、教学效果

通过精心设计课程教学，保障授课教学效果，达成教学目标。在教学过程中，坚持教书与育人相统一，挖掘并积累思政元素，以“春风化雨、润物无声”的形式，隐性融入数学专业课程课堂教学环节，不断丰富课程思政的内涵，在传授专业知识的同时，引领学生思想、塑造价值观、培养家国情怀。

学生通过课程学习，深刻认识到数学的强大能力，感受作为新一代年轻人的使命和担当。

《高等数学B-1》课程思政教学设计

田如玉

该课程主要讲述一元函数微积分、多元函数微积分、无穷级数、常微分方程等方面的基础理论与基本运算，培养学生的创新思维和实践能力，融入创新精神、爱国主义等课程思政点，培养学生的德能兼修素养和新时代本科生的“工匠精神”。

一、课程简况

《高等数学B-1》课程是信管、工商、化学类等专业的公共基础课，通过对《高等数学B-1》的学习，使学生获得学习后继课程和进一步学习所必需的数学基础。课程中的一元函数微积分、多元函数微积分、无穷级数、常微分方程等方面的基础理论与基本运算，在训练学生的逻辑推理能力、几何直观能力与计算能力方面起着不可替代的作用。该课程不仅为各专业的后继学习提供必要的数学工具，更重要的是在讲授过程中，通过各个教学环节的实施，逐步提高学生的数学素养、独立思考并综合运用所学知识分析和解决实际问题的能力。

二、课程思政教学目标

高等数学本身具有高度的抽象性、推理的严谨性和应用的广泛性，结合高等数学课程的教学特点和教学目标，将课程中严谨的数学定义、宝贵的学科精神、曲折的数学发展史、杰出数学家的传记等蕴含的思政教育元素与课程教学内容灵活融入，发挥《高等数学B-1》课程思政的引领作用，真正起到“立德树人”的教学目标。

《高等数学B-1》（64学时）课程思政教学目标主要有以下三方面：

（1）树立和践行社会主义核心价值观，逐步增强本科生的社会责任感和使命感。

（2）坚定文化自信，宣传中华民族优秀传统文化，了解数学文化，感受数学魅力。

（3）培养新时代本科生的“工匠精神”。

三、课程思政教学实施设计

从《高等数学B-1》课程的教学大纲出发，结合课程特点和思政教育内涵，在课程中就直观的教学引入和分析环节增加思政教育元素，有利于知识内容的理解和传播，调动学生对数学思想方法领悟的积极性，达到润物无声的教学效果和育人目的。

（1）利用数学的基本特点，对学生进行爱国主义和民族自尊心教育。从公元前3世纪到公元16世纪左右，我国在数学研究方面始终在世界上居领先地位。例如，我国著名的天文学家、数学家祖冲之，是世界上第一位将圆周率精算到小数点后第七位的人，这个成果

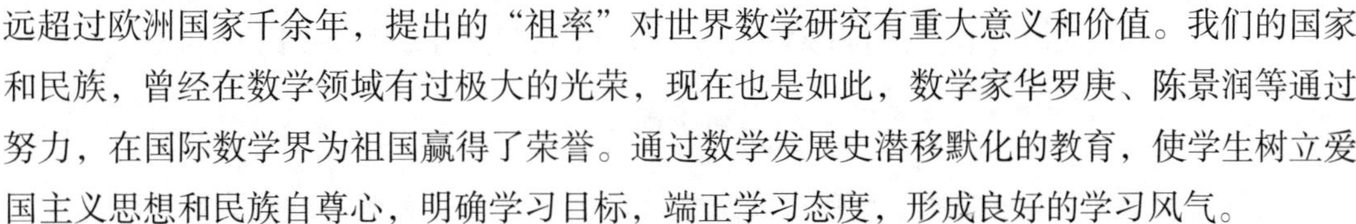

远超过欧洲国家千余年，提出的“祖率”对世界数学研究有重大意义和价值。我们的国家和民族，曾经在数学领域有过极大的光荣，现在也是如此，数学家华罗庚、陈景润等通过努力，在国际数学界为祖国赢得了荣誉。通过数学发展史潜移默化的教育，使学生树立爱国主义思想和民族自尊心，明确学习目标，端正学习态度，形成良好的学习风气。

（2）通过概念的引入，对学生进行遵纪守法教育。例如，函数的定义域：使函数有意义的自变量的取值范围，函数$y=f(x)$的自变量x必须在定义域范围内取值，否则将会使函数$y=f(x)$失去意义（或不存在）。这样使学生认识到无论是在校学习期间，还是将来步入社会，都要严格遵守学校、社会的各项规章制度，遵守国家法律，言行符合国家的法律法规。

（3）通过实例“问题链”引导自主查证、合作研究，对学生进行唯物辩证法的教育。例如，在一定条件下无穷大量和无穷小量可以相互转化，使学生理解事物是在不断变化和发展的。学习亦是如此，只有不断努力、不断进取，才能不断提高、不断进步，使学生树立唯物主义辩证观和辩证思想，并用唯物主义辩证观去观察、分析和解决问题。

四、教学效果

人生成长的黄金时期就是大学时代，是学生形成正确三观的关键时期。在《高等数学B-1》的课堂上，改变以往单纯传授课本知识的教学模式，将《高等数学》的教学与学生思想政治教育有机地结合起来，不断提高学生政治道德修养，有担当，责任感强，能正确处理个人利益与国家集体利益的关系。在课堂上传播正能量，逐步使学生构建正确的社会主义核心价值观。在教学中渗透育人思想，端正学生的学习态度，提高学生学习的积极性，课前、课中、课后鼓励学生团结协作，共同探讨问题，共同努力，从而提高教学质量，培养出更多的高素质人才。

《R语言数据分析》课程思政教学设计

郭小雨

该课程主要讲述R语言的函数使用方法、数据结构及数据管理、绘图及数据分析等，培养学生独立思考的习惯，更练就学生发现问题、分析问题和解决问题的能力，融入社会公德、民族精神、爱国主义、科学精神、美育情怀等课程思政点，培养学生爱祖国灿烂文化、勇于探索未知的科学精神。

一、课程定位

本课程为经济统计学、金融学、应用心理学、国际经济与贸易、精神医学、针灸推拿学专业开设的计算机类通识性教育必修课程。本课程主要讲述R语言的函数使用方法、数据结构及数据管理、绘图及数据分析等基本功能。学生通过学习，了解R语言灵活多样的作图功能及丰富的算法功能包，培养学生独立思考的习惯，更练就学生发现问题、分析问题和解决问题的能力。学生通过系统的学习及实训体验R语言的自由灵活的特点，为今后进一步学习程序开发以及科学与工程计算奠定一个良好的基础。

通过知识讲授、案例演示、类比推理、实训演练等混合教学形式，讲解数据对象与数据读写、数据集处理和绘图使用，提升学生数据分析的综合应用能力。通过课程学习，让学生将计算的思维方式应用于专业学习和创新应用，为大学生创新创业活动奠定技术基础。

二、课程思政教学目标

围绕课程知识传授、创新思维培养和价值观引导相结合的整体目标，梳理知识自身蕴含的思政元素，挖掘应用中隐含的思维和价值观素材，结合自身课程的特色和优势，“以数据理论为基础，突出细节，培养规则意识；以解决实际问题为目标，突出案例贯穿，培养文化自信；以实战练习为教学手段，突出实际应用，培养科学思维”，形成本门课程“三以、三突、三培养”的课程思政目标，实现社会公德与爱国主义并存，民族精神与科学精神并举，具有美育情怀的育人目标。

三、课程思政教学设计

课程采取“知识讲授+案例演示+上机练习+思政元素”的教学设计模式，在讲授理论和案例演示的同时以基础知识为基石，融入隐性思政元素，培养学生科学的思维方式和探索未知的时代精神，潜移默化地引导学生建立社会主义核心价值观和民族自立自强的奋斗精神，在学习中养成遵规守纪、认真严谨、勤劳坚韧的品格和习惯，并形成特色的课程教

学设计："一个主题+两个核心要素+三个教学环节+四个回归教学+五个思政点融入。"（见下图1）

图1　课程思政教学设计

一个主题：新时代全国高等教学本科教育工作会议指出"以本为本"方能彰显大学之道的时代内涵。习近平总书记提出知行合一，学以致用，善于将学到的本领运用到实际工作中去。本课程将"以本为本，学以致用"作为课程的教学主题，目的是让学生通过学习，将知识更好的应用于专业课程学习当中。

两个核心要素：促进学生知识传授、能力培养与价值引领有机统一。以数据理论为基础，突出细节，培养规则意识；以解决实际问题为目标，突出案例贯穿，培养文化自信；以实战练习为教学手段，突出实际应用，培养科学思维。

三个教学环节：在实际授课中，通过课上讲授环节，将知识点融入丰富的案例当中，课上设置互动及讨论环节加深知识点理解。

四个回归教学：教学过程中除了要传授知识常识，对待教学工作应倾心、用心和潜心；除了教授知识体系，还应在教学过程中进行价值引领，创新体系；授课理念创新、方法创新、组织方式创新。

五个思政点融入：通过语法细节展示，培养规则意识；通过案例引入，讲解中华文化，突出文化传承；通过引入伟人伟事，热爱中国璀璨文化；通过类比教学，培养科学思维，探索未知的精神；通过案例引入，展示中华古文化，培养民族自信和文化自信。

四、课程思政元素的融合

1. 语法知识和控制结构中的“规则”和“原则”

R语言与C语言的语法规则类似，具有严格的语法规则和控制结构，一个小小的空格将对运行结果产生影响，一个小小的引号将影响数据对象的数据类型。这其中蕴含了“失之毫厘，谬以千里”的道理。分支与循环结构相互嵌套，由简入繁，完成复杂的数据处理与数据分析。分支与循环的嵌套结构的里外顺序包含了“原则”和“章法”。由此延伸，从一个人到一个家，从一个家到一个集体，从一个集体再到一个国家，从一个国家到全世界，都必须要做到“家有家规，国有国法”。

2. 案例设计中的“故事”和“精神”

R语言对于算法的设计要求不严格，注重对数据的处理及数据的分析。为了更好地展示数据处理的方法及数据，通常引用更多的案例，如中国故事、伟人故事，中国伟大创举等。如“千字文”“百钱百鸡”凸显出古人的智慧和科学探索精神，彰显科技知识的伟大力量，增强民族自信和文化自信。如2020年疫情数据，小病毒牵动千万家，安危事在人为。在来势汹汹的疫情面前，我们是一个命运共同体，更是一个责任共同体，彰显科技的力量和时代担当精神。

3. 细微处差别中的“科学思维”和“探索精神”

R语言当中有很多的数据对象，格式类似，但创建方法及使用方法存在区别。在数据处理函数族中，函数外观长相相似，功能相似，但作用结果不同。这就需要在授课时使用类比法，配合冷静和耐心发现区别，理解区别。对于数据的处理过程、数据的清洗处理需要逐步探索，对于所有情况逐步探索。“坚守信念，攻坚克难”“勇于探索，不畏风险”等思政要点，在授课中无声地融入，同时鼓励学生用“科学的思维”和“探索未知”的精神对待学习和工作。

五、教学效果

通过课程教学中精心的设计，显式思政元素的梳理升华、隐式思政元素的挖掘点拨保障授课的教学效果，达成教学目标，在教学过程中与现实学习生活、国家国际大事的关联映射，将“社会公德、民族精神、爱国主义、科学精神和美育情怀”五个思政元素无缝地融入课程的“四个回归”教学当中。

学生在学习的过程中，能够建立起知识点和思政点相得益彰的互动互补关系，学生在老师的授课点拨中理解其内涵、练习中感受其魅力、上机中反思其教益、实训中体悟其作用。同时，课程思政点还能巧妙地帮助学生理解记忆知识点核心，真正将教学中显性知识目标和隐性思政目标有机融为一体，让学生不知不觉中知行合一，内化于心、外化于行。

六、教学案例对计算机语言类课程的推广

在教学实施过程中，灵活设置教学模式、教学方法，保障课程质量。授课以学生为中心，通过多种授课模式，将基本知识点融入教学案例当中，学生理解知识点后“照猫画虎”地临摹，最后到熟能生巧和学以致用。课程教学中主要提高学生“类比”和“举一反三”的能力，将科学思维和探索未知的精神融入教学全过程，培养学生的实际动手能力、创能能力、团队协作能力等。

计算机语言类课程有着共同的特点：实践性强，语法知识和控制逻辑相似，但算法设计各有侧重，有的侧重数据结构和算法，有的侧重数据分析，甚至使用相同的教学案例，只是具体语句不同而已。比如“判断素数”案例可以用在任何语言类编程案例。所以课程思政素材的选取和植入方式可以借鉴，无论教学模式还是授课方法和形式都可以参考，甚至课程思政的整体设计也可以稍加修改使用。

《分析方法》课程思政教学设计

徐秀娟

该课程主要基于实数理论、级数理论以及微积分学中的基本理论知识，讲述有关计算问题的典型方法和技巧，分类阐释相关的存在性问题、唯一性问题、收敛性问题、不等式问题的典型证明方法与灵活的处理技巧。课程教学目的在于使学生独立思考和科学计算能力、抽象思维和逻辑推理能力等得到必要的训练，培养学生综合运用所学基础知识，提出问题、分析问题与解决问题的能力。课程教学中融入科学思维、民族自信、创新精神、锐意进取、顽强拼搏、求真务实等课程思政点，培养学生的数学素养与人格魅力，提升学生自主学习和终身学习能力，成为德智体美劳全面发展的应用型人才。

一、课程定位

《分析方法》课程是数学与应用数学、信息与计算科学、统计与数据科学专业本科三年级开设的选修课程，也是数学与应用数学专业的专业课程。本课程作为《数学分析》课程的深化，具有承上启下的作用，为后继分析类课程的学习提供重要理论方法，同时对报考研究生的学生复习《数学分析》有一定的指导作用。通过本课程的学习，使学生进一步掌握数学分析的基本理论、思想方法以及解题技巧，提高学生分析、论证、解决问题的能力，为继续深入学习数学理论打下良好基础。

通过问题驱动、课堂启发讲授、探究翻转、案例分析、模拟实战演练等教学形式，立足课程内容，达成教学目标。基于数学分析内容，剖析学生容易混淆和出错的问题；拓展解决计算问题的典型方法和技巧；分类阐释存在性问题、唯一性问题、收敛性问题、不等式问题的典型证明方法与灵活的处理技巧；以考研真题为参考，经过精心挑选、改编，组成标准试卷用于学生模拟实战。总之，提升学生综合运用所学基础知识，分析问题与解决问题的能力。通过课程的学习，学生的数学素养、自主学习和终身学习能力得以提高，抽象思维和逻辑推理能力、独立思考和解决问题的能力等得到必要的训练，让学生在新思路、新能力、新思维下，进一步了解专业理念和专业思维，进而提升对专业学习的信心。

二、课程思政教学目标

立足新时代高等教育全方位育人的使命以及课程思政的现代课程观，《分析方法》课程在确立价值塑造、能力培养、知识传授三位一体教学目标的基础上，挖掘课程内容蕴含的思政素材和资源，结合课程的特色和优势，以数学分析基本理论为基础，构建逻辑思维和理性思维，以数学证明方法与技巧为主线，培养创新思维与能力。通过创设问题情境，将知识迁移到实际问题中，逐渐从形象思维过渡到抽象思维，让学生感受知识的实用性与趣味性，激发学生勇挑时代担当，主动去探索及解决问题；通过适时融入数学史、数学家的逸闻轶事，让学生从数学家对知识的不断追求直至走向成功所付出的艰辛努力中悟出学习的必要性，激发学生的历史责任感和使命感，树立正确的世界观、人生观和价值观；通过适当渗透辩证法思想，采用对比教学法、问题教学法以及互动教学法等，让学生体会转化思想、数形结合、类比方法、演绎归纳、分析综合等数学思想方法以及一般与特殊、过程与结果、有限与无限、常量与变量、量与质、直与曲的对立统一，在提升学生能力的同时，也可以感受到数学上的统一美。

三、课程思政教学设计

课程采取“知识讲授+小组讨论（或自主探究）+思政元素”的教学设计模式，将思政元素融入授课内容，有意识地引导学生思考，实现课程思政建设与教学目标的契合，与教学内容的融合，与教学过程的结合，形成“一个核心+两个要素+三个课程思政案例+四个教学环节实施”的特色课程教学设计：如图1

一个核心：数学分析的典型方法与技巧

<table>
<tr><td></td><td>思维能力培养</td><td>解决问题的能力培养</td><td>隐性思政</td></tr>
<tr><td>两个要素</td><td>●由特殊到一般的思维
●由具体到抽象的思维
●由有限到无限的思维
●由量变到质变的思维
●换位思考到变向思维
●逻辑思维与形象思维
●抽象思维与直觉思维</td><td>●将一般问题转化为特殊问题的能力
●运用类比与推广思想方法的能力
●用整体思想或变量替换转化的能力
●实际问题转化为数学问题即数学建模能力
●用殊途同归思想方法的能力
●创新学习与研究的的能力</td><td>★严谨认真、实事求是
★爱国奉献、民族自信
★坚韧不拔、责任担当</td></tr>
</table>

<table>
<tr><td rowspan="6">三个课程思政案例</td><td>四个积分公式的关系</td><td>思政元素</td><td>隐性思政</td></tr>
<tr><td>●牛莱公式
格林公式
高斯公式
斯托克斯公式</td><td>★爱国情怀与民族自信
（数学史话、数学家逸闻轶事）
★责任担当、数学应用
（数学建模思想）</td><td rowspan="5">★严谨认真、实事求是
★爱国奉献、民族自信
★坚韧不拔、责任担当</td></tr>
<tr><td>四类个积分概念</td><td>思政元素</td></tr>
<tr><td>●定积分
重积分
曲线积分
曲面积分</td><td>★爱国情怀与民族自信
（数学史话、数学家逸闻轶事）
★脚踏实地、锲而不舍科学精神
（积分思想）</td></tr>
<tr><td>无穷级数的敛散性判别</td><td>思政元素</td></tr>
<tr><td>●定义法、比值法、根值法、莱布尼茨法
●魏尔斯特拉斯判别法
阿贝尔判别法、狄利克雷判别法</td><td>★爱国情怀与民族自信
（数学史、数学家的逸闻轶事）
★严谨认真与使命担当
（类比教学）</td></tr>
</table>

续表

	课前	课中	课后	模拟实践
四个教学环节实施	●任务发放 小组任务 线上讨论	●教师讲授 案例展示 ●师生互动 主题探讨 ●小组汇报 组外质疑 组内答辩	●思辨质疑 ●分组讨论 ●探究报告	●综合练习 ●模拟真题 ●讲练结合
隐性课程思政	●团结友爱	●爱国情怀 使命担当 民族自信	●团结协作 ●创新思维	●诚信公正 ●动手实操

一个核心：以数学分析的典型方法与技巧为核心，培养和增强学生的创新意识和创新精神。

两个要素：以学生思维能力培养和解决问题的能力培养为基本要素，培养学生数学思维和数学知识的应用能力，促进知识传授、能力培养与价值引领的有机统一。通过数学分析"基础知识问题篇"的讲解，巩固、加深和拓展数学分析的概念与基本理论知识，认知易混淆的知识点；通过"数学分析方法与技巧篇"的学习，拓展解决数学分析问题的典型计算方法与技巧，提升严格的逻辑思维能力与推理论证能力，锻炼学生的创造性思维能力，加深学生对所学的方法与技巧的理解，活跃学生的思维，从而使认识达到一定的深度；通过"模拟实战篇"的演练实践，使学生充分了解自己的优势与不足，进而找到今后努力方向。在知识传授过程中，适时融入隐性思政元素，使学生心灵得到科学精神与人文精神的浸润，培养学生对待问题的严谨态度和求实精神以及坚忍不拔的攻坚精神，辨识时代责任感、使命感，感悟科学价值与人文价值的统一，从而使学生内心确立起对真善美的价值追求以及人与自然和谐相处的可持续发展的理念。

三个课程思政案例：在教学过程中，通过挖掘思政元素，形成三个课程思政案例。一是四个重要积分公式的联系；二是四类积分概念的关系；三是无穷级数敛散性的判定。其中课程思政的共性在于通过数学史话、数学家的逸闻轶事体现爱国情怀与民族自信，其个性在于通过数学实际应用、数学建模思想、积分思想、类比教学等体现脚踏实地、锲而不舍科学精神，严谨认真创新思维，责任担当、实事求是的优秀品格。

四个教学环节的实施：以学生为主体、以教师为主导、以网络为载体，通过"课前+课中+课后+模拟实践"四个实施环节完成教学。

四、课程思政元素的融合

在教学过程中，根据各章节内容的特点，科学有效地挖掘蕴含于本课程中的思政教育资源，选取更加切合的课程思政元素融入具体教学目标，并配合以相应的教学活动设计，促进知识、能力和课程思政教学目标的同步有效达成。

1. 在第一单元“基础知识问题篇”，围绕分析方法中涉及的基本概念、基本定理，通过追溯各个时期数学分析内容的发展历史、学术研究和理论突破，以及对数学分析产生作出重大贡献的几位数学家（诸如：拉格朗日、柯西、费马、泰勒、傅里叶、莱布尼茨等）的生平、逸闻轶事、将科学家敬业精神和“工匠精神”的思政元素融入其中，增强学生奋发学习专业课的动力，培养学生的家国情怀、实干精神与科学精神，树立实现心中职业梦想的信心和决心。

2. 在课程理论性强、抽象性强的部分（如有关实数完备性理论的证明）的讲授中融入“构建理性的思维”的思政目标。这部分的知识核心是构建学生的数学专业思维体系，而理性的思维本身，又能够促进学生真正在专业视角上掌握这些看起来生涩难懂的专业术语，让学生真正理解看似简单死板的定义、定理背后深刻的逻辑思维，进而整合自己的知识体系，不仅能够在知识层面上有利于学生学习枯燥的理论内容，而且有利于学生形成坚定的职业信仰，极大地激发学生的自主学习动力和克服学业困难的毅力。在授课过程中将传统的知识中融入新的研究进展和研究成果，让学生去感受科学的力量，激发学生创新精神，激励学生去探索科学、追求真理。

3. 在“数学分析方法与技巧篇”的教学中，由于各类典型方法（如存在性问题、唯一性问题、等式与不等式问题、实际应用问题的解答与证明）种类繁多，技巧复杂多变，学生难以理解和掌握。在讲解的过程中，适当地融入思政元素，更多的采用启发式、问题式教学法，将抽象的问题具体化、复杂的问题简单化、难懂的问题通俗化，追问式地启发学生遇到困难时，要多动脑筋勤思考，办法总比困难多，培养学生从一点一滴间树立战胜困难的决心和信心，鼓励学生自我学习和自我发现，增强学生的学业参与感与获得感，由此提升至社会责任感和时代使命感，进而潜移默化地激励学生为国家振兴勇于担当，为民族强盛而努力学习。

4. 在“考研模拟实战篇”，以历年全国各级各类高校数学专业招生考试题为资源库，引导学生精心挑选、改编一些典型题目，再设身处地地进行分析、概括总结、组成标准考研模拟试卷，并提出解答方案，培养学生批判性思维和创新能力、抽象性思维和逻辑推理能力，以及分析问题、解决问题的能力，激发了学生学习积极性和主动性，拓宽学生视野，提高学生的沟通、交流合作能力，进而提升学生自主学习和终身学习能力。

5. 以与课程相关的当代典型人物的励志故事（如在理论上取得丰硕成果、得到相关奖励的科学工作者，或是在应用领域取得丰厚实际效益的应用型人才）作为切入点，通过介绍他们的亲身经历，让同学们意识到只有具备求真务实、严谨、批判以及质疑的数学素养、敢为人先的创新精神、坚持不懈的创新行动、顺应事物发展规律、不浮躁才能迎头赶上。运用故事化、情景化、视觉化等手段，激励和培养学生踏实勤奋、精益求精、勇于创新的自信心。

五、教学效果

基于课程内容，提出在教学过程中实施背景式、验证式、启发式、应用式和综合式教学方案，突出学习的过程，体现以“教师为主导、学生为本”的教学思想，通过多手段讲解，保障授课教学效果，达成教学目标。在教学过程中，坚持教书与育人相统一，授业与解惑相统一。深度挖掘并积累思政元素，在确保教学内容按时完成的同时，找好思政元素与知识体系的切入点，结合学生接受知识的特点，以“润物无声”的形式，隐性融入课堂教学的各个环节，让学生感受责任与担当、民族自豪感、自信心和创造力。同时，让学生体会到学习的趣味性和有用性，提升学习的热情和探索知识的积极性，引领学生思想、塑造价值观、培养家国情怀。

六、教学案例对数学理论类课程的推广

在教学实施过程中，通过灵活多样的教学模式、教学手段、教学方法，保障了课程质量，凝练出“一个核心+两个要素+三个课程思政案例+四个教学实施环节”教学设计，以学生为中心，通过线上线下、课堂内外、精讲多练、理论实践等多种形式，将基础知识与典型方法和技巧相结合，提升学生分析问题、解决问题的能力，将社会主义核心价值观融入教育教学全过程，培养数学应用能力强、具有团队协作精神和家国情怀、德智体美劳全面发展的应用型人才。

本课程融合隐性思政的教学模式，可供数学类理论课程借鉴，使专业理论课程与思政教育同向同行，提高课堂教学效果和质量、提升学生学习热情和成效。

《高等数学A-1》课程思政教学设计

崔玉环

该课程主要讲述高等数学的基本概念、基本理论知识和基本方法以及基本运算技能，培养学生的抽象思维能力、逻辑推理能力、空间想象能力以及综合运用所学知识分析问题、解决问题的能力，融入创新精神、爱国主义、大国工匠、美育情怀等课程思政点，培养学生德能兼修的素养和家国的情怀以及坚韧不拔的科学精神。

一、课程定位

《高等数学A-1》是大学理工科各专业在一年级开设的一门必修公共基础课，其内容在大学生的知识体系中占据着非常重要的地位。该课程重点培养学生的抽象思维能力、逻辑推理能力、空间想象能力、观察能力以及综合运用所学知识分析问题解决问题的能力；所以，该课程是一门开展数学素质教育、培养学习者创新精神和创新能力的重要课程。该课程所论及的科学思想和方法论，在自然科学、工程技术、经济和社会科学等领域中具有广泛应用和强劲的活力。

通过课堂讲授、探究翻转、案例教学、混合教学等形式，讲解函数的极限求解方法、导数与微分的计算方法、不定积分与定积分的计算方法、多元函数偏导数与全微分的计算、二重积分与三重积分的计算、曲线积分与曲面积分的计算、无穷级数，以及微分方程的求解。通过学习，培养学生的抽象概括能力、逻辑思维能力以及综合运用所学知识分析问题与解决问题的能力。

二、课程思政教学目标

围绕课程知识传授、能力提升和价值引领的相结合的整体目标，挖掘自身蕴含思政的素材和资源，结合自身课程的特色和优势，将为师和为生的“五境界”思想贯穿教学过程的始终，不仅要满足于讲授理论定理、计算公式，更要深入挖掘高等数学中的思政元素，通过身边励志故事、中国数学史话、数学发展国际形势分析等思政案例教学，激发学生努力为我国从数学大国向数学强国转变的斗志。同时帮助学生树立正确的人生观、价值观，推动“价值引领与知识传授有机统一”。在知识传授中悄然融入理想信念教育、爱国情怀、辩证唯物主义和历史唯物主义教育。

三、课程思政教学设计

课程采取“知识讲授+自主探究+思政元素”的教学设计模式，在讲授理论知识的同时融入隐性思政元素，培养学生科学思维和专业知识应用能力，潜移默化地进行科学精神、价值取向的情怀与担当，并形成特色的课程教学设计："一条主线+两个核心要素+三个思政案例库+四个教学实施环节"。（见图1）

以科学精神和爱国情怀为主线；建立两个核心要素：科学思维和数学素养；三个思政案例库：科学精神、爱国和美育情怀、马哲辨证；四个教学实施环节：课前、课中、自主探究、课后。

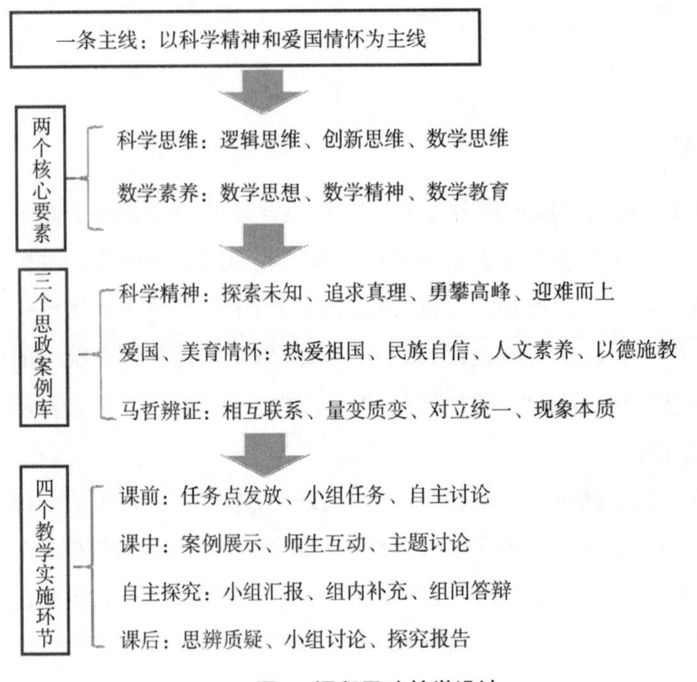

图1　课程思政教学设计

四、课程思政元素的融合

《高等数学A-1》课程思政的内涵是将微积分发展史和数学文化等科学文化观、家国情怀等传统文化和数学哲学、唯物辨证史观有机地结合到高等数学课程建设的各个环节中。

1. 在极限的教学中结合历史文化，厚植爱国主义情怀

极限是《高等数学A-1》课程中最基本最重要的概念，极限方法是高等数学中研究变量的最基本的方法，在高等数学后续的学习过程中，例如导数、积分等都是通过极限的方法来进行定义的，即极限方法贯穿了整个高等数学的学习过程。在极限教学过程中，可以结合极限的发展历史厚植爱国主义情怀。如极限概念讲解中，可向学生指出极限的思想最早可以追溯到我国古代，例如我国古书《庄子 · 天下篇》记载"一尺之锤，日取其半，万世不竭"，以及在《墨经》中有注"或不容尺，有穷；莫不容穷，无穷也"，既包含了无限可分思想外，还蕴含了极限思想。我国古代数学家刘徽在其《九章算术》中的"割圆术”：采用圆内接正多边形，当边次逐次倍增接近圆的原理“割之弥细，所失弥少，割之又割，以至于又可割，则与圆合体，而无所失矣”。这就是极限思想在几何学上的应用，其思想与古希腊“穷竭法”不谋而合。通过结合数学史了解极限的发展历史，进而以此激发学生的对自己民族的自豪感和爱国主义情怀。

2. 在无穷小量概念的教学中引入中华诗词，用数学美学与文学提升学生的数学文化

中华诗词是传统文化的灿烂瑰宝，数学含蓄、深奥的美无处不在。例如，无穷小量指的是极限为零的量，唐代诗人李白的“故人西辞黄鹤楼，烟花三月下扬州。孤帆远影碧空尽，唯见长江天际流”。这首诗淋漓尽致地刻画了无穷小的意境，“帆影”是一个随时间变化而趋于零的量，多种感官并用，会使他们加深对事物的理解与记忆，并感受到数学美所带来的愉悦。

3. 在导数概念的教学中挖掘蕴含的哲学思想，引导学生学习数学知识中的辩证因素

导数概念是高等数学微积分学中的基本概念，是从现实生活中的一些实际问题中抽离出来的一个概念，蕴含着丰富的哲学思想。例如在导数概念中的一个引例：求曲线在M 点处的切线问题。需要求过M 点切线的斜率，首先在曲线上另取点N，得到割线MN 的斜率；接着使N 点沿曲线无限地接近M 点，则定义N 点无限逼近M 点时的割线的极限位置为曲线在M 点处的切线，即切线的斜率为割线斜率的极限值。点N 沿曲线无限地逼近点M 的过程中，其对应的割线MN 的斜率也随着N 的移动时刻在发生变化，而此时仅仅是一个量变过程，其数值代表的意义是割线的斜率。但当点N 将要与M 重合的那一时刻，割线MN 的斜率则发生质变，变成了切线MT 的斜率。即导数的概念中包含了哲学中从量变到质变的这个过程，揭示了量变到质变的规律，一切事物从量变开始，质变是量变的终结，而量变是质变的必要准备，质变是量变的必然结果。在导数概念中还有很多其它哲学思想，如否定之否定、变与不变、近似与精确等。

4. 在积分的教学中探索知识背后的故事，勉励学生努力学习，报效祖国

在讲解积分知识时，可以介绍在抗疫战斗中每一名医护人员在平凡的岗位上默默付出，汇聚起来形成了巨大的力量，简单地说这就是数学中“积分”的原理。不积跬步，无以至千里，不积小流，无以成江河，以此勉励学生努力学好数理知识，将来报效祖国。

5. 在多元函数的教学中挖掘蕴含的做人做事的道理，培养学生树立正确人生观、世界观、价值观

函数的连续性说的是当自变量变化很小的时候，因变量的变化也很小。这一性质延伸到生活中就是循序渐进的意思，不能急于求成，像气温的变化、植物的生长都应该遵循其自身规律，妄图寻求捷径的想法都是不科学的，只能事与愿违。多元函数的几何图形就像山岭一样连绵起伏，通过图形可以明显看到极大值在山顶取得，极小值在山谷取得，由此可以引导学生感悟，低谷与高峰只是人生路上的一个转折点，起起落落是必经一路，是成长的需要，要学会苦中作乐、不气馁、勇往直前，相信只要肯付出时间和努力，会有更壮美的风景在前方等着。

五、教学效果

通过精心设计课程教学，保障授课教学效果，达成教学目标。在教学过程中，坚持教书与育人相统一，挖掘并积累思政元素，以“春风化雨、润物无声”的形式，隐性融入数学专业课程课堂教学环节，不断丰富课程思政的内涵，在传授专业知识的同时，引领学生思想、塑造价值观、培养家国情怀。

《高等数学A-1》课程思政的教学目标就是：“与思想政治理论课同向同行，形成协同效应”；有意识、有目的、有效地利用新时代中国特色社会主义思想铸魂育人。《高等数学A-1》教学不仅要满足于讲授理论定理、计算公式，更要深入挖掘高等数学中的思政元素，激发学生学习兴趣，提升课堂教学效果，帮助学生树立正确的人生观、价值观，推动“价值引领与知识传授有机统一”，在知识传授中悄然融入理想信念教育、爱国情怀、辩证唯物主义和历史唯物主义教育。

《大学物理实验》课程思政教学设计

张远航

该课程主要讲述力学、热学、电磁学、近代物理学等诸多分支学科的知识和实验技术，培养学生的实践能力和创新能力，融入实事求是、爱国主义、质疑权威、团队协作等课程思政点，培养学生实践能力和实事求是、严肃认真的科学态度。

一、课程定位

《大学物理实验》是我校理工科专业本科二年级开设的公共基础必修课，是学生进入大学后较早学习到的最基本的实验课之一，是培养学生实践能力和创新能力的开端。随着实验教学改革的不断深入和时代的发展，《大学物理实验》在实验内容、实验技术和方法等方面也在不断的变化与更新，其根本目的是培养学生的科学实验能力，提高学生的科学实验素质，使学生树立实事求是、严肃认真的科学态度。《大学物理实验》课程的教学内容涵盖力学、声学、电磁学、近代物理学等诸多分支学科的知识和技术。学生通过本课程的学习将获得具有一定系统性的基础实验知识、基本实验方法和基本实验技能。

围绕本课程的知识传授特点，在知识传授、能力提升和价值引领的相结合的基础上，挖掘自身蕴含思政的素材和资源，结合自身课程的特色和优势，突出学生创新能力、诚实守信、团结协作精神的培养，培养学生敢于批判的实事求是的精神，通过具体实验项目的操作、数据处理，使学生养成踏实稳重的学风，通过思考题的引申，培养学生的创新意识和独立思考能力。深入挖掘与教学内容相关的物理学理论知识探究过程中的“隐形”思政，全面拓展实验物理教学内容的广度和深度，加强实验物理教学内容和生活实际、社会发展和科技进步的联系，并通过教学设计融入课堂教学中，更加注重实验过程中教授传授知识与技能，培养解决问题能力和科学探索精神。

《大学物理实验》覆盖面广，具有丰富的实验思想、方法、手段，同时能提供综合性很强的基本实验技能训练，是培养学生科学实验能力、提高科学素质的重要基础。它在培养学生严谨的治学态度、活跃的创新意识、理论联系实际和适应科技发展的综合应用能力等方面具有其他实践类课程不可替代的作用。

二、课程思政教学目标

《大学物理实验》课程基于OBE理念下重视学生学习的过程，对不同实验项目提出了具体要求掌握的知识目标；同时要求学生掌握对不同试验仪器的使用，实验数据测量的能力目标；素质目标主要体现在对测量过程严谨仔细、数据记录实事求是的科学态度。课程将课程思政贯穿到每一个实验项目之中，主要体现在每一个实验规律的成功发现都为人类带来了巨大收益，培养学生努力学习，为国家做贡献的家国情怀。《大学物理实验》课程的具体任务包括：

1. 物理实验的基本理论和知识的学习；
2. 实验技能的提高和动手能力的培养；
3. 实验数据处理能力的培养和提高；
4. 以物理实验为载体，进行实验设计能力的培养，实践探索精神和创新能力的培养。

三、课程思政教学设计

《大学物理实验》包括普通物理实验（力学、热学、电磁学、光学实验）和近代物理实验及综合设计性实验。在教学过程中，根据各个教学单元的内容特点，选取更切合的课程思政教学目标融入，并配合以相应的教学活动设计，促进知识、能力和课程思政教学目标的同步有效达成。

每个实验都会有一套方法去测量相关的物理量，我们把在各种实验中通用的方法叫作实验方法，把对某个物理量的具体测定方法称为测量方法。实验方法是达到实验目的的途径，测量方法是保证实验方法正确实施的措施，二者相辅相成，互相依存，有时甚至不能严格区分。对于一个具体实验，有时需要同时用到几种实验方法和多种测量方法。

1. 换测法

换测法是应用最广泛的实验方法之一。对于一些不易直接测量的量，寻找出与待测量有关的量进行测量，再利用它们之间的函数关系求出待测量，这一方法称为换测法。

2. 模拟法和示踪法

（1）模拟法

对于一些不便于直接测量的物理量常采用模拟法，模拟法是从模型实验发展起来的。

（2）示踪法

示踪法能形象、直观、及时地显示物理过程。它可以是定性的，也可以是定量的；可以是时间过程，也可以显示空间踪迹。示踪法不仅应用于物理实验，在其他学科及生产实践中也被广泛采用。最常用的示踪仪器就是示波器，还有云室、气泡室显示粒子踪迹，利用卫星地面站为飞机、导弹导航等都属于示踪法。

（3）计算机模拟是模拟法和示踪法的结合。

3. 干涉法和衍射法

这是光学中常用的实验方法，也是研究机械波和电磁波的方法之一。通过这种方法将瞬息万变的行波规律变成稳定的静态对象——干涉图样或衍射图样，使测量变得简单易行，测量精度大大提高。例如等厚干涉实验、光栅衍射实验、单缝衍射实验、全息照相实验等。许多光学仪器也是利用衍射或干涉的原理制成，如迈克尔逊干涉仪、无损探伤仪器等。

这类方法常用于测量元件的光洁度，测量微小长度和角度，用于制造集成电路、全息光学元件，并用来观察地壳构造、观测振动面等。

四、课程思政元素的融合

1. 在教学内容中融入思政元素

在《大学物理实验》教学内容上，深入且广泛地挖掘与教学内容相关的物理学理论和技术发展过程中的"隐性"德育素材，把与实验项目相关的历史背景知识和科学家的故事，尤其是爱国科学家的故事引入到课堂教学中来，激发学生努力学习、攀登科学高峰的爱国情怀。

同时，在内容编排和取舍上，在"突出中国优秀传统文化、培养大学生文化自信"的指导思想下，革新教学内容，在"量"上适当增加中国文化内容，在"质"上还要有典型意义，能反映中国文化的特色，反映当代中国发展的面貌，帮助学生树立中国特色社会主义"四个自信"。

2. 在实验操作中融入思政元素

在实验操作过程中，让学生体会理论与实验的联系，学生们自己动手做实验，通过实验结果验证物理理论，这样能让学生们切身体会到"实践是检验真理的唯一标准"的辩证唯物主义认识论。当实验结果与理论发生矛盾时，还需进一步实验，找到原因或是界定理论的适用范围，让学生们认识到物理学的发展要经历的"实践——认识——实践"的过程。另外，通过设置小组设计性实验，让学生们以小组成员团队合作形式完成，让学生在实验过程中体会大局意识、协作精神和服务精神。

3. 在教学模式中融入思政元素

在教学模式上，依托物理实验网站与管理系统，进一步丰富信息化平台建设，促进任课教师在讲授大学物理实验相关知识、指导学生进行实验观测的过程中，灵活地开展师生之间、生生之间的"互动"，积极引导学生主动实验，鼓励学生勇于并擅于提出问题，培养学生的思辨能力和理论联系实际能力，进而培养学生正确的价值观、人生观和世界观，为课程注入精神力量和思想灵魂。

五、教学效果

《大学物理实验》教学通过对全校理工科二年级学生开展实施，每学期参与学生人数在3200人左右，课程覆盖面广，受益人数多。通过本课程的实施，将思政元素深度融入《大学物理实验》课程理论与实践教学环节，并实现紧密结合，让学生掌握基本的物理实验知识的同时，不断增强学生对中国特色社会主义核心价值观的认同，增强学生的民族精神和国家意识，让爱党爱国爱人民的情怀深深扎根在每位学子心中。

在理论教学内容上，把与实验项目相关的历史背景知识和科学家的故事等“隐性”德育素材引入到课堂教学中，在实验操作教学中，让学生通过自己动手做实验，在实践中体会唯物主义认识论、大局意识、协作精神等，实现实验类课程理论与操作教学环节思政元素的紧密融合。

六、教学案例对物理类课程的推广

通过《大学物理实验》课程的教学实践，将为《大学物理实验》课程开展规范、系统的思政课程建设提供范本，将《大学物理实验》课程的思政建设提高到新的高度，为所有物理类相关课程教学进行思政建设提供素材和方法，在全省乃至全国物理实验教学课程思政建设中起到示范作用，同时为其他理工科课程开展课程思政建设提供借鉴参考。

七、总结

教师应在讲好课程内容的基础上，深度理解学科内涵，以课程内容为基础，寻找合适的契合点，积累思政元素。例如，在重大物理规律的发展演变过程中，离不开各位科学家的贡献，教师应将每位科学家所做的贡献及所体现的优良品质做一一分析。在近现代物理学的发展中，看似西方国家引领了科学的发展，仔细总结就会发现其中中国科学家的成就也非常突出。中国科学技术大学潘建伟院士及团队的量子通信的实施，华中科技大学罗俊院士对万有引力常数G值的精准测量等一系列的研究都处于世界领先地位。这些科技发展的素材也需要教师平时的积累。比如讲到GPS导航原理时，引入北斗系统具有的优势：一是北斗系统空间段采用三种轨道卫星组成的混合星座，与其他卫星导航系统相比高轨卫星更多，抗遮挡能力强，尤其低纬度地区性能特点更为明显。二是北斗系统提供多个频点的导航信号，能够通过多频信号组合使用等方式提高服务精度。三是北斗系统创新融合了导航与通信能力，具有实时导航、快速定位、精确授时、位置报告和短报文通信服务五大功能。通过这些内容的讲解，进而培养学生民族自豪感，对祖国的归属感，以及爱国情怀。

《高等数学B》课程思政教学设计

门晓君

该课程主要讲述高等数学的基本理论知识和基本技能，阐述微积分学的基本方法、手段、技巧运算能力，培养学生利用高等数学知识独立分析问题、解决问题及创新能力，融入创新精神、爱国主义、马哲辩证等课程思政点，培养学生的世界观、认知观，同时加强职业道德、敬业精神的培养。

一、课程定位

数学是研究客观世界数量关系和空间形式的科学。随着现代科学技术和数学科学的发展，“数量关系”和“空间形式”具备了更丰富的内涵和更广泛的外延。现代数学内容更加丰富，方法更加综合，应用更加广泛。数学不仅是一种工具，而且是一种思维模式；不仅是一种知识，而且是一种素养；不仅是一种科学，而且是一种文化。

《高等数学B》是工科大学生必修的重要基础理论课。

二、课程思政教学目标

通过该课的学习能够为学生学习各类后继课程和进一步扩大数学知识面奠定必要的数学基础，在传授知识的同时培养学生进行抽象思维和逻辑推理的理性思维能力，综合运用所学的知识分析问题和解决问题的能力以及较强的自主学习能力，逐步培养学生的创新精神和创新能力。

立足高等数学的教学内容，《高等数学B》在向学生传授课程知识的同时，围绕“知识传授与价值引领相结合”的课程目标，将德育与知识教学融于一体，借助知识点、数学史、典故等，将知识传授与价值引领相结合，通过寓道于教、寓德于教、寓教于乐引导学生正确做人做事做学问，助力学生的全面发展。

三、课程思政教学设计

在教学过程中，挖掘专业知识和数学知识的内涵，找准时机，将课程思政合理融入，构建知识目标、能力目标、素质目标三位一体的教学模式，将课程思政、医学专业知识、高等数学知识融为一体。

教学手段：采用线上线下混合式教学。

（1）线上部分：分为课前、课后两部分。课前给学生设定学习任务点，预习高等数学教学课件、教学视频，将课程思政融入其中，使学生达到对知识初识的学习目标。课后通过明确学习任务、反馈学习情况（测试及作业），使学生掌握一定的数学知识和技能，提高其数学素养，感悟高等数学蕴含的德育价值。

（2）线下部分：主要采用“教师授课+学生主动参与”两种授课方式，加强思政教育。教师授课以问题驱动为导向，创设情境、引入主题，引导学生发现问题、解决问题，强化知识体系。为提高学生的参与度，教学中还采用翻转课堂、案例分析或课上讨论等授课方式，引导学生自主学习，增强学生的团队合作能力，培养学生的专业素养和职业道德。

四、课程思政元素的融合

在教学过程中，根据课程内容，选取数学实际案例，将更切合的课程思政教学目标融入，并配合以相应的教学活动设计，增强学生的爱国主义情怀，加深学生对数学知识的理解，促成学生对数学知识的应用，提高其综合素养。例如：

（1）学习函数的极值、最值概念时，引入局部和整体思想，说明生活中的“低谷”和“高谷”是暂时的（局部）。在遭遇挫折处于低谷的时候，不能悲观绝望，或许是生活和事业的新起点，培养学生逻辑推理能力、克服困难和抗拒挫折的意志。

（2）函数的连续性，函数$f(x)$在x_0处连续的定义有两种形式，一种是$f(x)=f(x_0)$，另一种形式是$\Delta y=0$。前者刻画的是动态值和静态值相吻合，后者体现的则是一种稳定性，是说当自变量变化很小的时候，因变量的变化也很小。延伸到生活中，很多事物的变化都是连续的，像植物的生长、气温的变换、知识的积累等，不能急于求成，必须遵循它原本的规律。比如学习，知识的积累是需要时间和付出持久不懈的努力的，妄图寻求捷径的想法是不科学的，只能事与愿违。古人用拔苗助长的故事比喻违反事物发展的客观规律，急于求成，反而坏事。函数的连续性也是印证了这一道理。

（3）定积分，定积分的数学思想可以概括为“分割（化整为小）、作积（局部近似）、求和（化小为整）、取极限（精确化）”。我们在上课的时候，可以将大问题尽可能切分成许多小问题，深入浅出地解释给学生听，让他们能够完全理解。定积分的思想让同学们明白，再复杂的事情都是由简单的事情组合起来的，需要我用智慧去分解，理性平和地去做事。

五、教学效果

通过精心设计课程教学，保障授课教学效果，达成教学目标。在教学过程中，坚持教书与育人相统一，挖掘并积累思政元素，以“春风化雨、润物无声”的形式，不断丰富课程思政的内涵，在传授专业知识的同时，引领学生思想、塑造价值观、培养家国情怀。

学生通过课程学习，深刻认识到数学不仅是一种工具，而且是一种思维模式；不仅是一种知识，而且是一种素养；不仅是一种科学，而且是一种文化。在学习中感受中国力量、中国制造、中国精神、中国故事，感受作为新时代青年建设者的责任与担当，建立我们的民族自豪感、民族自信心、民族创造力，感受在党的领导下，健康生活的幸福和美好。

《沉积岩石学》课程思政教学设计

矿业工程学院　夏世强

该课程主要根据沉积岩的原生沉积特点和时空分布规律，阐明沉积岩的物源、沉积岩的成分、沉积岩的结构和构造、沉积相的概念和分类、不同碎屑岩和碳酸盐岩沉积相的基本特征、沉积相模式、主要识别标志和与油气分布之间的关系、沉积岩形成的沉积环境、沉积砂体的时空分布，恢复沉积古地理面貌，预测沉积矿产的有利分布地区。课程融入民族精神和时代精神、拼搏精神与艰苦奋斗、社会主义核心价值观、环保生态意识、全球能源危机观念等课程思政点，培养学生综合研究沉积相和沉积体系的精神，德能兼修素养，成为德智体美劳全面发展的社会主义建设者和接班人。

一、课程定位

《沉积岩石学》课程是石油工程专业本科开设的必修课程，也是石油工程专业的基础课程。本门课程根据沉积岩的原生沉积特点和时空分布规律，阐明沉积岩的物源、沉积岩的成分、沉积岩的结构和构造、沉积相的概念和分类、不同碎屑岩和碳酸盐岩沉积相的基本特征、沉积相模式、主要识别标志和与油气分布之间的关系、沉积岩形成的沉积环境、沉积砂体的时空分布，恢复沉积古地理面貌，预测沉积矿产的有利分布地区。与此同时，介绍沉积岩和沉积相的综合研究方法以及沉积岩和沉积相研究的基本方法。本课程的主要目的是，通过学习使学生掌握沉积岩与沉积相等原理及分析方法，同时使学生更进一步掌握灵活运用沉积学的基本理论和基本知识，建立沉积模式的基本工作方法和独立研究的能力。教学实践中，通过板书与多媒体相结合、讲授法与实验课相结合，理论联系实际，增强学生的感性认识和提高学习兴趣，为油田勘探开发、提高采收率服务，同时为以后从事沉积专业相关工作和科学研究打下良好的专业基础。

二、课程思政教学目标

立足课程思政的现代课程观，《沉积岩石学》课程重新认识、重新定位和重新塑造了教学目标，在知识层次、能力层次和情感价值之外，还将“确立社会主义核心价值观，弘扬民族精神和时代精神，树立全球能源危机观念和环保生态意识”的课程思政目标融入其中，贯穿于课程教学大纲的各个单元，实现了课程思政建设与教学目标的契合，与教学内容的融合，与教学素材的整合，与教学过程的结合。

三、课程思政教学设计

在教学过程中，根据各个教学单元的专业内容特点，选取更切合的课程思政教学目标融入，根据“专业知识+思政元素+跟随性学习+模仿性研究”的教学设计模式并配合以相应的教学活动设计，促进知识、能力和课程思政教学目标的同步有效达成。同时，培养学生的沉积学思维和专业知识应用能力，潜移默化地将社会主义核心价值观、民族精神和时代精神、全球能源大局观和环保生态意识融入课堂点滴中，使学生在“春风”中无声地感受到“细雨”。

四、课程思政元素的融合

（1）在沉积岩的概念、特征、作用，沉积岩的形成演化，沉积岩石学研究历史、现状和发展趋势等基础知识的讲授部分突出“确立社会主义核心价值观”的思政目标。这部分的知识核心是构建学生的石油工程专业思维体系，而社会主义核心价值观本身，又能够促进学生真正从专业视角上了解该学科的来龙去脉，理解那些生涩难懂的专业术语，构建自己的知识框架，而非像以往的学生只是对知识进行简单零散识记。

该部分更多的是让学生理解沉积岩石学的过去、现在和将来，同时强化沉积岩的形成与演化过程、研究内容与研究方法。例如，讲到沉积岩石学的历史，可以用不同时间轴展示国内外学者对该学科发展做出的跨时代的贡献来让学生真正了解并掌握这门学科的发展。讲到沉积岩形成演化时，可以配合动画或者视频加以生动形象的展示让学生学有所忆，学有所用。

（2）在碎屑岩成分、结构、构造、具体分类及沉积后作用等理论性抽象性较强的部分的讲授中融入“弘扬民族精神和时代精神”的思政目标。只有真正让学生了解到碎屑岩在油气成藏中的生产贡献和理论意义及其对国家能源安全的战略意义，才能切实理解并重视碎屑岩相关内容。这种坚定的专业信念一旦达成，既能够在知识层面上有利于学生学习枯燥的理论内容，又有利于学生形成坚定的职业信仰，极大地激发学生的自主学习动力和克服学业困难的毅力。

该部分主要选取中国碎屑岩油气勘探过程中有代表性的事件和人物，唤起学生的民族情感和时代精神。例如，用大庆油田王进喜在碎屑岩油气藏勘探开发过程中的牺牲精神，唤起学生投身油气勘探事业的爱国情怀和强国的使命感；用塔里木油田康玉柱院士发现塔河油田的案例，唤起学生在碎屑岩油气勘探进程中的职业使命感及对专业学习与实践的时代责任感。

（3）在沉积相的陆相组（山麓——冲积相、河流相和湖泊相）、海陆过渡相组（三角洲相、河口湾相）、海相组（滨海相、浅海陆棚相、半深海——深海相）相关概念、分类、沉积特征、沉积模式及与油气的关系等应用性抽象性较强的部分讲授中，更突出促进“树立全球能源危机观念和环保生态意识”思政目标的达成，让学生能够充分利用全局思维从世界不同沉积环境的背景下认识沉积相、沉积特征及成因。同时在将沉积相与油气建立关系的时候才能更注重生态环保意思，才能完成作为一个专业人士对生态意识的使命和担当。这一目标的达成，能够将爱国、报国、强国的强大精神动力转化为学习沉积岩石学的热情，形成强烈而持久的学习内驱力。

该部分更多的是采用启发式、问题式教学法，让学生直面当代中国油气勘探与开发与沉积相关系的现实问题，追问性地启发学生进行自我学习和自我发现，潜移默化地实现在全球观念和生态意识视角下观察、分析、反思、解决油气勘探与开发问题。例如，谈到不同类型沉积相与油气关系问题，启发学生对比国内外不同油气田的发现与该油气田和沉积相关系的区别和借鉴，并进而分析沉积相控制油气分布的差异性，再深入启发学生提出解决下一步勘探方向地方案。

五、教学效果

通过精心设计课程教学，保证专业课课前、课中和课后教学效果，以期达到专业与思政双重目标。在实际授课过程中，坚持教书与育人相统一，收集、整理并消化思政元素，进而将其灵活多变地运用到教学过程中，以达到“润物细无声”的效果，使学生切切实实、真真切切感受到专业之美的同时引领学生塑造社会主义核心价值观、全球能源危机与环保观念及中华民族的家国情怀。

学生通过对专业课的学习，深刻认识到专业知识在油气勘探、开发、炼化和储运环节的重要性，感受专业在国家经济命脉和能源安全领域的重要性。同时，让学生学会并领域自己的使命与担当，明确学习的目标，重燃学习的欲望，进而为社会主义中国不断发展壮大贡献自己的力量。

六、教学案例对地球科学类课程的推广

在教学过程中，根据学生专业基础差异和实际动手能力，因材施教，采用灵活多变的教学模式和教学方法，保证教学质量，结合“确立社会主义核心价值观，弘扬民族精神和时代精神，树立全球能源危机观念和环保生态意识”的课程思政目标，以学生为中心，通过线上线下、课堂内外、理论实际、面授翻转多种形式，将沉积岩石学基础知识与理论、技术方法与应用相结合，提升学生在实际面对油气勘探过程中运用所学知识解决实际问题的能力。与此同时，将思政元素融入专业知识学习的点滴中，培养油气勘探行业基础理论扎实、实际能力突出、创新能力强、团队合作能力好的复合型人才，为社会主义建设培养德智体美劳全面发展的建设者和接班人。

本课程融合“专业知识+思政元素”的教学模式，可供其他地球科学类课程借鉴并推广应用，使“知识传递”与“思政教育”双轮驱动，实现立德树人、润物无声。面向全体学生，帮助学生形成正确的世界观、人生观、价值观，提高道德修养和精神境界，养成科学思维习惯，促进身心和人格健康发展。守好一段渠、种好责任田，使各类课程与思想政治理论课同向同行，形成协同效应，最终形成“大思政”的格局。

《遥感数字图像处理B》课程思政教学设计

矿业工程学院　刘明月

该课程主要讲述遥感数字图像处理的基本原理、方法和发展趋势，阐述遥感数字图像基本理论在植被、地矿、生态环境等多个领域的处理方法及综合应用，培养学生创新思维和实践能力，融入创新精神、实践能力等课程思政点，培养学生民族自豪感与爱国主义情怀。

一、课程定位

《遥感数字图像处理B》是本科三年级开设的专业选修课，目的是使学生了解和掌握遥感数字图像处理的基本原理、方法和发展趋势，培养学生应用基本的遥感技术分析和解决实际问题的能力。本课程是以理论联系实践为主，注重理论知识运用，重视上机实践操作，系统地讲述遥感数字图像的物理基础、成像机理以及数字图像信息处理与分析方法，并使学生了解遥感技术其在植被、地矿、环境、资源等多个领域的应用。教学主要内容包括：遥感数字图像的获取和存储、表示和描述，预处理、图像增强、计算机自动分类及应用实践等。通过本课程的学习，能够提高学生应用遥感技术解决问题的能力，初步形成遥感知识体系并提高综合素质。通过本课程学习，使学生拥有扎实理论知识能力，并在上机环节提高学生的实际动手能力和相互协作能力，同时培养学生具备良好、诚信的科学文化素质。

二、课程思政教学目标

1. 知识目标：掌握遥感数字图像处理的基本原理、方法以及遥感技术的前沿领域和未来发展趋势。

2. 知识目标：掌握遥感数字图像预处理及图像增强相关理论，掌握图像处理的一般流程，并具有结合实际优选遥感数字图像质量改善方法的能力。

3. 能力目标：掌握遥感图像分类基本原理与方法基础上，能够结合具体应用实现典型地物目视判别、遥感图像特征提取，优选图像分类方法实现地物类型计算机自动分类，并进行精度评价与制图表达，具备运用专业知识服务相关领域的能力。

4. 素质目标：加深对地理空间思维的认知和理解，了解空天地一体化的遥感监测体系与典型应用案例，强化学生解决专业实际问题与不断进取的自主学习能力，形成勇于担当社会责任的专业素养，结合我国遥感领域科技突破项目及案例，培养学生的民族荣誉感和爱国主义精神，增强科技强国的信念。

三、课程思政教学设计

课程采用“主题讨论+课堂讲授+案例实践”的教学方式，明线以讲解遥感数字图像相关知识概念为主，通过主题讨论与案例实践，一方面强化学生对基础知识的理解，结合实际案例，让学生参与到实践应用中，培养学生将理论知识与应用实践相结合，另一方面，结合航天遥感领域的中国精神、中国故事与中国力量等案例素材，融入案例实践中，引发学生思考如何利用专业知识服务生活生产，实现教学目标与思政目标的统一达成。

四、课程思政元素的融合

（1）在图像的定义、遥感的类型、特点、遥感平台及遥感的发展动态和最新技术手段及我国遥感事业的突出成就等讲授部分突出“民族自豪感”的思政目标。这部分的知识核心是构建学生的地理信息科学专业思维体系，既能使学生掌握遥感科学发展历程，了解我国遥感事业的成就，增强学生国家荣誉感，培养爱国主义精神，又能够促进学生真正在专业视角上掌握这些看起来生涩难懂、枯燥乏味的专业术语，整合自己的知识体系，而非像以往的学生只是进行知识的简单零散识记。

（2）在传感器成像原理、图像校正等理论性抽象性较强的部分的讲授中融入“创新精神”等思政目标。结合图像处理基本原理讲解及主要方法对比，将遥感科学研究应用到实际教学当中，让学生体验到遥感科学研究的精神意蕴与价值追求，才能切实理解复杂遥感理论背后的实践意义。这种坚定的科学研究信念一旦达成，既能够在知识层面上有利于学生学习枯燥的理论内容，又有利于学生形成坚定的科学研究信仰，极大地激发学生的自主学习动力、克服学业困难的毅力、培养科学研究的兴趣和树立诚信科研的品德，进而强化勇于创新的思政目标。

（3）在遥感图像数字处理、遥感影像数字影像增强的滤波、图像运算、线形变换、非线性变换、各种卷积运算及多光谱变换，遥感影像的融合和遥感影像解译等实践机会比较突出的部分的讲授中，更突出促进“实践能力”“创新精神”思政目标的达成，让学生能够充分理解“实践是检验真理的唯一标准”。只有将所学理论应用于实践，熟练掌握遥感图像处理的操作，才能将遥感科学理论进一步升华，实现“实践能力”“创新精神”思政目标，进而能够将爱国、报国、强国的强大精神动力转化为学习地理信息科学的热情，形成强烈而持久的学习内驱力。

五、教学效果

通过“知识点+思政案例”的方式开展教学设计，保障传统授课教学效果的基础上，充分挖掘思政元素，不断丰富课程思政的内涵，在传授专业知识的同时，引领学生思想、塑造价值观、提升专业素养和爱国主义情怀，并将思政元素以“有形化无形、春风化雨、润物无声”的形式自然融入各个知识点中，达成显性教育与隐性教育、思想教育与价值观培养有机相结合的教学效果。学生通过课程学习，充分理解并掌握遥感数字图像处理的知识体系，在理解吸收理论知识基础上，结合如何服务生产、生活及科学研究，才能切实理解复杂数字图像理论背后的实践意义，并将其中传递出的实践能力、创新精神、民族自豪感、爱国主义情怀与家国情怀等精神内化于心，感受中国力量、中国制造、中国精神、中国故事，感受作为新一代遥感人的责任与担当，建立我们的民族自豪感、民族自信心、民族创造力，达到教书与育人目标的统一。

六、教学案例对地理科学类课程的推广

在教学实施过程中，通过灵活多样的教学模式，保障了课程质量，同时以学生为中心，通过多种教学方法与形式，将基础知识、理论技术和操作实践相结合，提升学生解决实际问题的能力，将社会主义核心价值观融入教育教学全过程，培养具有实践能力强、创新能力突出、高职业素养的复合型人才。本课程融合隐性思政的教学模式，可供其他遥感类课程借鉴并推广应用，使专业课程与思政教育同向同行，提高课堂教学效果和质量、提升学生学习热情和成效。

《矿产资源综合利用》课程思政教学设计

矿业工程学院　王　龙

该课程主要讲述矿产资源加工的基本理论知识和基本技能，阐述各种资源综合工艺的合理选择及综合应用，培养学生创新思维和实践能力，融入创新精神、爱国主义等课程思政点，培养学生德能兼修的素养和爱国主义的情怀。

一、课程定位

《矿产资源综合利用》是2018级矿物加工工程专业的一门专业选修课。本课程的任务是使学生了解各种不同矿产资源的特点、选别、分离提取的基本工艺原理及工艺方法。本课程的目的是使学生获得较广泛的矿产资源的基础知识及应用范围。

二、课程思政教学目标

立足课程思政的现代课程观，《矿产资源综合利用》课程重新认识、重新定位和重新塑造了教学目标，在知识性和能力性目标之外，还将“科学之美，科技强国”的课程思政目标融入其中，贯穿于课程教学大纲的各个单元，实现了课程思政建设与教学目标的契合，与教学内容的融合，与教学素材的整合，与教学过程的结合。

三、课程思政教学设计

在教学过程中，根据各个教学单元的内容特点，选取更切合的课程思政教学目标融入，并配合以相应的教学活动设计，促进知识、能力和课程思政教学目标的同步有效达成。

（1）利用国内知名专家的科学研究和发现之美，培养学生体验科学之美；利用伟人的诗句，培养学生博大的科学情怀；从大家之作的雕刻完美演绎到科学的创作之美，着力培养工科学生的科学之美的情怀。

（2）从我国最先进的技术装备入手引入矿物功能材料，从而培养大家科技强国的思想。纵观人类发展历史，科技创新始终是一个国家、一个民族发展的重要力量，也始终是推动人类社会进步的重要力量。改革开放特别是党的十八大以来，在全国科技界和社会各界共同努力下，我国科技事业密集发力、加速跨越，实现了历史性、整体性重大变化，重大创新成果竞相涌现，一些前沿方向开始进入并行、领跑阶段，科技实力实现了从量的积累向质的飞跃、点的突破向系统能力提升，正在从世界上具有重要影响力的科技大国迈向世界科技强国。近日，习近平总书记在给袁隆平、钟南山、叶培建等25位科技工作者代表的回信中指出，希望全国科技工作者弘扬优良传统，坚定创新自信，着力攻克关键核心技术，促进产学研深度融合，勇于攀登科技高峰。总书记的回信，将激励广大科技工作者，勇做新时代科技创新、建设世界科技强国的排头兵。结合领导人对创新的阐释促使学生产生对科技创新的驱动力与使命感。

四、课程思政元素的融合

1. 通过我国的先进技术和设备引出矿产资源综合利用的重要性

（1）案例形式：PPT+讲授

（2）视频名称：《科技强国》

访问地址：https://www.xuexi.cn/lgpage/detail/index.html?id=15485668412568622

（3）让我们来看看《科技强国》在改善人民生活等方面取得的成就

2. 通过知名科学家的研究引出所要讲授的内容，提高学生兴趣

本节课的内容是"有色金属矿产资源综合利用"，知识性的教学目标是学生了解石墨烯的发展、石墨烯的特点和制备方法，课程思政的案例《科学之美、科技强国》和本节课的法的作用的内容及分类是完全契合的。课程思政案例同时也是课程专业知识的典型案例，专业知识和价值分析同步同向同过程完成。案例最后进行的总结和升华，也同时提升了本节课"有色金属资源利用"专业知识的站位和理论层次，即：其一，更好地理解了有色金属对于人民生活水平的提高和国家科技的影响力；其二，结合学生现在使用的高科技产品，从有色金属资源对产品科技性能的提升效果。

五、教学效果

（1）案例导入使用我国的先进技术和设备引入学生的爱国情怀，使学生主动对创新驱动、科技强国进行思考，加深学生对材料的认识，将本节课材料内容与国家战略和人民生活结合在一起，不露痕迹地将学生带入价值思考中，为后面课程思政的开展做好思想准备。通过伟人的诗词和知名科学家对于科学之美的阐释，培养学生的科学之美的情怀。

（2）使用视频对《科技强国》进行简单介绍，快速将学生带入科技与创新的双重视野中，对生活水平的提高，国家战略的发展。小视频有助于提升学生的学习兴趣，强化学生对《科技强国》的直观认知，更好地理解科技创新是如何改善人民生活和提升国家国际竞争力的前景。

（3）使用讲授法，通过对《科技强国》在材料发展中所起到的作用，展示出的是国家和人民对科学价值的追求，在最后的总结性的讲授中，在宏观背景下将本案例提升到爱国主义、中国立场、时代担当的高度，进一步使学生树立起牢固的法治信念和职业信心，激发学生持久健康的学习动力，坚守法学初心，激励学生在今后的学业过程中克服学习困难，实现专业和职业理想。

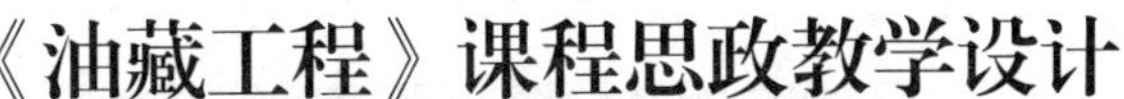

《油藏工程》课程思政教学设计

矿业工程学院　于江涛

该课程主要讲述油气藏基本理论知识，阐述油藏工程基本原理和基本方法，油藏工程开发方案设计及其矿场应用，培养学生逻辑思维、创新思维和工程应用能力，融入创新精神、家国情怀、爱岗敬业、科技报国等课程思政点，培养学生德能兼修的素养和爱国奉献的情怀。

一、课程定位

《油藏工程》课程是石油工程专业本科三年级开设的专业必修课程，也是石油工程专业的核心骨干课程。作为研究油气资源开发的一门科学，油藏工程以整个油气藏为研究对象，紧紧围绕储量、产能和效益三大主题开展工作。《油藏工程》课程突出基础理论和基本方法，通过课堂讲授、探究翻转、案例分析等形式，讲解油气藏流体与岩石、地下温度压力参数变化、物质平衡理论、试井方法、产量递减及含水上升等规律、油藏工程设计原理等，培养学生能够从整体上认识油气藏和把握油气运动规律，掌握油藏工程设计原理与设计方法，能够应用动、静态资料初步设计油藏开发方案，为科学开发油气藏奠定基础。课程在塑造学生专业思维、专业理念等方面具有重要作用。

二、课程思政教学目标

围绕课程的知识传授、能力培养和素质提升的整体目标，挖掘自身蕴含思政的素材和资源，结合自身课程的特点，在知识性和能力性目标之外，将“传承爱国情怀、培养创新思维、引导爱岗敬业、勇挑时代重担”的课程思政目标融入课程教学单元，实现了课程思政建设与教学目标的契合，与教学内容的融合，与教学素材的整合，与教学过程的结合。

三、课程思政教学设计

课程采取“知识讲授+思政元素”的教学设计模式，在讲授理论知识的同时，结合给学生布置的任务，融入思政元素，培养学生的逻辑思维和专业知识应用能力，潜移默化地进行民族精神、科学精神、职业道德、大国工匠等方面的渗透，使学生具有爱国情怀、奉献精神、敢于担当科技报国的使命与责任。本课程的课程思政教学设计模式为：“一条主线+两个核心要素+两个课程案例库+三个教学实施环节。”（见图1）

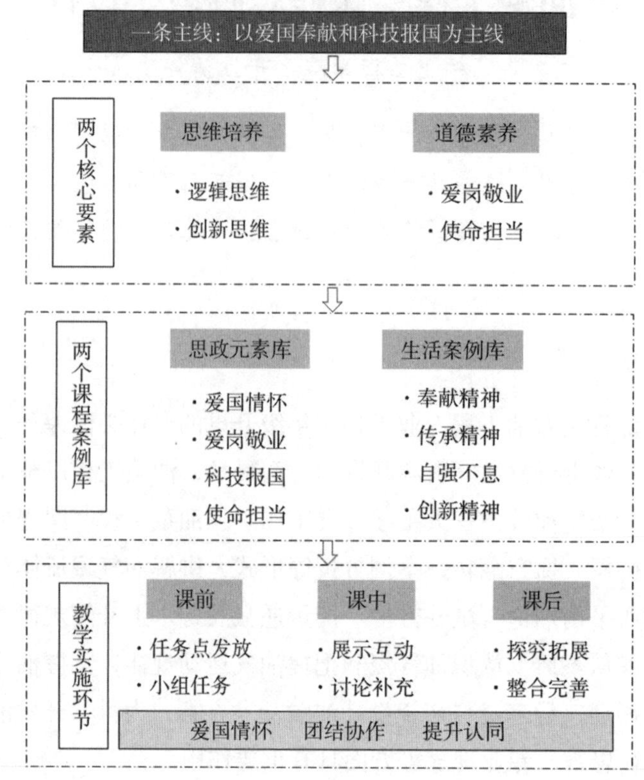

图1 课程思政教学设计

一条主线：以习近平总书记的论述“对每一个中国人来说，爱国是本分，也是职责，是心之所系、情之所归”——爱国奉献和“长期以来，一代又一代科学家怀着深厚的爱国主义情怀，凭借深厚的学术造诣、宽广的科学视角，为祖国和人民作出了彪炳史册的重大贡献。希望广大院士弘扬科学报国的光荣传统，追求真理、勇攀高峰的科学精神，勇于创新、严谨求实的学术风气，把个人理想自觉融入国家发展伟业，在科学前沿孜孜求索，在重大科技领域不断取得突破”——科技报国为主线，培养和增强学生坚定学好科学知识报效祖国的意识。

两个核心要素：促进学生知识传授、能力培养和素质提升有机统一，课程以思维培养和道德素养为核心要素。通过基础理论和基本方法的讲解，构建逻辑思维，提升专业能力；通过设计原理与方法的讲解，结合动静资料，提升创新思维，能够具体问题具体分析，创新性地解决实际问题；通过优秀前辈的事例及石油国际国内形势等介绍，为学生种下爱岗敬业的种子，并承担起科技兴油的使命。

两个课程案例库：在教学过程中挖掘思政元素，促进学生知识传授、能力培养和素质提升有机统一，形成两个课程资源案例库。一是以爱国情怀、爱岗敬业、科技报国、使命担当等为主要内容的思政元素库；二是以奉献精神、传承精神、自强不息、创新精神等为

主要内容的生活案例库。

三个教学实施环节：以教师主导、学生参与、共同讨论、拓展完善，来实施“课前+课中+课后”三个教学环节，完成教学内容，实现思政教育与知识教育的统一。

四、课程思政元素的融合

结合中国石油工业发展的历史，介绍石油先辈筚路蓝缕、为国分忧、艰苦奋斗的事迹。爱国奉献历来是刻印在石油人血脉中的，“铁人”王进喜的“宁可少活二十年，拼命也要拿下大油田！”“有条件要上，没有条件创造条件也要上！”不仅在当时带动了全国范围的“工业学大庆”，更是形成了宝贵的精神财富“铁人精神”，其核心就是“爱国、创业、求实、奉献”，它激励一代代石油人为了祖国的石油事业无悔奉献青春。绪论部分突出“传承爱国情怀”“勇挑时代重担”的思政目标，布置课前《铁人》电影的观影任务，感受石油人爱国奉献和艰苦奋斗的精神，并有信心将先辈的精神传承下去。引入典型国际事件等，介绍当代世界政治经济发展与石油安全的辩证关系，石油对国家安全从经济、政治、军事、外交等方面均存在制约，新世纪石油对国家安全具有新的巨大挑战，让学生有学好本领，将个人发展与我国石油事业相融合，为建设祖国奉献自身力量的使命感和责任感。

在油气藏流体与岩石、地下温度压力参数变化、油气藏物质平衡等基础知识的讲授部分，突出“培养逻辑思维”的思政目标。这部分的知识核心是构建学生的油气藏整体思维体系，让学生从相互独立又紧密结合的有机整体角度来理解和掌握专业术语、基本参数、主要研究问题、影响研究问题的主要因素等内容，梳理自己的知识体系，避免简单而零散的识记对后续应用产生的割裂。

该部分通过前后内容的反复关联，强化整体的思维对考虑问题和解决问题的重要性，加深学生认知。例如，讲解流体和岩石特性，用实际开发过程的实例让学生明白，不同的流体与岩石特性，在制定开发方案时所采取的开发方式与后期维护、增产需要注意的问题各不相同，必须全因素、全过程、科学合理地进行整体思考，才能取得最大的经济效益和社会效益，使学生真正理解看似简单的参数特性背后所牵涉的复杂问题，也有助于学生养成科学严谨的工作作风。

在试井方法、产量递减规律、含水上升规律、油藏工程设计等基本方法、设计原理等部分的讲授中融入“培养创新思维”“引导爱岗敬业”的思政目标。学生通过对各种规律的分析，理解与其密切相关的后续产能与效益，从而将敬业精神的种子深植心中，未来在工作中进行方案设计等工作时会更加谨慎严格，有利于对学业阶段的知识掌握，同时也利于学生形成坚定的职业信仰，诚信敬业，激发学生自主学习的动力和克服学业困难的毅力。同时训练学生能将基本规律和原理等创新性地应用到实际问题的解决中去，培养创新思维。

这部分适当加入先辈楷模、当代优秀同业等恪尽职守、敬业奉献等方面的事迹，通过这些代表性人物与事件等，激发学生对石油行业的热爱与坚守、敬业与奉献。例如，用铁人王进喜的事迹，激励学生传承“铁人精神”，兢兢业业为石油事业贡献自己的力量；用“人民楷模”“改革先锋”“新时期铁人”王启民的事迹，激励学生敬业奉献，勇于创新，勇攀科技高峰，做合格的石油科技工作者；还结合部分平凡岗位上同样爱岗敬业的石油人们的故事，增强学生学好知识，做好工作的信心和动力。

在产量递减规律、含水上升规律等有关增油控水，提高产量部分的讲授中，促进、强化“传承爱国情怀”“勇挑时代重担”思政目标的达成，让学生理解爱国有不同的表现形式与表达方法，作为石油人，学好专业知识、科技兴油，做好新时代的石油接班人，为祖国“加油”，就是对祖国最好的表白。同时，石油不仅是能源，也关乎生活中的衣、食、行、药等多个方面。通过启发式、问题式教学，让学生去更多地了解石油，大三学生即将面临就业和深造等问题，深入的了解也有助于学生更好地做出选择。对国家的归属感、对社会的责任感与对时代的使命感能够帮助他们建立坚定、稳定、持久的职业责任感和荣誉感，并乐于为此而不断求索前进，最终将这种爱国、报国、强国的强大精神动力转化为学习的内驱力。

这部分会介绍部分石油科技工作者攻坚克难、迎难而上，勇于承担时代给予的责任事迹，也会让学生去了解一些往届毕业优秀学长学姐的工作、学习、成长情况，矫正学生对爱国的理解偏差，爱国不是一定要轰轰烈烈，平凡的岗位上也可以展现属于自己的风采，增强学生“担好责、爱好国”的信心。

五、教学效果

通过精心设计课程教学，保障授课教学效果，达成教学目标。挖掘切合的思政元素，以“春风化雨”的形式融入教学过程，实现教书育人的目的。同时结合学生的参与，培养其团队合作能力，让其在学习科学文化知识的同时，意识到所学专业的重要性，认识到自己的责任与担当，增强爱国情怀的培养以及对专业的认同，隐性融入并丰富课程思政的内涵。“天下兴亡，匹夫有责”，青春就是用来奋斗的，只有将自己的选择紧紧地与国家前途、民族命运捆绑在一起，才能更好地实现自我价值，报效祖国！

六、教学案例对石油类课程的推广

在教学实施过程中，对教学模式、教学方法积极探索，保障课程质量的同时，遵循“一条主线+两个核心要素+两个课程案例库+三个教学实施环节”的教学设计，形成以学生为主，结合线上线下、课内课外、理论实践等形式，将基础知识与实例应用、前沿进展

等结合，并在整个教学过程融入社会主义核心价值观，培养具有较强实践应用能力和创新思维、团队协作以及家国情怀的复合型人才，培养石油工程领域合格的社会主义建设者和接班人。

本课程的思政教学模式，可供其他石油类课程借鉴和应用，使专业课程与思政教育协同进行，发挥更好的育人作用。坚持落实“立德树人”根本任务，全面提高课堂教学效果和人才培养质量。

《沉积学》课程思政教学设计

矿业工程学院　宋土顺

该课程主要讲述岩石形成的物质基础及过程，地质体的产状、时代及其共生组合，各种岩石在空间和时间上分布的规律性、颜色、成分、结构和构造，主要的岩石类型及其划分方案，培养学生创新思维和实践能力，融入爱国主义、民族精神、改革创新和国家战略等课程思政点，培养学生德能兼修素养，成为德智体美劳全面发展的社会主义建设者和接班人。

一、课程定位

1. 课程性质

本课程是资源勘查工程专业二年级的专业核心课程，开课学期是第4学期。

2. 课程地位

本课程旨在完善学生的地质学知识体系，并培养以下三个方面的技能：（1）掌握常见沉积岩的主要类型及其识别特征；（2）熟练运用显微镜等常规手段进行岩石类型鉴定及描述；（3）了解主要沉积相类型及其特征，并能运用岩石学方法进行判别。学生应了解沉积岩的基本概念，认识沉积岩的形成机理，掌握沉积岩的观察和描述方法以及鉴定标准；了解沉积相的基础理论、基本知识，掌握海相、陆相、过渡沉积相的各种特征和模式，学会开展沉积相研究的基本方法。

3. 课程教学内容与意义

《沉积学》课程是资源勘查工程专业本科生的专业必修课程，是研究组成岩石圈三大类岩石之一的学科，主要包括三个部分内容：（1）基础理论：沉积岩形成的物质基础及过程；（2）岩类学：沉积岩的颜色、成分、结构和构造，矿物组成及其相互关系，主要的岩石类型及其划分方案，沉积岩的形成机理；（3）沉积环境和沉积相：沉积环境与沉积相的概念和分类，海相、陆相和海陆过渡相的沉积相模式和主要特征。

二、课程思政教学目标

立足课程思政的建设，重塑课程教学目标。在地球漫长的演化历史中，由于地壳构造运动、古地理环境演变、古生物进化等自然因素而保存在地质体中的矿物、岩石、化石、构造形迹和地貌等地质遗迹，极具欣赏、研究与科普教育价值，对引领学生树立正确的审美观念、陶冶高尚的道德情操和塑造对美好生活的向往具有重要的教育意义。

课程通过总结宏观地质构造、矿物奇石、海洋、湖泊和生物特征，结合矿物和岩石分布，围绕“红色文化之旅”和“绿水青山就是金山银山”开展思政教育。课程旨在培养学

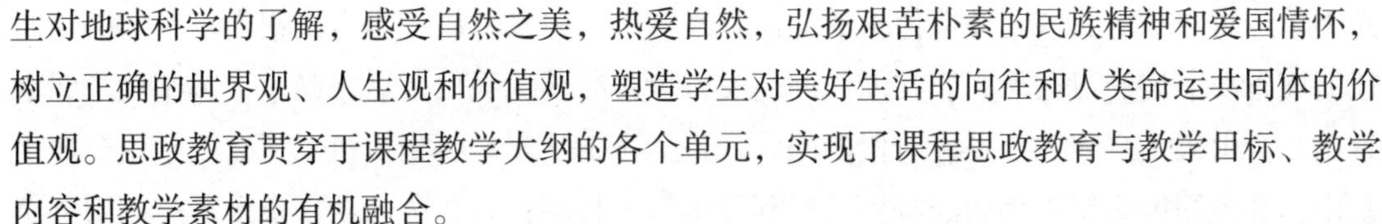

生对地球科学的了解，感受自然之美，热爱自然，弘扬艰苦朴素的民族精神和爱国情怀，树立正确的世界观、人生观和价值观，塑造学生对美好生活的向往和人类命运共同体的价值观。思政教育贯穿于课程教学大纲的各个单元，实现了课程思政教育与教学目标、教学内容和教学素材的有机融合。

三、课程思政教学设计

1. 课程教学设计模式

在教学过程中，根据各个教学单元的专业内容特点，选取更切合的课程思政教学目标融入，根据“专业知识+思政元素+跟随性学习+模仿性研究”的教学设计模式并配合以相应的教学活动设计，促进知识、能力和课程思政教学目标的同步有效达成。培训学生的沉积学思维和专业知识应用能力，培养学生对地球科学的热爱，感受自然之美，热爱自然，弘扬艰苦朴素的民族精神和爱国情怀，树立正确的世界观、人生观和价值观，塑造学生对美好生活的向往和人类命运共同体的价值观。思政教育贯穿于课程教学大纲的各个单元，实现了课程思政教育与教学目标、教学内容和教学素材的有机融合。

2. 课程教学特色与创新

《沉积学》课程在教学过程中，根据各个教学单元的内容特点，选取更切合的课程思政教学目标融入，并配合以“线上+线下+PBL”的教学活动设计，促进知识、能力和课程思政教学目标的同步有效达成。

3. 课程教学设计如何体现课程思政教学目标

将显性、隐性思政元素直接融入知识点及教学案例设计，正面立榜样，侧面潜移默化地渗透，通过课程的学习，让学生在新技术、新模式、新思维下，将遥感技术的学习与爱国精神、职业精神、科学精神等联系，实现思政进课堂。

四、课程思政元素的融合

在教学过程中，根据各个教学单元的内容特点，选取更切合的课程思政教学目标融入，并配合以相应的教学活动设计，促进知识、能力和课程思政教学目标的同步有效达成。

1. 在母岩的风化作用及其风化产物类型，碎屑岩的矿物成熟度概念及其研究的地质意义，风化壳的概念及其研究的地质意义等基础知识的讲授部分突出“习近平新时代绿水青山就是金山银山”的思政目标。这部分的知识核心是构建在高山、河流和湖泊条件下的风化作用的专业思维，包括物理风化、生物风化和化学风化，融入人类活动对环境影响的思政教学内容。

该部分内容更多的是让学生了解资源勘查工程专业对生态环境的关注，强化从原有认知中单纯对资源的获取到环境保护的冲击和改变。“绿水青山就是金山银山”是2005年时任浙江省委书记的习近平同志在浙江湖州安吉考察时首次提出，后来又进一步阐述了绿水青山与金山银山之间三个发展阶段的问题，包括：①从卖矿石到卖风景从靠山吃山到养山富山；②美丽风光变身美丽经济生态红利催生自觉行动；③久久为功谋求发展生态引领全域提升。习近平同志的“两山”重要思想，充分体现了马克思主义的辩证观点，系统剖析了经济与生态在演进过程中的相互关系，深刻揭示了经济社会发展的基本规律。

2. 在火山碎屑岩的概念及岩石的一般特征，火山碎屑岩的分类及各主要岩石类型的特征，火山碎屑岩的成因类型及其识别标志等理论性较强的部分的讲授中融入“红色文化之旅—长征精神”的思政目标。只有真正让学生体验到法治的精神意蕴与价值追求，才能切实理解复杂法治理论背后的实践意义。这种坚定的法治信念一旦达成，既能够在知识层面上有利于学生学习枯燥的理论内容，又有利于学生形成坚定的职业信仰，极大的激发学生的自主学习动力和克服学业困难的毅力，融入红色文化之长征精神，以长征途中跨越的18座大山和感人故事为线索，弘扬新时代发展要求，锐意进取，自强不息。

该部分主要选取红色文化之旅—长征精神，唤起学生对红军长征的追忆。红军长征始于1934年10月，第五次反围剿失败后，中央主力红军为摆脱国民党军队的包围追击，被迫实行战略性转移，退出中央根据地，进行长征。基本路线为：瑞金→突破敌四道防线→强渡乌江→占领遵义→四渡赤水→巧渡金沙江→强渡大渡河→飞夺泸定桥→翻雪山→过草地→陕北吴起会师（1935年10月）→甘肃会宁会师（1936年10月），宣告长征的胜利结束。长征中红军翻越的18座大山分别是五岭山地的越城岭，云贵高原的苗岭、大娄山、乌蒙山、横断山脉东部的大雪山、夹金山、邛崃山、岷山、六盘山、蓝山、大凉山、芦山、终南山、罗山、名山、井冈山、岷山、英山。结合感人故事的融入，旨在培养学生感受红军指战员在长征途中表现出对革命理想和事业无比的忠诚、坚定的信念，表现出不怕牺牲、敢于胜利的无产阶级革命乐观主义精神，表现出顾全大局、严守纪律、亲密团结的高尚品德。

3. 在河流的沉积环境及其沉积特征，河流相的亚相、微相划分及其主要特征，河流沉积组合及垂向模式，古代河流沉积的主要鉴别标志，河流相的油气分布规律等部分的讲授中，通过“长征精神的融入”突出促进“爱国主义立场”思政目标的达成，让学生能够充分理解自强不息的民族精神的最高表现，是保证我们革命和建设事业走向胜利的强大精神力量。

该部分更多的采用启发式、问题式教学法，让学生感受历史，培养学生重于求实独立自主的创新胆略和善于团结顾全大局的集体主义精神。例如谈到河流时，融入红军长征过程中跨越的24条大河，分别是贡水（雩都河）、桃江（信丰河）、章水（池江）、钟水、潇水、灌水、湘江、青水江、余专庆河、翁安河、乌江（两次）、赤水河（四次）、北盘江、牛栏江、普属渡河、金沙江、大渡河、小金川、梭磨河、黑河、白龙江、渭河、澧水、沅江。旨在培养学生有勇气战胜各种挑战，在激烈较量和竞争中，不掉队，并迎头赶上。缺乏忧患意识，就没有远见卓识，在困难和挫折面前就会惊慌失措、陷入被动，甚至导致事业的失败。对于一个政党、国家和民族来说，忧患意识是成熟的表现。生于忧患，死于安乐，这是被历史反复证明的真理。

4. 在沉积相、沉积环境、沉积体系的概念，相律及相模式的概念，标准相模式的教学内容的讲授中强化“习近平新时代生态文明建设的核心价值观”的思政目标。面对资源约束趋紧、环境污染严重、生态系统退化的严峻形势，必须树立尊重自然、顺应自然、保护自然的生态文明理念，走可持续发展道路。对于大学生，社会责任感和时代使命感能够帮助他们建立职业责任感和职业荣誉感，树立正确的价值观和人生观。

这部分更多地采用案例的方式，通过对矿山环境治理，生态环境修复等内容，提倡人类与自然和谐统一发展。生态文明建设其实就是把可持续发展提升到绿色发展高度。习近平同志结合新的实践需要，对推进生态文明建设提出了更加丰富、更加系统、更加明确的指导思想和总体要求。①作出生态文明建设总体部署。②正确处理经济发展与环境保护关系。③牢固树立生态红线观念。④探索环境保护新路。⑤着力解决损害群众健康的突出环境问题。⑥完善生态文明建设制度体系。新时代背景下，在大学生心中树立尊重自然、顺应自然、保护自然的生态文明理念。

五、教学效果

通过反复学习教学内容、精心设计课程教学、结合学生反馈进行教学设计的反复修订，提高教学效果，达成教学目标。在教学过程中，坚持教书与育人相统一，强化教师自身政治理念与专业知识的学习，深入挖掘并积累思政元素，以最适宜学生接受的方式将显性、隐性的思政元素融入遥感原理与应用的课程课堂教学环节，不断丰富课程思政的内涵，在传授专业知识的同时，引领学生塑造正确的人生观、价值观，培养学生的认真工作、努力付出的情怀以及将所学知识付出到社会主义建设中的精神。

六、教学案例对工科类课程的推广

在教学实施过程中，将思政元素通过“线上+线下+PBL”的教学模式，将基础知识、技术能力、创新精神与思政元素融为一体，并通过学生的自主学习、协作创新，潜移默化的将社会主义核心价值观、生态保护意识、团结协作精神、甘于奉献的职业精神、为中华崛起而读书的思政元素融入学生的思想中，弘扬艰苦朴素的民族精神和爱国情怀，树立正确的世界观、人生观和价值观，培养德智体美劳全面发展的社会主义建设者和接班人。

《石油工程导论》课程思政教学设计

矿业工程学院　韩晓影

该课程主要讲述石油工程的基本概念、方法和工艺流程，培养学生浓厚的专业学习兴趣，从而为后续核心专业课程的学习以及毕业生产实习打下必要的基础，将“培养民族复兴大任的时代新人”的思想融入课程目标中，在言传身教中培养学生的爱国主义情感，同时让学生明白作为石油行业的科研和工作人员，必须要明确当前国家油气资源紧张以及生产任务的艰巨性，树立并践行社会主义核心价值观，培养学生为祖国献石油的坚定信念，为“实现中华民族伟大复兴”贡献力量，为祖国繁荣富强增砖添瓦。

一、课程定位

《石油工程导论》是石油工程专业的一门专业必修课程，是一门兼具理论性和实践性的课程。它作为石油工程专业的一门专业启蒙课程，其基本内容主要包括石油工程的基本概念、方法和工艺流程。

通过课堂讲授、案例教学等形式，通过本课程学习，一方面使得学生全面了解石油工程中的各种新方法、工艺和工具，掌握石油工程的基本内容、最新技术以及发展趋势，另一方面培养学生浓厚的专业学习兴趣，从而为后续核心专业课程的学习以及毕业生产实习打下必要的基础。

二、课程思政教学目标

立足国家教育部门对课程思政的要求，对《石油工程导论》课程的教学目标进行深化，在原有知识性和能力性目标之外，还将“培养民族复兴大任的时代新人”的思想融入课程目标中，不仅在言传身教中培养学生的爱国主义情感，同时让学生明白作为石油行业的科研和工作人员，必须要明确当前国家油气资源紧张以及生产任务的艰巨性，树立并践行社会主义核心价值观，培养学生为祖国献石油的坚定信念，为“实现中华民族伟大复兴”贡献力量，为祖国繁荣富强增砖添瓦。

三、课程思政教学设计

课程采取“ 知识讲授+思政元素 ”的教学设计模式，在讲授理论知识的同时以石油工程主要任务为主线，融入隐性思政元素，培养学生石油勘探开发思维和专业知识应用能力，潜移默化地进行科学精神、价值取向、职业品德下的石油人责任、情怀与担当，并形成特色的课程教学设计：“ 一条主线+两个核心要素+三个课程案例库+两个中国系列模块+五个教学实施环节。”

一条主线：以习近平总书记“拿起科学武器勇于创新，才能实现振兴中华民族伟大梦想”——科技创新为主线，培养和增强学生以创新理念进行石油勘探开发的意识。

两个核心要素：促进学生知识传授、能力培养与价值引领有机统一，以思维培养和石油人素养为核心要素。通过基础石油工程相关知识的讲解，构建逻辑思维，体现石油人智慧；通过典型石油勘探开发实例的选取，提升找油采油思维，坚守石油人职责；通过勘探开发技术方法的掌握，培养创新思维，彰显石油人技能。

三个课程案例库：在教学过程中挖掘思政元素，促进学生知识传授、能力培养与价值引领有机统一，形成三个课程资源案例库。一是以爱国情怀、实践能力、个人品德及敢于创新等为主要内容的思政元素库；二是以健全人格、坚韧不拔、民族自信、实践运用等为主要内容的生活案例库；三是以英雄情怀、奉献精神、价值追求、求真务实等为主要内容的油田勘探开发案例库。

两个中国系列模块：模块一讲好中国精神，讲解个人品德、坚贞不屈，坚韧不拔，民族精神、顽强拼搏，敢于奉献。模块二讲好中国情怀，讲解石油人的职责、树立学习的决心和信心、奉献石油人的责任心。

五个教学实施环节：以学生为主体、以教师为主导、以体验为关键、以网络为载体，通过“课前+课中+课后+自主探究+实验实践”五个实施环节，完成教学，实现隐性教育与显性教育相统一。

四、课程思政元素的融合

1. 在石油工程学科体系及专业特点这部分，突出“为国奉献”的思政目标

首先介绍石油的用途：①72%的石油用于制成各种燃油：汽车上的柴油、汽油，飞机、轮船等交通工具使用的燃油。②塑料无所不在，牙刷、盆、瓶子、iPad、圣诞老人……随便就可以数出一大串，原来我们生活在石油的包围圈里——几乎所有的塑料都是石油产品。③沥青也叫柏油，是石油加工过程的一种产品，也有天然形成的沥青。全球有沥青铺装路面的公路总长为1700多万公里。④我们从衣服标签看到的涤纶、腈纶、锦纶等面料，都是由石油生产的合成纤维。纺织所使用的纤维中，化学纤维的比重接近3/4，天然纤维占比仅有1/4，而90%以上的化学纤维产品依赖于石油。⑤合成橡胶具有高弹性、耐高温、低温等性能，广泛应用于工农业、国防、交通及日常生活中，我们生活中随处可见的鞋子、体育用具、轮胎、电线电缆等物品都能找到合成橡胶的身影，而石油就是制作合成橡胶的主要原料。⑥制药与石油密不可分。先不说间接耗材，如包装使用的塑料，就连药品本身也依赖石油。⑦我们用的清洁用品很多都是石油制品，如洗涤剂、洗发水、沐浴乳、肥皂等，里面都含有石油的衍生物。⑧润滑油、润滑脂广泛用于各种机器润滑，如果没有润滑，几乎所有的机械都不能正常运转。润滑油、润滑脂（黄油）里面的成分大部

分是石油炼制的基础油，许多润滑油里90%的成分是石油。生活中较常见的润滑油是汽车发动机用的发动机润滑油，俗称机油。⑨石油也是制作化妆品的原料，含量较高的可达80%！石油精炼或合成出来的油、石蜡、香精、染料等，可用来制作化妆品。告诉学生，石油是整个工业的重要支柱，我们从事的行业对祖国发展极为重要，我们要做一个为祖国贡献力量的有为人才。

然后介绍石油工程专业主要的研究内容，包括：勘探发现具有工业油气流的含油气构造；制定合理的开发方案；进行合理的钻井设计和科学的钻井施工；制定采油工程方案，确定采油工艺技术；开发的动态监测与开发调整；采取有效措施，提高原油采收率。

2. 在油气勘探与钻井技术这部分，突出“科技强国、尊重事实”的思政目标

通过历史事实——地震勘探技术的发展和钻井技术的发展直接导致了油气勘探的大进步，告诉同学们油气勘探必须要依靠科技进步，并且要尊重事实，不能搞虚假数据这一套。然后介绍勘探的基本方法、钻井的基本方法与技术特点。

3. 在油气藏工程与开发概论这部分，突出“科学严谨”的思政目标

油气藏工程与开发这部分主要介绍油气田开发的基础知识和整个流程，通过开发开采的实例，让学生明白，石油行业的投资是巨大的，石油的科研人员如果不严谨，会造成国家和企业的重大财产损失，突出科学严谨的必要性。通过学习使学生了解油气的性质、化学组成、油气藏工程的概念、开发的基本过程、开发的基本方法。

4. 在“石油工程人才需求分析与人生规划”这部分，突出“培养爱国之情、砥砺强国之志”的思政目标

结合我国的能源结构和我国对石油、天然气的需求，指出我国将成为世界上最大的石油进口国，而这也给我们国家的石油行业带来巨大的机遇和挑战，如何保障国家的能源供需，如何保障国家的工业发展，非常需要石油工业的鼎力支撑。由此，培养学生把国家富强、民族振兴、人民幸福作为不懈追求，通过为石油行业做出贡献，进而为实现中华民族伟大复兴的中国梦提供强大支撑力。

五、教学效果

通过精心设计课程教学，保障授课教学效果，达成教学目标。在教学过程中，坚持教书与育人相统一，挖掘并积累思政元素，以“春风化雨、润物无声”的形式，隐性融入地质学专业课程课堂教学环节，不断丰富课程思政的内涵，在传授专业知识的同时，引领学生思想、塑造价值观、培养家国情怀。

学生通过课程学习，深刻认识到在我国油气工业发展史中，感受中国力量、中国精神、中国故事，感受作为新一代青年石油人责任与担当，建立我们的民族自豪感、民族自信心、民族创造力，感受在党的领导下，健康生活的幸福和美好。

《安全评价理论与技术》课程思政教学设计

矿业工程学院　柳晓莉

该课程主要讲述安全评价的基本理论知识和基本技能，阐述各种评价方法的合理选择及综合应用，培养学生创新思维和实践能力，融入安全意识、安全道德、安全伦理等课程思政点，培养学生德能兼修素养。

一、课程定位

《安全评价理论与技术》课程是安全工程专业的专业基础课程。本课程在系统阐述安全评价理论和方法的基础上，通过课堂教学、现场实践等教学环节，使学生掌握安全评价的基本概念、基本原理，进一步了解国内外安全评价的发展现状，熟悉安全评价领域的新方法、新理论，培养学生处理生产和生活中安全问题的能力，使其掌握安全评价的基本理论和基本方法，具有解决实际安全问题的综合实践和创新能力，并能够自主学习安全工程专业的相关知识。

二、课程思政教学目标

立足课程思政的现代课程观，《安全评价理论与技术》课程重新认识、重新定位和重新塑造了教学目标，在知识性和能力性目标之外，还将“安全意识、安全道德、安全伦理”的课程思政目标融入其中，贯穿于课程教学大纲的各个单元，讨论“安全意识、责任意识”在事故预防和控制中的重要性，实现了课程思政建设与教学目标的契合，与教学内容的融合，与教学素材的整合，与教学过程的结合。

三、课程思政教学实施设计

在教学过程中，根据各个教学单元的内容特点，选取更切合的课程思政教学目标融入，并配合以相应的教学活动设计，促进知识、能力和课程思政教学目标的同步有效达成。

1. 在危险源辨识单元的讲授部分突出“安全意识”的思政目标。这部分的知识核心是危险、有害因素的内涵和分类，识别危险、有害因素的原则和方法以及评价单元划分的原则和基本方法。

该部分更多的是让学生在头脑中有安全意识，认识产生行动、行动产生后果。通过由于危险源辨识不到位导致事故的案例，让学生明白认识不够会产生错误的行为，并最终酿成事故的事实。在该环节的教学过程中通过讨论安全工作者的安全意识在生产中的作用，使得学生在学习阶段就产生“安全第一、预防为主”的理念，并逐渐成为学生的行为习惯。

2. 在安全评价方法单元的讲授突出“安全道德”的思政目标。这部分的知识核心是安全评价的基本原理、步骤和不同的安全评价方法在生产中的应用。

该部分从安全生产中道德榜样的高尚行为和感人事迹出发，满足学生对于安全问题的伦理期待，对走上工作岗位后所从事的安全工作产生希望和信心，并能够从安全道德的标准要求自己。同时从典型的安全事故出发，通过对安全事故典型案例的剖析，探讨安全道德、敬畏生命在安全工作中的意义。

3. 在安全决策单元的讲授突出“安全伦理”的思政目标。这部分的知识核心是安全决策的基本知识和常用的安全决策的方法，使学生具有针对具体的危险源提出相应的对策措施的能力。

该部分从伦理教育入手，让学生重新认识自我，唤醒学生对生命的敬畏意识，树立以尊重、理解、关系和爱护人的生命为终极目的的生命安全责任观，使学生在安全决策的学习过程中，贯穿以人为本的思想，并延伸到未来的工作中。

四、课程思政元素的融合

1. 以事故为出发点，提高学生的安全意识。安全意识是人脑对生活、生产等活动中安全观念的反映，是对客观现实的反映，意识的存在会对事物发展进程起到巨大的促进或阻碍作用。安全工作就必须以“预防为主、预防为上”的方针进行，即在事故发生之前，就需要及时发现、并采取解决措施、进行有效预防。事故出于麻痹，安全来于警惕。安全工作的特点，要求必须居安思危，警钟长鸣，常抓不懈。通过对关注度比较高、损失严重或造成严重后果的安全事故的分析，说明安全意识的重要性。

2. 通过道德榜样的高尚行为和感人事迹分享，提高学生的安全道德意识。安全道德是社会公德、职业道德的重要组成部分，也是一个与安全生产紧密关联的重要问题。安全价值观的本质是保障自身安全。“珍惜生命，关爱健康”是人类共有的传统道德，更是社会主义道德规范的重要组成部分。生命不仅属于个人，而且属于亲人、属于家庭、属于社会，一个人发生了安全问题，整个家庭甚至是整个社会都要品尝这个悲剧的苦果。

所以，保证自己的安全即是对父母最好的回报。一个人对于生命的态度，体现了他对社会的态度、对家庭的态度，是个人人品、人格的诠释。对生命的珍惜，表明其对生活的美好追求，是对自然的热爱，对家庭的负责，是对工友的尊重，对社会的热爱；对生命的珍惜，是一个人“对父母尽孝心，对工作尽责任心，对社会尽奉献心，对国家尽忠心”的最基本要求。

3. 从伦理教育入手，唤醒学生对生命的敬畏意识，树立的生命是神圣的信念。从人类安全观演变及其伦理建构入手分析中国安全战略的形成与发展、机遇、挑战与定位、主要

特性与基本范式等问题，以揭示人类安全观演变内在的逻辑性及其规律性，探索人类安全伦理观的自我生长运动、发展与建构的规律性，凸显安全价值与安全伦理在人类安全的维护与发展中具有无可替代的重要作用，并以此作为我们未来解决安全问题的重要抓手。在和学生探讨的过程中帮助学生树立以尊重、理解、关系和爱护人的生命为终极目的的生命安全责任观，使学生在安全决策的学习过程中，贯穿以人为本的思想，并延伸到未来的工作中。

五、教学效果

在教学过程中，通过精心设计课程教学，保障授课教学效果，坚持教书与育人相统一，积极挖掘思政元素并融入课程的教学环节，使得学生在专业知识的学习过程中，提高了安全意识、安全道德、安全伦理意识和未来作为安全工作者荣誉感。

《矿山安全与法规》课程思政教学设计

矿业工程学院　宋　平

该课程主要讲述《中华人民共和国安全生产法》《矿山安全法》《安全生产许可证条例》和《煤矿安全规程》等安全方面的法律法规的基本知识和基本内容，培养学生的法律意识和法律观念，融入科学精神、爱国主义、国家战略、职业道德等课程思政点，培养学生能够运用所学的法律法规的相关知识，指导企业按照法律规范从事生产，及时发现生产过程中的安全隐患，规范职工的生产行为，减少人的不安全行为和物的不安全状态，大大减少生产安全事故，改善目前的生产安全现状。

一、课程定位

《矿山安全与法规》课程是采矿工程专业三年级本科生的一门专业选修课。通过教学使学生了解和掌握《中华人民共和国安全生产法》《矿山安全法》《安全生产许可证条例》和《煤矿安全规程》等安全方面的法律法规的基本知识和基本内容，培养学生的法律意识和法律观念，并使学生能够在今后的工作中，运用所学的法律法规的相关知识，指导企业按照法律规范从事生产，及时发现生产过程中的安全隐患，规范职工的生产行为，减少人的不安全行为和物的不安全状态，大大减少生产安全事故，改善目前的生产安全现状。

课程采用课堂讲授、案例式教学和小组讨论教学等教学方法，结合采矿专业特点，通过增加“矿山安全与法规宣传活动”，引导学生学安全、倡安全、守法规，培养学生责任担当；通过增加“矿山安全事故案例分析专题”，培养学生解决实际复杂工程问题能力，吸取事故经验教训，做到能够举一反三，避免发生类似安全事故，为学生将来从事矿山安全建设、生产和管理打下基础。

二、课程思政教学目标

立足课程思政的现代课程观，《矿山安全与法规》课程重新认识、重新定位教学目标，教学团队积极发掘课程中的思想政治教育元素，探讨将思想政治理论课与专业知识点相结合的教学形式，在知识性和能力性目标之外，还将“培养学生爱国主义情怀，树立远大的理想；增加学生的民族自信心、自豪感，坚定‘四个自信’；培养学生环保、可持续发展理念、健康和法律意识；培养学生责任意识、职业道德和工程素养；培养学生诚实守信、团队协作、勇于探索的科学精神”的课程思政目标融入其中，贯穿于课程教学大纲的各个单元，实现课程思政建设与教学目标的契合，与教学内容的融合，与教学素材的整合，与教学过程的结合。

三、课程思政教学设计

课程采取“知识讲授+自主探究+思政元素”的教学设计模式，在讲授理论知识的同时，以矿山安全与法规为主线进行自主探究活动，融入隐性思政元素，培养学生科学思维和专业知识应用能力，潜移默化地进行构建科学思维、坚守法律规定、爱国主义教育以及勇挑时代担当的思政教学，并形成特色的课程教学设计：“一个主线+两个核心要素+两个课程案例库+三个中国系列模块+四个教学实施环节。”（见图1）

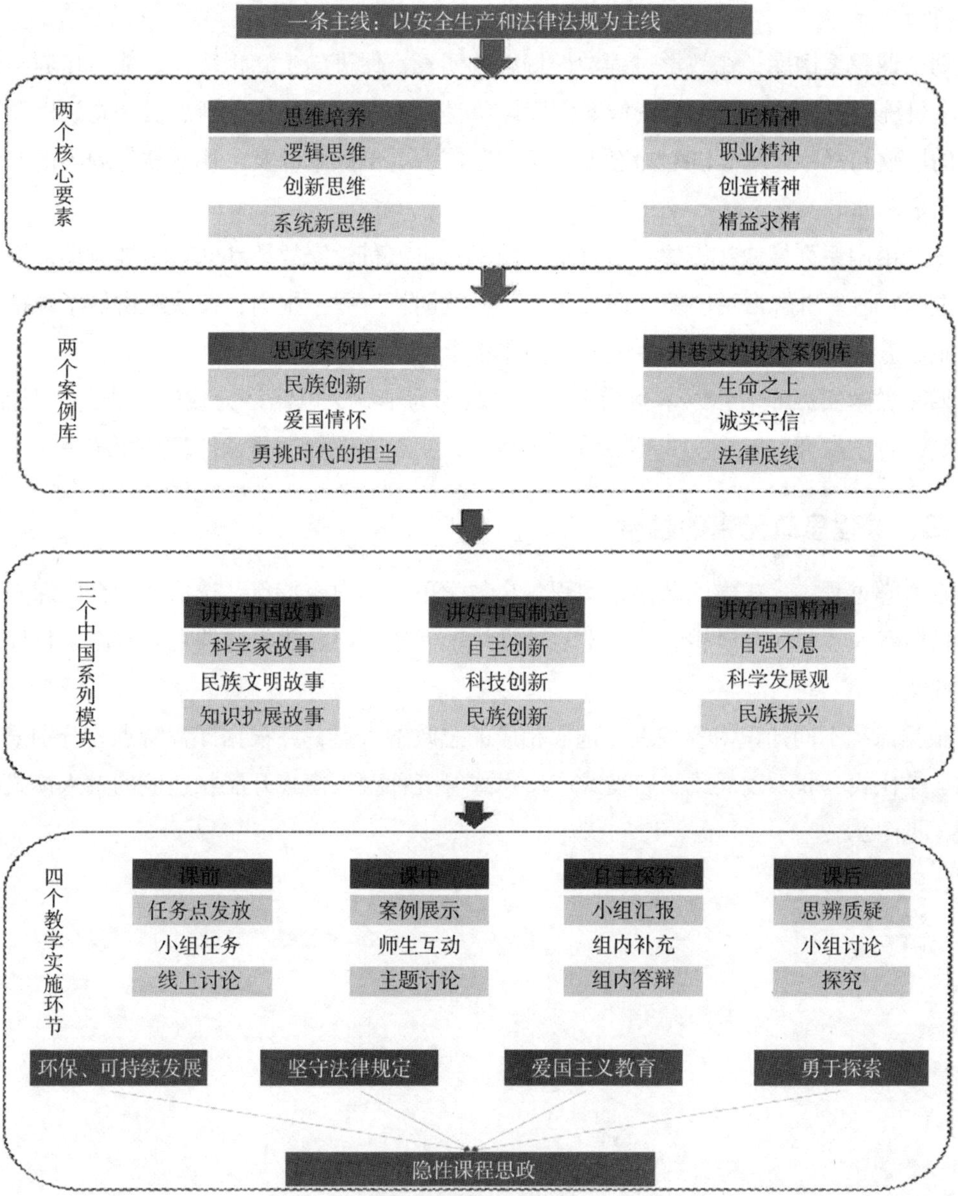

图1　课程思政教学设计

一条主线：以习近平总书记的论述“安全生产必须警钟长鸣，常抓不懈，丝毫放松不得，否则就会给国家和人民带来不可挽回的损失”—安全生产和“必须建立健全安全生产责任体系，强化企业主体责任，深化安全生产大检查，认真吸取教训，注重举一反三，全面加强安全生产工作”—法律法规为教学设计主线。

两个核心要素：促进学生知识传授、能力培养与价值引领有机统一，以思维培养和职业素养为核心要素。通过矿山法规的讲解，构建逻辑思维，体现法制精神；通过矿山安全技术的钻研，提升创新思维，坚守创造精神；通过对矿山安全方案的不断优化，追求精益求精精神。

两个课程案例库：在教学过程中挖掘思政元素，促进学生知识传授、能力培养与价值引领有机统一，形成两个课程资源案例库。一是爱国情怀、民族创新、责任意识以及职业道德的思政元素库；二是以生命至上、诚实守信、勇于探索以及法律底线等内容的井巷支护技术案例库。

三个中国系列模块：模块一讲好中国故事，讲解科学家故事和知识扩展故事；模块二讲好中国制造，讲解自主创新、迎难而上，科技创新，勇于担当；模块三讲好中国精神，讲解职业道德、价值体现、生命至上，坚守法律底线。

四个教学实施环节：以学生为主体，以教师为主导、以网络为载体，通过“课前+课中+课后+自主探究”四个实施环节，完成教学，实现隐性教育与显性教育相统一。

四、课程思政元素的融合

在教学过程中，教学团队根据课程各个教学单元的内容特点，选取更切合的课程思政教学目标融入，并配合以相应的教学活动设计，促进知识、能力和课程思政教学目标的同步有效达成。

根据课程不同知识内容特点，选取相应的思政融入点，并根据课程特点，分别采用举证式、类比式、联系发展式、启发式、反思式等五种融入模式开展相适应的融入模式匹配尝试（见图2）：

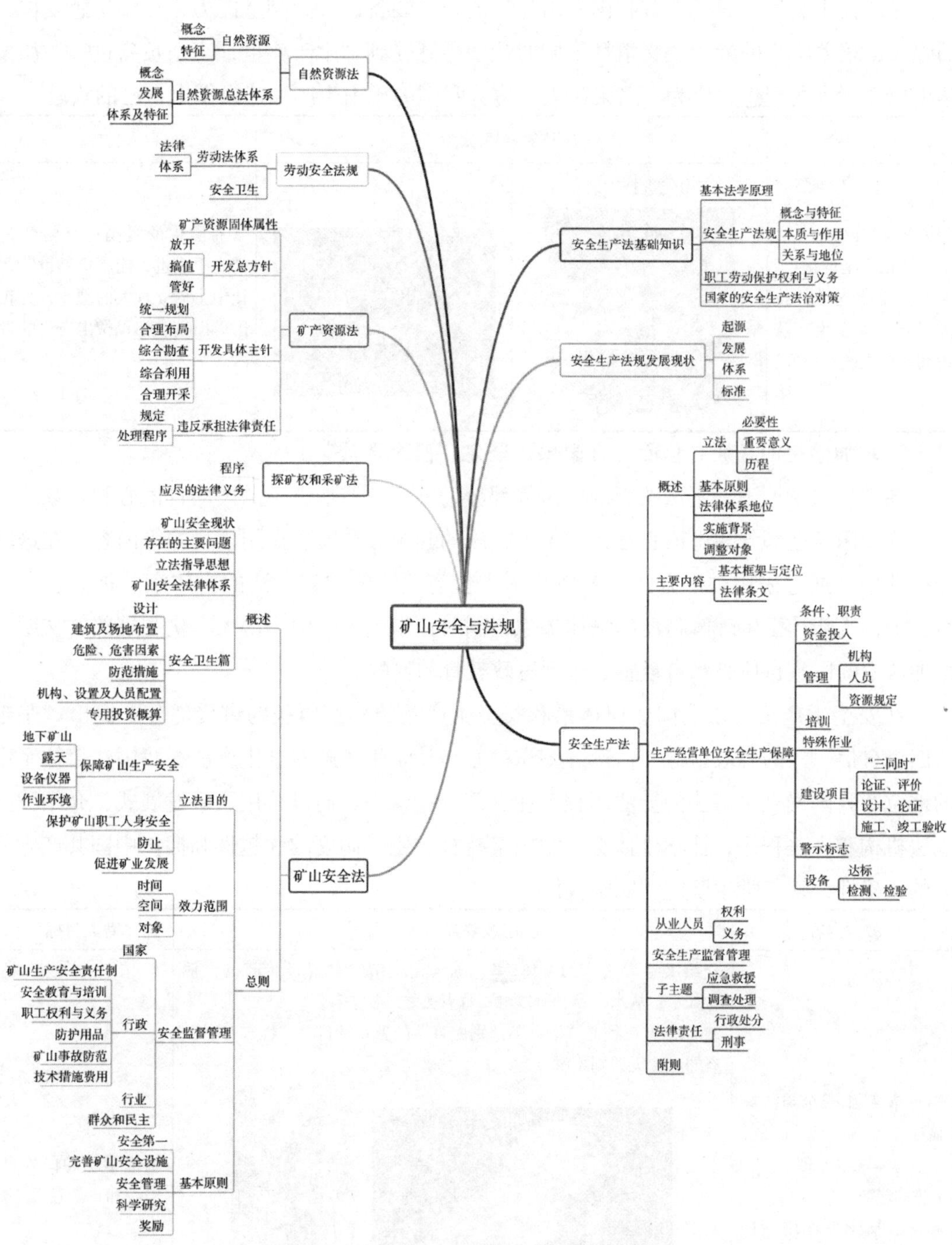

图2　《矿山安全与法规》课程知识体系

1. 培养学生的爱国主义情怀，树立远大的理想

在矿山建设生产安全保障之技术装备内容的讲授部分，突出“培养学生的爱国主义情怀，树立远大的理想”的思政目标。这部分核心是让学生了解目前我国矿山生产建设过程中的先进技术装备，通过讲解我国矿山先进的技术装备设计、制造能力，让学生感受国家的强大，培养学生的爱国主义情怀，同时让学生感受到“生于盛世，当不负盛世”，激发学生树立远大的理想，作为一名采矿人，应为我国的矿山生产和建设做出自己的贡献。

教学内容	思政要素切入点	育人目标
第六章 矿山安全法 一、矿山安全现状 1.通过采用先进的技术装备，安全生产状况得到极大改善。	矿山先进技术装备	培养学生的爱国主义情怀，“生于盛世，当不负盛世”，让学生树立远大的理想，为我国矿山生产建设做出自己的贡献。

2. 增加学生的民族自信心、自豪感，坚定“四个自信”

在基本法学原理关于法的起源的讲授部分，突出“增加学生的民族自信心和自豪感”的思政目标。这部分知识核心是让学生了解法的起源、概念、作用、目的等内容，在这部分授课中，通过采用举证方式，列举我国古代有关法的内容（法的古体字、神话、《法经》），既能让学生理解晦涩的法律知识，同时让学生感受中华博大文化和璀璨的文明，增加学生的民族自信心和自豪感，达到思政教育的目的。

在安全生产法关于我国法律体系和安全生产法的立法历程的讲授部分，突出“坚定“四个自信””的思政目标。这部分知识核心是让学生了解安全生产法在我国法律体系中的地位和我国安全生产法的立法历程。在这部分授课中，通过采用联系发展式，介绍我国立法机构和立法程序，让学生体会到我国坚持社会主义制度的优越性和拥护中国共产党领导的正确性，培养学生坚定“四个自信”。

教学内容	思政要素切入点	育人目标
第一章 矿山安全与法规概述 一、基本法学原理 1.法的起源 起源、概念、作用、目的	介绍汉字“法”的古体灋，据《说文解字》解释“刑也，平之如水，从水；廌，所以触不直者去之，从去”。 廌（zhi）一种能“治狱”“别曲直”的独角神兽，“性知有罪，有罪触，无罪则不触”。 《法经》是我国历史上第一部比较系统、完整的封建成文法典，是战国时期政治变革的重要成果。	增加学生的民族自信心和自豪感。

续表

第一章 矿山安全与法规概述 三、安全生产法 1.我国法律体系：宪法 2.安全生产法立法历程	宪法和立法机构  	培养学生坚定理论自信和制度自信。

3. 培养学生环保、可持续发展理念、健康和法律意识

在关于自然资源的分类、开发利用以及自然资源特征等内容的讲授部分，突出“培养学生环保和可持续发展理念”的思政目标。这部分核心是让学生掌握我国自然资源的分类、在开发利用矿产资源时对环境保护的规定以及我国自然资源的特征等基础知识。通过反思式抛出矿山开采过程中乱采乱挖，肆意破坏环境的案例，引导学生正视环境保护问题，探讨矿产资源开采战略，培养学生环保和可持续发展理念。

在劳动法对劳动安全卫生规定内容的讲授部分，突出“培养学生健康和法律意识”的思政目标。这部分核心是讲授职业卫生的基本知识，这部分通过举证式举出采矿行业职业病案例，分析职业病类型和危害，培养学生健康意识，同时提出对职业病的预防措施，劳动法规定职工有权利要求单位配备劳保用品，可以用法律武器捍卫自己的权益，培养学生的法律意识。

教学内容	思政要素切入点	育人目标
第二章 自然资源法 一、自然资源 1.分类 2.开发利用 二、自然资源特征 稀缺性（有限性）	自然资源利用过程中造成环境污染 （a）矸石山　（b）尾矿库 我国自然资源特点、赋存、储量和利用情况，资源不是取之不尽，用之不竭的。	破坏环境就是犯法，培养学生环保意识。 培养学生可持续发展理念。
第三章 劳动安全法规 二、《中华人民共和国劳动法》劳动安全卫生规定	职业卫生，联系矿山职工职业病尘肺病	培养学生法律和健康意识。

4. 培养学生责任意识、职业道德和工程素养

在矿产资源及属性内容的讲授部分，突出“培养学生责任意识”的思政目标。这部分核心是让学生掌握矿产资源的分类及国有属性，通过采用类比式方式，介绍煤炭这种矿产资源在我国能源结构中的地位，提出为了保证国家能源安全，作为采矿工程专业学生须以能源强国、矿业强国为己任，培养学生责任意识。

在矿山事故隐患的预防措施中关于冒顶片帮的讲授部分，突出“培养学生职业道德和工程素养”的思政目标，这部分的核心是让学生掌握冒顶片帮的预兆、支护材料、支护手段等预防措施等内容。通过采用举证式方式，介绍巷道支护材料锚杆，锚杆支护经过康红普院士数十年的研究和探索，目前技术和水平已经达到世界先进水平，通过学习康院士的“工匠精神”，培养学生的职业道德和工程素养。

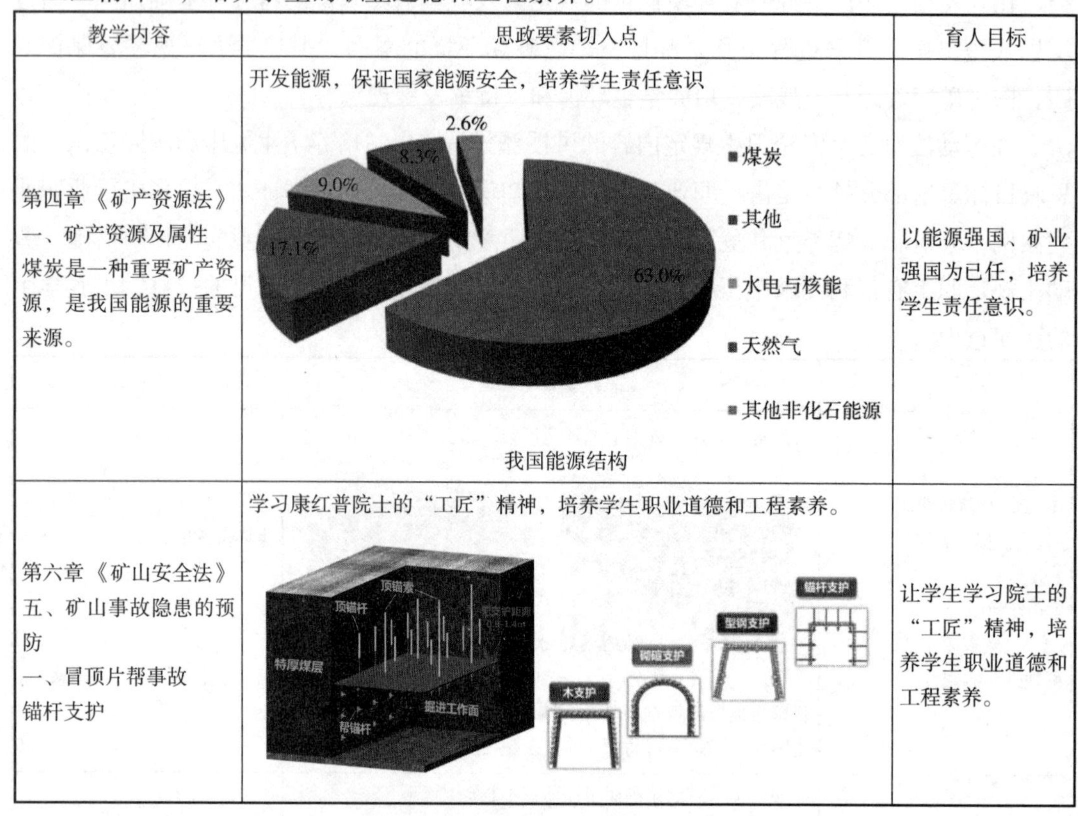

教学内容	思政要素切入点	育人目标
第四章《矿产资源法》 一、矿产资源及属性 煤炭是一种重要矿产资源，是我国能源的重要来源。	开发能源，保证国家能源安全，培养学生责任意识 2.6% 8.3% 9.0% 17.1% 63.0% ■煤炭 ■其他 ■水电与核能 ■天然气 ■其他非化石能源 我国能源结构	以能源强国、矿业强国为己任，培养学生责任意识。
第六章《矿山安全法》 五、矿山事故隐患的预防 一、冒顶片帮事故 锚杆支护	学习康红普院士的“工匠”精神，培养学生职业道德和工程素养。 顶锚索 顶锚杆 特厚煤层 帮锚杆 掘进工作面 锚杆支护 型钢支护 砌碹支护 木支护	让学生学习院士的“工匠”精神，培养学生职业道德和工程素养。

5. 培养学生诚实守信、团队协作、勇于探索的科学精神

在煤矿开采关于煤柱留设的规定内容的讲授部分，突出“诚实守信、团队协作、勇于探索”的思政目标。这部分的核心是了解矿山开采对煤柱留设的规定，通过结合科研项目，帮助学生理解煤柱留设的作用以及合理尺寸的确定方法，讲述数据的获取需要团队的力量以及数据的真实性对研究结论的影响，给出影响煤柱留设合理尺寸的影响因素的探讨思考题，培养学生对待任何事情都不能弄虚作假，要诚实守信，能够正视个人能力，注重团队合作，对于复杂难题有勇于探索的精神。

教学内容	思政要素切入点	育人目标
第六章《矿山安全法》 三、矿山开采 煤矿开采煤柱留设的规定 1.掌握煤柱留设的作用； 2.了解煤柱留设合理尺寸的确定	结合科研课题，突出诚实守信、团队协作和勇于探索的精神   	对待任何事情都不能弄虚作假，要诚实守信，能够正视个人能力，注重团队合作，对于复杂难题有勇于探索的精神

五、教学效果

通过精心设计课程教学，保障授课教学效果，达成教学目标。在教学过程中，坚持教书与育人相统一，挖掘并积累思政元素，以“春风化雨、润物无声”的形式，隐性融入采矿专业课程课堂教学环节，不断丰富课程思政的内涵，在传授专业知识的同时，引领学生思想、塑造价值观、培养家国情怀。

学生通过课程学习，深刻认识到在《矿山安全与法规》的学习和设计过程中，感受中国故事、中国制造、中国精神，感受作为新一代采矿学科人才的专业责任与担当，建立我们的民族创造力和自豪感，在后续工作中始终坚守生命至上的法律底线。

《测量学》课程思政教学设计

矿业工程学院　梁　鹏

该课程主要讲述测量的基本理论和基本方法，熟练掌握测量仪器、工具的使用和判读地形图的能力，能够独立完成小区域控制测量、大比例尺地形图测绘等工作的技术设计和具体操作，培养学生测量思维、团队理念和专业技能，融入爱国主义、敬业精神、团结协作等课程思政点，培养学生的爱国主义情怀、团结协作意识，形成良好的专业素养和敬业精神。

一、课程定位

《测量学》课程是测绘工程等测绘类专业，以及资源勘查工程等非测绘类专业的专业必修课程。作为学习和掌握测量的基本理论和基本方法，通过本课程的学习，要求学生了解测绘工作的基本原理，熟练掌握测量仪器、工具的使用和判读地形图的能力，能够独立完成小区域控制测量、大比例尺地形图测绘等工作的技术设计、具体操作等多项工作，对于培养学生测量思维、团队理念和专业技能具有重要作用。

二、课程思政教学目标

针对课程思政的价值内涵，《测量学》课程在确定知识性和能力性教学目标之外，还将“爱国主义、敬业精神、团结协作”的课程思政目标融入其中，贯穿于课程教学大纲的各个单元，实现了课程思政建设与教学目标的契合，与教学内容的融合，与教学素材的整合，与教学过程的结合。

（1）通过展示中国测量技术装备的发展水平，提升学生对国产测量装备的技术自信，培养学生的爱国主义情怀，成为爱国报国的有识之士；

（2）通过强化测量基本技能的实践，培养学生精益求精、一丝不苟的“工匠精神”和工作作风，形成良好的专业素养和敬业精神；

（3）在测量技能培养的过程，突出团队分工与协作的理念，培养学生的团结协作意识，以及勇于探索、求真务实的工作作风。

三、课程思政教学设计

在教学过程中，根据各个教学单元的内容特点，选取更切合的课程思政教学目标融入，并配合以相应的教学活动设计，促进知识、技能和课程思政教学目标的同步有效达成。

四、课程思政元素的融合

《测量学》课程思政元素融合，如表1所示。

表1　《测量学》课程思政元素融合

思政目标	授课内容	课程思政融入点
爱国主义	我国测量技术装备的发展现状	案例：测绘领域关键词 借助“中国北斗”“智能测绘”“大国工匠”“5G”等关键词，说明我国测绘技术装备的发展趋势，展示国产测绘技术的发展水平。
	三角高程测量	案例：珠峰高程测量 中国登山队员再登珠峰之巅，展现了为国测绘、为国攀登、不屈不挠的精神。作为全球最高峰，对珠峰高度的重新定义，是中国人不畏艰险勇于攀登的象征，是中国力量、中国精神的生动写照。
敬业精神	经纬仪认识和使用	案例：博弈“分秒毫厘” 为了提高仪器操作精度，运用对比法训练，自创一套仪器操作规程，细致到观测镜旋转方向和角度、仪器检校等，将仪器造成的误差降到最低。为了最大程度消除人工对精度的影响，他苦练测量技术，手磨出了茧子，肩膀磨出了泡，自创了观测方法“一转、一抬、一切”，将测量精度提高到极致。
	导线测量	案例：经纬线上的完美主义者——重庆市勘测院测绘分院工程师李维平 差之毫厘，失之千里，每一个点位、一个角度的细小差错都可能导致严重的后果，绝对不能有半点马虎。凭着对测绘工作的热爱和对技能精益求精的执着追求，一步步成长为全国测绘行业声名远扬的全国冠军、技能“大师”，书写了一段传奇。
	地形图测绘	案例：全国技术能手——河南省测绘地理信息局高级工程师李华 数字化测图工作站需要脑、眼、手、脚协调配合，绘出的线条才能流畅自然，对作业员的绘图功夫、技巧和经验提出了很高的要求。长时间戴立体眼镜看屏幕而致的眩晕，手脚并用的疲劳忙乱，无数次的手摇脚踩，无不磨砺着作业员的耐性。
团结协作	高程控制测量	案例：《开讲啦·李国鹏》 观看珠峰高程测量登山队成功登顶并完成顶峰测量任务的事迹、感受到登山队攀登过程中的艰苦与危险、感受登山队登顶的激动与喜悦，同时，学习测量登山队顽强奋战、团结协作、坚持到底的工作态度和敬业精神。
	全球卫星导航系统	案例：北斗精神：“自主创新，团结协作，攻坚克难，追求卓越” 九层之塔，始于垒土，千里之行，始于足下。这就是漫漫北斗路的成功精髓，我们要深刻体会“自主创新、团结协作、攻坚克难、追求卓越”这十六字的北斗精神，让“北斗精神”引领我们无畏前行。

五、教学效果

通过精心设计课程教学，保障授课教学效果，达成教学目标。在教学过程中，坚持教书与育人相统一，挖掘并积累思政元素，以“春风化雨、润物无声”的形式，隐性融入专业课程课堂教学环节，不断丰富课程思政的内涵，在传授专业知识的同时，引领学生思想、塑造价值观、培养家国情怀。学生通过课程学习，深刻认识到在测量学认识和发展过程中，感受中国力量、中国制造、中国精神、中国故事，建立我们的民族自豪感、民族自信心、民族创造力。

《遥感原理与应用》课程思政教学设计

矿业工程学院　满卫东

该课程主要讲述遥感技术的基本理论、遥感影响的分析处理方法，系统地介绍了遥感的基本概念、遥感卫星的特点、传感器类型、遥感影像的成像原理，遥感影像的大气校正、几何校正、图像融合、图像解译等内容的原理、处理方法及综合应用，培养学生扎实的遥感技术理论知识，并通过上机环节提高学生使用遥感软件完成基本的图像处理的实际动手能力和相互协作能力。课程教学中融入追求进步、保护环境、团队合作等课程思政点，培养学生民族自信、爱护环境和扎实学识等情怀。

一、课程定位

《遥感原理与应用》是本科三年级开设的必修课，是地理信息科学专业的核心骨干课程。《遥感原理与应用》课程系统全面地介绍了遥感技术的基本理论、分析处理方法。通过学习，使学生了解陆地资源卫星、高分辨率卫星、高光谱卫星、SAR类卫星、大气卫星、海洋卫星等；掌握遥感的基本概念、遥感卫星的特点、传感器类型、遥感影像的成像原理，遥感影像的大气校正、几何校正，图像的融合、图像的监督和非监督分类等；能够使用遥感软件完成基本的图像处理。通过本课程学习，使学生拥有扎实理论知识能力，另外上机环节提高学生的实际动手能力和相互协作能力，同时培养学生具备良好、诚信的科学文化素质。

二、课程思政教学目标

立足课程思政的现代课程观，《遥感原理与应用》课程重新认识、重新定位和重新塑造了教学目标，在知识性和能力性目标之外，还将“立德树人、创新创业、科研反哺教学”的课程思政目标融入其中，贯穿于课程教学大纲的各个单元，实现了课程思政建设与教学目标的契合，与教学内容的融合，与教学素材的整合，与教学过程的结合。

三、课程思政教学设计

在教学过程中，根据各个教学单元的内容特点，选取更切合的课程思政教学目标融入，并配合以相应的教学活动设计，促进知识、能力和课程思政教学目标的同步有效达成。

（1）在遥感的定义、遥感的类型和特点、遥感平台及遥感的发展动态和最新技术手段及我国遥感事业的成就等基础知识的讲授部分突出“立德树人”的思政目标。这部分的知识核心是构建学生的地理信息科学专业思维体系，既能使学生掌握遥感科学发展历程，认可我国遥感事业的成就，增强学生祖国荣誉感，培养爱国主义精神，又能够促进学生真

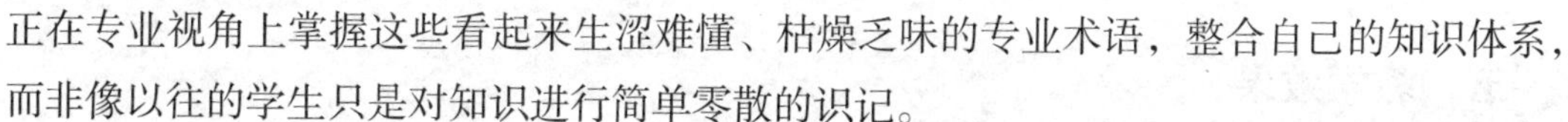

正在专业视角上掌握这些看起来生涩难懂、枯燥乏味的专业术语，整合自己的知识体系，而非像以往的学生只是对知识进行简单零散的识记。

（2）在电磁波及电磁波谱、传感器成像原理等理论性抽象性较强的部分的讲授中融入“科研反哺教学”的思政目标。只有真正将遥感科学研究应用到实际教学当中，让学生体验到遥感科学研究的精神意蕴与价值追求，才能切实理解复杂遥感理论背后的实践意义。这种坚定的科学研究信念一旦达成，既能够在知识层面上有利于学生学习枯燥的理论内容，又有利于学生形成坚定的科学研究信仰，极大地激发学生的自主学习动力、克服学业困难的毅力、培养科学研究的兴趣和树立诚信科研的品德，进而强化“立德树人”的思政目标。

（3）在遥感图像数字处理、遥感影像数字影像增强的滤波、图像运算、线形变换、非线性变换、各种卷积运算及多光谱变换，遥感影像的融合和遥感影像解译等实践机会比较突出的部分的讲授中，要突出促进“创新创业”思政目标的达成，让学生能够充分理解“实践是检验真理的唯一标准”。只有将所学理论应用于实践，熟练掌握遥感图像处理的操作，才能将遥感科学理论进一步升华，实现“创新创业”思政目标，进而能够将爱国、报国、强国的强大精神动力转化为学习地理信息科学的热情，形成强烈而持久的学习内驱力。

四、课程思政元素的融合

单元	授课要点	思政映射与融入点	授课形式与教学方法	预期成效
1	绪论部分 课后作业：论述航天事业对国家的重要性 理论：遥感的定义、遥感的类型、特点	从遥感技术概论出发，引出我国航天事业的发展，在此基础上，结合相关资料以及视频介绍航天大国的理念	授课方式：视频与讲解相结合 教学方法：课堂讲解与讨论互动相结合的方式	通过课堂讨论积极性考核，每人撰写一篇航天事业对国家的重要性的作业，使得学生了解航天事业的重要性
2	遥感成像原理 理论：电磁波及电磁波谱	结合成像机理，通过原理介绍、公式推导，介绍遥感成像的相关成功人士，引出为人处世的严谨意识	授课方式：主要以讲解的形式 教学方法：课堂授课	严谨意识在为人处世中的重要性
3	实验：遥感技术的常用软件操作 理论：遥感图像数字处理的基础知识	通过软件操作，介绍相关的遥感软件，进而引出我国科技飞速发展；遥感图像增强部分充分发挥学生的自主能动性，分组讨论	实验操作、课堂讨论互动的形式	我国科技发展的现状以及飞速发展的前提
4	遥感信息解译	通过影像解译，介绍遥感信息解译的方法、土地利用信息提取，进而引出我国国土资源信息以及现状	以讲解的形式为主	每人撰写一篇我国地大物博、大国风范的论述作业
5	遥感技术的应用	通过案例以及视频，展示遥感技术在军事领域的应用	视频以及案例教学 考核方式：PPT专题汇报	我国遥感技术军事领域的应用； 通过作业以及PPT汇报形式考核
6	遥感技术的应用	通过案例，引出遥感技术在我国环境保护、生态安全等方面的应用	视频以及案例教学 考核方式：PPT专题汇报	重点了解生态文明建设； 通过作业以及PPT汇报形式考核

五、教学效果

在《遥感原理与应用》课程的教学过程中，既要使思政元素不能偏离专业课教学根本，也要使学生在有思政的课程里学习专业知识，达到专业内容与思政元素之间互融、互通、互补，让思政元素在专业知识教学中增添内涵、提高热度。在鼓励学生终身投入专业技能学习的同时，也能够树立起学生的爱国情怀、使命感以及正确的人生观、价值观。思政教育设计和开展尽量贯穿课程的整个教学过程，体现一种连续性、系统性，产生“一加一大于二”的育人效果，力求以点带面从无意识层面到意识层面，让思教元素在教书育人、立德树人方面实现逐渐提升和完善成熟，进而能和缓地塑造学生人格品德。

六、教学案例对遥感类课程的推广

本课程计划得出以下推广内容针对课程思政教学，充分总结课程每一个环节的课程思政元素形成文本以及案例；形成一套完善的“课程思政”教学理念和思路；构建一套完整的面向《遥感原理与应用》课程的课程思政教学案例，以供教学推广；争取构建一套面向教学实验的课程思政教学案例。

《GIS设计与开发》课程思政教学设计

矿业工程学院　刘亚静

该课程主要讲述GIS系统设计的工程化思想、GIS系统定义、总体设计、详细设计的主要方法以及GIS应用模型开发的实现，培养学生面向实际应用的GIS软件开发能力、创新思维和实践能力，融入爱国主义情怀、创新精神、职业道德等课程思政点，培养学生的爱国主义情怀、大局观念、职业道德观以及正确的人生观和价值观。

一、课程定位

《GIS设计与开发》课程是地理信息科学专业本科三年级开设的必修课程，也是地理信息科学专业的基础课程。作为地理信息科学专业的基本理论、方法论和意识形态，《GIS设计与开发》从GIS软件设计与需求角度出发，结合地理信息自身的特点和相关的理论，考虑用户自身业务重组、研制方和用户方之间的协作、系统制度保障等非技术因素，承担着完善和提升学生专业思维、专业理念和专业伦理的重要作用。通过本课程的学习，学生可以掌握系统定义、系统总体设计、详细设计和系统测试与评价等基本方法，在此基础上进行地理信息系统开发设计。教学目的是使学生掌握地理信息系统软件设计与开发的基本原理、方法步骤和技术手段，掌握开发一个GIS软件系统的全过程以及练习正规编写GIS软件开发过程中产生的各类技术文档。

该课程采用理论与实践相结合的教学方式，通过案例教学以及鼓励学生参加全国性的专业比赛的方式，使学生能够综合利用所学的专业知识和技能设计和开发出针对具体应用的GIS系统，理论学习与设计与开发实践同步进行，从而使学生在独立思考、查阅文献资料、软件设计与开发、技术文档编写等方面得到综合的锻炼，团队合作能力、创新能力得到提高。

二、课程思政教学目标

根据地理信息科学专业的培养目标，以及GIS的课程目标的，课程思政目标确定为以下四点：一是使学生深入理解GIS软件开发的职业道德规范和实践标准的要求，并在实践中自觉践行；二是使学生具备从事GIS系统定义分析、设计与开发的基本科学素养和求实精神；三是使学生掌握GIS软件测试的软件质量保障的专业技能、高尚的道德情操和职业素养；四是使学生能够积极参与行业内的软件技术开发大赛，具备持续的学习能力并能够自我的提升和创新。

三、课程思政教学设计

课程借助学习通、腾讯课堂等工具进行线上、线下混合式教学，形成多样化的教学模式：如案例教学、启发式教学、专题式教学、研讨式教学等，实现教师与学生的互动、教授与学习的互补，提高教学效率。在突出讲授GIS工程化思想、GIS定义、总体设计、详细设计、系统测试的工具和方法等教学重点的同时生动形象地展示教学内容，培养学生的程序设计的思路、GIS系统二次开发的能力以及团队合作、创新实践能力。课程将思政元素和课程教学内容无缝对接，能在教学过程中将思政教育潜移默化地融入专业知识的教学过程并在教学活动中持续探索改进，使学生不但具有扎实的理论知识和专业技能，而且具有道德意识，考虑全面、大局观念，辨别是非的GIS软件开发人员的基本的职业道德、责任担当、持续学习能力以及自我提升和创新，并形成特色的课程教学设计："一个目标+二条主线+三项结合+四项能力。"

一个目标

通过GIS软件设计与开发的理论、方法和技术的讲授，引导学生能够客观、全面、正确地看待问题和解决专业问题。根据实际需求探究问题的解决方案，避免学生在问题求解时的无序化与极端化，从而培养学生立足现实、踏实求知的思维模式，积极主动勇于创新的工作态度。同时，在授课过程中融入习近平新时代社会主义核心价值观等思政元素，使学生能够在掌握专业理论知识的同时，深入理解社会主义核心价值观并树立正确的价值观。将该课程教学内容的关键要素与社会主义核心价值观相结合，让学生在学习过程中更好地理解案例的背景和意义，以践行社会主义核心价值观为目标，融入家国情怀、工匠精神、大局观念、创新创业精神等思政元素。

二条主线

课程专业内容教育与课程思政教育两者同步，梳理现有教学内容，提取主要知识点的关键内容，同时认真研究相关思政教学资料和教学思路，寻找两者的结合点。作为GIS软件开发人员技术既要具备扎实的软件设计理论知识，同时要强化实践、能利用软件设计与开发平台和语言来进行高效的设计与开发，能够根据学的理论知识和开发技术来分析定义、设计与实现相应的专题地理信息系统，又要具备职业敬畏、敬业精神，爱国情怀、职业自豪感，锤炼精品的"工匠精神"。

三项结合

首先是指素质培养与技能培养相结合。这一点强调课程教育必须和思政教育结合，人才培养应该在课程思政的大环境下，培养合格的人，即解决怎么样培养人、为谁培养人、培养什么样的人的问题。其次是指理论教学与实践学相结合，《GIS设计与开发》课程的强实践特性，使其在课程教学过程中，要开展大量实践练习，结合具体实践项目，提升学

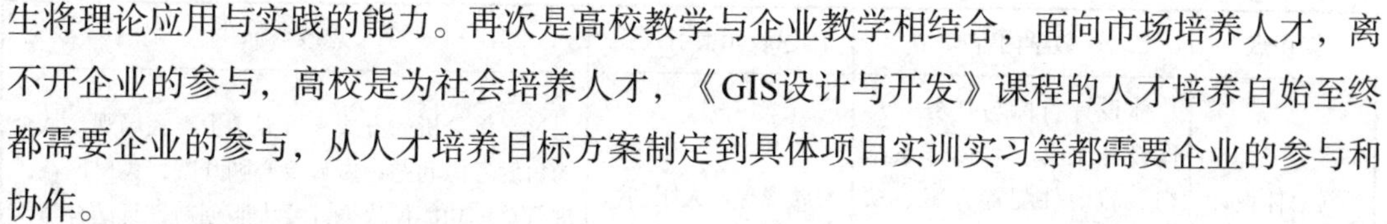

生将理论应用与实践的能力。再次是高校教学与企业教学相结合，面向市场培养人才，离不开企业的参与，高校是为社会培养人才，《GIS设计与开发》课程的人才培养自始至终都需要企业的参与，从人才培养目标方案制定到具体项目实训实习等都需要企业的参与和协作。

四种能力

第一是培养具备高尚的职业道德和职业素养的优秀人才，包括职业决策、职业感情、职业道德、职业纪律和职业法规等方面的内容。第二是具备分析复杂问题、解决复杂问题的能力，即掌握基础理论和专业技能，能熟练运用专业知识解决实际问题的科学素养。第三是具备团队协作能力，能在团队活动中适应、沟通、协调、合作的能力。第四是培养具备持续学习能力，具有创新实践能力。

四、课程思政元素的融合

要将思政内容和专业知识点相关联，首先根据特定的教学内容，切实地将思政教育内容与专业知识点进行有机融合。要达到该要求，需要专业教师仔细研判教学知识点，选择合适的教学素材和恰当的教学方法合理设计教学案例。

GIS软件设计与开发过程就像人的成长过程，设计与开发一款质量高的GIS软件需要一定的过程和正确的方法，一个优秀人才也同样需要一个培养过程和正确的世界观、价值观和人生观的引导。在GIS软件设计与开发过程中融入社会主义核心价值观教育，强调道德观念，做事先做人，开发软件也需要把道德放在第一位，培养学生的职业道德观，培养学生正确的人生观和价值观。

知识点	教学内容	思政元素引入	思政目标
GIS的规范化和标准化、GIS设计思想与方法	GIS的规范化和标准化、GIS工程化思想、GIS设计的方法	“职业道德规范与人生定位”“爱国主义与个人实现”；爱国情怀、民族自信及创新意识，彰显“文化自信”	通过课堂讨论和案例分析讲解，让学生理解作为软件开发人员，树立正确的道德规范对于个人生活和职业生活十分重要，也是良好职业生涯的基础；通过对GIS软件开发现状及老一辈科学家和典型案例介绍等，帮助广大学生确立民族自信，开展爱国主义教育。
系统定义	系统定义的目标与任务、系统定义工具、系统可行性分析、系统需求调查与分析、系统定义报告	诚信和友善 敬业、精益、专注等工匠精神	通过软件缺陷案例，讨论、分享由于项目需求分析不充分导致的严重后果，从而坚定对软件定义工作的敬畏，培养敬业精神；完善的需求分析需要不断地与用户沟通交流，诚信和友善的沟通是基础，引导学生在日常生活中有意识地培养自己的沟通能力；可行性分析需要确定问题是否值得做，因此需要精益的分析，从而培养学生的工匠精神。

续表

知识点	教学内容	思政元素引入	思政目标
系统总体设计	总体设计目标与任务、总体设计工具、总体体系结构、软硬件配置方案、功能模块、接口设计 总体设计报告撰写	大局观念、大胆创新	通过案例分析的方式来培养学生有大局观，从全局角度考虑问题；做人要心胸开阔，集思广益；进行总体功能模块设计要大胆创新，且结合学生获奖作品展示让学生体会到大胆创新的范例。
系统详细设计	详细设计目标与任务、详细设计工具 详细设计报告撰写	细节性考虑问题、合理规划、健全人格	在总体设计基础上，详细设计的目标是如何具体地实现系统；在全局性考虑问题的基础上，从细节性进行全面考虑。
系统实施	系统实施计划的制订、系统开发的组织管理	团队合作意识，培养友善、仁爱之心、和谐、自由、平等	采用项目团队方式协作完成任务，沉浸式体验并学会友善这一核心价值观。团队成员互相尊重、互相关心、以仁爱之心互相帮助，和睦友好，宽容、协作、团结、尊重、和气、宽厚、推己及人。管理人员必须在团队中营造“富强、民主、文明、和谐”的大氛围；在工作中倡导“自由、平等、公正、法治”的工作精神；要求团队每一位员工自觉树立“爱国、敬业、诚信、友善”的基本道德规范。
系统测试、评价与维护	GIS软件黑盒测试、白盒测试、综合评价、维护保障	诚信、工匠的一丝不苟、锤炼精品的敬业精神	在学习使用黑盒、白盒测试方法设计测试用例时，融入人文精神、工匠精神教育；分享成功方案反复测试的案例，让学生体会案例成功之美与一丝不苟、锤炼精品的工匠精神。 软件维护的任务是在软件投入使用后，保证软件能够长期正常运行；维护好个人信誉，才能得到别人的认可并长期与人交往。

五、教学效果

在课程中进行的课程思政，充分挖掘课程的育人资源、思政元素，在教学过程中，将思政元素“隐式”融入对应的教学内容讲解中，在讲解知识点的同时巧妙过渡，实现课堂教学“润物无声”，使得该课程不仅仅传授学生GIS设计与开发的理论、方法和技术，同时也成为价值引领的课程阵地，学生职业认同感、社会责任感、人文关怀意识和工匠精神等大幅提升。学生由被动式学习转变为主动式学习，并且实践应用能力有了明显提高，更为重要的是激发了学生尊崇科学楷模，立志成为新时代的地理信息产业人才的学习热情。项目任务分发后，从最初的项目分析到最后的实施效果评估报告均由学生自行完成，极大提高了学生学习的主观能动性和实践能力，学生的团队意识和整体凝聚力。

在进行课程思政的实施过程中，教师通过培训、讲座、研讨等多种形式牢固树立了“立德树人”的理念，深入挖掘课程中蕴含的思政元素，对思想政治教育有正确的认识，在教学实践中不断探索、反思。在育人的同时，教师自身的政治素养也大为提升，同时教师深刻理解专业课程对本学科、本专业的内在价值，增强教师的使命感和社会责任感，自觉将立德树人根本任务贯穿教育教学全过程，深刻理解怎么样培养人、为谁培养人、培养什么样的人的问题。教师也明确所处的学科、专业发展方向，对所教授的专业知识全面掌握并灵活应用，将思政元素和课程教学内容无缝对接，能在教学过程中将思政教育潜移默化地融入专业知识的教学过程并在教学活动中持续探索改进。

六、教学案例对工科类课程的推广

课程的实施过程中，通过转变教学理念、改进教学手段、反思教学环节，综合应用现在网络化、信息化手段，在教学过程中充分展现课程思政的功能。教学中采用翻转课堂、O2O（线上线下相结合）、CDIO（做中学）等多种先进的教学手段相结合，凝练出了“一个目标+两条主线+三项结合+四种能力”教学设计，以学生为中心，提高了学生理论学习的积极性，挖掘学生专业潜力和创造性，提高学生的实践能力，以期达到学校落实全方位育人和培养高水平应用型人才的要求，满足地方地理信息产业发展对于人才的需要。

本课程融合了多种思政元素，知识传授和价值引领同向而行，给地理信息科学、测绘工程等实践操作能力要求高的专业提供了参考，给相关专业课程教学改革提供一些思路，为相关专业课程的课程思政的实施拓宽渠道。

《采矿学》课程思政教学设计

矿业工程学院　刘志义

该课程主要讲述露天开采和地下开采工艺理论与方法，培养学生专业生产管理能力和规划设计能力，使其掌握矿产资源开发所需的基本理论和基本工艺方法，具有解决实际工程问题的综合实践和创新能力，并能够自主学习和终身学习采矿工程专业相关知识，融入创新精神、拼搏精神、工匠精神、传承精神等课程思政点，培养学生德能兼修素养和匠心独具的情怀。

一、课程定位

《采矿学》课程是采矿工程专业的专业核心课程，课程在系统阐述露天开采和地下开采工艺理论与方法的基础上，通过课堂教学、课堂实践等教学环节，使学生掌握采矿学的基本概念、基本原理，掌握矿床开采步骤和开采工艺，进一步了解国内外矿山开采技术、设备发展现状，熟悉采矿工程领域的新工艺、新理论，培养学生专业生产管理能力和规划设计能力，使其掌握矿产资源开发所需的基本理论和基本工艺方法，具有解决实际工程问题的综合实践和创新能力，并能够自主学习和终身学习采矿工程专业相关知识。

二、课程思政教学目标

中国作为世界上第一大矿业资源生产国，矿业为中国经济建设提供了巨大的物质财富，支撑中国完成了工业的“原始积累”，助力中国实现了从站起来、富起来到强起来的历史性跨越。采矿行业特色表明，采矿专业具有明显的思想教育内涵，在专业课程教育教学过程中，通过课程与思想政治教育的融合，在培养学生掌握科学知识、提高逻辑思维的能力的同时，将爱国主义、职业素养、良好品格、法律意识的工程思维融入教学当中，将知识升华、把思想融合，形成知识、能力、品行于一体的《采矿学》课程思政教学目标。

1. 弘扬爱国主义

爱国主义是中华民族的光荣传统，中华儿女一直高举爱国的旗帜，这也是大学生的正确价值观。矿业为经济建设提供了巨大的物质财富，支撑中国完成了工业的“原始积累”，使中国成为世界上第一大矿业资源生产国、消费国、矿产品贸易国，是国人的骄傲、采矿人的骄傲，作为学习课程的教师和学生无不产生强烈的民族自豪感。

2. 提高职业素养

提高学生的职业素养能够帮助学生在工作岗位更游刃有余，职业素养是整个专业的灵魂思想，作为未来的采矿工程建设者，在补充知识的同时要有一丝不苟的工匠精神、敬业精神和团结协作的能力，否则会产生质量问题，带来严重的后果。

3. 养成良好品格

在采矿工程中要特别注重质量，这也是合同中不可缺少的条款。如果工程人员缺乏诚信，带来的不仅仅是钱财的损失，更严重的将会是生命的代价。采矿工程的工作环境艰苦，在工程中承担开拓者的作用，所以在授课过程中就要让学生知道：采矿工程建设者需要在较为恶劣的环境、在远离家乡的地方工作，哪里有采矿，我们就在哪里。因此，在采矿行业中必须要养成讲诚信、吃苦耐劳的品格。

4. 增强法律意识

采矿学涉及到诸多设计规范，如开拓设计规范、井底车场设计规范和采矿方法设计规范等。在课堂教学中，应教育学生，作为地下工程建设者，无论设计和施工，都需要严格遵守规范法规。

三、课程思政教学设计

在《采矿学》的教学过程中，根据各个教学单元的内容特点找到与思政的融合点，从而建立关系，将爱国主义、职业素养、良好品格和法律意识贯穿到《采矿学》课程的学习中，提升思政教育的融合度和价值导向。

《采矿学》的教学单元可分为三个，分别为基础知识、矿山开拓选择与设计、采矿方法选择与设计，具体课程思政教学实施设计如下：

课程思政教学目标	思政融入点	思政融合成效
爱国主义 吃苦耐劳 讲诚信	1.列举案例：讲述采矿发展史，越来越多的大能力、机械化、智能化矿山诞生，经济、军事、民生发展所需的各矿品逐步被开发。 2.列举案例：在采矿工程中有很多不畏艰难、不怕牺牲、勇于探索的科学家和工程师，他们掌握核心技术、数十年如一日，为社会发展做出了杰出贡献。 3.实践：课后调研与课堂汇报结合，对自己了解的矿山生产、运营进行调研，总结并以not和手绘的形式展示。	我国矿业的发展史是国人的骄傲、采矿人的骄傲，以此激发学生的民族自豪感，树立建设矿山、奉献矿山的志向，培养报效祖国的热情，树立为国奉献的精神。
工匠精神 敬业精神 讲诚信 吃苦耐劳	1.列举案例：举出矿山突水、顶板冒顶、地表沉降、尾矿库溃坝、井下火灾等事故。以基础知识讲授为主线，解释和分析各事故的致灾机理，举出行业内在研究和预防上述事故的很多不畏艰难、不怕牺牲、勇于探索的科学家和工程师。 2.实践：参与采矿学专题设计和课程设计、金属矿地下开采生产实习，深入生产一线，感受矿山的工作环境。	1. 采矿工程建设者需要一丝不苟地完成工程的每一个环节。 2. 养成克服困难、不屈不挠和吃苦耐劳精神，学会积极地面对问题。
团结协作 敬业精神 工匠精神	1.以矿山开拓选择与设计、采矿方法选择与设计为载体，以小组为单元，设计实际矿山的开拓工程和采矿方法，并以此制作相应的物理模型，作为课程结束的考核点。 2.组织团队：针对重要课程内容进行小组讨论、汇报、解答，并形成报告。 3.按实践标准考核：针对团队任务，考核团队及每一位成员，团队成绩和个人成绩息息相关。	1.吸引学生参与到科研工作，增强学生认知和开展工作的能力。 2.培养学生动手操作、互帮互助意识，懂得团队协作的重要性，体会职业的荣誉感。

续表

课程思政教学目标	思政融入点	思政融合成效
良好习惯 讲诚信 工匠精神	1.制定课程评定标准：针对学生旷课、迟到现象，作业迟交及水平不高问题，制定严格且详细的考核标准。 2.制定实验相关要求：指导学生在实验时保持良好的卫生及安全环境。	在高标准的要求下完成作业，养成精益求精的职业精神，保持良好的职业行为能力。
法律意识 工匠精神	遵照标准：按照规范要求进行开拓设计、采矿方法设计、采场开采设计等内容。	具备法律意识，在遵守法律法规的基础上进行课程设计。

四、课程思政元素的融合

采矿行业特色表明，采矿专业具有明显的思想教育内涵，在专业课程的教育教学过程中，教师除了要培养学生掌握科学知识、提高逻辑思维能力外，还应注重职业素养、思想道德修养教育，发挥专业课程的育人价值。以专业知识为载体进行思想教育，具有一定的实效性和说服力，凸显隐性教育。《采矿学》课程由露天开采与地下开采两部分构成，涵盖较多的理论概念、复杂设计，在课堂教学过程中授课教师往往重视讲解知识理论，将矿床开拓和采矿方法的应用性作为授课重要内容贯穿在课堂设计和教学过程中。通过采矿学知识的学习，引导学生深刻理解与认识所学专业对金属矿的开采模式、矿床开拓、采矿方法等方面的重要作用，培养学生的专业荣誉感与职业使命感，激发学生爱岗敬业、献身专业的热情；同时，引导学生了解采矿学相关理论知识对矿山设计的意义，培养其认真严谨的学习与工作态度，为其今后从事相关专业工作打下正确的思想基础。通过矿床开拓和采矿方法设计知识的学习，采取案例教学、任务驱动等方式引导学生树立安全意识、责任意识，培养学生树立崇尚科学、开拓创新精神。

五、教学效果

（1）案例导入使用参与式课堂活动的方法，让学生了解和掌握我国矿业发展的历程与现状，明确采矿行业目前面临的难题，以此激发学生的民族自豪感，树立建设矿山、奉献矿山的志向，培养报效祖国的热情，树立为国奉献的精神。

（2）采用列举案例和小组讨论的形式讲授VCR法的落矿原理、关键技术、优缺点等教学内容，吸引学生参与到科研工作，增强学生认知和开展工作的能力；培养学生动手操作、互帮互助意识，懂得团队协作的重要性，体会职业的荣誉感；使学生体验到采矿工程建设者需要一丝不苟地完成工程的每一个环节，养成克服困难、不屈不挠和吃苦耐劳精神，学会积极地面对问题。

《测绘学导论》课程思政教学设计

矿业工程学院　杨久东

该课程主要讲述测绘工程的历史、现状、发展情况及专业教学安排与学习方法，启蒙和形塑学生的专业思维、专业理念和专业伦理，融入爱国、敬业、诚信、团结、担当等课程思政点，培养学生德能兼修的素养和大国工匠的情怀。

一、课程简况

《测绘学导论》课程是测绘工程专业本科一年级开设的必修课程，也是本专业的基础课程。本课程是以测绘工程的基本概念、基础知识为主要内容，为以后的专业课学习打下良好的基础。通过本课程的学习，要求学生了解测绘工程的历史、现状、发展情况及专业教学安排与学习方法，了解测绘工程的基本理论知识，测绘工作的基本原理。

作为测绘工程专业的入门课程，该课程无疑承担着启蒙和形塑学生专业思维、专业理念和专业伦理的重要作用。

二、课程思政教学目标

立足课程思政的现代课程观，《测绘学导论》课程重新认识、重新定位和重新塑造了教学目标，在知识性和能力性目标之外，还将"测绘职业伦理和道德，测绘工匠精神，学生的民族自信心和民族自豪感"的课程思政目标融入其中，贯穿于课程教学大纲的各个单元，实现了课程思政建设与教学目标的契合，与教学内容的融合，与教学素材的整合，与教学过程的结合。

三、课程思政教学实施设计

在教学过程中，根据各个教学单元的内容特点，选取更切合的课程思政教学目标融入，并配合以相应的教学活动设计，促进知识、能力和课程思政教学目标的同步有效达成。

讲授概要与教学过程设计

<table>
<tr><th>讲授概要与教学过程设计</th><th>注解</th></tr>
<tr><td>

【本讲课程的引入】

①大家知道世界屋脊珠穆朗玛峰的高程是多少?

②珠穆朗玛峰的高程是如何测得的?

【本讲课程的内容】

第一单元：测绘工程专业培养目标与人才素质要求

1. 导入

视频“2020珠峰高程登顶测量成功”，了解测量在我们生活中的应用。

图1　视频导入

2. 本课程内容介绍

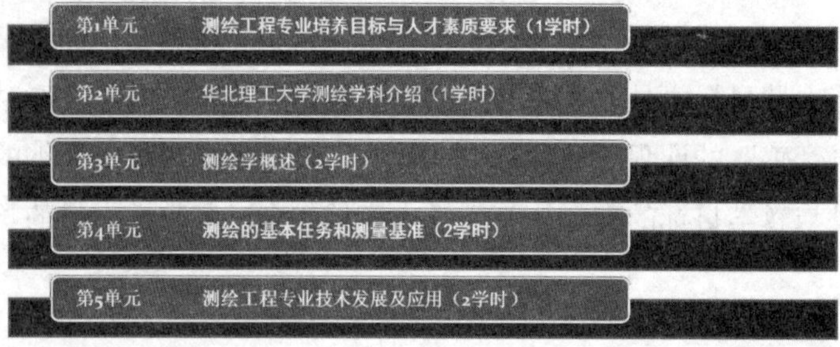

3. 本单元主要内容

一、培养目标

1. 具有一定的人文素养和良好的职业道德，具备数学、外语、计算机应用基础，扎实的测绘理论基础和测绘工程实践技能和专业综合应用能力。

2. 能够胜任测绘工程项目的设计、分析、评价和管理过程，进行空间数据采集、处理、分析及软件研发、地理信息数据生产与服务、大数据专题分析等工作

3. 具有创新创业意识和能力、自主学习能力、团队合作精神和国际视野的高素质应用型工程技术及管理人才，学生毕业后能够胜任测绘工程师岗位，从事工程测量、摄影测量等测绘工程项目的设计、开发、施工、组织等方面的技术和管理工作。

二、毕业要求

在系统学习数学、物理、外语、计算机等基础课程的基础上，掌握地面测量、空间测量、摄影测量与遥感、地图与地理信息系统等基本理论与基础知识以及测绘实践技能，具有测绘科学领域的研究、管理与规划的能力。

</td><td>

问题驱动：

测量“地球之巅”——2020珠峰高程测量

通过该视频，对测量建立初步认识，同时通过与当前热点结合，提升学生学习兴趣，培养学生的民族精神、创造精神

</td></tr>
</table>

续表

讲授概要与教学过程设计	注解
三、毕业合格标准 在校期间德、智、体、美、劳五方面完成培养要求，按本专业教学计划的要求，学完必修课、选修课和实践教学环节，取得170+6+6学分，其中必修课150学分，通识选修课10学分，专业选修课10学分。此外，通过参加学科竞赛、大学生创新创业项目、学术讲座等创新活动，取得创新素质学分6分；修读专业拓展模块课程，取得专业拓展学分6分。 其中：实践教学环节67学分，占比：36.81%。 四、课程设置 1. 主要核心课程：数字地形测量学，误差理论与测量平差基础，大地测量学基础，GNSS原理与应用，数字摄影测量学，遥感原理与应用，工程测量学，GIS原理与应用。 2. 特色课程：面向对象测绘程序设计，遥感原理与应用，大地测量学基础。 3. 大学期间能学到什么专业知识： （1）掌握地面测量、海洋测量、空间测量、地球形状及外部重力场等方面的基本理论和知识； （2）掌握大地测量、工程测量、海洋测量、矿山测量、地籍测量技术； （3）掌握摄影测量（解析摄影测量、数字摄影测量）和图像图形信息处理的理论和方法； （4）掌握使用各种信息源设计、编制各类地图的理论与方法； （5）具有从事国家大地控制网的建立，陆地、海洋、空间精密定位与导航，大比例尺数字化测图与地籍图的测绘及其信息系统的建立，各种工程、大型建筑物的各阶段测绘及变形监测．资源（土地、矿产、海洋等）合理开发、利用及环境整治等方面工作的基本能力； （6）了解现代大地测量、现代工业测量、空间测量、地球动力学、海洋测量等领域的理论前沿及发展动态。	案例分析： 以2020年珠峰高程测量作为典型案例，进行分析，形成测量认知，既使学生主动对社会重大事件进行思考，又让学生了解所学知识的用武之地，将本讲课的内容与国家重大科技事件结合在一起，不露痕迹地将学生带入价值思考中。
五、对大家的期望和要求——做大国测绘工匠 1. 热爱本专业、具有浓厚的学习兴趣； 2. 吃苦耐劳； 3. 有强烈的责任心，仔细、认真、负责； 4. 较强的实践动手能力：测、绘、算； 5. 较高的计算水平（号称“第二计算机专业”） AutoCAD：编辑操作、二次开发 MS Office：Excel、Word、PowerPoint、Access Matlab、Python Oracle、SQL Server、GIS 6. 扎实的数学基础：高等数学、线性代数、概率统计、运筹学、数理方程、微分几何、球面三角、特殊函数 7. 具有较高的外语水平	通过期望和要求，引入测绘工匠精神，引导学生精益求精、专业专注、持续改进的测绘工匠精神，从思想上引导学生积极向上的工作价值观的建立。
六、学生毕业后5年左右职业能力和职业成就 1. 工程能力：能够将数学、自然科学、工程基础和测绘专业知识用于解决测绘工程及相关领域中基础测绘工程、工程测量、摄影摄影测量与遥感、导航与定位、GIS工程等方面的复杂工程问题；能够胜任测绘工程师岗位，从事测绘工程项目的设计、开发、施工、组织等方面的技术和管理工作。 2. 道德责任：具备测绘工程从业者所需的吃苦耐劳精神，适应测绘工程一线岗位要求，在工程实践中能够综合考虑法律政策、环境资源和经济可持续发展；具有人文社会科学素养和社会责任感。 3. 沟通合作：具有团队合作精神和良好的沟通能力，能够在多学科、国际化背景下实现组织沟通、团队协作、项目管理、经济决策，创造性地完成工程目标。 4. 终身学习：具有自主学习和终身学习的意识，能够不断学习测绘工程领域相关的新技术，适应社会发展对应用型专业技术人才的要求，在测绘工程相关领域具有职场竞争力。	

续表

讲授概要与教学过程设计	注解
七、行业特点 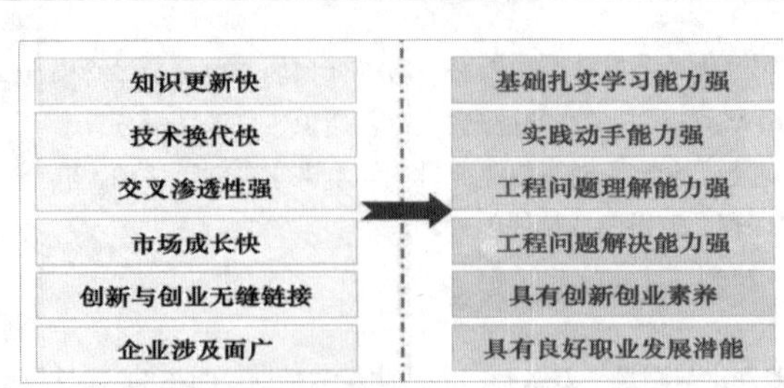 目前，伴随着电子技术的发展，测绘科学与技术朝着电子化和自动化的方向发展。20世纪通过引进航摄像片制图技术及电子测距技术而使测绘精度提高。20世纪晚期，用卫星作为大地测量的参考点以及使用计算机来加速测量数据的处理与记录，测绘科学与技术的技术又获得了重大发展。 不过，尽管现在的科技极为发达，但本专业仍有比较多的野外考察作业，这不仅要求从业者有健康的体魄，还要有吃苦耐劳的精神。这或许也是一个优势吧，因为可以经常贴近大自然，也是对工作辛劳的一种额外的奖赏吧!让我们把自己的爱好变成实际的工作热情，为本专业的技术发展和工作手段的提高奉献自己的聪明才智。 八、就业需求 在现代社会，测绘科学与技术的作用不可低估，它在经济建设和国防建设等许多方面都有着广泛应用。 1. 在地质勘探、矿产开发、水利交通建设等项目中，必须进行测量并绘制地形图，以方便施工建设工作的顺利展开； 2. 在城市建设规划，自然资源利用，环境保护等工作中，必须进行土地测量和测绘各种地图，供规划和管理使用； 3. 在军事上需要军用地图，供行军、作战使用，还要有精确的地心坐标和地球重力场数据，以确保远程武器精确命中目标。 九、就业领域 本专业方向的毕业生可在城市建设规划与管理、交通（包括公路、铁路与水运）、不动产、工业企业、海洋、建筑、水利、电力、石油、冶金、国防、测绘、工程勘察、城市与企业信息管理等部门，从事测绘及相关信息工程的规划、设计、实施与管理工作； 可在自然资源相关部门、海洋、航空航天部门、测绘部门、地震地质部门单位、导航系统设计制造单位、卫星定位导航技术开发应用单位等从事技术与管理工作； 可从事数字测绘和国家基础地理信息建设、应用与开发，以及在航天航空、农业、环境、交通、军事、国土资源管理、规划等相关领域中测绘信息的获取、处理和应用； 可以在政府部门、教学和科研单位从事相关工作。实际上，目前我国组织实施的有深远影响的大型工程，比如南水北调、西气东输、青藏铁路、三峡大坝、港珠澳大桥等，都需要测绘科学与技术师的积极参与，他们的工作对整个工程的成败有决定性的作用。可见，测绘工作是经济建设、国防建设和科学研究的“尖兵”。具有就业面广，适应性强，社会需求量大等特点。 九、小结 本课程是测绘工程专业的公共基础课，该课程简明介绍了测绘学的基础理论和最新技术发展及其在国民经济和国防建设中地位和作用，系统地反映了当前测绘科技领域内的新理论，新技术，新方法，全面贯彻了“厚基础，宽口径”的教育理念，切实做到理论联系实际。 本课程目的是了解测绘学有哪些主要内容，要学习哪些理论和技术，它有怎样的学科地位和社会作用，对测绘学有个概括性的了解。通过该课程的学习了解测绘专业的研究内容，现代新技术对学科的影响与现代测绘新技术，学科地位以及在国民经济建设中的重要作用。	把自己在湖北省第一测绘院的工作经历作为案例引入教学，培养测绘工程专业学生要有吃苦耐劳、人文社会科学素养和社会责任感、团队合作精神、实现组织沟通、团队协作等测绘人应具备的道德责任和精神。

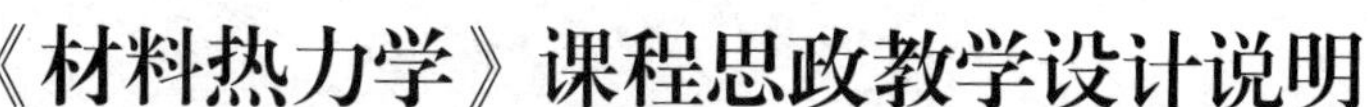

《材料热力学》课程思政教学设计说明

冶金与能源学院　崔　岩

该课程主要讲述运用热力学和动力学知识研究材料的组织演变、相变、固溶和析出、界面热力学等，力求指导金属材料的研发、工艺设计及应用等，培养学生科学思维、创新思维和实践能力，融入探索精神、创新精神、追求真理、爱国主义等课程思政点，培养学生突破陈规、探索未知的科学创新精神及科技报国的情怀。

一、课程简况

《材料热力学》是金属材料工程专业的专业必修课，是金属材料研究的重要基础课程。该课程理论性强、概念多、公式多、需要记忆的内容多，并且抽象、难学。要学好该课程，课后应注意复习。该课程的教学目的是使学生系统掌握《材料热力学》基本理论和基础知识，运用所学知识分析问题、解决问题，提高学生综合能力与素质，并为以后进行材料的基础和理论研究打好基础。通过课堂讲授，习题课和课堂讨论，课外作业等教学环节的教学，重点培养学生的自学能力、分析问题的能力，培养金属材料专业学生应用热力学、动力学知识分析金属材料的相变、组织演变规律。

二、课程思政教学目标

立足课程思政的现代课程观，《材料热力学》课程重新认识、重新定位和重新塑造了教学目标，在知识性和能力性目标之外，还将“构建科学的思维、培养学以致用的能力、坚守学以报国的信念，为中国材料科学与工程的发展、进步贡献力量”的课程思政目标融入其中，贯穿于课程教学大纲的各个单元，实现了课程思政建设与教学目标的契合，与教学内容的融合，与教学素材的整合，与教学过程的结合。

三、课程思政教学实施设计

在教学过程中，根据各个教学单元的内容特点，选取更切合的课程思政教学目标融入，并配合以相应的教学活动设计，促进知识、能力和课程思政教学目标的同步有效达成。

（1）在《材料热力学》概论中，通过学习材料热力学的发展历史，突出“构建科学的思维”的思政目标。这部分的知识核心是构建学生热力学科学思维、理性思维，促进学生真正在专业视角上理解科学技术的演化规律，整合自己的知识体系，而非像以往的学生进行知识的简单零散识记。

（2）通过将材料热力学知识与现代材料科学和工程的发展案例结合起来，培养学以致用的能力。

（3）通过将材料热力学知识与现代高端材料（比如航空发动机叶片、火箭、导弹、大飞机、单晶硅芯片）的发明、发展联系起来，让学生认识到《材料热力学》知识在科技发展、国防、现代信息技术等领域的重要应用价值，引导学生坚守学以报国的信念，为中国材料科学与工程的发展、进步贡献力量。

《能源化学》课程思政教学设计

冶金与能源学院　曹卫刚

该课程主要讲述物质的化学组成、化学结构和化学反应，以及能源工程技术中遇到的如化石燃料燃烧、化学电源、节能技术、新能源开发利用、环境的污染与保护等有关化学问题，培养学生科研创新和工程实践能力，融入生态文明、科技报国、行为规范等课程思政点，培养学生家国情怀和绿色发展理念。

一、课程定位

《能源化学》课程是新能源专业必修的一门专业基础课。课程从物质的化学组成、化学结构和化学反应出发，密切联系能源工程技术中遇到的如化石燃料燃烧、化学电源、节能技术、新能源开发利用、环境的污染与保护等有关化学问题，深入浅出地介绍有现实应用价值和潜在应用价值的基础理论和基本知识，使学生在今后的实际工作中能有意识地运用化学观点去思考、认识和解决问题。

二、课程思政教学目标

立足思政教育融入课堂，重新认识、塑造和定位《能源化学》的教学目标，在获得知识和培养能力的同时，将“绿水青山就是金山银山”的绿色发展观念，爱国爱家的家国情怀，科技强国的担当责任，以及正确的人生观，世界观融入其中。如此，将课程内容与思政教育有机结合，实现课程思政教育和教学目标的契合，教学内容的融合，与教学素材的整合，与教学过程的结合。

三、课程思政教学设计

教学过程中，根据课程内容的特点，选择契合的思政教学内容，并采取适合的教学方法和方式，促进知识、能力和思政的有机融合，达到共同提升的效果。

（1）在绪论中，讲述能源化学的基本概念、能源化学发展史、能源与经济、能源与环境等问题中，突出科技强国的责任担当，以及“绿水青山就是金山银山”的绿色发展观念。这部分知识属于概论部分，将能源化学的整体面貌展示了出来，显示出能源化学与我们生产和生活密切相关。该部分内容采用实际案例展现课程内容，并提升学生的思政认识。例如：在能源发展史中，利用小视频展示能源的发展和变革，认识科技的发展，同时强调科技兴国的责任重担，以及“落后就要被挨打”“弱国无外交”等惨痛教训，鼓励学生为振兴祖国而奋斗。在能源与环境的部分，采用雾都伦敦、酸雨等实际的案例展现能源与环境的关系。

（2）在热化学与能源部分融入人生观和价值观的讲授。在热化学中，熵是极其重要的概念，其同样应用于人生的发展。当没有约束时，处于一个熵增状态中，就是目前学生在家中的状态，无约束，自由散漫。当处于自律有理想状态时，是一个熵减的方向，那么将处于一个能量蓄积的状态，必将有所作为。

（3）在电化学与金属腐蚀的部分，将科学观和人生教育融入其中。电化学的发展史是一部科技发展史，也是一个体现唯物史观发展的过程。电化学反应过程其实和人生非常相似，某一个电化学需要反应时，必须达到一定的外加电压。我们要想实现某一个人生理想，则必须给予自己强大的驱动力。

（4）在物质结构基础部分，将爱家爱国的家国情怀融入其中。名人效应对学生有着不可估量的激励效果。在讲述核外电子分布式和外层电子分布式时，徐光宪院士提出的n+0.7l规则与n+0.4l规则。将徐光宪院士的事迹讲述给学生：徐光宪院士在祖国需要的时候，放弃优越的生活条件在1951年毅然回国，参加新中国的建设。在20世纪80年代中期，创立了稀土串级萃取理论，使我国的稀土分离技术和产业化水平跃居世界首位，确立中国的世界稀土强国地位，被称为“稀土之父”，将徐院士这种家国情怀传递给学生。

四、课程思政元素的融合

1. 能源概述，突出思政要素

通过视频、文献资料等多种方式讲述能源化学的基本概念、能源化学发展史、能源与经济、能源与环境等问题，突出科技强国的责任担当，以及“绿水青山就是金山银山”的绿色发展观念。

2. 将科学理论与人生联系，树立正确人生观、价值观

在热化学讲授中，通过熵增理论讲述学生应自律。当没有约束时，处于一个熵增状态中，无约束，自由散漫。当处于自律有理想状态时，是一个熵减的方向，那么将处于一个能量蓄积的状态，必将有所作为。

3. 通过榜样的力量，培养家国情怀

在化学发展过程中，老科学家的家国情怀永远是我们学习的榜样。

五、教学效果

将化学理论的科学道理与人生发展相联系，深入浅出，抓住本质上的联系，从而培养学生正确的人生观、价值观。榜样的力量是无穷的，通过讲述老科学家的故事，培养学生的家国情怀。润物细无声，将思政要素融入科学理论中，进入故事内，学生感受会强烈，也更容易接受。

《汽车电子控制技术》课程思政教学设计

机械工程学院　张净霞

该课程主要讲述汽车上常见电子控制系统的基本结构、工作原理及性能，培养学生的创新思维和实践能力，融入爱岗敬业、创新创业、遵纪守法、民族情怀等课程思政点，培养学生德能兼修素养和大国工匠的情怀。

一、课程定位

《汽车电子控制技术》课程是车辆工程专业本科四年级开设的必修课程，也是车辆工程专业的核心课程。通过本课程的教学，使学生掌握汽车上常用电子控制系统的基本结构、工作原理及性能，训练和培养学生使用及设计汽车电子控制技术的能力，为学生走上工作岗位打下必要的基础。

二、课程思政教学目标

立足课程思政的现代课程观，《汽车电子控制技术》课程在知识性和能力性目标之外，还将“爱岗敬业、创新创业、遵纪守法、民族情怀”的课程思政目标融入其中，贯穿于课程教学大纲的各个单元，实现了课程思政建设与教学目标的契合，与教学内容的融合，与教学素材的整合，与教学过程的结合。

三、课程思政教学设计

课程采取“知识讲授+自主探究+思政元素”的教学设计模式，在讲授理论知识的同时以汽车机构试验台架操作为主线进行自主探究活动，融入隐性思政元素，培养学生结构分析和专业知识应用能力，潜移默化地进行科学精神、创新精神下的工匠责任、情怀与担当，并形成特色的课程教学设计：“一条主线、三个课程案例库、五个教学实施环节。”

一条主线：以习近平总书记“拿起科学武器勇于创新，才能实现振兴中华民族伟大梦想”——科技创新和“提高‘中国制造’的含金量”——发展中国为主线，培养和增强学生的创新意识。

三个课程案例库：在教学过程中挖掘思政元素，促进学生知识传授、能力培养与价值引领有机统一，形成三个课程资源案例库。一是以爱国情怀、民族创新、伦理道德及以人为本等为主要内容的思政元素库；二是以诚信为善、民族自信、实践运用等为主要内容的生活案例库；三是以前沿进展、遵纪守法、生命至上、保护环境等为主要内容的事故案例库。

五个教学实施环节：以学生为主体、以教师为主导、以体验为关键、以网络为载体，通过“课前+课中+课后+自主探究+实验实践”五个实施环节，完成教学，实现隐性教育与显性教育相统一，达到“知识讲授，视频理解，模型巩固，思想提升”的目的。

四、课程思政元素的融合

在教学过程中，根据各个教学单元的内容特点，选取更切合的课程思政教学目标融入，并配合以相应的教学活动设计，促进知识、能力和课程思政教学目标的同步有效达成。

（1）在绪论中介绍汽车电子控制技术的重要性及国内外发展的情况中通过国产品牌和国外产品的对比，引导学生认清差距，使学生“建立民族工业情怀”，奋发图强，振兴民族企业，发展民族技术。以比亚迪举例，激励学生生如何实现赶超国外技术，找准奋斗方向，努力学习，为国家建设添砖加瓦。

（2）在控制组件各种结构的对比部分突出“创新创业”的思政目标。汽车部件的结构发展越来越优化，控制技术也越来越先进。各种结构，各种技术的演变体现着人们思维的发展，鼓励学生思维的发散，参加各种大创比赛，从生活到就业，都要保持一种敢于创新的精神。

（3）在知识理论讲授的同时融入“爱岗敬业”的思政目标。在教授汽车各部分控制系统的控制原理中融入车辆的先进技术，阐述车辆给人们生活、社会发展带来的改变，激发学生对车辆行业的热爱。这种坚定的信念一旦达成，既能够在知识层面上有利于学生学习枯燥的理论内容，又有利于学生形成坚定的职业信仰，极大地激发学生的自主学习动力和克服学业困难的毅力。

（4）在车身电子控制系统部分的讲授中，更突出促进“遵纪守法”思政目标的达成，让学生能够充分体会“遵守法规，珍爱生命”。只有按照国标制造配件，以汽车标准生产汽车，按交通法规驾驶车辆，才能规避各种交通事故，珍惜自己生命同时尊重他人生命，并同时延申各行各业也一样，想要发展，就要遵守法规，做一个守法公民。

五、教学效果

通过精心设计课程教学，保障授课教学效果，达成教学目标。在教学过程中，坚持教书与育人相统一，发现并设计思政元素，以“春风化雨、润物无声”的形式，隐性融入课堂教学环节，不断丰富课程思政的内涵，在传授汽车电子相关知识的同时，引导学生树立正确的人生观、价值观和家国情怀。

学生通过课程学习，深刻认识到在汽车电子控制技术中，感受中国力量、中国制造、中国精神、中国故事，感受作为新一代国家栋梁的责任与担当，建立我们的民族自豪感、民族自信心、民族创造力！

《机械创新设计》课程思政教学设计

机械工程学院　张好强

该课程主要讲述创新设计过程中的创新思维方法、创造技法、机械创新设计的概念及过程、机械创新设计的基础知识、机械运动形态与控制、机构组合原理与创新、机构演化、变异原理与创新、机械运动方案与创新设计、反求工程与创新设计等知识；依据课程的知识体系和能力体系，能拓宽学生的知识面，培养学生的创新意识和创新思维，增强机械创新能力，提高综合素质。课程融入爱国主义、淡泊名利、无私奉献、大国工匠、不断突破、追求进步、勇于创新等课程思政点，引导学生正确认识远大抱负与脚踏实地，坚定爱国主义信念，增强解决实际问题的决心和能力，让学生成为德才兼备、全面发展的人才。

一、课程定位

1. 课程性质

《机械创新设计》是华北理工大学为机械设计制造及其自动化专业三年级学生开设的一门专业基础任选课。

2. 课程地位

《机械创新设计》通过机械设计专业基础知识教育，拓宽学生知识面，通过机械创新设计思维方法和创新设计的方法论教育，使学生形成创新设计的知识金字塔，逐步培养一些创新思维，掌握机械创新设计过程中常用的一些创新理论和创造技法。

3. 课程教学内容与意义

课程主要内容涉及创新设计过程中的创新思维方法、创造技法、机械创新设计的概念及过程、机械创新设计的基础知识、机械运动形态与控制、机构组合原理与创新、机构演化、变异原理与创新、机械运动方案与创新设计、反求工程与创新设计等知识；依据课程的知识体系和能力体系，能拓宽学生的知识面，培养学生的创新意识和创新思维，增强机械创新能力，提高综合素质。

二、课程思政教学目标

立足“思政育人”与“知识传授”两大要求，挖掘课程的思想政治教育资源，建立有机统一的课程体系，形成全学科、全方位、全功效的思想政治教育课程体系，从而真正运用好课堂教学这一主渠道，全面提升立德树人实效，做好大学生思想政治教育。从学科特点和学生专业背景出发，深入挖掘《机械创新设计》课程蕴含的思政元素和承载的育人作用，融合专业知识和育人元素，实现“课程承载思政”与“思政寓于课程”的有机统一。

建立协同育人教学实践平台。

在教学内容体系层面的架构上，将学科教学与政治素养、国家意志高度统一。在教学全过程中有机融入思想政治教育元素，弘扬社会主义核心价值观，传播优秀中国传统文化；突出体现引领学生树立正确的职业观、人生观和价值观；注重联系学生思想实际，引导他们正确认识世界和中国发展大势，正确认识中国特色和进行国际比较，正确认识时代责任和历史使命；正确认识远大抱负和脚踏实地，引导学生坚定信念，增强解决实际问题的决心和能力，让学生成为德才兼备、全面发展的人才。

三、课程思政教学设计

创新教育的目标则是激发学生的创新意识，锻炼学生的创新思维，提高学生的社会责任感、培养创新精神，提升创新能力，从而促进学生做到有效的全面发展。从教育目标来看，两者贯穿于人才培养全过程，立德树人的最终教育目标，呈现一致性。在教学过程中，根据各个教学单元的内容特点，选取更切合的课程思政教学目标融入，并配合以相应的教学活动设计，促进知识、能力和课程思政教学目标的同步有效达成。

课程采取“知识讲授+课程讨论+思政元素”的教学设计模式，在讲授理论知识的同时，以机械基础知识和创新思维培养、创新技法相结合为主线进行课程讨论活动，融入隐性思政元素，培养学生创新思维和专业知识应用能力，潜移默化地让学生树立爱国主义情怀，培养淡泊名利、无私奉献和大国工匠精神，形成不断突破、追求进步、勇于创新的职业素养，并形成特色的课程教学设计：“一个情怀+三种精神+三个素养。”（见图1）

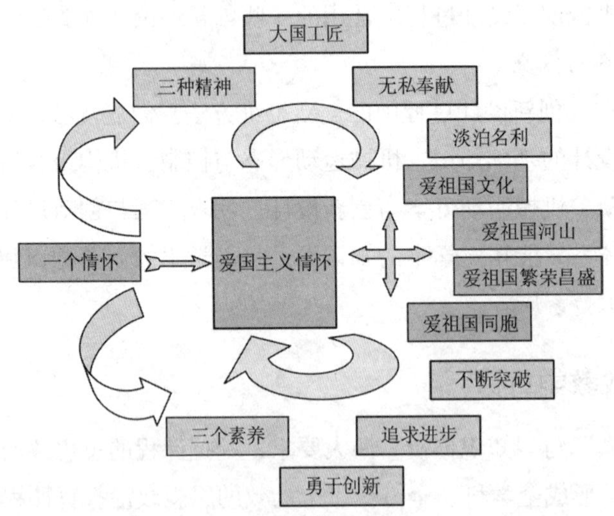

图1　课程思政教学设计

一个情怀：爱国主义是中华民族精神的核心，是中华民族团结奋斗、自强不息的精神纽带，是实现中华民族伟大复兴的重要力量源泉。新时代，面对坚持和发展中国特色社会

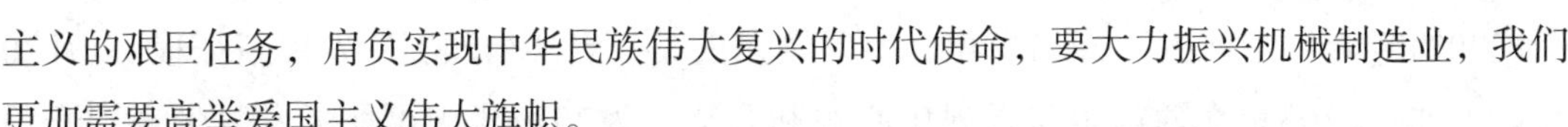

主义的艰巨任务，肩负实现中华民族伟大复兴的时代使命，要大力振兴机械制造业，我们更加需要高举爱国主义伟大旗帜。

三种精神：以促进知识传授、能力培养与素质培养为核心，通过机械基础知识的讲解，以及中国航天技术的突破，结合视频案例，让学生根据视频内容，从踏实务实、摒弃浮躁、宁静致远、执着专一、坚持不懈等方面进行讨论，培养学生淡泊名利、无私奉献和大国工匠精神，让学生意识到只要有工匠精神，不断摸索，每个人才能实现自我价值，国家才能长足发展。

三个素养：职业素养是一种从长期的职业实践中提炼出来并得到专业领域认可的职业情感，包括一个人的价值观、职业理想、职业责任和职业道德等。搜集能够让学生入耳、入脑、入心的教学案例，最后是将这些案例准确融入教学内容，使学生在学习专业知识同时，了解该专业对从业人员的素质要求，真正达到认知、认同、践行，并内化为学生的自觉意识，形成不断突破、追求进步、勇于创新的职业素养。

四、课程思政元素的融合

1. 以史为鉴、以史为镜，落后就要挨打，树立爱国主义情怀

中国有着5000多年的文明发展历史，近代时期，中国曾因落伍于世界历史的发展进程而惨遭列强践踏。1842年，中英《南京条约》的签订，1895年，中日《马关条约》的签订，还有《辛丑条约》《北京条约》《天津条约》《望厦条约》等一个又一个不平等条约的签订，让中国人民抬不起头来。

“九一八”的警钟振聋发聩。1931年9月18日，九一八事变爆发。14年间，国土沦丧，几千万同胞流离失所，伤亡无数。从1840年鸦片战争开始到1940年，鲜血与战争铸就的历史警示国人：落后就要挨打，发展才能强大！勿忘国殇，吾辈自强。我们要牢记这段历史的伤痛，在日益严峻复杂的国际国内环境下，勿忘国耻，高举民族复兴的伟大旗帜，审时度势，知耻后勇，从历史中汲取教训，始终牢记“落后就要挨打”，坚持不懈狠抓发展。发展是硬道理，是解决中国所有问题的关键。当前，我国正处于创新驱动发展、经济转型升级的关键期。我们一定要把发展作为第一要务，以创新作为引领发展的动力，加快向具有全球影响力的科技创新中心进军，加快建设“四个中心”和社会主义现代化，不断提高核心竞争力。

通过对中国近代史的回顾，引导学生以史为鉴、以史为镜，进一步增强危机感、紧迫感、使命感与责任感，将爱国热情付诸当前的学习以及学成后的报效祖国之中，为避免历史的重演而大步前行，在当代要凝聚力量，为国家富强、民族振兴、人民幸福的“中国梦”而奋斗终生！

2. 培养学生淡泊名利、无私奉献的时代精神

2021年是“十四五”开局之年，中国航天正式开启“十四五”发展新征程。1月20日，天通一号03星在西昌卫星发射中心顺利升空，为2021年中国航天发射带来“开门红”。2月15日，天问一号火星探测器成功实施捕获轨道远火点平面机动，开创了中国航天的又一个“第一次”。回首“十三五”，嫦娥登月、北斗组网、“天宫”揽胜……中国航天在问鼎苍穹的道路上奇迹不断、成果喜人，所有这些成果都离不开老一辈人的无私奉献。

强化无私奉献的“支撑”，在挥洒汗水中贡献智慧。无数的老一辈科学家们在艰苦卓绝的环境中无私奉献，为火箭、导弹、潜艇和航天事业建设挥洒汗水、贡献智慧，创造了一系列令世界瞩目的科学奇迹。

“中国航天之父”钱学森淡泊名利、一心为国，历尽千辛万苦回到祖国，对航天技术、系统科学和系统工程做出了开拓性的贡献。他生前的丰功伟绩和爱国情怀，他淡泊名利，严谨治学，同国家荣辱与共的不朽精神让世人更加钦佩敬仰。钱学森出身于名门望族，家庭条件优越。他1934年去美国，在世界头号强国生活工作了20年，是“能抵五个师”的著名科学家，有很高的社会地位和优厚待遇。可他始终坚守着“科学救国、振兴中华”的远大理想和赴美留学前立下的“学成必归、报效祖国”的誓言，一心要回到祖国。他深知刚刚建立的新中国一穷二白，条件异常艰苦，但让不惧怕被逮捕、监视以及限制自由，遭软禁长达5年，抗争不止。钱学森回国后满腔热情地投入到新中国的建设中。他几十年如一日，不计名利待遇、个人得失，只为国防科技事业奋斗奉献。从1955年回国后的54年里，他始终站在世界科技前沿，在空气动力学、航空技术工程理论、工程控制、物理力学、火箭与航空、系统工程理论，以及系统工程与系统科学、思维科学等领域提出了若干重要概念、独到见解，作出了开创性贡献。在我国自主研发的第一枚近程和中近程地地导弹、洲际导弹，第一枚液体探空火箭，第一颗人造地球卫星，第一艘核动力潜艇等工作中，解决了一系列技术难题，推动我国导弹航天事业发展大踏步前进。钱学森曾讲过一句诙谐而意味深长的话“我姓钱，但我不爱钱”，能够诠释他淡泊名利的高风亮节。

3. 基于TRIZ理论，构建大国工匠精神培育体系

习近平总书记强调，要努力建设高素质劳动大军。劳动者素质对一个国家、一个民族发展至关重要。要适应新一轮科技革命和产业变革的需要，勤学苦练、深入钻研，不断提高技术技能水平，要培养更多高技能人才和大国工匠。要增强创新意识、培养创新思维，展示锐意创新的勇气、敢为人先的锐气、蓬勃向上的朝气。

将TRIZ理论与“工匠精神”渗透于专业教育课堂中，展开对大学生学习能力、专业能力、创造能力、细致能力等多方面的培育。“工匠精神”作为持之以恒的敬业态度与精益求精的精神理念，是当代大学生所必备的品质精神。TRIZ理论是发现问题、解决问题的有效方法，对于大学生“工匠精神”的培育具有显著的优势。通过对基于TRIZ理论的大学生“工匠精神”培育体系的构建，创新培育方法，以发明创造理论作为指导思想，促进大学生形成正确的择业观以及职业思想，真正地提升大学生的综合能力。“工匠精神”是高校培育高素质技能人才的特征，实现基于TRIZ理论下“工匠精神”培育与职业素养教育的融合性，形成基于TRIZ理论的大学生“工匠精神”培育体系。将TRIZ理论贯穿于教学的整个过程，强化职业素养教育，形成知识与技能、过程与方法、理论与实际的知识结构发展导向，建设不同的“工匠精神”知识结构新体系，促进大学生正确认识劳动能力、技能水平以及创造精神的价值与意义，全面掌握TRIZ理论和“工匠精神”的内涵。

4. 组合原理，培养学生树立突破陈规、大胆创新的精神

组合原理是在机械创新设计过程中一个常用的创造原理。组合原理是指事物的整体或部分叠加的原理。组合的类型是多种多样的，根据参与组合的组合因子的性质和主次以及组合的方式、组合的类型大体上分为同类组合、异类组合、附加组合、重组组合、综合组合等五类。

人类从蛮荒的丛林走向文明的今天，经历了数千年乃至数万年的历史演变，其文化的发展和文明的进化，全赖于传播手段的进步与变革。中国“四大发明”之一的印刷术就是我国古代劳动人民经过长期实践和研究才发明的。宋朝时候，雕版印刷大为盛行。雕版印刷的过程是这样的，先把木头锯成一块一块大小一样的板子，使之平滑，然后在一张薄纸上写字，反贴在板子上，用刀雕刻成文字凸起来，再刷上墨，铺上纸，用软刷在纸上轻轻刷过，揭下来，纸上就有了白底黑字。一本书的字数自然是相当多的，所雕的版也不止一块，每一块都照这种方法刷印成文。全部印刷工作完毕，一页一页地装订起来，那就成了一本书。雕版印刷对文化的传播起了重大作用，但是也存在明显缺点：第一，刻版费时费工费料；第二，大批书版存放不便；第三，有错字不容易更正。毕昇总结了历代雕版印刷的丰富的实践经验，经过反复试验，在宋仁宗庆历年间制成了胶泥活字，实行排版印刷，完成了印刷史上一项重大的革命。活字制版正好避免了雕版的不足，只要事先准备好足够的单个活字，就可随时拼版，大大地加快了制版时间。活字版印完后，可以拆版，活字可重复使用，且活字比雕版占有的空间小，容易存储和保管。这样活字的优越性就表现出来了。

树立学生打破陈规，大胆创新的思想观念，想要破解难题，就应给人生的航船上加载用于创新的发动机，如无大胆的猜想，就不可能有科技的进步的，只有勇于质疑，并付诸实践，才能达到自己的目标。

五、教学效果

通过精心设计课程教学，保障教学效果，达成教学目标。在教学过程中，坚持把立德树人作为中心环节，把思想政治工作贯穿教育教学全过程，实现全程育人、全方位育人。

从“培养什么样的人，怎样培养人，为谁培养人”这三个根本问题出发，突出体现引领学生树立正确的职业观、人生观和价值观。注重联系学生思想实际，引导他们正确认识世界和中国发展大势，正确认识中国特色和进行国际比较，正确认识时代责任和历史使命，正确认识远大抱负和脚踏实地，引导学生坚定信念，增强解决实际问题的决心和能力，让学生成为德才兼备、全面发展的人才。

通过课程学习，让学生了解创新的魅力，认识到创新发展过程中的中国，在世界舞台上大放异彩，展现了新时代“中国制造”的魅力，让世界看到了独一无二、一往无前的“中国速度”。同时，也让学生清醒地意识到，中国制造业远远落后于发达国家的严峻现实不容回避。在差距面前，我们有一种受制于人和被鞭挞的感觉。然而，差距并不可怕，可怕的是不敢直面差距、承认不足。只有正视差距、认识问题、艰苦奋斗，勇于创新创造，我们才能走在科技发展的前沿。

《智能硬件与编程》课程思政教学设计说明

机械工程学院　徐少彬

该课程主要讲述实现智能控制的相硬件电路原理及软件控制的实现，培养学生创新思维和实践能力，融入创新精神、爱国主义等课程思政点，培养学生德能兼修素养和医者仁心的情怀。

一、课程定位

《智能硬件与编程》课程是工业设计专业本科三年级秋季学期开设的专业必修课程。本课程是进一步学习和研究工业设计其他专业课程的前提和基础。Arduino不仅仅是全球最流行的开源硬件，也是一个优秀的硬件开发平台，更是硬件开发的趋势。Arduino简单的开发方式使得开发者更关注创意与实现，更快地完成自己的项目开发，大大节约了学习的成本，缩短了开发的周期。

二、课程思政教学目标

立足课程思政的现代课程观，《智能硬件与编程》课程重新认识、重新定位和重新塑造了教学目标，在知识性和能力性目标之外，还将设定在专业课教学过程中同步向学生开展社会主义核心价值观教育（重点是个人层面的爱国、诚信价值观教育）的课程思政目标，同时可以融入其他适当的教育元素，将这些思政教育内容贯穿于课程教学大纲的各个单元，实现了课程思政建设与教学目标的契合，与教学内容的融合，与教学素材的整合，与教学过程的结合。

三、课程思政教学设计

课程采取“知识讲授+自主探究+思政元素”的教学设计模式，在讲授理论知识的同时以动手实践为主线进行自主探究活动，融入隐性思政元素，培养学生实操和专业知识应用能力，潜移默化地进行科学精神、价值取向、伦理规范下的责任、情怀与担当，并形成特色的课程教学设计。

在讲授Arduino硬件的过程中完成“增强创新意识”的思政目标。可以结合汽车新技术案例，如上海世博会中国上汽集团设计制造的“叶子概念车”，加强大学生创新意识和创新能力的培养，激励大学生创新意识和创新能力的培养，激励大学生积极投身社会主义经济建设，尽快把我国建设成为富强、民主、文明、和谐的社会主义国家，进而培养大学生的社会主义核心价值观。此外，通过介绍国内对新能源研究方向的重视及新能源汽车技术和发展、新能源汽车在全世界的产销情况及目前中国在购买新能源汽车方面的优惠政策等案例，从而唤起学生的创新意识，牢固学生从事传统汽车性能提升与新能源汽车研发与设计的信心。

四、课程思政元素的融合

（1）向学生拓展国内外智能产品设计时实现“以增强自信心为核心开展爱国主义教育”的思政目标。国内智能科技产品虽然起步比较晚，但是发展迅速，已经崛起了一批企业，如华为、小米等。华为公司的愿景和使命是：把数字世界带入每个人、每个家庭、每个组织，构建万物互联的智能世界。承接公司的愿景和使命，他们制定了可持续发展战略，并将可持续发展作为一项优先的准则，全面融入企业的整体发展战略当中。从经济责任、环境责任和社会责任“三重底线”出发，结合17个联合国可持续发展目标（SDGs），我们梳理出华为作为一家全球领先的ICT基础设施和智能终端提供商应该聚焦的四个主要领域：数字包容、安全可信、绿色环保、和谐生态。通过此学习，可以让学生体会科技、责任、可持续的重要性，对学生自身价值的实现提供一个启发，对学习的方向进行引领，进而升华为对国家和民族的认同感。这一目标的达成，能够将爱国、报国、强国的强大精神动力转化为学习的热情，形成强烈而持久的学习内驱力。

（2）在学习arduino的由来时，我们想到“五十年前，写软件的人还需要戴着一条白围裙，知道所有关于半导体的事情。现在？即使是我妈妈也能编程了。”Arduino创始人之一马西莫·班兹（Massimo Banzi）说：“我们让很多人能够自己做产品了。”在此之前，你需要懂得电路板汇编、电子工程基础，而尽管Arduino还需要编程，但难度降低到业余的软件开发爱好者都能接受的水平。

在其诞生的第十个年头，这只需要 30 美元的Arduino单晶电路板现在已经成为了创客运动、开源硬件的标志，在全球已经售出超过 100 万件，还没算上几百种克隆或改装的版本。而让这块电路板诞生的Arduino公司也很奇怪，很少动用市场营销手段，也并不限制他人克隆和改造自己的电路板产品。以至于Arduino公司在后期一分为二，甚至在世界各地还需要用不同的名字进入市场。恩格斯指出：“一个民族要想站在科学的最高峰，就一刻也不能没有理论思维。”党的十八大以来，习近平总书记多次强调各级领导干部要努力掌握科学的思维方法，提高科学思维能力，其中包括提高创新思维能力，通过学习可以让学生知道创新思维的重要性。

五、教学效果

通过精心设计课程教学，保障授课教学效果，达成教学目标。在教学过程中，坚持教书与育人相统一，挖掘并积累思政元素，以“春风化雨、润物无声”的形式，隐性融入课程课堂教学环节，不断丰富课程思政的内涵，在传授专业知识的同时，引领学生思想、塑造价值观、培养家国情怀。

学生通过课程学习，深刻认识到科技带给国人的进步，感受中国力量、中国制造、中国精神、中国故事，感受作为新一代青年的责任与担当，建立我们的民族自豪感、民族自信心、民族创造力，感受在党的领导下，健康生活的幸福和美好。

《机器人基础》课程思政教学设计说明

机械工程学院　王志军

课程是主要研究机器人的结构设计与基本理论，培养学生具有机器人设计和使用方面的基础知识。课程将树立科学精神、培养工程理念、激发民族自豪感和自信心的课程思政目标融入其中，贯穿于课程教学大纲的各个单元，实现了课程思政建设与教学目标的契合，与教学内容的融合，与教学素材的整合，与教学过程的结合。

一、课程简况

《机器人基础》课程是机械设计制造及其自动化专业三年级开设的专业选修课。课程是培养学生具有机器人设计和使用方面的基础知识，主要研究机器人的结构设计与基本理论。

二、课程思政教学目标

立足课程思政的现代课程观，《机器人基础》课程重新认识、重新定位和重新塑造了教学目标，在知识性和能力性目标之外，还将“树立科学精神、培养工程理念、激发民族自豪感和自信心”的课程思政目标融入其中，贯穿于课程教学大纲的各个单元，实现了课程思政建设与教学目标的契合，与教学内容的融合，与教学素材的整合，与教学过程的结合。

三、课程思政教学实施设计

在教学过程中，根据各个教学单元的内容特点，选取更切合的课程思政教学目标融入，并配合以相应的教学活动设计，促进知识、能力和课程思政教学目标的同步有效达成。

（1）在机器人的结构，基本组成，运动学、动力学分析等基础知识的讲授部分突出“树立科学精神、培养工程理念”的思政目标。这部分的知识核心是构建学生的机械工程专业思维体系，利用严谨的科学精神和工程理念，促进学生真正在专业视角上解决工程中遇到的实际问题。同时，整合自己的知识体系，而不是进行知识的简单零散识记。

该部分更多的是让学生利用数学、物理等严谨的科学知识，解决工程实际问题的能力，强化专业理性思维对学生原有知识的认知和批判。以机器人技术为载体，系统地传授科学精神和工程理念。面对问题要牢固树立科学精神，遵循辩证唯物主义和历史唯物主义。首先，科学表现为系统的知识体系，是人类在认识世界、改造世界过程中形成的关于世界本质和发展规律的理论知识体系。科学知识是分门别类的知识，有自然科学知识，也有社会科学知识；有关于对象世界本质的理解性知识，也有改造对象世界趋利避祸的应用性知识。教学中注重培养学生科学的内涵，以抽象与概括、分析与综合、归纳与演绎等基础阶段为起点，向着批判性思维、直觉思维、复杂性思维和创造性思维等高级阶段发展，这意味着科学思维能力的不断提升。此外，使学生形成了一套科学的方法，特别是近代科学所特有的数理实验方法。数学的方法就是讲一切都转化为数量化的，通过数学的方法来计算、推理和预测，进而加以控制；实验的方法就是通过观察、假设和验证来发现事物的本质及其相互之间的联系和发展规律，体现工程理念。科学在其发展的过程中，形成了真实性和客观性的原则。真实性就是尊重事实，从事实出发，在事实的基础上形成概念、判断、分析、综合和推理。客观性就是排除任何的主观臆断，超越个别性，从而使得科学知识具有可重复验证的普遍有效性。科学的思维、方法和原则最终凝聚为科学的精神。科学精神表现为求真的精神、理性的精神、探索的精神、怀疑的精神、批判的精神。人类任何的认识和行为，都必须建立在事实的基础上，都必须经过科学的论证，合乎逻辑，经得起实践的检验，而不是取决于个人的好恶、权威的观点和宗教的信仰。

（2）在机器人的发展历史，发展趋势等概念性知识部分的讲授中融入“激发民族自豪感和自信心”的思政目标。民族自豪感是对自己祖国和民族的悠久历史和灿烂文化，对祖国和民族在历史中所取得的成就及对人类文明发展做出的贡献，对自己民族的品格和地位感动满足的感情。机器人的发展史体现了我们民族不断探索、追求进步、勇于创新的民族精神，体现了时代特色。

该部分主要选取中国古代和近代历史中出现的与机器人技术相关的革命和创新事迹，唤起学生的民族自豪感和自信心。例如，根据唐朝《酉阳杂俎》记述，鲁班曾远离家乡做活，因为念妻心切，就做了一只木复鸢，只要骑上去敲几下，木鸢就会飞上天。该故事讲述了工匠鲁班制作能够飞行的木鸟。有如汉代科学家张衡，发明了用来测量车辆行驶里程的“记里鼓车”。记里鼓车的原理是马匹拉着该车向前行走，带动左、右足轮转动。再如，《三国志·诸葛亮传》记载：“九年，亮复出祁山，以木牛运，粮尽退军……十二年春，亮率大众由斜谷出，以流马运。”该正史记载了诸葛亮发明木牛流马运输过粮食，通过巧妙的连杆机械装置达到省力的目的。

以上这些，都是中华民族悠久历史和灿烂文化的反映，都对人类文明的发展和进步做出了巨大的贡献。教学中可抓住历史长河中的一些闪光点，激发和引导学生探究和体验，使他们在学习知识、发掘兴趣的同时，为自己民族的成就而感到骄傲和自豪。

《分析化学A-1》课程思政教学设计说明

化学工程学院　石　磊

分析化学作为一门主干基础课程，培养学生运用分析化学的知识解决分析化学问题的能力，培养学生进一步获取知识的能力和创新思维的习惯。立足课程思政融入教学的课程观，《分析化学A-1》提升了已有的教学目标，在传授知识和培养能力的目标之外，还将“树立实事求是、严谨求学的科学作风，培养坚韧不拔的科研素养和爱岗敬业的责任意识”等课程思政目标融入其中，创新培养路径，以专业知识学习为本，以真实案例为辅，激发学生产生思想共鸣，帮助学生树立正确的三观、社会责任感和职业责任感。

一、课程简况

《分析化学A-1》作为化学工程与工艺、环境工程、应用化学和非化学化工专业的一门主干基础课程，其教学的目的和要求在于：向学生传授定量分析的基本化学原理和基本分析方法；分析测定中的误差来源分析、误差的表征、实验数据的统计处理的原理与方法，分析测试过程中的质量保证与有效测量系统；定量分析中的试样准备与常用的分离和富集方法的原理及应用；分光光度分析、电化学分析、色谱分析的物理与化学原理、技术与应用等知识；初步学会常用分析化学文献的查阅方法；了解分析化学在化工生产、环境工程等领域中的应用和发展，了解其他学科发展对分析科学的作用，了解分析科学发展的方向；掌握分析化学处理问题的方法，培养学生运用分析化学的知识解决分析化学问题的能力，培养学生进一步获取知识的能力和创新思维的习惯。

二、课程思政教学目标

立足课程思政融入教学的课程观，《分析化学A-1》提升了已有的教学目标，在传授知识和培养能力的目标之外，还将“树立实事求是、严谨求学的科学作风，培养坚韧不拔的科研素养和爱岗敬业的责任意识”等课程思政目标融入其中，创新培养路径，以专业知识学习为本，以真实案例为辅，激发学生产生思想共鸣，帮助学生树立正确的三观、社会责任感和职业责任感。

三、课程思政教学实施设计

在教学过程中，根据各个教学单元的内容特点，选取更切合的课程思政教学目标融入，并配合以相应的教学活动设计，促进知识、能力和课程思政教学目标的同步有效达成。

1. 分析化学教学过程树立严谨求学的科学作风和实事求是的科学态度

在“误差和分析数据处理”这一章中注意使学生树立正确的科学观和价值观，培养学生严谨求是的精神；在分析化学各个章节的教学过程中，结合教学内容适当介绍分析化学发展简史，介绍一些化学家的感人事迹，介绍我国化学家的贡献，对学生进行爱国主义教育，提高学生的社会责任感和爱国热情。

2. 分析化学教学过程中的人文情怀的培养

人文情怀是指具有以人为本的意识，尊重、维护人的尊严和价值，能关切人的生存、发展和幸福等。在分析化学教学过程中对学生进行人文情怀的培养。例如：分析化学在社会各个领域有着广泛应用，其为药品检验、食品卫生、临床诊断、环境污染、科学研究、国家安全等提供数据参考。在讲授分析化学在药品检验的重要作用时，可以近年来发生在我国的“齐二药（亮菌甲素注射液）”危害用药者健康与生命安危的药害事件为例，一方面说明分析化学的重要作用，另一方面告诫同学们不能为了一己私利，而以损害别人利益甚至牺牲别人的生命为代价。在讲授分析化学在食品检验的重要作用时，可以以近年来国内的“瘦肉精”“地沟油”“三聚氰胺”等危害人类健康甚至生命的事件为例，对同学们进行知识传授和人文情怀的培养。

3. 分析化学教学过程中的环保意识的培养

习近平总书记在哈萨克斯坦纳扎尔巴耶夫大学发表演讲并回答学生们提出的问题，在谈到环境保护问题时他指出：“我们既要绿水青山，也要金山银山。宁要绿水青山，不要金山银山，而且绿水青山就是金山银山。”在分析化学教学过程中对学生进行环保意识的培养。分析化学在环境检测方面应用广泛，在理论课教学过程中可以通过启发式教学，让同学们思考如何利用所学分析方法对实际生活中的环境进行检测，一方面可以增强同学们学习的积极性，另一方面可以增加同学们的环保意识。例如，在讲解氧化还原滴定法应用实例时，可以讲解化学需氧量（COD）测定的范例，让同学们了解需氧物质污染是水污染的来源之一，生物化学需氧量（BOD）和化学需氧量（COD）愈高，水污染也严重，大家平时要注意对水资源的保护。在分析化学实验中，由于在取样、试样的制备和分析测定等过程中，需要使用一些化学试剂以及在上述过程中会随之产生一些废气、废液和固体废弃物。化学试剂以及产生的这些废气、废液和固体废弃物大多数具有毒性，会对人和环境造成污染。在分析化学的实验教学中渗透对学生们环保意识的培养。

4. 分析化学教学过程中的本证辩证唯物主义思想

分析化学教学就其所涉及到的化学基本概念、理论、原理和定律来说，其本身就蕴含着丰富的辩证唯物主义思想。因此，通过分析化学教学向学生进行辩证唯物主义教育不仅是必要的，也是可行的。向学生进行辩证唯物主义教育，将有助于学生认识能力和学习质量的提高。它能给学生提供一种科学信念，即客观世界是可以认识的，人们有能力把握自然规律。例如在酸碱理论和氧化还原理论中都体现对立统一的辩证思想。物质的酸碱性和氧化性往往是一种相对性质。对立与统一是矛盾双方相互关系的两方面的不同倾向。对立统一规律普遍存在于一切物质、现象、和过程的本身之中。教师的任务在于能通过化学教学向学生揭示矛盾的普遍性，使学生会用矛盾的观点观察一切、分析一切，找出解决矛盾的方法。

《化工热力学》课程思政教学设计

化学工程学院　侯彩霞

该课程主要讲述流体流动过程PVT关系、纯流体热力学性质计算、溶液热力学基础、相平衡、化工过程的能量分析等基本理论和知识，典型化学工程问题识别、分析，培养学生对工程问题进行分析、设计和计算的能力，以及使用计算机软件进行设计和计算的能力，融入创新精神、时代精神、生态文明、健康中国、安全意识等课程思政点，培养学生逻辑思维和创新思维，构建实践思维，拓展安全思维，突出培养“勇于进取，甘于奉献的工匠精神”，树立“节能、环保、绿色、智能”的思想理念。

一、课程定位

《化工热力学》是化学工程与工艺专业、能源化工专业本科三年级开设的必修课程，是化学工程的重要分支和基础学科。通过本门课程的学习培养学生对工程问题进行分析、设计和计算的能力，以及使用计算机软件进行设计和计算的能力，为学习后续课程和解决化工过程的实际问题打下牢固的基础。

授课采用多媒体+板书讲授、案例分析、线上线下混合教学等多种方式，使学生掌握流体流动过程PVT关系、纯流体热力学性质计算、溶液热力学基础、相平衡、化工过程的能量分析等的基本理论和知识，达到能够应用数学、自然科学和工程科学的基本原理，对典型化学工程问题识别、分析，采用现代工具对复杂化工过程进行预测、模拟与优化的毕业要求。

二、课程思政教学目标

立足课程思政的教学理念，结合化工热力学的发展及其在现代工业中的应用，围绕课程知识传授、能力提升和价值引领的相结合的整体目标，坚持“育人”先“育德”，以“热力学基本知识和原理为基础，培养逻辑思维；以化工热力学在工业发展中的作用，构建实践思维；以生态文明、节能减排为出发点，培养创新思维；以健康中国、和谐发展为目的，拓展安全思维”，突出培养“勇于进取，甘于奉献的工匠精神”、坚定“为人民谋幸福，为中华民族谋复兴”的信念，树立“节能、环保、绿色、智能”的思想理念。同时，教学中注重引导学生树立正确的国家观、民族观、历史观、文化观，实现了课程思政与教学目标、教学内容的融合，与教学素材、教学过程的结合。

三、课程思政教学设计

1. 课程教学设计模式

课程采用“知识讲授+讨论探究+思政元素”的教学模式，在教学过程中根据各教学单元内容的特点，结合对应的课程思政教学目标，引入案例、视频等素材，促进知识、能力和课程思政目标的达成，在培养学生工程思维和实践能力的同时，用正确的精神理念、价值取向、伦理规范引导学生，形成与课程特色相结合的教学设计：“一条主线+两个核心要素+三个课程案例库+四个教学实施环节。”

一条主线：以科技创新与和谐发展为主线，与社会发展需求相切合，突出课程特点和实用性，激发学生的学习热情。

两个核心要素：以思维培养和素质培养为两个核心要素，将知识传授、价值引领和素质培养有机统一，利用热力学基本知识培养学生的逻辑思维，体现科学素质。

三个课程案例库：教学过程中挖掘思政元素与理论知识的结合点，将知识传授、能力培养与价值导向有机统一，形成三个课程资源案例库：一是以实践应用、科技强国、民族自信、传承发展等为主要内容的应用案例库；二是以改革创新、时代精神、伦理道德、美育情怀等为主要内容的思政案例库；三是以前沿进展、奉献精神、安全和谐、人文关怀等为主要内容的知识拓展库。

四个教学实施环节：以学生为主体、以教师为主导、通过“课前+自主探究+课中+课后”四个实施环节，完成知识教学、课程思政和价值导向的有机统一。

2. 教学特色与创新

以讲授热力学基本知识为基础，结合课程特点和发展现状，将生产和生活案例引入教学，采用案例分析、课堂讨论、线上线下混合等形式，突出学生的主体地位，提高学生的参与度，激发学生的学习热情。

3. 课程教学设计如何体现课程思政教学目标

贯彻落实《高等学校课程思政建设指导纲要》精神，将课程思政落实课程目标设计，把具体的目标写入教学大纲，深入梳理课程的思政元素，将课程思政融入课堂教学建设全过程，遵循目标设计——内容开发——教学方法选择——教学管理——教学评价的路线。针对各个教学单元的内容特点，选取合适的案例或视频，并配合以相应的教学活动设计，结合具体的案例融入课程思政，将价值塑造、知识传授、能力培养融为一体，寓价值观引导于知识传授和能力培养之中，帮助学生塑造正确的世界观、人生观、价值观。

四、课程思政元素的融合

培养勇于进取、甘于奉献的工匠精神。绪论主要讲授热力学的发展诞生、化工热力学的主要研究内容和学习方法等。该部分主要选取热力学发展历程中有代表性的事件和人物，让学生了解热力学发展历程，学习先烈们不畏困难、刻苦钻研的精神，唤起学生投身科学研究的热情和强国的使命感；用热力学应用的实例唤起学生在国家经济建设进程中的职业使命感；用最新的科研成果案件唤起学生的创新意识、对专业学习与实践的责任感。

人们对热的本质及热现象的认识，经历了一个漫长的、曲折的探索过程。该部分通过热力学发展史的介绍，让学生了解热力学及化工热力学的演变，学习先烈们不图名利、敢于奉献，潜心研究的精神。例如约西亚·威拉德·吉布斯——化学热力学和经典统计力学的创始人，有“近代物理化学之父”之称，是物理化学学人视若神明、顶礼膜拜的一位罕见伟人。他曾经在耶鲁大学10年，但学校未付分文薪水，吉布斯仍默然接受，潜心科学，淡泊名利，终其一生。此外，焦耳求知——好学、电报迷和看报迷爱迪生坚持自学的故事都激励学生用于探索的精神。

结合纯流体关系的应用，弘扬传承发展。在纯流体的PVT关系及其应用部分，坚定“为人民谋幸福，为中华民族谋复兴”目标。教学中让学生充分理解流体热力学性质的精准计算在化工过程模拟、工业设备设计中具有重要作用，体会人们常说的“每当出现一项重大的发现和发明时，都会对科技、生产力乃至思想认识产生深远的影响”的含义。

这一部分采用案例教学和文献检索相结合，学生自己查阅生活中关于热力学应用的实例，结合热力学对生产和人民生活产生的影响，深刻理解时时处处皆化工热力学。例如针对临界点的概念，引入超临界流体的发现、超临界CO2萃取及其应用的实例，一方面介绍临界点、临界温度、临界压力的概念，另一方面结合超临界CO2在中药成分萃取中的应用及中药现代化，传承传统文化。此外，超导现象、磁悬浮列车的原理，液化天然气成分、气体液化，新能源汽车的使用等都体现了创新的轨迹与科学技术的继承性。这些实例让学生真正体验到化工热力学如何改善人民生活，切实理解复杂理论背后的实践意义，激发学生的学习热情。

培养和谐发展理念，提升使命感。溶液热力学基础、相平衡、化工过程能量分析等章节强化“节能、环保、绿色、智能”的思政目标，突显文明、和谐的社会主义价值观和经济建设、政治建设、文化建设、社会建设、生态文明建设五位一体，着眼于全面建成小康社会、实现社会主义现代化和中华民族伟大复兴。随着经济的发展，能源与环境成为人们越来越关心的问题。如何利用热力学原理，发展经济的同时，降低能源消耗，减少环境污染是化工热力学的根本任务，也更加促进学生的创新意识和社会使命感。

这部分课堂采用讨论、案例教学和文献查阅相结合。课下作业形式多样，如小论文，调查报告等。让学生直面当今社会的现实问题，追问性地启发学生进行自我学习和自我发现，增强学生的学业参与感与获得感。例如，流体相平衡计算部分，讨论理论计算与流体化工废料处理相关例题，利用计算结果对相关的环境问题进行讨论，加深对相平衡及其应用的理解。在课间休息，可播放5～8分钟的短视频，介绍涉及化工热力学的环境问题。让学生懂得化学工业人才的培养在未来环境保护和治理工作中能够扮演重要的角色。这样既强化了学生对环保问题的关注度，也为培养学生在化工生产中体现环保意识奠定了思想基础。以干熄焦过程热能的回收利用为例，为减少湿法熄焦对环境的污染和热量的浪费，采用干法熄焦，既可以提高焦炭的质量，同时可以将回收的热量进行蒸气循环发电。液化天然气冷能回收是利用LNG与周围环境的温差以及压力差，在趋于平衡态过程中进行回收。利用㶲分析法不但能从能量的数量上反映能量种类的转换，更重要的是从本质上清楚地揭示内部不可逆性造成的能量品质的贬值情况，以及造成热力学损失的原因和部位。

五、教学效果

生活处处皆化工热力学，授课过程中结合实习学习的所见所闻，一方面加深对基本概念、基本原理的深入剖析与解答，更重要的是让学生明白如何将所学理论与生产实践相结合，如何利用热力学基本理论进行科技创新和振兴经济，提高民族自信心和自豪感。

通过历史人物、当今模范的故事培养学生用于攀登科学高峰、不畏苦难的工匠精神，内化于心，感受作为当代化工人的担当和使命，培养职业道德和人文情怀，提高学习热力学及相关课程的主动性。

六、教学案例对化工类课程的推广

在教学实施过程中，通过灵活多用的教学模式在保证授课质量的同时，凝练出“一条主线+两个核心要素+三个课程案例库+四个教学实施环节”教学设计，以学生为中心，通过线上线下、课堂内外、理论实践、讨论探究等多种形式，热力学讲授与价值引领相结合，提升学生解决复杂化工问题的能力，将科技创新、和谐发展等思政元素融入教学全过程。同时，培养具有职业道德、团队协作精神和家国情怀的复合型人才，培养德智体美劳全面发展的社会主义建设者和接班人。

本课程将知识讲授与隐性思政融合的教学模式，可供其他化工类课程借鉴并推广应用，使专业课程与思政教育同向同行，坚持“立德树人”为中心，践行“门门课程有思政”“教育先育人再育才”，提高课堂教学效果和质量、提升学生学习热情。

《环境催化》课程思政教学设计

化学工程学院　葛　明

该课程主要讲述环境催化的特点、研究方法、原理及其在环境污染控制方面的重要应用成果，培养学生的逻辑思维和创新能力，融入爱国主义、创新精神、保护环境、生态文明、可持续发展、循环经济等课程思政点，培养学生的创新意识及环境保护意识。

一、课程定位

《环境催化》课程是应用化学专业本科三年级开设的专业选修课。本课程从环境与催化的关系出发，以环境催化的主要研究对象为体系，力求系统论述环境催化的特点、研究方法、原理及其在环境污染控制方面的重要应用成果。本课程的目的在于利用新型催化技术消除环境污染、如何节约能源、开发新资源和从源头上消除污染，是实现循环经济和可持续发展的重要科学技术基础。授课融合讲授式、案例式及讨论式等多种教学方法。

二、课程思政教学目标

基于课程思政的现代课程观，《环境催化》课程重新认识、定位和塑造了教学目标，在知识性、能力性及素质性的教学目标之外，还将“爱国主义、创新精神、保护环境、生态文明、可持续发展、循环经济、敢于创新”的课程思政目标融入其中，贯穿于课程教学内容的各个环节，实现了课程思政与教学目标的契合，与教学内容的结合，以及与教学过程的融合。

三、课程思政教学设计

课程采取“知识讲授+专题讨论+思政元素”的教学设计模式，在讲授理论知识的同时以生态环境保护和环境催化为中心主线进行专题讨论活动，融入思政元素，培养学生运用环境催化专业知识解决实际问题的能力，并潜移默化地向学生灌输保护生态环境、节约能源及创新驱动发展的理念，力争形成独具特色的课程教学设计：“一个中心+两个核心要素+三个思政课程案例库+四个教学实施环节”，具体如图1所示。

一个中心：以生态环境保护和环境催化为中心。习近平总书记强调，生态兴则文明兴。我们要站在对人类文明负责的高度，尊重自然、顺应自然、保护自然，探索人与自然和谐共生之路，促进经济发展与生态保护协调统一，共建繁荣、清洁、美丽的世界。

两个核心要素：促进学生知识传授、能力培养与价值引领有机统一，以思维培养和环保素养为核心要素。通过基础环境催化知识的讲解，构建逻辑思维，培养生态保护；通过催化剂制备及应用讲授，提升创新思维，坚守节约能源理念；通过新型污染治理技术的讲解，培养发展思维，提高学生从事污染治理的能力。

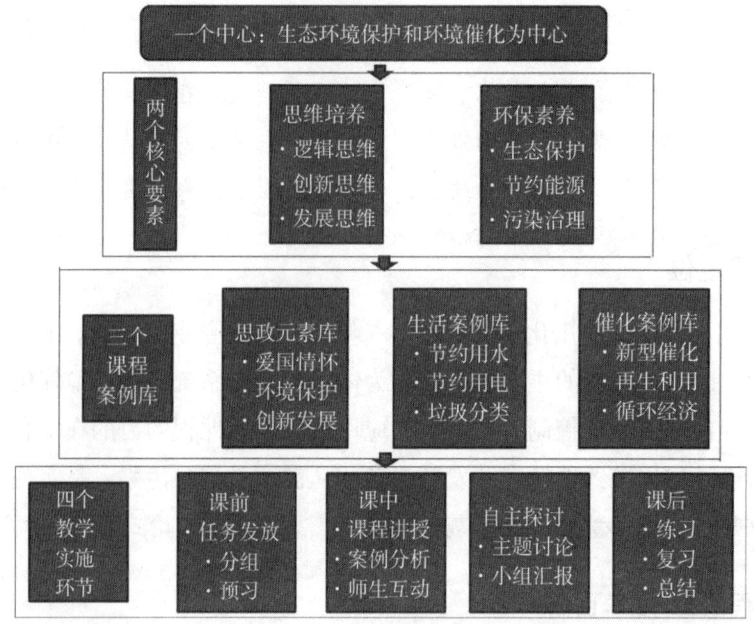

图1　课程思政教学设计

三个课程案例库：在教学过程中总结与挖掘思政元素，促进学生知识传授、能力培养与价值引领有机统一，形成三个课程资源案例库。一是以爱国情怀、环境保护、创新发展等为主要内容的思政元素库；二是以节约用水、节约用电和垃圾分类等为主要内容的生活案例库；三是以新型催化、再生利用和循环经济为主要的的催化案例库。

四个教学实施环节：以学生为主体、以教师为主导、以体验为关键、以网络为载体，通过“课前+课中+自主探究+课后”四个教学环节，完成教学，实现隐性教育与显性教育相统一。

四、课程思政元素的融合

在教学过程中，根据各个教学单元的内容特点，融入贴切的课程思政教学目标，并结合相应的教学活动设计，促进知识、能力、素质和课程思政教学目标的同步有效达成。

（1）在我国环境问题及可持续发展基本内容和概念等知识的讲授部分突出“生态保护和可持续发展”的思政目标。这部分的知识让学生们了解我国在工业化和城市化快速发展的进程中凸显出来的环境污染问题（如大气污染、水体污染和土壤污染等），使他们清醒地认识到现阶段环境保护和可持续发展的重要性。结合一些污染实例和环境催化减少污染的案例，使同学们理解可持续发展的内涵以及如何运用化学知识来促进可持续发展。在讲解环境催化与工业催化关系时引入“循环经济”的思政目标，工业催化能够促进经济的发展，在工业催化的过程中注重环境环境，既能促进工业化学品的生产，又能在生产过程中减少污染物的排放，达到“循环经济”目标。

（2）在对环境催化发展历史和现状、环境催化治理技术及环境催化剂生产和市场等内容的讲解过程中融入“创新驱动发展”的思政目标。环境催化的历史、新型环境治理技术及环保催化剂市场等内容的学习使同学们清醒地认识到我国开发的环境催化技术跟发达国家还有相当大的差距，重要的环保催化剂市场被发达国家控制，主要在于我们的创新力不足。因此，若要在环保催化剂市场中占有一席之地，需要学生们静下心来认真学习基础理论知识，积极投身基础研究工作，力争取得一些具有创新性的研究成果，推动我国环保催化剂的发展。

（3）在催化过程特征、环境催化剂组成结构、催化剂设计和合成、催化剂性能评价、环境催化剂选择、环境催化剂失活再生、催化剂表征等重要知识的讲授过程中，着重强调达成“创新驱动发展”和“循环经济”思政目标的重要性。将催化剂引入工业生产和环境保护领域本身就是前辈们重要的创新工作，学生们在学习这些基本催化知识的时候必须领悟到前辈们是如何开展及建立这些创新成果的，从而培养自己的创新性思维，为我国环境催化领域的发展提供创新性成果。催化剂的失活问题是不可避免的，通过分析失活原因然后找寻再生方法，使催化剂可以实现循环利用，是“循环经济”思想的体现。催化剂的表征详解讲授的分析测试仪器（X-射线衍射仪、扫描电子显微镜、透射电子显微镜、X-射线光电子能谱等）都采购于国外发达国家，国内精细仪器研发相对落后，我们不能只会用而没有精密仪器研发，这样会受制于人，这就要求我们进行仪器研发创新。

（4）在催化脱硫脱硝教学内容讲授过程中融入“生态保护”和“循环经济”的课程思政目标。我国是煤炭消费大国，煤炭燃烧过程中会产生大量的污染物，排放的烟气中对大气环境造成污染的物质主要是硫氧化物（SOx）和氮氧化物（NOx）。这些致酸物质的大排放引起的酸沉降已经与臭氧层破坏、全球气候变化一起成为最为突出的大气环境热点问题，其影响范围已经由局部性污染发展成为区域性污染，甚至成为全球性污染，这一背景再结合当前我国的雾霾问题使同学们清晰地认识到“大气生态保护”的重要性。在脱硝脱硫技术讲解过程中让学生充分认识到催化剂循环利用的重要性，只有开发出高活性、高选择性及高稳定性的脱硫及脱硝催化剂才能既保证SOx和NOx的去除，又能避免催化剂造成的二次污染，从而实现“循环经济”。

（5）在非均相光催化技术的教学内容讲授中进一步强化“环境保护与社会和谐发展”和“创新驱动发展”的思政目标。非均相光催化技术可以利用“绿色”太阳能消除大气和水体中的有机污染物和病毒。通过实际案例让学生们掌握光催化技术是如何利用太阳能治理环境污染问题的，从而清醒地认识到“环境保护与社会和谐发展”的重要理念。通过光催化剂发展历史、光催化剂活性影响因素及其实际应用面临的问题等知识点的讲授，使学生们认识到光催化技术要想在各个环境领域（如有机污染物去除、固氮及还原二氧化碳等）推广开来，需要通过创新开发出多功能光催化剂，一方面实现污染物的有效治理，另一方面实现催化剂的循环再利用。

五、教学效果

通过精心设计课程教学，保障授课教学效果，达成教学目标。在教学过程中，坚持教书与育人相统一，挖掘并积累思政元素，以“春风化雨、润物无声”的形式，隐性融入环境催化专业课程课堂教学环节，不断丰富课程思政的内涵，在传授专业知识的同时，引领学生思想、塑造价值观、培养爱国情怀。学生通过课程学习，深刻认识到环境催化在环境保护中的重要性。

《能源化工导论》课程思政教学设计

化学工程学院　何章兴

该课程主要讲述能源化学工程专业的学习范畴和几个前沿领域的研究进展，培养学生的创新思维和实践能力，融入保护环境、改革创新、生态文明等课程思政点，培养学生的家国情怀和社会责任感。

一、课程定位

本课程为能源化工专业的一门学科基础必修课程。课程主要根据能化专业的专业定位、培养目标、培养方案等主要介绍煤炭、石油、生物质能等能源的发展概况、应用现状及其化工利用过程的基本原理、技术进展、产品分布及要求、节能技术等；并对水能及核能、太阳能、风能、地热能、氢能等新能源的特点、利用原理与技术、研究进展进行简要介绍。通过本课程的学习，使学生了解传统能源及新能源的基本概念、发展现状、化工利用技术及节能技术的进展，拓展学生在能源化工领域的知识面。

二、课程思政教学目标

立足课程思政的现代课程观，《能源化工导论》课程重新打磨了教学目标，在知识性和能力性目标之外，还将“立德树人、创新创业、科研反哺教学”的课程思政目标融入其中，贯穿于课程教学大纲的始终，实现了课程思政建设与教学目标的完美契合。通过课程思政教学设计，在学生完成知识和能力目标的基础上，以《能源化工导论》三个思政教学目标和课程目标为导向，实现立德树人的根本目的：

（1）使学生养成良好的自我学习和信息获取的能力；

（2）培养学生追求真理、实事求是、勇于探究与实践科学精神，提升学生团队精神和开拓创新意识；

（3）坚定学生理想信念，增强政治认同感，培养学生可持续发展理念和环境保护意识，培养学生勇于奋斗、爱岗敬业的职业精神。

三、课程思政教学设计

在教学过程中，将《能源化工导论》课程内容分成能源化工的行业背景、我国传统能源的研究现状、可再生新能源的发展现状及研究热点三大课程目标。根据各个课程目标的内容特点，选取与专业特色和课程特色更切合的课程思政案例融入，并配合以相应的教学活动设计，促进知识、能力和课程思政教学目标的同步有效达成。具体教学设计图1如下：

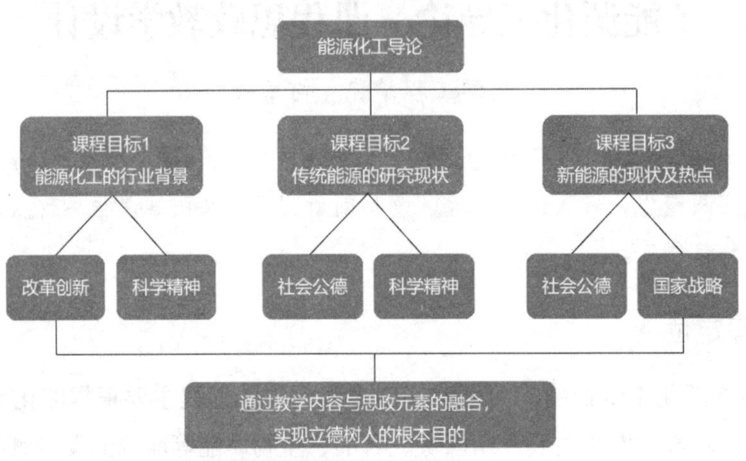

图1　课程思政教学设计图

四、课程思政元素的融合

1. 模块一：能源化工的行业背景

在《能源化工导论》课程绪论部分，通过对能源化工历史和有关理论及技术建立过程的讲解，了解前辈们在能源化工发展过程中如何思考，如何克服所遇到的障碍，解决人类社会发展过程中遇到的科学难题，将勇于探究、自强不息、锐意进取的改革创新、科学精神等思政元素融入教学环节中，实现“立德树人”。通过能源化工行业发展过程中涌现的典型科学人物、重大科学发现等案例的分享，帮助学生建立科学的思维方法以及工作中勇于面对挑战、勇往直前的奋斗精神和创新创业精神。同时，引导学生建立正确的人生观、价值观和社会主义核心价值观，以锐意进取的精神投身到祖国建设中。

2. 模块二：我国传统能源的研究现状

在模块二我国传统能源的研究现状教学过程中，主要通过启发式、案例式、讨论式教学方法介绍煤炭、石油、天然气、生物质等能源发展利用现状及未来发展趋势，培养学生探索未知、改革创新、自强不息、锐意进取的科学精神。同时，结合教师在“探索新能源”研究领域的科研成果与心得，通过案例式教学使学生掌握新能源在我国能源结构中的重要地位，培养学生保护环境、节约能源的社会公德精神。该部分内容的教学可采取翻转课堂的教学形式，提高学生课堂参与度，活跃课堂气氛，使学生养成良好的自我学习和信息获取的能力，从而实现思政教学目标。

3. 模块三：可再生新能源的发展现状及研究热点

目前能源短缺与环境污染已成为我国实现全面建成小康社会的绊脚石，习近平总书记一直强调“绿水青山就是金山银山”，就是要尽最大可能维持经济发展与生态环境之间的精细平衡，走生态优先、绿色发展的路子。然而目前我国能源短缺、大气污染、水污染状况依然很严重，据中华人民共和国环保部（今生态环境部）统计，仅2015年我国工业废水排放量为199.5亿吨。工业废水不仅对生态环境及自然环境的危害较大，工业废水还会污染地下水，影响我国人民健康。

在模块三中，以生态文明、健康中国为出发点，从新能源化工学科对我国创新驱动发展作用的角度出发，介绍新型能源技术。以杰出贡献者的研究工作、教师的科研成果为载体，通过能源环境催化、能源电催化新材料发展方面知识的学习，将“创新创业、科研反哺教学”贯穿教学始终，培养学生严谨、求实、创新的科学精神。比如：在介绍新型光催化技术教学内容时，结合教师在“能源与环境催化”研究领域的研究成果，将光催化技术的课堂教学与教师科研紧密结合，有效实现“科研反哺教学”，培养学生的创新意识、环保意识，突出价值引领、知识传授和能力培养。

通过习近平总书记提出的“绿水青山就是金山银山”“科技创新是提高社会生产力和综合国力的战略支撑”等重要论述，激发学生勇于探究、开拓创新的科学态度，使学生认识人类与自然的和谐共存，绿色发展的重要性，培养学生建立可持续发展的理念，引导他们正确地认识世界，树立正确的人生观、世界观和价值观，增强职业道德责任感和爱国主义情怀，实现立德树人。

五、教学效果

通过精心设计课程教学，保障授课教学效果，达成教学目标。在教学过程中，坚持教书与育人相统一，挖掘并积累思政元素，以“春风化雨、润物无声”的形式，隐性融入能源化工导论课程课堂教学环节，不断丰富课程思政的内涵，在传授专业知识的同时，引领学生思想、塑造价值观、培养家国情怀。

学生通过课程学习，深刻认识到在能源化工领域中，感受改革创新的科学精神、保护环境的社会公德和生态文明的国家战略，感受作为新一代青年大学生的责任与担当，建立我们的民族自豪感、民族自信心、民族创造力，感受在党的领导下，健康生活的幸福和美好。

《环境信息系统》课程思政教学设计

化学工程学院　孙如梦

该课程主要讲述环境信息基本理论和应用方法，对各种环境信息（包括图形和非图形数据、定性和定量数据、影像数据及多媒体数据等）进行输入、存储、组织管理、集成、分析处理与表示以及应用的计算机系统，培养学生创新思维和实践能力，融入生态文明建设、责任使命担当、理论联系实际等课程思政点，培养学生以生态文明理念进行工程建设实践的意识。

一、课程定位

《环境信息系统》课程是环境科学专业本科三年级开设的选修课程。该课程是环境科学与工程、计算机科学、信息科学、地理学等多学科为一体的综合的交叉科学，主要研究环境信息基本理论和应用方法，是对各种环境信息（包括图形和非图形数据、定性和定量数据、影像数据及多媒体数据等）进行输入、存储、组织管理、集成、分析处理与表示以及应用的计算机系统。通过本课程学习，使学生增进对环境信息基础知识的了解，了解地理学、计算机科学、信息科学在环境工程学科的应用；掌握环境信息系统所涉及的数据库、地理信息系统、环境遥感等学科的基础知识，尝试利用先进的技术手段获得更多、更广、更准确的数据和信息素材，通过环境信息系统有效处理后，为政府和企业机构提供环境保护和环境管理的决策支持。

通过课程的全方位育人，为国家和社会培养环境管理和污染控制方面的技术管理人才和科研、设计人才。学生经过培养所树立的社会主义核心价值观以及获得的可持续发展能力对其未来具有重大意义。

二、课程思政教学目标

在教育新形势下，将思想政治工作贯穿课程教育教学全过程，具有重要意义。为实现全程育人、全方位育人，《环境信息系统》教学除了知识性和能力性培养目标之外，通过革新教学理念、调整教学方法、重塑教学内容将“生态文明建设、责任使命担当、理论联系实际”的课程思政目标融入其中，贯穿于课程教学大纲的各个单元，实现了课程思政建能力建设与教学目标的契合，与教学内容的融合，与教学素材的整合，与教学过程的结合。

三、课程思政教学设计

课程采取“知识要点＋实践应用＋思政元素”的教学设计模式，将关键知识点与工程案例结合，培养学生科学思维和专业知识应用能力，有机融入社会主义核心价值观，强化显性思政，细化隐性思政，强化对学生时代使命感、社会责任感的培养，树立环境保护和可持续发展的意识和理念。课程教学设计模式为："一条主线＋两个课程资源库＋三个教学环节＋四个实施步骤"，即课程以环境和民生为一条主线，遴选两个课程资源库的工程案例和思政元素，融入未来工程师培养的三个教学环节，通过四个教学实施步骤完成（见图 1 ）。

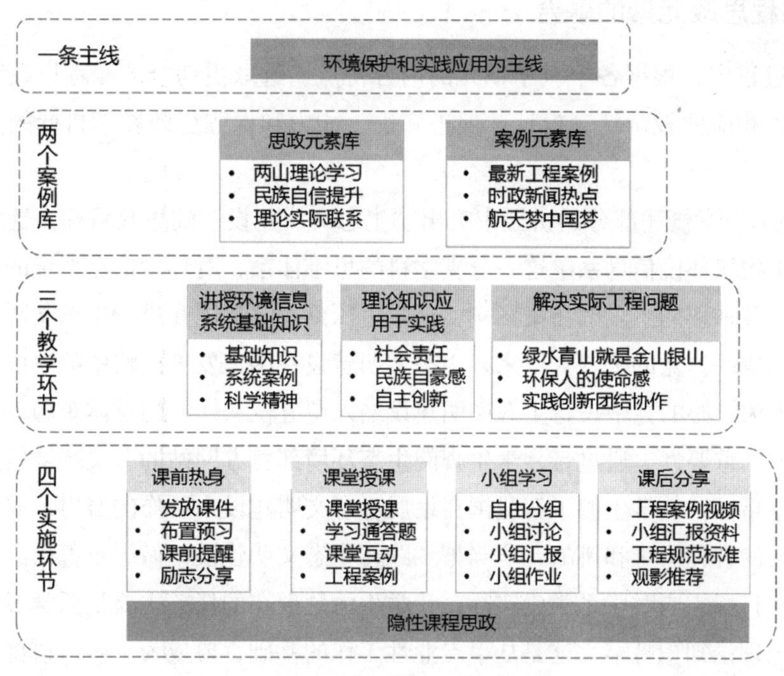

图1　课程思政教学设计

一条主线：2015年习近平总书记参加全国政协十二届三次会议江西代表团审议时指出，"环境就是民生，青山就是美丽，蓝天也是幸福"。作为未来未来的环保工作者，需要树立这种意识。《环境信息系统》课程以环境保护和实践应用为主线，培养和增强学生以生态文明理念进行工程建设实践的意识。

两个课程资源库：促进学生知识传授、能力培养与价值引领有机统一，平时教学科研中挖掘和积累课程资源，形成两个课程资源库。一是围绕两山理论学习，挖掘思政元素，理论与实际相联系，提升民族自信；二是侧重国内外最新环境信息系统的应用与创新等。

三个教学环节：一是环境信息系统的基础知识；二是将理论学习应用与实际，通过讲解具体的环境信息系统案例，增强学生民族自豪感和自信心；三是培养学生解决实际工程问题的能力，在讲授目前地理信息系统软件中体现"责任使命担当"的思政目标。航天梦是强国梦的重要组成部分，航天事业的发展，充分展示了伟大的中国道路、中国精神、中国力量，体现出一代代航天人的默默无闻、无私奉献的崇高品质，充分体现了中国共产党人全心全意为人民服务的宗旨意识，是践行初心使命在航天领域的具体表现。

四个实施步骤：在线教学以学生为中心，换位思考学生视听体验，以灵活的教学手段、丰富的教学内容、轻松的学习气氛，充分调动学生课堂学习的积极性和主动性。按课程章节知识点划分教学单元，通过“课前热身＋课堂授课＋小组学习＋课后分享”四个实施步骤，完成在线教学。

四、课程思政元素的融合

在教学过程中，根据各个教学单元的内容特点，选取更切合的课程思政教学目标融入，并配合以相应的教学活动设计，促进知识、能力和课程思政教学目标的同步有效达成。

（1）在第一章概述部分的讲授中突出“生态文明建设”的思政目标。这部分的知识核心是让学生构建环境信息系统这一分支学科的思维体系，对环境信息系统的组成建立宏观认识。通过各种不同手段的污染案例，让学生深刻理解我国在进行生态文明建设中不可忽视的现实和成绩。党的十八大以来，生态文明建设在国家发展战略中的地位不断攀升。以习近平同志为核心的党中央将生态文明建设纳入“五位一体”的总体布局，进一步凸显生态文明建设的重要性。通过带领学生查阅生态环境部官方网站的有关环境信息系统的公开信息、数据指标，使学生们了解我国在发展生态文明建设中所作的努力、成果，并感受未来治理污染的种种困难和挑战，应当把“践行生态文明建设，做绿水青山的保护者”作为自己的奋斗目标。同时联系学生实际，让学生清楚现在的任务主要是抓学习，学习中最重要的还是把理论知识打牢，这是从事专业性工作的基础，要成为一名讲道德、高尚的学者，心再大、目标再高，基础不过关其他都罔谈。在打好基础理论知识的同时，关注国家关于环境领域最新动态也是我们需要时刻记在心里的，强调国家的新动态引领着相关领域的最新研究方向。作为未来的环保人，我们必须为“环境可持续发展”贡献自己的力量。

（2）在讲授环境管理信息系统部分，强调“理论联系实际”的思政目标。让学生感受到理论联系实际、学以致用，是当代大学生必不可少的素质之一。结合当前的就业形势，和学生探讨就业中存在的问题。比如对于有的学生而言，他们会认为自己的文化水平高人一等，希望自己的薪水高出社会现实水准，所以在寻找工作的时候会出现手高眼低的情况。殊不知，工作就如军人打仗一般，能带兵打胜仗的将领，不一定都受过什么好的教育，但通过实践，他们可以带兵打出漂亮的一；而那些从学校里学出来的将领却未必有那样的本领。因为他们只是通过理论来看战争，很少付诸实践，只是纸上谈兵，真要上战场的时候，有些事情跟纸上的并不一样。所以，大学生，尤其是高年级的大学生要多关注社会的更新变化，了解更多的新闻咨询，保证自己掌握的知识与时俱进，以积极的态度应对出现的问题，不断提高自己的竞争意识和综合竞争能力。

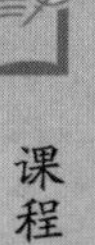

（3）在讲授目前地理信息系统软件中体现“责任使命担当”的思政目标。航天梦是强国梦的重要组成部分，航天事业的发展，充分展示了伟大的中国道路、中国精神、中国力量，体现出一代代航天人的默默无闻、无私奉献的崇高品质，充分体现了中国共产党人全心全意为人民服务的宗旨意识，是践行初心使命在航天领域的具体表现。当代大学生应“不忘初心、牢记使命”，担当起中华民族伟大复兴的历史使命，勇立时代潮头，争做时代先锋，勇敢奔跑在实现中国梦的奋进道路上，努力成为德智体美劳全面发展的社会主义建设者和接班人!

五、教学效果

通过精心设计课程教学，保障授课教学效果，达成教学目标。在教学过程中，坚持教书与育人相统一，挖掘并积累思政元素，以“春风化雨、润物无声”的形式，隐性融入环境工程专业课程课堂教学环节，不断丰富课程思政的内涵，在传授专业知识的同时，引领学生思想、塑造价值观、培养家国情怀。

《分子三维模型制作》课程思政教学设计

化学工程学院　李光跃

劳动技能课《分子三维模型制作》以分子模拟和模型制作为主要内容，将专业知识和理论与劳动能力培养有机结合，具有专业性和时代性，培养学生创造、奋斗、团结、创新和劳动精神，以及探索未知、追求真理、勇攀高峰、迎难而上的科学精神，实现"以劳树德、以劳增智、以劳强体、以劳育美、以劳创新"的劳动育人目标。

一、课程定位

《分子三维模型制作》是面向化学和应用化学专业学生的劳动技能课，属于必修课程。本课程紧密结合化学和应用化学专业的特点，以分子模拟为主体，包括理论教学和动手实践两部分。理论教学部分以分子模拟为主要内容，包括三维分子模型构建的基本原理，计算机辅助分子设计的基本操作，分子结构和晶体结构中的构建等；动手实践部分是在理论教学基础上利用废弃材料制作出分子实物模型。本课程是大学生教育的一个重要环节，旨在培养学生运用理论知识分析问题、解决问题的能力，也是提高大学生的整体素质，让大学生成为一名德智体美劳全面发展的、合格的社会主义建设者的重要过程。

二、课程思政教学目标

立足课程思政的现代课程观，《分子三维模型制作》课程重新认识、重新定位和重新塑造了教学目标，在知识性和能力性目标之外，我们在保证教学质量的同时，用好课堂教学这个主渠道，探索和创新教学方式，通过具体、生动的讲述把价值观培育和塑造融入课程设计，引导学生树立正确的价值观，实现课程思政建设与教学目标的契合，与教学内容的融合，与教学素材的整合，与教学过程的结合。

三、课程思政教学设计

课程采取"知识讲授+动手实践+思政元素"的教学设计模式，以工业催化剂合成与设计的理论与生产知识为基础，在讲授基础知识的同时加入思政元素，在此基础上通过分组安排学生自主学习并将学习内容归纳总结的动手实践活动，培养学生自主学习、发现问题、解决问题的能力，培养其专业精神、科学精神，引导学生树立正确的价值观。

课程思政教学设计（见图1）：

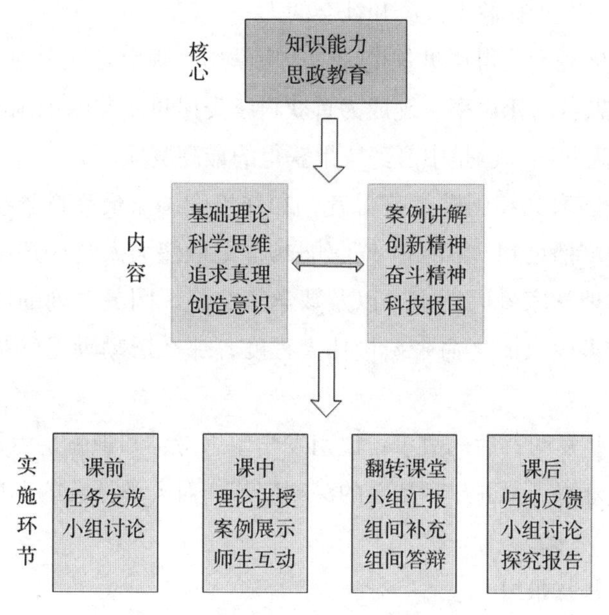

图1　课程思政教学设计示意图

四、课程思政元素的融合

在教学过程中，根据各个教学单元的内容特点，选取更切合的课程思政教学目标融入，并配合以相应的教学活动设计，促进知识、能力和课程思政教学目标的同步有效达成。

1. 民族精神、创新精神、爱国情怀教育

在国家重点研发计划项目和国家自然科学基金项目等资助下，燕山大学亚稳材料制备技术与科学国家重点实验室田永君教授团队与北京航空航天大学化学学院郭林教授团队等单位合作，成功截获多种金刚石多型体，并制备出了韧性优异的多级结构金刚石复合材料。研究成果以"具有优异韧性的多级结构金刚石复合材料（Hierarchically structured diamond composite with exceptional toughness）"为题，于2020年6月18日在线发表于《自然》（Nature）期刊上。燕山大学团队的前期研究已经证实，通过显微组织的纳米孪晶化可以协同提高金刚石的硬度和韧性：在维氏硬度提高到200GPa的同时，断裂韧性能够提高到与硬质合金相当的水平。

学生从课堂案例中见证了我们伟大祖国的日益强大，增强了民族自豪感和勇于担当、振兴祖国的责任感。

2. 大国工匠、奋斗精神

高校要坚持教育为社会主义现代化服务、为人民服务，把立德树人作为教育的根本任务，使学生不仅具备坚实的科学知识基础和较强的综合创新能力，而且遵守职业道德，做具有职业操守、努力奋斗有益于人民和社会的人。

2015年10月，屠呦呦获得诺贝尔生理学或医学奖，理由是她发现了青蒿素，这种药物可以有效降低疟疾患者的死亡率。她成为首获科学类诺贝尔奖的中国人。这是中国医学界迄今为止获得的最高奖项，也是中医药成果获得的最高奖项。

此外，她还是国家共和国勋章获得者、2016年度国家最高科学技术奖获得者。值得瞩目的还有，英国广播公司（BBC）发起的20世纪最伟大人物评选中，屠呦呦是与物理学家居里夫人、物理学家爱因斯坦，以及数学家艾伦·图灵并列的巨人。她入选的理由是："如果用拯救多少人的生命来衡量伟大程度，那么屠呦呦无疑是史上最伟大的科学家之一!"

课堂上讲述这些发明背后的故事可以引发学生思考：知识就是力量，科学发现及技术突破能够带来生产力的巨大进步和社会的深刻变革，对人类社会的发展起到积极的推动作用。

3. 大国工匠、科技报国

工业催化剂一直在绿色化、高效化方面不断推陈出新。我们在教学中鼓励学生积极、主动地关注本领域的最新进展及重大事件，及时更新知识。催化过程的主要研究内容之一是开发高效的催化剂。由中科院上海有机所丁奎岭博士课题组完成的基于组合方法与组装策略的新型手性催化剂研究项目，凭借发展手性催化剂的新方法和新策略，获得上海市2008年度自然科学奖一等奖。该研究成果受到国内外同行的广泛关注和高度评价，多篇论文被国际刊物专题评论。在组合不对称催化方面的工作被ChemTracts评价为不对称催化杂DA反应中的重要突破，不同寻常的反应；在手性催化剂自负载方面的成果被Angew·Chem评价为将最有可能成为一类非常重要的催化剂、被ChemistryWorld评价为催化的新转折等。该研究成果具有系统性和完整性，原始创新性强，对我国有机化学特别是不对称催化领域的发展起到了重要推动作用。所取得的成果，得到国内外同行的广泛关注和高度评价，在国际竞争中处于领先地位，对于手性科学和技术的发展具有重要理论意义和应用前景。教学中引入这个例子可以启发学生开拓创新思路，不囿于宏观的"相"概念，从液——固两相的多相反应拓展至水——有机两相反应。只有打破思维定势，培育创造性思维和实践性思维，科学技术才能不断推陈出新。

五、教学效果

通过设计多样性的课程教学体系，在提高课堂教学效果和质量的同时提升学生学习热情和学习效果。在传授知识的同时进行思政教育，将教书育人相统一，在提高学生专业水平的同时提高民族自信心，培养爱党爱国的情怀。

六、教学案例对化学类课程的推广

在教学实施过程中，以学生为中心，以灵活多样的教学方式在提高课堂教学效果和质量的同时提升学生学习热情和学习效果。这种方式将思政内容融入教育教学全过程，可以提升学生发现问题解决问题的能力，培养理论和实践能力强、创新能力突出、具有团队协作精神和家国情怀的复合型人才，培养德智体美劳全面发展的社会主义建设者和接班人，可供化学专业类课程借鉴并推广应用。

《催化原理》课程思政教学设计

化学工程学院　王　欢

该课程主要讲述催化剂与催化作用、吸附作用与多相催化、各类催化剂及催化作用、催化剂的制备与使用及催化剂的评价、测试和表征以及催化新技术进展等内容，培养学生在开发、研究和使用催化剂方面具有创新创业的能力，融入改革创新、科学精神、大国工匠、国家战略等课程思政点，培养学生具有创新能力与家国情怀。

一、课程定位

《催化原理》课程是化工、化学、能化专业本科三年级开设的选修专业课程，是一门理论性与实践性非常强的课程。本课程的主要任务是教会学生掌握催化作用的基本规律，了解催化过程的化学本质及熟悉工业催化技术的基本要求和特性，为培养应用化学、化学、化工工艺类专业工程师提供坚实的理论基础，培养学生具有创新能力与家国情怀并重的工程师。

二、课程思政教学目标

立足课程思政的现代课程观，《催化原理》课程重新打磨了教学目标，在知识性和能力性目标之外，还将"立德树人、创新创业、科研反哺教学"的课程思政目标融入其中，贯穿于课程教学大纲的始终，实现了课程思政建设与教学目标的完美契合。通过课程思政教学设计，在学生完成知识和能力目标的基础上，以《催化原理》三个思政教学目标为导向，实现立德树人的根本目的：

1. 使学生养成良好的自我学习和信息获取的能力；

2. 培养学生追求真理、实事求是、勇于探究与实践科学精神，提升学生团队精神和开拓创新意识；

3. 坚定学生理想信念，增强政治认同感，培养学生可持续发展理念和环境保护意识，培养学生勇于奋斗、爱岗敬业的职业精神。

三、课程思政教学设计

在教学过程中，将《催化原理》课程内容分成催化剂与催化作用的基础知识、催化剂设计与合成、新型催化技术三大模块，根据各个教学单元的内容特点，选取与专业特色和课程特色更切合的课程思政案例融入，并配合以相应的教学活动设计，促进知识、能力和课程思政教学目标的同步有效达成。具体教学设计图1如下：

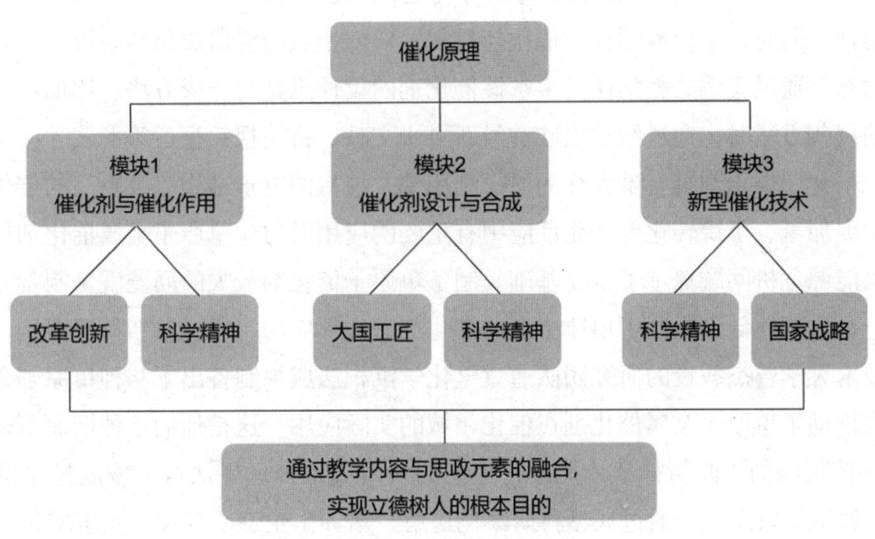

图1　催化原理课程思政教学设计

四、课程思政元素的融合

1. 模块一：催化剂与催化作用的基础知识

在《催化原理》课程绪论部分，通过对催化历史和有关理论及技术建立过程的讲解，了解前辈们在催化发展过程中如何思考，如何克服所遇到的障碍，解决人类社会发展过程中遇到的科学难题，将勇于探究、自强不息、锐意进取的改革创新、科学精神等思政元素融入教学环节中，实现“立德树人”。通过催化学科发展过程中涌现的典型科学人物、重大科学发现等案例的分享，帮助学生建立科学的思维方法以及工作中勇于面对挑战、勇往直前的奋斗精神和创新创业精神。同时，引导学生建立正确的人生观、价值观和社会主义核心价值观，以锐意进取的精神投身到祖国建设中。

在模块一各个单元的学习过程中，主要通过启发式、案例式教学方法介绍各类催化剂及催化作用的理论知识，使学生对催化剂与催化作用的知识有一个全面了解。教学过程中融入关于各类催化剂如酸碱催化剂、金属催化剂、金属氧化物催化剂、络合催化剂等的学科前沿动态（每部分课堂设计中新型催化剂学科前沿动态欣赏时间5～10分钟）。每部分教学过程中，以OBE教学理念为导向，鼓励学生查阅、分析文献资料，针对新型催化剂学科前沿、催化剂应用进展等展开讨论，真正将“创新创业”的思政元素融入课堂教学的环节中。教学实际中可采取翻转课堂的教学形式，提高学生课堂参与度，活跃课堂气氛，使学生养成良好的自我学习和信息获取的能力，从而实现思政教学目标。

2. 模块二：催化剂设计与合成

在模块二催化剂设计与合成教学过程中，主要通过启发式、案例式教学方法介绍催化剂的设计思路、催化剂合成方法，培养学生追求真理、实事求是、探索未知、自主创新的科学精神。同时，结合教师在“催化新材料”研究领域的科研成果与心得、以及最新催化研究动态，通过案例式教学使学生掌握催化剂的设计思路与合成方法。比如：讲到金属催化剂的制备方法时，通过给学生欣赏最新科研文献、科技视频报道等形式，向学生展示新型单原子金属催化剂具有最大化的原子利用率、独特的电子结构以及超高的催化活性，在二氧化碳加氢、甲烷转化等催化反应中有重要的应用潜力，单原子金属催化剂的出现为解决我国能源危机问题奠定了重要基础。制备单原子催化剂最大的问题就是制备方法没有普适性、可重复性低，限制了单原子金属催化剂的实际应用。通过最新科研案例，讲解中国科学技术大学曾杰教授的研究团队通过电化学沉积法成果制备出了34种单原子金属催化剂，极大推动了单原子金属催化剂在催化领域的实际应用。这是他们这种锲而不舍、开拓创新、科技报国的工匠精神，才能使得他们的科研成果被世界认可，该成果也发表在了《自然·通讯》杂志上。通过典型科研案例讲解，培养学生追求真理、实事求是、科技报国、责任担当的科学精神和大国工匠精神。

3. 模块三：新型催化技术

目前能源短缺与环境污染已成为我国实现全面建成小康社会的绊脚石，习近平总书记一直强调“绿水青山就是金山银山”，就是要尽最大可能维持经济发展与生态环境之间的精细平衡，走生态优先、绿色发展的路子。然而目前我国大气污染、水污染状况依然很严重，据中华人民共和国环保部（今生态环境部）统计，仅2015年我国工业废水排放量为199.5亿吨。工业废水不仅对生态环境及自然环境的危害较大，工业废水还会污染地下水，影响我国人民健康。

在模块三中，以生态文明、健康中国为出发点，从催化学科对我国创新驱动发展作用的角度出发，介绍新型光催化技术、电催化技术、催化燃烧技术等新型催化技术。以杰出贡献者的研究工作、教师的科研成果为载体，通过环境催化、催化新材料发展方面知识的学习，将“创新创业、科研反哺教学”贯穿新型催化技术教学始终，培养学生严谨、求实、创新的科学精神。比如：在介绍新型光催化技术教学内容时，结合教师在“能源与环境催化”研究领域的研究成果，将光催化技术的课堂教学与教师科研紧密结合，有效实现“科研反哺教学”，培养学生的创新意识、环保意识，突出价值引领、知识传授和能力培养。

通过习近平总书记提出的“绿水青山就是金山银山”“科技创新是提高社会生产力和综合国力的战略支撑”等重要论述，激发学生勇于探究、开拓创新的科学态度，使学生认识人类与自然的和谐共存，绿色发展的重要性，培养学生建立可持续发展的理念，引导他们正确地认识世界，树立正确的人生观、世界观和价值观，增强职业道德责任感和爱国主义情怀，实现立德树人。

五、教学效果

通过精心设计课程教学，保障授课教学效果，达成教学目标。在教学过程中，坚持教书与育人相统一，挖掘并积累思政元素，以“春风化雨、润物无声”的形式，隐性融入催化原理课程课堂教学环节，不断丰富课程思政的内涵，在传授专业知识的同时，引领学生思想、塑造价值观、培养家国情怀。

学生通过课程学习，深刻认识到在催化研究领域中，感受改革创新、大国工匠、中国制造，感受作为新一代青年大学生的责任与担当，建立我们的民族自豪感、民族自信心、民族创造力，感受在党的领导下，健康生活的幸福和美好。

六、教学案例对化工类课程的推广

在教学实施过程中，通过灵活多用的教学模式，创新的教学方法，保障了课程质量，通过将《催化原理》课程三个模块精心设计，以学生为中心，通过线上线下、课堂内外、理论实践、面授翻转等多种形式，将基础知识、科学前沿和催化工业典型案例相结合，提升学生解决复杂催化问题的能力，将社会主义核心价值观融入教育教学全过程，培养工科专业实践能力强、创新能力突出、具有团队协作精神和家国情怀的复合型人才，培养德智体美劳全面发展的社会主义建设者和接班人。

本课程融合隐性思政的教学模式，可供其他工科类课程借鉴并推广应用，使专业课程与思政教育同向同行，形成协同效应。坚持立德树人为中心，践行“门门课程有思政”“教师人人讲育人”，提高课堂教学效果和质量、提升学生学习热情和成效。

《环境政策与环境法》课程思政教学设计

化学工程学院　俞　强

该课程主要讲述环境政策的基本理论知识和技能，阐述各种环境法律法规的具体条款和关键点，培养学生的法律思维和创新能力，融入爱国主义、职业道德和国家战略等课程思政点，培养学生的家国情怀和职业素养。

一、课程定位

《环境政策与环境法》课程是环境工程专业本科二年级开设的选修课程。作为环境工程专业的基础课程，让学生掌握环境政策和环境法的基本理论、基本知识和基本技能，增强环境法制观念。通过本课程的学习，使学生熟悉环境法律法规以及相互关联度，提高运用环境法的能力，同时能够正确运用环境法律、法规，保证环境法立法目的的实现，以维护我国社会、经济的可持续发展。

通过课堂讲授、案例教学、混合教学等形式，讲解环境法的基本原则、基本法律制度、法律责任、环境污染防治法、生态环境保护法、国际环境法规范，提升学生利用环境法律规范解决实际问题的能力。通过课程的学习，让学生在新时代、新要求、新能力、新思维下，与时俱进更新环境政策和法律法规。

二、课程思政教学目标

围绕课程知识传授、能力提升和价值引领相结合的整体目标，挖掘自身蕴含思政的素材和资源，结合自身课程的特色和优势，“以环境法基本制度为基础，体现环保工作者规则意识；以各类环境法律条款主线，突出法律法规意识；以污染事件为案例，阐述环境保护重要性”，形成本门课程“生态文明”的课程思政目标，实现教书和育人的教学目标。

三、课程思政教学设计

课程采取“知识讲授+思政元素”的教学设计模式，在讲授理论知识的同时以环境法律法规为主线进行自主探究活动，融入思政元素，培养学生环境保护思维和法律法规意识，潜移默化地融入爱国主义、职业道德和国家战略等思政要点，并形成特色的课程教学设计：“一条主线+两个核心要素+三个课程案例库+三个教学实施环节。”（见图1）

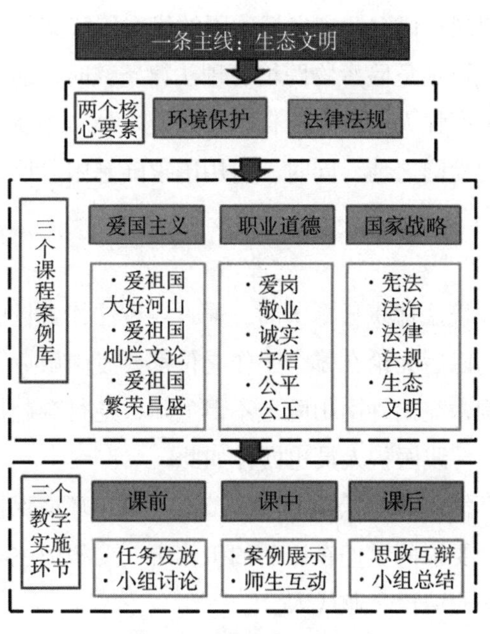

图1　课程思政教学设计

一条主线：以习近平总书记提出的“生态文明”为主线，提升学生对时事的灵敏度、国家大事关注度、国家发展战略度，培养学生的家国情怀。

两个核心要素：促进学生知识掌握、能力培养和价值引领的有机统一，以培养环境保护思维和法律法规意识为核心要素。

三个课程案例库：以爱国主义、职业道德和国家战略思政要点建立案例库，在教学过程中挖掘思政元素，促进学生知识传授、能力培养与价值引领有机统一，形成三个课程案例库。一是以爱祖国大好河山、爱祖国灿烂文化和爱祖国繁荣昌盛为主要内容的爱国主义案例库；二是以爱岗敬业、诚实守信和公平公正为主要内容的职业道德案例库；三是以宪法法治、法律法规和生态文明为主要内容的国家战略案例库。

三个教学实施环节：以学生为主体，以教师为主导，以思辨为宗旨，通过“课前+课中+课后”三个实施环节，完成教学与育人的统一。

四、课程思政元素的融合

1. 爱国主义

爱祖国大好河山。在绪论和环境法概述章节的讲解中，通过讲述环境问题的分类，突出环境污染的严重性，引入中国美景——西湖，介绍西湖的由来及历史人物苏东坡，来激发同学们热爱祖国大好河山。

爱祖国灿烂文化。在讲述环境法体系时，通过剖析习近平总书记的生态文明建设理论，引出祖国灿烂和优秀的传统文化（习近平生态文明思想继承了优秀传统文化关于“天人合一”的思想），希望同学们继续和发扬中国的优秀传统文化。

爱祖国繁荣昌盛。在讲述危险废物跨境管理法律条款时，通过剖析危险废物跨境转移条款的变化，引出只有国家强大了，才能自立于民族之林，才能发出自己的声音，保护自己的人民，激发同学们的爱国之情。同时，引用国家陆基中段反导实验成功的案例，让同学为祖国感到自豪。

2. 职业道德

爱岗敬业。在讲解环境法律责任章节时，通过各种法律责任的讲解，引出爱岗敬业这一思政要点，要求同学们以后无论在哪个工作岗位都要爱岗敬业，具有家国情怀。引入抗疫先锋——钟南山的案例，突出钟南山院士不惧危险，逆行奔赴抗疫一线，用专业知识构筑起新冠肺炎的防疫线，一线医护人员也同样如此。

诚实守信。在讲解环境法基本法律制度章节时，讲述环境保护税的相关条款时，引出诚实守信这一思政要点，要求同学们在以后的工作中，要积极主动上报企业或个人的污染当量值，做一个诚实守信的纳税企业或人。

公平公正。在讲解环境法基本原则章节时，重点讲述可持续发展的环保理念，引出公平公正思政要点。告诉同学们在经济发展的同时要注重环境保护，要可持续发展，在当代人享受环境的同时，也要保证后代人享受的权利。

3. 国家战略

宪法法治。在讲解环境法律体系内容时，重点讲述《环境保护法》的内涵，引出依法治国的思政要点。依法治国是中国共产党的基本治国方略，任何个人和团体都不能凌驾于法律之上，一切事务必须以法律为基准。引入一些有法不依、执法不严、违法不究的案例，说明依法治国的重要性，让学生明白《环境保护法》是环保工作者必须熟练掌握的基本法律。

法律法规。在讲解各种环境污染要素法律文件时，引出法律法规这一思政点，告诉同学们在做出各项决策时，必须以法律法规为准绳，且这个法律法规为最新的法律法规。引入民法典这个最新修正的关系个人的法律案例，让同学们切身体会到法律法规的基准性，时代性。

生态文明。在环境法概论章节讲解中，突出“生态文明”的思政目标。环境保护和经济发展是一对矛盾的关系，也是相辅相成的关系。引入习近平总书记关于生态文明重要论述中的“两条鱼”“两座山”“两只鸟”理论，从辩证角度来思辨环境保护和经济发展的关系。

五、教学效果

通过精心设计课程教学，保障授课教学效果，达成教学目标。在教学过程中，坚持教书与育人相统一，挖掘并积累思政元素，以“春风化雨、润物无声”的形式，不断丰富课程思政的内涵，在传授专业知识的同时，引领学生思想、塑造价值观、培养家国情怀。

学生通过课程学习，深刻认识到在环境保护和法律体系中，感受到祖国的繁荣富强，公民的自豪感和生态文明建设的重要性，从而建立起中华民族的自信心、自豪感。

《智能交通系统》课程思政教学设计

建筑工程学院　陈明明

该课程主要讲述智能交通系统的基础理论知识，拓展学生专业视野，培养学生的创新思维和职业意识，融入爱国情怀、制度自信、创新精神、爱岗敬业等课程思政点，培养学生良好的职业素养和精益求精的匠人精神。

一、课程定位

1. 课程性质

《智能交通系统》是交通运输专业本科第七学期开设的必修专业课，属学科前沿领域教学课程。课程内容涉及交通、控制、计算机、电子等多方面知识，该课程是一门系统性强、复杂度高、与实践紧密结合的课程。

2. 课程地位

该课程为《运筹学原理》《交通规划与管理》《交通安全》《交通系统仿真》《现代汽车理论》等课程的后续课程，起到进一步拓展学生专业知识，开阔学生视野，提高学生使用人工智能方式解决交通问题的意识，奠定学生未来从事专业相关研究和开发工作基础重要作用。

3. 课程教学内容与意义

课程采用课堂讲授、案例教学、讨论教学、启发式教学等组合式教学方法，系统讲授智能交通系统国内外发展建设情况、ATMS、ATIS、AVCS、APTS、ARTS、AHS、CVO七大智能交通系统的功能和作用，以及如何对各智能交通系统进行评价。课程积极综合运用讨论、问答、作业、实践等教学手段，提升学生对前沿领域的参与感，激发学生对创新、敬业的情感共鸣，点燃青年学生心中的爱国之情和报国之志，培养具有专业知识扎实、职业素养兼具、匠人意识浓厚、创新精神突出的卓越的交通青年人。

二、课程思政教学目标

课程依据《高等学校课程思政建设指导纲要》总体要求，围绕知识传授、能力培养、价值引领三个维度，深入挖掘智能交通系统课程知识体系中关于国家、行业、文化等方面的思政元素，构建“课程知识内容为基础主线、综合能力培养为提升中心线、价值引领为深层生命线”的三线联动的课程思政教学模式，达成“理论学习有成效、信念坚定见实效、日常行动显效果”三效合一的思政育人目标。

三、课程思政教学设计

课程思政教学主题为“与时俱进，勇于创新”“使命担当，爱国奉献”“凝心聚力，团结协作”“工程伦理，职业坚守”。根据教学内容特点，将思政教学主题有机融入相应知识点，并结合课堂讲授+观点分享、小组讨论、分组辩论、翻转课堂的组合式教学形式，配合“课上+课下、线上+线下、校内+校外”多情景的教学环境，将思政主题的“盐”溶于专业知识学习之“水”。通过“三线联动”的模式，实现知识传授、能力培养、价值引领有机统一，培养具有扎实学习、坚定理想信念的高素质交通人才。

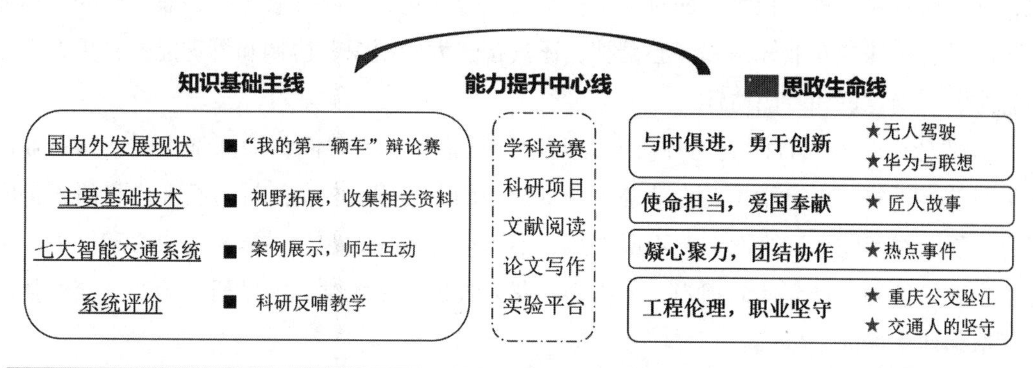

四、课程思政元素的融合

1. 与时俱进，勇于创新

以无人驾驶、智慧交通大发展的行业环境为背景，将智能交通系统概念、内涵、发展背景、作用、效益、理论基础及各国发展近况等基本知识，与国家战略、行业方向、个人使命相结合，教育学生对待问题要“才思敏捷，有善于思考之细心”，处理问题要“自强不息，有开拓创新之决心”。

在三年级所学的专业知识基础上，重点讲解行业内世界领先的智能交通技术，提高学生对交通管理措施及问题解决方式和方法上的认识，比较于以往较为传统的解决方式，鼓励学生采用新思路、新方法、新技术解决专业问题。选取目前智能交通系统中的较为前沿的且学生较为感兴趣的课题——无人驾驶汽车，引出华为作为无人驾驶研究的重要参与者，现今面临着美国对芯片的封锁性制裁的技术瓶颈问题，突出“中国制造”变“中国创造”的重要性。

课程发布当下典型案例，开展“智能交通，智慧生活”为主题的小组讨论活动，并鼓励学生分享生活中接触到的交通黑科技、大赛新作品，建立起学生系统思考交通系统问题高效解决方法的思维，善思、善辩、善行，形成善于运用人工智能方式解决专业领域问题的意识。教学中启示学生创新的源泉就是“善于思考，乐于思考”，让学生不仅能够意识到创新的重要性；同时，要从学习、生活、工作中培养乐于思考问题的习惯，心怀中国梦，建设社会主义事业。

2. 使命担当，爱国奉献

“学好新思想，建功新时代。”交通运输行业具有交融天地、联通万物的宏大格局。结合智能交通系统体系建设、数据收集、传输及信息利用和控制等基本原理部分的内容，涉及到的知识较为宽泛，既有交通专业知识，又涉及到通信、电学等多个专业的综合知识，理论性较强，难度较大。面对多学科交叉融合问题，能够突破重点、兼顾全局，培养学生既具有精深的专业知识和匠心精神，还具备强大的组织、协调和管理能力，更拥有战略思维、全局意识和家国情怀。

该部分内容融入智能交通各研究方面进行实验和典型案例，加深学生对交通行业的前沿科技的理解，提升学生对专业前沿领域知识的参与感。例如，通过行业内科研人员的研究过程面对问题，迎难而上、不惧失败、不懈努力攻克难题建设国家的决心和努力。坚定学生理想信念，扛起使命担当，下决心、花力气进行系统学、深钻研，为实现交通强国梦，撸起袖子加油干！

课程结合本学期学生特点，开展“城市、乡村、学校交通问题我发现——交通人的责任担当”课下活动，或结合学生个人兴趣，介绍“我心仪的智能汽车——论国产车与合资进口车”课上分享活动，综合对待国内外在发展上的不平衡，找出痛点，提高学生爱国意识，强化学生报国决心。同时，让学生认识到面对学习、生活以及未来工作中的难题，要理清思路、放平心态、砥砺前行。并结合热点问题——关于华为孟晚舟“双重犯罪”的认定，引发学生感情共鸣，引出“吾辈当自强”，培养学生形成自强不息、刻苦钻研、开拓创新、勇攀高峰、爱国敬业的品格，培养具备家国情怀、人文素养、社会责任感、职业道德和国际视野的综合性交通运输专业卓越人才，助力交通强国建设。

3. 凝心聚力，团结协作

智能交通系统部分，包括：城市交通管理系统、出行者信息系统、先进的车辆控制系统、先进的公交系统、自动公路系统、先进的乡村运输系统、商业车营运系统共计7大智能交通系统的内容和功能。各系统职能相互独立，而整个社会智能交通的实现又是七大系统相辅相成共同作用的结果。这就要求学生应当树立全局观念，立足整体，统筹全局，达到整体功能大于部分功能之和的理想效果；同时必须重视各部分的作用，抓好局部关键，促进整体发展。结合课程团队小组活动，启示学生个人能力发展与团队整体前进之间的关系，一个人能够走得更快，但是一个团队能够走的更远，国家的发展，社会的进步，不是单个人努力的结果，而是千千万万个人拧成了一股绳，共同努力的结果，培养学生在未来的工作和深造学习中的团队精神，树立不居一隅的大局观、全局观。

选取与未来工作、继续深造相关的相关国家政策、教学案例、行业重点案例，采取启发式教学方法，引导学生发散思维，打破陈规，充分结合交叉学科优势，未来工作中要注意重点打造分工明确、齐心协力、凝心聚力团队。邀请往届学生，以线上交流或课堂座谈分享的形式，互动交流、答疑解惑，增强学生对本专业前沿知识的获得感，通过丰富的课堂形式，培养具有牢固团队意识的智能交通青年人。

4. 工程伦理，职业坚守

课程教学中分享智能交通系统解决现代交通问题的相关视频资料，以2018年重庆公交坠江事件为例，说明应用先进的公交系统的重要性。同时，引发学生对社会公共安全水平、社会公共道德素养、职业道德素养之间关系的思考，提示学生，交通行业的一桥、一路、一分、一秒，都涉及到广大人民群众的出行安全和社会的经济发展。教育学生在今后生活中不仅要从公民道德层面约束自身行为，在工作中更要规范操作，严格按照相关法律法规、从业标准要求自己，提醒学生高尚道德不能仅停留在书本课堂，更应该体现在社会生活中件件小事上，帮助学生进一步牢固树立交通安全意识，提高对遵守交通安全法规重要性的认识，树立爱岗敬业、坚守底线、踏实勤奋等正确的职业观。

通过科研反哺教学，选取项目案例，介绍智能交通系统建设在经济合理性、技术可行性、社会效益、环境影响和项目风险进行评估等五大方面的评价内容，融入港珠澳大桥总工程师——林鸣，不畏困难、从无到有、披荆斩棘的事迹，培养学生兢兢业业、一丝不苟、为国奉献的工匠精神。习近平总书记指出："一切劳动者，只要肯学肯干肯钻研，练就一身真本领，掌握一手好技术，就能立足岗位成长成才，就都能在劳动中发现广阔的天地，在劳动中体现价值、展现风采、感受快乐。"我们要以大国工匠和劳动模范为榜样，做一个品德高尚而追求卓越的人，积极投身于中华民族伟大复兴的宏伟事业中。

五、教学效果

通过缜密的逻辑设计，将知识点的讲授与思政点和思政活动无缝衔接、平顺过渡，达到润物无声的效果，同时实现了知识传授与价值引领的统一。"知识+思政"活动贯穿教学全过程，"课堂+实践"的探究模式让学生自觉行动去亲身感受实践创新的快乐，团结协作于个人成长的重要性，科技强国战略和无私奉献精神的伟大，以"若隐若现，若有若无"的方式达成思政课堂目标，丰富理论与实践，做到了知行合一，内化于心，外化于行，实现了教书和育人的统一，顺利达成思政教育目标。

《中国建筑史》课程思政教学设计

建筑工程学院　张　颖

该课程主要讲述在中国古代、近代与现代三个不同历史时期下，建筑如何发展变化，总结不同建筑类型的特征，培养学生实践能力、创新思维以及工匠精神，融入爱国情怀、传承精神以及责任意识等课程思政点，培养学生的逻辑思维、创新思维、实践思维，建构建筑观念中的历史观、文化观、国家观。

一、课程定位

《中国建筑史》是建筑学、城乡规划专业本科二年级开设的必修课程，也是建筑学、城乡规划专业的专业课。作为基础理论和意识形态，《中国建筑史》承担着为学生解读建筑产生的根源、历史发展动态、技术进步的表现和建筑的特征与本质的重要作用。

课程教学采用讲授法、讨论法、案例教学、混合教学等多种教学方法，以传统理论讲授为主的教学模式，主要是语言结合图片的形式传递不同时代、风格和类型建筑相关知识。学习这门课程，能够让学生深入了解中国传统建筑的魅力，能够运用建筑史学的观念来看待中外传统建筑的成就或者剖析其利弊，提升学生的建筑素养。

二、课程思政教学目标

立足课程思政的现代课程观，《中国建筑史》课程重新认识、重新定位和重新塑造了教学目标，在知识性和能力性目标之外，还将“以史实培养使命感与责任心、以文化提高鉴赏品位，增强公民意识、以哲学培养批判精神和历史发展观”的课程思政目标融入其中，贯穿于课程教学大纲的各个单元，实现了课程思政建设与教学目标的契合，与教学内容的融合，与教学素材的整合，与教学过程的结合。

三、课程思政教学设计

课程采取“知识讲授+结合设计+思政元素”的教学设计模式，在讲授理论知识的同时，以结合设计分析来进行课程的应用，融入思政元素，培养学生设计思维和专业知识应用能力，先学再讲，不断反思，学生自评互评，教师辅导引领，开拓思维。从客观、理性的建筑史实中发掘自己主观的建筑观念和建筑思维，并形成特色的课程教学设计：“一条主线+两个核心要素+两个课程案例库+四个教学实施环节。”（见图1）

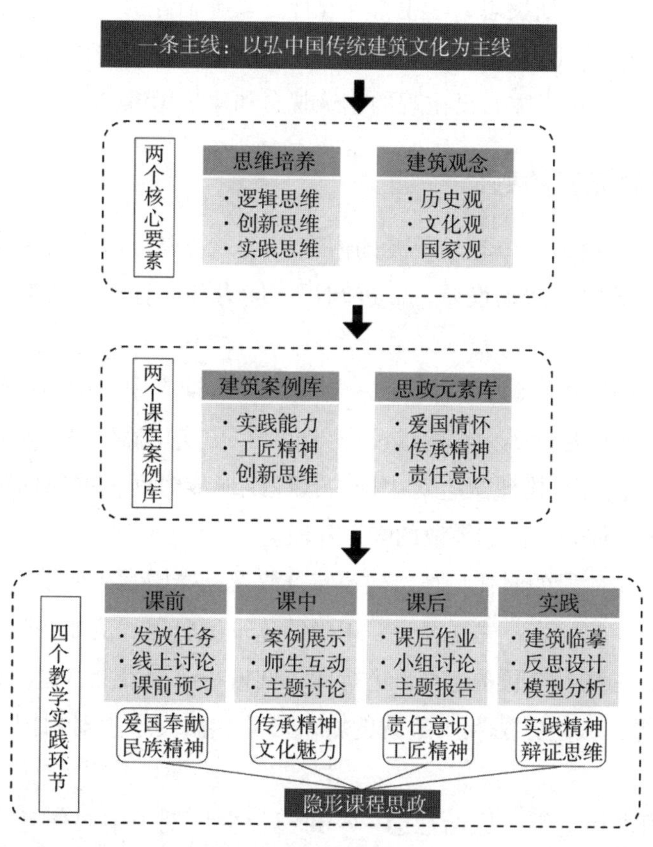

图1　课程思政教学设计

一条主线：十九大报告指出：“中国特色社会主义文化，源自于中华民族五千多年文明历史所孕育的中华优秀传统文化，熔铸于党领导人民在革命、建设、改革中创造的革命文化和社会主义先进文化，根植于中国特色社会主义伟大实践。”中国传统建筑文化作为其中的一项重要载体，在弘扬传统文化中起到至关重要的地位和作用，因此课程将弘扬中国传统建筑文化作为最重要的一条主线。

两个核心要素：促进学生素质能力和专业能力的综合培养，以思维培养和建筑观念为核心要素，通过中国古代、近代以及现代建筑知识的讲解，构建知识体系和逻辑思维框架。在教授过程中，体现中国建筑发展过程中的创新思维和实践思维，使学生形成相应的建筑观念，即历史观、文化观和国家观。

两个课程案例库：在教学过程中挖掘思政元素，促进学生知识传授、能力培养与价值引领有机统一，形成两个课程资源案例库。一是以实践能力、工匠精神以及创新思维等为主要内容的建筑案例库；二是以爱国情怀、传承精神，以及责任意识等为主要内容的思政元素库。

四个教学实施环节：基于问题导向的混合式教学模式，以学生为中心，学生参与整个课堂过程，先学再讲，不断反思，学生自评互评，教师辅导引领，开拓思维。通过“课前+课中+课后+实验实践”四个实施环节，完成教学，实现隐性教育与显性教育相统一，从客观、理性的建筑史实中发掘自己主观的建筑观念和建筑思维。

四、课程思政元素的融合

在教学过程中，根据各个教学单元的内容特点，选取更切合的课程思政教学目标融入，并配合以相应的教学活动设计，促进知识、能力和课程思政教学目标的同步有效达成。

（1）在中国古代建筑（原始社会——封建社会后期）中对中国古代建筑的特征、古代建筑发展概况、城市建设等内容的讲授中突出“以史实培养使命感与责任心”的思政目标。这部分的知识核心是构建学生对中国古代建筑形成时间上的纵向脉络体系，了解历史，形成完备的理论体系，而非零散的知识片段。

该部分梳理每个阶段的时代特征、建筑特征以及社会因素，使学生了解建筑历史的纵向继承、发展与演变的脉络，建立客观、正确的建筑历史观。例如在明朝历史的教学中，尝试将城市和相关建筑人物联系起来，进行深入剖析与综合发掘，追溯到当时的历史背景中去探索城市思想、城建方法及所造就的城市形象，激发学生对祖国大好河山的热爱之情。

（2）在中国古代建筑（原始社会——封建社会后期）中对住宅、聚落、宫殿、坛庙、陵墓、宗教建筑、园林、风景建设的讲授中融入“以文化提高鉴赏品位，增强公民意识”的思政目标。在授课过程中多采用课堂讲授法以及启发式教学法，引导学生从审美的层面去欣赏历史性建筑，紧紧抓住历史的发展脉络，对建筑的发生、发展与社会发展的紧密关系有系统、生动、形象的认识，又有利于学生形成较高的鉴赏品味，有利于学生思考如何将中国的传统文化融入当代的建筑文化中。如在对传统聚落的知识传授中，通过传统聚落重视生态环境和精神环境的营建理念的讲授，启发学生以当代视角来看待这种整体的生态环境观，了解值得人们借鉴的成分，与现代生活需求部分结合起来，从而创造和谐的人居环境。在历史建筑测绘实践课上，我们联合当地的环境保护组织开展“记录故土，保护家园”环保活动，对古桥和古建筑进行测绘、记录，并和环境保护志愿者协会在古镇清理垃圾，把历史遗产和生态环境的保护观念从课堂延伸到课外，从学习拓展到生活。

（3）在中国近代建筑（1840—1949）以及中国现代建筑（1950—至今）的讲授中，突出促进“以哲学培养批判精神和历史发展观”思政目标的达成。综合中国古代建筑部分的影响，反观中国近代以及现代建筑的发展历史，使学生能对中国建筑史进行再一次分析、综合与提高，使学生加深认识，提高本学科的业务水平，形成综观过去、明察现在和预示未来的思维优势。本部分的教学多采用社会实践的方法，组织学生参观当地的博物馆、图书馆或者历史文物，让学生了解当地的发展历史，尤其是在经济、文化、社会生活等方面所取得的进步和成就。这样能够潜移默化地展开历史观教育，在了解本地发展的同时，学会用历史唯物主义的发展观点正确看待现今的社会主义建设。借鉴历史经验，立足历史条件，顺应历史趋势，有选择地继承、发扬历史理论和经验，反对全盘否定，割断历史去看待和处理问题，有利于学生形成辩证思维，提高大学生的思想道德素质。

五、教学效果

（1）受益面广：在每年在建筑学与城乡规划专业的学生的教学应用中，以讲授法、讨论法、案例教学、混合教学等多种教学方法的混合运用，实现“课堂精彩化”，激发学生的学习热情，对教学内容理解更加充分。

（2）互动性强：课程学习中潜移默化地进行课程思政教育，培养了学生正确的价值取向、崇高的政治信仰、无私的社会责任，并提高学生辩证思维、实事求是、理论结合实践的能力。

（3）应用范围广：本项目借用超星学习通平台，实现网络教育资源的多样化应用，使学生可以随时回顾，随时学习。

六、教学案例对建筑历史类课程的推广

对于建筑历史类课程来说，课程教学在课堂思政的引领下将不再局限于理论知识的传授，将更加注重学生历史观、民族观、国家观、文化观的培养，激发学生对传统文化的热爱及中华文化的自信，使得学生在掌握知识的同时也能放眼世界，成为中华文化的传播者。

《BIM实践技能》课程思政教学设计

建筑工程学院　曹业启

该课程主要讲述运用BIM（建筑信息模型）这一现代建筑信息技术手段进行建筑信息模型建模，实现建筑工程虚拟仿真，培养建筑类专业本科学生基本的建筑信息建模的能力，同时将枯燥的专业知识用三维视图、漫游动画等方式集成，让学生感受到专业知识的视觉美，培养专业兴趣与专业素养，拓展学生动手实践能力。课程融入科技兴国、创新精神、爱国主义、大国工匠等课程思政点，培养学生职业责任、爱国情怀与担当，增强学生以运用信息化科学技术武装自己，助力新时代建筑业可持续发展与中国经济发展的初心意识。

一、课程定位

本课为建筑工程学院劳动技能课，属于必修通识类课程，主要面向于工程管理、土木工程、建筑学等建筑类专业，于大学一年级时开设。以OBE理念为指导，通过本课程的学习，能够让建筑类专业本科学生具备基本的建筑信息建模的能力，理解其在建筑工程领域中的地位和影响。

课程教学采用讲授法、案例式教学方法、讨论法、分组互评法、抢答法等授课方式，合理运用BIM（建筑信息模型）这一现代建筑信息技术手段，通过虚拟仿真实训项目建设，开辟“智能+教育”新途径。将枯燥的专业知识用三维视图、漫游动画等方式集成，让学生感受到专业知识的视觉美，培养专业兴趣与专业素养，拓展学生动手实践能力。在深化学生对本科建筑类相关专业课程理解的同时，为今后学生运用BIM技术参加相关竞赛、考取专业等级证书、从事土建工程相关工作打下较坚实的专业技能基础。

二、课程思政教学目标

围绕课程知识传授、能力提升和价值引领的相结合的整体目标，挖掘自身蕴含思政的素材和资源，结合自身课程的特色和优势，“以BIM技术相关理论为基础，构建逻辑思维，提升学生专业素养；以先进BIM信息化技术为手段，增质提效，各方协作，事半功倍，提升企业经济及社会效益；以实际建筑工程项目虚拟仿真建模为平台，防患未然，节能环保，打造绿色建筑，促进建筑业可持续发展”，形成了本门课程“三以”“三提升”的课程思政目标，实现教书、授业、育人、解惑的同向同行、同频共振，强化显性思政、细化隐性思政、构筑“科技兴国”育人大格局。

三、课程思政教学设计

课程采取“知识讲授+实践技能应用+思政元素”的教学设计模式，在讲授理论知识的同时以BIM建模为主线，结合动手实操实践，融入隐性思政元素，培养学生建筑信息模型绘图逻辑思维和专业技能实践应用能力，潜移默化地进行科学精神、价值取向、职业责任、爱国情怀与担当，并形成特色的课程教学设计：“一条主线+两个核心要素+四个课程案例库+三个中国系列模块+全过程教学实施环节”。

一条主线： 以习近平总书记“中国要强盛、要复兴，就一定要大力发展科学技术”——“科技兴国”为主线，培养和增强学生以运用信息化科学技术武装自己，助力新时代建筑业可持续发展与中国经济发展的初心意识。

两个核心要素： 促进学生知识传授、能力培养与价值引领有机统一，以思维培养、职业素养为核心要素。

以先进BIM信息化技术为手段，增质提效，各方协作，事半功倍，提升企业经济及社会效益；以实际建筑工程项目虚拟仿真建模为平台，防患未然，节能环保，打造绿色建筑，提前建筑业可持续发展进程通过BIM技能知识的讲解，构建逻辑思维，提升学生专业素养；通过BIM信息化技术应用案例建设“奇迹速度”讲解，培养科技创新思维，培养学生科技兴国意识；通过行业等级考试真题讲解，拓展绘图思维、与时俱进思维。

四个课程案例库： 在教学过程中挖掘思政元素，促进学生知识传授、能力培养与价值引领有机统一，形成四个课程资源案例库。一是以爱国情怀、民族创新、伦理道德及以人为本等为主要内容的思政元素库；二是以诚信为善、科技创新、工匠精神、民族自信、节能环保、绿色可持续发展实践运用等为主要内容的实际应用工程案例库；三是以创新创业、团结协作、美育情怀等为主要内容的BIM竞赛优秀作品案例库；四是与时俱进、创新思维、法律法规意识的行业等级考试真题案例库。

三个中国系列模块： 模块一讲好中国故事，讲解科学家故事、民族文明故事及知识拓展故事；模块二传承中国情怀，讲解“建筑人”的职责和素养、树立学习的决心和信心、振兴国家的初心；模块三讲好科技兴国，讲解中国科技创新自主创新、迎难而上，科技创新、提质增速，助力绿色建筑产业发展，可持续发展。

全过程教学实施环节： 以学生为主体、以教师为主导、以体验为关键、以网络为载体，通过“课前+课中+课后”全过程教学实施环节，完成教学任务，实现隐性教育与显性教育相统一。

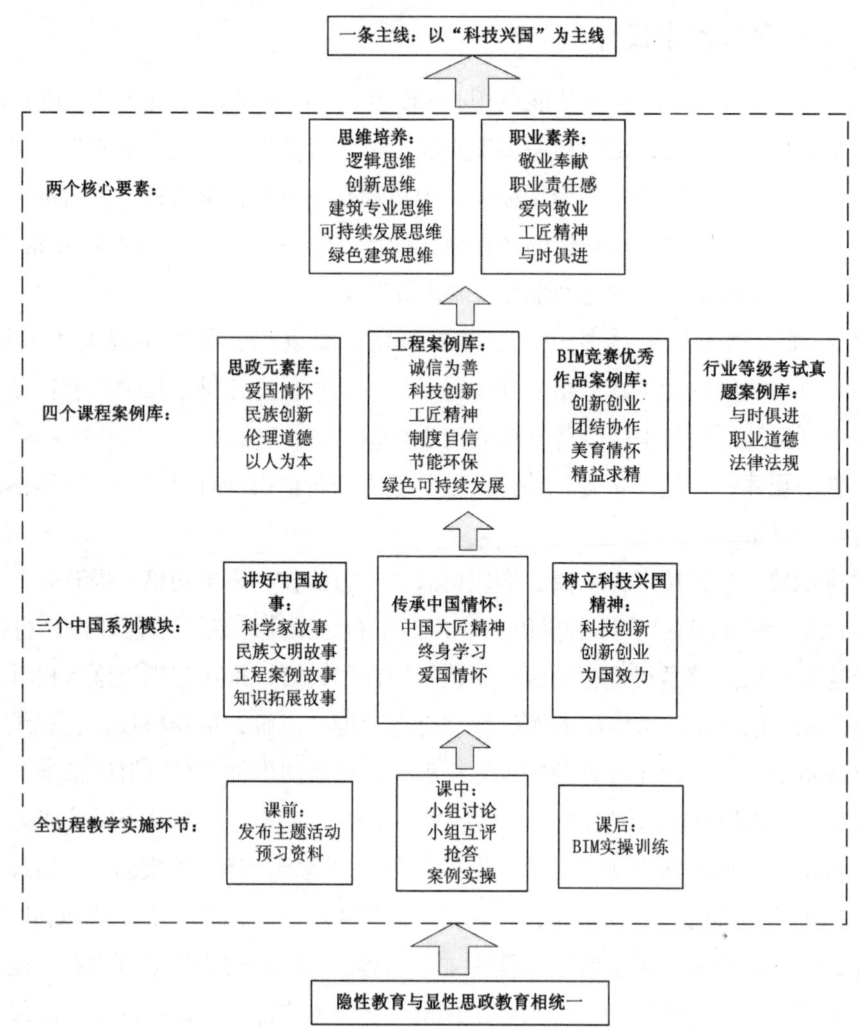

图1　课程思政教学设计

四、课程思政元素的融合

1. 严守理论阵地，讲好中国故事

好的开始是成功的一半，采用首堂课进行中央推出的《大国工匠》系列纪录片播放，引导学生去了解中国匠人故事，感悟匠人精神。

宝剑锋从磨砺出。在收看该系列节目时，发现他们文化不同，年龄有别，但都拥有一个共同的闪光点——热爱本职、敬业奉献。他们技艺精湛，有人能在牛皮纸一样薄的钢板上焊接而不出现一丝漏点，有人能把密封精度控制在头发丝的五十分之一，还有人检测手感堪比X光般精准，令人叹服。他们所以能够匠心筑梦，凭的是传承和钻研，靠的是专注与磨砺，从而培养学生在专业技术的道路上大勇不惧，大术无极，大巧破难，大艺法古，

大工传世，大技贵精，大道无疆，大任担当的大国工匠精神。

2. 聚焦项目本质，传承中国情怀

在讲授BIM技术建模实操环节，穿插经典BIM工程案例《绿色节能——BIM技术成就上海制高点》，讲解通过BIM技术提前虚拟仿真，提质增效，在产生经济效益的同时，实现社会效益。如果在工程建设行业，BIM的理念和工作方式得到普遍的应用，这将大大提高行业的生产效率和效益。上海中心大厦一直秉承可持续发展的设计理念，集成各种适用性的绿色创新技术，打造了国内绿色垂直城市的典范，对同类超高层绿色建筑具有良好的示范带头作用，对于引领国内外超高层建筑的可持续发展发挥着重要作用。我们也期待在未来有更多绿色节能的摩天大楼出现。

在小组合作过程中，鼓励学生团结协作，协同攻坚，实现1+1大于2的项目成果，通过经典工程案例《成就“中国尊”——BIM：“中国尊”项目各方协同作战的利器》讲解，在“中国尊”项目的开发建设中，了解BIM技术在项目的整体策划、设计阶段和初步施工阶段的整个过程中，各个项目的参与方的协作都在其中发挥着举足轻重的作用，激发学生的团结协作意识、爱国情怀，坚定政治认同、文化自信。

通过获奖作品赏析，鼓励学生创新思维，通过自己动手实践完成BIM作品及漫游视频，增强劳动获得感，发现劳动之美。

3. 与时俱进，讲好科技兴国

结合BIM技术实际应用，讲好科技兴国的故事。通过讲述建筑信息化建模这一科技进步带来的高效率、高质量建筑业发展，鼓励学生通过先进的专业技能武装自己，以振兴国家为初心。通过疫情背景下，运用BIM技术，多方协同，虚拟仿真，仅用10天建成武汉火神山医院、12天建成雷神山医院、24小时抢建方舱医院的中国“奇迹速度”的故事讲解，展现出“中国力量”，坚定学生“科技兴国”的决心。

五、教学效果

通过精心设计课程教学，保障授课教学效果，达成教学目标。在教学过程中，坚持教书与育人相统一，挖掘并积累思政元素，以“春风化雨、润物无声”的形式，隐性BIM技术相关专业课程课堂教学环节，不断丰富课程思政的内涵，在传授专业知识，提高专业技能的同时，引领学生思想、塑造价值观、培养家国情怀。

学生通过课程学习，深刻认识到在BIM技术在建筑业的应用中的重要地位，感受中国力量、中国制造、中国精神、中国故事，感受作为新一代青年建筑人的责任与担当，建立我们的民族自豪感、民族自信心、民族创造力，感受在党的领导下，健康生活的幸福和美好，以科技兴国为己任，用先进的技术武装自己，为科技兴国贡献自己的一份力量。

六、教学案例对建筑类课程的推广

在教学实施过程中，通过灵活多用的教学模式，创新的教学方法，保障了课程质量，凝练出“一条主线+两个核心要素+四个课程案例库+三个中国系列模块+全过程教学实施环节”的教学设计，以学生为中心，通过线上线下、课堂内外、理论实践、面授翻转多种形式，将BIM技能知识与实际相结合，提升学生解决复杂建筑建模问题的能力，将社会主义核心价值观融入教育教学全过程，培养建筑人实践能力强、创新能力突出、具有团队协作精神和家国情怀的复合型人才，培养德智体美劳全面发展的社会主义建设者和接班人。

本课程融合显性与隐性思政的教学模式，可供其他建筑类课程借鉴并推广应用，使专业课程与思政教育同向同行，形成协同效应。坚持立德树人为中心，践行“门门课程有思政”“教师人人讲育人”，提高课堂教学效果和质量、提升学生学习热情和成效。

《钢结构基本原理》课程思政教学设计

建筑工程学院　王　宁

该课程主要讲述钢结构基本构件梁、柱及其连接的设计、计算与应用，培养学生的创新思维和实践能力，融入职业道德、个人品德、科学精神等课程思政点，培养学生的德能兼修素养和工程师的职业情怀。

一、课程定位

1. 课程性质

《钢结构基本原理》是土木工程专业本科三年级上学期开设的专业基础课，也是专业核心必修课程。

2. 课程地位

钢结构是现代土木工程的基本结构形式之一，在房屋建筑、桥梁、体育场馆、机场航站楼、火车站房、塔桅、海洋平台、气柜油罐中都得到广泛应用。本门课程力图为学生搭建起从力学原理到钢结构工程设计的桥梁。

3. 课程教学内容与意义

本课程以建立钢结构基本概念、阐释钢结构基本原理为教学目标，依据国家2017年新版《钢结构设计标准》，通过课堂讲授、案例教学、小组讨论等方式，使学生掌握钢材的主要性能，钢结构常用连接方法、连接形式的工作性能及设计方法，基本构件的工作特点、基本原理，理解构件之间的连接方法、力的传递方式及构造原理，并具有正确设计基本构件的设计能力。通过课程学习，为学生进一步学习各类钢结构的设计、制作和建造奠定基础。

二、课程思政教学目标

以培养工程师职业品德为目标进行案例的设计。以著名土木工程案例（钱塘江大桥建造、滦河大桥及京张铁路建造）为切入点，引入工程大师（茅以升、詹天佑）的个人品德故事。通过故事，展现工程大师勤劳勇敢、迎难而上的高尚品德。最后，结合钢结构失稳破坏案例，使学生理解在结构设计中职业道德的重要性。

三、课程思政教学设计

课程采用“知识讲授+案例教学+小组讨论+德育元素”的教学设计模式，在讲授理论知识的过程中，以培养学生职业道德为主线，在第一章钢结构发展历程介绍中，以著名工程案例为切入点，引入工程大师品德故事，让学生以工程大师为榜样学习他们的高尚个人品德及迎难而上的科学精神。在此基础上，第四章由讲解钢结构失稳破坏案例为切入点，讲解职业道德的重要性，让学生以此案例为戒，认真学习一丝不苟，为以后工作铺平道路。教学设计如下图1所示：

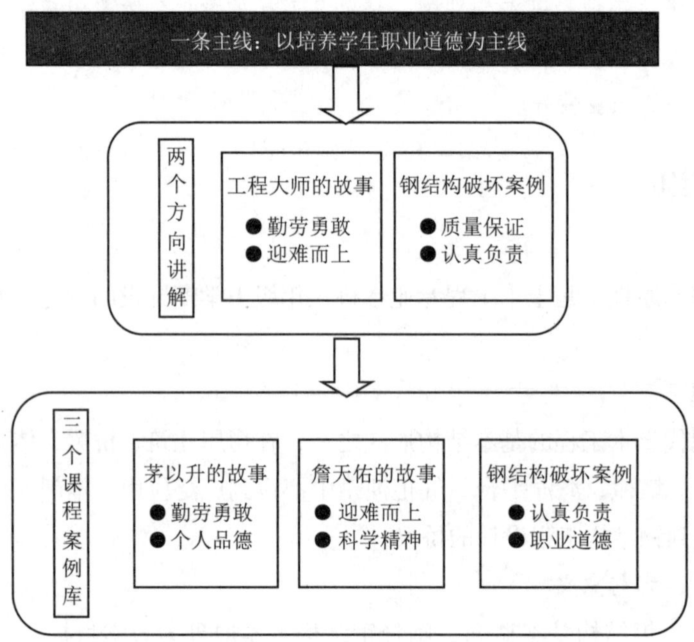

图1　课程思政教学设计

四、课程思政元素的融合

1. 结合钢结构发展史，讲工程大师勤奋勇敢的故事

在讲述钢结构发展史时，重点突出著名工程——钱塘江大桥。钱塘江大桥是中国人自己设计和主持建造的第一座现代化大桥，被誉为“中国桥魂”。在回顾大桥的建造过程中，引出我国著名工程大师——茅以升，该桥是在他主持下完成设计和建造的。茅以升先生在上大学期间就立下了宏大的志向：以詹天佑（京张铁路）为楷模，出洋留学深造，掌握尖端技术，立志为国家建造新型大桥。经过多年的勤奋学习，最终获得美国博士学位回国造桥。茅以升先生率领900多名桥工，在日军轰炸机的不断骚扰下，用了900多天，在当时外国人士预言中国人建造不了钱塘江大桥的呼声中，克服重重技术困难，终于在1937年9月26日建成通车。

思政元素：茅以升先生在求学期间非常勤奋，归国后历尽艰险，为国打通了连接南北交通动脉的生命线——钱塘江大桥。

2. 由滦河大桥和京张铁路，讲工程大师迎难而上的故事

在英国、日本、德国的建桥承包者相继失败后，詹天佑接手滦河大桥的修建工作，在详尽分析了各国失败原因后，詹天佑对河底进行了周密的测量，最终选择中国传统方法打桩，使得滦河大桥顺利建成。

京张铁路始于北京丰台区，至张家口结束，全长约200公里，1905年9月开工修建，由留学归国的詹天佑任京张铁路局总工程师主持修建，于1909年建成。它是中国首条不使用外国资金及人员，由中国人自行设计，投入营运的铁路。这条铁路工程艰巨，在修建工程中以詹天佑先生为首的团队解决了很多国际技术难题。

思政元素：詹天佑先生珍惜留学机会，刻苦学习，归国后毅然担负起京张铁路的修建工作，带领团队迎难而上解决了一系列国际性技术难题，为国建成了震惊世界的京张铁路，并培养了一大批铁路人才。

3. 结合中外钢结构失稳破坏案例，讲解工程师职业道德的重要性

加拿大跨越魁北克河三跨伸臂桥，两边跨各长152.4米，中间跨长548.64米。1907年8月29日，该桥梁垮塌，9000吨重的钢桥坠入河中，死亡75人。

美国Connecticut州Hartford城的一座体育馆屋顶网架于1978年1月大雨雪后倒塌。该工程为91.4米×109.7米网架，4个等边角钢组成的十字形截面杆件用作受压弦杆和腹杆。

1990年2月，辽宁省某重型机械厂会议室14.4米跨的轻钢棱形屋架腹杆平面外出现半波屈曲，致使屋盖迅速塌落，造成42人死亡、179人受伤（当时正有305人在开会）。

思政元素：三个案例都是由于构件失稳而产生的破坏，究其原因虽然各不相同，但是都有自负或不负责任的职业道德因素在里面，工程师需要以此为戒，在施工图交付前要认真核对计算结果，施工时严格按照施工工序进行，并认真检查施工质量。

五、教学效果

通过精心设计课程教学，保障授课教学效果，达成教学目标。

在教学过程中，实现教书与育人的统一，以成功和失败的工程案例为载体，融入工程大师“勤奋勇敢、迎难而上”的德育元素和“认真负责”的工程师职业道德元素。通过本课程的学习，不但能够培养学生优良的道德品质，还可以使其建立民族自豪感和自信心。

《工程制图A-1》课程思政教学设计

建筑工程学院 富 腾

该课程主要讲述投影法的基本理论及其应用，掌握点、线、面基本几何元素与平面立体、回转体基本几何形体的投影规律，培养学生分析问题的能力、空间想象能力和创新能力，融入国家战略、美育情怀、大国工匠、爱国主义等课程思政点，培养学生诚实守信、严谨负责的职业素养和真挚、深厚的爱国情怀。

一、课程定位

本课程属于适用于建筑工程相关专业学生的土木工程制图，土木工程制图分为工程制图A-1与A-2，在大一整个学年分两个学期学习。其中A-1占40学时，主要讲述画法几何部分知识，主要学习绘制和阅读工程图样的投影理论。本课程属于土木工程、建筑学、给水排水工程、交通工程等专业学生的学科基础必修课。《工程制图》这门课程的理论性和实践性都非常强，是工科学生学习工程科学与技术的入门课程，

本课程的教学方法通过“学、习、悟”三个维度来实现。学：课程教学充分利用了现今的信息技术、网络教学平台、学习通、“工程制图每天学一点”微课小视频等辅助教学手段，让学生随时随地都能对相关教学内容实时查阅、既方便课前预习，又方便课后复习。习：绘图练习，40课时的课程需留够8次绘图作业，通过练习来掌握绘图技能，量变才能引起质变，这是为后面培养学生工程能力和创新能力的必要环节。悟：教学中注重以工程能力为导向，先由工程实例抽象出理论模型，由宏观到微观，后结合力学、数学等基础课的知识，将其融合成为一个综合类问题，通过对案例进行讲解分析，引导与启发来培养大家的工程思维和科研思维。这门课程对于培养同学们的工程思维工程实践能力具有重要作用，是学生认识工程、走进工程的桥梁，相信对于每一位工科学生工程制图的学习都至关重要。

二、课程思政教学目标

教学目标依然引入维度的概念，通过多维度、多层次这样不同的角度去设置预期教学成果。见图1。

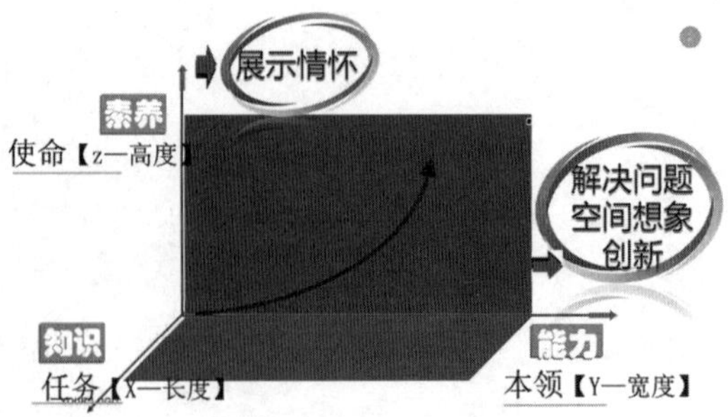

通过知识、能力、素养三个维度去搜寻其中蕴含的思政要素，同时发挥本课程的优势，培养同学们的逻辑思维、科研思维和创新思维，并向同学们展现工程中的严谨与精准；将大国工匠精神设为主线贯穿三个维度的始终，让同学们能够理解自己作为中华儿女的使命；以学习制图知识和掌握制图技能为载体，将工匠精神、爱国精神、国家战略与美育情怀融入其中，让同学们在学习专业知识的同时掌握隐性思政教学内容；以同学们掌握三个维度的目标为目的，将同学们培养成为习总书记所提出的“德智体美全面发展的社会主义事业建设者和接班人”。

三、课程思政教学设计

思政教学设计依旧采用“学+习+悟”的三维度模式，在教授课程知识和布置绘图练习时融入思政主线（大国工匠精神）与其他隐性思政元素，让同学们在学好理论知识和绘图技能的同时潜移默化地理解工匠精神的实质与自己作为中华儿女的使命担当，形成特色思政教学设计：“一条主线+两个载体+三种思路+四组模块+五处体现。”

一条主线：以习近平总书记“要在全社会弘扬精益求精的工匠精神，激励广大青年走技能成才、技能报国之路”为主线，让同学们理解中华民族的优秀传统和中华儿女的使命担当，树立正确的人生观、价值观、世界观。

两个载体：（1）学：在传授知识时融入相关思政元素，在培养同学们的逻辑思维、科研思维、创新思维的同时理解工匠精神的内容、国家的战略以及自己的历史使命；（2）习：在同学们进行绘图练习时加深理解思政内容，在培养同学们空间想象思维能力，构型能力与工程能力的同时真正掌握工匠精神的实质，培养大家精准与严谨的态度，提升同学们爱国主义情感；（3）悟：通过学与习两个载体让同学们自己悟，加深对思政目标的掌握程度。

三种思路：（1）讲故事：要让同学们了解中国工匠精神与中华文化的内涵，必须先讲好中国故事。本课程将从中国古代伟大建筑实例、中国匠人的优秀事迹、中华民族伟大的建筑文化与思想、中华民族的优秀品质和精神几个方向去讲解；（2）多实践：在同学们进行实际绘图时加深体会思政内容，体现多维度教学设计的思想，让大家通过绘图去真正理解匠人的精益求精、严谨负责与中国人民顽强拼搏、实事求是的精神；（3）评时事：通过与同学们线上线下探讨时事政治，让同学们了解世界动态与国家现状，领悟国家发展战略方向，增强民族自信心和自豪感，加深理解社会主义先进文化。

四组模块：（1）国家战略：从环境保护、生态文明、振兴家乡等角度去理解乡村振兴、脱贫攻坚战和蓝天保卫战的重要意义；（2）美育情怀：从人文素质、传统文化、文化自信等方面去培养同学们民族自信心、自豪感以及审美素养；（3）大国工匠：从安全意识、责任意识、实践能力等方面去加深同学们对精准与严谨的理解，培养一丝不苟、精益求精的精神；（4）爱国主义：从爱祖国灿烂文化、爱祖国繁荣昌盛与爱祖国大好河山等方面培养同学们的爱国情操、民族精神，为中华民族伟大复兴做出自己的贡献。

五处体现：（1）上课前现公布任务，让同学们上网查阅相关中国故事与著名建筑案例等内容；（2）课程中在授课的同时穿插相关思政元素，通过讲解思政内容加深同学们的印象，承接课前预习内容；（3）绘图练习时让同学们亲身感受工匠精神与责任意识等内容，巩固课上讲授的思政内容；（4）在课后设置讨论，与同学们在线上线下进行时事政治的探讨，让大家更加了解世界、了解中国、了解这个百年未遇之大变局；（5）在学完整门课后进行反馈，与高年级同学进行探讨，爱国主义与民族精神等内容对同学们学习其他专业课程有何帮助，有何共鸣。

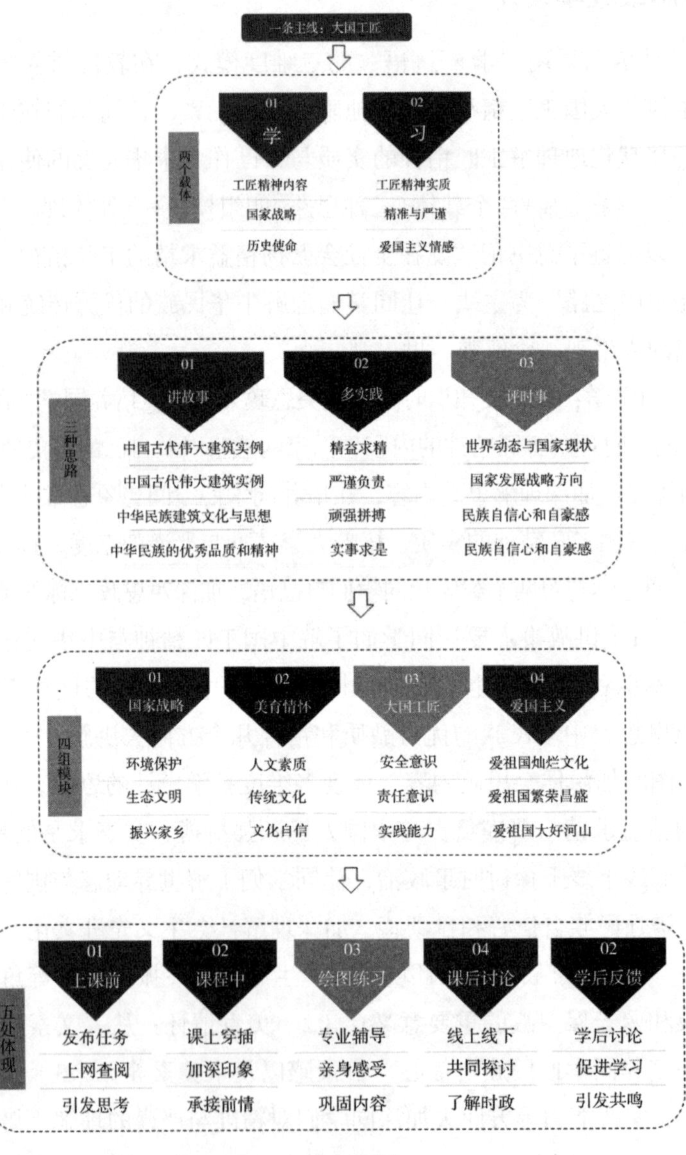

图1　思政教学设计

四、课程思政元素的融合

1. 讲故事

中国古代伟大建筑实例：向同学们讲解山西应县木塔（释迦塔）与佛光寺东大殿等中华古代建筑。应县木塔是中国现存最高最古的且唯一一座木构塔式建筑，与意大利比萨斜塔、巴黎埃菲尔铁塔并称“世界三大奇塔”。塔内总共三千多吨的木质构件，采用全榫卯的形式连接，中间不存在一颗铁钉，非常神奇，它是我们中华民族建筑文化的瑰宝。佛光寺东大殿是中国现存规模最大的唐代木构建筑暨第二早的木结构建筑（仅次于五台县的南禅寺大殿）。它虽然比南禅寺大殿晚七十五年，但规模远胜于彼，且在后世修葺中改动极少，所以国内一般都将东大殿作为唐建筑的范例，也被建筑学家梁思成誉为“中国第一国宝”。而这些只是中国建筑史上的沧海一粟，它传递的是中国人独特的营造观念，它们所代表的是中国人对建筑艺术的探索精神，这种精神历尽磨难越发坚韧。

中国匠人的优秀事迹：讲述像常书鸿先生这样的事迹来激发同学们的爱国热情。常先生是我国著名画家、敦煌艺术研究家，因一生致力于敦煌艺术研究保护等工作，被人称作“敦煌的守护神”。常先生把他的一生奉献给了敦煌艺术。在几十年的艰苦生活中，经历了妻离子散、家破人亡的种种不幸和打击，克服了难以想象的困难，但他仍然义无反顾，为保护莫高窟默默地奉献着。在他辛勤工作的几十年中，组织大家修复壁画，搜集整理流散文物，撰写了一批有较高学术价值的论文，临摹了大量的壁画精品，并多次举办大型展览，出版画册，向更多的人介绍敦煌艺术，为保护和研究莫高窟做出了卓越的贡献。他的奉献精神得到了广大人民的高度赞扬，他的一生为莫高窟做出了光辉的业绩，人民永远不会忘记。常书鸿先生曾经默默反复地对自己说：“祖国啊，在苦难中拥有稀世之珍的敦煌石窟艺术的祖国啊，我要为你献出我的一切！”常先生的事迹会一直激励着中华儿女们为祖国为自己悠久灿烂的文化贡献出自己的力量！

中华民族伟大的建筑文化与思想：使同学们了解中国建筑文化与思想的独特之处，中国建筑作为世界建筑文化史上的一个独特体系，和中华民族数千年来世代经验的传承积累，对于周边国家和地区的建筑物内化产生了深远的影响。作为东方文化和哲学的载体，不仅自身具有很高的文化内涵，而且在其平面和外观上也能给人们以生动而具体的美感，在世界建筑史的画卷中呈现出独特的风貌。在世界建筑文化的发展史上，因为中华民族的长期团结和统一，也因为中华民族所有的东方文化情调和哲学伦理观念，加之自古以来中国建筑以土木为材，以木架构为主要结构方式，中国古代建筑文化在社会历史进化的过程中，逐步完善成熟为自成体系，成为独有东方特色的一面旗帜。研究中国古代建筑文化的平面外观及其深刻的文化内涵，对于我们继承和弘扬民族传统建筑文化，搞好现代建筑，必将有着重要的价值和意义。

中华民族的优秀品质和精神：向大家讲述中华民族精神和品质的重要意义。中华民族精神是维系中华民族团结和国家统一的精神纽带，也是促进中华民族与时俱进、不断走向兴盛繁荣和文明进步的重要精神动力。它是兴国之魂、强国之魂，是社会主义核心价值体系的精髓，是民族精神与时代精神的统一。中华民族悠久的建筑文化中无处不显露着中国人民艰苦奋斗、坚韧不拔、自强不息、顽强拼搏的优秀品质。而这些中华民族的优秀品质是实现中华民族伟大复兴的中国梦的必备条件。

2. 多实践

精益求精：让同学们在进行绘图练习时学会如何进行思考，切忌拿起来就画，任何一张图纸都体现了中华建筑人的深刻思想和内涵。比如在做平面立体截交的题目时，切忌上来就画形体投影，而是先对题目本身特点进行思考，本着“找截形，算顶点，依次连，判可见，整理图，不漏线”的策略，逐步进行分析再完成图形绘制。只有让大家学会边做边思考，才能把题目在做对的基础上有一个新的认识，做到精益求精。

严谨负责：让同学们在绘图时亲身感受到严谨与精准，图中任何一个点、一条线、一个面都有它独特的意义，不可漏画，更不能画错。作为一名合格的建筑从业者，必须养成一丝不苟的态度。比如在讲解直线上取点时，需要向大家解释为何不可在直线投影上直接量取点的距离，而是要利用定比性，通过尺规作图的方式进行绘制。这是因为避免工程误差，让同学们真正理解误差与粗心给工程带来的危害。

顽强拼搏：同学们在绘图时经常且不可避免地会出现错误，要耐心辅导同学们，循序渐进，不要气馁，只有通过苦练才能成为合格的中国匠人，让同学们切身感受到顽强拼搏的精神和要达到目标前所应承受的责任。与此同时再向大家讲解郑称与魏明帝的故事，即“砻之以砥砺，错之以他山，故能致连城之价，为命世之宝。学亦人之砥砺也”。

实事求是：本课程理论性和实践性都很强，同学们在做题时会遇到诸多困难，此时应向大家强调实事求是和诚实守信的可贵品质，力求避免大家在遇到困难时走相互抄袭和教条主义的偏路，让同学们在绘图时切身感受到运用知识需要灵活，对定理和性质盲目地套用会导致错误与偏差。

3. 评时事

世界动态与国家现状：与同学们探讨目前的国际形势，感受国家的处境，让大家体会自己作为中华儿女的责任与使命。目前西方资本主义国家风光不再，老化明显，垄断盛行，他们鼓吹的自由市场经济已经开始出现生产力严重下降的现象，特别是随着新冠疫情的到来，西方世界国家的经济危机全面爆发，人民的民族主义情绪和反抗情绪空前高昂，西方国家肆意镇压人民，所谓的“民主、自由、人权”似乎不见了踪影；我们国家经济形势虽然由于疫情而放缓，但长远来看中国现在正处于现代化迅速发展的加速期，形势比较乐观，从工业能力上讲，我国是全世界唯一拥有全部工业门类的国家，工业规模也已经是人类史上最庞大的，工业占全国GDP百分比占到了40.65%，美国这一指标仅为18.6%，而工业化又是国家崛起的关键，中国实现崛起在于掌握了工业化。因此我国现在正处于百年未有之大变局，作为中华儿女的我们必须要做好自己分内的工作，为实现中华民族伟大复兴做出自己的贡献。

国家发展战略方向：可以从可持续发展战略、科教兴国战略、依法治国战略、新型工业化战略、西部大开发战略、振兴东北老工业基地战略、推进城镇化战略、人才强国战略、中国和平崛起战略等方面向同学们介绍我国目前的发展战略，这不仅可以让大家加深了解我们社会主义现代化中国，提升大家的爱国主义情感，还能为今后同学们的学习、考研和工作指引方向。

民族自信心和自豪感：重点向同学们介绍我们国家现在的发展成就和灿烂文化。比如中国天眼，是世界上目前口径最大、最精密的单天线射电望远镜，其设计综合体现了我国高技术创新能力；北斗卫星，是我国建成的独立自主、开放兼容、技术先进、稳定可靠的覆盖全球的导航系统，完善了国家卫星导航应用产业支撑、推广和保障体系，推动了卫星导航在国民经济社会各行业的广泛应用；量子卫星墨子号，标志着我国空间科学研究又迈出重要一步，使我国在世界上首次实现卫星和地面之间的量子通信，构建天地一体化的量子保密通信与科学实验体系；脱贫攻坚，目前目标任务接近完成，贫困人口从2012年年底的9899万人减到2019年年底的551万人，贫困发生率由10.2%降至0.6%。从减贫数量上看，中国是世界上减贫人口最多的国家。改革开放40年间，中国共减少贫困人口8.5亿多人，对全球减贫贡献率超70%，创造了世界减贫史上的“中国奇迹”……通过这些成就的讲解来增加大家的民族自信心和自豪感。

社会主义先进文化：向同学们介绍我们独特的社会主义先进文化来增加大家的道路自信和制度自信。社会主义先进文化主要体现在三个方面：（1）科学性，一是指导思想的科学性，二是发展方向的科学性，三是核心价值观的科学性；（2）时代性，任何一种文化都是一定时代的产物，都是一定社会的经济基础在上层建筑上的反映，都具有明显的时代性，社会主义先进文化是面向现代化、面向世界、面向未来，民族的、科学的、大众的文化，具有鲜明的时代性；（3）人民性，社会主义先进文化是为了人民、服务人民的文化，不断满足人民群众的精神文化需求是社会主义先进文化发展的内在要求。

五、教学效果

通过上述课程设计，在保证同学们具有基本制图知识和绘图技能的同时达到思政目标。在讲授课程知识和指导绘图练习时潜移默化地融入各项思政元素，提高了课程的深度与内涵，增加了同学们学习本课程的兴趣，帮助大家塑造正确的价值观，人生观，世界观。

同学们通过这门课的学习，理解了大国工匠精神，了解到了我们国家悠久的历史和灿烂的文化，学习了中华儿女精益求精、顽强拼搏、实事求是的精神，懂得了世界动态与国家现状、国家发展战略方向、民族自信心和自豪感、社会主义先进文化，将来能够为我们中华民族伟大复兴做出自己的贡献。

《造型设计》课程思政教学设计

建筑工程学院　王　芳

该课程系统引导学生掌握三大构成理论知识，同时参与实践设计和模型制作，培养学生的创造性思维和逆向思维、空间思维，把握形态、色彩、质感等美感形式与材料、构造、加工工艺之间的关系，提高学生对形态要素的分解和综合组织能力，为建筑造型提供广泛的构思方法和方案。课程融入创新精神、民族文化自豪等课程思政点，培养学生上进、认真、自律、坚持和自由创作的精神。

一、课程定位

本课程是建筑学专业本科生的学科基础必修课，是一门理论与实践相结合的课程。系统引导学生掌握三大构成理论知识，同时参与实践设计和模型制作，培养学生的创造性思维和逆向思维，空间思维，把握形态、色彩、质感等美感形式与材料、构造、加工工艺之间的关系，提高学生对形态要素的分解和综合组织能力，为建筑造型提供广泛的构思方法和方案。

二、课程思政教学目标

1. 上进、认真、自律、坚持和自由创作；

2. 设计将各个构成元素组装在一起，形成一个完整且具美感的新形体；

3. 加深学生对所学专业的感情，并有利于培养建筑学专业学生的工程意识和专业理想，增强其责任感和自豪感。

三、课程思政教学设计

课程采取“知识讲授+自主探究+思政元素”的教学设计模式，在讲授理论知识的同时以造型设计为主线进行自主探究活动，融入隐性思政元素，培养学生构成思维和专业知识应用能力。上进、认真、自律、坚持和自由创作，设计将各个构成元素组装在一起，形成一完整且具美感的新形体。

加深学生对所学专业的感情，并有利于培养建筑学专业学生的工程意识和专业理想，增强其责任感和自豪感，熟悉建筑类专业艺术表现的基本技能，掌握建筑美学的基本原理和构图规则。

掌握建筑设计快速表达方式，有能力根据设计过程的不同阶段的要求，选用恰当的表达方式与手段，形象地表达设计意图和设计成果。

四、课程思政元素的融合

教学课程通过对平、色、立三个构成模块设计理论和设计方法的学习，学生对平面图形造型、色彩搭配、体积空间实践形态塑造和材质应用的良好表达能力的实践，培养学生的创造性设计思维，提高设计实践能力和艺术审美能力。专业课程和思政教育融合贯穿，思政元素深入自然糅合专业知识，需要教师提高自身政治意识和政治素养，拓宽视野，多学科之间探讨交流，虚心好学，转变思政教育教学意识，深刻理解教学内容与思政理论的关系，不断挖掘完善思政教育元素，从而完善课程教学大纲目标和内容，创新教学方式，将思政教育意识贯穿课程始终，对学生思政素养进行潜移默化地引导和影响。

五、教学效果

通过精心设计课程教学，保障授课教学效果，达成教学目标。在教学过程中，坚持教书与育人相统一，挖掘并积累思政元素，以“春风化雨、润物无声”的形式，隐性融入建筑学学专业课程课堂教学环节，不断丰富课程思政的内涵，在传授专业知识的同时，引领学生思想、塑造价值观、培养家国情怀。学生通过课程学习，加深学生对所学专业的感情，培养建筑学专业学生的工程意识和专业理想，增强其责任感和自豪感。

《基因工程》课程思政教学设计

生命科学学院　潘玉欣

该课程主要讲述基因工程技术的原理、操作过程以及原核生物、酵母及高等植物基因工程的应用，培养学生的科学、创新思维和实践能力，融入科学精神、责任担当、诚信合作、道德情操等课程思政点，培养学生科学素养、人文素养和家国情怀。

一、课程简况

《基因工程》课程是生物技术和生物信息学专业本科三年级开设的专业必修课程，课程本质是阐述如何运用现代生物学技术改造生物。基因工程是遗传学、分子生物学理论技术的延伸，同时又与生物信息学、细胞工程、微生物工程等课程相辅相成，除此还与医学、材料、环境等学科知识交叉渗透，具有技术性强、更新快、应用广的特点。

教学采用案例讲授、情境教学、线上线下混合教学，以及项目翻转等多种形式，讲授基因工程技术的发展、原理、操作过程以及原核生物、酵母及高等植物基因工程的设计策略应用。通过本课程知识的系统学习，使学生正确认识基因工程技术，掌握基因工程的原理和方法；具备基因工程基本的实验技能、实践动手操作能力；具备更新知识，利用基因工程的思路及方法，进行有关生物性状改良、精准医疗、环境治理等方面的基础性研究能力；提升基因工程知识和技术在农牧、医学、环境、食品等多领域多学科的创新应用研究能力。

二、课程思政教学目标

围绕“重基础、拓知识、增才干、提素质”的课程整体目标，引领学生在掌握基因工程核心知识过程中，发现科学思维之美，思索科学精神之本，提升学生的科学素养与社会主义核心价值观。以历史发展为引，培养理性和发展思维，树立爱国主义情怀；以基本原理为依据，培养辩证和抽象思维，坚守伦理道德底线；以技术过程为主线，培养发散和逻辑思维，践行诚信协作理念；以实际应用为目的，培养战略和创新思维，彰显人生价值，责任担当。总之，教学实践中注重实现课程思政建设与教学目标的契合，与教学内容的融合，与教学素材的整合，与教学过程的结合，实现课中讲知识，讲做事，讲做人，学知识，学做事，学做人。

三、课程思政教学实施设计

课程采用“讲理论、引案例、融思政”的教学模式，以案例构筑理论知识与思政的元素连接的桥梁，实现明线理论与暗线思政的有机融合，抓住“思政库、教师引导、学生参与”三个环节，借助“课堂内外，线上线下”两结合，提升学生“价值观与科学思维”，使学生掌握基因工程知识，思维，从认知、情感、理性、行为上逐步深入社会主义核心价值观，成为有理想、有本领、有担当的大学生（图1）。

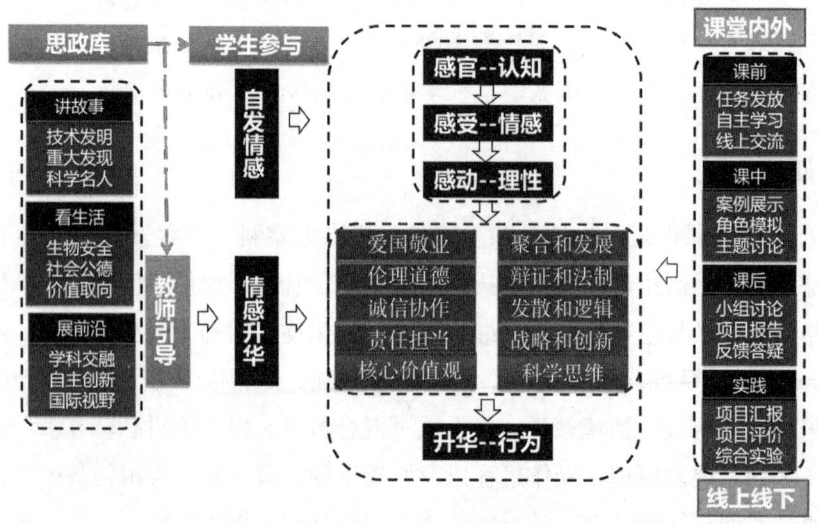

图1 《基因工程》思政教学实施设计

核心目标：科学价值观和科学思维的四个融合。科学价值的观四个方面：爱国敬业、诚信道德、勇于创新，责任担当；四种科学思维：理性和发展思维、辩证和抽象思维、归纳和演绎思维、战略和创新思维。党的十九大报告指出，青年一代有理想、有本领、有担当，国家就有前途，民族就有希望。《基因工程》课程力求通过知识的学习，培养学生以科学的思维作指导，运用现代生物技术探索未知的能力，创新发展的能力，成就自我，责任担当的意识。

三个环节：

1. 思政库：从古到今，再到未来，看科技的发展。课程围绕建设三个主题案例库“讲故事，看生活以及展前沿”。“讲故事”讲述“重大发现、技术发明以及科技名人”；“看生活”以生活常中的应用实例看“生物安全，社会公德，职业素养”；“展前沿”展示“学科交融，自主创新，国际视野”。

2. 学生参与：思政库中看故事、看生活、瞻前沿，参与到各项教学活动，学生走进生活，走进社会，触发自身的情感。

3. 教师引导：教师以布任务、讲知识、做项目、问题探究等方式将思政元素融入教学环节，引导学生在学理论，学技术同时，内化思政元素，思想认知由浅层认知逐步升华，主动思辨创新，塑造自我。

两个结合：课内课外相结合，线上线下相结合。通过课前、课中、课后以及实践不同

节点，以线上线下形式，融合自主学习、主题讨论、探究实践等多种教学模式，实现课程的趣味性、应用性、交叉性与思政性，实现“道”与“术”的结合，将思政内化于心，外化于行。

四、课程思政元素的融合

1. 以科技史启迪思维，培养爱国主义情感

基因工程科技发展史从概况了解的角度，讲述基因工程的诞生、成熟及腾飞，突出分子遗传学、分子生物学以及生化工程学等多理论的支撑，突出基因工程与工业、农业、医学等多学科领域的交融。讲述科学发现的故事，体会科学家发现解决生物学的历程，在趣味性中认识基因工程技术，培养学生理性和发展的思维，激发爱国主义情怀。

透过基因工程发展史，基因工程技术的研究发明是无数次实验的积累，更是科学家发现问题、总结问题、解释现象的理性思维的体现。Cohen由细菌抗药性发现质粒，透过氯化钙溶液处理大肠杆菌细胞，提高细胞通透性，想到重组分子转化细胞方法，Boyer利用限制性内切酶解决质粒的切割问题，这一系列问题的思考以及实验现象的解释才有了基因工程技术的诞生。基因工程的历史车轮，滚滚向前，正是科学家洞察事物发展规律，运用发展的思维，理性思考，看问题，找突破，才有新技术、新事物。

爱国主义是中华民族的民族心、民族魂，培养社会主义建设者和接班人，首先要培养学生的爱国情怀。在基因工程的历史中，有中国科学家的不懈努力与重大贡献。例如：中国植物基因工程的开创者范云六院士带领团队人工设计与人工合成建构了能在植物中高效表达的Bt基因，开创了中国转基因抗虫棉的历史，使国产抗虫棉最终占据了国内绝大部分抗虫棉市场。为了让中国人用得起的干扰素药物，中国干扰素之父——侯云德成功研发出具有自主知识产权、国际独创的国家I类新药——重组人干扰素α1b，打破了以往国内基因工程原创药品为零的尴尬局面。通过引入类似故事，让学生感受科学家的精神力量，增强学生的爱国情怀，文化自信，激励他们为中华民族伟大复兴而努力学习。

2. 学原理思辨是非，伦理道德为先

基因工程原理是DNA重组，将一个个体细胞内的遗传基因转移到另一个不同性状的个体细胞内DNA分子，使之发生遗传变异。围绕原理重点讲述工具酶、载体以及受体细胞等基本条件。基因工程一词最早出现在1951年威廉森出版的《龙岛》科幻小说，随着基因工程技术的热度的上升，许多有关基因工程题材的科幻大片更是层出不穷。为避免知识的枯燥，课堂以科幻内容作为这部分知识的开篇，增强内容趣味性，并对应现实生活的科学研究和热点，结合理论学习与分析，增强知识的应用性，采用问题引导式、情境式、讨论等教学方式将学生带入生活，引发思考。

影片《蜘蛛侠I》主人公彼特帕克因被一只受到核辐射的蜘蛛咬伤了手，获得了超凡

的力量，以敏捷的身手拯救世界；反派人物康纳斯本用自己擅长的基因工程技术借助蜥蜴DNA实现新手臂的再生，却因负作用变异成蜥蜴疯狂破坏。根据影片思考角色如何实现的变异，将微观的基因工程重组原理形象化。引导学生评判故事角色，激起学生明辨是非的共鸣。

对比现实《蜘蛛侠I》技术原型科学家利用基因工程技术，实现了大肠杆菌、蚕、植物以及动物中生产蛛丝蛋白。通过对比不同生物中蛛丝蛋白产生的条件，深入重组的基本条件学习，感受基因工程技术之强大。其中，穿插讲解基因编辑婴儿、黄金大米实例，由学生思考强大技术背后价值目标取向，要关爱他人，尊重生命，敬畏生命，树立正确的价值目标。也要看到Cohen在基因工程技术发明不久，立即要求停止基因工程相关研究，以及国内外转基因安全法规的制定，对基因工程技术的法律约束，正是扬长避短、趋利避害，使转基因技术服务于人类。

布置贯穿后续课程内容的小组活动——“我们的个性生物”，深入原理的理解，实战操作，以个性化设计促学习，寓教于思、寓教于乐，启迪学生结合原理知识、工具，辩证地认识基因工程技术，依据正确的价值取向，坚守伦理道德，坚守法制底线，设计属于自己的生物个体。

3. 学过程，践行诚信做事，协作共赢

第三部分知识基因工程的操作过程“切、连、转、增、检”是基因工程课程的核心，内容既有理论的枯燥性，又有技术方法的灵活性，还有技术的关联性。多样的操作对象，多样切割方式，多样的连接方法，多样的转化方式，多样的筛选方法，灵活多变，相互关联。比如以“连”为核心，发散有不同形式的连接方式与措施，互补的黏性末端连接，非互补的黏性末端连接，保留酶切位点的连接，替换酶切位点的连接等，具体连接方式又和第一步切的结果相关联。讲授过程中将科技文献融入教学，由学生体会万变（方法）不离其宗（五字核心步骤），引导学生用思维导图梳理知识。

课程以Cohen《DNA cloning： a personal view after 40 years》这篇文章为引，学习操作过程各个步骤；站在Cohen角度思索技术的发明，体会发明者发现问题、解决问题、确定问题的逻辑推导，归纳演绎的思维方式；布置有关基因克隆的基础研究性文献的阅读，学生分组总结文献思路的共性，对比具体操作的特异性，归纳文献的目的性，方法的一致性与特殊性；深入蛛丝蛋白生产不同途径，发现共性与特性，以问题驱动课堂，潜移默化中提升学生发散、逻辑推导思维能力。

借助文献讲解科研工作是基于严谨的实验操作、真实的实验数据获得，经得起实践的考验，穿插韩春雨撤稿再投稿、饶毅举报裴钢等事件，让学生正视学术诚信，引导学生“我们的个性生物”设计时要结合操作技术仔细推敲，打好课题诚信基石；同时借助Waston与Crick，Cohen与Boyer，博采众长，紧密合作才有诺贝尔奖的获得，激发学生团结协作才有更完美的属于小组的个性生物。

采用文献学习法以及任务驱动法，学技术，用技术，做到学为所用，提升发散思维，逻辑思维，团结协作的意识，践行学生诚信做人，诚信做事。

4. 学与用相联系，有担当，有创新

教学内容从基因工程方法过渡到原核生物、酵母以及植物三方面应用，强调的是不同生物背景下，转化系统、表达系统、调控系统的特殊性，知识综合性较强，难学透。为提高授课效果，课堂采用情境、案例、讨论、启发等多种教学法，在技术应用中品味技术中的哲理、实现技术的美妙思维以及科学家利用技术的初衷，体会科学精神之本。

课程内容从应用角度展示基因工程技术所创造的生物之美，比如以会发光的鱼，吃石油、吃塑料的微生物，吃虫子的棉花，夺人眼球的蓝色妖姬等图片让学生直观感受生物多样性之美。它来源于“中心法则”下隐含的基因与宿主的协调表达，结合中国疫苗第一时间助力全世界新闻，理解辩证唯物主义的物质之间的普遍联系，增强学生人类命运共同体的意识。

课堂以解决实际问题为出发点，有应用、有前瞻、有实践，注重学生应用性、创新性思维的培养。以重组产生胰岛素、乙肝疫苗和转基因抗虫棉等实例分别作为原核、酵母以及植物应用的典型实例，结合问题教学法深入教学内容，把握应用性；结合前沿进展，从国际视野看技术，提升战略思维，也要正视与国外的差距，激发报国之志；从多角度理解知识，有情境、有问题、有解决，有展望，拓宽学生思维视野，培养学生以战略性思维关注问题、独立思考与创新的能力，提升科技创新自信心。

科学成就离不开精神支撑。在应用中看技术、看创新，也看到了科学家以国家利益为重，为国家富强、民族振兴的不懈奋斗。“中国乙肝疫苗之母”——陶其敏，在买不起动物的实验条件下，直接将研发的第一支血源性乙肝疫苗注射到自己身体，以身试疫苗，为我国的肝病研究事业立下了不朽功勋。2019年末，新型冠状病毒疫情暴发，在习近平总书记领导下，举全国之力抗击病毒，无数医护工作者、科研工作者奋斗在抗疫一线。中国工程院院士陈薇研究员为了在最短的时间内打赢这场疫情防控阻击战，将研制的重组新冠疫苗义无反顾地注射自己身体内进行临床测试，彰显了科学家直面困境，胸怀大爱，为国为科学砥砺前行的精神。该部分突出将科学转化为技术，技术服务于社会，实现自我价值的意识。

随着课程应用知识的理解，小组设计“我们的个性生物”经讨论、修改、答辩以及实践，由“科幻”转实践；重新审视设计内容，如何更有前瞻性，把个人的理想追求融入国家和民族的复兴，强化科技兴国，责任担当的思想，化激情为学习的动力，用知识报效祖国。

五、教学效果

通过精心设计课程教学，保障授课教学效果，达成教学目标。在教学过程中，力求“守好一段渠，种好责任田”，坚持教书与育人相统一，挖掘并丰富思政元素，寓价值观引导于知识传授和能力培养之中。

通过课程学习，学生深刻认识到基因工程技术之强、应用之广，从科学家精神中汲取向上力量，激发学生的爱国之情，增强责任感，增强民族自豪感，坚定“四个自信”，争做勇于担当、勇于探索、勇于创新的新时代新青年。

六、教学案例对生物技术类课程的推广

在教学实施过程中，采用“讲理论、引案例、融思政”的教学模式，把握两个结合，三个环节，四个融合，提升学生核心价值观和科学思维。结合情境法、讨论法等多种教学方法，将基因工程基本理论、基本技术与多学科应用结合，提升学生认知能力，创新思路，解决农业、环境、医疗等学科实际问题的能力，将社会主义核心价值观融入教育教学全过程，培养“有理想、有追求，有担当、有作为，有品质、有修养”的社会主义新青年。

本课程秉承“以德立学，以德施教”的理念，将思政之盐溶于理论之水，既提高了课堂教学效果和质量，又提升了学生学习热情和成效，教学方式可供其他生物类课程借鉴并推广应用。

《材料物理性能》课程思政教学设计

杨金萍

该课程主要讲述材料力学、热学、电学、介电、磁学和光学性能。通过该课程的学习，使学生掌握影响材料物理性能的因素、材料物理性能及其化学成分、微观结构和外界环境等之间的关系，为控制、改善和提高材料物理性能，充分发挥材料物理性能潜力，研制新材料，改进和发展新工艺等方面提供坚实的理论基础和工程应用知识。课程讲述中融入科学精神、“工匠精神”和创新精神等课程思政点，培养学生科技报国，使命担当意识。

一、课程定位

《材料物理性能》课程是材料化学专业本科三年级开设的专业必修课程。该课程从物理学角度出发，把材料的微观结构和宏观性质纵向联系起来，介绍材料力学、热学、电学、磁学、介电和光学性能，介绍其微观机理和应用，进而设计和开发新的材料。通过该课程的学习，使学生掌握影响材料物理性能的因素、材料物理性能及其化学成分、组织结构、外界环境等之间的关系，为控制、改善和提高材料物理性能，充分发挥材料物理性能潜力，研制新材料，改进和发展新工艺等方面提供坚实的理论基础和工程应用知识。

二、课程思政教学目标

作为一门材料化学专业的核心课程，《材料物理性能》的课程思政重在发挥专业课程的育人作用，其课程思政教学目标为：以知识传授提升科学素养，以科技成就涵养家国情怀，以科学问题激发创新热情，以“工匠精神”培育时代担当。在授课过程中把“思政教育”和“课程知识”融合贯通，通过优化教学设计、完善教学大纲，采用适宜教学方法，积极探索“线下+线上”“课内+课外”“理论+实践”新模式，以新思维助力课程思政目标实现。

三、课程思政教学实施设计

本课程采取将“知识传授、能力培养、素质提升”与课程思政教学目标有机融合，促进共同达成。在教学过程中，根据各个教学单元的内容特点，选取切合的课程思政元素融入，并配合以相应的教学活动设计，将思政内容潜移默化地渗入到课堂教学环节中。在讲授理论知识的同时融入理想信念等隐性思政元素，培养学生理性思维和专业知识应用能力，不着痕迹地进行科学精神、民族精神、“工匠精神”、使命担当的塑造，并形成“强化基础、拓展应用、激励探究”等特色鲜明的课程教学设计：“一个目标+三个核心要素。”

一个目标： 把社会主义核心价值观作为最重要的任务目标，围绕本课程的内容，深入挖掘课程与社会主义核心价值观的结合点，引导学生积极培育、大力践行。

三个核心要素： 促进学生知识传授、能力培养、素质提升有机统一，以科学精神（科学思维、自主创新）、民族精神（奋斗精神、创新精神）和大国工匠（工匠精神、科技报国、时代担当）为核心要素。

1. 通过材料物理性中性能与组成、结构关系的讲解，构建逆向思维，体现科学思维和创新意识，增强学生探索未知的浓厚兴趣；

2. 通过对材料发展的历程以及材料在不同领域应用的讲解，激发学生的爱国热情，厚植爱国情怀，提升使命担当意识。

3. 通过材料性能提高的途径的讲解，培养和增强学生的“工匠精神”，在工作中讲求严谨认真、精益求精、勇于创新神，勇担时代重任。

四、课程思政单元的融合

1. 以知识传授提升科学素养

在讲授材料性能的基本理论知识过程中，要让学生们认识到，本课程不仅仅局限在复杂的物理性能知识学习，更注重课程知识与实际的科研项目相结合，与力学、热学、电学、磁学、电子、信息等多领域的密切联系。通过将材料性能的发展过程所反映出来的自然规律与辩证唯物主义思想结合，不仅可以培养学生正确的世界观和方法论，而且还可以让学生学会通过事物所具有的普遍联系性理解材料，理解科学的发展规律，提高辩证思维能力，从而培养学生严谨的科学态度，增强学生的创新能力，为他们建立良好的人生观、世界观和价值观。

从课程绪论中引入人类文明史就是一部材料的发展史出发，让同学们感受到材料发展和性能的提升在人类文明和科技进步中的重要地位。新材料产业是推动技术创新的先导，历史上每一次重大新技术的发现和某种新产品的研制成功，都离不开新材料的发现和应用。从半导体材料到集成电路产业，进而到电子信息产业的发展，从玻璃到液晶材料，从光缆纤维到互联网的发展，从高强轻型合金到航空航天产业等。另外，从诺贝尔奖中历年与新材料发现相关的科学家及其科研故事的介绍出发，不仅有利于提高学生的学习兴趣，而且进一步引出“钱学森之问：为什么我们的学校总是培养不出杰出的人才”，留给学生思考与讨论，激发学生的爱国热情与学习热情。

2. 以科技成就涵养家国情怀

通过介绍近年来我国在材料性能发展领域中取得的成就，以及现代我国材料领域突出人物介绍我国新材料方面取得的重大成就，引导学生感悟我国科技的快速发展、增强民族自豪感和国家认同感，同时也让学生了解世界前沿的发展，激发同学们的忧患意识、让他们成长为心系国家社会并有代担当的技术性人才。

例如在讲解材料力学性能中，可以引入国产C919大型客机中涉及到材料的各向异性、疲劳性能、断裂韧性、疲劳裂纹扩展性能等一系列性能指标要通过严格的测试验证，后经统计分析产生，生产条件下零件制造的工艺参数也要通过工艺验证试验获得才能通过使用。中国月球探测工程——“嫦娥工程”中涉及到月球车选材过程中，结合材料的热传导中温度的影响、显微结构的影响，以及化学组成的影响等方面如何让材料适应月球条件下具有良好的耐高低温、导热性能、收缩性以及热稳定性等因素。被英国卫报评选为世界“新七大奇迹”之一的北京大兴机场，其中8000块玻璃没有两块是一样，大大提高了自然光的利用率，将材料的光学性能中光的折射、散射、反射、透光性能、吸光性能、漫反射等知识融入案例教学过程中。

3. 以科学问题激发创新热情

通过在学习材料各种物理性能中涉及到性能失效引发同学们的深入思考。例如在材料的弹性力学讲授时，引入美国1986年“挑战者号”航天飞机失事事件，在肯尼迪航天中心升空后75秒钟后，爆炸解体而坠毁。结合爆炸的原因是因其右侧固体火箭助推器（SRB）的O型环密封圈在低温下失效造成这一结论，让同学们对材料的热稳定性状的引发思考。在1912年英国最豪华游轮，号称“永不沉没“的泰坦尼克号（Titanic）在它第一次航行中就沉没于冰海中，启发同学们从材料的裂纹理论学说进行解释分析。

介绍目前高科技领域前沿材料激发学生创新热情，例如石墨烯具有优异的光学、电学、力学特性，在材料学、微纳米加工、能源、生物医学和药物传递等方面具有重要的应用前景，被认为是一种未来革命性的材料。燃料电池车是新能源车的一种，它是未来的发展方向之一，目前国外的燃料电池车已实现量产，但我国车用燃料电池还处在技术验证阶段。结合课程中关于半导体材料的电导性能知识，通过分析固体电解质的结构、性能、制备工艺及材料的开发设计方法等信息研发，如何开展高性能的固体氧化物燃料关键材料的研究。我国时速600公里高速磁浮试验样车2019年5月在青岛下线，这标志着我国在高速磁浮技术领域实现重大突破。在材料的磁学性能学习过程中，启发同学们对这种超导磁悬浮列车的工作原理进行分析和探讨。

4. 以“工匠精神”培育时代担当

依据材料的成分、组成结构、性能特点，按照产品设计的使用效能要求，选择和研究优化的制造成型工艺和设备、最佳工艺路线和工艺条件、成型工艺质量控制等，以得到最终产品或制件最佳的使用性能、质量和寿命。通过讲解材料性能中各种影响因素，例如在提高无机材料透光性措施时，如何提供材料的纯度、掺杂外加剂、如何改善工艺条件获得高性能材料等。

在教学过程中适时引入国内外的重要科学进展，为实现技术的核心掌控，离不开刻苦钻研，扎实肯干的“工匠精神”。不论是实现了光纤千米传输的“光纤之父”高锟，还是因蓝光LED获得诺贝尔奖的日本科学家中村修二，以及出身贫苦努力学习的法拉第，重视实践尤其是科学实验的特点，经历了无数次失败之后，他终于发现了“磁光效应”。他们都是通过夜以继日的潜心研究，破釜沉舟不惧挑战，最终获得了成功，也为全人类的带来了“光明”。新时代的“工匠精神”是一种严谨认真、精益求精、追求完美、勇于创新的精神，当代大学生不仅仅需要具备扎实的理论基础、熟练的技术能力、卓越的创新精神，更要有踏实劳作的“工匠精神”，鼓励新时代青年必须敢于担当，勇担时代重任。

五、教学效果

通过精心设计，将思政内容融入课程教学，既保障了专业课程的授课教学效果，又达成了思政教学目标。在教学过程中，牢固树立教书育人的理念，坚持教书与育人的统一，不断挖掘和积累思政元素，通过“随风潜入夜，润物细无声”的教学形式，将思政内容潜移默化在专业课程课堂教学环节中。以不断丰富课程思政的内涵，在传授专业知识的同时，引导学生树立正确的人生观、价值观和世界观，培养高尚的职业情操和深厚的家国情怀。

通过课程学习，使学生既看到我国材料的发展，激发自豪感和爱国热情，又感受到所担负的重大责任，同时培养了科学的思维方法，为将来的职业生涯发展打下坚实的基础。

六、教学案例在材料类课程中的推广

本课程融合思政的教学模式，可为其他理工类课程的思政教育提供参考，对课程思政脉络与教学手段等有机结合，坚持把立德树人作为中心环节，把思想政治工作贯穿教育教学全过程。作为理工科教师，在教学中不仅要传授知识、培养能力、传授技能，还要引导学生树立正确的人生观、世界观、价值观，更要凭借良好的道德信念和科学精神来感染学生、影响学生、教育学生。

《无机材料测试方法》课程思政教学设计

胡晨光

该课程主要讲述无机材料各种分析检测仪器的构造、工作原理及检测方法。通过分析方法和技术在无机非金属材料领域的应用分析，培养学生研究材料的晶体结构、微观组织、化学成分、物相组成与材料制备工艺、材料性能间关系的研究和分析能力，使学生具备开展材料科学研究和解决材料科学与工程领域相关问题的能力，融入爱国奉献、求真务实、勇于创新、别出心裁等课程思政点，培养学生具有正确的社会主义核心价值观，具有以诚实公正、诚信守则为核心要义的工程师职责、职业道德和高标准工程素养。

一、课程定位

《无机材料测试方法》是针对无机非金属材料科学与工程专业的大三学生开设的专业基础课，主要是一门关于材料组成与显微结构分析、高温反应与物相形成研究方面的课程。课程主要介绍X-射线衍射仪、德拜粉末照相机、X射线能谱仪、X射线波谱仪、透射电子显微镜、扫描电子显微镜、电子探针、差热分析仪、热重分析、热膨胀分析、综合热分析、红外光谱分析仪等现代分析仪器的原理性构造、基础理论与原理、测试与分析方法以及在无机材料方面的应用。

通过项目式、案例式、讨论式等教学方法对本课程的学习，使学生较全面地了解和掌握各种材料分析检测仪器的构造、工作原理及检测方法；了解现代分析测试仪器分析方法和技术在无机非金属材料领域科学研究的作用；培养学生研究材料的晶体结构、微观组织、化学成分、物相组成与材料制备工艺、材料性能间关系的研究和分析能力；使学生具备开展材料科学研究和解决材料科学与工程领域相关问题的能力；培养学生热爱科学的高尚情操，培养学生遵纪守法、爱岗敬业、求真务实的品质，能为社会健康绿色发展贡献力量。

二、课程思政教学目标

立足课程思政的现代课程观，《无机材料测试方法》课程重新定位教学目标，在培养学生知识和能力的同时，将“求真务实、勇于创新、别出心裁”的课程思政目标融入其中，采取“三融入”：融入日常生活、融入先进科学技术、融入自身科研的教学方法，实现课程思政与教学目标的有机结合，引导学生从实际中来，再到实际中去，学会用理论解决实际问题，培养学生综合科研素质。

三、课程思政教学设计

在教学过程中，根据各个教学单元的内容特点，围绕《无机材料测试方法》原理，结合“三融合”的社会热点和工程实例，触发思政元素，将课程思政教学目标融入教学活动，并通过持续改进，建立专业知识与思政触点的关系网络，优化教学环节设计，以培养新时代新要求的专业技术人才。

（1）在X-射线衍射仪、德拜粉末照相机、X射线能谱仪、X射线波谱仪、透射电子显微镜、扫描电子显微镜、电子探针、差热分析仪、热重分析、热膨胀分析、综合热分析、红外光谱分析仪等仪器工作原理的讲授过程中，强调“求真务实”的思政目标。这部分的知识理论性较强，重点介绍仪器设备的工作原理。通过思政教学的融入，让学生抓住实事求是、与时俱进的思想路线，去不断地认识事物的本质，把握事物的规律，进而作为工程技术人员不仅要熟知本专业的基本知识和机理问题，而且要有责任心，要对自己负责的同时，要对工作负责，为人们的生命安全负责。

（2）介绍X射线、二次电子、背散射电子等信号产生原理的过程中，强调“勇于创新”的思政目标。这部分内容主要涉及到量子力学的基本理论。在这部分讲解过程中融入量子力学的发展史，介绍相关获得诺贝尔奖的科学家科学发现的历史，既能够在知识层面上有利于学生学习枯燥的理论内容，提高学生学习兴趣，消除畏难情绪，又能培养学生敢于设想和勇于创新的思维意识。

（3）在讲解无机材料测试仪器的应用部分，将“别出心裁”的课程思政元素融入其中。通过利用各种现代测试手段能从材料组成、结构和性能角度对新材料的设计和开发，提供创新思路，能结合工程社会问题提出新材料的改善措施，培养学生社会责任感，勇于担当的责任心。在努力学习文化知识的同时，应该更多的关注民生，要从点滴的小事抓起，使学生逐渐做到对自己负责，对他人负责，对集体负责，最终才能培养起对国家、对民族的强烈的责任感，将来成为建设祖国的有用人才。

四、课程思政元素的融合

1. 讲好中国故事，加强爱国教育

老一辈科学家钱学森、华罗庚、邓稼先等人真正践行了“一片赤心惟报国”的爱国之心，他们舍弃名利、以梦想铸国，奉献毕生智慧和心血推动科技进步和国家发展。正是在中华民族伟大复兴事业的感召下，国家利益和人民利益的现实需要，成为一代又一代科学家投身科学事业的内在动力。

人无精神则不立，国无精神则不强。在新时代的浪潮中，以科学家精神为引领，肩负起历史责任，心怀祖国，破解时代难题，回应人民关切，开拓创新，砥砺前行，广大科技

工作者一定能跑出中国发展的"加速度"，为实现中华民族伟大复兴作出更大贡献。

在新时代背景下，新材料已成为各个高技术领域发展的突破口，而材料的结构决定其性能，在材料结构基础理论和微观表征方面加强创新人才的培养，是满足科技社会对人才需求的必经之路。我们深入学习和系统掌握原子在空间结合成分子或化学实体本质问题，将材料微观与宏观建立桥梁，为我国新材料的创新发展贡献力量，勇于承担社会主义接班人的责任和使命。

2. 强化求真务实，守住道德底线

在讲授测试仪器工作原理的过程中，让学生抓住实事求是、与时俱进的思想路线，去不断地认识事物的本质，把握事物的规律，强化"求真务实"，突出测试手段在工程质量问题引起原因分析的作用，强化作为工程技术人员应具有社会责任感，要实事求是，追求真理。帮助学生树立正确的人生观和价值观，认清实际问题根本，杜绝工程质量问题，用科技力量解决和避免安全事故发生，守住道德底线。

3. 追求勇于创新，担负时代使命

创新性思维是以感知、记忆、思考、联想、理解等能力为基础，以综合性、探索性和求新性为特征的高级心理活动。创造性思维能力也要经过长期的知识积累、素质磨砺才能具备，利用测试仪器的根本理论，测试分析材料结构的变化规律，材料的发展是科技创新的根本，追求材料的创新，才能达到新时代的新要求。

4. 推进别出心裁，强化社会责任

材料组成、结构和性能决定材料的设计和开发，能结合工程社会问题提出材料性能的改善措施，提高学生解决复杂工程问题的能力，培养学生社会责任感。

五、教学效果

通过精心设计课程教学，保障授课教学效果，达成教学目标。在教学过程中，坚持教书与育人相统一，挖掘并积累思政元素，以项目工程问题的形式，引入思政元素，融入课堂教学环节，不断丰富课程思政的内涵，在传授专业知识的同时，引领学生思想、塑造价值观、培养家国情怀。学生通过课程学习，深刻认识到在材料开发与创新的实质，感受中国力量、中国制造、中国精神、中国故事，担负新时代社会主义接班人的使命。

《聚合物基复合材料B》课程思政教学设计

左桂福

该课程主要讲述聚合物基复合材料的基本概述、增强材料和热固性、热塑性聚合物基体材料以及聚合物基复合材料的基本力学性能，培养学生的创新思维和实践能力，融入民族精神、大国工匠、科学精神、社会公德、保护环境等课程思政点，培养学生创新意识，塑造“工匠精神”，肩负社会责任，传承家国情怀。

一、课程定位

《聚合物基复合材料B》是复合材料与工程专业本科三年级开设的专业必修课。作为复合材料重要的组成部分，聚合物基复合材料是应用最为广泛的一种复合材料。本课程主要介绍聚合物基复合材料的基本概述、增强材料和热固性、热塑性聚合物基体材料。通过本课程的学习，使学生具备从事聚合物复合材料相关工作的能力，能够结合实际情况进行复合材料成分、结构和综合性能设计的能力，也为进行复合材料研究方向的深造打下基础。

本课程的教学主要采用课题讲授、翻转课堂和任务驱动等相结合的教学方式，结合复合材料的科研和生产实际进行讲解，中间穿插当前复合材料领域研发前沿和企业中的应用实际，调动学生自主学习的积极性，使学生对知识的了解和掌握更有目的性。

二、课程思政教学目标

立足本课程的课程特点和具体的知识目标、能力目标和素质目标，挖掘自身蕴含思政的素材和资源，将“培养创新意识，塑造工匠精神；肩负社会责任，传承家国情怀”的课程思政目标融入其中，贯穿于课程教学大纲的各个单元。

三、课程思政教学设计

课程采用“课堂讲授+案例分析+自我凝练+心得体会”的教学模式，结合复合材料专业特色讲解与理论知识点相关的思政案例，引导学生通过自我凝练方式对案例内容吸收、升华并自主融入自身素质的提高中，形成特色的思政教学设计：“两条主线+三个案例库+四合一教学环节”。（见图1）

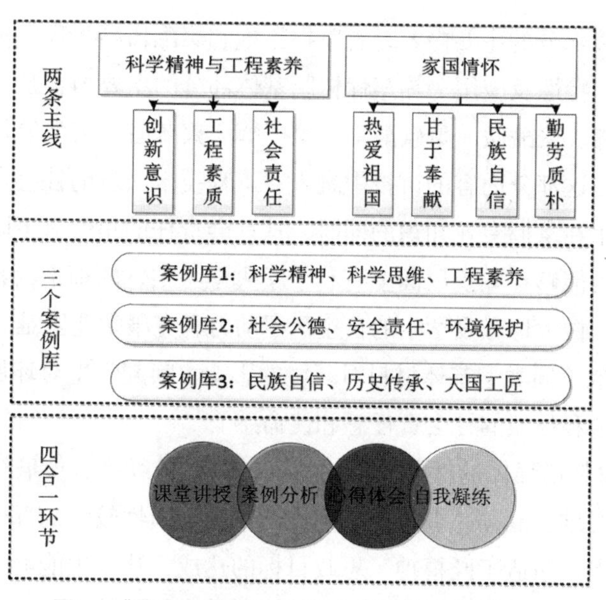

图1　《聚合物基复合材料B》课程思政教学设计

两条主线：一是以科学思维和工程师素养为核心要素，通过聚合物基复合材料知识的讲解，构建科学探索和工程逻辑思维，体现工程知识与素质培养的有机结合，培养科技创新、社会责任的大国工匠精神；二是以培养热爱祖国、甘于奉献、民族自信、勤劳质朴的家国情怀为核心，通过古代、现代、科研、生产、生活中的复合材料案例的讲解，构建新时代民族精神培养体系。

三个案例库：一是以民族精神、劳动精神、传承精神、大国工匠精神为核心的案例库；二是以科学精神、科学思维为核心的案例库；三是以社会公德、保护环境为核心的案例库。

四合一教学环节：即课堂讲授+案例分析+心得体会+自我凝练，形成理论讲授、案例分析、课堂互动、课后凝练的多环节教学模式，让学生在体验中得到心灵上的升华。

四、课程思政元素的融合

在教学过程中，根据各个教学单元的内容特点，选取更切合的课程思政教学目标融入，并配合以相应的教学活动设计，促进知识、能力和课程思政教学目标的同步有效达成。

（1）在聚合物基复合材料的发展历史及发展现状等基础知识的讲授部分突出“塑造工匠精神，传承家国情怀”的思政目标。这部分的知识核心是让学生对我国复合材料发展历史有一个初步的了解，通过对祖国前人的工匠精神、勤劳、智慧、爱国、奉献等优秀品质的学习，让学生对复合材料产生浓厚兴趣和强烈的责任感。

该部分更多的是让学生直面复合材料发展过程中的一些具体案例，强化专业知识和社会实践之间的衔接。例如，中国古代复合材料体现的劳动人民的智慧结晶；中国近现代复合材料快速发展过程中，涌现出的如黄伯云、张立同院士等大量可歌可泣的事迹。

热固性树脂基体部分的主要内容是：掌握不饱和聚酯树脂、环氧树脂、酚醛树脂、聚酰亚胺树脂的合成、特性及应用。热塑性树脂基体部分的主要内容是：聚乙烯、聚丙烯、聚氯乙烯、聚苯乙烯、聚酰胺、聚碳酸酯、聚甲醛、聚苯醚、聚砜等热塑性基体材料的合成、特性及应用。在这部分内容的讲授中融入“工程技术人员的社会责任感、环保意识”的思政目标。让学生在掌握专业知识的同时，从社会责任的角度对不同的材料的优势和劣势进行重新定义，既能够在知识层面上有利于学生学习枯燥的理论内容，又有利于学生形成坚定的职业信仰，极大地激发学生的自主学习动力和克服学业困难的毅力。

该部分主要选取不同类型基体材料对环境的影响，唤起学生对环保事业的意识，投身环保型材料研发热情和强烈的社会责任感和使命感。

（2）在复合材料增强体的性能及结构特征（如有机纤维、玻璃纤维、碳纤维的制备及结构性能和陶瓷纤维、晶须、颗粒的结构性能）等创新性较强的部分的讲授中，更突出促进“培养创新意识，塑造工匠精神”思政目标的达成，让学生能够充分理解“如何在研发和生产实践中去创新”，只有在充足的应用背景下和综合知识的基础上，才能够迸发创新的火花。这一目标的达成，能够将爱国、报国、强国的强大精神动力转化为学习法学的热情，形成强烈而持久的学习内驱力。

该部分更多的是采用启发式教学法，例如，谈有机纤维的开发，可以给学生讲解“尼龙与卡罗瑟斯”的传奇故事，启发学生对创新意识和创新精神的思考。

五、教学效果

结合复合材料与工程专业培养目标，在教学过程中，传授理论知识的同时，引领学生思想、塑造价值观、培养家国情怀，把课本知识掌握和科学精神与工程素养的培育有机结合，坚持教书与育人相统一，挖掘并积累思政元素，不断丰富课程思政的内涵。

学生通过课程学习，深刻认识到聚合物基复合材料在国计民生各个领域的重要性，同时领略中国制造、大国工匠、中国精神、中国故事，感受作为新一代青年工程师和科学家的责任与担当，建立民族自豪感、民族自信心和民族创造力。

六、教学案例对工学类课程的推广

在教学实施过程中，通过灵活多用的教学模式，创新的教学方法，保障了课程质量，凝练出“两条主线+三个课程案例库+四合一教学环节”教学设计，以学生为中心，通过课堂讲授、翻转课堂、分组讨论、提交心得等多种形式，将课程思政教育融入专业教学全过程，培养科学与工程实践能力强、创新能力突出、具有团队协作精神和家国情怀的复合型人才。本课程的教学模式，可供其他工学类课程借鉴并推广应用，使专业课程与思政教育同向同行，形成协同效应，并提高课堂教学效果和质量、提升学生学习热情和成效。

《纳米材料概论》课程思政教学设计说明

蔡艳青

《纳米材料概论》课程主要讲述纳米材料的概念、分类、基本理论及其特点，纳米材料的物理性能和化学性能，纳米材料的主要制备方法并掌握制备原理、工艺过程和适用范围，培养学生在交叉学科和创新能力等方面的综合能力，融入精益求精、保护环境、科技创新等课程思政点，培养学生为将来从事材料研究、材料加工等行业的工作打下坚实的必备的理论和实践研究的基础和职业道德。

一、课程简况

《纳米材料概论》课程是材料化学、无机非金属材料工程专业本科三年级开设的选修课程。这门课是本科生在已经掌握有关的材料基础知识的基础上，通过课堂教学、课堂讨论使学生了解、掌握纳米材料的概念、分类、基本理论及其特点；了解和熟悉纳米材料的物理性能和化学性能；了解纳米材料的主要制备方法并掌握制备原理、工艺过程和适用范围；了解纳米材料在不同领域的应用现状和应用前景以及研究进展；培养学生在交叉学科和创新能力等方面的综合能力。课程给学生打好专业理论基础知识，为将来从事材料研究、材料加工等行业的工作打下坚实的必备的理论和实践研究的基础。

二、课程思政教学目标

立足课程思政的现代课程观，《纳米材料概论》课程重新认识、重新定位和重新塑造了教学目标，在知识性和能力性目标之外，还将“精益求精、追求卓越”“守护环境，勇挑时代的担当”“科技创新，树立远大目标”的课程思政目标融入其中，贯穿于课程教学大纲的各个单元，实现了课程思政建设与教学目标的契合，与教学内容的融合，与教学素材的整合，与教学过程的结合。

三、课程思政教学实施设计

课程采取“知识讲授+自主探究+思政元素”的教学设计模式，在讲授理论知识的同时以纳米材料概论课程中案例为主线进行自主探究活动，融入隐性思政元素，培养学生科学思维和专业知识应用能力，潜移默化地进行科学精神、价值取向、伦理规范下的青年工作者责任、情怀与担当，并形成特色的课程教学设计：“一条主线+两个核心要素+两个课程案例库+四个中国系列模块+五个教学实施环节。”（见图1）

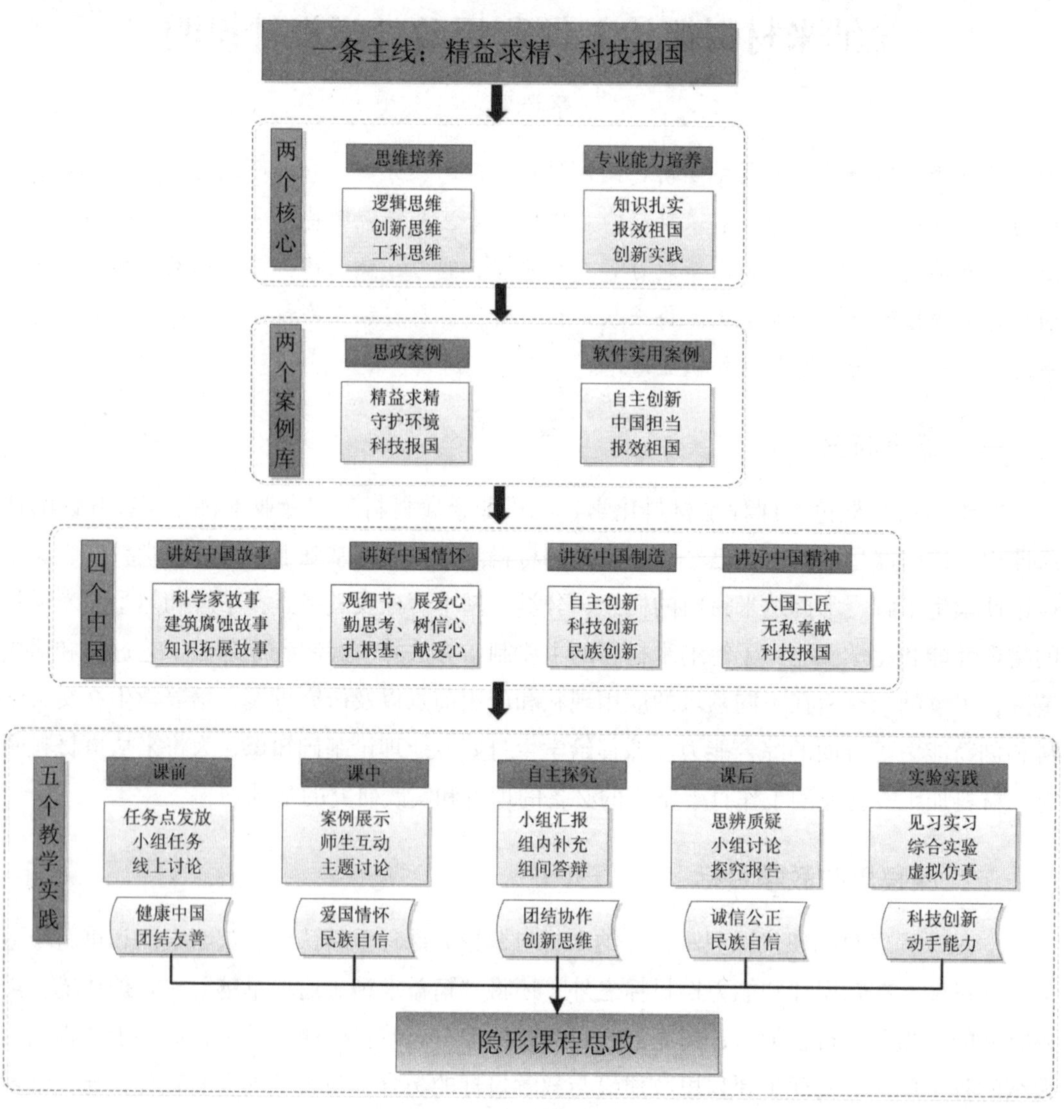

图1　课程思政教学设计

一条主线：以习近平总书记“拿起科学武器勇于创新，才能实现振兴中华民族伟大梦想”——精益求精和科技报国为主线，培养和增强学生以学习好自身本领科技报国的意识。

两个核心要素：促进学生知识传授、能力培养与价值引领有机统一，以思维培养和自专业能力培养为核心要素。通过纳米材料概论知识的讲解，构建逻辑思维，在丰富学生知识的同时，突出知识扎实、报效祖国、中国担当的目标。

两个课程案例库：在教学过程中挖掘思政元素，促进学生知识传授、能力培养与价值引领有机统一，形成两个课程资源案例库。一是以精益求精、守护环境、科技报国等为主要内容的思政元素库；二是以自主创新、中国担当、报效祖国等为主要内容的生活案例库。

四个中国系列模块：模块一讲好中国故事，讲解科学家故事、民族文明故事及知识拓展故事；模块二讲好中国情怀，树立学习的决心和信心、无私奉献的仁心和爱心；模块三讲好中国制造，讲解自主创新、迎难而上，科技创新、勇于担当，民族创新，助力健康；模块四讲好中国精神，讲解大国工匠，无私奉献，科技报国。

五个教学实施环节：以学生为主体、以教师为主导、以体验为关键、以网络为载体，通过“课前+课中+课后+自主探究+实验实践”五个实施环节，完成教学，实现隐性教育与显性教育相统一。

四、思政元素的融合

在教学过程中，根据各个教学单元的内容特点，选取更切合的课程思政教学目标融入，并配合以相应的教学活动设计，促进知识、能力和课程思政教学目标的同步有效达成。

（1）在纳米材料绪论部分介绍纳米的概念及纳米材料的特性时，使学生了解纳米科技的形成过程，掌握纳米尺度、纳米科技的基本概念，了解纳米材料的发展历史及纳米尺度对材料性质产生的影响及其应用，该部分突出“精益求精、追求卓越”的思政目标，旨在使学生理解纳米是很小的粒子，当粒子尺寸小到一定境界，便可爆发出大能量。

例如，磁悬浮列车的原理是什么呢？这要起源于纳米粒子的发现。第一个真正认识到它的性能并引用纳米概念的是日本科学家，他们在20世纪70年代用蒸发法制备超微离子，并通过研究它的性能发现：一个导电、导热的铜、银导体做成纳米尺度以后，它就失去原来的性质，表现出既不导电、也不导热。磁性材料也是如此，像铁钴合金，把它做成大约20—30纳米大小，磁畴就变成单磁畴，它的磁性要比原来高1000倍。20世纪80年代中期，人们就正式把这类材料命名为纳米材料。

为什么磁畴变成单磁畴，磁性要比原来提高1000倍呢？这是因为，磁畴中的单个原子排列得并不是很规则，而单原子中间是一个原子核，外则是电子绕其旋转的电子，这是形成磁性的原因。但是，变成单磁畴后，单个原子排列得很规则，对外显示了强大磁性。这一特性，主要用于制造微特电机。如果将技术发展到一定的时候，用于制造磁悬浮，可以制造出速度更快、更稳定、更节约能源的高速度列车。

（2）在讲授纳米粒子的制备方法时，有气相法和液相法制备纳米微粒的工艺与原理，有机醇盐的制备和金属醇盐的水解、水热法的特性、溶胶凝胶法的工艺，纳米微粒的表面修饰方法，讲授该部分时，突出“守护环境，勇挑时代的担当”的思政目标。

例如，时代的发展离不开科学技术的进步，科学技术在改善人类物质生活的同时，也对环境造成了一定影响。环保和材料制备有着紧密的联系，在教学中对学生进行爱护资源，有保护环境的教育是一项重要任务。但有些学生环保意识薄弱，思想麻痹大意，缺乏自我约束力，对实验室环境污染的严重性和危害性缺乏认识。在实验过程中产生的废液、废物，有些学生随意向下水道倾倒，固体废物随手乱丢。有些学生在通风橱内进行实验而没有将通风橱的橱窗关闭，导致实验过程中产生的废气弥漫整个楼层。告诫学生勿以善小而不为，勿以恶小而为之。讲一讲自然环境受到的严重污染，生态平衡遭受的极度破坏，人类健康遇到的极大威胁。在教育教学过程中，可以利用国内外真实案例讲述环境污染的严重性和危害。例如，水体中有机物污染事件、重金属中毒事件、1952年英国伦敦烟雾事件。20世纪40年代，美国一家化学公司向河谷中填埋有机氯农药、塑料等残余有害废物，10余年后，该地区陆续发生了一些婴儿畸形、人患怪病等现象，在当地的空气、土壤和地下水中检测到82种有毒化学物质。虽然时隔多年，我们仍需引以为戒，让历史不再重演。

在伟大的中国共产党和习近平总书记的领导下，结合“绿水青山就是金山银山”的基本国策，让学生从化学角度认识绿水青山的含义，懂得可持续发展的重要性，更好理解环境保护基本国策的重要意义。随着我国国民经济的各部门以及材料制备业本身，加以新的科学技术领域的发展，促进了我国的污染状况及环境污染治理的紧迫性，结合我国今年开展的“环保督察”形成的环保风暴，使学生认识环保的意义及此项政策的必要性，让大家自主关心环保、参与环保 。

（3）在讲授纳米固体材料制备方法，包括惰性气体蒸发原位加压法、高能球磨法、非晶晶化法、无压烧结、热压烧结、微波烧结，纳米固体材料的应用部分时，突出“科技报国，树立远大目标”的思政目标。结合纳米固体材料的科研和生产实际进行讲解，中间穿插当前纳米固体材料领域研发前沿和企业中的应用实际，使学生对知识的了解和掌握更有目的性。

例如，1991年，碳纳米管被人类发现，常用的碳纳米管制备方法主要有：电弧放电法、激光烧蚀法、化学气相沉积法（碳氢气体热解法）、固相热解法、辉光放电法、气体燃烧法以及聚合反应合成法等。它的质量是相同体积钢的六分之一，强度却是钢的10倍，成为纳米技术研究的热点，诺贝尔化学奖得主斯莫利教授认为，纳米碳管将是未来最佳纤维的首选材料，也将被广泛用于超微导线、超微开关以及纳米级电子线路等。借此鼓励学生通过科技创新，树立远大的目标，投身科技事业，科技报国。

五、教学效果

通过精心设计课程教学，保障授课教学效果，达成教学目标。在教学过程中，坚持教书与育人相统一，挖掘并积累思政元素，以“春风化雨、润物无声”的形式，隐性融入纳米材料概论专业课程课堂教学环节，不断丰富课程思政的内涵，在传授专业知识的同时，引领学生思想、塑造价值观、培养家国情怀。

学生通过课程学习，深刻认识到在纳米材料概论课程中，感受中国力量、中国制造、

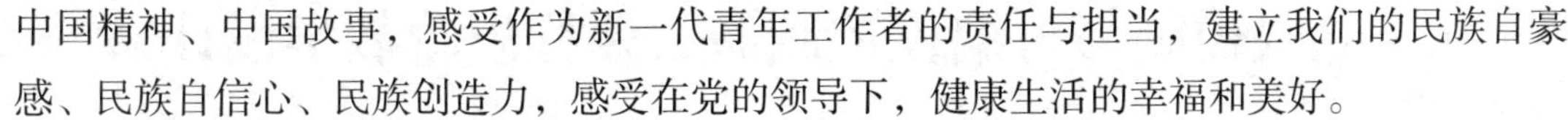

中国精神、中国故事，感受作为新一代青年工作者的责任与担当，建立我们的民族自豪感、民族自信心、民族创造力，感受在党的领导下，健康生活的幸福和美好。

六、教学案例对课程的推广

在教学实施过程中，通过灵活多用的教学模式，创新的教学方法，保障了课程质量，凝练出“一条主线+两个核心要素+三个课程案例库+四个中国系列模块+五个教学实施环节”的教学设计模式，以学生为中心，通过线上线下、课堂内外、理论实践、面授翻转多种形式，将基础知识与专业知识相结合，提升学生解决复杂纳米材料概论问题的能力，将社会主义核心价值观融入教育教学全过程，培养实践能力强、创新能力突出、具有团队协作精神和家国情怀的复合型人才，培养德智体美劳全面发展的社会主义建设者和接班人。

本课程融合隐性思政的教学模式，可供其他课程借鉴并推广应用，使专业课程与思政教育同向同行，形成协同效应。坚持立德树人为中心，践行“门门课程有思政”“教师人人讲育人”，提高课堂教学效果和质量、提升学生学习热情和成效。

《电气控制与可编程控制器》课程思政教学设计

王宇珩

该课程主要讲述电气控制的方法及应用，课程集传统继电控制技术与现代PLC控制技术为一体，同时还讲授低压电器及其电气控制的原理和方法、现代PLC控制器的功用，培养学生PLC程序设计及应用能力的能力，融入科技兴国思维、自强意识、勇挑时代担当等课程思政点，培养学生作为电气设计工程师的担当意识和团结创新的思维。

一、课程简况

《电气控制与可编程控制器》是电气工程及自动化专业必修平台课程是，是一门实践性很强的应用型专业技术课程。课程集传统继电控制技术与现代PLC控制技术为一体，介绍电气控制的方法及应用，使学生在掌握常用低压电器及其电气控制的原理和方法的同时，掌握现代PLC控制器的功用、结构和工作原理，具备一定的PLC程序设计及应用能力，为适应工业企业控制技术的发展和从事实际工作打下必备的基础。

二、课程思政教学目标

立足课程思政的现代课程观，《电气控制与可编程控制器》课程重新认识教学目标，在知识性和能力性目标之外，还将“构建科技兴国思维、树立自强意识、勇挑时代担当”的课程思政目标融入其中，实现了课程思政建设与教学内容的融合。

三、课程思政教学设计

课程采取“知识讲授 +思政元素+意义引申”的教学设计模式，在讲授理论知识的同时融入隐性思政元素，培养学生的专业知识应用能力，潜移默化地进行民族精神、创新精神、自强精神指引下的责任、情怀与担当。

四、课程思政教学实施

在教学过程中，根据教学单元的内容特点，选取切合的课程思政教学目标融入，并配合以相应的教学活动设计，促进知识、能力和课程思政教学目标的同步有效达成。

1. 电气控制可编程控制器的发展

该部分主要介绍世界PLC技术的发展和现状，说明PLC技术是一项国际通用的工业控制技术，使学生“构建科技兴国思维”。同时向学生表明PLC技术的发展可以采取自主创新和引进创新的发展方式。在目前，我们国家可以采取两种方式相结合的发展策略，但在此过程中一定要掌握核心技术、关键部件，以避免对于其他国家的完全依赖，在发展生产

的同时强化我们的技术硬核实力。

2. 我国PLC的发展

目前制造业正在面临着改革、转型的困难，正是国产PLC发展的好时机，涌现出越来越多的国产PLC品牌：和利时PLC、安控PLC、台安PLC、南大傲拓PLC、信捷PLC、黄石科威PLC、正航PLC。

该部分主要介绍我国PLC技术的发展历程和现状，使学生认识到我国在此方面一直努力赶超世界先进水平，经过一段时间的发展，已经取得了较好的发展成效，展示我国企业“不甘落后、奋勇争先”的改革创新精神。同时，也要让同学们清楚，我国的发展水平与世界先进水平仍有不小的差距，特别是在自主开发PLC方面仍面对很多困难和挑战，激励同学们“树立自强意识、勇挑时代担当”，做好刻苦学习的准备，努力学习电气知识，承担起历史赋予的兴国使命，为建设我们的科技强国贡献自己的力量。

3. 可编程控制器的特点

该部分主要介绍PLC的优点和特点，说明PLC非常适用于现代工业生产环境，满足大规模工业控制现场的要求，是我国实现智能制造、工业制造4.0的有力支持工具，对我国的工业发展具有很大作用，鼓励同学们坚定学习信心，培养学习动力。同时说明PLC的通用性、灵活性、简单方便的特点在此次疫情车企转产的过程中得到了充分体现，正是借助于PLC的这些特点，我们才实现了口罩生产线的快速投产，把“铁匠做针线”这种在过去看来十分困难的转换在几天内迅速实现。结合疫情初期，车企转产口罩，为人民生产需要的产品的案例，说明现代制造企业的特点和中国人民“团结创新的民族精神”。

4. 自锁控制环节

该部分介绍电机长时间连续运行，启动按钮回复断开后，接触器线圈通过自锁环节采用自己的常开触点闭合来给自己的线圈供电，实现线圈长时间得电、接触器主触点长时间闭合、电机长时间连续运行。

引导学生自己发出的动力才能最有效的支撑自己长时间的努力、进取，说明“自强不息、自立自信”的重要性，在学习和成长的过程中要尽力给自己创造前进的动力。

五、教学效果

通过精心设计课程教学，保障授课教学效果，达成教学目标。在教学过程中，坚持教书育人相统一，挖掘并积累思政元素，以“春风化雨、润物无声”的形式，隐性融入电气测量技术课程课堂教学环节，不断丰富课程思政的内涵，在传授知识的同时，引导学生思想、塑造价值观、培养家国情怀。

同学通过课程学习，认识电气控制与可编程控制器的发展，倾听中国故事，感受中国情怀，近距离接触中国智能制造，触摸中国精神，逐渐成长为德智体美劳全面发展的卓越人才。

六、教学案例对电气工程类课程的推广

在教学实施过程中，特色的课程教学设计围绕思政基本元素、讲解+讨论逐步实施的方式展开，在传授基础理论知识的同时以技术创新、民族精神为特色开展教学，培养学生的专业知识能力，提升学生工程应用能力和技术创新思维。同时，将课程思政理念融入全过程，润物无声地传递国家情怀、树立职业精神、培养工匠精神、提升职业素养以及新时代建设者的使命、责任和担当。

本课程的思政教学模式，可供其他工科类课程借鉴并推广应用，使整个专业课程体系与思政教育同向同行，形成协同效应，并促进专业学生的专业知识水平和思政水平。

《信号与线性系统分析》课程思政教学设计

陈 波

该课程主要讲述确定性连续信号经过线性时不变系统传输与处理的基本概念和分析方法，培养学生运用信号与系统理论和数学工具分析和解决连续信号和线性系统分析方面的典型工程问题的能力，融入改革创新、科学精神、大国工匠等思政点，培养学生擅于突破和大胆创新、敢于求真务实和勇于担当的意识和能力。

一、课程定位

《信号与线性系统分析》课程是测控技术及仪器专业本科三年级开设的必修课程，是一门专业基础课程。课程采用信息论和系统论对工程实际问题进行抽象分析，主要阐述确定性连续信号经过线性时不变系统传输与处理的基本概念和分析方法。通过学习本课程，学生能够掌握信号与系统的基础知识和分析方法，具备运用信号与系统理论和数学工具来分析和解决连续信号和线性系统分析方面的典型工程问题的能力，为后续专业课程的学习打下理论基础。

课程主要采用课堂讲授、案例探究、仿真实践等教学方法，讲授信号与线性系统基本概念和基础知识，信号与系统时域、频域、复频域分析方法，以及系统的状态变量分析法。通过课程的学习，学生能够针对不同类型的工程实际系统，选择和采用信息论和系统论中合适的方法进行抽象分析。

二、课程思政教学目标

《信号与线性系统分析》课程紧密围绕立德树人这一根本任务，对课程教学内容进行科学梳理，充分挖掘课程思政元素，优化教学方法，将知识传授、能力提升和价值引领融为一体，培养学生：擅于突破和大胆创新的创新精神，敢于追求真理、求真务实的现代科学精神，勇挑时代担当、科技报国的大国工匠精神。

三、课程思政教学设计

在教学过程中，以创新精神、追求真理、科技报国的价值观为主线，将课程思政教学目标有机融入课程教学内容中，配合以相应的教学活动设计，促进知识、能力和课程思政教学目标的同步有效达成。

（1）采用分解和组合、由简入繁的基本思想，讲授信号和系统时域、频域、复频域分析方法的异曲同工之妙，培养学生针对具体问题选择恰当方法的能力，培养其擅于突破和大胆创新的创新精神。

（2）针对傅里叶分析法这一课程重点和难点，采用课前自学和课堂讲解的方式，介绍傅里叶分析法的提出过程，培养学生敢于追求真理、求真务实的现代科学精神。

（3）针对信号滤波、采样和重建这一重点内容，结合实际案例，讲解数字滤波器、数字示波器等核心器件的基本原理和发展现状，帮助学生树立科技报国、勇挑时代担当的大国工匠精神。

以创新精神、追求真理、科技报国的价值观为主线	创新精神：以分解和组合、由简入繁的基本思想为指导，讲解时域、频域、复频域等各种分析方法，培养学生擅于突破、创新的精神
	追求真理：基于傅里叶分析法，培养学生敢于追求真理、求真务实的现代科学精神。
	科技报国：基于数字滤波器、数字示波器等核心器件的发展现状，帮助学生树立科技报国、勇挑时代担当的大国工匠精神

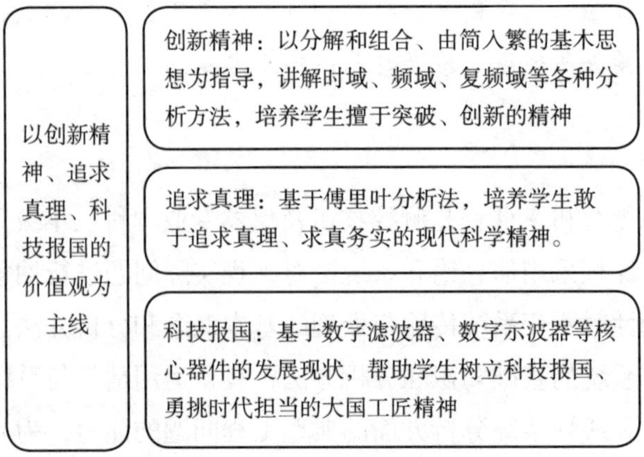

四、课程思政元素的融合

1. 擅于突破和大胆创新的创新精神

归纳信号与系统各种分析方法的共性，以分解和组合、由简入繁的基本思想为统领，系统讲授信号和系统时域、频域、复频域分析方法，领会异曲同工之妙，使学生具有针对具体问题选择恰当方法的能力，养成擅于突破和大胆创新的创新精神。

本课程主要讲授信号与系统的时域分析法、频域分析法、复频域分析法。利用这些方法解决系统响应的共性是：分解和组合、由简入繁。我们计算复杂信号作用下系统的响应时，首先想到的就是：能不能先计算一个最基本的信号所对应的响应，然后由简入繁。在时域，最基本的信号是单位冲激信号，对应的响应是单位冲激响应。任何复杂信号都可以分解为单位冲激信号的加权积分，这个分解过程可以用卷积积分表示。因此，复杂信号对应的线性时不变系统响应就可以表示为该信号与系统单位冲激响应的组合——卷积积分。这就是分解和组合、由简入繁的基本思想。类似地，频域分析法、复频域分析法都可以按照这个思路去理解和学习。但是每个方法中的基本信号是不同的，相当于换一个角度去分析和解决问题，最终使学生具有针对具体问题选择恰当方法的能力，并养成擅于突破和大胆创新的创新精神。

2. 敢于追求真理、求真务实的现代科学精神

信号分析中最重要的、具有里程碑意义的理论是傅里叶分析法。讲授这一部分内容时，通过介绍傅里叶分析法的诞生过程，让学生充分理解现代科学精神，敢于求真务实。

在讲授傅里叶级数展开之前，首先介绍法国数学家傅里叶生平以及傅里叶分析方法的建立过程，从而引入“现代科学精神——实事求是、求真务实、开拓创新”，激发学生的学习热情，帮助学生树立敢于怀疑、追求真理的价值观。傅里叶早在1807年就写成关于热传导的基本论文《热的传播》向巴黎科学院呈交，但经拉格朗日、拉普拉斯和勒让德审阅后被科学院拒绝，1811年又提交了经修改的论文，该文获科学院大奖，却未正式发表。傅里叶在论文中推导出著名的热传导方程，并在求解该方程时发现解函数可以由三角函数构成的级数形式表示，从而提出任一函数都可以展成三角函数的无穷级数，傅里叶级数（即三角级数）、傅里叶分析等理论均由此创始。

此外在复频域分析等内容里，也可以通过介绍微积分、高斯函数等发展历程，引入科学精神的思政教育元素。

3. 树立科技报国、勇挑时代担当的大国工匠精神

在讲授完理想滤波器后，通过讲解如何设计一款音响效果好的播放器，激发学生思考：科技强国对于国家意味着什么？同学们又有着什么样的责任？我国高速数字存储示波器、数字滤波器的发展始终存在采样速率、模拟带宽等多项指标偏低的窘境，核心器件依赖进口，关键时候面临“卡脖子”的风险，技术无法独立自主。改变这一窘境，摆脱依赖和限制，奋起直追，是我们每代测控人肩负的使命！别认为“中国梦”离我们很遥远，它实实在在扎根于我们每一天的学习、每一点的进步，由在座的每一个人组成！由此激发学生“勇挑时代担当”的使命感，唤起学生自主学习的动力和克服学业困难的毅力。

五、教学效果

充分挖掘课程思政元素，做有态度、有温度的教学。优化教学设计，保障授课教学效果，达成思政教学目标。在教学过程中，坚持教书与育人相统一，挖掘并思政元素，溶盐入水，融入专业知识学习中，在传授专业知识的同时，引领学生思想、塑造价值观、培养家国情怀。

通过课程学习，学生深刻认识到信号与系统分析的各种方法的共性和个性，感受科学精神的魅力，感受责任与担当，激发“勇挑时代担当”的使命感，唤起自主学习的动力和克服学业困难的毅力。

六、教学案例对专业基础类课程的推广

把握专业基础课程的知识脉络，形成独特的授课视角，充分挖掘课程思政元素，做有态度、有温度的教学。

《模拟电子技术基础》课程思政教学设计

许金钢

该课程主要讲述模拟电子器件和模拟电子电路的基本原理，使学生获得模拟电子技术方面的基本理论、基本知识和基本技能，培养学生分析问题和解决问题的能力，使学生能够独立设计并制作电子电路，融入民族精神、社会公德、职业道德、改革创新、科学精神、大国工匠、马哲辩证等课程思政点，培养学生爱岗敬业、尽职尽责的职业精神和大国工匠精神。

一、课程定位

《模拟电子技术基础》课程是电气、电子信息类和部分非电类专业本科二年级开设的必修课程，是一门专业基础课，也是学生接触的首门具有实践性的工科课程，是迈向电子技术领域的第一道阶梯。《模拟电子技术基础》课程是《电路》课程的后续，是学习数字电子技术基础的必要课程，是学习后续EDA仿真实践的必备课程，是从事电子技术研究工作的敲门砖。

课程内容涵盖常用半导体器件、基本放大电路、集成运算放大电路、放大电路中的反馈、信号的运算和处理、波形的发生和信号的处理、功率放大电路、直流电源、模拟电子电路读图十大部分。

本课程在教学中一般采用启发式、混合式、互动式及仿真式教学方法。课程承担着启蒙和形塑卓越工程师品质、积淀人格魅力、传承中华美德的重要作用。

通过学习本课程，使学生获得模拟电子技术方面的基本理论、基本知识和基本技能，培养学生分析问题和解决问题的能力，使学生能够设计并制作简单电子电路，同时为今后从事电子技术的研究工作打下基础。

二、课程思政教学目标

立足课程思政的现代课程观，本着以人为本、团结协作的理念，将“重构电子系统学习体系，夯实基础知识；依托电子实践项目，提升学生的实践能力；将工程质量至上、安全意识、形塑卓越工程师品质、打造匠人精神和创造意识”的课程思政目标融入其中，贯穿于课程教学的各个单元，实现课程思政建设与教学目标、教学内容、教学过程的有机融合，构筑三全育人大格局。

三、课程思政教学设计

根据模拟电子技术课程特点，课程采取“项目式、互动式、资料探究式和情景融入式”的课程思政融入教学设计方式，在授课过程中，将模拟电子技术课程专业知识目标、能力目标和思政目标有效地融合，形成具有本门课程特色的教学设计实施方式。

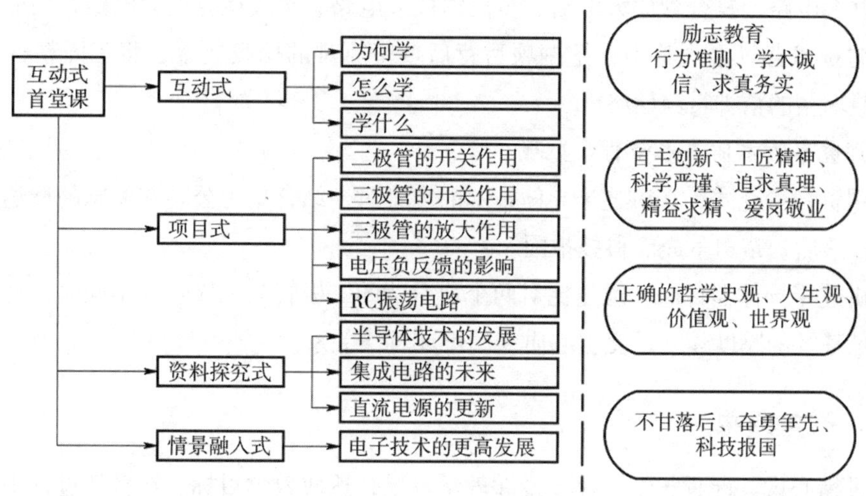

首堂课通过互动的形式，讲述为何学习本门课程、怎么学和学什么。在这个过程中，引导学生找准自己的学习目标，构建自己的学习计划，完善自己的学习之路，对学生进行励志教育、行为准则教育，将爱国主义情怀倾注到自己的专业中去，以中国的一名技术工程师的担当为己任，坚定自己学习电子技术的情怀。

通过项目式讲解，将项目的技术背景融入其中，挖掘项目后的思政元素，将自主创新、工匠精神、科学严谨、追求真理、精益求精、相互联系、对立统一、形象本质的精神贯穿始终。

利用资料探究式，结合华为公司在美国的遭遇史、科学家的故事等，激励学生不甘落后、奋勇争先、科技报国，建立正确的哲学史观、人生观、价值观和世界观。

利用情景融入式，将时政要闻、科技前沿与相关知识结合起来，不断丰富思政要素。

四、课程思政元素的融合

1. 激励学习热情，定好学习目标，立好原则规矩

首堂课利用互动的形式询问各班班干部的学习目标，引出大学应该怎样度过，如何学习本门课程、怎么学和学什么，学校提供了哪些平台、社会需求的人才是什么样的，帮助学生找准自己的学习目标，构建自己的学习计划，完善自己的学习之路，对学生进行励志教育，将爱国主义情怀倾注到自己的专业中去，以中国的一名技术工程师的担当为己任，坚定自己学好模拟电子技术基础的情怀。通过对课堂的要求、作业的要求，将行为准则教育融入课程中，实现思政目标。

2. 项目为核心，技术为背景，思政为导向

通过项目式讲解，把半导体二极管、三极管、集成运算放大器、振荡电路等知识串联，将放大电路、复合管放大电路、负反馈放大电路、集成运算放大电路、集成稳压电源等项目的技术背景融入其中，挖掘项目背后攻坚克难的思政元素，将工匠精神、科学严谨、精益求精的精神贯穿始终。

3. 探究事物本质，形塑哲学史观

利用资料探究式，在讲述半导体技术的内容时，结合华为公司在美国的遭遇史，激励学生不甘落后、奋勇争先、科技报国。

在讲述半导体器件时，通过比对两个背对背的二极管与三极管的不同时，通过内部结构也就是基区的厚度建立量变引起质变的辩证哲学关系。

五、教学效果

通过精心设计课程教学，保障授课教学效果，达成教学目标。在教学过程中，坚持教书与育人相统一，挖掘并积累思政元素，以“春风化雨、润物无声”的形式，融入各工科专业课程课堂教学环节，不断丰富课程思政的内涵，在传授专业知识的同时，引领学生思想、塑造价值观、培养家国情怀。

学生通过课程学习，深刻认识到模拟电子技术在专业中应用，感受中国力量、中国制造、中国精神、中国故事，感受作为新一代青年工程技术人员的责任与担当，建立我们的民族自豪感、民族自信心、民族创造力。

六、教学案例对电气类课程的推广

在教学实施过程中，通过“项目式、互动式、资料探究式和情景融入式”进行课程思政教学设计，以学生为中心，通过线上线下、课堂内外、理论实践、面授翻转多种形式，将基础知识、技术和专业应用相结合，提升学生解决复杂问题的能力，将社会主义核心价值观融入教育教学全过程。同时，培养实践能力强、创新能力突出、具有团队协作精神和家国情怀的复合型人才，培养德智体美劳全面发展的社会主义建设者和接班人。

本课程的教学模式，可供其他工科类课程借鉴并推广应用，使专业课程与思政教育同向同行，形成协同效应。坚持立德树人为中心，践行“门门课程有思政”“教师人人讲育人”，提高课堂教学效果和质量、提升学生学习热情和成效。

《自动控制理论A》课程思政教学设计

田　晴

该课程主要讲述自动控制原理的基本理论知识和分析设计方法，锻炼学生基本实验技能，以及初步进行系统设计的方法，培养学生综合系统知识、实践操作应用能力、控制理论创新思维，融入爱国主义、民族精神、专业素养等课程思政点，培养学生德能兼修的专业素养，具备工匠精神。

一、课程定位

《自动控制理论A》课程是自动化专业本科三年级开设的必修课程，也是自动化专业的学科基础课程。作为专业课程的基础理论、基本理论、方法论，自动控制理论承担着启蒙和形塑学生专业思维、专业理念的重要作用。

通过课堂讲授、讨论教学、混合教学等形式，遵循系统描述——系统分析——系统设计的主线，研究线性连续定常系统的稳定性、暂态性能、稳态性能。其中系统分析是教学重点，分别从时域分析——根轨迹分析——频域分析展开，教授过程中基于“三纵三横”的教学思路，既要把握课程体系的全局性，又要保证细节问题的分析。通过课程的学习，培养学生控制理论思维，奠定专业课程学习的基础。

二、课程思政教学目标

围绕课程知识传授、能力提升和价值引领的相结合的整体目标，挖掘自身蕴含思政的素材和资源，结合自身课程的特色和优势，以反馈控制为核心，以系统建模——系统分析——系统设计为主线，建立“三纵三横”理论体系的研究思路，融入爱国精神、工匠精神、团队精神，提高学生稳定意识、大局意识、协作意识、规划意识、底线意识，培养工科人文情怀、专业素养等，实现价值观的引领，实现教书、授业、育人、解惑的同向同行、同频共振，强化显性思政、细化隐性思政、构筑三全育人大格局。

三、课程思政教学设计

课程采取“线下讲授+线上学习+思政元素”的教学设计模式，融入隐性思政元素，培养学生控制思维和专业知识应用能力，潜移默化地进行科学精神、价值取向、伦理规范下的人文情怀与担当，并形成特色的课程教学设计：“一条主线+两个核心要素+三个课程案例库+四个教学实施手段。”（见图1）

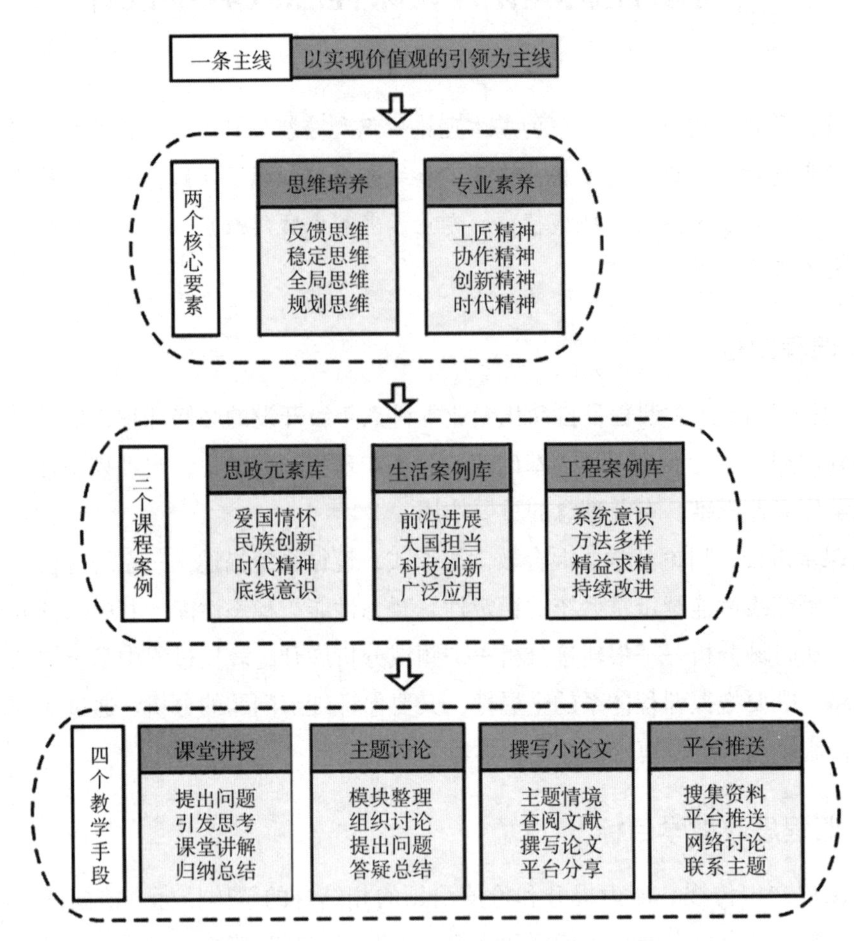

图1　课程思政教学设计

一条主线：党的十九届四中全会提出："把社会主义核心价值观要求融入法治建设和社会治理，体现到国民教育、精神文明创建、文化产品创作生产全过程。"高校是培育青年健康成长的重要平台，要把社会主义核心价值观体现到高等教育，引导广大青年坚定理想信念、志存高远、脚踏实地、勇做时代的弄潮儿，成为合格的社会主义建设者和接班人。

两个核心要素：促进学生知识传授、能力培养与价值引领有机统一，以思维培养和专业素养为核心要素。通过闭环控制系统的学习，构建反馈思维；通过系统分析的学习，构建稳定思维；通过对整门课程的把握，构建全局思维；通过系统设计的学习，构建规划思维。

三个课程案例库：在教学过程中挖掘思政元素，促进学生知识传授、能力培养与价值引领有机统一，形成三个课程资源案例库。一是以爱国情怀、民族创新、时代精神及底线

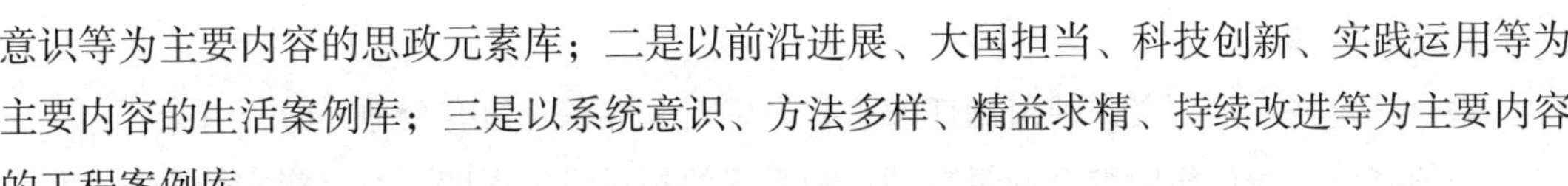

意识等为主要内容的思政元素库；二是以前沿进展、大国担当、科技创新、实践运用等为主要内容的生活案例库；三是以系统意识、方法多样、精益求精、持续改进等为主要内容的工程案例库。

四个教学实施手段：以学生为主体、以教师为主导、以网络为载体，通过“课堂讲授+主题讨论+撰写小论文+平台推送”四个实施手段，完成教学，实现隐性教育与显性教育相统一。

四、课程思政元素的融合

1. 爱国情怀

在讲自动控制理论的发展史尤其是自动控制应用时引出自动化之父。通过观看短视频，介绍被誉为“中国自动化控制之父”“两弹一星”“中国航天之父”钱学森的事迹，引导学生弘扬其刻苦勤奋的学习精神、攻坚克难精神、创新精神以及其“学成必归”“五年归国路”“十年造两弹”报效祖国的爱国精神，激励学生自觉融入实现中华民族伟大复兴中国梦的进程中去，实现自己的人生价值。通过提交小论文了解学生的精神面貌以及课程思政融入的效果以便改进。

2. 团结协作精神

通过讲授负反馈控制系统各组成部分功能特点，使学生理解只有各组成部分各司其职、爱岗敬业、团结一致，才能使控制系统具有良好的控制性能，进而引申出我们在社会大系统中工作也要做到精益求精的工匠精神和团结协作精神等。

3. 中华民族传统美德

通过讲述正反馈原理，借助孟母三迁、猫食碗的故事中蕴含的正反馈控制原理引导学生弘扬正能量，弘扬社会主义核心价值观，弘扬中华民族传统美德。

4. 稳定思维

通过观看视频和讲述使学生理解控制系统稳定性的重要意义，进而引申到国家、社会、家庭、电力系统稳定性的意义以及我们应承担的责任。国家、社会稳定，才能有精力进行五个文明建设，才能有条件建设美好家园，才能构建和谐社会；家庭稳定了，家人才能安居乐业，人们才有幸福感；社会发展，电力先行，电力系统稳定了，才能使我们的各项建设得以顺利进行，加以引申为达到电力系统的稳定，我们作为电力人应承担什么样的责任。

5. 大局意识

通过讲授控制系统基本要求对系统综合评价，既要全面又要有所侧重，引导大学生要有大局意识和协调发展意识，包括理解大学生自身的综合评价体系和我国将生态文明建设提上前所未有的高度，甚至写入党章正是大局意识、可持续发展意识、协调发展意识的体现，进而引导学生思考作为工控人如何看待传统能源和新能源的协调发展问题。

6. 底线意识

通过稳定裕度的含义，映射做任何事要做好充分准备、留有余地、游刃有余。

幅值裕度、相位裕度综合衡量自动控制系统的相对稳定程度，留有稳定的余量，保证系统在受到不确定、随机的扰动时，仍能保持稳定性能。控制系统是这样，对于人也是一样。我们做什么事时一定事先做好充分准备，不打无准备之仗，不打无把握之仗。天道酬勤，做好充足的准备，才能以不变应万变，遇到突发事件保持沉着冷静。找工作、创业、读研，都要事先规划好，做好充足准备。有了扎实的基础知识、很强的综合能力和很好的个人修养做后盾，干什么事才能更有底气、更自信淡定。自信源于实力，就是我们的稳定裕量，稳定裕量充足了，达到“任尔东西南北风，我自岿然不动”“不管风吹浪打，胜似闲庭信步”的境界，方能立于不败之地。

7. 规划意识

通过讲授频域三频段理论在不同频段有不同的要求、实现不同的目标，国家发展和电力系统新能源发展同样有规划目标，引导学生要有规划意识，根据不同阶段规划好其阶段目标，有了目标才有努力的方向，同时要做好充分准备，应对不确定性，以便相时而动。通过课堂讨论了解学生在大三和大四以及今后的目标，并适时进行一定的引导。

五、教学效果

通过精心设计课程教学，保障授课教学效果，达成教学目标。在教学过程中，坚持教书与育人相统一，挖掘并积累思政元素，以“春风化雨、润物无声”的形式，隐性融入自动化专业课程课堂教学环节，不断丰富课程思政的内涵，在传授专业知识的同时，引领学生思想、塑造价值观、培养家国情怀。

学生通过课程学习，深刻认识到在控制系统的分析设计中，培养反馈思维、大局思维、规划思维，树立科学严谨的科研态度，孜孜不倦的追求精神，并体会身为自动化人的骄傲和责任担当。

《数字图像处理》课程思政教学设计

人工智能学院　史彩娟

该课程主要讲述数字图像处理的基本概念、基础理论、基本技术和方法，以及前沿发展动态和实际应用等，培养学生的创新思维、创新能力和实践能力，融入社会责任和使命感、创新精神、科技自信、法制意识等课程思政点，培养学生的德能兼修素养和爱国主义情怀。

一、课程定位

《数字图像处理》课程是电子信息科学与技术专业本科三年级开设的必修课程，也是其专业核心课程。本课程主要讲述数字图像处理的基本概念、基础理论、基本技术和方法，以及前沿发展动态和实际应用，承担着启蒙和培养学生专业思维、专业理念和创新思维的重要作用。

教学内容主要包括数字图像基础知识、正交变换、图像压缩编码、图像增强、图像复原、图像重建、图像分割等图像处理技术及相关理论及应用，采用启发、讨论、案例分析、项目研究等多种教学方法和手段。通过本课程的学习，学生可以系统地掌握图像处理相关理论和技术，提升其实践动手能力和创新能力，拓展其在计算机视觉、人工智能等领域的学术视野。

二、课程思政教学目标

围绕课程知识传授、能力提升和素质培养相结合的整体目标，挖掘自身蕴含思政的素材和资源，结合数字图像处理课程的特色和优势，以数字图像处理理论知识和技术为基础，形成了本门课程“增强社会责任和使命感、培养创新精神、培养科技自信、增强法治意识”的课程思政目标，实现教书、授业、育人、解惑的同向同行，充分发挥思政教育的基础核心作用，构筑三全育人大格局。

三、课程思政教学设计

课程采取“知识讲授+自主学习+思政元素”的教学设计模式，在讲授理论知识的同时激发引导学生进行自主学习，融入思政元素。本课程的课程思政教学设计如图1所示。课程以教学为明线，思政教育为暗线。教学过程中以学生为主体、以教师为主导，激发学生自主学习，同时将思政元素融于其中。教学中采用多种教学手段和方法，使学生深刻掌握所学知识，着重培养学生的自学能力和创新能力，“随风潜入夜，润物细无声”完成思政教育。

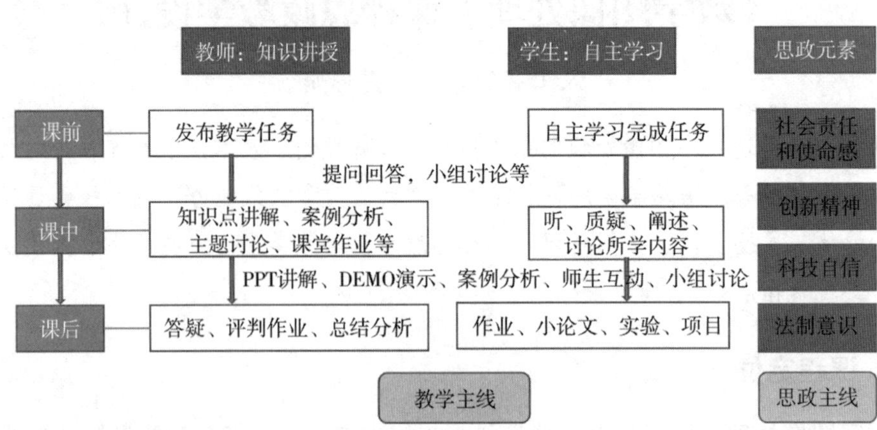

图1　课程思政教学设计图

四、课程思政元素的融合

1. 社会责任感和使命感

在数字图像处理的基本概念、基础知识、具体应用及发展前景的讲授部分突出“增强社会责任和使命感”思政目标。这部分教学内容主要是介绍图像的概念、数字图像的表示、数字图像处理的分类、数字图像处理系统、数字图像处理技术在工业和医学等多个不同领域的应用，以及数字图像处理技术的发展前景等。

介绍数字图像处理技术的应用时，采用数字图像处理在医学中的实际应用案例，如新型冠状病毒（2019-nCoV）诊断与检测，让学生深刻体会到良好的图像处理技术可以治病救人；采用数字图像处理在冶金领域的实际应用案例，结合唐山本地、河北乃至全国钢铁支柱产业发展情况，让学生深刻体会到数字图像处理技术能够促进冶金行业产能的提升，而钢铁冶金是我国的支柱产业。通过这些案例介绍，让学生了解到数字图像处理技术的重要性，激发学生认真学习本课程，并将所学知识应用于不同领域来提升人们的生产和生活水平，培养学生强烈的社会责任感和使命感。

2. 创新精神和科技自信

在图像增强、图像重建、图像分割等具体数字图像处理技术的讲授中融入“培养创新精神和科技自信”的思政目标。这部分教学内容主要是讲授图像增强的基本方法（如直方图均衡化、中值滤波、邻域平均、梯度锐化等），图像重建的基本方法（投影法），图像分割的基本方法（如边缘检测法、阈值分割法、区域生长法等）。另外，介绍这些数字图像处理技术的最新技术及发展动态等。

在讲解完基本技术后，采用不同的案例（Demo小程序演示）以及多种教学方法（学生自己查阅相关资料，制作PPT并讲解，小论文等）引导学生了解图像增强、图像重建、图像分割等的最新技术，如图像语义分割、实例分割、全景分割等最新的图像分割技术，着重培养学生的创新精神；采用具体案例讲解我国图像处理和计算机视觉领域的杰出研究团队（如伊利诺伊香槟分校的黄熙涛教授团队、斯坦福大学的李飞飞教授团队、中科院自动化所的谭铁牛院士团队等）和企业（华为、百度等）。通过这些案例使学生以这些优秀的华人和中国企业为榜样，相信自己同样有能力掌握这些最先进的数字图像处理技术，将来也能为国争光，造福人类，很好地培养学生的科技自信。

3. 国家战略和法治意识

在正交变换、图像压缩编码、图像复原等数字图像处理技术的讲授部分突出“增强法制意识”的思政目标。这部分教学内容主要包括用于图像处理的正交变换方法（如傅里叶变换、离散余弦变换、沃尔什哈达玛变换等），图像压缩编码方法（熵编码、预测编码、正交变换编码、二值编码等），图像复原方法（无约束复原、有约束复原、反向滤波、维纳滤波、几何失真校正等）。另外，介绍这些图像处理技术的最新技术、研究动态及相关标准等。使学生在掌握图像压缩编码和图像复原基础知识的同时，能够了解技术所涉及的法律知识，以及技术本身的知识产权等相关内容。

在讲解完基础知识和基本技术方法后，采用具体案例（采用图像编辑处理软件对图片进行修改），告知学生不能随便篡改别人的图像，不要盗用他人图像，注意图片的版权或知识产权等；另外也提醒学生如果发现自己的图片或者视频在未经本人同意的情况下被上传到了网络，或者被非法利用，一定要拿起法律武器为自己维权。通过这些内容的讲解来增强学生的法治意识。

五、教学效果

通过精心设计课程教学，保障授课教学效果，达成教学目标。在教学过程中，坚持教书与育人相统一，挖掘并积累思政元素，以“春风化雨、润物无声”的形式，隐性融入数字图像处理课程课堂教学环节，不断丰富课程思政的内涵，在传授专业知识的同时，引领学生思想、培养家国情怀。

学生通过课程学习，深刻认识到数字图像处理技术的前沿性、实用性，感受作为新一代青年的责任与担当，肩负起民族责任、不断创新、掌握核心技术、拥有自主知识产权，为国家的繁荣强大贡献自己的力量。

《数字信号处理B》课程思政教学设计

人工智能学院　崔东艳

该课程主要讲述数字信号处理的基本概念和基本方法，阐述数字滤波器的设计、实现及工程应用，培养学生创新思维和工程实践能力，融入创新精神、科技报国、爱国奉献、坚韧不拔等课程思政点，培养学生团队协作精神和爱国主义情怀。

一、课程定位

《数字信号处理B》课程是通信工程专业本科三年级开设的必修课程，也是通信工程专业的基础课程。

《数字信号处理B》是理论性和工程性都很强的课程，该课程注重数字信号处理的理论与工程应用的紧密结合，使学生深入理解信号处理的内涵和实质。

通过课堂讲授、案例教学、探究翻转等形式，讲解数字信号处理的基本概念、基本方法，通过本课程的学习，使学生借助于数字滤波器的设计及实现，掌握数字滤波系统的分析以及设计方法，更好地理解数字信号处理的作用。

二、课程思政教学目标

立足课程思政的现代课程观，《数字信号处理B》课程重新认识、重新定位和重新塑造了教学目标，在知识性和能力性目标之外，还将"激发学生学习和创新的原动力，树立正确的人生观、价值观；激发学生的爱国主义热情、勇挑时代的担当；激发学生创新创业的兴趣"的课程思政目标融入其中，贯穿于课程教学大纲的各个单元，实现了课程思政建设与教学目标的契合，与教学内容的融合，与教学素材的整合，与教学过程的结合。

三、课程思政教学设计

课程思政是科学与哲学的辩证统一，这在理工科的专业课程中表现得尤为明显。专业课与思政课有着天然的联系，专业课在受众面、时间分配、价值传播方面具有优势。专业课作为高校教学及传输知识的主要阵地，本身蕴含着丰富的思政隐性教育资源，而且专业课在受众数量、时间分配等方面有一定优势，为思想政治教育育人功能的实现搭建了良好的育人平台。专业课的思政资源依托于专业知识，在传授专业知识的同时进行思政育人教育，可以增强价值引领的力量和可信度，同时也增加知识传授的温度和厚度，更容易使专业知识植入人心。本课程教学设计如图1所示。

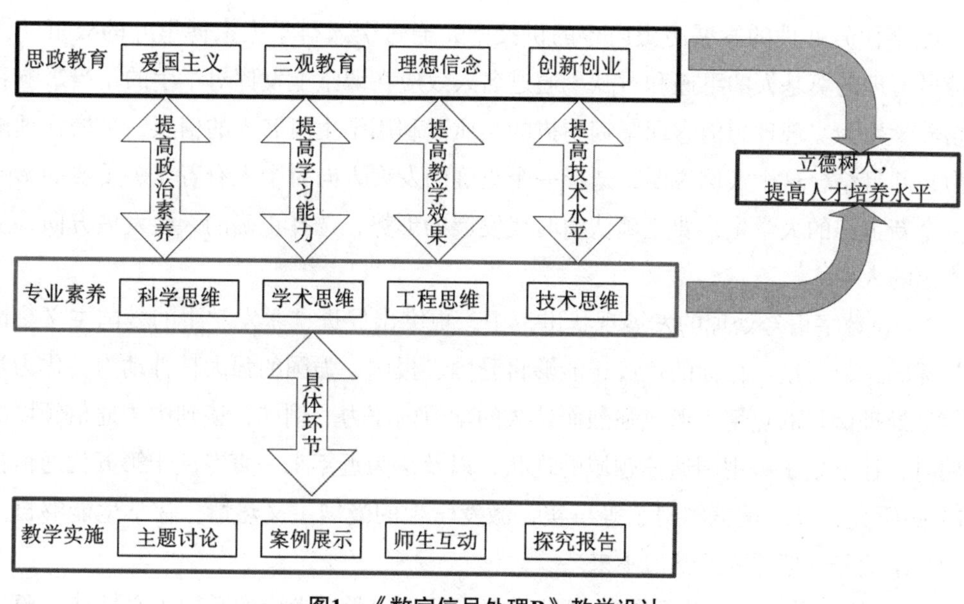

图1 《数字信号处理B》教学设计

以专业课教学环节中思政教育为着力点，抓住专业课教学中的理论学习，培养学生的科学思维、学术思维、工程思维和技术思维，从而提高师生的政治素养、提高学生的学习能力，提高课堂的教学效果，提高人才的技术水平，同时将爱国主义、思想品德、理想信念和创新创业思政元素渗透其中，最终实现“立德树人，提高人才培养水平”的目的。

四、课程思政元素的融合

在教学过程中，根据各个教学单元的内容特点，选取更切合的课程思政教学目标融入，并配合以相应的教学活动设计，促进知识、能力和课程思政教学目标的同步有效达成。

（1）在数字信号处理的概念、学科概貌、系统组成、实现方法、课程特点等基础知识的讲授部分突出“激发学生学习和创新的原动力，树立正确的人生观、价值观”的思政目标。

在数字信号处理的学科概貌讲授中提到，《数字信号处理B》课程是通信工程专业的核心课程，该课程专业性和理论性很强，学生往往局限于专业理论知识的学习上。我们需要通过课程思政，激发学生的学习和创新的原动力，树立正确的人生观、价值观，把以往纯粹的专业知识传授提升到有中国特色的高等教育制度层面上来，让学生了解自己要成为什么样的人，将来要为祖国做出什么样的贡献，坚持立德树人、教育为先，做到专业课与课程思政携手同行，形成一加一远远大于二的共振效应。在专业教育中增强学生的价值认同与道路自信，人生情理寄之于专业原理的诠释，既坚定中国立场，又让学生受到了人生的教益。

在数字信号处理的发展历史内容的讲授中，通过引入科学大家傅里叶的故事，讲述数字信号处理的奠基人的事迹和贡献。通过名人效应在课堂上发挥对学生的正当影响和作用，培养学生为实现理想信念而坚韧不拔的品质。利用学生对名人的信服，来增强理论的说服力，并且结合这个实例说明，选择一个正确的发展方向对个人有着至关重要的影响，作为一个新世纪的大学生，要正确认清时代发展的形势，选择正确的人生发展方向，从而收获幸福的人生。

（2）在数字信号处理的发展现状讲授中，更突出促进“激发学生的爱国主义热情”思政目标的达成。这一目标的达成，能够将爱国、报国、强国的强大精神动力转化为学习数字信号处理课程的热情，形成强烈而持久的学习内驱力。例如，谈到中国通信领域的概况问题时，让学生了解中国通信领域的现状，以及华为近年来一直专注于第五代通信技术（5G）的研究，以及被美国封杀等事实，激发学生的爱国主义热情，让学生能够自主地投入到数字信号处理课程的学习中来。

（3）在数字信号处理发展的展望讲授中，强化“激发学生的爱国主义情怀，勇挑时代的担当”的思政目标。例如，介绍到数字信号处理的应用部分时，用巡航导弹、智能导弹、北斗卫星等案例，唤起学生投身通信建设的爱国情怀和强国的使命感；数字信号处理课程还需要不断的探索和前行，真正做到培养有视野、有担当、有热情、有能力的新一代大学生，为中国的发展和腾飞贡献一份微薄之力。

（4）在数字信号处理的应用内容讲授中，让学生接受工程思维教育、就业创业教育，激发学生对数字信号处理应用领域的探索，突出“激发学生创新创业的兴趣”的思政目标。

通信系统本身就非常复杂，是一个综合的系统工程，里面涉及到通信专业知识的各个方面。加之通信系统更新换代非常快，技术更新很快。3G热度刚刚褪去，4G还方兴未艾，5G即将破茧而出了。为适应通信行业技术的快速发展，需要学生不断的钻研学习与创新探索。该部分可以引入华为创始人任正非两万到千亿的创业故事，激发学生创新创业的兴趣。

五、教学效果

课程思政是系统工程，需要自上而下的探索与推动。首先，要把对学生的思想政治意识培养作为课程教育的首要目标，思想理念先行，提高对课程思政的认识高度。其次，对课程内容进行拔高，提炼课程的思政元素，在授课及第二课堂中，提炼文化基因和价值范式、传递正能量，上出专业课的温度，提升教学的感染力和效果。这样，才能使得专业课在传播专业知识的同时，成为社会主义核心价值观、科学精神、传统文化、爱国情怀教育的生动教学载体。

学生通过课程学习，深刻认识到在数字信号处理的实际应用中，树立正确的社会主义核心价值观，培养爱国主义情怀和工匠精神，激发创新创业原动力。

六、教学案例对通信类课程的推广

在教学实施过程中，通过灵活多用的教学模式，创新的教学方法，保障了课程质量，将“思政教育”“专业素养”“教学设计”融为一体，以学生为中心，通过课堂讲授、案例教学、探究翻转多种形式，将基础知识、专业理论和实际应用相结合，提升学生解决复杂工程问题的能力，将社会主义核心价值观融入教育教学全过程，培养工程实践能力强、创新能力突出、具有团队协作精神和家国情怀的复合型人才，培养德智体美劳全面发展的社会主义建设者和接班人。

数字信号处理课程的课程思政体现了专业课的育人价值，实现了科学与哲学的融会贯通，让学生在学习专业知识的同时感受知识的温度，引发更深层次的思考和感悟，形成了专业知识和价值观、哲学观的良性互动和循环。课程思政提升了课程的教学效果与质量，具有一定的普适性和推广价值，易于其他课程借鉴，有利于充分发挥思政教育与专业课教学的联合育人作用。

《智能仪器》课程思政教学设计

人工智能学院　刘海英

《智能仪器》课程主要讲述智能仪器的发展、设计和应用，培养学生创新思维和实践能力，融入创新精神、爱国主义等课程思政点，培养学生爱国、爱岗、勇于创新、勇于实践。

一、课程定位

《智能仪器》是电子信息工程专业本科四年级开设的选修课程，也是电子信息工程专业的专业课程，具有很强的实践性。通过本门课的学习，让学生掌握电子电路设计的方法与技术。

通过课程讲授、探究翻转、实物教学、课堂及课下讨论等教学形式，讲述智能仪器中涉及到的数据采集、数据分析及综合应用。通过学习，培养学生综合运用课程知识的能力、实验创新设计能力和团队合作能力。在给学生奠定扎实的理论基础的同时，让学生学习与了解更多的现代高频技术和理论。

二、课程思政教学目标

围绕课程知识传授、能力提升和引领相结合的整体目标，结合自身课程的特色，挖掘其蕴含思政的素材和资源，通过智能仪器知识点的学习，充分挖掘知识点蕴含的哲理，构建逻辑思维、科学思维、创新思维及辩证思维，体会专业课程在人类的生产生活中扮演的重要角色，通过培养学生对专业及行业的认识，提高学生的使命感、责任感及民族自豪感，增强学生的专业信心，帮助学生激发学习的动力，从而形成了本门课程“四维、三感”的课程思政目标，实现教书、授业、解惑、育人，强化显性思政、细化隐形思政，构建三全育人大格局。

三、课程思政教学设计

本课程采取讲授法、讨论法、练习法并结合相关思政元素的教学设计模式，在讲授理论知识的同时，融入隐性思政元素，注重学生自主创新能力的培养、潜移默化地进行科学精神、民族精神和爱国主义教育。

四、课程思政元素的融合

1. 严守理论阵地，讲好中国故事，提高爱国热情

在讲述智能仪器发展时，了解现代仪器的发展方向及技术内容。在讲述我国仪器业日

新月异的成绩时，带入中国科学家的故事，他们为提高仪器性能而日夜测试、反复试验的辛劳，正是爱岗敬业的有力体现。

2. 坚持勤学思考，培养职业素养

《智能仪器》课程综合了前期多门专业课，知识点较多，配合专业知识的讲授适当地融入思政元素，将抽象的问题具体化，复杂的问题简单化，难懂的问题通俗化，积极思考，树立学习的信心，提高对本专业的热爱及职业素养。

3. 拓展创新视野，树立自强信念相前内容

通过讲解课程相关内容，让同学们体会到中国当代技术的飞速发展，让同学们意识到要坚持不懈的创新，自主研发掌握核心技术，培养学生敢为人先的创新精神，激发学生兴趣和热情，增强科技创新自信心。

五、教学效果

通过精心设计课程教学，保障授课教学效果，达成教学目标。在教学过程中，坚持教书与育人相统一，挖掘并积累思政元素，隐性融入电子信息工程专业课程课堂教学环节，不断丰富课程思政的内涵，在传授专业知识的同时，引领学生思想、塑造价值观、培养家国情怀。

学生通过课程学习，深刻认识到我国电子技术的迅速发展的同时仍然有技术瓶颈需要攻克。作为新一代青年电子工程师，树立爱国、敬业、敢于探索、创新的精神。

《高级语言程序设计》课程思政教学设计

人工智能学院　冯英翘

该课程主要讲述C++语言的基本语法知识和面向对象程序设计思想的编程方法，培养学生语法规则意识和实践编程能力，融入爱国主义、工匠精神、科学素养等课程思政点，培养学生德才兼备的素质和时代担当的情怀。

一、课程定位

《高级语言程序设计》课程是电子信息工程专业本科一年级开设的必修课程，C++语言是目前应用最广泛的面向对象的程序设计语言之一。本课程不仅详细介绍C++语言本身，而且介绍常用的数据结构和算法、面向对象的设计思想和编程方法。课程以面向对象的程序设计方法贯穿始终，每一章都是首先阐述面向对象的程序设计思想和方法，由实际问题入手，然后引出必要的语法知识，在讲解语法时着重从程序设计方法学的角度讲述其意义和用途。

通过课堂讲授、案例教学、混合教学、上机实践等形式，培养学生的基本编程能力，通过学习学生应掌握阅读、分析、设计、调试简短程序的方法和技巧；应能够使用面向对象的思维方法设计中小规模的应用程序，并在有关集成环境下（例如visual C++）调试运行。总之，课程让学生在理论、实践上为研究分析电子信息工程领域复杂工程问题，获得有效结论打下坚实基础。

二、课程思政教学目标

围绕课程知识传授、能力提升和价值引领的相结合的整体目标，挖掘自身蕴含思政的素材和资源，结合自身课程的特色和优势，通过分析与深入挖掘，《高级语言程序设计》课程思政教育的内涵应包含：树立社会主义核心价值观（民族精神）、培养精益求精的工匠精神、励志创新的科学精神。课程思政目标贯穿于课程教学大纲的各个单元，实现了课程思政建设与教学目标的契合，与教学内容的融合，与教学素材的整合，与教学过程的结合。

三、课程思政教学设计

课程采取讲授法、讨论法，练习法，上机实践并结合相关思政元素的教学设计模式，在讲授理论知识的同时，融入隐性思政元素，注重学生社会主义核心价值观、工匠精神、创新意识的培养（见图1）。

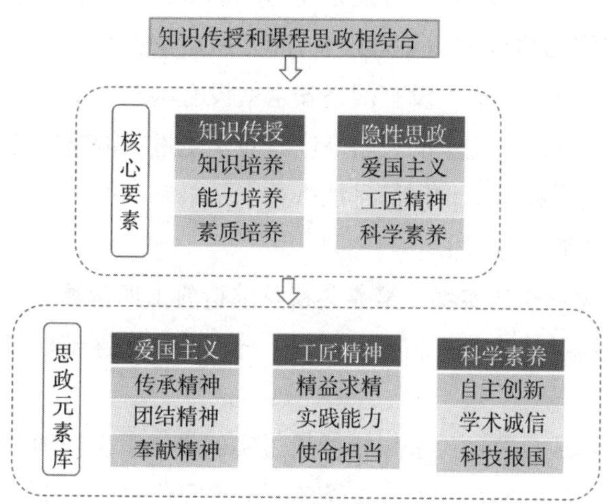

图1　课程思政教学设计

课程将教学内容与思政教育紧密结合，以教学内容为明线进行知识传授，以价值塑造为隐线完成立德树人。

在教学过程中挖掘思政元素，形成三个课程元素库。一是传承精神、团结精神、奉献精神为主的爱国主义教育；二是以精益求精、实践能力、使命担当为主的工匠精神教育；三是自主创新、学术诚信、科技报国为主的科学素教育。教学实施环节：以学生为主体，教师为主导，课上学时与网络学习并肩而行，通过“课前+课中+课后+自主探究+上机实践”五个实施环节完成教学，实现隐性教育与显性教育相统一。

四、课程思政元素的融合

1. 挖掘思政元素，引导学生梳理社会主义核心价值观

在授课过程中，结合与知识点相关的当前新闻热点事件或者历史事件，展开分析和挖掘事件背后的思政元素，引导学生树立社会主义核心价值观，在潜移默化中完成思政教育。下面结合“数组的应用——加密与解密”来进行阐述。

通过复习数组的定义和性质，总结数组的特征是“同一数组内的元素，数据类型相同”，从而引出对抗击新冠肺炎疫情的人民战争中涌现出的英雄人物的分组。通过讲述中国政府在抗击新冠疫情的快速反应和有效举措，与西方国家进行对比，让学生体会社会主义制度的优越性，激发学生的爱国情怀。在展示英雄人物图片时，介绍英雄人物的感人事迹，激励学生向英雄人物学习，运用自己的专业知识和技能为国家和人民做贡献。

通过设问“那么各组英雄人物的信息在计算机中是怎样存储的？”和回答“各组英雄人物的信息可以用数组来进行存储，但是在数据存储和网络传输的过程中，容易出现信息泄露”，自然过渡到由信息泄露引起的网络安全问题。

通过介绍全球信息泄露问题的发展趋势和2019年的两起知名信息泄露事件（Elasticsearch数据库泄露事件和Facebook 8 700万用户信息泄露事件），引出习近平总书记关于网络安全问题的重要讲话"没有网络安全就没有国家安全，没有信息化就没有现代化"，将网络安全提高到国家安全的战略高度。对学生进行网络安全意识教育，很自然地介绍几种常见的网络安全技术，指出信息加密技术是最基础的网络安全技术，引入教学主题：用数组实现信息的加密与解密。

2. 引导学生逐步完成算法实现，培养其精益求精的工匠精神

在教学工程中，通过算法分析和代码实现，分两个层次逐步培养学生精益求精的工匠精神。

培养规范意识，形成良好的编程风格：通过实例带领学生详细分析算法的实现过程，启发学生完成算法设计，并在C++语言编译环境下编写代码，直至调试正确。在带领学生编写代码的过程中，通过标识符的命名规则、代码的缩进控制、注释的添加等各种规范，培养学生良好的编程风格。

倡导一题多解，培养学生精益求精的工匠精神：在解决C++语言中的典型问题时，倡导一题多解，通过比较不同算法的执行效率，真正做到精益求精。

3. 上机过程中实施分组教学，培养学生的团队合作精神和创新意识

在项目教学实训时，将班级分成若干小组，分工完成各项任务。通过小组内部合作，培养学生的团队合作精神；通过各小组的评比，培养学生的竞争意识和创新意识。通过演示算法应用，体会算法的实际效果，加深对算法的理解，进一步拓展教学内容，向学生介绍与算法相关的前沿技术。结合国家产业布局和发展战略，激励学生努力学习，将来投身到国家的信息科技和产业中。同时，结合相关的典型事例，强化工程伦理教育。

五、教学效果

通过精心设计课程教学，保障授课教学效果，达成教学目标。在教学过程中，坚持教书与育人相统一，挖掘并积累思政元素，以"春风化雨、润物无声"的形式，隐性融入专业课程课堂教学环节，不断丰富课程思政的内涵，在传授专业知识的同时，引领学生思想、塑造价值观、培养家国情怀。

课程授课过程中，注重强化学生工程伦理教育，培养学生精益求精的大国工匠精神，激发学生科技报国的家国情怀和使命担当。

《C语言程序设计》课程思政教学设计

人工智能学院　刘佳宇

《C语言程序设计》课程主要讲述C语言的语法、C程序的编程思想和在集成开发环境下的C程序的开发流程，培养学生的创新思维和实践能力，融入创新精神、爱国等思政点，培养学生爱国、爱岗、勇于创新、勇于实践的精神。

一、课程定位

C语言是一门面向过程、抽象化的通用程序设计语言，开设年级为大学一年级，属于专业必修课。通过本课程的学习，不仅要求学生掌握基本的编程技巧和结构化的程序设计等知识，而且还要具备良好的职业道德。因此，教师在教学当中必须要将思政课程的内容融入高校计算机教学当中，思政思想与教学结合起来，可以很好地培养学生的人生观，提升学生的网络安全意识和遵纪守法意识，建立起知识学习和思政教育融合的先进教育。

二、课程思政教学目标

学习C语言基本的数据结构、语法规则、控制结构和常用算法，使用结构化程序设计方法编写清晰的程序；具备用结构化的程序设计思想分析与解决现实世界中一般问题的基本能力，并用C程序进行描述；具备的坚持不懈的学习精神，严谨治学的科学态度和积极向上的价值观；培养敢于拼搏、敢为人先、敢于超越的竞争意识，提振攻坚克难的斗志与勇气。

三、课程思政教学设计

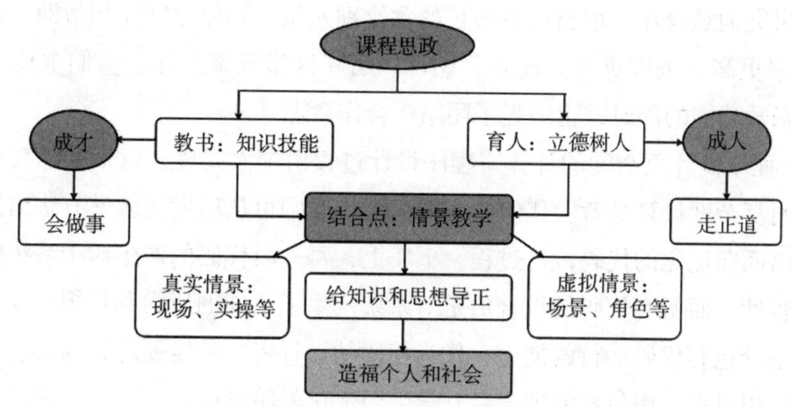

《C语言程序设计》是计算机科学与技术专业的一门学科基础课，是计算机相关专业程序设计类课程模块的重要组成部分。通过本课程的学习，要使学生获得C语言基础、条

件、循环、函数、结构体、指针、文件等方面的知识，使学生能够熟练地阅读和运用结构化程序设计方法设计、编写、调试和运行C语言程序，培养学生程序设计、开发与测试能力，应用计算思维方法去分析和解决问题的能力，以及团队合作精神，为学习后续课程和进一步获得程序设计相关知识等奠定坚实的基础。

四、课程思政元素的融合

首先，在程序设计基础课程中的知识点讲授中有效融入思政元素，使课程在讲解过程中充分发挥思政元素积极作用；其次，在基于思政教育融入专业课程体系的实践过程中，主要采用了案例教学、类比、联想以及启发教学等教学方法，实现上述内容体系的讲授。教学流程和内容组成，相关教学方法和知识内容的融合机制可举例如下。

案例1：程序设计中循环结构的知识讲解。循环结构中最主要的特点是累计值的计算，特别是理解循环辅助控制语句break和continue语句的使用。在具体的课堂教学过程中，教师可采用案例教学的方法实现相关语句。例如，如何在规定时间内看完一本英语书的单词，可以第一天背1个，以后每天都比前一天多看1个单词，通过这样的一个累计过程，可以快速的累计单词量。又如，1.1的100次方的结果比0.99的100次方的结果大得多，而循环过程就是告诉要不断循环累计，以达到目标。在break和continue语句的设计过程中，同样可以穿插目标终止break和目标继续，进而引出当目标被中断后，不放弃继续努力的精神品质。

案例2：函数内容的讲解。这一内容的教学目标主要是掌握模块化程序设计的方法、函数的参数传递、调用方法和结果返回。课堂上首先让学生说明函数的功能，然后请有思路和想法的学生发言。大部分学生都能知道代码的重用和规模化优化特点，但是也有小部分同学未理解函数模式，概念模糊。这时，教师可以采用类比联想的方式概括函数的主要功能，函数讲究的是合作，把自己不擅长的拿给别人做。同伴之间互相帮助，各取所长，使得学习效率更高，进度更快。此外，还可以活跃课堂气氛，让学生们主动接受这种观点，在懂得函数功能的同时，也增强了团结、合作意识。

案例3：程序设计复杂度的计算。程序设计过程由个人完成，每个人都有自己的代码设计特点，而复杂度计算是考验代码实现的优劣。教师可从启发式教学方法出发，从包容品质培养提出面向优化的代码设计过程。事实上，每一段代码的产生对于系统的运行都具有一定的包容性，而所有代码的组合更是对系统产生了不同的压力和负担。如何减轻这种负担，正是系统包容代码运行的能力，作为代码的设计者，一定要考虑这种包容能力，否则会使系统负担过重，用包容的理念启发学生们优化程序设计。

五、教学效果

从课程内容宏观上来看，思政元素融入专业课程，师资和课程专业培养方案发生了转变。课程思政促进了课程内容的改变，对课程教师的教学观念提出了新的要求，高素质课程内容保证是实施课程思政的基础；从课程聚焦到专业，应将育人理念融入专业整体规划。每门具体课程围绕课程群目标铺展课程思政目标，聚焦课程思政方法体系。

在课堂教学设计上，课堂学生在进行问题回答和任务汇报后，教师的点评通过专业知识和思政结合，效果可能更好。在开展程序设计基础课程翻转课堂的建设过程中，安排学生分组进而依据组与组之间进行分数对打和大众投票，并选派代表点评优缺点。在突显学生专业能力的同时，将学生沟通协调和合作精神、纪律观念的思政元素融入点评中，学生普遍认为这是一种良好的评价机制。

在教学资源建设上，相关思政元素教学资源的积累，可能需要专业课程教师、思政教师、教学配套和管理部门共同完成。其中，包含“课程思政”的教材是教学资源建设的重要手段。另外，视频、报告、课件等相关资源的建设，也是强化思政元素融入专业课程的重要保证。

在课程实施载体上，课堂上介绍规章、布置作业等环境，是把思政教育融入专业课程的良好载体。例如，程序设计基础教学使用电脑进行，明确在使用环境中对软硬件环境的规范使用，可提高学生的纪律和规章意识。机房环境的卫生处置，可考验学生文明素质程度。作业点评、单元总结等环节都可以看作将思政元素融入课程建设的实施载体。

《水声学》课程思政教学设计

人工智能学院　牛悦娇

该课程主要讲述声波在水下如何传播的基本理论知识和典型传播条件下的声场分析基本技能，阐述声呐系统各声呐参数合理选择及声呐系统综合设计，培养学生的创新思维和实践能力，融入振兴经济、自主创新、保护环境等课程思政点，培养学生德能兼修素养和海洋强国意识。

一、课程定位

本门课程是海洋技术专业学生第五学期开设的专业必修课。它主要研究声波在水下的产生、传播和接收，用以解决与水下目标探测和信息传输过程有关的声学问题。本门课程以高等数学、大学物理、声学基础、声学测量、信号处理等课程及学科为基础，因此本门课程综合性较强，对学生的专业基础有一定的要求，课程内容相对枯燥、逻辑性强。本门课程在学生培养中，为学生水声技术相关实践能力培养提供理论支撑和实践训练。

在教学过程中，综合运用案例法、研讨法、反转课堂、互动式教学、混合教学法等多种教学方法，将枯燥的理论深入浅出，为学生打下坚实的理论基础和为后续的课程学习、毕业设计做准备，更为学生未来从事水下资源探测、开发以及环境治理等相关工作奠定基础。

二、课程思政教学目标

本门课以知识讲解、能力培养和素质提升相结合作为整体目标，深挖思政的素材和资源，结合自身课程的特色和优势，以水下声波传播中能量和路径的变化过程为主线，立足课程思政的现代课程观，重新认识、重新定位和重新塑造了教学目标，在知识性和能力性目标之外，还将“培养严谨的思维习惯、树立海洋强国的信念、坚持资源的可持续发展”的课程思政目标融入其中，贯穿于课程教学大纲的多个单元，实现了课程思政建设与教学目标的契合，与教学内容的融合，与教学素材的整合，与教学过程的结合。

三、课程思政教学设计

在教学过程中，根据各个教学单元的内容特点，选取更切合的课程思政教学目标融入，并配合以相应的教学活动设计，促进知识、能力和课程思政教学目标的同步有效达成，并形成特色的课程教学设计：“一条主线+两个核心要素（能力培养和海洋意识）+三个课程案例库（思政元素库：国家战略、科学精神、社会公德；生活案例库：振兴经济、自主创新、保护环境；职业案例库：团队合作、实践能力、科技强国）+四个中国系列模块+五个教学实施环节（见图1）。

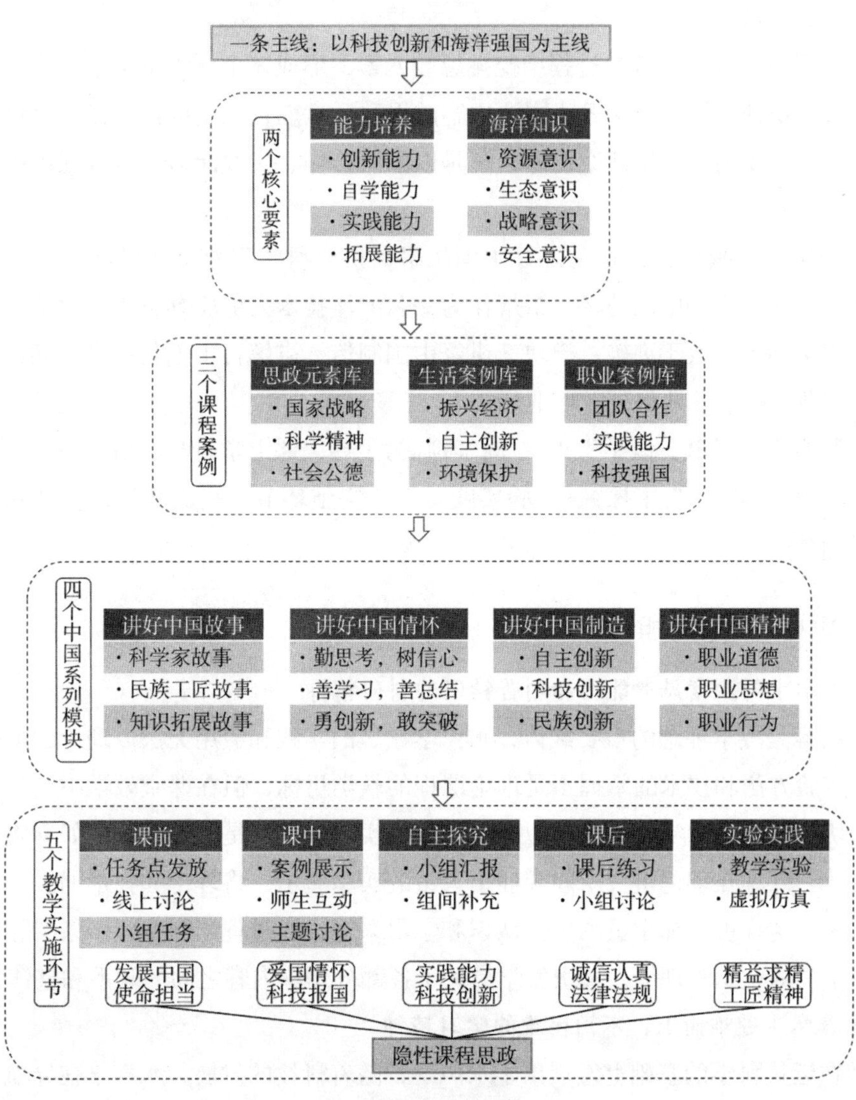

图1 课程思政教学设计

一条主线：以“科技创新、海洋强国”为主线，树立学生海洋强国信念，增强海洋意识，提升专业能力和职业素养。

两个核心要素：以能力培养和海洋意识为核心。通过水声学原理的讲解，构建科学思维框架；通过水声技术体系的搭建，构建职业思想；通过水声技术的掌握，培养海洋意识、规范行业行为；通过多学科知识的联系，提高拓展思维，提升对海洋的价值及重要性的认识和重视，树立海洋强国的信念。海洋战略意识、海洋国土意识、海洋主权意识、海洋资源意识、海洋安全意识、海洋通道意识、海洋生态意识等作为海洋意识的主要内容，让海洋意识走进课堂，引领学生自主学习探究海洋知识对于我国发展的重要作用，进而促进学生关注海洋、了解海洋、学习海洋的有关知识，唤醒、增强大学生的海洋意识，重振我海洋大国的雄风。

三个课程案例库：在教学过程中挖掘思政元素，形成三个课程资源案例库。一是以国家战略、科学精神、社会公德等为主要内容的思政元素库；二是以振兴经济、自主创新、保护环境等为主要内容的生活案例库；三是以团队合作、实践能力、科技强国等为主要内容的职业案例库。

四个中国系列模块：模块一讲好中国故事，讲解科学家故事、民族工匠故事和知识拓展故事；模块二讲好中国情怀，讲解作为一名海洋技术人员应勤思考、树信心，要善学习总结、勇于创新、敢于突破；模块三讲好中国制造，讲解自主创新；模块四讲好中国精神，讲解职业道德、职业思想及职业行为。

五个教学实施环节：以学生为主体，教师为主导，课上学时与网络学习并肩而行，通过"课前+课中+课后+自主探究+实验实践"五个实施环节，完成教学，实现隐性教育与显性教育相统一。

四、课程思政元素的融合

1. 培养学生的深度思考能力和刻苦钻研的科研精神

教学内容是教学理念的重要载体，水声学领域的实践和应用无法以理论的形式单独存在。尽管实验方法和技术的掌握不是理论课程的教学目标，但在课堂教学中增加若干与理论内容密切相关的演示实验（或虚拟实验和数值实验）仍然是必要的。例如麻省理工学院《振动与波》课程在理论讲授中间穿插了大量的实验演示，将理论和技术的教学与演示实验结合起来。这样可增加学员的感性认识和学习兴趣，通过理论与实验结果的相互对比和验证加深学员的认识和理解，并引发学员关于各部分理论内容之间的联系和整体性思考。

2. 培养学生迎难而上、不怕困难的学习精神

声学在近代科学的基础上发展出了水声学，随着科技的发展，水声学在导航、海底地质考察和石油勘测、渔业甚至现代海军的反潜作战能力方面都做出了重大贡献。对于海洋科学、海洋技术、海洋工程专业而言，水声学有着不可撼动的地位。水声学能在复杂的海洋环境中做出多方面的实验成果，但作为水声信息的传播通道的海洋水体及其与大气、海底的边界在时间、空间上都是随机变化的。水声场比电磁场复杂，不能沿用电磁学的研究成果。研究水声学就要使发射的声信号、声传播信道和接收信号的处理相互适配。水声学课程涵盖的知识面广，相关概念比较抽象，理论系统性较强，理论推导公式较多，数学计算程度复杂，对学生的逻辑推理能力和物理学基础要求很高，从而使学生产生畏难情绪，学习兴趣下降。针对此类问题可以将中国科研人在水声学领域取得的重要突破穿插其中，如蛟龙号、深海勇士号等。

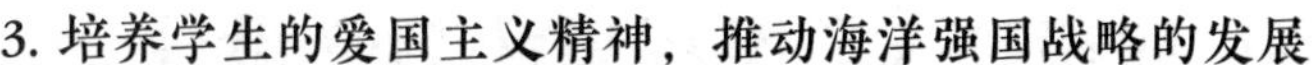

3. 培养学生的爱国主义精神，推动海洋强国战略的发展

欲国家富强，不可置海洋于不顾。海洋强国是指在开发海洋、利用海洋、保护海洋、管控海洋方面拥有强大综合实力的国家。建设海洋强国，是中国特色社会主义事业的重要组成部分。习近平同志在党的十九大报告中指出："坚持陆海统筹，加快建设海洋强国。"开发利用海洋是解决新世纪陆地资源逐渐匮乏、人口膨胀、环境污染的重要途径。在这样的新形势下，要让学生树立海洋意识，加强对学生的海洋国土观教育，把建设海洋强国作为中华民族新世纪的战略目标，教育学生运用水声学知识推动海洋强国战略更好更快发展。该部分主要列举我国在开发海洋资源以及治理海洋污染方面做出的突出贡献。

4. 帮助学生梳理全新的现代国防观念，维护国家海洋权益

自古以来，海洋被视为国家防御的天然屏障。以陆上疆界作为国家主权的外部界限，因此形成了"边界防禁"的传统国防特点。在封建自然经济下形成的重陆轻海的传统国防观念，使中国有海无防，海洋 成为帝国主义打开中国大门的通道，中国由此跌入了半殖民地半封建社会的悲惨深渊。在如此沉痛的教训面前，我们必须更新传统的国防观念，在新的国际规则中，国防要全面捍卫国家的领土、领空、领海主权及海洋权益，需将专属经济区和大陆架的外缘，定为现代国防的战略疆界扩大整个国防的防御、保卫范围，教育学生作为海洋方向专业人才，维护海洋权益义不容辞。该部分主要列举中国海军独立潜艇大队的装备。

五、教学效果

通过精心设计课程教学，在完成知识、能力、素质目标的同时，渗透课程思政教育。在教学过程中，坚持教书与育人相统一，挖掘、积累并更新思政元素和思政案例，自然流畅的融入课堂中，不断丰富课程思政的内涵，在传授专业知识的同时，引领学生思想、塑造价值观、培养家国情怀。

学生通过课程学习，了解到水声技术的产生背景和发展历程，对我们现在的安定生活和祖国的强大倍感珍惜和自豪，并深刻认识到海洋技术的快速发展对我国经济发展、国际地位、国家主权和领土完整的重要性，感受中国力量、中国制造、中国精神、中国故事，树立海洋意识，感受作为新一代大学生的责任与担当，建立我们的民族自豪感、民族自信心、民族创造力，感受在党的领导下，健康生活的幸福和美好。

《计算机辅助几何设计A》课程思政教学设计

常锦才

该课程主要讲述曲线曲面基本理论与Bézier—B样条—NURBS方法，并着重介绍这些方法的由来、基本思路与解决问题的途径、基本概念、性质及算法，培养学生抽象思维能力和严格逻辑推理能力，融入爱国主义、科学精神、改革创新等课程思政点，培养学生树立远大理想、练就过硬本领、锤炼品德修为、担当时代责任。

一、课程定位

《计算机辅助几何设计（Computer Aided Geometrical Design，CAGD）A》是信息与计算科学专业的高年级选修课，其核心问题是要解决工业产品几何形状的数学描述。该课程面向信息与计算科学、工业设计等专业学生，结合本学科领域迅速发展而带动的技术新进展，主要介绍曲线曲面基本理论与Bézier-B样条-NURBS方法，并着重介绍这些方法的由来、基本思路与解决问题的途径、基本概念、性质及算法。教学内容除了系统的课堂理论知识外，还配有足够数量的上机实践内容，以巩固和加深学生对算法理论、技术设计和具体实现等各个环节的整体理解，强化学生“结构——算法——编程”一体化学习方法的意识。

通过本课程的学习，要求学生基本掌握CAGD中的几种主要的数学方法，了解算法设计及数学建模思想，并具备一定的科学计算能力和分析与解决问题的能力，为将来从事计算机辅助设计、计算机图形学等研究奠定必要的数学基础。

二、课程思政教学目标

《计算机辅助几何设计A》是综合性很强并直接面向应用的一门高难度课程，学生需要有良好的数学功底、几何知识、计算基础，要求有宽广的知识面，对工业产品几何外形设计、现代CAD建模软件感兴趣，才能学好。基于课程思政的现代教学观，围绕课程的知识目标、能力目标、素质目标，对课程的定位及教学目标进行了重塑和升华，除了要求数学、算法等比较严谨的理论之外，也介绍各种方法背后的人文知识，了解世界及中国科学家在该领域的贡献，并将软件开发以及世界范围内CAD软件的发展历史与市场竞争引入课堂，让学生在使用国内外软件的同时了解中国CAD软件的现状和不足，激励学生的学术精神、激发学生的爱国热情，为将来投身中国自主CAD软件开发提供必要的基础。

三、课程思政教学设计

课程采取“启发式”的教学设计模式。在教学过程中，根据CAGD课程实用性、综合性的特点，选取切合课程思政教学目标的内容融入课堂，形成特色的课程教学设计：实际问题需求→数学理论基础→数学家的故事→软件应用实例，达成课程思政教学目标。

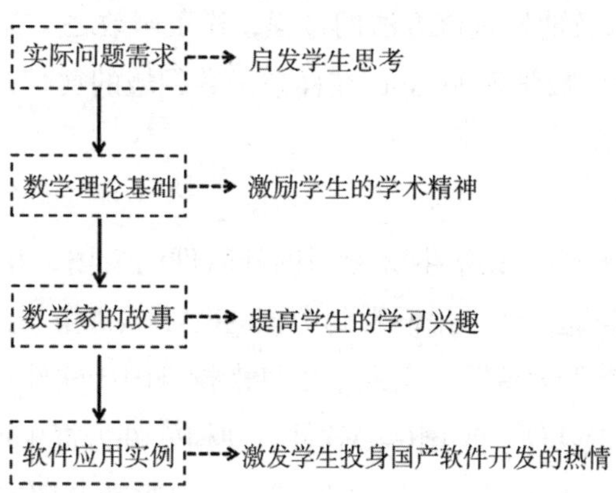

1. 实际问题需求

每一种方法的提出都会有一个当时的实际背景，比如汽车设计、轮船船体放样、飞行器外形设计等。实际需求是CAGD发展的基本动力，因此在学习理论、方法与软件之前，先把这一部分实际问题的挑战介绍给学生，引发学生的兴趣、启发学生思考，我们学过的知识是否能够用在这一领域。

例如，由于工业领域几何外形设计的要求越来越高，传统的曲线曲面表示方法已不能满足用户的需求，特别是汽车设计领域。1962年，法国雷诺汽车公司的工程师P. E. Bézier构造了一种以逼近为基础的参数曲线和曲面设计方法，至今还在使用，成为CAGD领域的经典方法。其中要用到函数逼近的基础，前面学过的数学课程，包括数学分析、高等代数、微分几何、计算方法等几乎都能派上用场，从而激发学生对专业的兴趣和热情。

2. 数学理论基础

CAGD与CAD相比更侧重与计算机辅助设计背后的数学原理与方法，让学生不仅知道“是什么”，还要明白“是怎么来的”，即方法的来龙去脉。因此，数学基础和解决问题的思路与方法都很重要，是本部分的重点。

例如，Bézier方法、B样条方法、NURBS方法都有各自的数学基础，包括基函数的形式、性质、曲线曲面的表达式、数学特征、优缺点及适用范围等，都进行较详细的介绍，并建立与前行后续课程的关联，唤起学生对应用数学解决实际问题的兴趣，提升综合素质和应用数学方法解决实际问题的能力。

3. 数学家的故事

每一种方法背后都有一位或多位科学家火热的思考和艰苦的工作，在讲解这些广泛应用的设计方法时，如果只讲理论会让人觉得枯燥，从公式到公式，没有亲切感。而这些方法都是最近几十年甚至十年左右才提出并得到应用的，因此针对一些方法把提出者介绍给大家会使得课程的学习有血有肉，有些数学家或工程师还在世甚至就是身边的人，会让学生兴趣倍增。

例如，Bézier其人以及他发现该方法的过程，样条函数之父Schoenberg以及B样条的提出，NURBS的发展历史，数学家de Boor在样条函数领域的贡献，中国数学家苏步青等在CAGD领域的贡献等。

4. 软件应用实例

介绍本领域的主流软件，让学生练习国内外软件的使用，指出CAD软件是中国现代工业发展"卡脖子"的问题，让学生们看到中国的CAD软件市场几乎被外国厂商占有，而国产软件几十年来仍然有很大差距，激发学生将来投身国产软件开发的热情。

例如：美国AutoCAD软件、德国C4D软件等建模软件占据主流市场，我国清华大学牵头正在制定国产CAD软件开发的计划，本领域专家也呼吁要解决CAD软件的"卡脖子"问题，必须组织人力物力开发自主软件。

四、课程思政元素的融合

1. 开拓发散性思维，灵活变通

通过对《计算机辅助几何设计A》中自由曲线的提出及定义进行讲解和分析，突出介绍Bernstein基函数的结构和性质，介绍参数曲线表示的优点，如：满足几何不变性的要求，有更大的自由度来控制曲线、曲面的形状，对曲线、曲面进行变换，可对其参数方程直接进行几何变换，便于处理斜率为无穷大的情形，不会因此而中断计算，连续性和兼容性等。体现数学对象和数学理论在发展过程中的参数表示的优点，鼓励学生能够根据具体需求善于选择合适的工具，灵活变通并勇于尝试，积极开展科学研究。

2. 树立科学精神，激发学生的学术精神

对法国雷诺汽车公司以及工程师P. E. Bézier做介绍，理解一家汽车公司能够领先同行的重要法宝是要拥有领先的设计方法和软件。P. E. Bézier构造了一种以逼近为基础的参数曲线和曲面的设计方法，并用这种方法完成了一种称为UNISURF的曲线和曲面设计系统，1972年，该系统投入应用。Bézier方法将函数逼近同几何表示结合起来，使得设计师在计算机上就像使用作图工具一样得心应手。该方法成为了数学工具在工业领域应用的典范。这些事例让学生认识到工业领域的竞争，数学应用是多么重要。如马克思所认为，一种科学只有在成功地运用数学时，才算达到了真正完善的地步。这样，可以提升学生对数学的认识和思想水平，坚定做科学研究的信念。

3. 实践检验真知的同时勇于创新

在讲计算机辅助几何的理论知识的同时介绍本领域的主流软件，结合章节内容让学生练习国内外软件的使用，在熟练建模的同时，鼓励学生指出CAD软件中国现代工业发展

“卡脖子”的问题。美国AutoCAD软件、德国C4D软件等建模软件占据主流市场，国产软件几十年来仍然有很大差距。我国清华大学牵头正在制定国产CAD软件开发的计划，本领域专家也呼吁要解决CAD软件的“卡脖子”问题，必须组织人力物力开发自主软件。激发学生将来投身国产软件开发的热情。

五、教学效果

从教学内容出发，通过精心设计课程教学，保障授课教学效果，达成教学目标。结合工程教育专业认证，联合思政教学目标，充分发挥教师在课堂教学中的主导作用，关注和引导学生兴趣，调动学生的积极性，有效地运用多重教学手段组织课堂教学，培养学生的抽象思维能力和严格逻辑推理能力，能够掌握处理曲线曲面造型领域所必需的描述工具和方法，为专业课学习打下坚实的基础。在知识、能力、素质培养的同时，使学生树立远大理想、练就过硬本领、锤炼品德修为、担当时代责任。

《概率统计》课程思政教学设计

纪　楠

本课程主要讲述概率论与数理统计的基本理论知识，主要研究自然界、人类社会及技术过程中大量随机现象的统计性规律，在理、工、农、医等学科领域都有着广泛的应用，培养学生创新思维和实践能力，融入科学精神、科学思维、诚实守信、奉献精神、马哲辨证等课程思政点，培养学生德能兼修素养、永攀科学高峰的精神和爱国主义的情怀。

一、课程定位

《概率论与数理统计》（简称《概率统计》）是针对本科专业大学二年级学生开设的公共基础课。该课程理论抽象，思想方法独特，侧重应用，主要研究自然界、人类社会及技术过程中大量随机现象的统计性规律，在理、工、农、医等学科领域都有着广泛的应用。

本课程通过课堂讲授、案例教学、混合教学等形式，讲解概率论的基本概念、随机变量及其分布、随机变量的数字特征、大数定理和中心极限定理、样本及抽样分布、参数估计、假设检验。本课程对培养学生的理性精神、逻辑推理能力、抽象思维能力、随机事件应对能力、处理数据能力和综合素质等方面起到独特和不可替代的作用，为各专业培养应用型人才提供了基础实践的平台。

二、课程思政教学目标

通过本课程的学习，学生能掌握概率论与数理统计的基本概念和基本理论，初步学会处理随机现象的基本思想和方法，做到从确定性思维到随机性思维的转变，而不再局限于基础数学的领域，能接受随机思想和随机观念，能利用这门课的基本理论知识分析和解决具体的实际问题。在知识性和能力性目标之外，还将“树立随机思想，构建理性思维、激发探索精神，培养爱国情怀”的课程思政目标融入其中，贯穿于课程教学大纲的各个单元，实现了课程思政建设与教学目标的契合，与教学内容的融合，与教学素材的整合，与教学过程的结合。

三、课程思政教学设计

在日常的教学中，教师利用自身的哲学素养创造性地处理教学内容，对教学内容中所蕴含的辩证唯物主义思想因素进行有效挖掘，自然地渗透辩证唯物主义哲学的观点，使学生从中领会到知识的相对性和绝对性，以及真理无限而人类对世界的认知有限等基本道理，领悟数学的本质，突出“理解随机观念，构建随机思维、培养严谨思维、勇攀科学高峰”的思政目标。

三位一体
课程建设宗旨

为何思政——方向信念
哪里思政——思政素材
如何思政——教学设计
效果怎样——评价反馈

适度融入思政环节

实现

树立随机思想
构建理性思维
激发探索精神
培养爱国情怀

课程思政目标

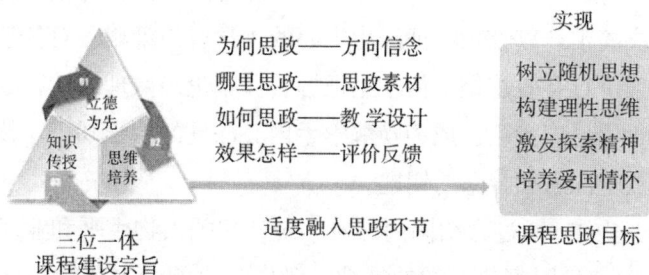

教学设计上有效融入渗透思政元素，采取“一二三四”的教学设计方案，即“一条主线、两个课堂、三种能力、四个环节”，以“为何思政，哪里思政，如何思政，效果怎样”为主线，不仅在第一课堂融入课程思政，也将思政元素渗透到第二课堂。课程通过课上课下，课内课外全方位渗透、相互补充的形式，培养学生“理性思维、科学探索、爱国担当”的能力，注重大学数学课程思政的四个重要环节“基础在课程、重点是思政、关键是老师、成效在学生”，以实现立德树人的“润物细无声”。

四、课程思政元素的融合

（1）在概率统计的基本概念，基本定理等基础知识的讲授部分突出“树立随机思想，构建理性思维”的思政目标，并将哲学思想融入和渗透到教学中。

科学作为一种独立的社会活动是从希腊开始的，希腊人最早对世界形成了一种不同于神话的、系统的理性看法，且创造了数学语言来表示自然界的规律。希腊的第一个哲学家泰勒斯提出万物源于水的命题，奠定了西方哲学追究世界本源的感性而抽象的思维体系。古希腊哲学家、数学家毕达哥拉斯主张数学是理解宇宙奥秘的钥匙，他说“万物皆数”“数字统治着宇宙”。“解析几何之父”——法国数学家笛卡尔是西方现代哲学思想的奠基人。“近代科学之父”——意大利物理学家、数学家、天文学家伽利略说：“宇宙被写在哲学这本书中，而这本书的语言是数学。”

物理的尽头是数学，数学的尽头是哲学。

概率论的研究对象是随机现象的统计规律性，由于随机现象的发生带有不确定性，随机现象发生的条件与结果不具有逻辑上的因果关系，故教学中通过实例让学生充分理解随机现象各结果发生的偶然性以及大量重复试验中随机现象所呈现的统计规律性之间的辩证关系。将哲学知识引入教学中，使学生理解随机现象的含义，正确把握偶然与必然的关系。

本课程通过实例解释基本概念和理论方法，且将复杂的理论知识简化，将实际问题抽象成概率统计中的数学模型，再用概率统计的相关知识来解决问题。哲学是关于世界观的学问，是对自然科学知识和社会科学知识的概括和总结。辩证唯物主义——马克思主义哲学的重要组成部分，不仅是世界观的理论，也是方法论的理论。《概率论与数理统计》中实际应用问题的解决离不开以唯物辩证法为中心的哲学思想策略。对教学内容中蕴含的辩证唯物主义思想因素进行有效挖掘，使学生把握《概率论与数理统计》的精髓，领悟其本质。唯物辩证法的哲学思想策略已成为唤醒学生内心深处的数学知识、技能及数学策略的激发器，是开启其数学深思和智慧的钥匙。

（2）在教学过程中，通过介绍国内外概率统计相关人物生平和业绩，让学生感受数学家们认真、严谨、献身国家与科学的精神，激发学生的爱国热情，培养学生的家国情怀。在教学中适当融入新近的与概率统计由关的科研成果，实现“激发探索精神，培养爱国情怀”的课程思政目标。

例如在讲授Bernoulli 大数定律时，随着试验次数的增加，频率与概率的偏差的概率会越来越小，并最终趋向于 0，这就是频率稳定性的准确描述。所以当试验次数足够大时，只要不断独立重复地做试验，事件A 几乎是必然发生的，就可以放心地用频率近似概率。在这个“偶然”向“必然”的转变过程中，蕴含着朴素的唯物主义观点，正如《荀子》的开篇之作《劝学》中所说：“不积跬步，无以至千里；不积小流，无以成江海。”教育学生每个人的生活都是一件件小事组成的，只有先养小德才能成就大德。

随着全球化的进程，社会从“工业时代”向“人工智能时代”转变，普通人有更多上进机会。学生如能及早接触新理念，未来能更好地适应社会。例如在介绍数理统计部分知识的时候可以将目前的“大数据”时代的成果和理念适当融入教学内容中介绍给学生，让学生体会数学课程不是遥不可及的纸上谈兵，在学习概率统计知识内容的同时对本课程在中国特色社会主义现代化建设项目（政治、经济、文化、社会民生建设、国防）和未来发展蓝图中的实际应用加以介绍，激发学生的爱国情怀和学习兴趣。

五、教学效果

通过课程思政教学设计，保障授课教学效果，达成教学目标。在教学过程中，坚持教书与育人相统一，挖掘并积累思政元素，以“春风化雨、润物无声”的形式，隐性融入概率统计课程课堂教学环节，不断丰富课程思政的内涵，在传授专业知识的同时，引领学生思想、构建理性思维、塑造价值观、培养家国情怀。

《大学物理实验》课程思政教学设计

王凤鸣

该课程主要讲述物理学的基础实验知识、基本实验方法和基本实验技能，全面阐述实验中常用的测量方法和物理知识在实际中的应用，培养学生的独立思考能力、动手能力和创新思维，融入创新精神、爱国主义、民族自信心与自豪感等课程思政点，培养学生积极探索未知的科学精神、积极向上的人生观以及社会责任感。

一、课程定位

《大学物理实验》课程是我校所有理工类学生进入大学后较早接触到的最基本实验课程，是大学生接受系统实验方法和实验技能的开始。同时，《大学物理实验》也是一门基础实验课，对大学生工作和学习中独立思考能力、动手能力和创新能力等素质来讲是十分有必要的。课程的教学内容涵盖声学、电磁学、近代物理学等诸多分支学科的知识和技术。学生通过本课程的学习将获得具有一定系统性的基础实验知识、基本实验方法和基本实验技能。

二、课程思政教学目标

本课程在培养学生学习目标和能力目标的基础上，要结合实际让学生在学习物理知识的过程中，树立正确的世界观，物理长河发展历史中，物理学家发现问题探究规律的优良品质和科学精神，培养学生积极探索未知的科学精神、积极向上的人生观、学生的社会责任感，实现了课程思政建设与教学目标的契合，与教学内容的融合，与教学素材的整合，与教学过程的结合。

将思想政治教育思想渗入到“大学物理实验”课程教学中，可以让实验中所蕴含的思政教育元素鲜活地呈现在大学生的脑海里，更加有利于培养大学生的科学素养，真正实现教书育人的目的。

三、课程思政教学设计

1. 课程教学设计模式

（1）广泛地挖掘每个实验项目的“隐性”德育素材，实现课程教学中实验项目的德育元素全覆盖。

（2）适当引入中国优秀传统文化到部分实验项目中，培养大学生文化自信，进而实现大学物理实验教学中科学、思政、人文的完美结合，将物理实验课程教学提高到一个新高度。

（3）通过合理设置实验操作步骤，调整实验过程，让学生在动手操作中潜移默化地体会思政教育，实现实验课程理论与操作教学思政元素的紧密融合。

（4）依托课程网站，课外广泛建设微信小程序、公众号等，通过丰富多彩的现代信息技术将课程思政全方位融入物理实验课程的方方面面，实现课程思政教学的全维度。

2. 课程教学特色与创新

课程教学特色：在理论教学内容上，把与实验项目相关的历史背景知识和科学家的故事等“隐性”德育素材引入到课堂教学中，在实验操作教学中，让学生通过自己动手做实验，在实践中体会唯物主义认识论、大局意识、协作精神等，实现实验类课程理论与操作教学环节思政元素的紧密融合。

课程教学创新点：适当引入中国优秀传统文化到部分大学物理实验项目中，培养大学生文化自信，进而实现大学物理实验教学中科学、思政、人文的完美结合，将物理实验课程教学提高到一个新的高度。

3. 课程教学设计如何体现课程思政教学目标

与思政课程不同，《大学物理实验》在实施课程思政的过程中，切忌大讲思政、“强拉硬拽”“生搬硬套”，否则效果会适得其反，课程的思政教育效果也会大打折扣。相对于显性的思政课程，隐形的课程思政要将思政元素潜移默化地融入《大学物理实验课程》的教学过程中，尤其是隐形的融入学生的实验操作中，在不经意中实现“润物细无声”的育人目标

在大学物理实验实施课程思政的过程中，不能只是通过文字形式枯燥地讲述，“填鸭式”“灌输式”地讲授，如此实施课程思政，教学会很空洞和乏味，学生的接收效果也不甚理想。因此，在《大学物理》实验中融入课程思政元素的时候，在课堂上应该采取图片和演示实验等多种授课方式，在课外还可以通过微信小程序、公众号、课程网站等丰富多彩的现代信息技术融入方式，大大提高学生的学习兴趣，提升课程的思政教学效果

四、课程思政元素的融合

在教学过程中，根据各个实验内容的特点，选取更切合的课程思政教学目标融入，并配合以相应的教学活动设计，促进知识、能力和课程思政教学目标的同步有效达成。

1. 培养学生科技兴趣以及创新思维

把实验物理知识和技术在实际中的应用，尤其是同学们关注的科学、技术发展的新领域、新应用和社会发展热点问题，引入课堂教学，可以极大地激发同学们学习的热情和兴趣，培养学生“学以致用”的能力。大学生是国家未来发展科技强国的中流砥柱，不断引导同学们将自身的学习、发展与国家发展紧密结合。

2. 培养学生民族自信心和自豪感

近年来，随着国家经济实力的大幅度增长，我国科学技术的发展也取得了重大的成果。特别是世人瞩目的载人航天技术的成熟、5G移动通信技术的突破、贵州FAST“天眼”的落成、“量子号”保密通信的实现等一系列体现国家实力的科技突破正是爱国主义教育的素材。在实验课堂中，可以通过这些事件与物理课程的结合，使学生能够认识到科技的发展离不开基础科学理论，更体会到作为中国人的自豪感和荣誉感，增强文化自信和民族自信，激发出强烈的爱国情怀。这也是激励学生奋发图强、努力上进的重要途径。

3. 培养严谨的实验态度和求真的科学精神

物理学科在起源和发展过程中，离不开严谨和实事求是的科学态度和科学精神。在物理定理和物理实验中，要注意培养学生严谨和实事求是的科学态度。同时，任何一个新的物理概念或物理规律的建立，也需要科学家们的科学创新精神。例如迈克尔逊—莫雷实验，迈克尔逊和莫雷两位科学家在绝对时空观的前提下来寻找以太，在几年的实验中都没有找到结果。后来，爱因斯坦打破了传统的时空观，大胆地提出了光速不变原理，指出了时间、空间的相对性，解决了迈克尔逊—莫雷实验的问题，建立了狭义相对论。通过这些物理学的发展历史的讲解，培养学生不畏权威，勇于创新的科学精神。

4. 培养学生动手实践的能力

在大学，学习不仅仅停留在书本上，更应向人才应用化的方向发展，打造能学能干会思的当代大学生。物理实验课程因其课程的特殊性，实践教学更是一个主攻的内容，从这门课出发，锻炼动手协作能力，是思政课程的主题。

五、教学效果

《大学物理实验》面向全校理工科二年级学生开设，每学期参与的学生人数在3200人左右，课程覆盖面广，受益人数多。通过本课程的实施，将思政元素深度融入大学物理实验课程理论与实践教学环节，并实现紧密结合，让学生掌握基本的物理实验知识的同时，不断增强学生对中国特色社会主义核心价值观的认同，增强学生的民族精神和国家意识，让爱党、爱国、爱人民的情怀深深扎根在每位学子心中。

在理论教学内容上，把与实验项目相关的历史背景知识和科学家的故事等隐性德育素材引入到课堂教学中，在实验操作教学中，让学生通过自己动手做实验，在实践中体会唯物主义认识论、大局意识、协作精神等，实现实验类课程理论与操作教学环节思政元素的紧密融合。

《非参数统计》课程思政教学设计

周丽晖

该课程主要讲述非参数统计方法的基本理论知识和基本技能，阐述单样本、两样本及多样本的非参数统计方法，相关与回归，分布及拟合优度检验等内容，并运用R软件实现非参数统计方法的实际应用，培养学生创新思维和实践能力，融入理想信念、爱国主义、民族精神等课程思政点，使得学生感受到社会主义制度的优越性，激发学生的爱国热情，培养学生为国家为人民积极贡献力量的大无畏精神。

一、课程定位

《非参数统计》是面向高等学校统计学专业二年级本科生开设的一门专业选修课，总学时数40，理论课32个学时，上机课8个学时。该门课程是学习非参数统计和了解统计前沿的基本课程，结合R软件来讲解古典非参数统计方法的原理与应用。针对非参数统计方法，展开基本理论和方法的学习，课程内容依次介绍顺序统计量、秩统计量、U统计量、功效函数、检验的渐进相对效率等基本工具、广义符号秩检验、Wilcoxon秩和检验、两样本位置参数检验、多样本关联性检验以及拟合优度检验等。本门课程主要通过讲授法、案例教学法进行讲授。通过学习本课程，使学生全面掌握统计方法应用的各个方面，分析各种统计数据，灵活应用统计方法，从而提高统计应用能力，有利于培养学生自行处理统计问题的能力和综合运用知识分析、解决问题的能力，达到理论与实践的和谐统一。

二、课程思政教学目标

本课程以理论联系实际为出发点，介绍如何立足于信息贫乏、非正态性样本数据，运用单样本到多样本情况的秩检验等多种统计方法分析数据，提高在实际工作中从事统计判断的能力。

立足课程思政的现代课程观，《非参数统计》课程重新认识、重新定位和重新塑造了教学目标，在知识性和能力性目标之外，还将“为谁培养人”“培养什么人”以及“怎样培养人”的党的教育方针、立德树人的培养目标融入课程的教学中，贯穿于课程教学大纲的各个单元，实现了课程思政建设与教学目标的契合，与教学内容的融合，与教学素材的整合，与教学过程的结合。

三、课程思政教学设计

在教学过程中，根据各个主要教学单元的内容特点，选取更切合的课程思政教学目标融入，并配合以相应的教学活动设计，促进知识、能力和课程思政教学目标的同步有效达成。

在课程引言部分的讲授部分突出“坚守实事求是的立场”的思政目标。这部分的知识核心是构建学生重视数据分析、用数据说话的思维体系，而理性的思维本身，又能够促进学生真正在专业视角上掌握这些和传统统计区别较大的专业术语，整合自己的知识体系，而非像以往的学生只是对知识进行简单零散的识记。

第一部分内容是单样本问题的非参数统计，掌握符号检验、Wilcoxon符号秩检验、Cox-Stuart趋势检验以及随机性的游程检验，掌握基于符号检验以及Wilcoxon符号秩检验的中位数的置信区间的估计。

该部分内容将选取“为谁培养人”的真实案例，选取疫情期间，大学生参与疫情防控的真实案例，让学生直面现实案例，在学习统计方法的同时，感受到青年一代的为国家为人民积极贡献力量的大无畏精神。

第二部分是两样本和多样本数据的非参数统计问题，要求掌握两样本和多样本的Brown-Mood中位数检验、Wilcoxon秩和检验以及成对数据的检验，掌握非参数统计中单因子试验设计的差异分析Kruskal-Wallis秩和检验、掌握基于区组设计的Friedman秩和检验与Cochran检验，以及Kendall协同系数检验。

该部分主要选取“培养什么人”的真实案例，选取疫情期间，中国和美国对60岁以上老年人的疫情数据进行对比的非参数统计分析，既能激发学生的学习热情，又能让学生感受到社会主义制度的优越性，党培养的人才在抗击疫情过程中做出的种种贡献。

第三部分主要内容是相关分析与列联表分析，要求掌握掌握Spearman秩相关检验方法与Kendall相关检验方法，掌握二维列联表的齐性和独立性的卡法检验，了解对数线性模型与高维列联表的独立性检验。

该部分主要选取“怎样培养人”的真实案例，选取疫情期间，中国和西方国家的大学生在疫情期间对于疫情防控的处理方式的态度变化进行非参数处理，培养学生运用相关分析与列联表分析解决问题的能力，也让学生感受到社会主义制度的优越性，激发学生的爱国热情。

四、课程思政元素的融合

以McNmar检验的课程教学内容为例，通过中国疫情防控的处理方式阐述，讨论国内大学生对社会主义制度优越性的体验变化（思政），帮助学生强化对McNmar检验的统计思想和统计检验处理方法（教学），并使学生感受到社会主义制度的优越性，加强爱国主义思想建设。

首先，通过图片、短视频展示中国和西方部分国家对新冠疫情防控的不同处理方式。

其次，进行案例分析，收集整理国内大学生在疫情防控处理之前和之后的对社会主义制度优越性的体验数据。

再次，结合该案例数据，对McNmar检验的使用数据、检验思想及应用情况进行讲解和分析，突出两相关离散型二元变量的非参数处理方法，使学生通过切身体验和具体案例更好地理解在何种情况下，如何运用McNmar检验进行实际问题的处理，从而强化学生对McNmar检验的运用能力。

最后，通过对McNmar检验结果的分析，帮助学生认识到社会主义制度的优越性，激发学生的爱国热情，进而激励学生将更多学习热情投入到到自己的专业中去，以学好专业知识报效祖国为己任，坚定自己的专业信念和学习信心。

五、教学效果

课程思政教学目标达成度较好。通过图片、短视频展示中国和西方部分国家对新冠疫情防控的不同处理方式，达到了显性与隐形相结合，丰富了课程思政的内涵；通过案例分析，收集整理国内大学生在疫情防控处理之前和之后的对社会主义制度优越性的体验数据，使得教书与育人相统一；通过McNmar检验结果的分析，做到知行合一，可以得到学生对社会主义制度优越性的体验有显著性提升，进而让学生通过实例感受到了社会主义制度优越性，进而达到了课程思政目标。

《数值计算方法》课程思政教学设计

阎少宏

该课程主要讲述数值计算方法的基本理论知识和基本技能，阐述各种计算方法的数学原理及在工程计算中的应用，培养学生的创新思维和实践能力，融入创新精神、爱国主义等课程思政点，培养学生坚持真理、一丝不苟、实事求是的科学态度和遵章守纪的诚信观念。

一、课程定位

《数值计算方法》课程是应用数学专业和信息与计算科学专业本科二年级开设的必修课程，是研究用计算机求解各种数学问题的数值方法及其理论的一门学科，是科学计算的基础和核心内容。本课程内容大多是基础性和应用较广的数值计算方法，涉及数值计算的基本问题、函数的插值和逼近、数值微积分、常微分方程初值问题的数值解、线性代数方程组和特征值问题的数值解法、非线性方程的数值解法等。同时，本课程也是一门与计算机使用密切结合的实用性很强的数学课程。

本课程教学通常采用讲解式、案例式、讨论式、启发式、归纳式等多种教学方法。通过学习，可以使学生深刻领会并熟练掌握数值分析中常用的基本方法、基本理论和原理，了解科学计算的发展方向和应用前景。另外将数学软件Mathematica，Matlab等融入教学中，加强学生的动手能力，使学生能利用计算机解决科学和工程中的某些数值计算应用问题，培养学生综合运用知识的能力和分析问题、解决问题的能力，从而实现本课程的教学目标和能力培养目标。

二、课程思政教学目标

《数值计算方法》课程以“知识传授、能力提升与价值引领”相结合的原则为基础，挖掘自身蕴含的思政素材和资源，结合自身课程的特色和优势，围绕“知识目标”“能力目标”“素质目标”三位一体构建课程思政体系。按照“联、融、引、立”的思政路径，从“用数学思想方法，传播马克思主义哲学观点、用数学概念引导教育学生做人做事、用数学家的成功经历鼓励和鞭策学生努力学习，立志成才、用中国数学的光辉历程和伟大成就增强学生的民族自豪感和文化自信、用数学的严谨性和逻辑性教学，培养学生坚持真理、一丝不苟、实事求是的科学态度和遵章守纪的诚信观念等几个方面融入思想政治教育元素，达成思政教育的目的。

三、课程思政教学设计

课程采取“知识讲授+自主探究+思政元素”的教学设计模式，在讲授理论知识的同时以“联”“融”“引”“立”为主线进行思政教学活动，融入隐性思政元素，培养学生的数学思维和数值计算应用能力，潜移默化地进行爱国主义、民族精神、科技创新、价值取向、个人品德、辩证思维等方面的教育，并形成如下切实可行的教学设计：

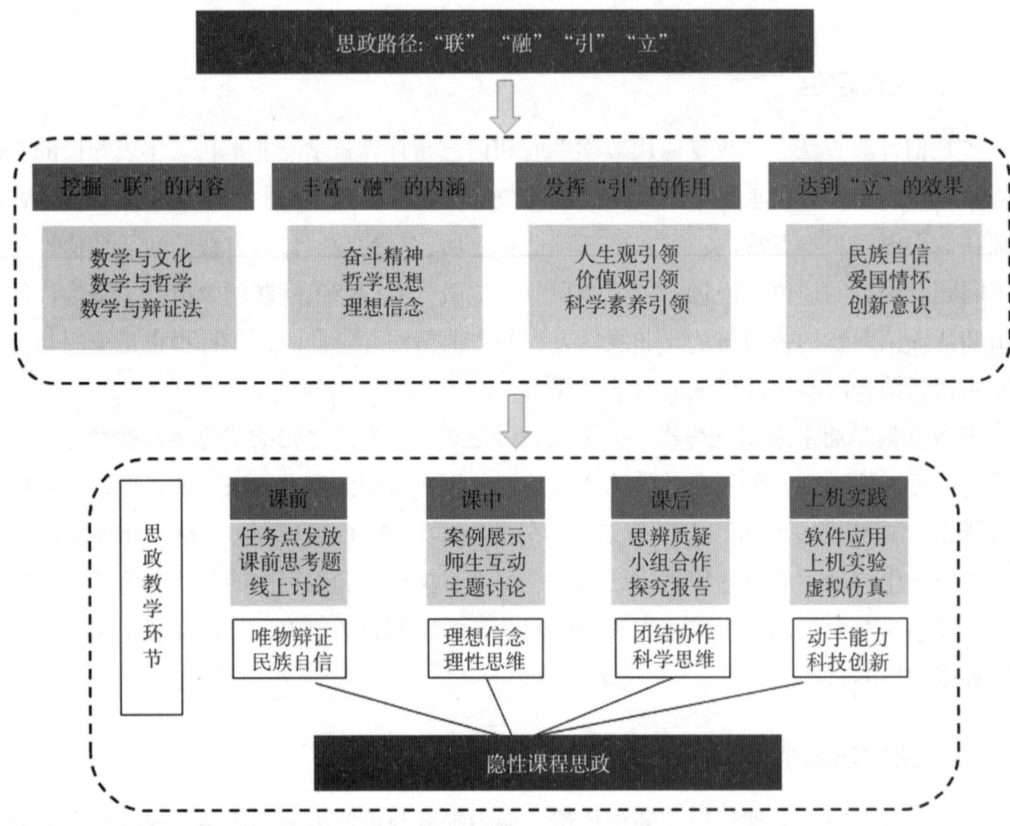

所谓“联、融、引、立”的课程思政路径是指将数学与马克思主义理论和哲学思想有机结合起来，挖掘其内在哲理、价值，使思政元素有机融入课程教学内容，发挥数学课程思政在学生世界观、人生观、价值观等方面的积极正面引导作用，实现知识传授与价值引导、科学素养与人文精神的有机融合，达到循序渐进、润物无声、潜移默化的思政育人效果。

四、课程思政元素的融合

1. 挖掘“联”的内容

“联”是指将数学课程内容与马克思主义理论联系起来，找到实现思政教育的关联性，从中挖掘数学课程中的思政元素，并将其转换成有力的思政教育题材，用数学概念的形成和其中的辩证思维树立学生的辩证唯物观。

比如：在对各种算法的优势和缺陷进行分析的时候，融入辩证唯物主义思想的教育。指出任何方法优点与缺点共存，任何事物阴阳对立统一，分析问题、看待问题都要辩证统一，不能唯心，不能形而上。在教学实践中，融入“去粗取精、去伪存真、由此及彼、由表及里”的辩证唯物主义思想，指出各种辩证思维方法是相互联系、相互补充、相辅相成的。思维是人脑的机能，思维的工具是语言。正确的思维能指导实践，推动事业的发展，错误的思维会导致行动的失败，阻碍事业的发展。

2. 丰富“融”的内涵

“融”是指坚持数学课程本位不改，只是在教学中进一步挖掘其内在哲理、价值等，通过挖掘思政元素重新设计和重构教学内容，使思政元素有机融入课程教学内容，从而达成对学生进行思政教育的目的。教师要自然地将课程思政元素融入课堂教学，将习近平新时代中国特色社会主义思想融入教学内容，坚持知识传授与价值引领相结合的原则，潜移默化地将正确的价值追求和理想信念传达给学生，以实现立德树人、润物无声。

比如：插值和拟合是寻找数据所反应的真实规律的不同方法，同是逼近问题，衡量标准不同，结果大不同。生活中，就国家而言，同一件事，角度不同，结论不同。不要把自己的意识形态强加于他人或者他国，求同存异，和平共处。就个人而言，目的相同，解决问题的方法可以不同，每个人选择适合自己的途径才是最好的。盲目拿来主义不可取，勇于质疑，勇于创新才是科学的态度。

3. 发挥“引”的作用

“引”是指思政元素融入教学后，实现正确的价值引领。这主要从哲学思想的融入、爱国主义情怀的培养、社会主义核心价值观的教育引领三个方面开展，使学生在接受专业学习的同时接受隐性思政教育。教师要将数学的潜在价值、理性精神和思想方法渗入学生的头脑，使其养成良好的数学品质、数学意识，坚持科学素养、人文精神、创新能力三者的统一，综合建构数学课程的价值体系。教师可用科学家的榜样力量激励学生。

比如：在讲授插值、拟合、迭代等涉及预测和逼近的概念、方法时，可用数学思想方法来引导和教育学生学会做人做事。比如：插值和拟合是用来寻找数据所反应的真实规律的，可以用来做一些简单的预测，由此引发思考：（1）如果我们能预测2008年5月12日汶川地震将会减少多大的损失？（2）拟合的联想：数学是科学的语言……它不仅用来写科学，而且可以用来描写人生。如果这是一条人生曲线大学生涯如何度过？入学时带着什么来？毕业时带着什么走？不忘初心，初心是什么？

比如：在对算法进行改进、拓展和深入研究时，培养言必有据、一丝不苟、实事求是、高度负责的理性思维方式和科学态度，让学生体会数学中的每一个重要结论和方法都凝结着无数科学家的艰辛劳动与智慧。做任何事情没有一蹴而就的，要经历长期甚至几代人的不断努力才能实现，而这个过程只有不忘初心，方得始终。期望同学们成为有数学素养的文化人：植根于内心的数学素养；无需提醒的数学习惯；以约束为前提的数学思维；为社会担当的数学情怀。

4. 达到“立”的效果

“立”是指立德树人，立德在先，树人为基。德为人才之魂，树人必先立德。教师要持续推进社会主义核心价值观建设，引领高校主流意识形态积极健康向上。教师要结合历史文化，厚植爱国主义情怀，将立德树人目标具体化。这部分内容讲授可用数学家的人生经历鞭策学生立志成才，让学生学习优秀科学家凡事追求卓越与完美的工匠精神，充分发挥思政元素的优势，为立德树人的落实奠定良好的基础。

比如：数值计算方法课程中，很多概念、定理、方法和结论是以数学家的名字来冠名的。涉及我国古今数学家的，比如近代的华罗庚，古代的秦九韶、刘徽等，介绍其对数学发展和应用的贡献，增强学生对中华民族灿烂文化的认同感，感召学生学习数学家的爱国主义情怀；涉及国外数学家的，比如牛顿、高斯、拉格朗日等，展示数学家的严谨治学、刻苦钻研的品质，激励学生勇于奋斗、不畏艰险、追求真理。

比如：在讲授算法应用时，结合实例，展示本课程知识在科学技术领域的作用和发展前景，将价值导向与知识传授相融合，在传授知识、培养能力的过程中，传播马克思主义哲学的思想方法，增强马克思主义信仰，传递爱党、爱国的正能量，从而使学生在学习数学知识的过程中，潜移默化地增强辩证思维能力和提升解决实际问题的能力。

五、教学效果

通过精心设计课程教学，保障授课教学效果，达成教学目标。在教学过程中，坚持教书与育人相统一，挖掘并积累思政元素，以“春风化雨、润物无声”的形式，隐性融入本课程课堂教学环节，不断丰富课程思政的内涵，在传授专业知识的同时，引领学生思想、塑造价值观、培养家国情怀。

通过本课程学习，促使学生真正认识到数学知识学习对于科学学习的推动作用，认识到刻苦学习、奋发图强的必要性以及形成科学、严谨地追求真理的学习态度的重要性，可以使学生感悟丰富多彩的数学精髓，感受我国灿烂的数学文化，了解计算数学的发展前景，感受祖国的强大，增强爱国主义意识，增强文化自信。

《采矿概论B》课程思政教学设计

矿业工程学院　卢宏建

该课程为采矿工程专业学科基础课程，是采矿工程专业的总纲，也是后续专业课程的基础。课程在系统阐述采矿工程专业知识结构、专业人才需求等知识的基础上，通过课堂教学、课外文献阅读等方式，融入时代精神、绿色矿山等思政元素，使学生在刚进入大学学习之际，对采矿的相关概念、技术特点、工业地位有比较全面的认识，对本专业的知识体系、发展概况、发展趋势有初步的了解，初步具有采矿工程专业的学习能力，对专业前沿以及未来所面临的问题有比较理性的认识，并通过对采矿工程专业、矿业行业职业、矿业人才需求三方面综合认知初步规划大学四年学业及对自己职业发展进行思考，对进一步学习专业知识起到“导航”作用。

一、课程定位

本课程是关于采矿工程专业的专业选修课，其目的是掌握金属矿床开采的基本概念、专业术语，熟悉地下开采步骤和开采工艺，掌握开采设计的原理、设计方法和管理技术，并进一步了解目前国内外地下开采的技术和设备发展现状，掌握本专业各个领域出现的新成绩，使学生具备从事地下开采规划、设计、施工与管理以及科学研究能力。

二、课程思政教学目标

了解矿山开采的最新进展，理解矿山企业走可持续发展道路的重要性，能够评价矿床开采方案对社会、健康、安全、法律、文化、环境的影响，激发学生爱岗敬业、献身矿业事业的热情。

三、课程思政教学设计

课程采取“知识讲授+思政元素”的教学设计模式，在讲授理知识融入隐性思政元素，培养学生工程思维和专业知识应用能力，潜移默化地进行时代精神、国家战略、改革创新精神思政元素的渗透，形成特色的课程教学设计。

四、课程思政元素的融合

1. 时代精神：爱岗敬业、献身矿业事业的热情

绪论部分，通过与学生互动“你对采矿印象”，导出现代采矿面临着什么样的改革和未来采矿到底是什么样子的，转变学生对采矿原有“工作环境差、安全性差”的误区。

中国的现代采矿业可追溯到洋务运动时期，其理论研究和生产应用均已自成体系。采

矿工程是一个系统的学科，现代采矿业融合了传统理论技术与现代科技手段，采矿工程专业前景广阔，前途远大。

这一部分讲授中融入：矿业发展国家之根本时代之使命，激发学生爱岗敬业、献身矿业事业的热情的时代精神。

2. 国家战略-生态文明、环境保护

3. 改革创新-锐意进取、敢于创新

采矿方法：充填采矿

通过讲授国家矿业发展的由来，目前需要解决的关键科学问题、取得的成果，以及将来的发展趋势。

绿色矿山——中国矿山发展必由之路

采矿无痕——环境保护技术

这一部分讲受中融入绿色矿山是国家发展必由之路，是国家战略，需要不断改革创新。

五、教学效果

通过精心设计课程教学，保障授课教学效果，达成教学目标。在教学过程中，坚持教书与育人相统一，挖掘并积累思政元素，以“春风化雨、润物无声”的形式，隐性融入采矿概论课程课堂教学环节，不断丰富课程思政的内涵，在传授专业知识的同时，引领学生时代精神、国家战略、改革创新精神。

学生通过课程学习，深刻认识到矿业开发的必要性和使命感，感受中国力量、中国制造、中国精神、中国故事，感受作为新一代青年矿业人的责任与担当，建立我们的民族自豪感、民族自信心、民族创造力，感受在党的领导下，健康生活的幸福和美好。